Vos ressources numériques en ligne !

Un ensemble d'outils numériques spécialement conçus pour vous aider dans l'acquisition des connaissances liées à

PSYCHOLOGIE DU TRAVAIL ET COMPORTEMENT ORGANISATIONNEL

4e édition

- Onze entrevues vidéo réalisées avec des professionnels en ressources humaines

- Études de cas

- Liste d'hyperliens menant vers des vidéos en lien avec la matière

Achetez en ligne ou en librairie
En tout temps, simple et rapide !
www.cheneliere.ca

Simon L. Dolan, Eric Gosselin et Jules Carrière

Psychologie du travail et comportement organisationnel

4e édition

gaëtan morin éditeur
CHENELIÈRE ÉDUCATION

Accédez à ces outils en un clic !

www.cheneliere.ca/dolan

PDT-B3D416B9

CHENELIÈRE ÉDUCATION

Simon L. Dolan
Instituto de Estudis Laborales, ESADE Business School, Barcelone

Eric Gosselin
Université du Québec en Outaouais

Jules Carrière
École de gestion Telfer de l'Université d'Ottawa

Psychologie du travail et comportement organisationnel

4e édition

gaëtan morin
éditeur

CHENELIÈRE ÉDUCATION

Psychologie du travail et comportement organisationnel
4e édition

Simon L. Dolan, Eric Gosselin et Jules Carrière

© 2012 **Chenelière Éducation inc.**
© 2007 Les Éditions de la Chenelière inc.
© 2002, 1996, 1990 gaëtan morin éditeur ltée

Conception éditoriale : France Vandal
Édition : Éric Monarque et Frédérique Grambin
Coordination : Valérie Côté
Révision linguistique : Danielle Leclerc
Correction d'épreuves : Marie Le Toullec
Conception graphique : Geneviève Pineau (Pige Communication)
Illustrations : Jean Landry
Impression : TC Imprimeries Transcontinental

Coordination éditoriale des outils pédagogiques en ligne : Éric Châtelain et
    Martine Rhéaume
Coordination des outils pédagogiques en ligne : Valérie Côté

**Catalogage avant publication
de Bibliothèque et Archives nationales du Québec
et Bibliothèque et Archives Canada**

Dolan, Simon L. (Simon Landau), 1947-

 Psychologie du travail et comportement organisationnel

 4e éd.

 Comprend des réf. bibliogr. et un index.

 ISBN 978-2-89632-091-2

 1. Psychologie du travail. 2. Comportement organisationnel.
3. Personnel – Direction. 4. Psychologie du travail – Problèmes et exercices.
I. Gosselin, Eric, 1967-   . II. Carrière, Jules, 1967-   . III. Titre.

 HF5548.8.D64 2012   158.7   C2012-940155-2

**gaëtan morin
éditeur**

CHENELIÈRE ÉDUCATION

5800, rue Saint-Denis, bureau 900
Montréal (Québec) H2S 3L5 Canada
Téléphone : 514 273-1066
Télécopieur : 514 276-0324 ou 1 888 460-3834
info@cheneliere.ca

ISBN 978-2-89632-091-2

Dépôt légal : 2e trimestre 2012
Bibliothèque et Archives nationales du Québec
Bibliothèque et Archives Canada

Imprimé au Canada

1 2 3 4 5 ITIB 16 15 14 13 12

Nous reconnaissons l'aide financière du gouvernement du Canada par
l'entremise du Fonds du livre du Canada (FLC) pour nos activités d'édition.

Gouvernement du Québec – Programme de crédit d'impôt pour l'édition de
livres – Gestion SODEC.

Œuvre de la couverture

Artiste : Campo
Titre : *Sans titre*
Date : 2011
Médium : Acrylique 20 × 16 pouces
Mention : © Christine Campeau
Crédit photographique : Galerie Beauchamp de
    Québec

Née à Montréal en 1968, Christine Campeau – Campo,
de son nom d'artiste –, principalement autodidacte,
commence son périple en création par des cours de
dessin et de graphisme.

Ses œuvres, dans des formats variés, privilégient la
forme humaine, décantée, interface qui nous met en
relation avec notre propre image, et l'allégorie.

Grâce à sa participation à maints symposiums, exposi-
tions solos et collectives au Québec, ses tableaux font
dorénavant partie de nombreuses collections privées.

Sources iconographiques

p. 2 : Dmitriy Shironosov/Shutterstock.com ; **p. 36 :** © elkor/
iStockphoto ; **p. 48, Figure 2.3 (La couleur et le décor) :**
© SireAnko/iStockphoto ; **(Le mouvement) :** © james
weston/iStockphoto ; **(La nouveauté) :** © artcyclone/
iStockphoto ; **(La position sociale) :** © Michael Mathis/
iStockphoto ; **p. 88 :** © Andy Dean/iStockphoto ; **p. 136 :**
© b_parker/iStockphoto ; **p. 180 :** © gehringj/iStockphoto ;
p. 216 : © Davidenko Andrey/iStockphoto ; **p. 264 :**
© Vallarie Enriquez/iStockphoto ; **p. 306 :** © Thomas
Vogel/iStockphoto ; **p. 340 :** © John Cowie/iStockphoto ;
p. 376 : © lightkey/iStockphoto ; **p. 393, Figure 10.3 :**
Davi Sales Batista/Shutterstock.com ; **p. 416, Figure 10.9
(Table de conférence) :** © René Mansi/iStockphoto ;
(Yoga) : © mediaphotos/iStockphoto ; **(Travailleurs) :** © Lise
Gagne/iStockphoto ; **p. 424 :** © rphotos/iStockphoto ;
p. 466 : © Lusky/iStockphoto

Aux trois générations de ma vie : ma femme
Adela, mes enfants Keren (Kamal) et Tommy,
et mon petit-fils Devin.

Simon Dolan

À Gérard, dont la critique m'a forcé à
devenir meilleur…

Eric Gosselin

À D. Anthony Beane
qui m'incite à choisir la bonne
part des choses.

Jules Carrière

La psychologie du travail et le comportement organisationnel sont des disciplines et des champs d'intérêt en constante évolution. Ainsi, les constats qui ont été proposés à une certaine époque deviennent rapidement obsolètes, dès que les paramètres sociaux dans lesquels ils ont émergé se transforment. Le présent millénaire offre un flot considérable de bouleversements qui redessinent d'autant la réalité du monde du travail. Des chambardements structurels et conjoncturels viennent redéfinir les enjeux économiques, politiques et sociaux qui animent la société contemporaine. Par exemple, la mondialisation des marchés, la résurgence du néolibéralisme et la quête de l'efficience modifient la nature et le rôle des organisations d'aujourd'hui et de demain.

Un regard nouveau doit donc être posé sur la dimension humaine de l'organisation. Bien que les postulats théoriques soutenant les conceptualisations d'antan demeurent valables de par leur intérêt pour la nature humaine, leur actualisation appliquée ne cadre plus nécessairement avec les environnements de travail modernes.

La réédition d'un ouvrage présente de grands défis. Comment, en effet, ajouter une plus-value à un ouvrage qui en est à sa quatrième édition? Nous avons décidé d'inscrire cette nouvelle édition dans une logique de continuité et de renouvellement. Pour ce faire, nous avons sollicité l'opinion de nos étudiants, de nos collègues et de divers professionnels, ce qui nous a permis de reconnaître les éléments forts de la dernière édition et ceux qui devaient être revisités. Cette très large perspective nous a offert de riches pistes de réflexion quant au réaménagement et à l'ajout de chapitres (par exemple, les attitudes au travail, la culture organisationnelle, le changement organisationnel), à la suppression de redondances, au développement de nouveaux thèmes, et, surtout, quant à l'offre d'outils pédagogiques pour l'étudiant et pour le professeur. Soucieux que cet instrument d'apprentissage soit ancré dans la réalité, il nous semblait opportun d'enrichir l'ouvrage et les conceptualisations qui y sont discutées afin de faire d'un bon texte un excellent ouvrage. Cette réédition a poursuivi deux objectifs. Nous avons d'abord voulu adapter le contenu à un contexte qui a grandement changé et où les intérêts se sont quelque peu déplacés ; c'est pourquoi nous jetons un éclairage nouveau sur les modèles traditionnels afin de mieux analyser et comprendre les travailleurs dans leur intégralité. Puis, nous avons renforcé la valeur pédagogique de l'ouvrage. Sur ce point, notre priorité a été de vulgariser les concepts présentés en utilisant un langage simple, tout en mettant à jour les références scientifiques et bibliographiques.

En outre, plusieurs instruments didactiques ont été insérés dans l'ouvrage pour faciliter le travail du professeur et l'apprentissage des étudiants. Les notions présentées sont illustrées ou mises en relief dans différentes rubriques. La rubrique «*Perspective internationale*» traite des conséquences de la mondialisation sur les processus humains et structurels dans les organisations. La rubrique «*En pratique*» présente, quant à elle, des résultats d'enquêtes et des réflexions d'auteurs. Finalement, la rubrique intitulée «*À la une*» fournit une information éclairante sur l'intégration des connaissances dans le quotidien des gestionnaires, par la présentation d'articles provenant de journaux, périodiques et magazines reconnus. Des vidéos didactiques sont aussi associées à chacun des chapitres afin d'illustrer des concepts ou des pratiques propres à la psychologie du travail et au comportement organisationnel. Les principaux points traités sont présentés dans les objectifs d'apprentissage, en début de chapitre. Les objectifs représentent les lignes directrices de chacun des chapitres et permettent de diriger l'attention du lecteur sur ses aspects essentiels.

Trois types d'exercices terminent la plupart des chapitres. On trouve, tout d'abord, des questions de révision qui font le pont entre les objectifs d'apprentissage et le contenu des chapitres. Elles visent à vérifier l'intégration de la matière par les étudiants et permettent ainsi de faire le point sur les connaissances réellement acquises et celles qui devraient l'être. Ensuite, un exercice d'autoévaluation, qui peut aussi bien servir d'introduction que de synthèse, amènera les étudiants à évaluer leurs propres caractéristiques personnelles au fil de la lecture du chapitre. Enfin, une étude de cas originale, rédigée par un spécialiste, met en lumière les éléments abordés dans le chapitre et permet aux étudiants d'analyser une situation réaliste et de tenter de résoudre une ou des problématiques organisationnelles relatives à la psychologie du travail et au comportement organisationnel.

Cette nouvelle édition ne remet pas en question les prémisses traditionnelles de la psychologie du travail et du comportement organisationnel : elle veut plutôt conscientiser les étudiants et les gestionnaires à l'importance de la dimension psychologique dans la dynamique organisationnelle.

Les notions qui sont soutenues dans cet ouvrage favorisent l'analyse et la compréhension des comportements humains en milieu organisationnel pour en arriver à entrevoir des pistes de solution aux problématiques contemporaines qui y sont reliées. En ce sens, il constitue une base solide pour initier les étudiants et les gestionnaires aux postulats théoriques et aux pratiques de la psychologie du travail et du comportement organisationnel.

Remerciements

L'écriture d'un ouvrage est une entreprise de longue haleine qu'il serait impossible de mener à terme sans le soutien actif d'une équipe importante de collaborateurs. Tout au long du processus de réédition, de nombreuses personnes nous ont aidés et encouragés ; sans elles, cette quatrième édition ne serait encore qu'un vague projet.

D'entrée de jeu, nous tenons à remercier notre maison d'édition, Chenelière Éducation, qui, par l'entremise de France Vandal (éditrice-conceptrice), Éric Monarque et Frédérique Grambin (éditeurs), Éric Chatelain (éditeur-adjoint), ainsi que Valérie Côté, chargée de projets, Danielle Leclerc, réviseure linguistique, et Marie Le Toullec, correctrice d'épreuves, nous a offert l'encadrement et le soutien administratif et technique nécessaires au processus de réédition.

Nous tenons aussi à remercier Madame Constantina Gregoriades, du Groupe MDS à Montréal, pour son importante contribution au renouvellement et à l'enrichissement des chapitres 1, 9, 10 et 11 de cette réédition. Il nous importe aussi de souligner la participation de Madame Mélissa Campbell, assistante de recherche au LAPS[2]-UQO, pour ses apports ponctuels à la révision de quelques chapitres de cette nouvelle édition.

Nous exprimons également notre gratitude à tous ceux qui ont contribué, directement ou indirectement, à l'amélioration des textes, à la mise en page et à la structure de l'ouvrage. Dans cette visée, nous souhaitons noter la créativité marquée de Monsieur Jean Landry qui a su égayer par ses œuvres caricaturales les principaux concepts de chacun des chapitres.

Nous témoignons aussi notre reconnaissance aux professeurs d'université qui ont aimablement collaboré à cet ouvrage en rédigeant les études de cas de fin de chapitre ou qui les ont bonifiées de leurs perspectives.

Pour conclure, nous ne pouvons passer sous silence l'apport notable des étudiants de l'Université de Montréal, de l'Université du Québec en Outaouais, de l'Université d'Ottawa et de l'université de Corse qui, par leurs questions et leurs commentaires, nous ont incités à réfléchir sur notre travail et nous ont permis de nous améliorer.

Simon Dolan

Eric Gosselin

Jules Carrière

Nous souhaitons remercier l'Ordre des conseillers en ressources humaines agréés, dont la précieuse collaboration a permis d'offrir onze entrevues vidéo réalisées avec des professionnels en ressources humaines. Ces vidéos sont disponibles en ligne sur le site www.cheneliere.ca/dolan.

TABLE DES MATIÈRES

CHAPITRE 1

Introduction à la psychologie du travail et au comportement organisationnel   2

Introduction 3

1.1 Les écoles de pensée en psychologie 8
   1.1.1 Le structuralisme 8
   1.1.2 Le fonctionnalisme 9
   1.1.3 La psychanalyse 9
   1.1.4 Le béhaviorisme 11
   1.1.5 La psychologie humaniste 11
   1.1.6 La psychologie cognitive 12
   1.1.7 La psychologie positive 12

1.2 Les modèles en comportement organisationnel 13
   1.2.1 Le modèle mécaniste 13
   1.2.2 Le modèle organique 18
   1.2.3 Le modèle contingent 22
   1.2.4 Le modèle contemporain 26

Conclusion 31

Questions de révision 33

Étude de cas : Arrêtez de parler : j'enregistre ! 33

Références 34

CHAPITRE 2

Les comportements au travail   36

Introduction 37

2.1 Le comportement humain 38
   2.1.1 Des exemples de comportements au travail 39

2.2 Le processus de perception 46
   2.2.1 Les caractéristiques de la perception 47
   2.2.2 La structure de la perception 53
   2.2.3 Les erreurs et distorsions de la perception 56

2.3 La personnalité 60
   2.3.1 Les principaux déterminants de la personnalité 61
   2.3.2 La personnalité selon le modèle en cinq facteurs 64
   2.3.3 La personnalité et le comportement au travail 66
   2.3.4 La personnalité et la carrière 67
   2.3.5 La personnalité et le comportement politique 72

2.4 Les valeurs et les attitudes dans l'environnement de travail 73
   2.4.1 L'origine des valeurs 73
   2.4.2 Les classifications des valeurs 76
   2.4.3 L'adéquation entre les valeurs individuelles et organisationnelles 78

2.5 Les attributions 80
   2.5.1 La formation et les erreurs d'attribution 80

Conclusion 82

Questions de révision 83

Auto-évaluation : Maîtrisez-vous l'image que vous projetez ? 83

Étude de cas : Une banque et son personnel multiculturel . . . 84

Références 86

CHAPITRE 3

La motivation au travail   88

Introduction 89

3.1 Le phénomène de la motivation 90
   3.1.1 Pourquoi les gens travaillent-ils ? 91
   3.1.2 La dynamique de la motivation 92
   3.1.3 Les caractéristiques de la motivation 94

3.2 Les théories de la motivation au travail 94
   3.2.1 Les théories de contenu 95
   3.2.2 Les théories de processus 106
   3.2.3 Un effort de synthèse : la théorie de l'autodétermination de Deci et Ryan 123

Conclusion 128

Questions de révision 130

Auto-évaluation : Une application de la théorie des attentes 130

Étude de cas : Employés productifs, dociles et sans ambition demandés ! 132

Références 134

CHAPITRE 4

Les attitudes au travail   136

Introduction 137

4.1 Qu'est-ce qu'une attitude ? 138
   4.1.1 La définition 138
   4.1.2 La nature de l'attitude 140
   4.1.3 L'incidence des attitudes sur le comportement 142

4.1.4 La modification des attitudes 146

4.2 Le phénomène de la satisfaction au travail 149

4.2.1 Qu'est-ce que la satisfaction au travail ? . . . 149

4.2.2 Les modèles explicatifs de la satisfaction au travail 150

4.2.3 Les déterminants de la satisfaction au travail 155

4.2.4 Les répercussions de la satisfaction au travail 161

4.3. L'engagement organisationnel 163

4.3.1 Les définitions et les types d'engagement organisationnel 163

4.3.2 Les origines de l'engagement organisationnel 167

4.3.3 Les liens avec d'autres variables organisationnelles 169

4.3.4 L'amélioration de l'engagement des employés 170

4.4 Les autres attitudes au travail 171

4.4.1 La citoyenneté organisationnelle 171

4.4.2 L'engagement au travail 172

Conclusion 173

Questions de révision 173

Auto-évaluation : Ai-je un profil d'entrepreneur ? 174

Étude de cas : Des propos étonnants 176

Références 178

CHAPITRE 5
Les groupes de travail 180

Introduction 181

5.1 L'adhésion à un groupe 182

5.2 Les types de groupes 183

5.2.1 Première catégorie : les groupes formels et les groupes informels 184

5.2.2 Deuxième catégorie : les groupes fonctionnels, les groupes de tâches, les groupes d'amis et les groupes d'intérêts 184

5.3 Les étapes de l'évolution d'un groupe 185

5.3.1 La constitution 186

5.3.2 La confrontation 186

5.3.3 La normalisation 186

5.3.4 La réalisation 187

5.3.5 La dissolution 187

5.4 L'efficacité du groupe 188

5.4.1 Les variables situationnelles 189

5.4.2 La structure du groupe 192

5.4.3 Les facteurs de cohésion du groupe 195

5.5 La «pensée de groupe» (*groupthink*) 200

5.6 La paresse sociale 200

5.7 Les équipes de travail par opposition aux groupes de travail 202

5.7.1 Les équipes de travail autogérées 202

5.7.2 Les équipes de travail interfonctionnelles 204

5.7.3 Les équipes de travail virtuelles 206

Conclusion 208

Questions de révision 209

Auto-évaluation : L'évaluation des aptitudes sur le plan interpersonnel 210

Étude de cas : L'équipe autogérée : de la parole aux actes 212

Références 214

CHAPITRE 6
La communication dans l'organisation 216

Introduction 217

6.1 Les éléments de base de la communication 218

6.2 Les réseaux de communication 220

6.2.1 Le réseau formel 220

6.2.2 Le réseau informel 223

6.3 Les modèles de communication dans l'organisation 225

6.3.1 La communication vers le bas 225

6.3.2 La communication vers le haut 226

6.3.3 La communication horizontale 227

6.4 La communication bidirectionnelle et la communication unidirectionnelle 228

6.5 Les obstacles à la communication 229

6.5.1 Le cadre de référence 229

6.5.2 L'écoute sélective 229

6.5.3 Le filtrage de l'information 230

6.5.4 Les problèmes sémantiques 230

6.5.5 La position hiérarchique de l'émetteur 234

6.5.6 La quantité d'information 234

6.5.7 La rétroaction 235

6.6 Les rouages d'une communication efficace 235

6.6.1 Les qualités de communicateur 236

6.6.2 Le contenu de la communication 236

6.6.3 Les préalables 240

6.6.4 Les programmes de communication 240

6.6.5 L'écoute active 242

6.7 La communication persuasive 243

6.8 Les effets de la technologie et le processus de communication en milieu organisationnel 244

6.8.1 La télécommunication 244

6.8.2 La communication assistée par ordinateur 245

6.8.3 Les inconvénients de la technologie dans le processus de communication 248

6.9 La richesse des moyens de communication 250

6.10 La communication non verbale 251

Conclusion 254

Questions de révision 256

Auto-évaluation : Les aptitudes en matière de communication écrite 257

Étude de cas : Une rumeur court ! 259

Références 262

CHAPITRE 7

Les conflits au travail 264

Introduction 265

7.1 Contexte général et définition 266

7.2 L'origine et la nature des conflits 269

7.2.1 L'exercice du pouvoir dans l'organisation 271

7.2.2 Les stratégies d'acquisition du pouvoir 274

7.2.3 Les divers types de conflits 276

7.2.4 Les conflits et la position hiérarchique 278

7.2.5 Un type particulier de conflit au travail : le harcèlement psychologique 280

7.3 La gestion des conflits 285

7.3.1 Les phases d'un conflit 286

7.3.2 Les stratégies génériques 288

7.3.3 Les stratégies spécifiques 293

7.4 Les conséquences du conflit 295

7.4.1 Les conséquences constructives 296

7.4.2 Les conséquences destructrices 296

Conclusion 298

Questions de révision 299

Auto-évaluation : La stratégie en ce qui touche le pouvoir et l'influence 300

Étude de cas : Ralentissez ! Homme excédé au travail 302

Références 304

CHAPITRE 8

Le leadership 306

Introduction 307

8.1 Le leadership : concept et définitions 308

8.2 Les théories du leadership 308

8.2.1 L'approche axée sur les traits 309

8.2.2 L'approche axée sur les comportements . . . 315

8.2.3 L'approche axée sur la situation 320

8.3 Une vision contemporaine du leadership 327

8.3.1 Les substituts du leadership 327

8.3.2 Le leadership transformationnel 328

8.3.3 Le leadership authentique 330

8.3.4 La théorie des échanges dirigeants-dirigés (théorie LMX) 331

8.3.5 Le leadership charismatique 331

8.3.6 L'autodétermination (ou autogestion) 332

Conclusion 333

Questions de révision 334

Auto-évaluation : Questionnaire sur l'intelligence émotionnelle 334

Étude de cas : Restaurant Le Verjus. Menu du jour : Le leadership 335

Références 338

CHAPITRE 9

La résolution de problèmes et l'innovation au travail 340

Introduction 341

9.1 Les types de décisions 342

9.2 Les éléments influençant la prise de décision . . . 342

9.3 Le processus décisionnel 346

9.3.1 La méthode rationnelle 347

9.3.2 Le modèle de la rationalité limitée de Simon 350

9.3.3 L'approche intuitive 351

9.3.4 L'approche politique 352

9.3.5 Les stratégies de résolution de problèmes 353

9.3.6 La « poubelle organisationnelle » 354

9.4 La prise de décision en groupe 355

9.4.1 La facilitation du processus décisionnel par la créativité 356

9.5 La prise de décision et le leadership – le modèle de Vroom et Yetton 361

9.6 L'innovation et la créativité en milieu de travail 363

9.7 Le management de la créativité 364

9.7.1 Les outils et les méthodologies d'aide à la créativité 365

Conclusion 369

Questions de révision 370

Auto-évaluation : Le style décisionnel 371

Étude de cas : J.D. VIKING ltée 373

Références 375

CHAPITRE 10
La gestion du stress au travail   376

Introduction 377

10.1 Le stress au travail : perspectives 378

    10.1.1 La santé du milieu de travail 379

    10.1.2 La réussite au travail 380

    10.1.3 Le paradoxe de la société industrielle . . . 381

10.2 Qu'est-ce que le stress ? 383

10.3 Le stress : concepts et modèles 384

    10.3.1 Les modèles fondés sur les conséquences
         physiologiques 385

    10.3.2 Les modèles fondés sur les conséquences
         psychologiques et comportementales . . . 389

    10.3.3 Les modèles du stress au travail 391

    10.3.4 Le modèle cognitif et conditionnel
         de Dolan et Arsenault 393

10.4 Les origines du stress au travail 398

    10.4.1 Les agents de stress organisationnels . . . 398

    10.4.2 Les agents de stress individuels 401

10.5 Les effets néfastes du stress 404

    10.5.1 Les conséquences individuelles 404

    10.5.2 Les conséquences organisationnelles . . . 406

10.6 Les programmes d'intervention 406

    10.6.1 L'intervention individuelle 406

    10.6.2 L'intervention organisationnelle 411

Conclusion 416

Questions de révision 417

Auto-évaluation : La mesure de
l'épuisement professionnel et Comment
reconnaître une personnalité de type A ? 418

Étude de cas : La gestion du stress à
l'hôpital général 420

Références 421

CHAPITRE 11
La culture organisationnelle   424

Introduction 425

11.1 La culture organisationnelle : son
importance au XXIe siècle et
ses concepts 426

    11.1.1 La force ou l'homogénéité de
         la culture 428

11.2 Les typologies et les modèles de la culture
organisationnelle 430

    11.2.1 Le modèle d'Hofstede 430

    11.2.2 Le modèle de Deal et Kennedy 432

    11.2.3 Le concept de Handy 433

    11.2.4 Le modèle de Trompenaars 434

    11.2.5 Les modèles de Schein et de Pastor 435

    11.2.6 Le modèle triaxial de Dolan sur la
         gestion par valeurs 439

11.3 Les valeurs comme éléments centraux
de la culture organisationnelle 444

11.4 La distinction entre les philosophies de gestion
par instructions, par objectifs et par valeurs 447

11.5 La réingénierie de la culture organisationnelle
selon la GPV 449

    11.5.1 Phase initiale : L'identification du ou
         des leaders et la réalisation de l'audit . . . 450

    11.5.2 Phase 1 : Le raffinement des valeurs
         centrales communes 452

    11.5.3 Phase 2 : L'élaboration d'un plan d'action
         et l'établissement des objectifs 453

    11.5.4 Phase 3 : L'élaboration ou l'alignement
         des programmes et politiques 453

    11.5.5 Phase 4 : La réalisation d'un audit
         des valeurs – Suivi et renforcement 455

11.6 L'analyse biculturelle et les stratégies
de fusion d'entreprises 456

Conclusion 457

Questions de révision 458

Auto-évaluation : Valeurs de contrôle
versus valeurs de développement 459

Étude de cas : Air Quebon : acquisition et scission d'une
compagnie d'aviation nationale (de type
bas prix/meilleur marché) 460

Références 464

CHAPITRE 12
Le changement organisationnel   466

Introduction 467

12.1 Le changement 468

    12.1.1 Le modèle des catégories du changement
         de Field 469

    12.1.2 Les facteurs de changement 471

12.2 Le processus de changement 474

    12.2.1 Le modèle de Lewin 474

    12.2.2 Le plan de mise en œuvre du changement
         à huit étapes de Kotter 476

    12.2.3 Les méthodes d'introduction du
         changement 477

12.3 La résistance au changement 478

12.3.1 Les causes et les manifestations de la
résistance au changement 478

12.3.2 La diminution de la résistance au
changement 479

12.3.3 Les agents de changement 480

12.3.4 Le modèle des phases de préoccupation
lors d'un changement en milieu
organisationnel 481

12.4 Le développement organisationnel 482

12.4.1 Les interventions en développement
organisationnel 485

12.5 L'évaluation et l'officialisation du
changement 489

Conclusion 490

Questions de révision 491

Auto-évaluation : La tolérance à l'ambiguïté 491

Étude de cas : Erehwon Management
Consultants Inc. 492

Références 494

Index des auteurs 496

Indes des sujets 500

CHAPITRE

1

Introduction à la psychologie du travail et au comportement organisationnel

PLAN DE CHAPITRE

Introduction

1.1 Les écoles de pensée
en psychologie

1.2 Les modèles en comportement
organisationnel

Conclusion

OBJECTIFS D'APPRENTISSAGE

Dans ce chapitre, le lecteur se familiarisera avec :

- la définition et les composantes de la psychologie du travail et du comportement organisationnel en fonction des nombreuses disciplines connexes ;

- les diverses écoles de pensée en psychologie ;

- les différences et les similitudes entre les écoles de pensée en psychologie quant à leur objet d'étude, à leur technique d'investigation et à leur conception de l'être humain ;

- la notion d'organisation et les facteurs qui agissent sur sa dynamique ;

- les modèles mécaniste, organique et contingent visant à définir la dynamique fondamentale d'une organisation ;

- les modèles organisationnels en fonction de leurs conceptions théoriques ;

- la structure du livre et la façon de l'utiliser afin qu'il devienne un instrument efficace en fonction de ses besoins.

INTRODUCTION

Le présent millénaire constitue inévitablement un tournant dans le domaine de la **psychologie du travail** et du **comportement organisationnel.** Bien que ces disciplines soient relativement jeunes, elles ont connu un essor considérable au cours des dernières décennies. Les récentes perspectives dans ce domaine reflètent les nouveaux **besoins** des individus dans leur milieu de travail ainsi que ceux des organisations. La pression que peuvent exercer les besoins des individus, qu'ils soient isolés ou combinés avec d'autres, incite l'individu à adopter telle attitude ou tel comportement. Plus précisément, les personnes qui s'intéressent à la psychologie du travail et au comportement organisationnel cherchent à analyser et à interpréter les comportements physiques, émotifs et cognitifs des individus et des **groupes** dans leur milieu de travail et à expliquer l'apparition, le maintien ou la disparition de ces comportements. Elles s'efforcent également de comprendre la nature et la signification du comportement des organisations dans leur lutte pour devenir de plus en plus compétitives en vue d'assurer leur survie dans un environnement planétaire rempli d'incertitudes.

psychologie du travail
Discipline intégrant, entre autres, la sociologie, les sciences politiques, la médecine, les sciences juridiques, les sciences économiques et dont l'objet est d'analyser les comportements des individus dans leur milieu de travail et leur origine.

comportement organisationnel
Ensemble des actions et des gestes exécutés par les membres de l'organisation dans leur environnement de travail.

besoin
Déficience physiologique, psychologique ou sociale qu'un individu ressent ponctuellement.

groupe
Système organisé composé d'individus qui partagent des normes, des besoins et des buts et qui interagissent de manière à exercer une influence réciproque sur leurs attitudes et leurs comportements. À l'instar de l'individu, le groupe évolue au fil du temps.

croissance
Apprentissage de nouvelles habiletés et acquisition de nouvelles connaissances augmentant la possibilité d'avancement à l'intérieur d'une spécialité.

influence
Action qu'exerce une personne, une chose ou une situation sur un individu et qui l'amène à modifier ses façons d'agir et de penser.

leader
Individu qui influence le comportement, les attitudes et le rendement des employés. Un leader efficace adopte un style de comportement qui incite les individus ou les groupes à prendre les moyens nécessaires pour atteindre les objectifs organisationnels et qui vise à accroître la productivité et la satisfaction des employés.

superviseur
Personne qui assure, coordonne et contrôle l'exécution des tâches dans une unité de travail.

On voit poindre et prendre racine de nouvelles orientations qui s'imposent aux entreprises du monde entier, y compris les entreprises canadiennes. L'instabilité du contexte économique et son caractère hautement compétitif, la **croissance** vertigineuse de certains secteurs industriels, dont la haute technologie, de même que la nécessité de diversifier les stratégies de compétition sont des défis organisationnels de taille qui ont des répercussions indéniables sur le comportement des individus en milieu du travail. Or, les entreprises qui réussissent sont celles qui accordent une importance accrue à la gestion de leurs ressources humaines tout en étant conscientes qu'il leur faut se doter à court, moyen et long terme d'employés compétents et motivés pour relever les défis et réaliser les stratégies organisationnelles [1].

La forte compétition que se livrent les organisations, de même que la complexité du marché du travail, préoccupent énormément les professionnels de la psychologie du travail et du comportement organisationnel. La pénurie de compétences dans certains secteurs, la diversification de la main-d'œuvre, due notamment à la présence grandissante des femmes et des minorités visibles dans la population active, la recherche d'un équilibre entre la vie de famille et les exigences du travail, le vieillissement des travailleurs, la consommation d'alcool et de drogues sur les lieux de travail et la propagation de maladies comme le sida sont quelques-uns des nombreux impératifs qui justifient l'expansion de nouvelles écoles de pensée dans les entreprises. Dorénavant, pour que la fonction «gestion» assure la survie de l'organisation et atteigne les objectifs visés, les cadres et les travailleurs devront redoubler d'ingéniosité et de dynamisme pour trouver des solutions originales aux problèmes organisationnels et individuels qui risquent de surgir. Déjà, certaines fonctions et activités jugées cruciales il n'y a pas si longtemps sont progressivement déclassées au profit de certaines autres. Par conséquent, on reconnaît qu'une gestion efficace favorise la réalisation des objectifs organisationnels et que l'essor dans ce domaine est attribuable dans une large mesure aux changements et aux crises qui surviennent dans la société en général et dans le milieu de travail en particulier.

Les études et les recherches en psychologie du travail et en comportement organisationnel s'intéressent au comportement des individus et des groupes à l'intérieur des organisations. Elles portent sur l'organisation comme entité, sur les forces qui la modèlent et sur l'**influence** que l'organisation a sur ses membres [2].

En prenant connaissance de cette définition, on constate que l'étude de la psychologie du travail et du comportement organisationnel repose sur des questions qui se posaient déjà au début de la révolution industrielle: Quelles sont les caractéristiques d'un bon **leader**? Par quels moyens un gestionnaire peut-il motiver ses employés, ses collègues, ses **superviseurs**? Quelles sont les sources de **conflits** en milieu de travail? Comment peut-on améliorer les processus de **résolution de problèmes**, les modes de **communication**? Maintenant, les chercheurs se penchent également sur des sujets d'étude plus contemporains tels que la réduction du stress en milieu de travail, l'amélioration de la qualité de vie des employés ou encore le réaménagement de l'organisation du travail.

La psychologie du travail et le comportement organisationnel constituent des champs d'études multidisciplinaires et éclectiques en ce qu'ils puisent leurs théories, leurs principes et leurs modèles de sources aussi diverses que la médecine, la sociologie et la psychologie. D'entrée de jeu, ils empruntent à la psychologie les notions d'attitude, de motivation, d'apprentissage et de leadership. De la sociologie et de l'anthropologie, ils utilisent les notions de rôles, de normes, de dynamique de groupe et de différences culturelles. Des sciences sont tirées les notions de pouvoir et d'autorité et des sciences économiques, les concepts d'efficacité et d'efficience, ou ceux qui traitent des processus décisionnels. Les chercheurs en psychologie du travail et en comportement organisationnel forment aussi leurs modèles à partir des sciences médicales en y insérant les éléments de santé et de sécurité au travail, de physiologie du stress, etc. Enfin, ils retiennent des sciences de la gestion les théories concernant la **structure** et la dynamique des organisations.

Le concept d'**organisation** est bien souvent plus complexe qu'il ne le laisse paraître à première vue. Le rôle des gestionnaires et celui des travailleurs, de même que les relations qui en découlent, exigent une attention particulière. Pour cerner la véritable nature d'une organisation, il est nécessaire d'en saisir toutes les dimensions. Plusieurs définitions du terme « organisation » ont été suggérées, chacune reflétant l'expérience pratique et le point de vue théorique de l'auteur. Aussi peut-on définir l'organisation comme une combinaison des ressources humaines, matérielles, financières et informationnelles organisées en fonction d'un but prédéterminé.

Bien entendu, certains éléments fondamentaux sont communs à la plupart des définitions. Une des conceptions les plus répandues est que l'organisation est un système de transformation des **intrants** (*voir le tableau 1.1*). Les intrants représentent la matière première provenant de l'environnement externe ; une fois transformée, elle est retournée dans l'environnement sous forme d'extrants, ou de produits finis. Il y a plusieurs types d'intrants, mais on doit retenir que les ressources humaines sont le fondement de toute organisation et que les relations sociales constituent le facteur de cohésion qui lie les intrants.

conflit
En entreprise, situation qui découle des relations interpersonnelles et qui naît généralement des attentes incompatibles des individus ou des groupes ainsi que des différences entre les tâches. Le conflit se rapporte généralement à une incompatibilité totale, partielle, réelle ou perçue entre les rôles, les buts, les objectifs, les intentions et les intérêts d'un ou de plusieurs individus, groupes ou services.

résolution de problème
Procédé permettant de redresser une situation problématique.

communication
Processus bilatéral d'échange d'information entre au moins deux personnes ou groupes : une personne ou un groupe qui transmet une information (émetteur) et une personne ou un groupe qui reçoit l'information (récepteur).

structure
Manière dont une organisation combine ses diverses dimensions en un tout cohérent.

organisation
Ensemble des ressources humaines, matérielles, financières et informationnelles organisées en fonction d'un but partagé par tous. C'est un système qui transforme les intrants en extrants.

Tableau 1.1	L'approche systémique de l'organisation		
INTRANTS	**FACTEURS DE RÉUSSITE D'UNE ORGANISATION**	**EXTRANTS**	**BUTS VISÉS**
Ressources humaines Ressources matérielles Ressources financières Ressources informationnelles	Acceptation par les membres de l'organisation des buts visés Système organisationnel approprié Acceptation par les membres de l'organisation de la structure hiérarchique Leadership Processus adéquats : • de communication • de prise de décision • de motivation • de coordination • d'évaluation Environnement propice aux relations interpersonnelles	Transformation des ressources en produits finis Prestation de services	Succès financier et pérennité de l'entreprise Productivité, satisfaction des employés au travail Meilleures relations interpersonnelles et adaptation de l'entreprise aux changements Mobilisation des employés Sentiment d'appartenance à l'entreprise

intrant
Élément brut provenant de l'environnement externe, puis transformé ou modifié, pour être finalement retourné à cet environnement sous forme d'extrant ou de produit fini.

approche systémique
Vision globale et intégrée de divers éléments ou sous-systèmes. Les systèmes sont analysés principalement à l'aide des notions suivantes : les intrants (éléments bruts), le processus de transformation des intrants, les extrants (les résultats ou les produits transformés) et la boucle de rétroaction (la réalimentation du système).

De nombreux auteurs issus de disciplines différentes ont contribué à l'émergence de l'**approche systémique**. Chez les anthropologues, l'instigateur de l'approche systémique est Gregory Bateson qui, en 1972, a contribué à son éclosion en se questionnant sur les facteurs qui poussent un individu à adopter certains types de comportements plutôt que d'autres. Son questionnement s'est orienté vers les systèmes et les contextes humains qui donnent un sens au comportement observé [3].

D'autres scientifiques soulignent que les recherches que Bertalanffy a réalisées en 1968 et en 1993 permettent d'établir sa renommée à titre de père de la théorie des systèmes [4]. Dans ses deux recherches, produites respectivement en anglais et en français, monsieur Bertalanffy forge la vision systémique sur l'ouverture des systèmes. On lui attribue également le mérite d'avoir participé à l'émergence d'une théorie «holistique» de la vie et de la nature. Son approche biologique nourrit sa théorie générale des systèmes. Dans ce cadre, le scientifique est amené à explorer divers champs d'application de sa théorie – psychologie, sociologie ou histoire – comme autant de «niveaux d'organisation».

Le concept de cybernétique élaboré par Wiener en 1971 lui a permis, lui aussi, d'être reconnu comme un des piliers de la théorie systémique [5]. Dans sa vision, la cybernétique se concentre sur la description des relations avec l'environnement. Pour cela, il faut identifier les structures communicantes de l'objet étudié (les organisations dans notre cas) en se concentrant exclusivement sur l'effet externe (sans considérer les raisons internes de ces effets, d'où la schématisation en boîte noire). La représentation se fait en utilisant uniquement quelques briques élémentaires :

- les affecteurs (ou capteurs) qui représentent la perception des modifications de l'environnement ;
- les effecteurs, les moyens d'action sur l'environnement ;
- la boîte noire, élément structurel dont le fonctionnement interne est ignoré et qui n'est considéré que sous l'aspect de ses entrées et de ses sorties ;
- les boucles de rétroactions (ou *feed-back*) : on constate une boucle de rétroaction lorsque la grandeur de sortie d'une boîte noire réagit sur la grandeur d'entrée, selon un processus de bouclage. Dans ce dernier cas, on n'a plus seulement affaire à une simple relation de cause à effet, mais à une causalité non linéaire, plus complexe, où l'effet rétroagit sur la cause. Il y a deux sortes de rétroactions : la rétroaction positive (amplificateur) et la rétroaction négative (compensateur).

Le rôle de la cybernétique consiste ensuite à prévoir, selon cette représentation, l'évolution du comportement dans le temps. De manière générale, cette approche a permis de faire émerger les bases scientifiques d'une analyse rigoureuse des concepts d'organisation et de commande.

Tout au long de cet ouvrage, l'individu sera apprécié comme une ressource vitale pour l'organisation. Il s'agira de mettre en évidence ce que la psychologie du travail et le comportement organisationnel peuvent apporter à l'entreprise. Nous dégagerons les éléments d'apprentissage nécessaires afin de permettre aux dirigeants de considérer et de gérer les ressources humaines d'une manière qui, tout en optimisant la **productivité**, maximise le degré de satisfaction au travail et favorise le respect de chaque individu.

Malgré la complexité de ces disciplines, due entre autres à leurs multiples composantes et aux nombreuses interactions qu'elles engendrent (*voir la figure 1.1*), l'objectif premier de la psychologie du travail et du comportement organisationnel tient en peu de mots : améliorer le rendement des individus dans les organisations tout en se préoccupant de leur santé physique et mentale et en accroissant leur satisfaction au travail.

productivité

Rapport entre les extrants (les biens ou les services produits par un individu, un groupe ou une organisation) et les intrants (les éléments qui interviennent dans la production de ces biens ou services). Les extrants s'expriment en unités de production ou en valeur de la production.

Figure 1.1   Les influences internes, le rendement, la santé et la satisfaction au travail

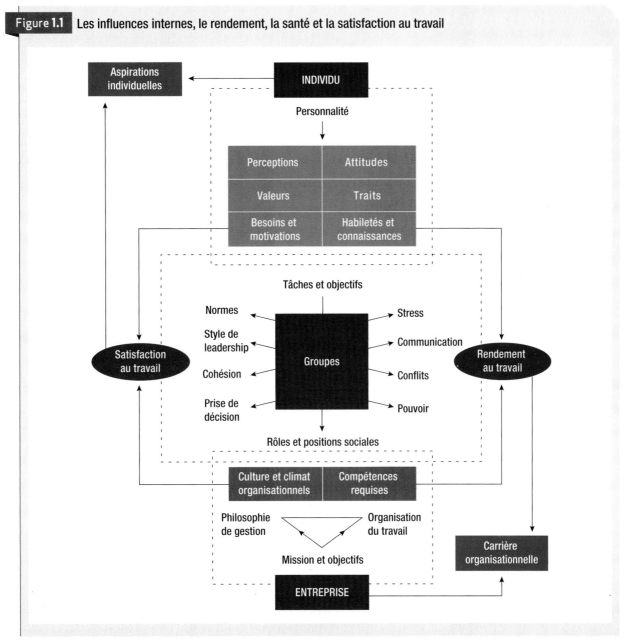

Source : Adapté de J. WANOUS, *Organizational Entry*, Reading, MA, Addison-Wesley, 1980.

1.1 LES ÉCOLES DE PENSÉE EN PSYCHOLOGIE

La psychologie du travail et le comportement organisationnel résultent d'une longue évolution des écoles de pensée en psychologie. Cette section présente une brève description ainsi qu'une critique des principales écoles.

On situe habituellement les débuts de la psychologie en tant que science en 1879, alors que Wilhelm Wundt fondait le premier laboratoire de psychologie à Leipzig, en Allemagne [6]. Wundt tenta de définir le contenu de l'expérience consciente en la décomposant en sensations (par exemple, la vision et le goût), en émotions et en images (par exemple, les souvenirs et les rêves). Il croyait que les processus mentaux pouvaient être mieux compris quand on les décomposait et qu'on analysait ensuite leurs interactions. Cette façon de procéder conféra à la psychologie son caractère scientifique, car cette démarche était la même que celle qui était utilisée en chimie et en physique. De plus, comme les chimistes et les physiciens, Wundt travaillait en laboratoire. Il tenta d'enrichir les connaissances sur les processus mentaux en recueillant des informations observables et mesurables et non en se limitant à la spéculation philosophique.

1.1.1 Le structuralisme

intensité

Force d'émission d'un stimulus : plus un stimulus est intense, plus il attire l'attention.

Si le fait d'établir une relation mathématique entre la magnitude d'une stimulation et l'**intensité** des sensations constituait un début d'objectivation scientifique important, celui de rendre objectives des émotions ou des images mentales représentait une tâche des plus difficiles, à laquelle le structuralisme a tenté d'apporter quelques éléments de solution.

On attribue le terme «structuralisme» à Edward Bradford Titchener qui, après des études auprès de Wundt, installa un laboratoire de psychologie aux États-Unis [7]. Il reprit essentiellement la démarche expérimentale de ce dernier, car il croyait lui aussi qu'il était possible d'acquérir des connaissances sur les processus mentaux en décomposant les expériences perceptives en sensations et en analysant ensuite leurs interactions, un peu comme un chimiste décompose l'eau en molécules d'hydrogène et d'oxygène. Il s'agissait d'explorer la relation entre l'expérience en laboratoire et la réalité. Aussi, il ne s'agissait pas tant de fournir une explication aux causes du comportement humain que de simplement décrire certains faits partiellement vérifiés, tout comme les anthropologues et les sociologues décrivent les modes de vie et les coutumes des groupes d'humains. La communauté scientifique souhaitait ainsi, au moyen de la convergence, de la répétition et de la généralisation d'observations, en arriver à distinguer certains principes organisateurs ou structurels du comportement.

Toutefois, bien que l'objectif ait été louable, les moyens pour l'atteindre recelaient certaines failles. Ainsi, pour obtenir des informations observables et mesurables, Titchener utilisait l'introspection, soit le compte rendu verbal des sujets, qui lui indiquait ce qu'ils ressentaient ou pensaient lorsqu'ils étaient soumis à une expérience perceptive. Les chercheurs se sont vite aperçus que les comptes rendus différaient grandement, en dépit du fait que les sujets étaient soumis à la même expérience perceptive (par exemple, une mélodie). De plus, ils ont observé que l'introspection, l'outil de travail le plus caractéristique de leur approche, avait pour effet de modifier le phénomène sous observation. Les chercheurs en psychologie se sont heurtés au même problème que les physiciens qui ont étudié le phénomène de la lumière. En effet, on doit au physicien Werner Heisenberg ce qu'il est convenu d'appeler le «principe d'incertitude d'Heisenberg», selon lequel la lumière nécessaire à l'étude du phénomène de la lumière modifie le phénomène observé.

La diversité des expériences internes (sensations, émotions, images mentales) est à l'origine des critiques formulées à l'endroit des travaux de Wundt et de Titchener. La difficulté d'objectiver, ou plutôt d'établir un consensus temporaire sur la réalité des observations, a fait en sorte que l'introspection ne pouvait être reconnue comme une pratique scientifique. Cependant, ces chercheurs ont continué leurs études en s'orientant davantage vers le phénomène de la discrimination perceptive.

La dernière critique du structuralisme est encore très actuelle. En effet, plusieurs chercheurs ont qualifié le structuralisme d'inutile, en ce sens qu'il n'était pas pratique parce qu'il n'offrait pas de solutions aux problèmes concrets. Cette opinion, très répandue dans le domaine de la psychologie et dans les autres domaines scientifiques, a entraîné un désintérêt pour la recherche fondamentale au profit de la recherche appliquée.

1.1.2 Le fonctionnalisme

William James, physiologiste à Harvard, a fondé le **fonctionnalisme** vers la fin du XIXe siècle en réaction au structuralisme. James s'intéressait aux relations entre l'expérience consciente et le comportement[8]. Le fonctionnalisme, par définition, concerne l'aspect fonctionnel et pratique des processus mentaux ainsi que la façon dont l'expérience de chacun lui permet de fonctionner plus efficacement dans son environnement.

fonctionnalisme
École de pensée qui met l'accent sur l'aspect fonctionnel et pratique des processus mentaux. Le fonctionnalisme est axé sur l'expérience et sur la façon dont celle-ci permet à l'individu d'adopter un comportement adapté à son environnement.

Le postulat de base de cette approche a été emprunté à la théorie de l'évolution des espèces de Charles Darwin. En effet, pour les fonctionnalistes, si les caractéristiques physiques de l'être humain (morphologiques et physiologiques, par exemple l'opposition du pouce aux autres doigts de la main) ont traversé les générations parce qu'elles favorisent l'adaptation à l'environnement et la lutte pour la survie, il doit en être de même de la conscience, qui a évolué et qui a elle aussi traversé les générations en favorisant l'adaptation et la survie de l'espèce. Les fonctionnalistes se sont donc intéressés au rôle fonctionnel ou adaptatif des processus mentaux. Bien qu'ils aient continué d'utiliser l'introspection, c'est surtout en recueillant des informations sur le comportement tant animal qu'humain qu'ils ont contribué à élargir le champ des connaissances en psychologie.

1.1.3 La psychanalyse

L'influence de la **psychanalyse** sur la psychologie a été très profonde. Cette discipline postule, entre autres, l'existence de trois structures psychiques chez

psychanalyse
Approche qui insiste sur l'importance des motifs et des conflits inconscients dans la détermination du comportement et qui met l'accent sur les mécanismes inconscients de l'esprit.

l'individu: le ça (*id*), qui représente les pulsions, le moi (*ego*), qui représente la conscience, et le surmoi (*superego*), qui représente le système de valeurs. Ces trois structures participent aux luttes internes continues chez l'individu. Sigmund Freud, ce médecin autrichien à qui on doit l'évolution thérapeutique de la psychologie, a mis au point une théorie de la **personnalité** à partir de son expérience clinique auprès de nombreux patients souffrant de problèmes émotifs. Ses recherches lui ont permis d'approfondir sa théorie, aujourd'hui mondialement diffusée.

La psychanalyse touche tout particulièrement l'aspect structural et dynamique de la personnalité. L'aspect structural permet de concevoir la personnalité selon trois instances psychiques: le ça, le moi et le surmoi (*voir le tableau 1.2*). L'aspect dynamique de la personnalité repose essentiellement sur l'utilisation de l'énergie psychique dérivée des forces instinctuelles et du rôle du moi quant à sa capacité de maîtriser l'anxiété. Les notions de frustration et de conflit découlant des **efforts** d'adaptation de la personne à son environnement jouent un rôle essentiel dans le processus de maturation.

Ainsi, la psychanalyse met l'accent sur l'importance des motifs et des conflits inconscients qui dictent le comportement. L'insistance qu'elle met sur les mécanismes inconscients de l'esprit et sur l'utilisation de l'introspection lui a valu de nombreuses critiques, mais il est indéniable que cette approche a favorisé l'évolution des connaissances sur la vie émotionnelle des individus. L'apport de la psychanalyse à la psychologie du travail se trouve notamment dans les recherches de Manfred Kets de Vries qui tentent de démontrer que «l'acteur rationnel» présenté dans les théories administratives modernes ne peut être réduit à un ensemble de conduites prédéterminées, et que le mythe de la rationalité organisationnelle doit être réexaminé à la lumière des connaissances accumulées sur le rôle de l'inconscient dans la détermination du comportement organisationnel[9].

Le livre de Guinchard et Arnaud, réalisé en 2011, peut s'inscrire dans la lignée de la littérature française récente en matière de psychanalyse où l'individu a la possibilité de développer une relation profonde avec son travail, relation qui alimente son psyché[10]. Selon eux, on analyse souvent le travail en examinant les tâches, telles une contrainte de l'emploi, pour satisfaire les besoins vitaux des individus. Appréhender le travail comme une source de désir en fait un objet mystérieux et essentiel avec lequel un individu entretient une relation.

personnalité
Ensemble des traits héréditaires et acquis qui sont relativement stables chez l'adulte et qui déterminent les particularités et les différences d'attitude et de comportement.

effort
Force ou énergie physique ou psychologique fournie par un individu dans la poursuite de ses objectifs.

compromis
Attitude qu'adopte un individu lorsqu'il consent à faire des sacrifices. Cette attitude ne permet de satisfaire entièrement ni les intérêts des uns ni les intérêts des autres. On cherche donc une solution intermédiaire qui sera partiellement satisfaisante pour chaque partie.

Tableau 1.2 Les trois instances psychiques de la psychanalyse

INSTANCE PSYCHIQUE	DESCRIPTION
Ça (*id*)	Pulsions instinctuelles essentiellement orientées vers l'assouvissement du plaisir.
Surmoi (*superego*) (*Über-Ich* en allemand)	Système de motivations régi par l'intériorisation des interdits moraux et sociaux.
Moi (*ego*)	Instance psychique qui a pour fonction de maîtriser les pulsions instinctuelles du ça et les interdits du surmoi, afin d'établir un **compromis** et un équilibre entre les désirs et la réalité, c'est-à-dire de participer à l'adaptation de la personne à son environnement.

La relation qui se développe peut dès lors être qualifiée d'intime et de précieuse puisqu'elle nourrit des références nécessaires à la survie psychique de l'individu, du groupe, de la société. Dans leur ouvrage, les auteurs nous offrent un canevas qui aide à comprendre les motivations du travailleur et à saisir ce qui relève de la nécessité ou du désir de travail. Une vision plus claire du fonctionnement psychique des individus dans leur relation avec le travail nous permet de comprendre les méandres de cette relation. Ponctué de situations vécues, l'ouvrage aborde entre autres les questions du rapport des jeunes avec le travail, de la paresse, de la procrastination, de la dépendance au travail, de l'effort, de la soumission, de l'ambition, sans négliger les thèmes actuels des risques psychosociaux ou du suicide au travail.

1.1.4 Le béhaviorisme

Les tenants du **béhaviorisme** définissent la psychologie comme étant l'étude du comportement strictement mesurable et observable, ou de la relation stimulus-réponse, le comportement étant conditionné par les stimuli provenant de l'environnement. Selon cette école de pensée, l'individu adopte automatiquement les comportements qui ont entraîné des conséquences heureuses dans le passé et il évite, un peu par réflexe, ceux qui ont entraîné des conséquences malheureuses. Elle a été popularisée par Frédéric Skinner, bien que John Watson en ait été le fondateur [11]. Ce dernier a créé le béhaviorisme en réaction au fonctionnalisme et en s'appuyant sur les mêmes arguments que ceux dont l'école fonctionnaliste s'était autrefois servie pour s'opposer au structuralisme. Pour Watson, l'étude des processus mentaux était une perte de temps, car l'introspection ne permettait pas une observation objective et rigoureuse des phénomènes de l'esprit. Il proposa donc de remplacer l'étude des processus mentaux par l'observation des relations entre les événements de l'environnement (stimuli) et le comportement subséquent (réponse), sans égard au fonctionnement interne ni à la manière dont les stimuli sont traités par l'organisme avant d'être transformés en réponses.

béhaviorisme
École de pensée qui postule que le comportement est fonction de ses conséquences.

Cependant, ce type d'études a confiné les béhavioristes au laboratoire ; ce n'est que vers 1950 que le béhaviorisme a commencé à connaître un certain succès, grâce à l'application des résultats de recherches aux problèmes cliniques [12]. En ce qui concerne la démarche scientifique, bien que le béhaviorisme se soit d'abord élevé contre l'école fonctionnaliste, ses succès cliniques lui ont permis, sur le plan thérapeutique, de s'opposer à l'école psychanalytique par l'entremise de la modification du comportement.

psychologie humaniste
École de pensée qui accorde de l'importance à la personne, à la conscience humaine, à la connaissance de soi et à l'aptitude à faire des choix, libérés des contraintes apportées par le béhaviorisme et la psychanalyse.

1.1.5 La psychologie humaniste

La **psychologie humaniste**, dans la foulée des recherches d'Abraham Maslow et de Carl Rogers, accorde une grande importance à la personne et à son épanouissement [13]. Issue de la tradition

introspective, cette école de pensée privilégie la conscience humaine, la connaissance de soi et l'aptitude à faire des choix, plutôt que l'influence des stimuli sur le comportement ou que l'emprise des pulsions inconscientes sur l'individu. L'accent porte sur le présent, l'ici et maintenant, plutôt que sur les déterminants internes ou externes du passé. Selon cette approche, l'être humain est fondamentalement bon et tend à s'accomplir, c'est-à-dire à actualiser son potentiel.

L'école humaniste a connu une forte popularité dans le monde du travail au cours des années 1960 et 1970. Ses partisans mettent l'accent sur l'**attitude** des individus et des groupes et, par le fait même, sur l'application de techniques de relations humaines ayant pour effet d'accroître la satisfaction des individus au travail et de hausser leur niveau de productivité. À longue échéance, les objectifs de l'approche humaniste sont, entre autres, l'harmonie, le consensus, un climat de travail serein et l'absence de conflits. La bonne entente et les **considérations** humaines passent avant la productivité, laquelle découle tout naturellement de **conditions de travail** favorables. La source de gratification peut être le superviseur, une personne de l'administration, l'administration comme personne morale, un client, un pair, des subordonnés, un collègue ou le public en général.

1.1.6 La psychologie cognitive

On peut considérer l'objectivité scientifique comme un consensus temporaire sur la réalité, et non comme la réalité elle-même. Aussi, l'évolution des connaissances et les limites des approches psychologiques antérieures ont-elles favorisé l'émergence d'une nouvelle école de pensée, la psychologie cognitive, laquelle a pour objet l'étude des processus mentaux qui avaient été mis de côté par l'école béhavioriste.

Selon cette approche, le comportement est plus qu'une simple réponse aux stimuli, car ceux-ci sont traités par l'organisme avant même d'être transformés en comportements. La pensée, le langage interne (ce qu'on se dit à soi-même) et la créativité sont autant d'objets d'étude de la psychologie cognitive. L'approche rationnelle-émotive mise au point par Albert Ellis représente bien cette tendance [14]. Selon lui, cette approche s'inspire de la tradition humaniste, en ce sens qu'elle accorde beaucoup de **valeur** à la pensée existentielle et qu'elle repose sur un empirisme solidement établi. Ellis souligne aussi qu'il s'agit d'un système théorique distinct et non d'une synthèse éclectique regroupant de l'information ou des techniques empruntées à d'autres approches, et ce, même s'il utilise les meilleurs aspects de ces autres approches.

Malgré l'apport indéniable des théories cognitives, il est encore difficile de savoir si cette approche représente une école de pensée fondamentale ou si elle est un courant issu des autres écoles de pensée.

1.1.7 La psychologie positive

La **psychologie positive** est une spécialité de la psychologie orientée vers le développement personnel et le changement social. Or, dans ce sens, elle s'inspire du courant humaniste. Un des tenants de la psychologie positive est

---

attitude

Impression, sentiment, croyance ou prédisposition stable d'une personne envers autrui, un groupe, une idée, une situation ou un objet qui guide les comportements.

considération

Reconnaissance du travail bien fait ou de l'accomplissement personnel en provenance des parties prenantes de l'organisation (superviseur, pair, etc.).

conditions de travail

Environnement de travail, incluant la quantité de travail à fournir, la facilité ou la difficulté d'exécution, l'éclairage, la température, les outils, l'espace, la ventilation et l'apparence générale du lieu.

valeur

Conviction ou croyance constante dans le temps qu'une certaine conduite ou qu'un comportement est préférable à sa forme opposée.

psychologie positive

École de pensée qui s'oriente vers le développement personnel et le changement social ; ses thèmes se rapprochent de la psychologie humaniste.

le psychologue Martin E.P. Seligman, de l'université de Pennsylvanie, créateur du *Positive Psychology Center*[15].

Ce centre a pour mission de promouvoir la recherche, l'éducation et la formation et d'accroître la visibilité de la psychologie positive. Cet organisme privilégie trois principales dimensions d'intervention afin de favoriser le bonheur : 1) les émotions et autres expériences subjectives positives, 2) les traits de caractère et les comportements associés et 3) les organisations sociales, les valeurs et les pratiques associées. En raison de la généralité de cette approche humaniste, débordant le domaine de la psychologie sous plusieurs aspects, on est porté à considérer la psychologie positive comme étant la base d'une *science du bonheur*. La psychologie positive porte sur des thèmes traditionnels telles la connaissance de soi et la spiritualité ou, plus simplement, l'attention aux motivations ou à l'estime de soi. Elle présente aussi des affinités avec les psychothérapies, notamment les psychothérapies cognitivo-comportementales, auxquelles se rattachent des techniques telles que la gestion des émotions et la logothérapie (thérapie par le sens). La psychologie positive se diffuse rapidement dans le monde universitaire. Déjà en 2005, une cinquantaine de groupes de recherche impliquant plus de 150 universitaires dans diverses régions du monde s'intéressaient à ses thématiques. Plusieurs dizaines d'universités américaines et européennes offrent des cours sur la psychologie positive[16].

1.2 LES MODÈLES EN COMPORTEMENT ORGANISATIONNEL

Au fil du temps, divers modèles ont été privilégiés par les auteurs, chacun cherchant à atteindre un rendement organisationnel maximal. Afin de présenter ces modèles dans un certain ordre, nous utiliserons les concepts que Tom Burns et George Stalker ont étudiés en 1961, soit la comparaison des modèles mécaniste et organique[17]. À la suite d'une étude effectuée dans une vingtaine d'entreprises britanniques, ces chercheurs ont pu établir un lien entre l'environnement organisationnel et la structure même des organisations, ce qui les a amenés à concevoir un système à deux dimensions. Le tableau 1.3, à la page suivante, présente les caractéristiques de ces deux modèles.

1.2.1 Le modèle mécaniste

Les trois approches présentées correspondent au modèle mécaniste utilisé en gestion, basé essentiellement sur le concept de rationalité. Les principes de gestion qui en découlent se traduisent par la spécialisation des tâches et des rôles, par la reconnaissance légitime de l'exercice de l'autorité, par l'obéissance aux principes d'unité de commandement et de communication selon la structure hiérarchique et, finalement, par l'application stricte de règles et de procédures dans un cadre impersonnel où les travailleurs sont plus motivés par la rémunération que par la qualité des relations de travail.

Tableau 1.3 Les caractéristiques des modèles mécaniste et organique

MODÈLE MÉCANISTE	MODÈLE ORGANIQUE
• Plus complexe, vu la décomposition des activités en tâches et la spécialisation des rôles. • Plus centralisé, vu la ligne stricte d'autorité et la définition précise des pouvoirs et des devoirs. • Plus formalisé, vu les règles et les procédures écrites. • Présent dans les entreprises de grandes dimensions. • Axé sur la surveillance et la supervision. • Basé sur la loyauté des employés envers l'entreprise et sur leur obéissance aux supérieurs hiérarchiques. • Privilégie la communication de type vertical, soit selon l'échelle hiérarchique.	• Plus décentralisé, vu la **délégation** de l'autorité et le partage des **responsabilités**. • Moins rigide quant aux tâches, qui sont redéfinies selon les besoins de l'entreprise. • Favorise la délégation de l'autorité selon l'expertise. • Axé sur la flexibilité et l'adaptation. • Plus informel. • Basé sur la participation des employés plutôt que sur leur loyauté et leur obéissance. • Axé sur la consultation plutôt que sur le commandement. • Privilégie la communication de type horizontal.

délégation
Processus par lequel un superviseur confie certaines tâches et responsabilités à ses subordonnés.

responsabilité
En entreprise, contrôle de l'employé sur son travail et pouvoir d'autorité sur celui des autres.

Le modèle de Taylor : l'organisation scientifique du travail

En 1912, Frederick Taylor publie un traité intitulé *The Principles of Scientific Management*, dans lequel il soutient que le principal objectif de la gestion est l'enrichissement des patrons et des travailleurs. Toutefois, ils sont si mal organisés qu'ils ont de la difficulté à l'atteindre ; aussi Taylor prône-t-il une direction administrative et une division des tâches plus rationnelles. Spécialisation et rétrécissement des tâches sont les mots d'ordre de ce type d'organisation du travail, contrairement à l'**élargissement des tâches** qui prévaut de nos jours.

élargissement des tâches
Technique de définition de poste par laquelle on restructure horizontalement le travail en augmentant la variété des tâches à un poste donné, pour combiner un certain nombre d'actions connexes sous la responsabilité d'un même employé.

On peut résumer le taylorisme en une expression simple : l'organisation scientifique du travail. Selon Taylor, trois éléments sont indispensables à une gestion efficace : la planification, la standardisation et la **sélection** des employés. Ces trois principes s'appliquent au travail selon les méthodes suivantes :

sélection
En milieu de travail, action de choisir, parmi un groupe de candidats présélectionnés et en fonction de critères précis, la personne qui sera embauchée.

- *L'analyse des tâches.* Selon Taylor, la seule bonne façon pour un travailleur d'effectuer un travail donné est d'être spécialisé dans l'exécution d'un nombre restreint de tâches parfaitement délimitées.

- *L'utilisation des méthodes scientifiques.* Le recours à des méthodes comme l'**étude des temps et mouvements** permet d'établir les standards de production dans une perspective de rentabilité. Une fois ces mesures établies, il reste à mettre au point une stratégie de dépassement qui redéfinit à la hausse les standards de productivité.

étude des temps et mouvements
Méthode qui étudie le temps et les mouvements nécessaires à l'accomplissement d'une tâche.

- *Le renforcement économique.* La principale stratégie permettant de dépasser les standards établis est le renforcement économique. Taylor soutient que la seule motivation des travailleurs est de nature pécuniaire ; par conséquent, il suggère que la rémunération soit proportionnelle au rendement.

Le renforcement économique est basé sur le principe du travail à la pièce. Au Canada, une forte proportion de travailleurs œuvrant dans les industries du

EN PRATIQUE

L'organisation scientifique du travail

- Les entreprises de restauration rapide constituent, à plusieurs égards, un bon exemple d'organisation scientifique du travail. Ainsi, chez McDonald's, la standardisation du travail est maximale : un manuel décrit en détail les règles et les procédures de chacune des activités de production, une université de Oak Brook aux États-Unis offre une formation de deux semaines aux franchisés, et chaque employé occupe un poste précis (préposé aux frites, au gril, etc.). En outre, la structure hiérarchique y est très étendue ; pour un même établissement, l'organigramme peut compter huit niveaux hiérarchiques : l'équipier, l'instructeur, le chef d'équipe, le « swing » (employé affecté à toute tâche selon les besoins), le deuxième assistant, le premier assistant, le gérant et le superviseur. De plus, les superviseurs et les supervisés sont clairement différenciés par la couleur de leur uniforme : gris pour les employés, bleu pour les superviseurs. Dans ce type d'entreprise, l'organisation scientifique du travail soulève toutefois quelques problèmes, tels un taux élevé de roulement de personnel, un travail sous pression dans le but d'augmenter la productivité et des conditions de travail difficiles (salaire, bruit, horaire, etc.).

- Les sociétés de télémarketing offrent elles aussi un bon exemple d'organisation scientifique du travail. Grâce aux nouvelles technologies, on peut maintenant connaître le nombre d'appels reçus par quart de travail ainsi que leur durée. Chaque employé doit suivre un protocole très structuré, détaillé et contrôlé. Aucune marge de manœuvre n'est laissée à l'employé, sans compter que les superviseurs assurent souvent le contrôle en circulant près des employés ou en écoutant les appels, par exemple.

textile, du vêtement, du tabac et de la sidérurgie est aujourd'hui encore touchée par des régimes d'incitation à la production.

En 1947, Taylor a présenté l'hyperspécialisation des tâches comme la meilleure façon d'augmenter la productivité[18]. Par conséquent, il est nécessaire que la sélection du personnel soit fonction de l'adéquation entre les habiletés des candidats et les exigences des tâches à accomplir. De plus, Taylor préconise que les travailleurs soient formés par les superviseurs au moment de l'embauche et en cours d'emploi, afin d'atteindre une standardisation accrue dans l'exécution des tâches et, de ce fait, augmenter la productivité.

Évidemment, la division des tâches établit une distinction très nette entre les superviseurs et les supervisés, entre le travail manuel et le travail intellectuel. On le verra au chapitre 3, les adeptes du taylorisme ont complètement ignoré les facteurs psychologiques et sociaux qui interviennent dans la motivation au travail.

Le tableau 1.4, à la page suivante, présente les avantages et les inconvénients de l'organisation scientifique du travail.

efficacité

Mesure indiquant dans quelle proportion les objectifs sont atteints.

promotion

Accession à un emploi supérieur, à une position hiérarchique plus importante, assortie ou non d'une augmentation de salaire.

absentéisme

Fréquence des absences exprimée en heures-personne, en jours-personne ou en pourcentage, dans un groupe donné.

accidents du travail

Accidents subis par des travailleurs du fait de leur activité de travail et pouvant entraîner, par exemple, la perte de l'ouïe, de la vue ou la mort.

carrière

Évolution professionnelle, objective ou subjective, de l'individu à l'intérieur de la sphère du travail.

Tableau **1.4** Les avantages et les inconvénients du modèle de Taylor	
AVANTAGES	**INCONVÉNIENTS**
• Augmente la productivité et l'**efficacité** dans l'exécution des tâches en établissant des standards précis de production, de rémunération et de **promotion**. • Réduit les coûts de main-d'œuvre en raison du peu de compétences requises, d'une formation minimale peu coûteuse et d'une abondance de main-d'œuvre.	• Engendre des sentiments d'ennui, d'insatisfaction, d'aliénation et une perte de motivation en raison du caractère répétitif des tâches à accomplir. • Favorise l'**absentéisme**, le taux de roulement du personnel et les tensions entre les employés et les superviseurs. • Augmente l'incidence des **accidents du travail** en raison d'une baisse de concentration découlant du caractère répétitif des tâches à accomplir.

Le modèle de Fayol : les principes de l'administration scientifique

Le modèle de Fayol a été élaboré à peu près à la même période que celui de Taylor par des chercheurs allemands, anglais et français, dont le plus connu est Henri Fayol. Après une intéressante **carrière** comme ingénieur et chef d'entreprise, Fayol décida de prendre du recul face à son expérience et de tenter de dégager des principes d'administration qui permettraient aux ingénieurs de diriger avec efficacité les travailleurs et les entreprises. En fait, il cherchait à cerner les composantes d'un enseignement et d'une formation en administration.

Ainsi, il démontra que toutes les activités d'une entreprise pouvaient se répartir en six groupes : les activités techniques, commerciales, financières, de sécurité, comptables et, finalement, les activités administratives. Selon lui, les cinq premiers groupes d'activités sont bien connus et respectés en entreprise, alors que pour les activités administratives, un effort de conceptualisation et de clarification est encore nécessaire afin d'en optimiser l'application. D'après l'ouvrage de Fayol paru en 1950, pour administrer, il faut [19] :

- prévoir, soit anticiper et fixer des objectifs ;

- organiser, soit gérer les ressources humaines ;

- coordonner, soit relier et concilier toutes les actions et tous les efforts ;

- contrôler, soit veiller à l'application des règles établies et des ordres donnés.

subalterne

Employé qui possède moins d'autorité qu'un autre ou qui n'en possède pas du tout s'il se situe à la base de la hiérarchie de l'organisation.

Le dernier point soulève une question particulière : Quel serait le ratio supérieurs-**subalternes** idéal pour assurer un contrôle efficace du travail ? La question est pertinente, mais simpliste, parce qu'elle est beaucoup trop vaste ; il n'existe pas de règle d'or en ce domaine.

autonomie

Liberté, indépendance et latitude dont jouit un employé au travail, ou possibilité pour un employé d'exercer un contrôle sur son propre travail.

On peut toutefois affirmer que l'étendue du contrôle est directement liée à la compétence des supérieurs, au degré d'**autonomie** des employés et au type d'organisation. Le degré d'autonomie est lié au nombre d'employés sous la direction d'un même superviseur. Plus le nombre d'employés supervisés est grand, plus leur degré d'autonomie est élevé, et inversement. Un degré d'autonomie élevé suppose donc une supervision moins directe de la part du supérieur.

En se basant sur les exigences établies par Fayol, l'administration est une fonction qui se répartit, comme les autres fonctions essentielles, entre la tête et les membres du corps social que constitue l'entreprise.

Par la suite, Fayol a élaboré 14 principes administratifs destinés à maximiser la productivité dans l'entreprise. Il a tenu cependant à soustraire du terme «principes» toute notion de rigidité, car selon lui, rien n'est rigide en administration ; ainsi, un même principe n'est presque jamais appliqué deux fois dans des conditions identiques en raison, notamment, de l'unicité des circonstances et des individus. Les principes administratifs développés par Fayol en 1950 sont les suivants [20] :

- la division du travail
- l'autorité
- la discipline
- l'unité de commandement
- l'unité de direction
- la subordination des intérêts particuliers à l'intérêt général
- la rémunération
- la centralisation
- la hiérarchie
- l'ordre
- l'équité
- la stabilité du personnel
- l'initiative
- la cohésion du personnel

Les quatre principes les plus connus sont certainement la division du travail, l'unité de direction (la **décentralisation** fonctionnelle), l'autorité (qui va de pair avec la responsabilité) et l'unité de commandement selon l'échelle hiérarchique.

Le modèle de Weber : les principes de la bureaucratie

Aujourd'hui, le terme «**bureaucratie**» est associé à «lourdeur administrative». Aussi, peu d'entreprises souhaitent être qualifiées de «bureaucratiques» tant l'épithète est peu enviable. Toutefois, pour le sociologue allemand Max Weber, la bureaucratie était tout autre : elle correspondait à

décentralisation

Augmentation des pouvoirs et de l'indépendance des autorités administratives subordonnées, rapprochant ainsi celles-ci des lieux d'exécution.

bureaucratie

Organisation rationnelle du travail caractérisée par l'objectivité du processus décisionnel.

processus décisionnel

Mécanisme facilitant le choix d'une solution parmi d'autres.

une organisation rationnelle du travail caractérisée par l'objectivité du **processus décisionnel**[21]. Il est à noter que dans la très grande majorité des entreprises, l'organisation du travail est inspirée des principes de la bureaucratie rationnelle apportés par Weber en 1924, que voici[22] :

- la division du travail, qui permet d'accroître l'efficacité et l'expertise dans l'exécution d'une tâche répétitive ;

- la structure hiérarchique, qui définit les niveaux d'autorité, les canaux de communication et le rôle de chaque employé dans l'organisation ;

- la communication verticale, qui consiste à acheminer l'information du haut vers le bas, conformément à la structure hiérarchique établie ;

incertitude

En milieu de travail, élément inhérent au travail du gestionnaire qui provient non seulement d'un manque d'information par rapport aux activités ou aux événements futurs, mais également de la difficulté à choisir la solution la plus appropriée dans une situation donnée.

- l'information écrite (règles, procédures, échange d'information, etc.), qui contribue à dissiper les **incertitudes** et les écarts d'interprétation ;

- le leadership, qui n'est pas forcément le fait de la position occupée par un individu dans l'échelle hiérarchique (le leadership peut être informel).

Le tableau 1.5 présente les avantages et les inconvénients de cette approche normative.

Tableau 1.5   Les avantages et les inconvénients du modèle de Weber

AVANTAGES	INCONVÉNIENTS
• Les règles et les procédures écrites réduisent les ambiguïtés et les écarts d'interprétation. • Le cadre rigide d'autorité commande la discipline et diminue les conflits au sujet des moyens à utiliser et des buts à atteindre. • Le système de promotion selon la compétence assure une main-d'œuvre qualifiée. • L'**équité** découle implicitement de l'objectivité des processus décisionnels.	• La surspécialisation entraîne des conflits d'intérêts. • La forte hiérarchisation entraîne la rigidité. • Le caractère impersonnel et formel de l'organisation du travail engendre un sentiment d'insatisfaction au travail. • Les **règlements** deviennent des normes strictes qui freinent le processus d'adaptation de l'entreprise. • La **formalisation** limite le niveau de production à celui qui est fixé par les normes.

équité

Caractère du traitement dont un individu est l'objet lorsque le rapport intrants/extrants qui le caractérise correspond à celui de la personne ou du groupe auquel il se compare.

règlement

Norme régissant les comportements des individus en fonction des situations dans lesquelles ils se trouvent.

formalisation

Description écrite des buts du travail et des moyens de les atteindre. La formalisation entretient un lien étroit avec la standardisation et la spécialisation du travail et permet de modeler les tâches et les rôles à partir d'un profil type, ce qui standardise les comportements de travail des individus dans un même poste pour les mêmes tâches.

1.2.2 Le modèle organique

Si on le compare avec le modèle mécaniste, le modèle organique est on ne peut plus souple, la rationalité économique faisant place aux considérations humanistes. La qualité des relations entre les individus et l'organisation devient ainsi une nouvelle préoccupation pour les gestionnaires et s'ajoute aux principes d'organisation du travail ; le formel s'enrichit de l'informel.

 **EN PRATIQUE**

Lettre d'un client d'IBM insatisfait, publiée dans un journal

Cher monsieur,

Après que notre compagnie eut acquis un nouveau système informatique IBM, j'ai eu un urgent besoin de manuels pour passer à travers une période de transition difficile. J'ai appelé au bureau d'IBM à Montréal et me suis renseigné sur la façon de commander ces manuels; on m'a dit que je devais les demander au représentant d'IBM. Je lui ai laissé un message et le jour suivant, il m'a rappelé pour me dire que je devrais attendre de quatre à six semaines. J'ai dit à mon représentant que le temps était de l'argent et que je ne pourrais pas attendre aussi longtemps.

J'ai alors appelé au siège social d'IBM, aux États-Unis, et leur ai demandé si je pouvais leur passer directement ma commande. J'ai fait plusieurs tentatives téléphoniques avant que l'on transfère mon appel à une bibliothécaire. Elle était en réunion, alors je lui ai laissé un message. Elle n'a pas donné suite à mon appel. J'ai rappelé encore le jour suivant et elle a expliqué qu'elle était responsable de la bibliothèque. Je lui ai dit que j'avais compris cela, mais que j'espérais qu'elle pourrait faire une recherche, transférer mon appel au service où je pourrais commander les manuels dont j'avais besoin.

Trois jours plus tard, la recherche était faite et la bibliothécaire me dit que je devais appeler au bureau d'IBM à Montréal. J'ai appelé au bureau de Montréal et j'ai demandé les manuels; on m'a répondu que je devais attendre de quatre à six semaines. La personne à qui j'ai parlé a même reconnu ma voix. J'ai encore expliqué que je ne pouvais pas attendre de quatre à six semaines, et elle m'a dit de porter plainte au service à la clientèle. J'ai appelé, et on m'a expliqué que le délai de quatre à six semaines était dû au fait que beaucoup de personnes avaient besoin des manuels d'IBM.

J'ai encore essayé d'appeler au siège social d'IBM aux États-Unis et je leur ai expliqué que j'avais besoin des manuels d'IBM. On m'a dit d'appeler au centre d'études d'IBM, à New York. Là, on m'a

expliqué qu'on vendait les manuels, mais que la personne responsable était présentement en réunion. Je lui ai laissé un message et lorsqu'elle m'a rappelé, elle m'a expliqué que, bien qu'elle comprenait ma situation, elle ne pourrait pas m'aider; elle vendait des manuels seulement aux résidants de New York.

Après m'être transformé en détective, j'ai trouvé un endroit nommé «Mechanicsburg», en Pennsylvanie, censé vendre ces manuels. J'ai appelé au siège social d'IBM, leur ai dit que Mechanicsburg vendait des manuels et je leur ai demandé le numéro de téléphone. On m'a répondu qu'ils ne le connaissaient pas. J'ai alors appelé la téléphoniste, qui m'a donné un autre numéro à composer.

J'ai parlé à un autre représentant d'IBM, à qui j'ai expliqué que j'avais un besoin urgent des manuels. Il m'a dit qu'il ne pouvait en vendre à l'externe, seulement aux employés d'IBM. J'ai plaidé en ma faveur, lui disant que je ne pensais pas qu'il serait congédié en rendant un client heureux. Il m'a dit qu'il ne pouvait pas prendre un tel risque.

J'ai alors décidé d'écrire au président d'IBM. J'ai appelé madame Brown, la bibliothécaire, et lui ai demandé le nom du président d'IBM: John Akers. Je lui ai aussi demandé l'adresse postale du président, mais elle m'a répondu qu'elle ne la connaissait pas.

Par conséquent, j'envoie cette lettre aux journaux et j'espère que M. Akers fera ce qui suit: 1) trouver une façon d'améliorer le service à la clientèle, 2) donner à madame Brown son adresse postale, 3) regarder si le même type de service à la clientèle existe dans d'autres sociétés d'informatique et 4) donner au Département américain de la Défense quelques conseils sur la façon de garder les manuels militaires hors de vue!

Je vous prie d'agréer l'expression de mes salutations distinguées.

Gideon Vidgorhouse, Ph.D.
Montréal (Québec)

Source: S.L. DOLAN et T. LINGHAM, *Fundamentals of International Organizational Behaviour*, New Delhi, Inde, Sara Books, Oxford, Angleterre, Chandos Publishing, 2008, p. 3. Traduit de l'anglais (avec la permission des auteurs).

Le modèle de l'école des relations humaines : Mayo, Roethlisberger et Dickson

En réaction à une trop grande formalisation et à une forte rationalisation des principes de gestion proposés par le modèle mécaniste, Elton Mayo a mené, de 1927 à 1932, des expériences connues sous le nom de «études de Hawthorne» (parce qu'elles ont été menées dans une usine de la Western Electric Company située à Hawthorne, près de Chicago). C'est surtout à ces recherches qu'est associé le modèle organique. L'approche de Mayo ne rejette pas les principes d'organisation du travail mis de l'avant par Taylor, Fayol et Weber ; elle met plutôt en évidence l'existence de réseaux informels et leur influence sur les processus de communication, les groupes et la structure hiérarchique en place.

Par ses recherches, Mayo a tenté de déceler les facteurs qui influent sur la productivité, et plus précisément d'établir un lien entre les conditions de travail, le climat de travail et la productivité. Une expérience particulière, portant sur l'éclairage des postes de travail, a démontré que le rendement était davantage fonction de variables psychologiques et sociales que des seules conditions environnementales. Par ailleurs, en 1945, Mayo soutenait que des facteurs tels que le sentiment d'appartenance au groupe et le caractère informel de la structure organisationnelle exerçaient une plus grande influence sur la productivité que les principes de gestion formels[23].

Les expériences de Mayo, analysées par Fritz Roethlisberger et Bill Dickson dans leur ouvrage paru en 1947, n'ont pu démontrer l'existence de groupes informels, car il était bien évident que les travailleurs se regroupaient aussi selon leurs affinités[24]. Ce qui a été démontré, par contre, c'est l'importance de ces regroupements pour leurs membres, et l'influence des normes du groupe sur la productivité. Par conséquent, l'analyse fait ressortir un ensemble d'éléments à caractère humaniste que l'organisation ne peut négliger dans la poursuite de ses objectifs.

Le modèle de Merton, Selznick et Gouldner

Robert King Merton, Philip Selznick et Alvin Gouldner, connus pour leurs travaux dans le domaine de la sociologie industrielle, ont conduit des études portant sur la bureaucratie. En 1952, ils constataient que la bureaucratie mène à l'affaissement du but de l'organisation, parce que l'observation des règles devient une fin en soi[25]. Quelques années plus tard, en 1957, Selznick énonçait des recommandations précises pour contrer les effets négatifs d'une bureaucratie ; il insistait entre autres sur la délégation de l'autorité (*empowerement* en anglais), qui ferait appel à un système de responsabilité entre les membres de l'entreprise qui réduirait l'effet négatif de la bureaucracie[26]. Pour sa part, Gouldner, en 1954, soulignait l'importance de tenir compte des variables environnementales lors de l'implantation d'une bureaucratie, et estimait que certaines conditions physiques et psychologiques en favoriseraient la réussite[27]. Il a ainsi distingué trois formes de bureaucratie et autant de types d'environnement :

- La fausse bureaucratie :

  - les règles ne sont pas appliquées par la direction et ne sont pas respectées par les employés ;
  - il y a peu de conflits entre la direction et les employés ;
  - l'insubordination est traitée de façon informelle.

- La bureaucratie représentative :

  - les règles sont respectées par la direction et les employés ;
  - il y a peu de conflits entre la direction et les employés ;
  - le respect des règles est assuré par un assentiment implicite, une participation mutuelle et l'éducation des deux parties.

- La bureaucratie punitive :

  - les règles sont appliquées par l'une ou l'autre des parties ;
  - il existe de fortes tensions et de nombreux conflits ;
  - l'application des règles est imposée par la direction, reçoit un assentiment implicite de la part des employés et s'accompagne de sanctions en cas de faute.

En 1990, Elliot Jacques reprend certaines des hypothèses émises par Merton, Selznick et Gouldner [28]. Il indique que, même pour les bureaucrates, le terme « bureaucratie » est péjoratif et que, dans le monde des affaires, les structures hiérarchiques propres à la bureaucratie sont perçues comme inhibitrices de l'initiative et de la créativité. Pourtant, après avoir étudié ce type d'organisation pendant 35 ans, il est convaincu qu'il s'agit de la structure organisationnelle la plus efficace et la plus naturelle qui soit pour les grandes entreprises, bien qu'elle comporte de nombreuses lacunes. Selon Jacques, on peut toutefois combler ces lacunes en redonnant aux gestionnaires une réelle autorité encadrée par la notion de responsabilité.

Les critiques formulées à l'endroit de Jacques rejoignent celles qui ont été adressées à Merton, Selznick et Gouldner. Ainsi, elles font valoir que les membres d'une organisation (supérieurs et subordonnés) ne se comportent pas de façon aussi rationnelle que l'exige une structure organisationnelle bureaucratique et qu'ils ne jouent pas leur rôle comme le veut la théorie. Les critiques reprochent d'ailleurs aux tenants de ce modèle de ne concevoir la personne que comme un instrument dans le grand jeu de la productivité, au lieu de miser sur son potentiel de réflexion et de créativité.

Le modèle de Likert

Ces travaux ont favorisé l'émergence de la dimension sociale comme **facteur de motivation** au travail. Les facteurs de motivation reconnus sont la réussite, la considération, le travail lui-même, les responsabilités et les promotions. Les travaux que Rensis Likert a réalisés en 1961 et en 1967, quant à eux, ont jeté les bases d'un modèle administratif plutôt axé sur la participation [29].

facteur de motivation

Facteur qui engendre un état de satisfaction ou de non-satisfaction chez les employés, selon qu'il parvient ou non à répondre à leurs besoins et qui, en conséquence, détermine ou non leur motivation.

politique
Ligne de conduite régissant les prises de décision.

socialisation
Processus visant l'intégration des employés à l'organisation et la transmission à chacun d'eux des normes, valeurs et compétences.

besoin d'actualisation
Besoin qu'éprouve une personne de réaliser ses aspirations, de se perfectionner et de créer, au sens le plus large du terme.

gestion par objectifs
Mode de gestion par lequel les gestionnaires de tous les niveaux hiérarchiques de l'organisation se fixent des objectifs communs, se partagent les responsabilités et évaluent régulièrement leurs résultats en les comparant aux objectifs poursuivis et en appréciant la contribution de chacun.

enrichissement des tâches
Technique de définition de poste par laquelle on restructure verticalement le travail, notamment en confiant à l'employé des tâches habituellement réalisées à un niveau supérieur, telles que la planification du travail, le choix des méthodes et le contrôle de la qualité.

Parce que les organisations de type mécaniste utilisent mal leurs ressources humaines, Likert préconise l'adoption d'un modèle organique, axé davantage sur la participation des employés aux décisions et à la formulation des règles et des **politiques**, afin d'améliorer leur satisfaction et leur productivité. Likert a d'ailleurs établi un parallèle entre les modèles mécaniste et organique quant à leur processus administratif ; ces différences sont présentées au tableau 1.6.

Soulignons également que Likert a beaucoup travaillé sur la nature des relations qui s'établissent entre les membres d'un groupe, entre les groupes eux-mêmes, et plus particulièrement entre les superviseurs et les supervisés.

Dans l'ensemble, les chercheurs associés au modèle organique ont tenté de redonner une certaine dignité au travailleur en lui permettant de combler, d'une part, ses besoins de **socialisation** et, d'autre part, ses **besoins d'actualisation**. Toutefois, ils ont pris pour postulat de base la noblesse du comportement humain, alors qu'en réalité on ne peut nier le fait que la paresse et l'utilisation égoïste du pouvoir font aussi partie de la nature humaine.

Tous ces chercheurs ont grandement contribué à modifier la conception du travail et du travailleur et à faire progresser les notions de motivation au travail, de communication organisationnelle, d'influence des groupes et de leadership. Par ailleurs, en plus de la création de nombreux outils de diagnostic organisationnel (analyses socioéconomiques, questionnaires, inventaires, tests), on leur doit la conception de programmes axés sur la **gestion par objectifs**, l'**enrichissement des tâches**, la décentralisation de l'autorité et la participation à la prise de décision, ainsi que la mise sur pied de sessions de formation aux habiletés de gestion (*T-Group*, gestion des conflits, communication et style de leadership, etc.).

1.2.3 Le modèle contingent

Les nombreuses critiques formulées à l'égard des modèles mécaniste et organique montrent à quel point il est difficile de trouver une structure

Tableau 1.6 Les composantes du processus administratif des modèles mécaniste et organique

COMPOSANTES	MODÈLE MÉCANISTE	MODÈLE ORGANIQUE
Leadership	Manque de confiance entre superviseurs et supervisés	Confiance entre superviseurs et supervisés
Motivation	D'ordre matériel, économique, sécurité	Méthodes participatives
Communication	De haut en bas, avec distorsions	Dans toutes les directions, sans distorsions
Interactions	Restreintes, influence minime des employés	Ouvertes, influence de tous les intervenants
Décisions	Centralisées au niveau supérieur	À tous les niveaux, décentralisées
Objectifs	Fixés par le niveau supérieur	Participation en groupe
Contrôle	Centralisé, sanction en cas d'erreur	Autocontrôle et résolution de problèmes
Rendement	Bas, aucune mise en valeur des ressources humaines	Élevé, mise en valeur des ressources humaines

organisationnelle parfaite. Aussi les chercheurs considèrent-ils la possibilité d'utiliser un **modèle contingent**, qui permet de choisir une structure organisationnelle en fonction de l'environnement interne et de l'environnement externe de l'entreprise.

Il devient dès lors possible que, dans une même organisation, les deux modèles coexistent. Par exemple, on peut très bien concevoir que le service de recherche et de développement fonctionne selon le modèle organique et le service de la production, selon le modèle mécaniste. Par sa flexibilité, le modèle contingent permet à l'organisation de s'adapter à son environnement interne et à son environnement externe en fonction des situations. Par ailleurs, les chercheurs tentent de déterminer les facteurs qui permettraient de choisir la structure organisationnelle la plus appropriée.

Dans le choix d'une orientation vers l'un ou l'autre des modèles mécaniste, organique ou contingent, plusieurs facteurs sont à considérer. Toutefois, bien que les facteurs internes tels que la mission et la stratégie d'entreprise jouent un rôle majeur, nous nous attarderons aux facteurs externes, plus particulièrement à la technologie et à l'environnement.

La technologie

La **technologie** se définit comme étant l'application des connaissances théoriques et pratiques à un travail technique. On peut raffiner cette définition en décomposant la connaissance en paramètres conatifs, existentiels et opérationnels ; la technologie est alors définie comme l'application du savoir, du savoir-être et du savoir-faire dans le but d'effectuer un travail. Cette définition peut paraître étonnante à première vue, car pour plusieurs personnes, la technologie est associée à la machinerie, aux outils et à l'équipement qu'utilise une entreprise pour fabriquer des produits ou exécuter des services. Toutefois, les connaissances et les compétences des travailleurs font elles aussi partie de la technologie, puisque l'outil ne peut à lui seul assurer le résultat final.

De nombreux chercheurs ont étudié les effets de la technologie sur la structure organisationnelle ; nous présentons les conclusions de quelques recherches sur le sujet.

Les recherches de Woodward

En 1965, Joan Woodward a effectué des recherches dans 100 entreprises manufacturières d'Angleterre afin de voir dans quelle mesure la structure organisationnelle contribue à l'efficacité de l'entreprise [30]. L'analyse des résultats de ses recherches l'a amenée à rejeter des facteurs tels que la taille de l'organisation, l'attitude des dirigeants et le secteur industriel comme éléments déterminants du succès d'une entreprise. Selon Woodward, c'est la cohérence entre les technologies de production et les formes d'organisation qui explique réellement le succès des entreprises. Ses recherches ont ainsi permis de mettre en lumière trois types de technologies, soit :

modèle contingent
Modèle qui se définit par le choix d'une structure organisationnelle en fonction de l'environnement interne et externe de l'entreprise.

technologie
Ensemble des techniques, méthodes, procédés, outils, machines et matériaux utilisés pour la production de biens et de services.

1. la production d'unités, ou production en petites quantités (par exemple, les locomotives) ;
2. la production de masse, ou production en grandes quantités (par exemple, les chaînes de montage) ;
3. la production en procédé continu (par exemple, les raffineries de pétrole).

De plus, elle a dressé la liste des caractéristiques propres à chacune de ces technologies.

- Pour la technologie de production d'unités et la technologie de production en procédé continu :
  - la flexibilité
  - la communication verbale
  - l'expertise scientifique
  - le contrôle de la production
- Pour la technologie de production de masse :
  - la spécialisation et la formalisation
  - la communication écrite et formalisée
  - les gestionnaires spécialisés
  - la supervision et la production

Les recherches de Woodward permettent de conclure que le modèle mécaniste correspond davantage à une technologie de production de masse, tandis que le modèle organique s'apparente plus aux deux autres types de technologies, soit la production d'unités et la production en procédé continu.

Les recherches de Perrow

En 1967, Charles Perrow s'est intéressé à l'aspect routinier de la technologie ; il a différencié les types de technologies en fonction de leur degré de routine[31]. Il définit quatre types de technologies :

1. la technologie artisanale, où les extrants sont plutôt uniformes et les problèmes difficilement identifiables (par exemple, l'ébénisterie) ;
2. la technologie routinière, où les extrants sont uniformes et les problèmes facilement identifiables (par exemple, les chaînes de montage) ;
3. la technologie non routinière, où les extrants sont variés et les problèmes difficilement identifiables (par exemple, les hôpitaux, la recherche) ;
4. la technologie de l'ingénierie, où les extrants sont variés et les problèmes peu identifiables (par exemple, l'industrie de la construction).

Selon Perrow, plus la technologie utilisée est routinière, plus les règles et les procédures sont détaillées, plus l'autorité des cadres est délimitée, plus les employés tirent leur satisfaction de facteurs extrinsèques. Bref, plus la technologie est routinière, plus la structure organisationnelle s'apparente au modèle mécaniste. Par ailleurs, moins la technologie est routinière, plus l'organisation est décentralisée, plus les cadres disposent d'un pouvoir discrétionnaire, plus les règles et les procédures sont flexibles, plus les employés tirent leur satisfaction de facteurs intrinsèques. Enfin, moins la technologie est routinière, plus la structure organisationnelle s'apparente au modèle organique.

L'environnement

Puisque les organisations ne fonctionnent pas en vase clos, il est réaliste de croire que l'environnement dans lequel elles évoluent influe sur leur structure. Toutefois, cette influence peut être très variable d'une organisation à l'autre, et même d'une division ou d'un service à l'autre à l'intérieur d'une même entreprise. La variabilité de l'environnement se rapporte à la quantité de changements auxquels fait face l'organisation aussi bien qu'au caractère prévisible ou imprévisible de ces changements. Plusieurs chercheurs se sont penchés sur ces questions ; nous présentons les résultats de quelques-unes de ces recherches.

Les recherches d'Emery et Trist

En 1963, Fred W. Emery et Eric Trist ont fait une distinction entre quatre types d'environnements qu'ils ont représentés sur deux segments : de stable à dynamique et de simple à complexe[32]. Le croisement de ces deux segments aboutit à quatre types de modèles organisationnels possibles (*voir le tableau 1.7*). La structure simple est celle qu'adoptent les petites entreprises, nouvelles sur le marché, centralisées, peu formalisées et standardisées. La bureaucratie mécaniste est appropriée pour les organisations de plus grande taille, moins récentes sur le marché, centralisées et formalisées. La bureaucratie professionnelle ne correspond pas à la taille ou à l'âge d'une entreprise : les organisations qui y adhèrent sont peu formalisées, décentralisées, mais standardisées. Enfin, l'adhocratie correspond à des entreprises décentralisées, peu formalisées et peu standardisées.

Selon Emery et Trist, il n'est pas utile d'étudier chaque facteur environnemental de façon indépendante, car ces facteurs sont interreliés. Pour faire face au changement, il faut tenir compte de quatre types de relations : 1) la relation entre les variables internes à l'organisation, soit la compétence technologique de la main-d'œuvre, 2) l'effet de l'organisation sur l'environnement, par exemple la pollution, 3) l'effet de l'environnement sur l'organisation, par exemple la disponibilité du personnel et des matériaux et 4) la relation entre les variables externes à l'organisation, tel le contexte politique ou économique.

Tableau 1.7 Le modèle organisationnel selon les types d'environnement

	ENVIRONNEMENT SIMPLE	ENVIRONNEMENT COMPLEXE
ENVIRONNEMENT STABLE	Bureaucratie mécaniste	Bureaucratie professionnelle
ENVIRONNEMENT DYNAMIQUE	Structure simple	Adhocratie

Les recherches de Lawrence et Lorsch

En 1967 et en 1969, Paul R. Lawrence et Jay Lorsch ont établi que l'environnement est le facteur déterminant quant au choix de la structure organisationnelle la plus appropriée pour conduire l'entreprise vers l'atteinte de ses objectifs[33]. Par conséquent, le choix d'une structure organisationnelle devient une réponse stratégique de l'entreprise dans ses efforts d'adaptation à un environnement turbulent.

Ils ont toutefois reconnu que les divers services ou divisions d'une même organisation présentent un environnement différent, et qu'il est de ce fait réaliste de croire que les entreprises les plus efficaces sont celles dont les services sont organisés de manière à faire face aux particularités de leur environnement ou de leur sous-environnement.

différenciation

Segmentation du système en sous-systèmes, chacun tentant de répondre à l'environnement dans lequel il se trouve.

C'est ainsi que Lawrence et Lorsch en sont venus à parler de **différenciation**, soit la segmentation du système en sous-systèmes dans le but de répondre aux exigences de l'environnement qui entoure ce système. Par exemple, les services de marketing, de production et de recherche et développement ne présentent pas le même environnement. La stratégie de l'entreprise pourrait être, pour chacun de ces services, de diviser le travail et de répartir les tâches et les responsabilités d'une autre manière, ce qui entraînerait chez les employés de chacun de ces services une attitude et des comportements différents.

Cependant, cette différenciation poussée à l'extrême peut entraîner une certaine anarchie au sein de l'entreprise et rendre difficile, voire impossible, l'atteinte des objectifs organisationnels. Lawrence et Lorsch proposent donc le concept d'intégration, soit le processus par lequel on accomplit un effort d'unité entre les sous-systèmes. Différents types d'intégration sont possibles : par des règles et des procédures, par la planification, par un leadership important, etc. En effet, pour arriver à mettre au point, à produire et à vendre un produit ou un service, les divisions d'une entreprise doivent collaborer et coordonner leurs efforts.

Les chercheurs ont testé leurs hypothèses auprès d'entreprises américaines des secteurs du plastique, de l'alimentation et de l'emballage. Ils en ont choisi certaines dont la rentabilité économique était forte et d'autres dont la rentabilité était faible. Ils ont découvert que, dans les entreprises efficaces, il y avait une forte adéquation entre le degré de différenciation et les moyens d'intégration. En ce sens, les études de Lawrence et Lorsch sont importantes parce qu'elles démontrent l'existence d'une étroite relation entre l'environnement, la structure organisationnelle et l'efficacité.

1.2.4 Le modèle contemporain

Le modèle contemporain en psychologie du travail et en comportement organisationnel repose sur un ensemble de plusieurs disciplines qui insistent sur la diversité des comportements au travail, tant chez l'individu que dans un groupe. Les concepts qui sont à la base de la psychologie du travail et du comportement organisationnel recoupent plusieurs principes de gestion que nous étudierons plus en détail. Nous verrons tout d'abord le principe de la gestion moderne des ressources humaines, puis les concepts de la responsabilité sociale des entreprises et de la durabilité. En terminant, nous examinerons la notion de culture organisationnelle et la qualité de vie au travail.

La gestion moderne des ressources humaines

En 2007, Saba et ses collègues[34], ainsi que Dolan et ses collègues[35], ont établi que la gestion moderne des ressources humaines vise quatre objectifs fonctionnels inhérents à son rôle organisationnel et à ses activités :

1. attirer les candidats les plus qualifiés ;
2. maintenir dans l'entreprise les employés fournissant le rendement le plus satisfaisant ;
3. accroître la motivation des employés et l'orienter vers l'excellence ;
4. favoriser l'épanouissement des employés dans l'entreprise par la pleine utilisation de leurs compétences.

Ainsi, la politique de recrutement de l'entreprise, aussi attrayante soit-elle, ne saurait à elle seule susciter l'intérêt des candidats possédant les qualifications professionnelles recherchées. Bien sûr, un programme de formation solide et une politique de rémunération intéressante constituent de précieux atouts. Il faut cependant garder à l'esprit que les activités de gestion des ressources humaines sont étroitement liées : l'accomplissement de l'une d'elles exige la prise en compte des autres. La gestion des ressources humaines doit être efficace pour intéresser les employés compétents, favoriser leur maintien, renforcer leur motivation et implanter des actions visant à les retenir au sein de l'organisation. L'organisation dont les activités, les pratiques et les programmes visent l'atteinte des objectifs mentionnés précédemment s'assure indéniablement d'une meilleure efficacité organisationnelle.

Plusieurs auteurs ont contribué à l'identification des principales fonctions ou activités de gestion des ressources humaines. Parmi celles-ci, nous retenons les quatre fonctions clés suivantes :

1. *La dotation en personnel* : Cela comprend le recrutement des candidats (à l'interne et à l'externe), leur sélection en fonction des exigences formulées pour les postes vacants ainsi que l'orientation et l'affectation des nouveaux employés.
2. *L'évaluation du rendement des employés* : En dépit de son aspect controversé, cette fonction n'en demeure pas moins cruciale pour apprécier et évaluer la contribution de chaque employé, de même que pour favoriser les échanges entre les cadres et les employés sur les objectifs de travail. En effet, les décisions touchant les promotions, les mutations, la formation ou les congédiements se fondent dans une large mesure sur les résultats de ces évaluations.
3. *Le développement des personnes* : On a observé, au cours des dernières années, l'essor de deux dimensions de la gestion des ressources humaines : le développement des compétences et la gestion des carrières qui renferment la conception et la mise en application des programmes de formation (analyse des besoins

de formation, évaluation, etc.). Mais, également, on y retrouve les activités qui permettent à l'individu de reconnaître ses valeurs, ses intérêts et ses aptitudes, d'établir son identité professionnelle et de réfléchir à son cheminement professionnel.

Ce volet de la gestion des ressources humaines permet entre autres d'améliorer les compétences des employés et d'accroître leur motivation et leur rendement.

4. *La rémunération et la motivation des employés* : Après avoir embauché un candidat, l'entreprise doit évaluer son rendement afin d'établir une rémunération adéquate. L'étude des causes de rendement insatisfaisant peut conduire l'entreprise à modifier son système de rémunération, à mettre sur pied un programme de formation particulier ou à adopter de nouvelles mesures incitatives. Nous le verrons au chapitre 3, la rémunération au rendement renforce généralement la motivation au travail.

Les concepts de la responsabilité sociale des entreprises et de la « durabilité »

responsabilité sociale des entreprises (RSE)
Concept multidimensionnel qui mesure le degré de responsabilité et de préoccupations sociales, environnementales et économiques des entreprises.

La **responsabilité sociale des entreprises (RSE)** est un concept qui peut se mesurer sur plusieurs plans : dans la stratégie de l'entreprise, ses processus, ses politiques, ses activités et ses programmes ou dans ses interactions avec ses parties prenantes sur une base volontaire. Globalement, c'est le degré de responsabilité de l'entreprise quant aux enjeux du développement durable dans l'environnement, la société et l'économie.

Le concept de la responsabilité sociale des entreprises a pris naissance pour répondre aux demandes de la société civile, par l'entremise d'associations écologiques, humanitaires, syndicales, etc. Leurs demandes proviennent de l'observation de multiples problèmes environnementaux, économiques et sociaux d'envergure planétaire.

Le concept de RSE est apparu dans les années 1960 dans la littérature consacrée aux entreprises. Il a depuis fait l'objet d'une élaboration théorique chez plusieurs chercheurs (voir, notamment, Laszlo et Zhexembayeva en 2011) [36].

La RSE est donc, pour l'entreprise, la déclinaison du concept de développement durable qui intègre les trois piliers suivants : social, environnemental et économique. La RSE tend à définir les responsabilités des entreprises vis-à-vis de ses parties prenantes, dans la philosophie « agir local, penser global ». Il s'agit donc d'intégrer le contexte mondial et local dans la réflexion stratégique.

triple bilan
Appelé aussi « triple résultat », le concept du triple bilan correspond au triple P : Personnes, Planète, Profit (ou *People, Planet, Profit,* en anglais).

Dès le début des années 1990, les écrits ont permis de noter l'émergence d'un nouveau concept : le **triple bilan** (ou *triple bottom line* en anglais). Le triple bilan est en quelque sorte la transposition de la notion de développement durable à l'entreprise (au moyen de la responsabilité sociale des entreprises) par l'évaluation de la performance de l'entreprise sous les trois angles suivants :

1. *L'angle social* (*People*) : Conséquences sociales de l'activité de l'entreprise pour l'ensemble de ses parties prenantes (ou *stakeholders*, en anglais). Cette dimension aborde entre autres l'impact des activités sur le respect des droits fondamentaux sociaux et humains, quel que soit le lieu de l'activité (conditions de travail, salaires, non-discrimination, sécurité). Une entreprise socialement responsable s'assure que ses activités ne génèrent aucune exploitation, ni mise en danger des salariés ou de la communauté environnante. Elle contribue au développement.

2. *L'angle environnemental* (*Planet*) : Compatibilité entre l'activité de l'entreprise et le maintien des écosystèmes. Respect des écosystèmes, quelle que soit l'activité de l'entreprise. Contrôle du réchauffement climatique (gaz à effet de serre), gestion active des ressources naturelles renouvelables, maîtrise de l'utilisation des ressources fossiles (donc épuisables), traitement des déchets, des matières toxiques, maintien de la biodiversité naturelle, garantie de la disponibilité et de la qualité de l'eau, etc.

3. *L'angle économique* (*Profit*) : Quête légitime du profit mais en respectant les règles éthiques élémentaires comme la saine concurrence, le rejet de la corruption et, pourquoi pas, l'aide au développement local.

En résumé, le terme « triple bilan » fait référence à la dernière ligne du compte de résultat en matière financière (ou *bottom line*, en anglais), c'est-à-dire au résultat net. L'expression a été créée par John Elkington, cofondateur du cabinet *SustainAbility* en 1994, qui constitue le premier cabinet-conseil en stratégie de développement durable de Grande-Bretagne. L'expression a ensuite fait l'objet d'un livre par cet auteur en 1998 [37].

La culture organisationnelle et la qualité de vie au travail

La notion de **culture organisationnelle** et tout le symbolisme qui découle de l'interprétation des comportements orientent la conception de l'organisation vers une réalité construite par l'esprit humain plutôt que vers une réalité objective enrichie du vécu existentiel [38].

culture organisationnelle
Ensemble de croyances, de valeurs et de normes partagées par les membres d'une organisation.

Lorsque les gens abordent la notion de culture organisationnelle, ils font souvent allusion à une foule de convictions, de valeurs, de symboles et de modèles de comportement qui décrivent la nature du milieu de travail. Cela comprend le degré de formalité dans les rapports, le niveau de confiance, l'ampleur du soutien offert aux collègues et le degré de transparence. Toutefois, la question qui subsiste est : Quelle est la personne responsable de ce développement et de quelle manière peut-on développer la culture organisationnelle ? De même, est-il possible de développer une culture de rentabilité et de performance tout en améliorant la qualité de vie des travailleurs ? La résolution de ce paradoxe est-elle envisageable ? Nombre de dirigeants et de leaders corporatifs ont compris qu'il est important de prendre tous les moyens pour résoudre ce dilemme, comme nous le verrons aux chapitres 8 et 11 de cet ouvrage.

Au cours des dernières décennies, la littérature a aussi mis en évidence l'intérêt marqué pour le rôle de *coach* en entreprise. On peut dire que ce rôle émane d'une plus grande complexité en matière de gestion au sein des entreprises, dans le contexte quasi chaotique actuel, et du désir d'améliorer la productivité, la durabilité et la capacité d'adaptation organisationnelle. L'accompagnement individuel en entreprise (*coaching*), puisqu'il revêt une part d'introspection, s'allie en quelque sorte à l'optimisation des décisions et aide à la conciliation du triple bilan.

Le *coaching* aussi a plusieurs formes, définitions et approches. C'est une relation d'apprentissage collaboratif où le client (le *coaché*) définit le plan d'apprentissage et où le partenaire (le *coach*) agit comme ressource et fait de l'écoute engagée. En partie, le *coach* aide son client à voir les choses d'un nouvel œil. Si le *coaching* aide les gens à mieux voir, deux questions se posent :

1. *Comment le* coaching *facilite-t-il l'analyse de la culture organisationnelle ?*
2. *Comment les idées de* coaching *contribuent-elles à créer une culture de haut rendement ?*

conversation sous-jacente
Outil permettant de déceler, d'observer, d'explorer et d'influencer les différences essentielles de la culture organisationnelle par le truchement des conversations qui se déroulent dans une organisation ou qui la concernent.

Avec leurs clients, les *coachs* apprennent à prêter attention à la **conversation sous-jacente** : en tendant soigneusement l'oreille, en étant à l'affût de ce qui est dit et de ce qui ne l'est pas, on peut en apprendre passablement sur ce qui influence la capacité de rendement d'une personne. Les conversations deviennent un outil qui influera sur la culture organisationnelle. Le reconnaître, c'est pouvoir jeter un regard neuf sur la culture et prendre des mesures qui ajoutent à son efficacité.

EN PRATIQUE

Des paroles qui renseignent et mènent à l'action

Voyons, à l'aide d'exemples précis, comment un leader peut influer sur la culture de son organisation en se servant des conversations. Pour ce faire, les gens privilégient sept types d'énoncés (ou actes de langage) :

Les déclarations font ressortir votre nature/vos valeurs

- « Je favorise un service axé sur le citoyen. »
- « Imaginez qu'on pourrait décupler la qualité de notre service tout en réduisant notre budget. »
- « J'ai beaucoup apprécié la sensibilité et le courage dont vous avez fait preuve hier. »

Les requêtes et les promesses débouchent sur des actes

- « J'accepte votre promesse de finir le rapport de projet pour le 10 juillet. »

- « Je vous demande de consulter chacune des régions avant de parachever la nouvelle politique, le mois prochain. » (La réponse sera « D'accord », « Je refuse », « J'ai autre chose à vous proposer », « J'ai besoin de deux mois » ou « Je vous donnerai une réponse demain. »)

Les évaluations et les affirmations décrivent votre perception du monde

- « Je crois que les décisions sur les soins de santé sont surtout le fait des femmes. » (Une évaluation est une opinion, elle n'est donc ni vraie ni fausse.)

- « J'affirme que, selon l'enquête, les femmes prennent 90 % des décisions en matière de santé. C'est à la page xx du rapport d'enquête. » (Les affirmations peuvent être vraies ou fausses et peuvent être vérifiées par un tiers neutre.)

Le *coaching* utilise des stratégies qui visent l'écoute et la parole qui, plutôt que de menacer la culture, en facilitent l'évolution. L'introduction de changements est plus simple si on tient compte des intérêts naturels et de l'engagement des intéressés. Il faut donc avoir une grande capacité d'écoute et faire preuve de respect à l'égard des gens. Le *coaching* a pour objet non pas d'imposer le changement, mais de créer de nouvelles possibilités[39].

psychologie sociale
Étude scientifique de la façon dont les gens se perçoivent, s'influencent et entrent en relation les uns avec les autres.

CONCLUSION

Les individus, les groupes et les organisations sont des sujets qui, depuis toujours, sont privilégiés par les chercheurs en sciences sociales. Les disciplines scientifiques se distinguent beaucoup plus par leur objet que par leur sujet d'étude. Bien que la **psychologie sociale** et la psychologie clinique (pour n'en nommer que deux) portent elles aussi leur attention sur les individus et les groupes, leurs moyens d'investigation et leurs champs d'intérêt sont beaucoup plus restreints que ceux de la psychologie du travail. En effet, les psychologues du travail sont plus éclectiques, car non seulement s'intéressent-ils à la compréhension des comportements individuels et collectifs et à ce qui les motive, mais ils sont aussi préoccupés par les processus organisationnels tels que la communication, le leadership et la prise de décision. De plus, leur champ d'intérêt s'est élargi pour inclure des sujets traditionnellement reliés au domaine administratif tels que la gestion du stress et les problèmes de structure et de changements organisationnels. Le tableau 1.8 pose les principaux jalons dans l'évolution de la psychologie du travail et du comportement organisationnel.

Tableau 1.8 — L'évolution de la psychologie du travail et du comportement organisationnel[40]

ANNÉE	THÉORIES, CONCEPTS ET MODÈLES	AUTEURS CLÉS
1890	L'organisation scientifique du travail	Frederick Taylor
1900	La bureaucratie	Max Weber
	La théorie de l'administration	Henry Fayol
1910	La lutte ou la fuite (*Fight or Flight Emergency Stress Response*)	Walter Cannon
1920	L'effet Hawthorne – Relations humaines	Elton Mayo
1930	La dynamique des groupes et la **résistance au changement**	Kurt Lewin
	Le leadership en milieu naturel	Ronald Lippitt et Ralph White
	Le conditionnement répondant	Ivan Pavlov

résistance au changement
Attitude hostile de refus ou d'opposition, individuelle ou collective, consciente ou inconsciente, qui se manifeste dès que l'éventualité d'une transformation est évoquée ou que des modifications sont introduites dans le cycle normal de travail.

Tableau 1.8 — L'évolution de la psychologie du travail et du comportement organisationnel (*suite*)

ANNÉE	THÉORIES, CONCEPTS ET MODÈLES	AUTEURS CLÉS
1940	La théorie des besoins et de la motivation	Abraham Maslow
	Les modifications du comportement (béhaviorisme radical)	B. F. Skinner
	La psychanalyse	Sigmund Freud
1950	Le côté humain de l'entreprise (développement organisationnel)	Douglas McGregor
	La théorie bifactorielle de la motivation	Fredrick Herzberg
	La psychologie humaniste	Carl Rogers
	Les réponses au stress	Hans Selye
1960	La **grille de gestion** du leadership	Robert Blake et Jane Mouton
	La théorie contingente du leadership	Fred Fiedler
	La théorie de la personnalité	J. B. Rotter
	La théorie des attentes	Victor Vroom
	La cognition et le stress	Richard Lazarus
	Le comportement de type A et le stress	M.D. Friedman et R.H. Rosenman
	La théorie de la prise de décision à rationalité limitée	Herbert Simons
	Le pouvoir et le leadership	Jack French et Bertram Raven
1970	Le modèle des chemins-buts du leadership	Robert House
	La dynamique de la bureaucratie	Michael Crozier
	Les théories de l'action, la double boucle de l'apprentissage et l'apprentissage organisationnel	Chris Argyris
1980	La culture et les professions	Edgar Schein
	Les stratégies compétitives	Michael Porter
	L'apprentissage par expérience	David Kolb
	Le leadership transformationnel	Bernard Bass
1990	L'illusion de la planification stratégique et les stratégies qui se retournent contre vous	Henry Mintzberg
	La cinquième discipline	Peter Senge
	La pensée latérale en gestion	Edward de Bono
	L'intelligence émotionnelle	Daniel Goleman
2000	Mener la révolution	Gary Hamel
	Les sept habitudes des personnes très efficaces	Stephen Covey
	L'engagement et les pratiques en milieu de travail	Jeffrey Pfeffer
2010	Partir de la domination et s'orienter vers le partenariat et le soin (*Care*)	Riane Eisler

grille de gestion

Modèle de gestion qui vise à concevoir et à élaborer un style de leadership approprié aux besoins de l'entreprise. Son principe de base soutient que l'excellence peut être atteinte par la découverte d'un intérêt commun, le maintien d'un climat psychologique sain au travail et un rendement élevé. Deux dimensions du leadership sont à distinguer, soit l'intérêt pour la production et l'intérêt pour les individus.

Source : Traduit et adapté de S.L. DOLAN et T. LINGHAM, *Introduction to International Organizational Behavior*, BookEducator.com, 2011, [En ligne], http://www.introtoob.com/textbook/introtoob/ (Page consultée le 14 mars 2012).

QUESTIONS **DE RÉVISION**

1. Décrivez les écoles de pensée en psychologie fondamentale en fonction de leurs objets d'étude respectifs.

2. «L'école de pensée humaniste est souvent considérée comme une synthèse des idéologies qui l'ont précédée.» Commentez cette affirmation.

3. Qu'est-ce qu'une organisation? Appuyez votre réponse sur les diverses influences auxquelles sont soumises les organisations.

4. Quelles sont les principales différences entre les modèles mécaniste et organique? En quoi le modèle organique favorise-t-il l'épanouissement des travailleurs?

5. Quelles sont les caractéristiques fondamentales du modèle contingent? Quelle est son utilité comparativement aux modèles mécaniste et organique?

6. En quoi la psychologie du travail et du comportement organisationnel sont-ils des champs d'études multidisciplinaires? Quelles sont les principales disciplines connexes?

7. Définissez le concept de responsabilité sociale de l'entreprise (RSE) et offrez quelques exemples de cette responsabilité à l'égard de la société civile (communauté) et de l'environnement.

ÉTUDE **DE CAS**

ARRÊTEZ DE PARLER: J'ENREGISTRE!

*Le cas a été préparé et écrit par **Simon L. Dolan**, coauteur de cet ouvrage. Il est basé sur un fait réel.*

Dominique Jalbert, une jeune diplômée en psychologie du travail et en relations industrielles, ne s'attendait pas à retourner à l'Université de Montréal pour visiter Éric Carrière, son professeur préféré. Cependant, elle a eu besoin d'aide lorsqu'est venu le temps de prendre une décision critique.

Après sa graduation, il y a deux ans, Dominique a accepté un poste d'adjointe du directeur des ressources humaines dans une petite entreprise d'ingénierie et de fabrication agricole à Dollard-des-Ormeaux, en banlieue de Montréal. Elle avait toujours voulu rester dans la région de Montréal, et elle se montrait enthousiaste à l'idée de pouvoir vivre enfin une première vraie expérience de travail. Roland Petit, le propriétaire de la compagnie, était impressionné par sa motivation et par sa capacité de faire des liens avec la matière apprise à l'université. Une année après son embauche, le directeur des ressources humaines a démissionné subitement et Dominique l'a remplacé à la tête des RH.

Elle a assumé ses fonctions avec enthousiasme et professionnalisme. Elle était très heureuse de pouvoir appliquer les valeurs qui lui avaient été inculquées pendant sa formation universitaire. En peu de temps, elle a gagné la confiance des employés, si bien que bon nombre d'entre eux aimaient passer du temps avec elle pour discuter de choses personnelles ou de problèmes liés au travail. Ils savaient que l'information qu'ils partageraient avec elle serait tenue confidentielle.

Un lundi, Roland Petit l'a fait venir à son bureau. Il avait entendu dire que certains employés n'aimaient pas son style de gestion. «Franchement, Dominique, il n'y a pas de place dans mon entreprise pour les employés qui n'acceptent pas mon style de gestion ou les politiques de la compagnie. Je dois vous demander si ce que j'ai entendu est vrai.» Il s'est alors dirigé vers son microphone et a montré à Dominique comment il enregistrait toutes les conversations qui avaient lieu dans son propre bureau. Il lui dit alors qu'elle devait elle aussi enregistrer secrètement toutes les conversations qui se tenaient dans son bureau. M. Petit a donné à Dominique une semaine pour installer le dispositif, lui précisant que si elle ne se conformait pas à sa demande, il interprèterait cela comme de l'insubordination et pourrait donc décider de la congédier.

Dominique était placée devant un vrai dilemme. D'une part, elle aimait son travail et la qualité de vie à Montréal. Elle savait qu'il lui serait difficile de trouver un travail comparable ailleurs. D'autre part, elle était choquée par la demande du propriétaire et par l'ultimatum qu'il lui avait donné. Dominique avait besoin de conseils. « Que devrais-je faire ? » a-t-elle demandé au professeur Carrière.

Questions

1. Que feriez-vous si vous étiez Dominique Jalbert ?

2. Quel conseil donneriez-vous à Dominique si vous étiez le professeur Carrière ?

RÉFÉRENCES

1 M. RAICH et S.L. DOLAN, *Beyond: Business and Society in Transformation*, Londres, Angleterre, Palgrave MacMillan, 2008.

2 A. AUERBACH et S.L. DOLAN, *Fundamentals of Organizational Behaviour: The Canadian Context*, Scarborough, Ontario, ITP Nelson, 1997, p. 2 ; S.L. DOLAN et T. LINGHAM, « Chapter 1 : What is Organizational Behavior ? », dans *Introduction to International Organizational Behavior*, BookEducator.com, 2011.

3 G. BATESON, *Steps to an Ecology of Mind*, New York, NY, Ballantine, 1972.

4 L.V. BERTALANFFY, *Théorie générale des systèmes*, Paris, France, Dunod, 1993.

5 N. WIENER, *Cybernétique et société*, Paris, France, Union générale d'éditions, 1971.

6 « Wilhelm Wundt », *Wikipedia*, [En ligne], http://es.wikipedia.org/wiki/Wilhelm_Wundt (Page consultée le 31 janvier 2012)

7 « Qu'est-ce que la conscience ? », *Le cerveau à tous les niveaux !*, [En ligne], http://lecerveau.mcgill.ca/flash/d/d_12/d_12_p/d_12_p_con/d_12_p_con.html (Page consultée le 4 février 2012) ; « Edward B. Titchener », *New World Encyclopedia*, [En ligne], http://www.newworldencyclopedia.org/entry/Edward_Titchener (Page consultée le 4 février 2012)

8 J.C. DUPONT, « Mémoire et héritage scientifique de William James », *Archives de Philosophie*, vol. 3, n° 69, 2006, p. 443-460, dans *Cairn.info*, [En ligne], www.cairn.info/revue-archives-de-philosophie-2006-3-page-443.htm (Page consultée le 4 février 2012)

9 M.F.R. KETS de VRIES, « The Irrational Executive », dans *Psychoanalytic Studies in Management*, New York, NY, International Universities Press, 1984 ; M.F.R. KETS de VRIES, *Organizational Paradoxes*, 2e éd., New York, NY, Routledge, 1995 ; M.F.R. KETS de VRIES, *The Leader on the Couch: A Clinical Approach to Changing People and Organizations*, New York, NY, John Wiley & Sons, 2006 ; M.F.R. KETS de VRIES, *Sex, Money, Happiness and Death: The Quest for Authenticity*, Londres, Angleterre, Palgrave MacMillan, 2009.

10 R. GUINCHARD et G. ARNAUD, *Psychanalyse du lien au travail*, Paris, France, Elsevier/Masson, 2011.

11 J.S. VARGAS, « A Brief Biography of B.F. Skinner », 2005, [En ligne], www.bfskinner.org/BFSkinner/AboutSkinner.html (Page consultée le 5 février 2012)

12 B.F. SKINNER, *About Behaviorism*, New York, NY, Alfred A. Knopf, 1974.

13 A.H. MASLOW, « A theory of human motivation », *Psychological Review*, n° 50, 1943, p. 370-396 ; C.R. ROGERS et J.K. WOOD, « Client Centered Therapy », dans A. BURTON, *Operational Theories of Personality*, New York, NY, Brunner/Mazel, 1974.

14 A. ELLIS, « Rational Emotive Theory », dans A. BURTON, *Operational Theories of Personality*, New York, NY, Brunner/Mazel, 1974.

15 M.E.P. SELIGMAN, *Authentic Happiness*, New York, NY, Free Press, 2002.

[16] M.E.P. SELIGMAN, T.A. STEEN, N. PARK et C. PETERSON, «Positive psychology progress ; Empirical validation of interventions», *American Psychologist*, vol. 60, n° 5, 2005, p. 410-421.

[17] T. BURNS et G.M. STALKER, *The Management of Innovation*, Londres, Angleterre, Tavistock Publications, 1961.

[18] F.W. TAYLOR, *The Principles of Scientific Management*, New York, NY, Harper & Row, 1947.

[19] H. FAYOL, *Administration industrielle et générale*, Paris, France, Dunod, 1950.

[20] *Ibid.*

[21] M. WEBER, «Bureaucracy», dans H. GERTH et C.W. MILLS, *Max Weber : Essays in sociology*, New York, NY, Oxford University Press, 1946.

[22] M. WEBER, *Économie et société*, Paris, France, Plon, 1924.

[23] E. MAYO, *The Social Problems of an Industrial Civilization*, Cambridge, MA, Harvard University Press, 1945.

[24] F. ROETHLISBERGER et W. DICKSON, *Management and the Worker*, Cambridge, MA, Harvard University Press, 1947.

[25] R.K. MERTON, P. SELZNICK et A. GOULDNER, *Reader in Bureaucracy*, New York, NY, Free Press, 1952.

[26] P. SELZNICK, *Leadership in Administration*, Englewood Cliffs, NJ, Harper & Row, 1957.

[27] A.W. GOULDNER, *Patterns of Industrial Bureaucracy*, New York, NY, Free Press, 1954.

[28] E. JACQUES, «In Praise of Hierarchy», *Harvard Business Review*, (janvier-février 1990), p. 127-133.

[29] R. LIKERT, *New Patterns of Management*, New York, NY, McGraw-Hill, 1961 ; R. LIKERT, *New Human Organization : Its Management and Value*, New York, NY, McGraw-Hill, 1967.

[30] J. WOODWARD, *Industrial Organization : Theory and Practice*, Londres, Angleterre,, Oxford University Press, 1965.

[31] C. PERROW, «A Framework for the Comparative Analysis of Organizations», *American Sociological Review*, vol. 32, n° 2, 1967, p. 192-206.

[32] F.W. EMERY et E.L. TRIST, «The Casual Texture of Organizational Environment», *Human Relations,* n° 18, 1963, p. 20-26.

[33] P.R. LAWRENCE et E.J. LORSCH, «Differenciation and Integration in Complex Organizations», *Administrative Science Quarterly*, (juin 1967), p. 1-47 ; P.R. LAWRENCE et E.J. LORSCH, *Organization and Environment*, Homewood, IL, Richard D. Irwin, 1969.

[34] T. SABA, S.L. DOLAN, S.E. JACKSON et R.S. SCHULER, *Gestion des ressources humaines*, 4e éd., Montréal, ERPI, 2007.

[35] S.L. DOLAN, R. VALLE, S.E. JACKSON et R.S. SCHULER, *La Gestion de los recursos humanos*, Madrid, Espagne, McGraw Hill, 2007 ; T. SABA, S.L. DOLAN, S.E. JACKSON et R.S. SCHULER, *Gestion des ressources humaines*, 4e éd., Montréal, Québec, ERPI, 2007.

[36] C. LASZLO et N. ZHEXEMBAYEVA, *Embedded Sustainability, The Next Big Competitive Advantage*, Stanford, CA, Stanford University Press, 2011.

[37] J. ELKINGTON, *Cannibals with Forks: the Triple Bottom Line of 21st Century Business*, Gabriola Island, Colombie-Britannique, New Society Publishers, 1998.

[38] E.H. SCHEIN, «Culture : The Missing Concept in Organization Studies», *Administrative Science Quarterly*, vol. 41, n° 2, 1996, p. 229-240 ; S.L. DOLAN et B. RICHLEY, «Management By Values (MBV): A New Philosophy for a new economic order», dans P. COATS, *Handbook of Business Strategy*, Londres, Angleterre, Palgrave Macmillan, 2006 ; S.L. DOLAN, S. GARCIA et B. RICHLEY, *Managing by Values*, Londres, Angleterre, Palgrave Macmillan, 2006.

[39] S.L. DOLAN, *Coaching by Values : A guide to success in the life of business and the business of life*, Bloomington, IN, iUniverse, 2011.

[40] S.L. DOLAN et T. LINGHAM, «Chapter 1: What is Organizational Behavior ?», dans *Introduction to International Organizational Behavior*, BookEducator.com, 2011.

CHAPITRE

2

Les comportements au travail

PLAN DE CHAPITRE

Introduction

2.1 Le comportement humain

2.2 Le processus de perception

2.3 La personnalité

2.4 Les valeurs et les attitudes dans l'environnement de travail

2.5 Les attributions

Conclusion

OBJECTIFS D'APPRENTISSAGE

Dans ce chapitre, le lecteur se familiarisera avec :

- l'influence des caractéristiques personnelles et sociales sur le développement d'un schème comportemental ;
- les principaux comportements en milieu de travail que l'on cherche à reproduire ou à éliminer ;
- le lien entre la personnalité et les comportements d'un individu ;
- la dynamique d'acquisition des valeurs et des attitudes et leur importance par rapport à la propension à agir ;
- le processus d'émergence de distorsions dans l'interprétation de la réalité ;
- la nature des erreurs de la perception les plus courantes ;
- les paramètres d'attribution des causes et des conséquences d'un comportement ;
- le lien entre le comportement, la personnalité, les valeurs, les attitudes, les attributions et la perception.

INTRODUCTION

Au chapitre précédent, nous avons présenté les principales théories qui ont été élaborées dans le domaine de la psychologie et du comportement organisationnel. Même si elles ont toutes comme objectif de déterminer les principes sous-jacents aux agissements humains, ces théories empruntent divers paradigmes qui éclairent autant de facettes du réel. Ainsi, il serait illusoire de croire en l'existence d'une seule réalité, cette dernière étant relative au point de vue des observateurs. De la même façon, l'évaluation que l'on fait de certains comportements est indissociable de la perception que l'on a de soi, des autres et des situations. Dès lors, la personnalité, les valeurs, les attitudes et les attributions doivent être prises en considération, puisqu'en intervenant dans le processus perceptif, elles influencent notre appréciation de la réalité. Par exemple, dès qu'un employé dit que son gestionnaire est autoritaire, on imagine qu'un ensemble de comportements stéréotypés caractérise cette personne. Toutefois, il est fort probable que le gestionnaire se perçoive fort différemment. La perception qu'une personne a d'elle-même et de son environnement de travail peut donc être complètement différente, voire contraire à celle de son entourage.

Un adage dit qu'une image vaut mille mots. La caricature présentée ci-contre ne traite pas directement de notre sujet, mais elle peut aisément s'y rattacher. Elle illustre, avec une économie de moyens remarquable, la subjectivité du processus de perception et les retombées concrètes qu'une divergence d'interprétation peut avoir sur la relation avec autrui et l'efficacité d'une interaction.

Cela dit, le comportement humain est un sujet d'étude complexe, et tenter de cerner toutes ses composantes sur un seul modèle est impossible. L'approche que nous avons donc retenue permet d'illustrer les principaux déterminants du comportement et, plus particulièrement, ceux du comportement en milieu de travail.

psychologie sociale

Étude scientifique de la façon dont les gens se perçoivent, s'influencent et entrent en relation les uns avec les autres.

En nous inspirant des fondements de la **psychologie sociale**, soit «l'étude scientifique de la façon dont les gens se perçoivent, s'influencent et entrent en relation les uns avec les autres[1]», nous aborderons la notion de comportement pour ensuite définir ses déterminants, soit la perception, la personnalité, les valeurs, les attitudes et les attributions. Par ailleurs, puisqu'il est impossible de traiter les déterminants comme des entités complètement indépendantes, les liens qui les unissent seront mis en évidence.

2.1 LE COMPORTEMENT HUMAIN

À cause de l'extrême complexité du comportement humain, il est difficile d'élaborer un cadre de référence rassemblant tous les éléments essentiels à sa description et à sa compréhension. Cela est d'autant plus vrai lorsqu'on cherche à cerner les paramètres de l'organisation comportementale, c'est-à-dire lorsqu'on porte attention à la conduite des individus ou aux ensembles de comportements complémentaires adoptés afin d'atteindre un objectif précis. En effet, on ne peut comprendre entièrement une personne parce qu'il est impossible de partager toutes ses pensées, ses sentiments et ses motivations. Mark Twain soulignait d'ailleurs que chaque personne, à l'instar de la Lune, possède un côté caché qu'elle ne montre jamais.

Néanmoins, on cherche depuis longtemps les facteurs distinctifs permettant de prédire le comportement. Lewin[2] affirmait que le comportement humain dépend des nombreux facteurs qui caractérisent la personne, auxquels se joignent divers aspects environnementaux. On peut représenter cette affirmation à l'aide de l'équation suivante : $C = \int(P, E)$, c'est-à-dire que le comportement (C) est fonction de l'interaction entre les caractéristiques de la personne (P) et les facteurs environnementaux (E). La variable P (personne) englobe les facteurs qui permettent à l'individu d'effectuer une évaluation cognitive de son environnement, les valeurs et les attitudes, entre autres. L'ensemble de ces facteurs aide à établir une certaine cohérence psychologique, ainsi qu'à comprendre, expliquer et, ultimement, à prévoir le comportement des individus dans diverses situations.

Bien qu'aucun modèle ne puisse prétendre élucider complètement l'origine des comportements et des conduites, certains éléments, isolés puis regroupés de façon systémique, peuvent éclairer l'ensemble du processus. Il est nécessaire, pour ce faire, d'esquisser un portrait global de la personne en utilisant un modèle intégré qui tienne compte, plus particulièrement, de la réactivité des individus face aux situations qui leurs sont présentées.

La figure 2.1, présente un modèle comportemental. Dans ce modèle, les situations sont caractérisées par des objets, des événements, des personnes côtoyées, des occasions de réussir, d'acquérir du pouvoir, etc. Toute situation, peu importe sa nature, passe d'abord par un processus de perception où elle fait l'objet d'une évaluation. En fait, c'est l'analyse perceptive des stimulations présentées à l'individu qui lui permet de faire des choix comportementaux. L'individu décortique une situation eu égard à ses valeurs, à sa personnalité, aux attitudes qui lui sont propres, ainsi qu'aux attributions qu'il exerce. Ce n'est qu'après avoir évalué une situation qu'un individu peut formuler une intention de se comporter et choisir, le cas échéant, le type de comportement ou de conduite qu'il juge requis. Bien que l'évaluation cognitive puisse sembler fastidieuse, il faut savoir qu'elle s'effectue la plupart du temps de façon mécanique et automatique. Si le choix comportemental est important, ou s'il peut avoir des répercussions à long terme, le processus d'évaluation est alors plus raisonné, car l'individu prend le temps de soupeser les diverses possibilités avant de se positionner.

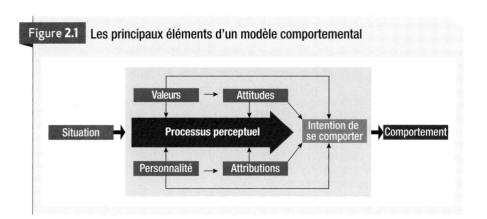

Figure 2.1 Les principaux éléments d'un modèle comportemental

2.1.1 Des exemples de comportements au travail

Un des objectifs des organisations, et particulièrement de leurs gestionnaires, est de mettre en place les conditions favorisant l'émergence de comportements jugés productifs et de limiter, chez les employés, l'adoption de conduites contre-productives ou improductives. Pour ce faire, les politiques de l'organisation détermineront et véhiculeront les comportements recherchés (par exemple par l'évaluation du rendement, par la politique de promotion), ainsi que ceux qui sont néfastes pour l'efficience de par l'entreprise (par exemple par la politique d'absentéisme, par la politique de harcèlement psychologique). Au-delà de l'expression des attentes par l'entremise des politiques formelles de l'organisation, les gestionnaires ont la responsabilité de construire et de maintenir un contexte de travail propice à l'émergence des comportements désirés. Que ce soit en matière de service à la clientèle, d'assiduité au travail, d'innovation ou encore de relations interpersonnelles, il convient de reconnaître que les politiques fixent les standards et que les gestionnaires se doivent d'en faciliter l'atteinte.

Bien que n'importe quelle organisation est en mesure d'identifier des comportements généralement favorables ou défavorables, il demeure que le caractère positif d'un comportement peut être spécifique à une entreprise ou à une période donnée. Par exemple, les comportements d'innovation sont beaucoup plus valorisés dans le milieu de l'informatique qu'ils ne le sont en restauration. Pareillement, la rétention des travailleurs est maintenant un enjeu majeur pour la plupart des organisations, en raison des pénuries actuelles et prévues de main-d'œuvre, ce qui était moins observable il y a vingt ans. Ainsi, d'une organisation à l'autre, les comportements attendus se ressemblent et diffèrent à la fois. C'est principalement le processus de socialisation qui servira d'assise pour formuler les attentes comportementales d'un environnement de travail donné.

Voici quelques comportements que les organisations cherchent actuellement à valoriser ou à enrayer.

La performance au travail

La **performance individuelle** au travail se définit comme un ensemble de comportements ou de gestes qui sont pertinents pour les objectifs d'une organisation et pouvant être mesurés en termes de niveau de compétence et de contribution aux objectifs[3]. Ainsi, la performance dans la tâche peut être directement associée à un ensemble agrégé de comportements spécifiques qui permet au travailleur d'effectuer le travail selon les standards ciblés. Naturellement, la nature des comportements performants sera alors tributaire des caractéristiques intrinsèques de l'emploi. Chaque poste, ou catégorie de poste, a une configuration particulière de comportements assurant la performance. Actuellement, au-delà de cette performance implicite, on s'intéresse de plus en plus à la **performance contextuelle**, qui correspond à «l'ensemble des comportements qui contribuent à l'efficacité organisationnelle par leurs effets sur le contexte psychologique, social et organisationnel du travail[4]». Cette performance contextuelle est intimement associée à des concepts tels la citoyenneté organisationnelle, les comportements prosociaux ou encore, *a contrario*, les comportements contre-productifs. La performance contextuelle relève donc de comportements discrétionnaires en ce sens qu'ils sont volontaires, n'ayant pas nécessairement de liens directs avec les tâches qu'une personne doit accomplir. Il s'agit d'une dimension de la performance qui se situe à l'extérieur des tâches prescrites, mais qui contribue effectivement à améliorer ou à maintenir la qualité de l'environnement de travail. Ainsi, le travailleur qui, par exemple, félicite régulièrement ses collègues, collabore

performance individuelle
Ensemble des comportements contribuant aux objectifs organisationnels.

performance contextuelle
Ensemble des comportements contribuant à l'efficacité organisationnelle.

volontairement aux changements, fait la promotion de l'image corporative ou adhère sans compromis aux objectifs de l'organisation, fait preuve d'une bonne performance contextuelle. Naturellement, bien qu'il ne soit pas formellement prescrit, les organisations valorisent ce rôle qu'elles soutiennent habituellement par les valeurs associées à la culture de l'organisation[5].

L'absentéisme et le présentéisme

L'absentéisme au travail est un fléau majeur. Au cours des dernières années, au Québec, le nombre de jours d'absence par année a augmenté, et cela serait particulièrement attribuable à la hausse de l'absentéisme d'origine psychologique. Ainsi, près de 50 % de la totalité des jours d'absence au travail sont directement associables à des problèmes de santé psychologique. D'ailleurs, le Québec est l'une des provinces canadiennes où l'on s'absente le plus, avec une moyenne de 11,6 journées perdues annuellement pour chaque personne employée à temps plein, en raison de maladie, d'incapacité ou d'obligations familiales[6]. Cependant, derrière l'absentéisme se cache un autre phénomène moins connu : le présentéisme. Ainsi, même si les travailleurs s'absentent de plus en plus, il semble qu'ils se présentent au travail malades plus souvent qu'ils ne s'absentent.

L'absentéisme est une vieille préoccupation organisationnelle et l'un des plus anciens sujets de recherche en psychologie du travail et des organisations[7]. Ainsi, plusieurs recherches ont tenté de cerner les principaux déterminants de ce comportement au travail. Parmi les nombreuses variables explorées, cinq d'entre elles retiennent l'attention : le sexe, l'âge, la personnalité, les attitudes au travail et le contexte social[8]. Cependant, bien que divers modèles ont montré par le passé leur efficacité à prédire le comportement d'absentéisme, d'aucuns reconnaissent que la capacité prédictive de ces modèles demeure modérée. L'absentéisme est ainsi toujours une problématique de ressources humaines qui interpelle les gestionnaires.

Pour sa part, le présentéisme est un phénomène récemment documenté. En fait, seulement une quinzaine d'années nous sépare des premiers efforts scientifiques pour cerner ce comportement des travailleurs. De façon générale, le **présentéisme** caractérise le comportement du travailleur qui, malgré des problèmes de santé physique ou psychologique nécessitant de s'absenter du travail, persiste à s'y présenter[9]. Autrement dit, le présentéisme est une omission de s'absenter, alors que le travailleur aurait de bonnes raisons de le faire. Bien qu'on estimait initialement que ce comportement était marginal et adopté par une minorité de travailleurs, les études font état d'un phénomène d'une tout autre ampleur. Dans les faits, on observe qu'un grand nombre de travailleurs se présentent malades au travail, que ce comportement est présent chez plusieurs groupes occupationnels et qu'il est responsable de pertes substantielles de productivité. De façon générale, les statistiques révélées par les quelques études sur le sujet indiquent que les travailleurs font du

présentéisme

Fait, pour un travailleur, d'être présent physiquement sur les lieux de travail, malgré un état de santé qui nécessiterait son absence.

présentéisme environ 7 à 10 jours par année et que, lors de ces journées, ils affichent une baisse de rendement d'environ 30 %. On ne peut encore comprendre ce phénomène en profondeur car peu d'études ont été menées sur le sujet, mais on sait que les attitudes, les valeurs et le stress au travail sont parmi les principaux facteurs à l'origine du présentéisme.

À LA **UNE**

Le 17 novembre 2008

Au bureau malade comme un chien

Caroline Rodgers
La Presse

On a tous déjà eu un voisin de bureau qui toussait à s'en cracher les entrailles. Ou un collègue, dépressif inavoué, qui ne pouvait plus supporter la clientèle et pleurait en cachette de temps en temps dans les toilettes.

Peut-être auraient-ils mieux fait de rester à la maison mais, pour diverses raisons, ils ont choisi de venir travailler malades. Selon une étude réalisée en 2006 dans une société parapublique, les travailleurs québécois font du « présentéisme » environ neuf jours par année. C'est-à-dire qu'ils se présentent au travail alors que leur état de santé physique ou psychologique justifierait qu'ils s'absentent.

« On ne doit surtout pas confondre ce phénomène avec celui des employés qui viennent au bureau mais perdent leur temps à naviguer sur Internet parce qu'ils manquent de motivation. Ce n'est pas cela, le présentéisme ! » dit Eric Gosselin, professeur de psychologie du travail et des organisations à l'Université du Québec en Outaouais.

Le présentéisme occasionnel ou à long terme devrait préoccuper les entreprises, croit le professeur. Il nuit à la productivité. Selon des chercheurs américains, il coûterait entre 150 et 180 milliards annuellement en perte de productivité aux États-Unis.

Certains employeurs diront qu'ils préfèrent encore un employé présent productif à 80 % que celui qui reste à la maison, mais il faut voir un peu plus loin que cela !

Les scientifiques se penchent actuellement sur une hypothèse : le présentéisme pourrait bien être un symptôme annonciateur d'un absentéisme de plus longue durée ! Hypothèse qui reste à confirmer, mais qui semble logique à Eric Gosselin.

« Si vous avez la grippe et que le fait d'être au travail empire la situation, peut-être aurait-il mieux valu prendre une journée de congé que d'être absent pendant une semaine parce que la grippe a dégénéré en pneumonie », dit-il.

Et parmi les causes potentielles de présentéisme, la plus coûteuse pour les entreprises serait les problèmes dépressifs. À cause de la stigmatisation liée aux problèmes de santé psychologique, il y aurait deux fois plus de présentéisme chez les travailleurs ayant des symptômes dépressifs que chez les autres.

« Des travailleurs préfèrent se présenter au travail parce qu'ils ne veulent pas indiquer à leurs supérieurs qu'ils ont un problème de santé psychologique », indique Eric Gosselin.

Les origines

Les causes du présentéisme sont nombreuses. Elles peuvent être personnelles ou liées à l'entreprise. On s'en doute, les employés satisfaits de leur travail et très engagés envers celui-ci ont plus tendance à venir travailler même s'ils sont malades que ceux qui détestent leur emploi !

De plus, le fait d'avoir des enfants ou non, la situation financière et le sexe ont une influence. Les femmes seraient davantage portées à se présenter au travail même si elles sont malades, selon les études.

Eric Gosselin l'a d'ailleurs constaté dans le cadre d'un projet de recherche auprès d'enseignants du primaire et du secondaire.

« Ces professeurs sont en majorité des femmes, et elles travaillent dans un milieu où les microbes pullulent, dit-il. La plupart d'entre elles vont quand même travailler si elles sont malades, car elles gardent leurs congés de maladie pour s'occuper de leurs enfants quand eux sont malades. »

Au moment de décider si on reste à la maison ou si on se traîne au bureau, des facteurs liés à l'entreprise entrent aussi en ligne de compte. Le secteur d'activité de l'employé influe sur sa décision, de même que la possibilité d'être remplacé ou non par quelqu'un d'autre. L'insécurité d'emploi, la charge de travail et le pouvoir sur son environnement de travail pèsent aussi dans la balance.

Les relations avec les collègues aussi. « Si vous avez de bonnes relations avec vos collègues et que la cohésion du groupe est importante, vous hésiterez à vous absenter en sachant que ce sont eux qui vont faire le travail à votre place », dit M. Gosselin.

La culture d'entreprise

La culture organisationnelle a un poids important sur le présentéisme. « Depuis des années, l'absentéisme est un problème important, et on a mis en place beaucoup de programmes pour le contrer », dit Eric Gosselin.

On instaure des mesures disciplinaires pour les absents chroniques, mais on a aussi des récompenses pour ceux qui sont assidus au travail. Ces programmes pourraient avoir certains effets pervers.

« Il se peut qu'en faisant cela, on invite les gens à se présenter lorsqu'ils sont malades. Or, ce n'est pas parce qu'on est présent qu'on est productif. Cela peut avoir un impact négatif pour l'entreprise. Il faut que les organisations réalisent que, parfois, il est préférable de ne pas être au travail », conclut le chercheur.

Source: C. RODGERS, « Au bureau malade comme un chien », *La Presse*, 17 novembre 2008, [En ligne], http://lapresseaffaires. cyberpresse.ca/economie/200901/06/01-685022-au-bureau-malade-comme-un-chien.php (Page consultée le 12 décembre 2011).

La cyberdéviance

Bien que l'occasion ne crée pas nécessairement le larron, il est évident que l'intégration massive des technologies de l'information dans les organisations prête le flanc à de nouvelles déviances au travail. La cyberdéviance, comme les autres formes de déviance, peut qualifier les comportements qui outrepassent les normes établies, en l'occurrence les politiques de l'organisation. Ainsi, puisqu'on s'attend habituellement à ce que l'équipement informatique d'une organisation serve à des fins professionnelles, toute forme de détournement de cette utilité première constitue un acte de délinquance professionnelle. Il importe cependant de distinguer la cyberdéviance légère, aussi nommée cyberflânerie, de celle qui est plus sérieuse, voire parfois illégale[10]. Ainsi, lorsqu'un travailleur consulte ou envoie des courriels personnels ou encore lorsqu'il se laisse tenter, pendant son temps de travail, par des sites ludiques (jeux, voyages, Facebook, etc.) ou utilitaires (transaction bancaire, horaire de cinéma, météo, etc.), il contrevient aux normes mises en place par l'organisation. Cependant, en cette matière, l'anormalité se veut la norme puisqu'environ 90 % des travailleurs avouent être des cyberflâneurs. En contrepartie, la facette plus sérieuse de la cyberdéviance risque d'entraîner des conséquences plus dramatiques, tant pour l'individu que pour l'organisation. Ainsi, certaines personnes se permettent de télécharger illégalement de la musique ou des films, de parier dans des casinos virtuels, de visiter des sites pornographiques ou encore de faire de la cyberintimidation, sur leur temps de travail. Cette forme plus marquée de cyberdéviance est heureusement moins fréquente, mais rejoint néanmoins près d'un travailleur sur dix. Même si les organisations ont tendance à condamner ce comportement, de quelque nature qu'il soit, certaines recherches révèlent que la cyberflânerie possède plus d'avantages que d'inconvénients pour l'organisation. Ainsi, les cyberflâneurs se disent plus satisfaits au travail, plus engagés envers leur organisation, et ils avouent que l'utilisation de leur ordinateur à des fins personnelles facilite leur équilibre travail-famille. Ainsi, cette forme légère de cyberdéviance semble entretenir plus d'avantages que d'inconvénients pour l'entreprise et aurait, plus précisément, une incidence positive sur l'attitude des travailleurs à l'égard de leur travail [11]. Ce constat invite donc à un repositionnement des politiques organisationnelles à l'égard du phénomène. Il semble opportun de faire preuve de tolérance à l'égard de la cyberflânerie et de réserver les actions répressives et coercitives à la cyberdéviance, qui entraîne des conséquences économiques et légales plus sérieuses pour l'organisation.

Le départ volontaire

La conjoncture sociodémographique actuelle fait de la rétention du personnel un enjeu crucial pour la pérennité des organisations. Attirer et retenir les travailleurs les plus compétents sera un défi majeur des gestionnaires en ressources humaines au cours des prochaines années. Ainsi, le vieillissement de la population active et les perspectives de carrière des jeunes qui valorisent la mobilité professionnelle génèrent une pénurie croissante de main-d'œuvre et incitent les organisations à trouver des moyens de limiter au maximum le départ volontaire de leurs travailleurs. Cela dit, plusieurs organisations sont déjà aux prises avec des taux de roulement importants et avec des coûts de renouvellement de la main-d'œuvre en forte croissance. Lorsqu'on sait que l'embauche et la formation d'un nouvel employé coûte entre 25 % et 200 % de son salaire annuel [12], on comprend aisément le souhait des entreprises de retenir leur personnel. Conséquemment, les organisations se doivent dès maintenant de revoir leurs façons de faire et de développer des stratégies proactives de fidélisation des employés. Ancrée dans une perspective d'adéquation entre les valeurs des travailleurs et leur milieu de travail, ces stratégies se doivent de revoir prioritairement la nature des tâches, les possibilités d'avancement, le développement des travailleurs, la reconnaissance au travail, l'engagement envers l'organisation et le style de gestion. Ces éléments demeurent centraux dans la structuration des attitudes (satisfaction, engagement, implication) qui sont les principaux déterminants de l'intention de ne pas quitter l'organisation [13]. Les entreprises se doivent de connaître les facteurs qui encouragent les travailleurs à conserver leur emploi (par exemple, par les sondages internes) et ceux

 **EN PRATIQUE**

10 trucs sur la génération C

Les baby-boomers étant sur le départ, les entrepreneurs québécois ont une pensée existentielle en tête : comment assurer la relève? D'où l'intérêt marqué pour ce qu'on appelle la génération C, à savoir les 14-26 ans d'aujourd'hui.

Qui sont-ils? Qu'aiment-ils? Qu'est-ce qui les distingue des autres générations? Et surtout, comment les recruter, les fidéliser et collaborer avec eux?

Le Cefrio s'est lancé dans une vaste étude sur le sujet, et vient de publier un fascicule sur les C en tant que travailleurs, dont la grande particularité est qu'ils ont grandi avec les technologies de l'information (TI). «Les jeunes travailleurs s'attendent à utiliser les TI dans le cadre de leur emploi, à fonctionner en mode collaboratif et à concilier le travail et la famille. Ce qu'il faut offrir aux C, c'est à la fois de la flexibilité, de l'encadrement et des défis ; en d'autres mots, des racines et des ailes», dit Vincent Tanguay, vice-président du Cefrio et directeur du projet Génération C.

Il ressort de cette étude 10 conseils pratiques pour les gestionnaires en rapport avec des C, concoctés avec l'aide d'Anne Bourhis, qui dirige le service de l'enseignement de la gestion des ressources humaines de HEC Montréal :

1. **Pour recruter, segmentez le marché.** Il faut ainsi savoir ce que l'on recherche exactement comme type de jeune recrue, et mettre au point un discours d'embauche adapté. À l'image de ce que fait Walmart.

2. **Assurez-vous que le message lancé aux jeunes soit attrayant.** Il faut qu'ils se reconnaissent dans vos valeurs et dans vos méthodes de communication. Utiliser Internet pour cela est impératif.

3. **Servez-vous des réseaux sociaux.** C'est un bon moyen pour identifier les meilleures recrues potentielles. Mais attention, une étude montre que les utilisateurs de réseaux sociaux n'aiment pas qu'un employeur s'y adresse directement à eux...

4. **Tenez vos promesses.** Peu importe les promesses faites, vous devez être certain d'être en mesure de les concrétiser.

5. **Rémunérez les jeunes en fonction de la performance.** Déjà, des entreprises ne rémunèrent plus en fonction des heures passées au travail, mais au résultat : 60 % des employés du siège social de Best Buy n'ont plus à pointer, ils travaillent tout simplement autant d'heures que nécessaire pour accomplir la tâche qui leur est attribuée.

6. **Donnez-leur des défis à relever.** Les C ne détestent rien de plus que la routine. Alors, n'hésitez pas à miser sur des changements drastiques dans leur travail pour les motiver et les fidéliser.

7. **Offrez beaucoup d'encadrement.** Les C ont absolument besoin de feedback sur leur performance. Il convient donc d'apprendre aux gestionnaires en place à le faire de la bonne manière avec eux.

8. **Améliorez la communication interne.** Servez-vous, par exemple, des réseaux sociaux pour diffuser vos messages aux employés.

9. **Soyez ouvert à Facebook et autres Twitter.** C'est pour eux des outils de communication incontournables dans la vie comme au travail. Les empêcher de s'en servir reviendrait à mettre du tape sur la bouche des baby-boomers...

10. **Pensez au mentorat.** Des baby-boomers, voire des X, peuvent prendre goût à donner des conseils aux jeunes recrues. Cela peut aussi être une bonne façon de mettre les employés en lien, en sautant les barrières générationnelles.

Source : O. SCHMOUKER, « 10 trucs sur la génération C », *Les Affaires*, 23 février 2011. Cet extrait a été reproduit aux termes d'une licence accordée par Copibec.

qui les incitent à quitter l'organisation (par exemple, par les entrevues de départ). Cela permet, entre autres, de mieux comprendre les déterminants de l'attraction et de la rétention propres à l'organisation, ces caractéristiques pouvant varier selon la nature de l'emploi, le type d'organisation ou encore le secteur d'activité. Notons cependant que les entreprises qui favorisent l'autonomie au travail, l'utilisation et le développement des compétences, la participation à la gestion et un sain climat de travail ont probablement un avantage concurrentiel en cette matière [14].

Tout au long de ce chapitre, nous verrons en détail chacune des composantes du modèle comportemental afin d'en bien comprendre la nature et l'influence sur nos choix comportementaux. Nous pourrons ensuite mieux saisir la complexité du processus d'émergence des comportements et les diverses interactions possibles entre les variables du modèle.

2.2 LE PROCESSUS DE PERCEPTION

perception

Processus de sélection et d'organisation des stimuli provenant de l'environnement et conférant un sens au vécu.

On définit la **perception** comme le processus de sélection, d'organisation et d'interprétation des stimuli issus de l'environnement permettant à l'individu d'y réagir. Forcé de faire face à des réalités sans cesse changeantes, l'être humain identifie, discrimine, reconnaît et juge l'information que ses sens lui font percevoir. Le processus de perception ne se limite donc pas à l'appréhension de certaines informations ; l'information reçue est organisée afin que l'expérience sensorielle soit vécue de la manière la plus cohérente possible. En somme, la perception est le processus qui relie l'individu à son environnement.

Par ailleurs, l'individu qui perçoit les stimuli de son environnement vit, quel que soit l'événement auquel il participe, une expérience unique et personnelle (*voir la figure 2.2*). Ses sens l'informent de ce qui se passe autour de lui ; il voit des choses et des gens, il entend des sons et des mots et il perçoit d'autres stimuli grâce au toucher, au goût et à l'odorat. La perception est donc un processus subjectif plutôt qu'objectif, puisque chacun assimile à sa façon et selon ses propres modèles mentaux l'univers dans lequel il évolue.

Le comportement humain dépend de la façon dont chaque individu perçoit la réalité, de la manière dont il organise l'information perceptive pour se créer une image du monde, et, finalement, de son expérience des événements. On peut donc saisir toute l'ampleur des différences individuelles et des conséquences qui en découlent dans le contexte d'une organisation.

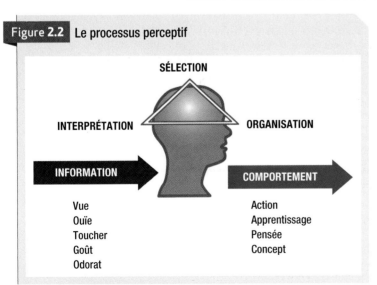

Figure 2.2 Le processus perceptif

La perception est immédiate, sélective et stable. Elle est immédiate, puisque c'est le processus par lequel les données sensorielles sont filtrées et organisées. Par exemple, une personne qui regarde un film perçoit visuellement une multitude d'images, mais elle perçoit aussi, spontanément et instantanément, un mouvement continu. Par ailleurs, la perception est sélective, parce que si un individu prêtait attention à tout ce que ses sens lui permettent de percevoir dans une salle de cinéma, il ne parviendrait pas à suivre le cours du film. Enfin, la perception est stable, parce que l'esprit humain corrige les impressions reçues des sens pour assurer la constance de la perception. Par exemple, un adulte de très grande taille vu de loin sera perçu comme étant très grand, et ce, même si l'image rétinienne est plus petite que s'il était proche.

La perception produit du sens et de la structure. Elle produit du sens, car la signification donnée à un comportement varie en fonction du contexte. Ainsi, un employé qui embrasse sa patronne le jour de son anniversaire ne sera pas jugé de la même façon que s'il l'embrasse chaque fois qu'il lui apporte son courrier ! Enfin, la perception structure les stimuli sensoriels en un tout cohérent, plutôt que de les laisser comme autant d'éléments disparates sans lien entre eux.

2.2.1 Les caractéristiques de la perception

Divers éléments sous-jacents au processus de perception jouent un rôle fondamental dans notre façon de concevoir les situations et de nous représenter le monde. Parmi ces éléments, les plus importants sont indéniablement ceux qui sont associés à la sélectivité. L'être humain est assailli par une foule de stimuli provenant de son environnement. S'il tentait de tous les percevoir simultanément, il atteindrait un état d'excitation frôlant la folie. En effet, l'être humain est incapable de traiter tous les stimuli issus de l'environnement ; il n'en retient que quelques-uns, qu'il choisit d'après les caractéristiques de l'objet (facteurs externes), et en fonction de ses propres caractéristiques (facteurs internes). La sélectivité (ou attention sélective) est la caractéristique première de la perception. La **sélectivité** est le processus par lequel l'individu distingue, au sein de son expérience, ce qui est central de ce qui est secondaire. Il peut ainsi porter son attention sur un phénomène précis et écarter momentanément les autres événements qui se produisent simultanément. Les policiers, par exemple, développent de grandes capacités de discrimination perceptive leur permettant de discerner l'usuel de l'inhabituel. Ainsi, lorsqu'ils patrouillent, ils peuvent aisément faire fi des multiples informations sensorielles anodines qui se présentent à eux, afin d'effectuer une perception sélective des indices sensoriels permettant d'identifier une situation potentiellement louche, insolite ou illégale.

sélectivité

Capacité de discriminer ce qui est central de ce qui est secondaire.

Les caractéristiques du contexte (*facteurs externes*)

Nous l'avons vu, divers facteurs externes agissent sur la sélectivité et façonnent la perception. Autrement dit, certains aspects d'un objet ou du contexte social ou organisationnel ont la capacité d'accroître ou de limiter sa perceptibilité. La figure 2.3 présente une synthèse schématique de ces facteurs externes.

L'intensité L'intensité correspond à la force d'émission d'un stimulus perceptif : plus le stimulus est intense, plus il attire l'attention. Ce principe étant couramment utilisé en publicité, on aura remarqué que la plupart des messages publicitaires diffusés à la radio et à la télévision ont un volume sonore plus élevé que celui des émissions courantes afin de capter notre attention. Ce même principe trouve plusieurs applications dans la vie organisationnelle. Par exemple, si les employés convoquent le directeur des ressources humaines pour protester contre une décision, il est à parier que celui-ci répondra d'abord à ceux qui parlent le plus fort... L'intensité permet à un stimulus ou à un groupe de stimuli de se démarquer des stimulations

Figure 2.3 Les facteurs externes qui influencent la perception

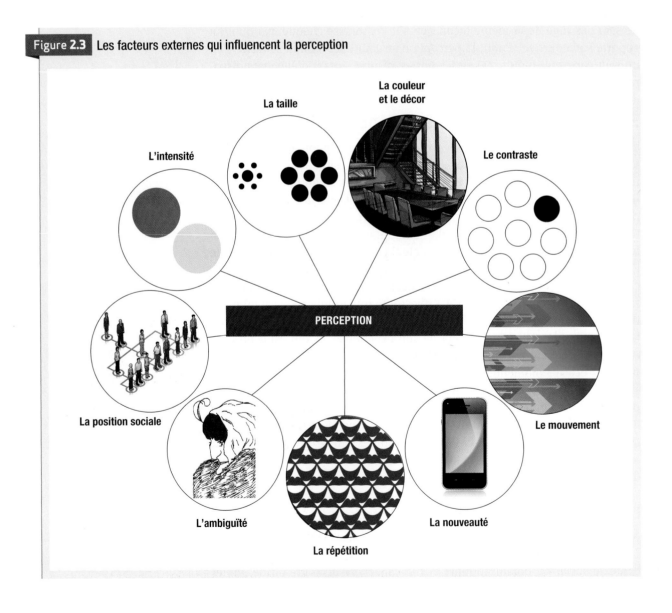

ambiantes de telle sorte qu'une personne y portera plus facilement attention et, par conséquent, en subira l'influence. Enfin, retenons que l'intensité n'est qu'une des caractéristiques du stimulus et que toutes les autres peuvent agir simultanément et modifier la perception.

La couleur et le décor La couleur et le décor de l'**environnement physique de travail** agissent sur l'humeur et le comportement des individus. Certaines couleurs ont pour effet de réchauffer l'atmosphère, d'autres sont irritantes et d'autres encore sont apaisantes. L'ameublement et l'agencement d'une pièce peuvent créer une ambiance conviviale, susciter l'ennui, inciter au travail ou favoriser la détente. Toute couleur engendre, selon l'individu qui la perçoit, des sensations positives ou négatives. Par exemple, un individu maussade aura tendance à ressentir les effets négatifs des couleurs, tandis qu'un individu enthousiaste jouira de leurs effets bénéfiques. Selon certains, le vert inspire généralement la tranquillité, le confort et le calme, mais il suscite aussi, chez certaines personnes, l'ennui et l'agacement. Le bleu favorise le calme et la sérénité chez la majorité des gens, mais chez certains, il peut provoquer un état dépressif ainsi qu'un sentiment de solitude ou de mélancolie. Le rouge, par ailleurs, stimule et excite l'individu équilibré, mais il fait naître l'agressivité et la méfiance chez la personne émotivement instable. Ainsi, la psychologie des couleurs n'est pas sans incidence sur la perception qu'ont les travailleurs de leur environnement de travail[15]. Plusieurs recherches ont été menées dans le but d'évaluer l'effet des couleurs sur la productivité des employés. L'une de ces recherches a révélé que l'utilisation de certaines couleurs avait contribué à stimuler le rendement des employés et à diminuer les risques d'accidents du travail. Par ailleurs, il semble que l'utilisation d'une variété de couleurs dans les hôpitaux, plutôt que le beige traditionnel, améliore l'efficacité des employés et le bien-être des patients[16]. Mentionnons à ce sujet que le choix de la couleur rouge pour les banquettes des voitures du métro de Montréal avait suscité, à l'époque, passablement de critiques : on prétendait que cette couleur contribuerait à faire augmenter les comportements agressifs…

environnement physique de travail
Ensemble constitué de l'édifice, du mobilier, de l'équipement, des machines, de l'éclairage, du bruit, de la chaleur et des éléments associés aux accidents du travail et aux maladies professionnelles ainsi qu'aux éléments qui stimulent la productivité et engendrent un climat de travail agréable.

La taille La taille d'un objet exerce sur la perception le même type d'influence que l'intensité ; plus l'objet occupe d'espace, plus il attire l'attention. Toutes deux, cependant, sont tout à fait relatives et leur influence peut être annulée par d'autres facteurs. Par exemple, un homme de taille moyenne qui se trouve au centre d'une équipe de football sera fort probablement celui que l'on remarquera, bien que sa taille soit inférieure à celle des hommes qui l'entourent, et justement pour cette raison. Cet effet de contraste peut amener les individus à surestimer ou à sous-estimer la taille de certains objets (*voir la figure 2.4*).

Le contraste L'individu a tendance à s'habituer aux stimulations courantes de son

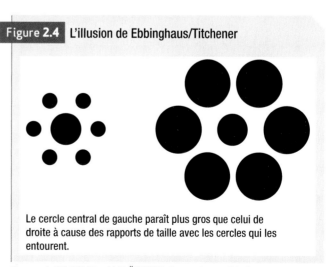

Figure 2.4 L'illusion de Ebbinghaus/Titchener

Le cercle central de gauche paraît plus gros que celui de droite à cause des rapports de taille avec les cercles qui les entourent.

Source : A. DELORME et M. FLÜCKIGER, *Perception et réalité : une introduction à la psychologie des perceptions*, Montréal, Québec, Gaëtan Morin, 2003, p. 13.

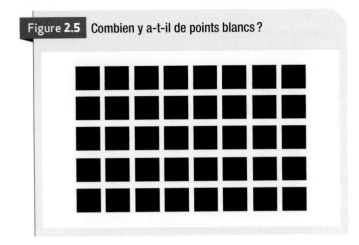

Figure 2.5   Combien y a-t-il de points blancs ?

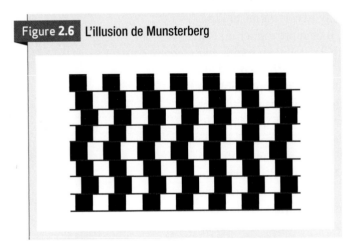

Figure 2.6   L'illusion de Munsterberg

environnement. Par conséquent, son attention sera davantage attirée par les stimuli inattendus ou inhabituels. Dans plusieurs entreprises minières, par exemple, il est facile de reconnaître les superviseurs : ils portent un casque de protection blanc, alors que celui des autres employés est jaune. De même, un professeur peut, afin d'attirer l'attention de ses étudiants, parler plus ou moins fort ou présenter sa matière debout, en mouvement, plutôt qu'assis. D'un point de vue perceptif, l'incapacité de faire contraste peut créer de drôles d'expériences, comme l'illustrent les figures 2.5 et 2.6.

La nouveauté La nouveauté est une variante du facteur de contraste. En effet, tout comme un stimulus inhabituel, un nouveau stimulus retient davantage l'attention. Au travail comme à la maison, il y a plusieurs objets que l'on ne perçoit plus. Par exemple, la photographie ou le tableau que l'on vient d'accrocher au mur retiendra notre attention durant quelques semaines, mais après un mois, il y a de fortes chances qu'on l'oublie totalement ! C'est ainsi que l'être humain s'adapte aux stimuli ambiants : il a tendance à oublier ce qui lui est familier et habituel. Comme le phénomène de nouveauté influence la perception de l'individu et, par conséquent, son comportement et sa motivation au travail, certaines entreprises favorisent un système de rotation des tâches. En déplaçant les employés d'un poste à un autre, on génère de la nouveauté et on évite que s'installent des sentiments de routine et d'ennui. Une même logique peut s'appliquer aux récompenses en milieu de travail ; bien qu'elles puissent être motivantes initialement, l'efficacité d'un stimulus s'effrite habituellement avec le temps et entraîne un besoin de renouvellement afin de maintenir leur effet.

La répétition Un stimulus attire davantage l'attention s'il est répété de nombreuses fois. La répétition a un double avantage : d'abord, un stimulus répété a plus de chances d'être perçu, puis la répétition modérée augmente la sensibilité au stimulus. Encore une fois, les agences de publicité ont bien compris ce phénomène, puisque leurs messages sont présentés à de multiples reprises. Toutefois, lorsqu'un même stimulus est répété trop souvent, l'individu s'y adapte et finit par l'ignorer. Les publicitaires tiennent aussi compte de ce phénomène, c'est pourquoi ils renouvellent régulièrement les publicités pour un même produit.

Le mouvement La perception humaine est plus sensible aux objets en mouvement qu'aux objets immobiles. Par exemple, un formateur qui se déplace durant son exposé réussit davantage à maintenir l'attention de ses auditeurs que celui qui demeure immobile et qui lit calmement son texte. En effet, la personne qui se déplace couvre, découvre et recouvre successivement diverses parties de l'arrière-plan, ce qui stimule l'attention. De plus, la perception qu'a l'auditoire change selon l'angle et la position relative du formateur.

La position sociale La façon de se présenter, la situation sociale et le prestige qui y est associé influencent souvent la manière de percevoir une personne. Ce principe s'applique habituellement à tout contexte de travail. Ainsi, un employé qui voit son patron s'avancer vers lui se montrera beaucoup plus affairé qu'à l'approche d'un subalterne. Par ailleurs, le choix d'utiliser le tutoiement ou le vouvoiement dépend en partie de la perception que l'on a de la position sociale de l'interlocuteur. Cette attitude peut être associée à la théorie de l'identité sociale qui nous amène, à partir de la conception de notre propre identité, à nuancer notre perception des gens qui nous entourent. Par exemple, le recours à des athlètes, à des artistes ou à des scientifiques pour transmettre un message a pour but d'orienter la perception de ceux qui valorisent ces positions sociales.

L'ambiguïté Il est évident que les stimuli complexes, bizarres ou étranges retiennent l'attention et requièrent plus de concentration de la part de celui qui les perçoit. L'observateur cherche alors à leur donner une signification cohérente à partir de sa vision du monde et de ses expériences perceptives antérieures. Pensons par exemple aux tableaux d'artistes tels Escher ou Dalí qui, par leur étrangeté, retiennent l'attention et forcent l'observateur à corriger continuellement sa perception de la configuration des éléments.

Les caractéristiques du percevant (*facteurs internes*)

Les caractéristiques de l'objet et du contexte agissent sur la perception, mais elles n'expliquent qu'en partie le fait que l'expérience perceptive soit unique et personnelle. En effet, indépendamment de l'acuité des cinq sens, certaines caractéristiques propres à chaque individu influencent également le processus perceptif. Il s'agit des facteurs internes à la perception, qui sont tout aussi importants que les facteurs externes. Nous les présentons dans les paragraphes qui suivent.

L'expérience et les connaissances L'expérience et les connaissances d'un individu orientent grandement la signification qu'il donne à ses perceptions. Les perceptions sont souvent déformées; chacun leur fait subir des distorsions afin de les concilier avec ce qu'il sait déjà. Ainsi, parce qu'il possède une expérience de vie et des connaissances qui lui sont propres, chaque individu a tendance à voir les choses d'une façon particulière, en fonction de ses propres schèmes de référence. L'exemple suivant illustre l'influence des connaissances et de l'expérience sur la perception. En fonction de son expérience et de ses schèmes de référence, on peut percevoir, à la figure 2.7 de la page suivante, soit une jeune femme, soit une femme âgée. Leeper[17] a démontré que la jeune femme est généralement perçue en premier par les sujets à qui on a préalablement montré un visage de jeune femme, alors que la vieille femme est perçue d'emblée par les sujets à qui on a d'abord montré un visage de femme âgée. Ainsi, le fait de montrer initialement un visage de

Figure 2.7   Une jeune femme ou une femme âgée ?

Source : R.R. LEEPER, « An Experiment with Ambiguous Figures », *Journal of Genetic Psychology*, vol. 46, 1935, p. 61-73.

jeune femme ou de femme âgée semble créer un cadre de référence qui favorise la reconnaissance d'images similaires.

Les attentes Les attentes se caractérisent par la tendance qu'ont les individus à agir selon leur interprétation de la réalité. Ainsi, les attentes d'un individu à l'égard de son travail orientent ses expériences perceptives : il perçoit ce qu'il s'attend à percevoir. Il est évident que deux personnes qui évoluent dans un même environnement ne perçoivent ni ne décodent les choses de manière identique ; en effet, chacune découpe la réalité en fonction de ses attentes du moment. Nos attentes ont une influence particulière sur notre niveau de satisfaction au travail en fonction de notre perception des caractéristiques de notre emploi. Une étude menée par Dumont[18] auprès de 2500 fonctionnaires rapporte que ceux-ci, en dépit de la croyance populaire, éprouvaient une grande motivation à l'égard de leur travail et de la qualité des services qu'ils offraient au public. Bien que certains groupes véhiculent une image d'inefficacité, de démotivation et d'insatisfaction chez les fonctionnaires et laissent croire que leurs seuls intérêts résident dans la sécurité d'emploi, la rémunération et les possibilités d'avancement, l'étude de Dumont démontre le contraire. Les principaux facteurs de motivation et de satisfaction chez ces travailleurs demeurent leurs tâches ainsi que le degré d'autonomie et les responsabilités qu'on leur accorde. Cette dichotomie entre la perception que les fonctionnaires ont de leur travail et celle qui est véhiculée par certains groupes persistera tant que ces derniers entretiendront des préjugés négatifs sur les fonctionnaires.

La motivation La motivation (*voir le chapitre 3, p. 88*) exerce une influence prépondérante sur la perception. En effet, comme nous l'avons vu un peu plus tôt, l'individu perçoit ce qu'il veut bien percevoir. Ainsi, ce sont en partie les besoins qu'il ressent ponctuellement qui déterminent ses perceptions. Notons également que lorsque le degré de motivation est très élevé ou encore lorsque l'individu a fortement besoin d'agir, mais que la situation l'en empêche, la perception peut être faussée par l'imagination afin de justifier un comportement. À titre d'exemple, dans la figure 2.8, que préférez-vous percevoir ?

Les sentiments Les stimuli qui ont une connotation émotionnelle positive sont généralement mieux perçus que ceux qui n'éveillent aucune émotion. Par ailleurs, ceux qui engendrent des émotions négatives suscitent une réaction de défense ou, au contraire, de désensibilisation perceptive. La défense perceptive rend le stimulus plus difficilement perceptible, alors que la sensibilisation perceptive facilite son intégration au processus perceptif.

Figure 2.8   Le trident de Penrose

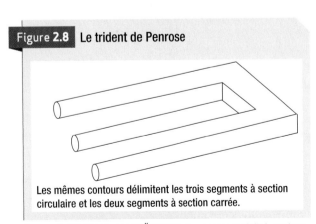

Les mêmes contours délimitent les trois segments à section circulaire et les deux segments à section carrée.

Source : A. DELORME et M. FLÜCKIGER, *Perception et réalité : une introduction à la psychologie des perceptions*, Montréal, Québec, Gaëtan Morin, 2003, p. 13.

La culture La culture influence la perception des individus, et les particularités de chaque culture expliquent les différences perceptives entre les peuples. La fonction des objets, la familiarité et les systèmes de communication sont autant de facteurs culturels qui façonnent la perception, puisqu'ils contribuent à la sélectivité perceptive (*voir la figure 2.9*).

2.2.2 La structure de la perception

Lorsqu'on perçoit visuellement des objets, on a tendance à les organiser en unités, c'est-à-dire qu'on tente de former un tout à partir d'éléments distincts. Plusieurs principes contribuent à cette organisation perceptive. Dans les pages qui suivent, nous traiterons des cinq principes suivants : la distinction figure-fond, la proximité, la similarité, la continuité et la complémentarité. Nous terminerons en expliquant comment ces principes d'organisation perceptive peuvent influencer notre représentation de la réalité.

La distinction figure-fond En observant la figure 2.10, on voit soit un vase soit deux profils humains. Les personnes qui perçoivent un vase considèrent la partie noire de l'image comme le fond, et la partie blanche, comme la figure ; à l'inverse, celles qui perçoivent deux profils choisissent de voir une figure noire sur un fond blanc. La figure 2.11, nous propose un exercice analogue, mais cette fois, on percevra soit une balustrade soit des silhouettes féminines. Le principe de distinction figure-fond est fondamental à toute perception d'objets, puisqu'il permet d'observer et de distinguer un objet précis dans un environnement complexe. Ainsi, tenter de percevoir les deux profils en même temps que le vase est un exercice des plus difficiles, parce que la distinction figure-fond privilégie la perception de l'une ou l'autre des images. Le même principe s'applique lorsqu'on observe les cavaliers de Escher (*voir la figure 2.12, page suivante*) : il est en effet facile de percevoir simultanément toutes les rangées de cavaliers blancs, mais il est très difficile de voir en même temps les cavaliers blancs et les cavaliers noirs. Les trois exemples que nous venons de présenter reposent sur des figures ambiguës ; on peut volontairement choisir les parties qui constituent le fond et celles qui constituent la figure. Par contre, la réalité quotidienne est tout autre. Il va de

Figure 2.9 Les différentes perceptions selon la culture

Certains peuples africains ont interprété cette image comme étant une danse, alors que d'autres y ont vu une scène de combat.

Source : A. DELORME et M. FLÜCKIGER, *Perception et réalité : une introduction à la psychologie des perceptions*, Montréal, Québec, Gaëtan Morin, 2003, p. 13.

Figure 2.10 Le vase-profil de Rubin

Figure 2.11 Les formes cachées

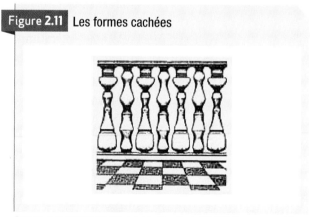

Source : R.N. SHEPARD, *Mindsights*, New York, NY, W.H. Freeman and Co., 1990, p. 72.

Figure **2.12**   Les cavaliers de Escher

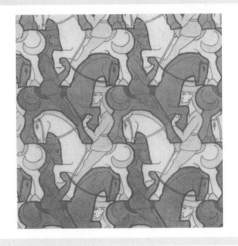

Source : A. DELORME, *Psychologie de la perception*, Montréal, Québec, Études Vivantes, 1982. « Symmetry Drawing E67 » par M.C. Escher. © 2011 The M.C. Escher Company-Holland. Tous droits réservés. www. mcescher.com

soi, par exemple, de percevoir une table comme le fond et les tasses qui s'y trouvent comme une figure ; l'inverse serait incohérent. La figure 2.13 illustre la nécessité de distinguer logiquement le fond de la figure. On doit observer cette image en considérant qu'une figure blanche se détache sur le fond noir ; de cette façon, on peut lire le mot « sous ». Si on tente d'inverser le fond et la figure, l'image n'a plus de signification logique. Selon Delorme[19], certains traits distinguent la figure du fond : la figure a un caractère d'objet, tandis que le fond a un caractère de substance ; la figure paraît plus proche que le fond ; le fond semble se continuer derrière la figure ; enfin, la figure possède un contour, alors que le fond n'en a pas.

La proximité La tendance à organiser les perceptions en regroupant les objets qui sont les plus rapprochés les uns des autres s'appelle le « principe de proximité ». Les objets qui se trouvent près les uns des autres sont en effet facilement perçus comme formant un ensemble homogène, même si objectivement il n'y a aucun lien entre eux. Par conséquent, la disposition des stimuli peut grandement influer sur la manière dont on organise les sensations perceptives. La relation de proximité est habituellement illustrée par des exemples qui font appel à la vision, même si l'audition pourrait aussi être sollicitée. La figure 2.14, montre que la simple proximité produit un regroupement. Ainsi, dans les exemples A et B, on a tendance à voir les éléments par paires, tandis que dans l'exemple C, la proximité favorise un regroupement par ensembles de trois. Enfin, dans l'exemple D, le principe de proximité incite à effectuer des arrangements par rangées (regroupements horizontaux) plutôt que par colonnes (regroupements verticaux). Ce principe s'applique aussi à la perception des personnes. Par exemple, on verra rapidement un groupe de personnes rassemblé à une table comme un groupe d'amis, même si cela n'est pas nécessairement toujours le cas.

La similarité Selon le principe de **similarité**, un groupe d'objets sera perçu comme un ensemble uniforme en raison de la ressemblance relative entre chacun des objets. Objets, personnes ou événements possédant des caractéristiques semblables tendent donc à être regroupés. Plus la ressemblance

similarité

Principe d'organisation perceptuelle selon lequel un groupement d'objets est perçu comme un ensemble uniforme en raison de la ressemblance relative de ces objets.

Figure **2.13**   La distinction figure-fond

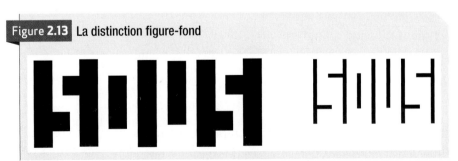

Source : A. DELORME, *Psychologie de la perception*, Montréal, Québec, Études Vivantes, 1982.

Figure 2.14 La proximité

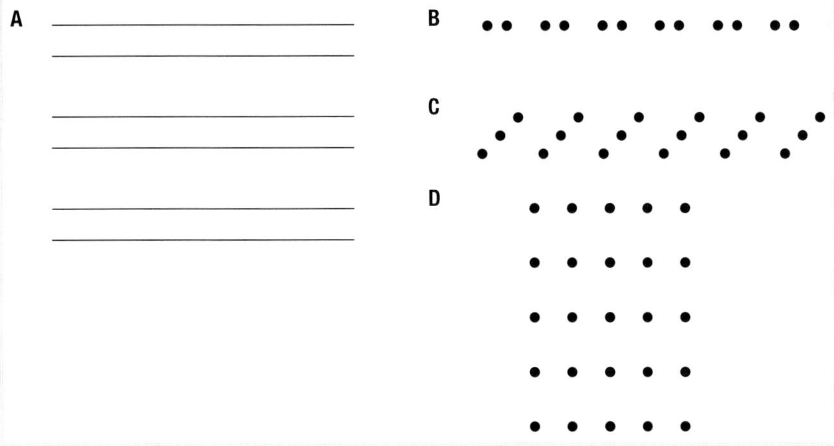

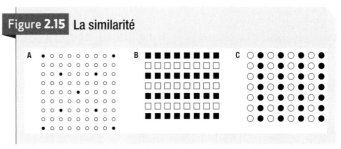

Source : Les exemples B, C et D sont tirés de A. DELORME, *Psychologie de la perception*, Montréal, Québec, Études Vivantes, 1982.

est grande, plus la tendance au regroupement s'accentue. Ce principe joue un rôle majeur dans la genèse des stéréotypes. La recherche perceptive de similarité fait qu'on a tendance à percevoir les choses similaires comme un tout, même si elles ne constituent pas réellement un ensemble. Ainsi, dans l'exemple A de la figure 2.15, on voit les cercles noirs se détacher du fond et former un X. Le principe de similarité entraîne également un regroupement par rangées dans l'exemple B, et un regroupement par colonnes dans l'exemple C.

La continuité La capacité de percevoir les objets de façon continue ou uniforme dépend du principe de **continuité**, qui permet de rattacher chaque élément à celui qui le précède et à celui qui le suit, de manière que soient perçues des configurations continues. Ainsi, dans l'exemple A de la figure 2.16, le point X est perçu comme appartenant au segment oblique plutôt qu'à la série verticale de points. De plus, dans l'exemple B, le principe de continuité incite à voir un cercle plutôt qu'un ensemble de traits isolés.

Figure 2.15 La similarité

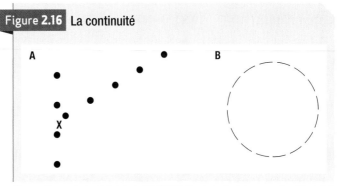

Source : Les exemples B et C sont tirés de A. DELORME, *Psychologie de la perception*, Montréal, Québec, Études Vivantes, 1982.

Figure 2.16 La continuité

Source : L'exemple A est tiré de A. DELORME, *Psychologie de la perception*, Montréal, Québec, Études Vivantes, 1982.

continuité
Propriété des objets qui fait qu'on peut les percevoir de façon continue ou uniforme.

La complémentarité (loi de la fermeture) Le principe de complémentarité organise les sensations afin que l'on perçoive un tout et non des parties disparates. Ainsi, lorsqu'un stimulus est incomplet, on tend à le compléter afin

Figure **2.17** **Avez-vous vu mon chien ?**

de percevoir un tout, même s'il n'existe pas concrètement. Par définition, la **complémentarité ou loi de la fermeture**, consiste à compléter en un tout des parties disparates. À titre d'exemple, on peut aisément percevoir un chien dans la figure 2.17, et cela, même si plusieurs éléments de l'image sont manquants. Toujours pour illustrer le principe de la complémentarité, prenons l'exemple d'un conducteur qui, au volant de sa voiture par une belle journée ensoleillée d'hiver, parvient à circuler sans trop de problèmes, même si les véhicules qui le précèdent éclaboussent son pare-brise et que le soleil est éblouissant. Bien que la visibilité soit réduite, il arrive quand même à compléter l'information visuelle nécessaire à la reconnaissance des voitures, des piétons, des lampadaires ou de tout autre objet.

complémentarité ou loi de la fermeture

Démarche qui consiste à compléter un objet afin d'en obtenir une image claire et stable.

2.2.3 Les erreurs et distorsions de la perception

Les principes d'organisation perceptive n'ont pas que des avantages. S'ils ont le mérite de faciliter la perception, ils peuvent aussi fausser la lecture de la réalité, c'est-à-dire être source d'erreurs ou de distorsions perceptives qui auront un effet déterminant sur les évaluations subséquentes et les choix comportementaux. Dans le domaine du travail, il importe de prendre conscience de ces phénomènes et, dans la mesure du possible, de les éviter pour ne pas fausser les décisions et agir injustement envers les employés. Nous présenterons donc les erreurs et distorsions perceptives les plus fréquentes, soit les stéréotypes, l'effet de primauté/récence, l'effet de halo, la projection, la dissonance cognitive et l'influence des attentes sur le processus perceptif.

stéréotype

Simplification du processus perceptuel qui consiste à évaluer ou à porter un jugement en se servant de facteurs prédominants généralisés à l'ensemble d'un groupe.

Les stéréotypes Les **stéréotypes** sont des idées préconçues et non fondées au sujet d'un individu, d'un groupe ou d'une population. En fait, il s'agit d'attribuer indistinctement les mêmes particularités à un ensemble de personnes simplement regroupées selon un attribut quelconque. Ainsi, les stéréotypes ne tiennent pas compte des différences individuelles, mais prêtent aux individus des croyances, des attitudes et des comportements en se basant sur des considérations telles que l'âge, le sexe, l'occupation, la nationalité ou l'ethnie. Les stéréotypes entraînent des erreurs perceptives en incitant les individus à ne tenir compte que de certaines caractéristiques des personnes de leur entourage, au détriment des différences individuelles et des traits de personnalité. Si les stéréotypes étaient fondés, on aurait alors avantage à en tenir compte. Par exemple, si le stéréotype selon lequel les femmes sont de mauvaises conductrices était vrai, les compagnies d'assurances pourraient en bénéficier en ajustant les primes en conséquence. En fait, un stéréotype est rarement fondé puisqu'il tire son origine de la pensée catégorielle qui nous amène à simplifier la réalité afin de limiter les incertitudes. Il fait ainsi souvent

ressortir une caractéristique négative chez un groupe aisément identifiable. En certaines occasions toutefois, il est avantageux ; par exemple, on a tendance à considérer les personnes attrayantes comme chaleureuses et sensibles.

Les effets de primauté et de récence Par souci d'économie cognitive et afin de conserver un souvenir global des choses ou des situations, les individus ont tendance à concentrer leur attention, et donc leurs sens, sur le début et la fin des événements. Ainsi, l'effet de primauté est associé au phénomène de la **première impression**, très important dans le domaine du travail, et plus particulièrement dans le contexte des entrevues de sélection [20]. En effet, des recherches ont démontré que les trois à cinq premières minutes d'entretien sont déterminantes [21] ; elles suffisent souvent à l'intervieweur pour qu'il se fasse une opinion de la personne interviewée. Le reste de l'entrevue sera principalement consacré à chercher des éléments qui confirmeront cette première impression. Plusieurs études pionnières, dont celles d'Asch [22] et de Sherif [23], indiquent que quiconque veut se faire aimer, se faire accepter, doit s'efforcer de faire bonne impression dès les premiers instants d'une rencontre. Malheureusement, un individu ne peut faire à tous coups une première impression favorable, car sa réputation le précède parfois. Dans le même ordre d'idées, les derniers moments d'une rencontre laisseraient aussi une trace mnémonique importante, ce qui inciterait les gens à se forger une appréciation générale à partir de leurs dernières impressions. Ce fait, que l'on nomme «effet de récence», expliquerait en partie pourquoi le cinéphile fonde souvent son appréciation d'un film sur son dénouement.

effet de la première impression
Effet d'ordre causé par la tendance de l'intervieweur à accorder une importance primordiale à l'information initiale qu'il a reçue ou à ses premières impressions, au détriment de l'information subséquente. L'intervieweur peut ainsi être porté à évaluer les candidats en s'appuyant sur cette information initiale.

L'effet de halo L'**effet de halo** se définit comme le fait de se baser sur un trait unique et particulier pour se forger une idée générale, favorable ou non, d'un individu. Peterson et Durivage [24] rapportent qu'il s'agit de l'un des principaux problèmes liés à l'entrevue de sélection. Les évaluations du rendement seront aussi très sensibles à l'apparition de ce type d'erreur perceptive. En effet, si la caractéristique retenue durant l'entrevue est positive, l'impression générale sera elle aussi positive. Au contraire, si la caractéristique ciblée est négative, ce sera suffisant pour laisser dans l'ombre les caractéristiques plus positives de l'individu et de s'en faire une idée défavorable. L'intervieweur qui valorise l'ambition, par exemple, et qui rencontre un candidat ambitieux, intéressé aux possibilités de carrière dans l'entreprise, peut interpréter favorablement l'ensemble des renseignements fournis par le candidat et n'y voir que des signes d'ambition. Un autre exemple, tiré du milieu scolaire : un étudiant qui voit que son voisin de pupitre a obtenu 90 % à l'examen de mi-session percevra ce dernier comme un excellent étudiant, alors que son rendement peut être médiocre dans un autre cours. Ainsi, tout comme les stéréotypes, l'effet de halo masque les caractéristiques réelles d'un individu.

effet de halo
Influence du jugement ou d'une opinion laissée par un sujet sur un autre.

La projection La **projection** est le fait de juger les autres à partir de ses propres croyances, émotions, tendances, motivations ou besoins, et de reporter sur autrui la responsabilité de ses propres fautes. Qui n'a jamais entendu un étudiant justifier ses mauvais résultats scolaires par l'absence de qualités pédagogiques chez son professeur, ou encore un employé tenter d'expliquer son incapacité à atteindre ses objectifs par le manque d'encadrement, de

projection
Tendance qu'a un individu à attribuer à autrui certaines de ses propres émotions.

structure ou de leadership de son supérieur ? Prenons l'exemple d'un gestionnaire qui valorise grandement son pouvoir de prise de décision et qui
croit, de ce fait, que ses employés font de même. Pour partager ce pouvoir, il
décide donc de modifier leurs descriptions de tâches, sans même vérifier s'ils
sont intéressés à participer davantage à la prise de décision. Le gestionnaire
crée donc des tâches à son image et qui satisfont son propre besoin en se
projetant sur ses employés. Résultat possible : le gestionnaire fait une lecture
erronée des réels désirs de ses employés et se retrouve face à une baisse de
motivation, voire à un sentiment d'insatisfaction chez ses subalternes. Pour
contrer l'intrusion possible de cette distorsion dans notre processus perceptuel, il faut chercher à faire preuve d'empathie et à ne pas percevoir la réalité
selon notre propre schème de référence, mais en fonction d'une lecture de la
situation telle qu'elle est possiblement perçue par l'autre.

La dissonance cognitive Idéalement, une personne qui vise l'efficacité fera
preuve d'une certaine cohérence dans son comportement. Elle obtiendra ainsi
la reconnaissance de ses pairs et deviendra à leurs yeux une personne fiable
dont on recherche la présence. Cette cohérence se traduit par l'atteinte
d'un équilibre entre les croyances, les attitudes et les comportements ; la
très grande majorité des gens en font un symbole d'efficacité personnelle
et un gage de santé psychologique. En effet, sentir que ses comportements
sont en accord avec ses croyances est nettement plus rassurant que l'inverse.
Dans ce cas, il se pourrait qu'un sentiment d'inconfort, voire un malaise,
s'installe en raison d'une contradiction entre le comportement et les attitudes.
Selon Festinger [25], cette contradiction est difficilement tolérable. Pour rétablir
l'équilibre, il est essentiel d'harmoniser les valeurs et les attitudes avec les comportements (*voir la figure 2.18*), donc d'instaurer une cohérence cognitivo-
comportementale. Si cela n'est pas le cas, certaines distorsions perceptives
peuvent être générées afin de favoriser une lecture de la réalité concordant
avec nos valeurs et nos comportements. Par exemple, un étudiant qui croit
que la réussite de son cours de statistiques est fonction de l'effort, plutôt que

Figure 2.18 Une illustration de la dissonance cognitive

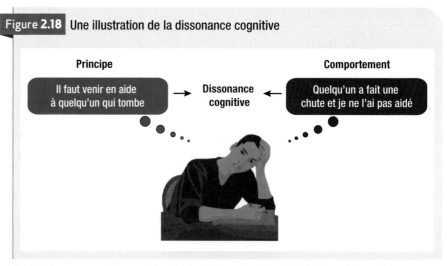

Solution : La personne a fait une chute. Elle n'avait pas vraiment besoin d'aide. Je ne l'ai pas aidée.

le fruit du hasard, et qui ne fournit malgré tout aucun effort pour réussir, se retrouve en situation de dissonance cognitive. Pour atténuer cette dissonance, l'étudiant peut modifier son comportement et fournir les efforts requis ; il peut aussi modifier ses croyances et se dire que, par son intelligence, il réussira ce cours sans avoir à fournir les efforts nécessaires. Pour appuyer cette nouvelle croyance, il peut alors recourir à la sélection perceptive en s'identifiant à des étudiants qui réussissent bien sans trop fournir d'efforts et, par le fait même, oublier ceux qui doivent travailler avec acharnement pour y parvenir. Face à des résultats qui ne correspondent pas à ses attentes, l'étudiant pourra aussi modifier son attitude quant aux études et se dire qu'il est possible de réussir sa vie professionnelle sans avoir obtenu de diplôme.

EN PRATIQUE

La rémunération, la dissonance et les attitudes

Voici le résumé d'une expérience menée par les chercheurs Jack Brehm et Arthur Cohen (1962), qui étudie le rôle de la rémunération dans le changement d'attitude. Le postulat de base était que les individus aspirent à éliminer les faits de pensée ou comportementaux présents en eux et qui sont contradictoires. En s'appuyant sur les théories de la consistance et de la rationalisation des conduites, il s'agissait d'étudier comment les sujets tentent de réduire cette dissonance en changeant d'opinion.

À la suite d'une intervention policière brutale sur un campus américain, les étudiants s'entendirent pour condamner cette intervention. Cohen expliqua à certains étudiants que, dans le cadre d'une étude sur cette intervention, il avait besoin de recueillir des arguments favorables à l'intervention, car il en avait déjà suffisamment qui étaient contre. Les sujets qui s'engageaient à participer apprenaient qu'ils recevraient en échange une rémunération. Mais celle-ci n'était pas la même pour tous ; elle variait entre 0,5 $, 1 $, 5 $ et 10 $.

Cohen faisait l'hypothèse suivante : Les individus ayant reçu une forte rémunération ne seraient pas vraiment en situation de dissonance, car ils auront l'impression de faire ce travail pour de l'argent. Par conséquent, ils ne changeraient pas d'avis quant à l'intervention policière. En revanche, les sujets qui avaient reçu une faible somme d'argent ne seraient pas motivés par la rémunération. Mais, par leur engagement envers l'expérimentateur, ils seraient en dissonance. Pour eux, le seul moyen de réduire cette dissonance était de croire davantage à l'intérêt de la tâche, de s'investir encore plus dans le rôle proposé. Cette réduction de dissonance amènerait les sujets à changer d'opinion quant à l'intervention policière.

Cohen vérifia cette hypothèse à l'aide d'un questionnaire administré aux étudiants après le travail d'argumentation. Ainsi, pour changer l'attitude des individus, nul besoin de fortes rémunérations. Par contre, il est fondamental que les sujets participent de leur propre gré à l'expérience.

Source : Adapté de S. DESBROSSES, «Brehm et Cohen (1962) : Récompense forte ? aucun changement d'attitude !», *Psychoweb*, 20 décembre 2007, [En ligne], www.psychoweb.fr/articles/psychologie-sociale/188-brehm-et-cohen-1962-recompense-forte-aucun-changement-d-atti.html (Page consultée le 12 décembre 2011)

Les attentes Les **attentes** représentent «la tendance à percevoir, dans une situation ou chez une personne, ce que l'on s'attend à y trouver[26]». En fait, tout le monde a déjà abordé une situation en s'attendant à ce que certaines choses se produisent ou à ce qu'une personne se comporte d'une certaine

attentes
Tendance pour un individu à agir selon son interprétation de la réalité.

façon. Comme nous en avons précédemment discuté, les attentes influent sur le processus perceptif, et donc sur notre façon de voir le monde. En voici un exemple simple. Quand on demande à quelqu'un «Comment ça va?», on s'attend à ce que cette personne réponde «Très bien, merci». Si c'est en effet ce qu'elle répond, mais avec la tête basse et l'air piteux, on aura tendance à ignorer cette information non verbale, parce que ce n'est pas ce à quoi on s'attend. En conséquence, on conclura que la personne va très bien, ce qui n'est probablement pas le cas. Un des effets pervers des attentes en matière de perception est ce qu'on appelle la «**prophétie autoréalisatrice**» **(ou effet Pygmalion)**. Prenons l'exemple d'un gestionnaire qui croit qu'un de ses employés trouve son travail ennuyeux et que, de ce fait, il quittera l'entreprise sous peu. Il se préoccupe peu de cet employé, lui accorde un minimum d'attention et confie aux autres employés les tâches intéressantes. En conséquence, l'employé finit par quitter l'entreprise même si, au départ, il n'en avait nullement l'intention. Conclusion: même si, initialement, il avait une mauvaise perception des intentions de son employé, le départ de ce dernier laisse croire au gestionnaire que sa perception était juste.

Somme toute, les erreurs de perception limitent notre capacité à bien saisir la réalité qui nous entoure et à choisir de façon optimale les comportements appropriés. En milieu de travail, ces distorsions viennent miner l'efficacité de bien des processus, que l'on pense à la sélection du personnel, à l'évaluation du rendement ou encore à la gestion de la performance. Les travailleurs et les gestionnaires doivent reconnaître leurs limites perceptives afin de s'assurer, dans les moments critiques, que leur jugement n'est pas altéré par des biais qui teintent l'appréciation de la réalité ayant cours.

prophétie autoréalisatrice (ou effet Pygmalion)
Fait de s'attendre à ce que certaines choses se produisent et de modifier son comportement de telle sorte que ces choses arrivent réellement.

2.3 LA PERSONNALITÉ

Dans son sens premier, le terme personnalité, qui provient du latin *persona*, signifie simplement «masque de théâtre». Cependant, même si on utilise familièrement et fréquemment le terme personnalité, lorsqu'on réfléchit à son sens réel, aucune réponse ne vient facilement. Les chercheurs se butent, eux aussi, à cette difficulté et ne s'entendent pas sur une définition commune. Ainsi, il existerait plus d'une centaine de définitions conceptuelles de cette notion[27]. Cependant, deux aspects semblent malgré tout faire consensus: la relative stabilité des traits/facteurs de personnalité d'un individu tout au long de son évolution et l'uniformité de sa conduite dans des situations données[28].

L'origine même de la personnalité a toujours été un objet de controverse chez les chercheurs et les théoriciens, car ils ne parviennent pas à distinguer avec précision les aspects supposément innés des aspects acquis de la nature humaine. En fait, cette difficulté permet de penser que l'inné et l'acquis influencent sans doute simultanément et de façon parallèle chacun des aspects d'une personnalité.

Sans considérer qu'elle est nécessairement la meilleure, nous proposons la définition de Casalis et ses collaborateurs[29] pour circonscrire la notion de personnalité. Pour ces auteurs, la personnalité est «l'ensemble des caractéristiques affectives, émotionnelles et dynamiques relativement stables et générales de la manière d'être d'une personne dans sa façon de réagir aux situations dans lesquelles elle se trouve».

À la lumière de cette définition, on comprendra qu'il n'est pas toujours facile de déterminer les traits de personnalité qui caractérisent un individu. On mesure aisément les traits physiques tels que la taille et le poids, mais la mesure de traits psychologiques comme la sociabilité, la dépendance ou le dynamisme est beaucoup plus complexe. Et si, en plus, on essaie d'expliquer le plus précisément possible ce qui entraîne tant de diversité d'attitudes et de comportements au travail, on se rend compte alors de la difficulté de la tâche. Afin de jeter un peu d'éclairage sur cette complexité, voyons tout d'abord les principaux déterminants de la personnalité.

2.3.1 Les principaux déterminants de la personnalité

Les principaux déterminants de la personnalité sont l'hérédité, la culture, la famille, le groupe, les rôles ainsi que les expériences de vie (*voir la figure 2.19*). Les multiples combinaisons de ces déterminants expliquent pourquoi nous sommes tous si différents les uns des autres. Dans une situation donnée, les caractéristiques individuelles d'une personne amèneront celle-ci à adopter un comportement qui lui est propre. Étant donné la multitude de possibilités d'agencement des caractéristiques individuelles, on pourra observer plusieurs réactions différentes dans un même contexte. C'est ici que le concept de personnalité entre en jeu, concept central à la psychologie différentielle, d'où émerge la notion que tout individu est psychologiquement unique. Examinons plus en détail chacun de ses principaux déterminants.

Figure 2.19 Les déterminants de la personnalité

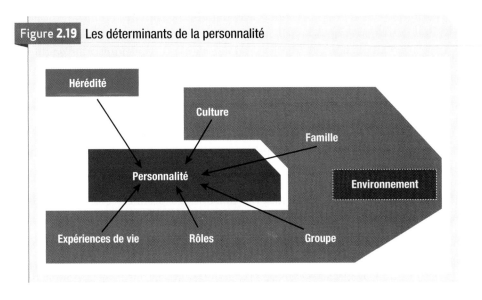

L'hérédité Nous avons tous vu un enfant être comparé à ses parents : « Il est aussi grand que son père », « Il a les mêmes yeux que sa mère ». Lorsque l'enfant est plus vieux, les comparaisons portent davantage sur sa personnalité : « Il est colérique comme sa mère », « Il est sociable comme son père ».

L'hérédité influence directement et indirectement la personnalité. En effet, les gènes peuvent influer d'une façon directe sur certains facteurs intrinsèques qui deviennent une partie inhérente de la personnalité ; on n'a qu'à penser à l'agressivité, à l'aptitude musicale ou à la facilité en mathématiques. Il ne faut cependant pas oublier que l'environnement module le message envoyé par les gènes. Par exemple, un individu ne montrera qu'il est sociable que s'il est placé dans un contexte qui s'y prête. Ainsi, les facteurs environnementaux peuvent enrichir le bagage génétique dont nous sommes porteurs. Dans cet esprit, on peut affirmer que l'hérédité façonne les balises de l'incidence de l'environnement sur le développement des caractéristiques de la personnalité. Cela est particulièrement vrai en ce qui concerne les traits de personnalité, car les expériences de vie nuancent le développement des prédispositions. Ainsi, l'hérédité peut expliquer la présence de certains traits de personnalité, mais c'est l'expérience de vie qui fixe les limites dans lesquelles ils se manifestent[30].

Les spécialistes ne prennent pas de position ferme lorsqu'il s'agit de débattre de ce qui est inné ou acquis par l'expérience. Cependant, il semble acceptable de considérer qu'une proportion de 40 % à 50 % de la personnalité serait innée. Naturellement, cela varie en fonction des traits/facteurs qui sont étudiés. Les études tendent à confirmer que les caractéristiques de la personnalité qui seraient les plus déterminées par l'hérédité seraient la stabilité émotionnelle et l'orientation sociale (extraversion *versus* introversion).

La culture La culture exerce une influence marquée sur le développement de la personnalité ; c'est du moins ce qu'ont démontré les culturalistes. On peut définir la **culture** comme l'ensemble des valeurs qui conditionnent les comportements et les attitudes, acceptables ou non, des membres d'une société. Le succès de l'industrie japonaise, par exemple, est en partie attribuable aux valeurs des travailleurs nippons, c'est-à-dire à leur esprit d'équipe et à leur respect de l'autorité. Les stéréotypes attribués à certains peuples illustrent la manière dont la culture peut agir sur les individus. On parle, par exemple, du flegme britannique et de la galanterie française. Toutefois, si la culture détermine certains aspects généraux du comportement, elle n'efface pas les différences individuelles. Tous les Anglais n'étant pas flegmatiques, ni tous les Français, galants !

culture

Ensemble de valeurs, croyances et attitudes partagées par les membres d'une société.

La famille La famille, pour plusieurs raisons, joue un rôle marquant dans le développement de la personnalité, puisque les premiers contacts significatifs de l'enfant surviennent avec les membres de sa famille immédiate. Les parents, les grands-parents, les frères et sœurs, les oncles et les tantes ont tôt fait de lui enseigner ce qu'ils considèrent comme des attitudes ou des comportements appropriés, et ce, nonobstant les prédispositions particulières de l'enfant. Les valeurs et les croyances qui lui sont inculquées auront un impact majeur sur le développement de sa personnalité. L'influence des parents est par ailleurs déterminante : ce sont eux qui lui servent de modèle. L'enfant imite ses parents par apprentissage vicariant ; il calque aisément leur manière d'exprimer les émotions et reproduit fidèlement leur **langage non verbal**. Ce sont d'ailleurs ces imitations qui engendrent des commentaires du genre : « C'est tout le portrait de son père. » Les parents ont aussi une influence considérable sur le développement de la personnalité de l'enfant lorsqu'ils tentent, par des renforcements et des **punitions**, de lui enseigner ce qui est bien et ce qui ne l'est pas. À la notion de famille sont aussi étroitement associées celles de classe socioéconomique, de niveau de scolarisation et de milieu de vie des parents.

Par ailleurs, l'influence de la famille se reflète aussi dans le comportement au travail. On a souvent entendu de la bouche de certains employeurs qu'il valait mieux laisser les problèmes familiaux à la maison. Il est possible que les changements familiaux teintent la personnalité d'un individu à un point tel que ses comportements au travail en sont modifiés. C'est le cas du professeur d'âge moyen, enseignant dans un établissement collégial qui, à la suite de l'entrée de son propre enfant au cégep, fait soudainement preuve d'altruisme envers ses nouveaux élèves. Indépendamment du rôle primordial de la famille dans le développement de la personnalité, on ne doit pas oublier que son influence s'exerce sur un canevas de traits innés qui prédisposent déjà l'individu à se comporter d'une certaine manière, et que le bagage héréditaire provient, bien sûr, exclusivement des parents.

Le groupe et les rôles Comme la famille, les groupes jouent un rôle prépondérant dans le développement de la personnalité. Rapidement, les enfants font partie de groupes sportifs ou de loisirs et de divers autres groupes à l'intérieur de l'école. Chaque groupe impose ses règles de comportement en récompensant ce qui est jugé approprié et en sanctionnant les comportements qui dévient de la norme. Les normes d'un groupe et les rôles qui leur sont associés favorisent la consolidation de certains traits de personnalité. L'influence d'un groupe est différente de l'influence sociale exercée par la culture ; les groupes élaborent des systèmes distincts de règles et de normes, et ils peuvent rallier les individus de diverses cultures. Ainsi, les membres d'un groupe construisent au fil du temps des schèmes d'interactions qui leur sont propres, ce qui fera naître chez eux des caractéristiques communes et des comportements similaires. Les rôles sociaux influenceront aussi, concurremment aux groupes d'appartenance, la structuration de la personnalité d'un individu. À ce titre, mentionnons que les rôles sociaux sexués, c'està-dire relatifs aux hommes ou aux femmes, peuvent avoir une incidence notable sur la construction de la personnalité. Notons aussi, dans cette même veine, l'importance des rôles situationnels, comme ceux pouvant être adoptés au sein de groupes d'appartenance.

Les expériences de vie Chacun, selon sa personnalité, a intériorisé un bagage de connaissances, d'expériences heureuses ou malheureuses, de succès et d'échecs qui constitue le canevas de l'image qu'il se fait de luimême. Par exemple, une personne qui a subi de nombreux échecs peut manifester un manque de confiance qui l'empêche de relever des défis et de se

langage non verbal

Actions corporelles et gestuelles globales qui, prises isolément ou combinées à l'information verbale, transmettent un message. Essentiellement, le langage non verbal comprend le regard, la voix (tonalité et timbre), l'odeur, la posture, la distance, le mouvement, les gestes et le toucher.

punition

Procédé par lequel on peut augmenter la probabilité d'apparition d'un comportement en réduisant la probabilité d'apparition d'un autre comportement. Autrement dit, la punition vise à faire disparaître un comportement pour le remplacer par un autre.

recréer un bassin d'expériences positives. D'autre part, une personne qui obtient une reconnaissance manifeste pour ses efforts, et qui concrètement connaît du succès, se construit une bonne confiance en elle. En ce sens, les expériences professionnelles agiront certainement sur la personnalité des employés. Bien que l'expérience seule puisse rarement ébranler la stabilité des caractéristiques de la personnalité, le vécu au travail pourra cependant freiner ou exacerber l'expression de certains traits.

2.3.2 La personnalité selon le modèle en cinq facteurs

On peut décrire la personnalité des individus de plusieurs façons. Mentionnons l'approche traditionnelle par les traits, la perspective typologique qui permet d'identifier des groupes homogènes de personnalités et, une approche plus récente, le modèle des facteurs de la personnalité. Cette dernière, devenue le modèle de référence depuis les années 1990, permet de décrire la personnalité de chaque individu en fonction de cinq facteurs. Chacun de ces facteurs est un amalgame de diverses facettes de la personnalité et permet de déterminer de façon synthétique les éléments essentiels qui caractérisent la personnalité d'un individu. Ce modèle factoriel est d'ailleurs celui qui est le plus utilisé en milieu organisationnel, particulièrement en matière de sélection du personnel. De plus, il sera aussi mis à contribution lors de l'évaluation du potentiel, de la planification de carrière ou de la gestion du rendement. Les cinq facteurs de la personnalité sont : l'extraversion, l'agréabilité, la stabilité émotionnelle, l'ouverture à l'expérience et le caractère consciencieux. Chacun de ces facteurs est polarisé et permet de positionner une personne selon un continuum. La manière dont un individu se positionne sur ce continuum permet d'obtenir une excellente lecture de sa personnalité. Divers tests normalisés permettent de dresser un profil précis des employés en fonction de ces cinq facteurs de la personnalité. Notons cependant que d'autres catégorisations de la personnalité sont utilisées en milieu organisationnel pour cerner les caractéristiques des employés. À ce titre, mentionnons le modèle des types psychologiques de Myers-Briggs qui permet de classifier les travailleurs selon 16 modèles de personnalité.

Extraversion *vs* introversion Les termes « introversion » et « extraversion » s'appliquent à l'orientation sociale, c'est-à-dire à la manière de se comporter en société. L'**extraversion** est associée à un comportement verbal et non verbal expressif, alors que l'introversion fait référence à un comportement retiré et timide. Ainsi, l'**introversion** peut être définie comme la tendance d'un individu à se tourner vers lui-même. Par ailleurs, les introvertis semblent plus sensibles aux idées abstraites et aux émotions. L'extraversion, pour sa part, est la tendance d'un individu à se tourner vers les autres, les événements et les objets. Dans le domaine du travail, on constate que les gestionnaires sont souvent extravertis, et ce, sans doute en raison de leur rôle qui consiste à trouver, avec la collaboration du personnel, des solutions aux problèmes de l'entreprise. Les introvertis, de leur côté, seront plus à l'aise dans des tâches solitaires qui demandent moins d'interactions sociales. Soulignons

extraversion
Facteur de la personnalité associé à un comportement verbal et non verbal et à une grande sociabilité.

introversion
Facteur de la personnalité associé à la tendance au repli sur soi et à la réflexion intérieure et solitaire.

que les extravertis fournissent un meilleur rendement dans un environnement animé, alors que les introvertis sont plus efficaces dans un environnement de travail plus calme.

Agréabilité *vs* désagréabilité Ce facteur de la personnalité circonscrit la nature des rapports sociaux d'un individu. Ainsi, une personne présentant un haut niveau d'agréabilité sera généralement courtoise, polie et aimable. À l'inverse, un individu se situant davantage vers le pôle de la désagréabilité affichera des comportements sociaux de confrontation, d'égoïsme et de méfiance. On comprendra aisément que la présence d'employés ayant un haut facteur de désagréabilité est à même de générer toutes sortes de difficultés dans une équipe de travail. Dans un tel cas, des efforts soutenus devront être investis par les gestionnaires afin de préserver la coopération, l'harmonie et le climat de travail nécessaires à un bon rendement.

Stabilité émotionnelle *vs* névrosisme Le facteur de la personnalité associé à la stabilité émotionnelle est un indicateur de la perméabilité de la personne aux événements qui se produisent dans son environnement. Ainsi, la personne présentant une bonne stabilité émotionnelle sera en mesure de maintenir une humeur constante malgré les événements heureux ou malheureux qui se produisent dans sa vie. Il ne s'agit pas d'une insensibilité affective, mais plutôt de la capacité à recréer rapidement un équilibre émotif après de tels événements. Cet employé sera donc confiant, calme et serein. Le névrosisme, pour sa part, caractérise la personne qui est en quelque sorte otage de ses émotions et qui affiche une humeur fluctuante selon sa situation personnelle, son environnement ou les circonstances. Cette personne souffrira davantage d'anxiété, d'angoisse et d'énervement. On considère généralement que la stabilité émotionnelle est un gage de bonne gestion du stress en milieu de travail.

Ouverture *vs* fermeture à l'expérience Certaines personnes présentent une curiosité naturelle et une grande tolérance au changement. On dit qu'elles affichent une bonne ouverture à l'expérience. En milieu de travail, ces employés seront créatifs, imaginatifs, vifs d'esprit et démontreront un jugement indépendant. *A contrario*, les gens qui sont plus fermés à l'expérience valoriseront les situations sécuritaires, routinières et présentant peu d'incertitudes. Plus craintifs de nature et très attachés à leurs habitudes, ces employés résisteront habituellement aux changements et présenteront, dès que des éléments de l'environnement organisationnels sont modifiés, des niveaux supérieurs de stress et d'anxiété.

Caractère consciencieux *vs* négligeant Le caractère consciencieux peut être associé à des traits de personnalité comme le perfectionnisme, la discipline et la persévérance. Ainsi, une personne consciencieuse cherchera constamment à exceller, à s'améliorer et à se développer dans le cadre de son travail. Pour sa part, le négligeant préférera qu'on lui confie des tâches qui ne débordent pas des balises de ses compétences et qui ne lui demandent pas trop d'efforts. Ces personnes fonctionnent souvent selon un schème coût/bénéfice où la situation optimale allie le moindre effort au maximum de rétribution.

2.3.3 La personnalité et le comportement au travail

Au-delà des facteurs de la personnalité, certains traits spécifiques ont eux aussi une incidence sur l'adoption de comportements au travail. Plusieurs études permettent d'associer certaines caractéristiques de la personne aux gestes qu'elle pose dans le cadre de son travail. Par exemple, on dit parfois de quelqu'un qu'il est colérique (trait de personnalité) parce qu'il réprimande (comportement) ses employés pour des fautes mineures. Nous présentons dans cette section quatre traits de personnalité qui font couramment l'objet d'évaluations dans le domaine du comportement organisationnel.

L'estime de soi Par estime de soi, nous désignons l'opinion qu'une personne a d'elle-même. Cette opinion résulte de l'évaluation qu'elle fait de ses comportements, de son apparence, de son intelligence, de son succès social et de l'opinion d'autrui à son endroit. En général, les personnes qui ont une faible estime de soi manquent de confiance en leurs capacités et ne s'accordent que peu de valeur. L'estime de soi a une influence sur le type d'emploi recherché. Ainsi, une personne ayant une bonne estime de soi prendra plus de risques au travail et voudra s'élever dans l'échelle hiérarchique ou occuper un emploi comportant de nombreux défis. De plus, ces individus fournissent un meilleur rendement car ils sont moins sensibles à la critique, ils se fixent des buts élevés et ils sont prêts à fournir beaucoup d'efforts pour les atteindre.

Par ailleurs, l'estime de soi est fonction des facteurs situationnels. Ainsi, une personne qui subit plusieurs échecs sent son estime d'elle-même diminuer, alors qu'à l'inverse, celle qui réussit la verra augmenter. De plus, l'estime de soi dépend en partie de l'opinion d'autrui. En conséquence, un supérieur offrira des défis réalistes à ses subordonnés afin qu'ils vivent du succès plutôt que des échecs et qu'ainsi, ils éprouvent un sentiment de compétence qui augmentera leur estime de soi.

lieu de contrôle (ou locus de contrôle)

Concept psychologique selon lequel les individus diffèrent dans leurs appréciations et leurs croyances sur ce qui influence le cours de leur vie.

Le lieu de contrôle La notion de **lieu de contrôle (ou locus de contrôle)** fait référence à «la croyance qu'entretient une personne quant à l'influence qu'elle exerce sur sa vie[31]». Le lieu de contrôle peut être interne ou externe. Les individus qui ont un lieu de contrôle interne se considèrent comme les principaux artisans de leur vie, alors que ceux dont le lieu de contrôle est externe attribuent ce qui leur arrive à la chance, au hasard ou à autrui.

Les spécialistes estiment qu'au travail, une personne dont le lieu de contrôle est interne possède une bonne maîtrise de son comportement, qu'elle est socialement et politiquement active, qu'elle tend à influencer le comportement des autres et qu'elle est plus orientée vers l'accomplissement de soi et la réalisation des objectifs. À l'inverse, une personne dont le lieu de contrôle est externe est plutôt influençable et préfère travailler sous l'autorité d'un supérieur structuré et directif. En connaissant le lieu de contrôle des employés, on peut ajuster notre gestion et favoriser l'augmentation de leur motivation et leur satisfaction. Par exemple, il est souhaitable de faire participer à la prise de décision les employés dont le lieu de contrôle est interne et de leur permettre d'être plus autonomes, alors qu'il sera préférable de structurer le travail d'un employé dont le lieu de contrôle est externe.

Le dogmatisme La personne dogmatique se caractérise par la rigidité de ses opinions et de ses croyances. Elle a tendance à percevoir l'environnement comme menaçant et considère l'autorité légitime comme le pouvoir absolu. En outre, elle accepte ou rejette autrui selon des critères peu nuancés qui trouvent leurs fondements dans les valeurs les plus couramment véhiculées. En conséquence, les dogmatiques se sentent à l'aise dans un groupe très structuré et fonctionnent mieux lorsqu'ils relèvent de figures d'autorité dominantes ayant un style de leadership directif ; ils ont alors à fournir moins d'efforts pour trouver l'information menant à la prise de décision.

L'autoefficacité Le concept d'**autoefficacité** concerne «la croyance de l'individu en sa capacité d'organiser et d'exécuter la ligne de conduite requise pour produire des résultats souhaités[32]». Un sentiment d'efficacité personnelle est présent lorsqu'une personne, en raison de ses **aptitudes**, considère qu'elle peut s'acquitter honorablement d'un travail. Ainsi, plus une personne a un niveau d'efficacité personnelle élevé, plus elle croit disposer des qualités nécessaires à l'accomplissement d'une tâche, et plus elle croit qu'en produisant un effort et en surmontant les obstacles, elle atteindra ses objectifs.

autoefficacité
Croyance de l'individu en sa capacité de réaliser ou non une tâche

aptitudes
Ensemble des qualités physiques et intellectuelles permettant à une personne d'accomplir une tâche ou une fonction.

Le sentiment d'efficacité personnelle est important au travail, parce que plus on croit en ses habiletés, plus on fera preuve d'agentivité, c'est-à-dire d'initiatives comportementales, afin d'atteindre un objectif. On comprendra qu'alors, les probabilités d'atteindre le succès augmentent. L'efficacité personnelle peut s'acquérir par l'apprentissage ; on posera aux employés concernés des défis réalistes en plus de les jumeler à d'autres employés qui leur serviront de modèles.

2.3.4 La personnalité et la carrière

La notion de personnalité est fort utile lorsque vient le temps de faire un choix de carrière ou de prendre des décisions ponctuelles concernant son développement professionnel. Le courant de pensée portant sur les origines du choix de carrière, souvent appelé «courant déterministe-structuraliste», est la plus ancienne des approches théoriques entourant le phénomène de la carrière. Ses tenants estiment que la stabilité et la permanence sont les deux éléments qui priment dans le choix d'une carrière. Ce courant de pensée s'intéresse principalement aux indices permettant de circonscrire le choix initial de carrière ainsi que ceux qui influencent les réorientations de carrière.

Dans cette perspective, l'approche la plus utilisée au cours des 30 dernières années est celle de John Holland[33]. Cataloguée comme une théorie psychologique du choix de carrière, la théorie de Holland situe l'approche traits-facteurs sous l'horizon de l'appariement nécessaire et inévitable des personnalités individuelle et professionnelle. Selon Holland, chaque individu érige, dès ses premières années de vie, la structure de sa personnalité qui s'actualise essentiellement par la différenciation des intérêts, des aptitudes et des attitudes. Cette personnalité devra tout simplement être jumelée à un environnement de travail compatible pour que le choix de carrière de la personne soit satisfaisant.

La conception de Holland repose sur le principe que les gens évoluant dans un même environnement de travail possèdent des types de personnalité similaires et que, par conséquent, on peut se permettre d'envisager la notion de personnalité professionnelle. Cette agrégation de personnalités convergentes résulte d'une adéquation entre un ensemble de caractéristiques psychologiques personnelles et un environnement de travail présentant une réalité particulière. Or, un individu qui aurait des traits de personnalité semblables à ceux de personnes que leur environnement de travail satisfait pourrait, s'il s'orientait vers le même type d'environnement professionnel, effectuer un choix de carrière approprié. Notons que la notion d'environnement de travail englobe autant le type d'occupation que la manière d'exercer les tâches s'y rapportant et le contexte dans lequel elles s'exercent. Dans cette optique, le choix de carrière repose sur le développement de la personnalité, grande responsable, selon Holland, de l'orientation professionnelle.

La force de Holland ne repose évidemment pas sur cette seule conception du choix de carrière; c'est tout le bagage opérationnel mis au point par cet auteur qui justifie la réputation qu'il s'est taillée. En effet, loin de se contenter de postulats théoriques, il a développé des outils permettant de valider sa théorie et de la rendre opérationnelle.

En premier lieu, Holland définit les types de personnalité ainsi que les types d'occupation à l'aide de six qualificatifs bien précis: réaliste, investigateur, artistique, social, entrepreneur et conventionnel. Ces types s'accolent autant à la personne (personnalité individuelle) qu'à l'environnement de travail (personnalité professionnelle). Ce système est très efficace puisqu'il permet, à l'aide d'un même vocable, de vérifier l'appariement personne-occupation. Le tableau 2.1 montre les caractéristiques rattachées à chacun des types de personnalité et aux activités professionnelles correspondantes.

Toutefois, le type de personnalité est un élément trop englobant pour tenir compte des multiples différences individuelles et professionnelles. Ainsi, un individu de type «entrepreneur» n'a pas nécessairement les mêmes traits ou le même agencement de traits qu'une autre personne du même type. Cette diversité est aussi applicable à l'environnement de travail. Afin de circonscrire les dissemblances à l'intérieur d'un même type de personnalité, Holland a créé le patron de personnalité. Le patron de personnalité tient compte non seulement du type de personnalité dominant, mais aussi des types secondaires qui définissent, par ordre d'importance, la personnalité précise de l'individu ou de l'environnement. Exprimé en trois lettres, la première pour le type dominant et les deux autres pour les types secondaires, le patron de personnalité permet de vérifier avec exactitude la compatibilité d'un individu et d'une occupation. Ainsi, le psychologue clinicien et l'enseignant au primaire occupent deux emplois à dominante sociale; cependant, le patron de personnalité d'un psychologue clinicien est SIA (social-investigateur-artistique), tandis que celui de l'enseignant au primaire est SAE (social-artistique-entrepreneur). Cette

Tableau 2.1   Le parallèle entre les types de personnalité individuelle et les activités professionnelles

TYPE DE PERSONNALITÉ	CARACTÉRISTIQUES	ACTIVITÉS PROFESSIONNELLES
Réaliste	Les personnes réalistes préfèrent les activités et les emplois en relation avec la nature et le plein air, les activités mécaniques, la construction et les réparations. Elles sont intéressées par l'action plutôt que par la pensée, préférant les problèmes concrets aux problèmes abstraits et ambigus.	• Faire fonctionner des équipements • Utiliser des outils • Manœuvrer des machines • Construire, réparer, bâtir
Investigateur	Les personnes investigatrices ont une orientation déterminée. Elles aiment amasser de l'information, découvrir, analyser et interpréter des données. Elles préfèrent travailler seules qu'en groupe.	• Accomplir des tâches abstraites • Amasser et organiser des données • Résoudre des problèmes • Produire des analyses • Faire de la recherche
Artistique	Les personnes artistiques valorisent les qualités artistiques des choses et ont un grand besoin de s'exprimer. Ce besoin se traduit dans leurs loisirs, dans leur travail ou dans leur environnement.	• Le travail de création • La décoration et le design • La composition et l'écriture
Social	Les personnes ayant ce type de personnalité aiment travailler avec les gens ; elles apprécient le travail de groupe et le partage des responsabilités et elles se plaisent à être le centre d'attention. Elles préfèrent résoudre les problèmes par la discussion et interagir avec les autres.	• Enseigner et expliquer • Aider et guider • Informer et organiser • Résoudre des problèmes • Animer des groupes
Entrepreneur	Ces personnes recherchent des positions de direction (leadership), de pouvoir et de prestige. Elles apprécient la coopération en vue d'objectifs organisationnels et du succès économique. Elles aiment prendre des risques financiers et participer à des activités compétitives.	• Travailler dans le domaine de la vente et des achats • S'engager dans des activités politiques • Animer des activités et des groupes • Faire des présentations • Gérer du personnel et des projets
Conventionnel	Les personnes conventionnelles travaillent bien dans les grandes corporations, mais elles préfèrent les rôles de subalternes aux postes de direction. Elles affectionnent particulièrement les activités qui demandent de la minutie et de la précision.	• Dactylographier et classer • Organiser des procédures • Tenir des livres • Rédiger des rapports

distinction permet de reconnaître le type d'individus aptes à travailler dans un environnement donné.

Soulignons que le patron de personnalité a tendance à se structurer de façon hexagonale. Comme on peut le constater à la figure 2.20, de la page suivante, les probabilités d'agencement des types de personnalité sont d'autant plus élevées lorsque les types sont contigus dans leur répartition hexagonale. Ainsi, si le type dominant est « social », les chances que le patron soit SEA ou SAE sont grandes. Ce modèle hexagonal des relations intertypes n'est pas absolu, mais il permet d'entrevoir le patron de personnalité en fonction de la seule connaissance du type dominant qui illustre un schème de préférences et d'aversions envers le monde du travail[34].

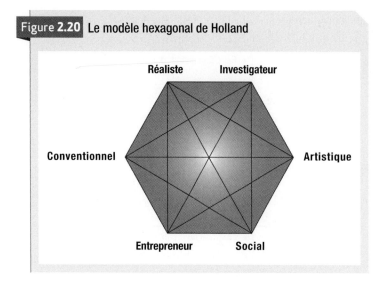

Figure 2.20 Le modèle hexagonal de Holland

Réaliste Investigateur

Conventionnel Artistique

Entrepreneur Social

Si le besoin d'apparier le patron de personnalité de l'individu et celui de l'occupation est crucial, la validation de cet appariement serait impossible sans une instrumentation simple et efficace. À cet effet, plusieurs outils permettent de définir le type de personnalité d'un individu et d'évaluer sa compatibilité avec des occupations. Le plus connu de ces instruments est sans contredit le *Strong-Campbell Interest Inventory* (SCII) qui permet, entre autres choses, de mesurer l'intérêt d'un individu pour des domaines généraux d'activité, ses préférences pour des occupations précises ainsi que sa ressemblance avec les types purs. Plusieurs autres instruments peuvent être utilisés pour soutenir l'approche de Holland, par exemple le *Occupation Finder*, le *Dictionary of Holland Occupational Codes* et le *Self-Directed Search*. Ces outils ont comme principal objectif de déterminer le patron de personnalité d'un individu et celui des activités professionnelles.

La théorie de Holland s'est développée au cours de ses nombreuses recherches sur le choix de carrière et plusieurs éléments importants s'y sont greffés, tels les concepts d'identité, de cohérence, de différenciation (interactions individu-personnalité) et de congruence (interactions individu-occupation). Les concepts liés aux interactions entre l'individu et la personnalité font référence à un processus interne d'autoéquilibre. Alors que l'identité désigne la stabilité de la structure des intérêts de la personne, la cohérence et la différenciation se rapportent au dynamisme de son patron de personnalité. Par ailleurs, les interactions entre l'individu et son occupation obligent à définir un modèle permettant d'évaluer la concordance entre ces deux réalités. La congruence est donc synonyme d'adéquation entre le type de personnalité d'un individu et l'environnement dans lequel il évolue. La nécessité de congruence entre un élément interne à l'individu et son environnement, c'est-à-dire sa profession ou son occupation, a été largement démontrée par plusieurs études. De plus, on constate qu'en l'absence de congruence, l'individu aura une forte tendance à être insatisfait au travail et, par le fait même, à changer souvent d'occupation en cherchant la congruence.

Somme toute, l'approche de Holland est complète. Plusieurs vérifications ont permis d'en valider les postulats et d'étendre ses domaines d'application potentiels. En ce sens, elle peut facilement être considérée comme la conception la plus extensive du choix de carrière, et ce, en fonction de la parcimonie de son raisonnement, de la clarté de ses concepts et de la complémentarité de ses principes.

EN PRATIQUE

Qu'est-ce qui vous branche ? Comment se poser les bonnes questions

Lorsque vous examinez les divers chemins professionnels qui s'offrent à vous après vos études, il vous est impossible de savoir ce que le destin vous réserve. Par contre, vous pouvez définir vos intérêts, vos compétences et vos valeurs, puis explorer les occupations dans lesquelles vous pourriez mettre le mieux à profit ces éléments. En suivant la démarche en trois étapes proposée ci-dessous, vous ne resterez pas à attendre que l'emploi de vos rêves vous tombe du ciel. Vous découvrirez plutôt ce qui est susceptible de vous rendre heureux.

Première étape

Tâchez de savoir ce qui vous branche. Posez-vous les questions suivantes :

- Qu'est-ce qui pique (et maintient) mon intérêt ?
- J'excelle dans quelles sortes d'activités ?
- Quel est mon type de personnalité ?
- Qu'est-ce qui est le plus important pour moi ?

Soumettez-vous à n'importe quel test lié à un domaine professionnel que le centre de placement de votre établissement d'enseignement pourrait vous offrir. Ou encore songez à des emplois, des tâches, des stages, des cours ou des aspects de votre vie personnelle dans lesquels vous avez eu du plaisir ou avez excellé. Une suggestion de lecture (si vous lisez bien l'anglais) : *Do What You Are*, de Paul Tieger et Barbara Barron-Tieger.

Deuxième étape

Sachez quelles sont vos diverses possibilités de carrière. Il est rare qu'un cours de niveau collégial ou universitaire puisse vous montrer de façon réaliste en quoi consiste le monde du travail. Vous devez alors prendre l'initiative de l'explorer par vous-même. Rendez-vous à votre centre de placement étudiant pour consulter, s'il y a lieu, des ouvrages décrivant divers types de travail,

les exigences afférentes et les plages de salaires de diverses occupations. Vous pouvez également trouver des descriptions de certains domaines d'activité dans un site Web comme celui de Industrie Canada. Le conseiller en emploi de votre établissement d'enseignement devrait aussi être en mesure de vous aider. De plus, il conviendrait de parler à des employeurs dans le cadre d'entrevues d'information et d'avoir un aperçu de certains emplois au moyen de jumelages, de stages ou de postes à temps partiel.

Troisième étape

Établissez vos priorités. Après avoir passé du temps sur les deux premières étapes, vous devriez voir vos principales préférences ressortir. Par exemple, vous serez sans doute à même de savoir que vous ne désirez pas œuvrer au sein d'une grande entreprise, ce qui élimine d'emblée tout emploi dans le secteur bancaire, par exemple. Ou encore vous pourriez prendre conscience que votre intérêt pour les arts n'est pas suffisant pour vous permettre de faire carrière dans ce domaine ; vous faites donc une croix sur ce type de débouché. Tout ce que vous apprendrez sur vous sera très éclairant lorsque viendra le moment de décider de votre avenir professionnel.

Mais, plus important encore, il vous faudra bien faire la part des choses. N'oubliez pas que vous avez droit à l'erreur et que vous n'êtes pas lié à vie à un domaine professionnel donné. La plupart des gens changent d'emploi ou même de secteur d'activité plusieurs fois dans leur vie, si bien que le type de carrière que vous choisissez à la fin de vos études ne sera pas nécessairement le même quarante ou cinquante ans plus tard, sauf si c'est ce que vous voulez. Donc, il est inutile de vous imposer trop de pression en vue de faire le choix parfait.

Source : Adapté de M. TULLIER, « Comment choisir votre carrière », *Monster.ca*, [En ligne], http://conseils-carriere.monster.ca/strategie-de-recherche/evaluation-de-carriere/comment-choisir-votre-carriere/article.aspx (Page consultée le 15 décembre 2006)

2.3.5 La personnalité et le comportement politique

comportement politique

Comportement d'un individu destiné à obtenir des avantages au détriment des autres.

Dans un contexte organisationnel, le **comportement politique** se définit comme un processus d'influence sur le comportement d'autrui et sur le cours des événements, afin de protéger ses propres intérêts et d'atteindre ses objectifs personnels. Cette définition peut laisser croire que de nombreux comportements ont une connotation politique. Cependant, on qualifiera de politique le comportement qui permet surtout d'obtenir un avantage au détriment d'autres personnes ou même, parfois, au détriment de l'organisation. Il devient alors évident que ce ne sont pas tous les comportements qui ont une dimension politique. Certaines personnes sont plus susceptibles que d'autres d'adopter ce type de comportements. Cette tendance dépend de certains éléments de la personnalité que nous décrivons dans les paragraphes suivants.

besoin de pouvoir

Désir d'influencer les personnes de son entourage.

Le besoin de pouvoir La personne qui recherche le pouvoir éprouve un désir intrinsèque d'influencer et de diriger les autres, et de contrôler son environnement. En conséquence, elle se conduira de façon à pouvoir prendre en charge des activités lui assurant un certain leadership sur autrui. Il est intéressant de noter que les gestionnaires qui réussissent éprouvent souvent un grand **besoin de pouvoir**. Un gestionnaire peut désirer deux formes de pouvoir : le pouvoir personnel et le pouvoir organisationnel. Ceux qui recherchent le pouvoir personnel ont besoin de dominer les autres et de s'attacher leur loyauté, indépendamment de l'organisation. Au contraire, les gestionnaires qui sont intéressés au pouvoir organisationnel font preuve de loyauté envers l'organisation et encouragent les employés à faire de même, créant de ce fait un climat de travail efficace. La notion de pouvoir sera étudiée plus en détail au chapitre 7.

Le machiavélisme Le terme machiavélisme fait référence à un ensemble de comportements décrits au XVIe siècle par Niccolò Machiavelli dans un ouvrage intitulé *Le Prince*, et d'où est tiré l'adage «la fin justifie les moyens». Globalement, les comportements machiavéliques visent l'acquisition et l'utilisation du pouvoir. Selon Machiavelli, la meilleure façon d'acquérir et d'utiliser le pouvoir, c'est de manipuler les autres. Les gens machiavéliques sont généralement très habiles pour influencer les autres et ils participent souvent à des activités à connotation politique. D'autres caractéristiques sont liées au machiavélisme, telle la fourberie, la méfiance et le non-respect des règles. De plus, les gens machiavéliques abordent les situations de manière logique et réfléchie ; ils sont capables de mentir pour protéger leurs intérêts et considèrent la loyauté ou l'amitié comme des barrières possibles à leur avancement.

Les comportements risqués Certaines personnes recherchent activement des situations à haut potentiel de risque, alors que d'autres font tout ce qu'elles peuvent pour les éviter. Il semble que celles qui aiment le risque ont aussi tendance à s'engager dans des activités politiques, lesquelles comportent de nombreux risques tels qu'une rétrogradation, des évaluations de rendement insatisfaisantes ou une perte d'influence auprès des individus et des groupes. Par ailleurs, puisque les activités politiques ne mènent pas nécessairement au succès, les gens peu empressés à prendre des risques s'en tiennent souvent loin.

Pour résumer, rappelons que les différences de personnalité expliquent pourquoi deux personnes placées dans une même situation réagissent différemment. En fait, plus un gestionnaire est capable de tenir compte des différences de personnalité, plus il peut prédire les comportements de ses employés et créer un environnement de travail qui leur soit favorable et qui optimise leur rendement.

2.4 LES VALEURS ET LES ATTITUDES DANS L'ENVIRONNEMENT DE TRAVAIL

Le comportement et la conduite étant l'objet de ce chapitre, il nous faut aborder l'influence que peuvent avoir les valeurs et les attitudes sur les choix comportementaux, et plus particulièrement sur les comportements en milieu de travail.

La notion de valeur est étroitement associée «aux principes généraux qui orientent les gestes et les jugements des gens, et cela, tant dans leur vie privée que dans leur vie professionnelle[35]». Ainsi, chaque personne possède un ensemble de valeurs sociales qui guide ses agissements en lui permettant, entre autres, de discerner ce qui est bien de ce qui est mal. Bien que la nature des valeurs soit fort similaire d'un individu à l'autre, c'est leur hiérarchisation, c'est-à-dire leur importance relative, qui individualise l'incidence des valeurs sur le comportement. Cette structuration particulière des valeurs est ce qu'on nomme «le système de valeurs». Des liens étroits existent entre les valeurs d'une personne et les attitudes quelle entretient. Puisque l'**attitude** est «l'évaluation générale et relativement durable que les gens font des objets, des idées ou des personnes[36]», l'attitude peut être considérée comme une microvaleur ou l'expression ciblée d'une valeur (*la notion d'attitude sera plus amplement discutée au chapitre 4*). Ainsi, il faut considérer que les valeurs déterminent les attitudes et qu'une seule valeur peut participer à la formation d'un ensemble d'attitudes. Par exemple, un individu pour qui l'éthique est une valeur fondamentale pourrait développer une attitude négative envers les politiciens, mais positive envers les juges. Les valeurs et les attitudes participent donc conjointement à la détermination des choix comportementaux.

attitude
Évaluation d'une personne envers des idées ou des personnes.

2.4.1 L'origine des valeurs

Les valeurs sont le fruit de nos apprentissages et de notre expérience. Initialement, les choix et les comportements des gens qu'on estime ont une influence sur le développement de nos valeurs par le processus de socialisation. Ainsi, le milieu familial, l'éducation, les amis et la société sont les principales courroies de transmission des valeurs. Cependant, les dilemmes éthiques que l'on vit personnellement et ceux auxquels on est exposé viennent aussi nourrir et consolider ces valeurs initiales. Nos choix passés et leurs incidences sur notre bien-être et celui des gens qui nous entourent ont donc un rôle important à jouer dans la hiérarchisation de nos valeurs. Néanmoins, il est convenu de reconnaître que nos valeurs se forment en bonne partie au cours de nos premières années de vie et qu'elles sont par la suite, sans être immuables, relativement stables[37].

L'apparition des valeurs, ainsi que leur nature, sont étroitement liées au développement moral de l'individu. Ainsi, selon Kohlberg, le développement de la moralité d'un individu se fait en trois phases[38].

Au départ, les enfants présentent une moralité dite «préconventionnelle», où ce qui leur importe est simplement d'éviter la punition ou d'obtenir une récompense. Cette moralité hétéronome amène une évaluation de l'à-propos des comportements en fonction de l'unique réactivité de l'environnement. Ainsi, un comportement qui occasionne une punition sera évalué comme étant inapproprié alors que celui qui mène à une récompense s'autojustifiera par cette conséquence positive. À ce premier niveau de moralité, l'incidence des valeurs sur le comportement est limitée et les choix des gestes posés se résument sommairement à savoir si on sera puni ou récompensé.

Les individus progresseront généralement vers un second niveau de moralité plus adapté qui évaluera la pertinence des gestes selon les conventions sociales en vigueur. Dès lors, l'individu prendra en considération l'ensemble des normes et règles sociales afin de choisir le comportement approprié. Cette moralité conformiste est celle que la plupart des personnes entretiennent et qui les incite à adopter des conduites respectueuses des règles, des standards et des lois propres à une société. Le comportement n'est dès lors plus fonction de ses conséquences immédiates (punition ou récompense), mais davantage de l'opinion qu'ont les autres de ce comportement. Il y a donc à ce niveau une intériorisation de ce qui est socialement acceptable et l'individu respectera les conventions afin d'être estimé et de ne pas ressentir de culpabilité.

Enfin, très peu de personnes franchiront les frontières du plus haut niveau de moralité que Kohlberg appelle la moralité «post-conventionnelle». À ce niveau, la personne possède un schème de valeurs très consolidé et ses agissements ne sont dictés que par une adéquation supérieure entre ses comportements et ses valeurs. Il s'agit d'une moralité autonome qui permet à la personne de faire fi des conventions sociales et de simplement se référer à ses propres valeurs pour juger de ses gestes. Ces personnes pourront ainsi contrevenir aux conventions sociales si elles les jugent inappropriées et si leur transgression sert le bien-être collectif et la justice sociale. Par exemple, un gestionnaire qui a atteint ce niveau de moralité pourra exceptionnellement déroger à l'application stricte d'une règle ou d'une procédure s'il la juge inéquitable dans un contexte donné.

Les divers scandales éthiques ayant cours dans les organisations et qui font la une de l'actualité ne sont pas sans nous rappeler l'importance de la moralité et des valeurs dans les organisations. Ainsi, une organisation se doit d'encadrer la liberté d'action de ses gestionnaires et de ses employés en formulant les valeurs auxquelles elle souscrit. Par exemple, la loyauté, l'équité, l'intégrité, la transparence, la protection de l'environnement sont des valeurs organisationnelles que prônent plusieurs entreprises. De là, l'ensemble des politiques organisationnelles, dont les codes de conduite, doit faire connaître aux travailleurs les balises qu'ils ne doivent pas transgresser. Lorsque les politiques sont absentes ou floues, les organisations s'en remettent à la simple moralité individuelle qui peut, comme nous venons de le mentionner, fluctuer considérablement d'une personne à une autre. Cependant, puisque la majorité des individus possède une moralité conventionnelle qui les amène à être respectueux des lois, des normes et des conventions sociales, très peu de personnes se comportent de façon non éthique s'ils ont un avantage à le faire ou s'ils considèrent qu'ils sont au-dessus des règles.

EN PRATIQUE

Le dilemme d'Archibald

Exemple de dilemme éthique permettant d'apprécier le stade de moralité d'une personne (*ceci est une adaptation du dilemme de Heinz, développé originalement par Kohlberg*).

À Gatineau, une femme se mourrait d'une maladie très rare. Les médecins lui apprirent qu'un nouveau médicament, inventé par un pharmacien d'Ottawa, pourrait la sauver. Le médicament étant à base de radium, il coûtait très cher à fabriquer. Par contre, le pharmacien le vendait dix fois ce qu'il lui en coûtait. Le radium lui coûtait 400 $ et il demandait 4000 $ pour une petite dose. Comme il s'agissait d'un médicament expérimental, ni l'assurance gouvernementale, ni les assurances privées ne couvraient ce montant. Le mari de la femme malade, Archibald, tenta par tous les moyens légaux d'obtenir l'argent nécessaire pour se procurer le médicament. Cependant, personne dans son milieu familial ou dans son cercle d'amis ne pouvait le lui prêter. De plus, comme son salaire était bas, on lui refusa un prêt à la banque. En tout, il ne put recueillir que 2000 $, soit la moitié du coût du médicament. Il dit au pharmacien que sa femme était mourante et lui demanda de lui faire un rabais ou de le laisser payer plus tard. Mais ce dernier refusa : « Non, j'ai découvert le remède et je compte bien m'enrichir grâce à lui. » Ayant essayé tous les moyens légaux à sa disposition, Archibald décida de voler le médicament en s'introduisant par effraction dans le commerce du pharmacien.

Archibald aurait-il dû agir ainsi ?

1. Il n'aurait pas dû faire cela ; il est certain qu'il se fera prendre et il aboutira probablement en prison.

2. Il devait voler le médicament. Si sa femme survit, elle lui sera très reconnaissante. Il sera ainsi un homme plus heureux.

3. Il a bien fait d'aider son épouse parce que c'est correct de le faire ; son épouse et ses amis le tiendront en plus haute estime pour cela.

4. L'homme devait obéir à la loi, même si cela devait lui causer des souffrances personnelles. La loi, c'est la loi.

5. Il a bien fait de voler, car le pharmacien était injuste en l'empêchant de prendre soin de son épouse. Il n'avait pas à obéir à une règle injuste.

6. La vie de son épouse est plus importante que le droit du pharmacien à sa propriété. Il se devait de voler le médicament.

Barème : 1 et 2 = stade préconventionnel ; 3 et 4 = stade conventionnel ; 5 et 6 = stade post-conventionnel

2.4.2 Les classifications des valeurs

Les valeurs individuelles sont classifiées de diverses façons et, actuellement, on ne fait pas consensus quant à un regroupement optimal de celles qui guident le comportement individuel. Cependant, deux modèles de classification des valeurs sont largement véhiculés dans la littérature et retiennent l'intérêt des chercheurs : celui de Milton Rokeach et le modèle circulaire des valeurs de Shalom Schwartz.

La classification des valeurs de Rokeach

Rokeach[39] propose une classification qui permet de distinguer deux types de valeurs en fonction de leurs objectifs. Il y a d'abord les *valeurs finales* qui circonscrivent les objectifs globaux qu'un individu cherche ultimement à atteindre dans sa vie et qui représentent les buts de l'existence. La liberté, la sagesse, le confort ou encore le respect de soi en font partie. Aussi, cette classification identifie un ensemble de valeurs qui se veulent instrumentales, en ce sens qu'elles représentent davantage des moyens d'atteindre nos objectifs de vie qu'une finalité. On peut donc considérer les *valeurs instrumentales* comme des outils au service de l'atteinte des valeurs finales. Ainsi, l'indépendance, l'ambition, le courage et la maîtrise de soi représentent autant de valeurs instrumentales et donc, de moyens d'accéder à l'actualisation des valeurs finales. Le tableau 2.2 présente l'ensemble des valeurs décrites par Rokeach en fonction de la distinction qu'il fait entre les valeurs finales et instrumentales.

Il est intéressant de noter que les études tendent à démontrer que les valeurs finales et instrumentales d'un individu semblent se structurer en fonction de son appartenance à un groupe social[40]. Entre autres, on remarque que les gestionnaires possèdent un amalgame de valeurs différent de celui des syn-

Tableau 2.2 La classification des valeurs

VALEURS FINALES (objectifs existentiels)	
Les valeurs personnelles : Qu'est-ce qui est le plus important dans votre vie ?	Vivre, le bonheur, la santé, la famille, le succès personnel, la reconnaissance, le statut, les biens matériels, le succès professionnel, le prestige, l'amitié, l'amour, etc.
Les valeurs éthico-sociales : Que voudriez-vous faire pour le monde ?	Prôner la paix, l'écologie, la justice sociale, etc.
VALEURS INSTRUMENTALES (moyens pour diverses fins existentielles)	
Les valeurs éthico-morales : Comment devez-vous vous comporter avec les gens de votre entourage ?	Être honnête, sincère, responsable, loyal, solidaire, avoir confiance, respecter les droits humains, etc.
Les valeurs de compétition : Qu'est-ce que vous croyez nécessaire pour rivaliser dans la vie ?	La culture, l'argent, l'imagination, la logique, l'apparence, l'intelligence, la positivité, la flexibilité, la sympathie, la capacité à travailler en équipe, le courage, etc.

Source : Tiré de S. GARCIA et S.L. DOLAN, *La gestion par valeur : Une nouvelle culture pour les organisations*, Montréal, Québec, Éditions Nouvelles, 2000, p. 78.

dicalistes[41]. Cette constatation permet d'alimenter la compréhension des conflits de travail puisque ces différences entre les valeurs de ces groupes peuvent expliquer partiellement les différends quant au choix à privilégier afin d'assurer le bien-être individuel et organisationnel.

Le modèle circulaire de Schwartz

De façon complémentaire à la classification déjà proposée par Rokeach, Schwartz formule un positionnement de l'ensemble des valeurs individuelles selon deux axes : le premier touchant au changement (ouverture *vs* continuité) et le second portant sur l'intérêt à l'égard des autres (dépassement de soi *vs* affirmation de soi). Ces deux axes, que Schwartz structure de façon circulaire, permettent d'identifier quatre groupes de valeurs qui sont des agrégations de domaines motivationnels (valeurs de base) de portée similaire[42] (*voir figure 2.21*). Par exemple, les personnes qui recherchent le changement et le dépassement de soi auront comme valeurs dominantes l'autonomie et l'universalisme. Celles qui possèdent les objectifs inverses (continuité et affirmation de soi) seront davantage sensibles, dans leur choix, au pouvoir et à la sécurité. Pour celles qui valorisent la stabilité (continuité) et l'altruisme (dépassement de soi), ce sont la bienveillance, la tradition et le conformisme qui prédominent. Enfin, des valeurs de stimulation, d'hédonisme et d'accomplissement seront présentes chez les personnes en quête de changement et d'affirmation de soi. Chacune

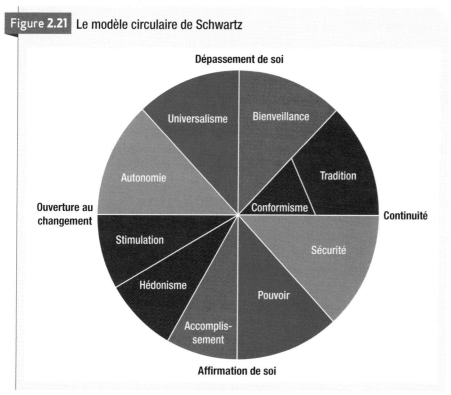

Figure 2.21 Le modèle circulaire de Schwartz

Source : Adopté avec la permission de S.H. SCHWARTZ, « Les valeurs de base de la personne : théorie, mesures et applications », *Revue française de sociologie*, vol. 47, 2006, p. 929-968.

des dix valeurs représentées dans la schématisation peut être associée à un domaine motivationnel qui sera meublé d'un ensemble important de valeurs spécifiques. Les travaux de Schwartz et de ses collègues montrent jusqu'à 56 valeurs spécifiques qu'il est possible de positionner à l'intérieur des dix valeurs de base. À titre d'exemple, l'autonomie inclurait le besoin de différenciation, la recherche du prestige et la quête de l'influence[43].

Peu importe le système de classement ou les dénominations utilisées, tous s'entendent pour reconnaître que chaque personne possède un ensemble de valeurs qui vient structurer ses attitudes et son comportement. La connaissance de ces valeurs, et plus particulièrement du système de valeurs préconisé par les travailleurs, est une excellente façon d'anticiper et de comprendre leurs réactions dans leur environnement de travail. Que l'on parle de changement organisationnel, de gestion du stress, d'engagement ou de rétention des travailleurs, les valeurs sont un élément incontournable à prendre en considération afin de maximiser l'efficacité de la prise de décision visant à consolider ou à favoriser l'émergence des comportements nécessaires au bon fonctionnement organisationnel.

2.4.3 L'adéquation entre les valeurs individuelles et organisationnelles

www.cheneliere.ca/dolan

Les organisations doivent bien sûr s'intéresser aux valeurs de leurs travailleurs et chercher à en comprendre la nature et la hiérarchisation. Cependant, elles doivent aussi, à partir de cette connaissance, s'assurer que les valeurs véhiculées par l'organisation concordent avec celles des employés. Traditionnellement, c'est le processus de socialisation en milieu de travail qui permettait l'agencement des valeurs. Ce processus favorisait principalement l'acculturation, c'est-à-dire l'intégration par le travailleur des valeurs et de la culture de l'entreprise[44]. Dans cette perspective, les premiers mois passés dans l'organisation permettaient au nouvel employé de s'approprier les valeurs de l'entreprise ou de s'en accommoder, sans quoi, l'employé était remercié ou quittait volontairement après quelque temps. Les difficultés actuelles à attirer et à retenir les meilleurs travailleurs incitent les organisations à faire preuve de plus de flexibilité et à promouvoir la complémentarité des valeurs avec leurs travailleurs. Ainsi, plutôt que de parachuter les valeurs de la direction vers les employés, il faut maintenant les importer de la base vers le haut. Un exemple éloquent de ce principe est la gestion par valeurs, un sujet qui sera discuté plus amplement au chapitre 12. Disons pour l'instant que la gestion par valeurs est un outil de leadership stratégique qui cherche principalement à assurer une concordance maximale entre ce qui est recherché par les travailleurs et ce qui est nécessaire à la direction des entreprises[45]. Autrement dit, la gestion par valeurs préconise que les valeurs soutenant la culture d'une organisation se doivent d'être les mêmes que celles des travailleurs et non celles qui ont été édictées par les dirigeants. Ainsi, plutôt que d'être statiques, les valeurs organisationnelles seront en perpétuelle évolution, au gré des volontés des personnes qui animent l'entreprise. En conséquence, il est tout à fait logique que les valeurs familiales soient soutenues et valorisées par l'entreprise, par l'entremise de ses politiques et procédures internes, si ces dernières représentent les valeurs dominantes d'une masse critique d'employés.

Que ce soit par la gestion des valeurs ou par d'autres processus de réingénierie de la culture d'une entreprise, l'amélioration de la convergence entre les valeurs de l'organisation et celles des travailleurs a une incidence positive sur divers comportements au travail. Ainsi, l'engagement organisationnel, la satisfaction et le bien-être au travail, ou l'intention de demeurer en poste seraient au nombre des aspects organisationnels qui bénéficieraient de l'harmonisation des valeurs.

PERSPECTIVE INTERNATIONALE

Les valeurs au travail : une étude comparative

Geert Hofstede s'est livré à une étude comparative des valeurs liées au travail (les pratiques directoriales, la motivation des salariés) dans une cinquantaine de pays. Une enquête à long terme a été entreprise : 116 000 questionnaires ont été traités statistiquement afin de transformer les résultats en indices quantitatifs. En est ressortie une classification en quatre « dimensions » largement indépendantes les unes des autres :

- **L'individualisme/le collectivisme :** À l'une des extrémités de l'échelle (100), des sociétés dans lesquelles les liens entre individus sont extrêmement lâches, une situation rendue possible par la très grande liberté que ce type de société accorde à chacun de ses membres. À l'autre extrémité de l'échelle (0), des sociétés dans lesquelles les liens entre les individus sont extrêmement forts.

- **La distance hiérarchique :** Le degré d'inégalité est mesuré sur l'échelle des distances hiérarchiques, qui va également de 0 (faible distance) à 100 (grande distance). Dans une organisation, le degré de distance hiérarchique est lié aux degrés de centralisation de l'autorité et d'autocratie de la direction. Les sociétés aussi bien que les organisations sont dirigées de manière aussi autocratique que le permettent leurs membres. L'autocratie existe autant chez les membres d'une société que chez ses dirigeants : les systèmes de valeur des deux groupes sont généralement complémentaires.

- **Le contrôle de l'incertitude :** L'incertitude à l'égard de l'avenir est plus ou moins bien vécue et supportée, ce qui a des conséquences sur l'attitude à l'égard de la prise de risque. Les sociétés à faible contrôle de l'incertitude ont une tendance naturelle à se sentir en sécurité relative. Les sociétés à fort contrôle de l'incertitude cherchent à créer la sécurité et à éviter les risques.

- **La masculinité/la féminité :** Toutes les divisions de rôle d'origine sociale sont plus ou moins arbitraires, et ce qui est considéré comme typiquement masculin ou féminin peut varier d'une société à l'autre. On peut classer les sociétés selon qu'elles cherchent à minimiser ou à maximiser la division du rôle des sexes. On peut qualifier de « masculines » les sociétés qui ont maximisé la division du rôle social des sexes, et de « féminines » celles où cette division est relativement peu marquée.

2.5 LES ATTRIBUTIONS

attribution
Processus par lequel les personnes expliquent leur comportement et celui d'autrui.

évaluation du rendement
Système consistant à mesurer, évaluer et modifier les caractéristiques, les comportements et le succès d'un employé au travail, ainsi que la fréquence de ses absences, afin de déterminer son niveau de rendement actuel.

Une **attribution** est une inférence ayant pour but d'expliquer pourquoi un événement a eu lieu ou encore d'expliquer le comportement d'autrui aussi bien que son propre comportement[46]. Ce processus a une grande importance pour les gestionnaires et les employés, en particulier lors de l'**évaluation du rendement** ou du processus de sélection. Ainsi, lorsqu'un gestionnaire procède à l'évaluation d'un employé, il prend souvent en considération les causes du comportement de ce dernier pour tenter de cerner les raisons justifiant un rendement insuffisant, ou encore celles qui ont conduit à une situation conflictuelle. On dira que le gestionnaire fait une attribution causale s'il considère que la piètre performance de son employé doit être associée au contexte de travail (par exemple, les ressources disponibles). Au contraire, si les caractéristiques propres à l'individu sont mises en cause (par exemple, ses compétences ou sa motivation), on parlera d'une attribution dispositionnelle.

Au cours du processus d'attribution, il est donc essentiel de déterminer si un comportement relève d'une cause interne ou d'une cause externe. Si on considère que la cause est interne, on présume que la personne maîtrise son comportement, alors que si la cause est externe, on suppose qu'un facteur hors de son contrôle a provoqué son comportement. Par exemple, si un étudiant dit qu'il a échoué à son examen parce qu'il n'a pas étudié, la cause est interne, puisque lui seul peut décider du temps et de l'effort qu'il doit consacrer à ses études. Par contre, si l'étudiant affirme qu'il a échoué parce que l'examen était trop difficile, la cause est externe, puisqu'il n'est aucunement responsable du coefficient de difficulté de l'examen.

2.5.1 La formation et les erreurs d'attribution

Selon Kelley[47], il est possible d'attribuer un comportement à une cause interne ou à une cause externe en analysant la conduite des individus (hétéro-attribution). Cette observation permet d'évaluer le comportement selon un principe de covariation qui utilise principalement trois paramètres, soit le consensus, la spécificité et la cohérence, à l'aide des questions suivantes :

- *L'évaluation selon le consensus.* L'observateur se demande : «Est-ce que d'autres personnes placées dans la même situation se comporteraient de la même manière ?»

- *L'évaluation selon la spécificité.* L'observateur se demande : «Est-ce que cette personne se comporterait de la même manière si elle était placée dans une autre situation similaire ?»

- *L'évaluation selon la cohérence.* L'observateur se demande : «Est-ce que cette personne s'est déjà comportée de cette manière dans d'autres situations ?»

Si l'évaluation indique que le comportement est fortement spécifique, qu'il fait consensus et qu'il n'est pas cohérent, l'observateur l'attribuera à une cause externe, c'est-à-dire que le comportement est propre à un contexte précis et non tributaire des caractéristiques intrinsèques de l'acteur. Au contraire, si les degrés de spécificité et de consensus sont faibles et que le niveau de cohérence est élevé, l'observateur attribuera le comportement à une cause interne et imputera sa responsabilité à des particularités personnelles de l'individu, par exemple sa personnalité ou son attitude.

L'attribution du comportement à une cause interne ou externe dépend de facteurs situationnels et personnels. Par exemple, si un étudiant échoue à un examen, il se peut qu'il ait été vraiment trop difficile, mais il est aussi possible que des facteurs personnels en soient responsables. Ainsi, les individus qui ont une faible estime de soi attribuent davantage leurs échecs à des causes internes et leurs succès à des causes externes, telles la chance ou la facilité de la tâche ; au contraire, ceux qui ont une bonne estime de soi attribuent leurs succès à des causes internes.

De plus, le lieu de contrôle influe sur le type d'attribution. En effet, les personnes qui ont un degré élevé de contrôle interne attribuent leur comportement à des causes internes. Il a aussi été démontré que les personnes qui éprouvent un fort besoin d'accomplissement ont tendance à attribuer leurs succès à leurs habiletés et leurs échecs au manque d'effort, deux causes internes. Enfin, les gens qui s'attendent à échouer ont tendance à attribuer leurs échecs à un manque d'aptitudes, ce qui engendre fréquemment un sentiment d'incompétence.

En ce qui concerne les autoattributions, c'est-à-dire l'explication de notre propre comportement, le schème explicatif est différent. Très souvent, selon Heider[48], les attributions qu'exercent les employés quant à leur propre rendement mettent en évidence des causes telles que les capacités, l'effort, la difficulté de la tâche et l'intention. Les exemples suivants illustrent comment se manifestent ces attributions dans un contexte de travail.

- *Les capacités* : «J'ai fait une excellente présentation parce que j'ai un talent naturel pour m'exprimer en public.»
- *L'effort* : «J'ai fait une excellente présentation parce que je n'ai pas ménagé mes efforts pour me préparer.»
- *La difficulté de la tâche* : «Mon rapport aurait été plus complet si j'avais eu plus d'expérience en gestion financière.»
- *L'intention* : «J'ai raté mon entrevue parce que je ne désirais pas vraiment obtenir le poste.»

Enfin, il arrive parfois que les employés attribuent leurs insuccès à leur supérieur, à leurs collègues ou à une quelconque déficience organisationnelle, alors qu'ils récoltent bien aisément le mérite de leurs succès. Cette tendance à extérioriser ses échecs et à intérioriser ses réussites s'appelle l'*erreur de complaisance*. Ce biais d'attribution cherche principalement à préserver l'intégrité de l'estime de soi. En contrepartie, l'*erreur fondamentale d'attribution* (biais acteur-observateur) caractérise la facilité avec laquelle on responsabilise les autres pour les événements qu'ils vivent, alors qu'on a de la difficulté à se blâmer personnellement dans des situations similaires. Par exemple, il est plus simple de remettre en cause les compétences d'un collègue qui n'obtient pas une promotion que de faire de même lorsqu'on essuie un échec semblable.

Afin de maintenir un contexte d'efficacité et d'adopter les comportements que commandent réellement les situations, il est de rigueur de se prémunir contre les erreurs possibles d'attribution. Les gestionnaires doivent donc apprendre à faire preuve d'humilité dans leur appréciation des causes des événements se déroulant dans leur unité de travail. Ils doivent éviter de sauter aux conclusions et s'assurer, à tout moment, de faire une recherche objective des facteurs expliquant les comportements des travailleurs. Pour éviter les interprétations erronées de la réalité, les gestionnaires doivent entre autres s'assurer d'obtenir de l'information de sources variées, faire preuve d'empathie, gérer leur émotivité et ne pas considérer leurs explications comme étant nécessairement toujours les meilleures.

CONCLUSION

Le comportement humain est un phénomène complexe façonné par de multiples facteurs individuels et sociaux. Entre autres, la personnalité, les valeurs, les attitudes et les attributions, caractéristiques propres à chaque individu, influencent le processus de perception qui, à son tour, détermine l'intention de se comporter de telle ou telle façon. À la lumière de ces variables, et du nombre d'interactions qui peuvent exister entre elles, on s'expliquera mieux pourquoi il est difficile de comprendre et de prédire la conduite des individus.

La personnalité peut modifier la perception en créant des distorsions ou une fausse interprétation de la situation. Le degré de distorsion de la perception varie selon les circonstances : il sera vraisemblablement élevé dans le cas d'une situation ambiguë ou lorsqu'on évolue dans des contextes inhabituels. À cela s'ajoute naturellement l'influence des valeurs ainsi que les risques d'erreur d'attribution, qui rendent l'interprétation de la réalité difficile. La perception est donc un sujet vaste et compliqué.

Dans ce chapitre, nous avons présenté un résumé des aléas du comportement humain, de la personnalité et de la perception dans ce qu'ils ont de plus complexe. Aussi, pour comprendre le comportement des individus dans leur milieu de travail, il faut considérer l'ensemble des facteurs qui régissent le comportement et tenir compte des interrelations qui existent entre chacun d'eux. Enfin, chaque individu a une vision du monde, une personnalité, des besoins et des perceptions qui lui sont propres, ce qui l'amène à adopter un comportement qui lui est spécifique dans une situation donnée, selon sa perception du moment.

QUESTIONS **DE RÉVISION**

1. Qu'est-ce qu'un processus de perception? Répondez en fonction des éléments qui influencent celle-ci.

2. Décrivez quelques comportements en milieu de travail qui captent actuellement l'attention des gestionnaires.

3. Chaque individu possède une personnalité qui lui est propre. Expliquez ce phénomène.

4. Établissez le lien existant entre la personnalité et le comportement. Ce lien permet-il de prédire le comportement d'un individu en fonction de la connaissance de certains traits de sa personnalité?

5. Qu'est-ce qu'une valeur? Répondez en fonction de l'origine et du développement de cette notion.

6. Nommez trois éléments de distorsion perceptive et illustrez chacun d'eux par un exemple concret.

7. Selon Kelley, en quoi le comportement d'autrui est-il important dans la justification de nos propres comportements?

8. Expliquez brièvement le lien qui existe entre les valeurs, la personnalité, les attitudes et les attributions.

AUTO-**ÉVALUATION**

Maîtrisez-vous l'image que vous projetez?

Jusqu'à quel point maîtrisez-vous l'image que vous projetez? Lisez chacun des énoncés suivants et encerclez la lettre V (vrai) ou F (faux) selon qu'il s'applique ou non à vous.

1. J'ai de la difficulté à imiter le comportement d'autrui.   V   F

2. Lors d'une fête ou d'une réunion amicale, je n'essaie pas de faire ou de dire ce qui plaira aux autres.   V   F

3. Je ne peux défendre que les idées auxquelles je crois déjà.   V   F

4. Je peux improviser un discours, même sur un sujet que je connais à peine.   V   F

5. Je joue la comédie pour impressionner ou divertir les autres.   V   F

6. Je serais probablement un bon acteur.   V   F

7. C'est rarement sur moi que se concentre l'attention dans un groupe.   V   F

8. Je modifie souvent mon comportement selon les circonstances et selon les personnes avec lesquelles je me trouve.   V   F

9. J'ai du mal à me faire aimer des autres.   V   F

10. Je ne suis pas toujours la personne que je semble être.   V   F

11. Il n'est pas question que je change ma façon d'être ou d'agir pour plaire aux autres ou pour gagner leur approbation.   V   F

12. J'ai déjà songé à devenir acteur.   V   F

⌄

13. Je n'ai jamais été très doué pour les jeux comme les charades ou l'improvisation théâtrale.   V   F

14. J'ai de la difficulté à modifier mon comportement pour m'adapter aux gens et aux situations.   V   F

15. Lors d'une fête, je laisse aux autres le soin de faire des blagues et de raconter des histoires.   V   F

16. Je me sens un peu gauche en présence d'autres personnes et je ne fais pas une aussi bonne impression que je le devrais.   V   F

17. Je peux mentir à n'importe qui sans broncher, en le fixant droit dans les yeux, si c'est pour une bonne cause.   V   F

18. Il m'arrive de duper quelqu'un en me montrant amical envers lui, alors que je ne l'aime pas du tout.   V   F

Accordez-vous un point pour chaque V que vous avez encerclé aux énoncés 4, 5, 6, 8, 10, 12, 17 et 18. Puis, attribuez-vous un point pour chaque F que vous avez encerclé aux énoncés 1, 2, 3, 7, 9, 11, 13, 14, 15 et 16. Faites le total pour connaître votre résultat.

Si vous avez obtenu 11 points ou plus, vous contrôlez sans doute très bien l'impression que vous créez. Si vous avez obtenu 10 points ou moins, vous n'exercez qu'un faible contrôle sur l'image que vous projetez.

Source : Traduit de M. SNYDER, *Public Appearances, Private Realities : The Psychology of Self-Monitoring*, New York, NY, W.H. Freeman and Co., 1987.

 ÉTUDE **DE CAS**

UNE BANQUE ET SON PERSONNEL MULTICULTUREL

*Ce cas a été rédigé par **Me Garick Chouinard Apollon**, avocat et consultant en commerce et développement international. Il est président de CDC International inc., une firme de consultants en management international et interculturel. Il a réalisé plusieurs consultations, formations et projets, notamment pour l'ACDI, les Nations Unies, Stikeman Eliott LLP-Toronto, Manufacturiers et Exportateurs du Canada, Exportation et Développement Canada et pour l'Ambassade des États-Unis au Canada. Il est aussi professeur à temps partiel à l'École de gestion de l'Université d'Ottawa.*

Pour plus de renseignements, visiter le site Web de CDC International inc.

Les banques canadiennes sont réputées pour leurs activités internationales et la diversité culturelle de leurs clientèles. La présence d'employés de diverses cultures leur donne donc un avantage comparatif. Suzanne Chouinard vient d'être promue à la direction des services financiers dans une des grandes banques de la région de Montréal. Elle occupe le poste de directrice régionale des services financiers aux PME exportatrices de la région de Montréal. Suzanne et son équipe doivent composer avec des clients de plusieurs cultures, mais aussi avec des clients de l'étranger. De plus, chacun d'eux doit bien maîtriser le monde du commerce international, qui présente une grande diversité politique, économique, légale et culturelle. Suzanne possède plusieurs années d'expérience et a acquis une excellente réputation dans le secteur banquier. De plus, elle est comptable de formation et détient une maîtrise en administration des affaires (MBA). Actuellement, elle supervise une équipe de consultants en investissement et services financiers. Ses employés sont très bien formés (la plupart détiennent un MBA en management international) et reflètent le multiculturalisme des sociétés canadienne et québécoise; des quatre membres de l'équipe, seule Mireille est Québécoise. Les autres sont d'origine mexicaine (Ricardo), libanaise (Rania) et haïtienne (Jean Alfred).

Les problèmes de Suzanne débutent deux semaines après son entrée en fonction comme directrice. Le mécontentement s'installe face à l'attitude trop libérale et démocratique qu'elle adopte dans la gestion de son équipe. Ses employés se plaignent de l'absence de descriptions de tâche et de directives précises dans l'exercice de leurs fonctions. Par ailleurs, tous semblent assez bien s'entendre entre eux et on peut même affirmer que les Mexicains, les Libanais et les Haïtiens partagent les mêmes valeurs en milieu de travail. Ils appartiennent en effet à une culture où la distance hiérarchique, c'est-à-dire le statut social et l'autorité des gestionnaires, est importante. Ces employés favorisent la gestion de groupe dite «collectiviste verticale», un modèle de gestion où le leader doit superviser et diriger son groupe de façon plus autocratique et aimable, à la manière d'un bon «père de famille» ou d'une bonne «mère de famille». Afin d'éviter toute ambiguïté ou incertitude, ils préconisent aussi une définition précise des tâches de travail. Enfin, ce sont des cultures plus masculines que féminines. Au Canada et au Québec, les cultures de travail sont diamétralement opposées. La culture québécoise présente une plus faible distance hiérarchique et un haut niveau de tolérance face à l'incertitude et à l'ambiguïté, comparativement à la culture canadienne. C'est pourquoi on la définit comme une culture plus féminine.

Cela étant dit, il y a une assez bonne complicité entre les membres de l'équipe de Suzanne, mais il arrive souvent que deux d'entre eux, soit Ricardo et Jean-Alfred, se disputent ouvertement le pouvoir. Par ailleurs, Rania et les autres demandent souvent à Suzanne: «Qui fait quoi aujourd'hui, boss?» Cette question la trouble profondément, car elle lui donne l'impression que ses employés fuient leurs responsabilités et manquent d'initiative. Suzanne ne comprend plus rien, car ses valeurs de travail prônent la participation et l'initiative et, par ailleurs, elle croit en la délégation des pouvoirs comme moyen de motiver les employés et créer un esprit d'équipe. Elle se demande pourquoi son groupe ne veut pas agir conformément à ces valeurs. Malgré les différences évidentes entre elle et son groupe, Suzanne a la ferme conviction que la gestion du personnel doit reposer sur des principes universels, indépendants des différences ethniques, religieuses ou culturelles. Par contre, Suzanne doit composer avec les piètres performances de son groupe et elle commence à réaliser que sa présomption sur les principes de gestion universelle est peut-être fausse.

Suzanne aime bien stimuler la créativité de ses employés. Lors des réunions, elle n'a jamais l'impression qu'ils sont à court de nouvelles idées ou «qu'ils tournent en rond». L'enthousiasme que manifestent ses employés en est la meilleure preuve. Toutefois, leurs belles idées novatrices et créatives ne trouvent pas d'applications dans les opérations de la banque.

De plus, Suzanne a souvent l'impression que son groupe ne lui fait pas confiance. Lors d'une discussion informelle avec Ricardo — devant un bon capuccino dans un café montréalais —, elle lui a candidement avoué qu'elle ne se sent pas appréciée, voire vraiment «aimée». Ricardo lui a expliqué que les membres de l'équipe ont beaucoup de respect pour ses grandes connaissances et son expérience dans le secteur bancaire, mais qu'ils ont trop souvent l'impression qu'elle est plus préoccupée par ses tâches administratives que par leurs besoins. Ricardo lui explique aussi que les gens de l'équipe se plaignent souvent de son attitude démesurément permissive, ou trop «soft». Ces remarques ont profondément troublé Suzanne, car elles vont à l'encontre de ses intentions. Elle répond à Ricardo qu'il y a sûrement un problème de communication entre elle et son équipe et que ce problème a dû fausser la perception que ses employés ont d'elle, car elle est très fière d'eux et a toujours été reconnue pour son efficacité et son leadership.

Les problèmes de gestion de son équipe de travail s'aggravent pourtant de jour en jour et attirent l'attention de la direction générale de la banque. Lors d'une réunion avec Marie Savoie, la vice-présidente régionale, Suzanne lui confie qu'elle a de la difficulté à communiquer avec ses employés et à les motiver. La vice-présidente exige des changements rapides afin que la productivité et la motivation de l'équipe de travail de Suzanne augmentent.

Les problèmes qu'éprouve Suzanne dans la gestion de son équipe semblent relever davantage de son incapacité à élaborer une stratégie de communication interculturelle appropriée à son groupe et, en conséquence, de son incapacité à motiver ses employés afin qu'ils accomplissent leurs tâches de manière efficace.

Pour répondre aux exigences de la direction générale, Suzanne doit affronter la situation de façon constructive et améliorer la cohésion et l'efficacité de son équipe, mais elle se sent dépassée par les événements. Elle ne sait comment s'y prendre. Pourquoi son équipe n'est-elle pas efficace? Elle contacte donc votre firme pour obtenir des conseils. À titre de consultant en management multiculturel pour CDC International inc., vous devez aider Suzanne à résoudre certains de ses problèmes.

Questions

1. Quelles sont les caractéristiques de cette équipe de travail multiculturelle?

2. Trouvez ses forces et ses faiblesses.

3. Quel type de leadership Suzanne devrait-elle exercer?

4. Selon vous, si les cultures mexicaine, libanaise et haïtienne préconisent une plus grande distance hiérarchique, préfèrent se conformer à des règles établies et ont une plus grande aversion à l'égard de l'incertitude que les cultures canadienne et québécoise, est-il possible que, malgré tout, la création d'une équipe de travail semi-autonome soit la meilleure option pour Suzanne?

RÉFÉRENCES

[1] D.G. MYERS et L. Lamarche, *Psychologie sociale*, Montréal, Québec, McGraw Hill, 1992.

[2] K. LEWIN, «Frontiers of Group Dynamics», *Human Relations*, vol. 1, 1947, p. 5-41.

[3] J.P. CAMPBELL, «Modeling the performance prediction problem in industrial and organizational psychology, dans M.D. DUNETTE et L.M. HOUGH, dir., *Handbook of industrial and organizational psychology*, Palo Alto, CA, Consulting Psychologists Press, 1990, p. 687-782.

[4] A. CHARBONNIER, C.A. SILVA et P. ROUSSEL, «Vers une mesure de la performance contextuelle au travail de l'individu: étude exploratoire», *Actes du 13e Congrès de l'AGRH*, Université de Fribourg, Suisse, 2007, [En ligne], http://www.reims-ms.fr/agrh/03-publications/01-actes-congres.html (Page consultée le 9 décembre 2011)

[5] B. CHARLES-PAUVERS, N. COMMEIRAS, D. PEYRAT-GUILLARD et P. ROUSSEL, «La performance individuelle au travail et ses déterminants psychologiques», dans S. SAINT-ONGES et V.Y. HAINES, dir., *Gestion des performances au travail: bilan des connaissances*, Paris, France, De Boeck, 2007, p. 97-150.

[6] Statistique Canada, *Taux d'absence du travail 2008*, (mars 2009), 71 211 X.

[7] G. JOHNS, «How methodological diversity has improved our understanding of absenteeism from work», *Human Resource Management Review*, vol. 13, 2003, p. 157-184.

[8] D.A. HARRISON et J.J. MARTOCCHIO, «Time for absenteeism: a 20-year review of origins, offshoots, and outcomes», *Journal of Management*, vol. 24, 1998, p. 305-350.

[9] E. GOSSELIN et M. LAUZIER, «Le présentéisme: lorsque la présence n'est pas garante de la performance», *Revue Française de Gestion*, vol. 211, 2011, p. 15-27.

[10] A.L. BLANCHARD et C.A. HENLE, «Correlates of different forms of cyberloafing: The role of norm and external locus of control», *Computers in Human Behavior*, vol. 24, 2008, p. 1067-1084.

[11] V.K.G. LIM et D.J.Q. CHEN, «Cyberloafing at the work place: gain or drain on work?», *Behavior and Information Technology*, 11 novembre 2009, [En ligne], www.tandfonline.com/doi/abs/10.1080/01449290903353054?tab=permissions#tabModule

[12] F. L. BRANHAM, *Keeping the people who keep you in business*, New York, NY, Amacom, 2001.

[13] G. ARCAND, G. TELLIER et L. CHRÉTIEN, *Les défis de l'attraction et de la rétention des jeunes dans la fonction publique québécoise*, Document de recherche, Centre d'expertise en gestion des ressources humaines, Québec, Québec, 2010.

[14] S.L. DOLAN, T. SABA, S.E. JACKSON et R.S. SCHULER, *La gestion des ressources humaines : Tendances, enjeux et pratiques actuelles*, Montréal, Québec, ERPI, 2008.

[15] F. BIRREN, *Le pouvoir de la couleur*, Montréal, Québec, Éditions de l'Homme, 1998.

[16] C.W. DAY, «The Physical Environment Revisited», *CEFP Journal*, (mars-avril 1980).

[17] R.R. LEEPER, «An experiment with ambiguous figures», *Journal of Genetic Psychology*, vol. 46, 1935, p. 61-73.

[18] L. DUMONT, «Les motivations au travail des agents de la fonction publique», *Actes du 41ᵉ Congrès international de psychologie du travail de langue française*, Québec, Québec, Presses de l'Université du Québec, 1987, p. 360-367.

[19] A. DELORME, *Psychologie de la perception*, Montréal, Québec, Études Vivantes, 1982.

[20] S.L. DOLAN, T. SABA, S.E. JACKSON et R.S. SCHULER, *op. cit.*

[21] E.C. MAYFIELD, S.H. CROWN et B.W. HAMSTRA, «Selection Interview in the Life Insurance Industry: An Update in Research and Practice», *Personnel Psychology*, vol. 33, 1980, p. 725-740.

[22] S.E. ASCH, *Social Psychology*, Englewood Cliffs, NJ, Prentice Hall, 1952.

[23] M. SHERIF, «A Study of Some Social Factors in Perception», *Archives of Psychology*, vol. 27, 1935.

[24] N. PETTERSEN et A. DURIVAGE, *L'entrevue structurée : Pour améliorer la sélection du personnel*, Québec, Québec, Presses de l'Université du Québec, 2006, p. 272.

[25] L. FESTINGER, *A Theory of Cognitive Dissonance*, Stanford, CA, Stanford University Press, 1957.

[26] J.R. SCHERMERHORN Jr, J.G. HUNT, R.N. OSBORN et C. de BILLY, *Comportement humain et organisation*, 3ᵉ éd., Montréal, Québec, ERPI, 2006.

[27] S. CLAPIER-VALLADON, *Les théories de la personnalité*, Paris, France, Presses Universitaires de France, 1997. (Coll. : «Que sais-je»)

[28] C. AUBÉ et E.M. MORIN, *Psychologie et Management*, Montréal, Québec, Chenelière Éducation, 2006.

[29] D. CASALIS, dir., *et al. Dictionnaire fondamental de la psychologie*, Paris, France, Larousse, 2002.

[30] J.R. SCHERMERHORN Jr, J.G. HUNT, R.N. OSBORN et C. de BILLY, *op. cit.*

[31] J.B. ROTTER, «Generalized expectancies for internal versus external control of reinforcement», *Psychological Monographs*, vol. 80, 1966, p. 1-28.

[32] A. BANDURA, *Auto-efficacité : le sentiment d'efficacité personnelle*, Paris, France, De Boeck, 2003.

[33] J.L. HOLLAND, *Making Vocational Choice: A Theory of Vocational Personalities and Work Environments*, 3ᵉ éd., Odessa, FLA, Psychological Assessment Resources, 1997.

[34] D. RIVERIN-SIMARD, *Travail et personnalité*, Québec, Québec, Presses de l'Université Laval, 1996.

[35] J.R. SCHERMERHORN Jr, J.G. HUNT, R.N. OSBORN et C. de BILLY, *op. cit.*

[36] R.E. PETTY, S.C. WHEELER et Z.L. TORMALA, «Persuasion and attitude change», dans T. MILLON, M.J. LERNER et I.B. WEINER, dir., *Handbook of psychology: Personality and social psychology*, New York, NY, Wiley, 2003, p. 353-382.

[37] M. ROKEACH et S. J. BALL-ROKEACH, «Stability and change in American values priorities», *American Psychologist*, vol. 35, 1989, p. 775-784.

[38] L. KOHLBERG, *The Philosophy of Moral Development*, San Francisco, CA, Harper and Row, 1981.

[39] M. ROKEACH, *The nature of human values*, New York, NY, Free Press, 1973.

[40] J.M. MUNSON et B.Z. POSNER, «The factorial validity of a modified value survey for diverse samples», *Educational and Psychological Research*, hiver 1980, p. 1073-1079.

[41] W.C. FREDERICK et J. WEBER, «The values of corporate managers and their critics: An empirical description and normative implication», dans W.C. FREDERICK et L.E. PRESTON, dir., *Business ethics research issues and empirical studies*, Greenwich, CT, JAI Press, 1990.

[42] S.H. SCHWARTZ, «Les valeurs de base de la personne : théorie, mesures et applications», *Revue française de sociologie*, vol. 47, 2006, p. 929-968.

[43] S.H. SCHWARTZ et S. LILACH, «Identifying Culture-Specifics in the Content and Structure of Values», *Journal of Cross-Cultural Psychology*, vol. 26, 1995, p. 92-116.

[44] S. PERROT, «Évolution du niveau de socialisation organisationnelle selon l'ancienneté : une analyse des premiers mois dans l'entreprise», *M@n@gement*, vol. 11, 2008, p. 231-258.

[45] S. GARCIA et S.L. DOLAN, *La gestion par valeur : Une nouvelle culture pour les organisations*, Montréal, Québec, Éditions Nouvelles, 2000.

[46] R.J. VALLERAND, *Les fondements de la psychologie sociale*, 2ᵉ éd., Montréal, Québec, Gaëtan Morin Éditeur, 2006.

[47] H.H. KELLEY, «The processes of causal attribution», *American Psychologist*, vol. 28, 1973, p. 107-128.

[48] F. HEIDER, *The psychology of interpersonal relations*, New York, NY, Wiley, 1958.

CHAPITRE

3 La motivation au travail

PLAN DE CHAPITRE

Introduction

3.1 Le phénomène
de la motivation

3.2 Les théories de la motivation
au travail

Conclusion

OBJECTIFS D'APPRENTISSAGE

Dans ce chapitre, le lecteur se familiarisera avec :

- les paramètres du concept de motivation (pulsions, forces, etc.) ;
- le processus d'émergence de la motivation et d'adoption de comportements particuliers ;
- la nature et la diversité des besoins à l'origine des comportements ;
- la distinction entre les théories de contenu et les théories de processus ;
- les parallèles et les différences entre les théories de contenu de la motivation ;
- les parallèles et les différences entre les théories de processus de la motivation ;
- les types d'applications auxquels se prête chacune des théories de la motivation ;
- les diverses natures de la motivation extrinsèque au travail ;
- l'incidence des facteurs organisationnels sur le façonnement de la motivation.

INTRODUCTION

De tous les sujets abordés en psychologie du travail et des organisations, les questions entourant la motivation des travailleurs sont de loin les plus populaires. Les employeurs et les chercheurs se sont toujours intéressés aux facteurs qui poussent les individus à donner ou non le rendement attendu. Un examen rapide de ce qui se passe dans les organisations permet de constater que la performance des employés est très variable. Comment expliquer que certains individus possédant de remarquables habiletés fournissent un rendement nettement inférieur à celui de travailleurs moins qualifiés ? Comment inciter un individu à fournir un rendement correspondant à son potentiel ou à ses ambitions ? Bien que la motivation ne soit pas la solution à tous les problèmes, elle est essentielle lorsqu'on veut favoriser l'expression des potentialités des personnes au travail. L'examen des éléments entourant la motivation au travail permettra, entre autres, de mieux répondre à ces questions et de comprendre les leviers qui permettent de générer et de soutenir la motivation des travailleurs.

Il est essentiel qu'un gestionnaire connaisse les tenants et aboutissants de la motivation au travail, car ils sont les moteurs du comportement. Ainsi, il est possible de considérer que tous les comportements d'une personne tirent leur origine d'une quelconque motivation. La motivation au travail agit comme la bougie d'allumage de l'action et a, de ce fait, une importance cruciale dans l'examen du rendement au travail. Par ailleurs, pour comprendre l'aspect rationnel d'un comportement, il faut en examiner le but et comprendre la notion de satisfaction, objectif de toute action. Il est donc crucial qu'un gestionnaire ait la capacité de gérer les motivations de ses employés s'il veut favoriser l'atteinte des objectifs de l'organisation dans le respect des aspirations des ressources humaines[1].

3.1 LE PHÉNOMÈNE DE LA MOTIVATION

Le terme «motivation» a plusieurs définitions. Certaines sont exhaustives, d'autres sont plus élémentaires. Toutes définissent cependant la motivation comme étant l'ensemble des forces qui incitent un individu à adopter un comportement donné. Il s'agit donc d'un concept qui touche autant les facteurs internes (cognitifs) qu'externes (contextuels) d'une conduite.

Les facteurs internes sont associés aux motifs ou aux besoins personnels qui poussent un individu à adopter un comportement précis. Lorsqu'une personne agit sous la contrainte ou subit de fortes pressions, son comportement sera motivé par des facteurs externes. Taylor, le pionnier de l'organisation scientifique du travail, misait sur les facteurs externes pour motiver les travailleurs en les récompensant monétairement en fonction de leur rendement. Aujourd'hui, même si on continue de miser sur les facteurs externes pour motiver les employés, on souhaite de plus en plus activer les facteurs internes de motivation, parce qu'ils amènent les employés à agir conformément aux besoins de l'entreprise tout en répondant à leurs propres aspirations.

Malgré ces précisions, le phénomène de la motivation demeure difficile à cerner concrètement. Il suffit de se reporter aux diverses études publiées dans ce domaine pour constater la difficulté qu'éprouvent les chercheurs à saisir l'envergure du concept de motivation[2]. Toutefois, du point de vue organisationnel, on semble s'entendre pour dire qu'une personne motivée fournit les efforts nécessaires à l'exécution d'une tâche et qu'elle adopte des attitudes et des comportements qui lui permettent d'atteindre à la fois les objectifs de l'organisation et ses objectifs personnels.

Comme définition générale de la motivation, nous proposons celle de Vallerand et Thill[3], qui tient compte de l'état actuel des connaissances et des diverses théories relatives à la motivation au travail. Ainsi, selon ces auteurs, le concept de motivation «représente le construit hypothétique utilisé afin de décrire les forces internes et externes produisant le déclenchement, la direction, l'intensité et la persistance d'un comportement».

Cette définition met en relief la notion de force qui incite les individus à adopter une conduite particulière. En fait, selon l'ensemble des auteurs, la force constitue la pierre angulaire de la motivation. Ainsi, on peut associer la motivation à des forces constantes qui favorisent l'apparition d'un comportement et qui le dirigent pour qu'il réponde à certains besoins. Autrement dit, la motivation découle d'une énergie (force ou pulsion) poussant l'individu à adopter une conduite qui, potentiellement, le libérera d'une certaine tension. C'est cette dynamique qui encourage l'employé à poursuivre son travail et à satisfaire ses besoins physiques et psychologiques en adoptant certains comportements. La motivation constitue donc un phénomène intériorisé (besoins, valeurs, objectifs) qui incite les individus à agir d'une manière particulière afin d'obtenir les meilleures probabilités de satisfaction.

3.1.1 Pourquoi les gens travaillent-ils ?

En 1960, Douglas McGregor[4] tenta d'expliquer ce qui pousse les gens à travailler en élaborant les théories X et Y. Globalement, ces théories présentent les motivations des employés telles qu'elles sont perçues par les gestionnaires. Il ne s'agit donc pas de théories prescriptives ; elles décrivent simplement les présomptions des gestionnaires à l'égard de la motivation au travail.

Selon la **théorie X**, de façon générale, les gens n'aiment pas le travail, ont peu d'ambition et fuient toute forme de responsabilité. McGregor soutient que les gestionnaires qui adhèrent à cette perspective considèrent qu'il faut continuellement modifier, contrôler et diriger le comportement de leurs subordonnés afin de satisfaire les besoins de l'organisation. Ainsi, si les dirigeants n'exercent pas un contrôle strict et rigoureux, les employés risquent de ne pas adopter les comportements conduisant à l'atteinte des objectifs organisationnels. Une surveillance étroite est donc indispensable afin de motiver les employés, qui, par nature, n'aiment pas travailler. Le renforcement positif, comme l'octroi de bonus ou de récompenses, devient alors un puissant outil de motivation et explique en partie pourquoi les individus effectuent les tâches qui leur sont demandées.

théorie X
Théorie qui postule que, généralement, les gens n'aiment pas le travail, n'ont pas d'ambition et fuient les responsabilités.

Toutefois, dans la réalité, on constate que ce ne sont pas tous les individus qui détestent le travail. Plusieurs veulent travailler, et ce, indépendamment des punitions ou des récompenses. Ainsi, des personnes admissibles à la retraite, par exemple, préfèrent demeurer actives, que ce soit dans le monde du travail à proprement parler ou à titre de bénévoles dans divers organismes. De plus, comment expliquer que des gens financièrement indépendants choisissent d'occuper un emploi plutôt que de mener une vie oisive ? Ces quelques observations illustrent les limites de la théorie X de McGregor. En effet, cette théorie surestime l'influence des facteurs extrinsèques et sous-estime celle des facteurs intrinsèques, qui peuvent aussi alimenter la motivation au travail.

La **théorie Y** de McGregor vient combler les lacunes de la théorie X en cherchant à expliquer la motivation par des facteurs intrinsèques. Selon

théorie Y
Théorie qui postule que les gens aiment travailler.

le postulat Y, les gens aiment travailler en ce sens qu'ils éprouvent du plaisir à effectuer leur travail. Par conséquent, le travail, au même titre que les loisirs, représente une source potentielle de valorisation et d'émancipation. Les gestionnaires qui adoptent ce point de vue considèrent que les travailleurs recherchent les responsabilités et l'autonomie et qu'ils font preuve d'initiative et de créativité dans l'accomplissement de leurs tâches.

La théorie Y, quoique intéressante, a elle aussi ses limites. En effet, elle repose sur une vision très optimiste des employés. D'un côté, la théorie X affirme que tous les travailleurs sont paresseux et n'aiment pas travailler, et de l'autre, la théorie Y soutient qu'ils sont tous dynamiques et qu'ils aiment le travail autant que les loisirs. Une position intermédiaire serait plus plausible. En effet, on constate habituellement que certaines personnes aiment travailler, alors que d'autres préfèrent les loisirs. Les raisons qui motivent les gens à travailler diffèrent selon les individus : certains travaillent pour gagner de l'argent, d'autres pour socialiser, d'autres encore le font par amour du travail. Ainsi, bien qu'ils soient intéressants, les postulats de McGregor ne reflètent que le point de vue des gestionnaires, point de vue qui dépend de leurs croyances et de leurs connaissances. Ils sont donc réducteurs, puisque la motivation au travail s'explique plutôt par une multitude de facteurs propres à chaque individu et à chaque contexte organisationnel. Plusieurs considèrent néanmoins que la théorie Y de McGregor a ouvert la route à de nombreux concepts tels que l'enrichissement des tâches, les groupes semi-autonomes et l'habilitation[5].

Cependant, cette double vision proposée par McGregor nous permet d'apprécier les justificatifs qui sont à l'origine des efforts de motivation dans une organisation. Puisqu'il est question de la perception des gestionnaires, il y a lieu de croire que les croyances du supérieur immédiat quant aux fondements motivationnels de ses employés teinteront ses investissements en matière de motivation. Ainsi, le gestionnaire épousant les postulats de la théorie X comptera particulièrement sur les leviers externes à la motivation en focalisant ses interventions sur le contexte de travail. *A contrario*, le superviseur convaincu du bien-fondé du postulat Y misera davantage sur les facteurs internes en améliorant le contenu du travail.

3.1.2 La dynamique de la motivation

Motiver les employés n'est pas une tâche facile pour un gestionnaire, car il doit adapter ses efforts aux particularités de chacun, c'est-à-dire à ses attitudes, comportements, objectifs, antécédents et surtout à ses besoins.

Les besoins sont les déficiences physiologiques, psychologiques ou sociales qu'un individu ressent ponctuellement. Plus spécifiquement, on considère qu'un besoin est «un état organique qui résulte d'un déséquilibre entre, d'une part, des normes physiologiques et culturelles et, d'autre part, de l'information ou des représentations concernant l'état du milieu intérieur[6]». Ces déficiences, ou états, qui peuvent interagir ou non, sont la source des forces et des pressions qui motivent l'individu à adopter une conduite précise. Ainsi, selon certains théoriciens, la motivation est inférée de l'attitude ou du comportement que manifeste l'individu qui s'efforce d'atteindre un objectif donné. L'atteinte de cet objectif réduira considérablement l'inconfort résultant du besoin ressenti et, de ce fait, diminuera proportionnellement l'intensité de la motivation. Dans cette optique, le principal rôle du gestionnaire est de favoriser l'assouvissement des besoins des employés en leur offrant des alternatives réelles et psychologiquement économiques pour les combler directement dans leur environnement de travail.

Le modèle de base présenté à la figure 3.1 illustre la volonté des individus d'atténuer l'inconfort provenant d'un besoin insatisfait. La tension, qui se définit comme étant l'écart entre la situation actuelle et la situation désirée, déclenche la recherche de moyens qui permettront d'éliminer le malaise ressenti. C'est alors qu'une action potentiellement efficace est retenue et qu'un comportement

Figure 3.1 La motivation : un modèle de base

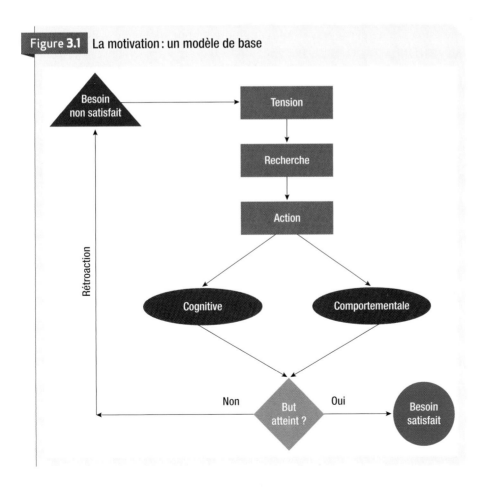

est adopté par rapport à l'objectif visé. Ce comportement entraînera une résultante qui sera évaluée en fonction de son efficacité à répondre au besoin existant. Tout le processus de motivation au travail repose donc sur le fait d'orienter les comportements vers leurs conséquences respectives. Ce modèle de base servira de référence tout au long de notre exposé sur les diverses théories de la motivation et permettra de comprendre la portée de chacune d'elles.

3.1.3 Les caractéristiques de la motivation

Le déclenchement (effort), la direction (orientation), l'intensité (force) et la persistance sont les quatre principales composantes de la motivation[7]. Le déclenchement, c'est le passage d'un état d'inactivité à un état d'activité dont l'intensité dépend de l'énergie générée par la motivation. Le déclenchement est donc inhérent à l'effort (physique ou psychologique) fourni par un individu dans la poursuite de ses objectifs. La direction renvoie à la nature, à la qualité et à la pertinence des comportements adoptés dans le but de satisfaire un besoin. Quant à l'intensité, elle fait référence à l'importance de l'énergie consacrée à l'adoption du comportement. Enfin, la **persistance** se rapporte à la persévérance et à la constance dont fait preuve un individu lorsqu'il adopte un comportement ou accomplit une tâche, et elle est grandement tributaire de l'efficacité de l'action choisie à satisfaire le besoin ciblé. Ainsi, le déclenchement et l'intensité d'un comportement motivé font référence à l'énergie déployée pour atteindre un but, alors que la direction et la persistance concernent davantage l'adéquation entre le choix d'un comportement et la réduction réelle de la tension.

Il importe donc qu'il y ait concordance entre les objectifs des employés et ceux de l'organisation. Bien qu'on ait longtemps pensé que ces deux types d'objectifs étaient diamétralement opposés, on constate maintenant qu'il peut exister une certaine convergence entre eux. Outre l'intérêt qu'ils doivent porter au déclenchement, à l'intensité et à la persistance d'un comportement, il est essentiel que les gestionnaires soient attentifs aux besoins particuliers des employés afin que ces derniers soient satisfaits de leurs comportements dits productifs. Lorsque les besoins peuvent être comblés dans l'organisation, l'énergie générée par la motivation est investie dans l'adoption de comportements préconisés et valorisés par l'entreprise. En ce sens, il importe de noter que l'organisation n'a le monopole de satisfaction d'aucun besoin spécifique, tous les besoins pouvant trouver satisfaction autant à l'intérieur qu'à l'extérieur de l'entreprise. Une bonne gestion de la motivation implique donc que les employés favorisent et satisfont plusieurs de leurs besoins dans l'environnement de travail.

3.2 LES THÉORIES DE LA MOTIVATION AU TRAVAIL

Il est parfois difficile de motiver une personne. En entreprise, la motivation du personnel exige la prise en compte d'un ensemble de variables, certaines étant internes à l'organisation et d'autres externes ; si bien que le contrôle

persistance

Constance temporelle du comportement adopté par un individu dans l'accomplissement d'une tâche particulière.

organisationnel de la motivation est limité et qu'on ne peut espérer un succès instantané et définitif. Aucune des théories exposées dans les pages qui suivent ne constitue une solution aux problèmes de motivation en entreprise ; chacune représente plutôt un cadre d'interprétation qui permet de maintenir ou d'améliorer la motivation au travail. Faisant écho à la typologie de Campbell et ses collègues[8], et à l'instar de la plupart des classifications des conceptions de la motivation, nous présentons dans cette section les deux principaux axes théoriques qui permettent de circonscrire les tenants et aboutissants de la motivation au travail, à savoir les théories de contenu et les théories de processus (*voir le tableau 3.1*).

3.2.1 Les théories de contenu

Les **théories de contenu** portent sur les facteurs qui incitent à l'action. Elles s'intéressent particulièrement aux éléments qui sont à l'origine du processus de motivation. Pour ce faire, elles présentent les besoins ou pulsions ressentis par les individus ainsi que les conditions qui les motivent à satisfaire ces besoins. Ces théories nous permettront d'expliquer les déterminants internes de la motivation en insistant principalement sur le déclenchement et l'intensité de la motivation. Dans une perspective organisationnelle, la connaissance des facteurs qui sont à l'origine de la motivation permet aux gestionnaires de mieux apprécier le potentiel qu'a l'environnement de travail à satisfaire des besoins et, le cas échéant, à développer des solutions de remplacement attrayantes pour les travailleurs.

théorie de contenu
Théorie qui tente de cerner les besoins et leurs rôles dans le déclenchement d'un cycle de motivation.

La théorie des besoins de Maslow

La théorie de la motivation la plus connue et la plus populaire est sans aucun doute la **théorie des besoins**, aussi nommée théorie de la hiérarchie des besoins, élaborée par Maslow[9]. Bien qu'elle n'ait pas été spécifiquement développée pour comprendre la réalité en milieu de travail, cette théorie a rapidement été adaptée par d'autres chercheurs afin de saisir les particularités de la motivation au travail[10]. Maslow reconnaît l'existence de cinq catégories de besoins, organisés selon une structure hiérarchique : les

théorie des besoins de Maslow
Théorie qui propose cinq catégories de besoins définis selon une hiérarchie : à la base se trouvent les besoins physiologiques ; viennent ensuite les besoins de sécurité, d'appartenance sociale, d'estime et, enfin, les besoins d'actualisation.

Tableau 3.1 Une classification des théories de la motivation

CLASSIFICATION	THÉORIE	PARTICULARITÉS
Théories de contenu	• Théorie des besoins de Maslow	Ces théories ont pour objet d'énumérer, de définir et de classifier les forces qui incitent un individu à adopter un comportement.
	• Théorie ERD d'Alderfer	
	• Théorie des deux facteurs de Herzberg	
	• Théorie des besoins acquis de McClelland	
Théories de processus	• Théorie des attentes de Vroom	Ces théories tentent d'expliquer comment les forces interagissent avec l'environnement pour amener l'individu à adopter un comportement particulier.
	• Modèle béhavioriste	
	• Théorie de l'équité d'Adams	
	• Théorie des objectifs de Locke	

besoins physiologiques, suivis des besoins de sécurité, des besoins sociaux, des besoins d'estime et, enfin, des besoins d'actualisation. Selon Maslow, ces besoins ne peuvent être ressentis simultanément ; ils sont plutôt perçus l'un après l'autre et dans un ordre précis. La figure 3.2 illustre la séquence d'apparition des besoins définis par Maslow, de la base jusqu'au sommet de la pyramide, et donne des exemples appliqués à l'entreprise.

Les besoins physiologiques On n'arrive jamais à satisfaire entièrement nos besoins. À peine en a-t-on comblé un qu'un autre se fait sentir et demande à être satisfait sur-le-champ, ce que l'on fait naturellement en continuant d'assurer la satisfaction des besoins déjà comblés qui sont, par nature, récursifs. Le processus est continu et se perpétue tout au long de la vie. Nous l'avons dit, dans la pyramide de Maslow, les besoins sont classés par ordre d'importance. Ainsi, les besoins physiologiques, qui se trouvent à la base, deviennent vite, s'ils ne sont pas comblés, une préoccupation de survie. À moins de circonstances très particulières, ils priment à l'origine sur tout autre type de besoin. Il est en effet difficile de se passer de nourriture, de repos, d'exercice et de sexualité. Selon le principe du manque,

Figure 3.2 La pyramide des besoins de Maslow

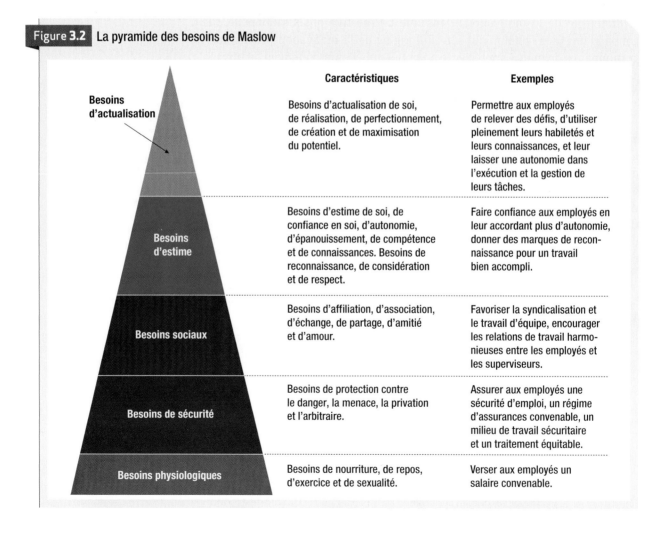

	Caractéristiques	Exemples
Besoins d'actualisation	Besoins d'actualisation de soi, de réalisation, de perfectionnement, de création et de maximisation du potentiel.	Permettre aux employés de relever des défis, d'utiliser pleinement leurs habiletés et leurs connaissances, et leur laisser une autonomie dans l'exécution et la gestion de leurs tâches.
Besoins d'estime	Besoins d'estime de soi, de confiance en soi, d'autonomie, d'épanouissement, de compétence et de connaissances. Besoins de reconnaissance, de considération et de respect.	Faire confiance aux employés en leur accordant plus d'autonomie, donner des marques de reconnaissance pour un travail bien accompli.
Besoins sociaux	Besoins d'affiliation, d'association, d'échange, de partage, d'amitié et d'amour.	Favoriser la syndicalisation et le travail d'équipe, encourager les relations de travail harmonieuses entre les employés et les superviseurs.
Besoins de sécurité	Besoins de protection contre le danger, la menace, la privation et l'arbitraire.	Assurer aux employés une sécurité d'emploi, un régime d'assurances convenable, un milieu de travail sécuritaire et un traitement équitable.
Besoins physiologiques	Besoins de nourriture, de repos, d'exercice et de sexualité.	Verser aux employés un salaire convenable.

un besoin satisfait n'est plus nécessairement un facteur déterminant du comportement. Par exemple, à moins d'en être privé, l'air n'a aucun effet appréciable sur le comportement. Enfin, la société dans laquelle on vit oblige l'individu à travailler ou, à tout le moins, à se procurer de l'argent pour combler ses besoins physiologiques ; sans argent, il est difficile, voire impossible, de satisfaire ses besoins primaires.

Les besoins de sécurité Lorsque les besoins physiologiques sont moins préoccupants, les besoins de sécurité émergent et motivent l'adoption de comportements visant à les satisfaire à leur tour. Les besoins de sécurité sont reliés aux besoins de protection et peuvent être satisfaits dans l'organisation par l'accès à une certaine sécurité d'emploi, à des régimes d'assurance et de retraite adéquats, à un environnement de travail confortable, structuré et sécuritaire, par un traitement équitable, la liberté d'association et une juste rémunération. En fait, les besoins de sécurité sont satisfaits par tout moyen permettant à une personne de se protéger contre le danger et l'arbitraire. En général, l'individu n'exige pas la sécurité absolue ; tout ce qu'il désire, c'est mettre toutes les chances de son côté. Ainsi, l'adoption de mesures arbitraires par la direction, l'application de décisions qui compromettent la sécurité d'emploi, le favoritisme ou la **discrimination** sont autant de facteurs qui freinent la satisfaction des besoins de sécurité. Par exemple, le fait, pour un employé, d'occuper un emploi permanent, comble en partie son besoin de sécurité puisqu'il est assuré d'un revenu régulier qui lui permet généralement de se nourrir, de se loger et de se vêtir convenablement. De même, la syndicalisation procure aux employés un sentiment de sécurité ; en effet, la négociation d'un contrat de travail leur garantit, du moins pour un certain temps, la sécurité d'emploi, un salaire adéquat et les moyens de faire valoir leurs droits.

discrimination au travail
Traitement inégal de personnes se manifestant dans les décisions concernant l'embauche, les promotions ou les congédiements. La discrimination au travail peut se fonder sur le sexe, l'âge, la situation familiale, la race, les croyances religieuses ou toute autre caractéristique n'ayant aucun lien direct avec le rendement au travail.

Les besoins sociaux Lorsque les besoins physiologiques et les besoins de sécurité sont satisfaits émergent les besoins sociaux. Cette catégorie regroupe les besoins d'amour, d'amitié et d'affiliation, comme le désir de travailler en équipe, d'entrer en relation avec l'entourage ou de faire partie d'associations ou de regroupements. Les dirigeants d'entreprise reconnaissent aujourd'hui l'importance de ces besoins et s'en servent parfois comme leviers du rendement individuel. En ce sens, de nombreuses études ont révélé qu'un groupe parfaitement synergique peut, dans un contexte favorable, se révéler beaucoup plus efficace qu'un même nombre d'employés travaillant chacun de son côté à atteindre les objectifs de l'organisation. L'esprit d'équipe, le sentiment d'appartenance, un contexte propice à la collaboration sont autant de caractéristiques organisationnelles qui permettent de satisfaire les besoins sociaux.

Les besoins d'estime Dans l'entreprise, les besoins d'estime se résorbent lorsque les employés éprouvent un sentiment de fierté de bien maîtriser les tâches qu'on leur confie et de recevoir en retour la reconnaissance de leurs pairs et de l'organisation. Ces besoins, une fois comblés, entraînent normalement une meilleure productivité, d'où leur importance pour les dirigeants et les travailleurs. Les besoins d'estime se partagent en deux

Le salaire est le premier facteur de motivation au travail

Les attitudes vis-à-vis du travail ont profondément changé au fil des années, et pour bon nombre de salariés, le travail ne s'inscrit plus seulement dans une logique de survie mais bien plus de priorités individuelles.

Et vous, qu'est-ce qui vous motive? Qu'est-ce qui vous fait sauter du lit chaque matin avant de prendre le chemin du bureau ou de votre lieu de travail? Pourquoi travaillez-vous?

Selon les résultats d'un sondage mené par Monster sur 16 286 salariés européens, dont 1448 Français, l'argent constitue le facteur essentiel de motivation pour les salariés français, britanniques et belges; ils placent ce critère bien avant la famille ou encore la satisfaction que l'on peut tirer de son travail.

À la question posée sur le site de recrutement en ligne Monster, «pourquoi travaillez-vous?»:

- Les Français interrogés répondent:
  58% - Pour l'argent
  22% - Pour ma satisfaction professionnelle
  10% - Pour ma famille
  4% - Pour m'arrêter et partir à la retraite au plus tôt
  3% - Pour me dépasser

- Les Européens interrogés répondent:
  48% - Pour l'argent
  18% - Pour ma satisfaction professionnelle
  16% - Pour ma famille
  13% - Pour me dépasser
  5% - Pour m'arrêter et partir à la retraite au plus tôt

Le travail est avant tout une question d'argent pour les salariés français. 58% d'entre eux considèrent en effet l'argent comme leur seule et unique source de motivation. Les Britanniques, à 54%, devançant de peu les Irlandais à 53%,

les Belges à 52%, les Luxembourgeois à 50% et les Allemands à 46%.

18% des Allemands et des Irlandais déclarent travailler pour leur famille, ces salariés témoignant ainsi de leur attachement aux valeurs familiales. Viennent ensuite les Britanniques à 16% puis les Luxembourgeois à 14% et les Français à 10%.

«Chacun travaille pour des raisons diverses et multiples. Peu importe qui vous êtes ou à quel stade vous vous trouvez dans votre carrière, l'important est que vous ayez l'assurance d'occuper un poste en phase répondant à vos attentes personnelles», a déclaré Steve Pogorzelski, président de Monster Worldwide. Pour certains, la satisfaction que l'on tire de son travail constitue un facteur essentiel de motivation. Il est assez intéressant de noter que 22% des salariés français comme luxembourgeois placent ce critère avant la famille. Ils sont suivis de près par les Belges, à 21%. 19% des Allemands jugent ce critère aussi important que celui de la famille, tout comme 14% des Irlandais et 13% des Britanniques.

Nous sommes nombreux à ressentir le besoin de relever des défis au travail et, comme le montrent les résultats de l'étude, il s'agit là d'un élément primordial pour 13% des salariés interrogés en Angleterre, 12% en Irlande et en Allemagne. Ce facteur est toutefois loin d'être prioritaire dans les autres pays: seulement 6% des Luxembourgeois et 3% des Français partagent ce point de vue.

On notera enfin qu'il existe en Europe une petite minorité de salariés travaillant avec l'objectif de prendre leur retraite le plus tôt possible. Le poids relatif de cette catégorie de salariés reste globalement faible d'un pays à l'autre: 7% des salariés luxembourgeois placent le départ anticipé à la retraite comme un facteur clé de motivation, suivis par les Belges, les Allemands (à 5%), les Français, les Britanniques à 4% et enfin par les Irlandais à 3%.

Source: «Le salaire constitue le premier facteur de motivation au travail», dans *Monster.fr*, [En ligne], http://presse.monster.fr/12513_fr_p1.asp (Page consultée le 15 juin 2011). Extrait du site Monster.fr, filiale de Monster Worldwide, Inc., (NYSE : MWW), www.monster.com

catégories : d'abord, l'estime de soi, y compris la confiance en soi, l'autonomie, l'épanouissement, la compétence et les connaissances. Puis, les besoins liés à la reconnaissance des compétences par ses collègues et par la direction ; cette reconnaissance peut se traduire par des marques de considération et de respect, par une promotion ou par la valorisation des tâches. À l'instar des autres catégories de besoins, les besoins d'estime sont pratiquement insatiables, puisque les éléments de valorisation s'effritent avec le temps. Cependant, ils ne se manifesteront que lorsque les besoins physiologiques, de sécurité et sociaux auront été raisonnablement satisfaits. De façon générale, dans les organisations où sont appliquées des méthodes de gestion traditionnelles, les employés ont rarement l'occasion de satisfaire leurs besoins d'estime, puisque les dirigeants accordent peu d'importance à cette forme de motivation.

Les besoins d'actualisation Les besoins d'actualisation se situent au sommet de la pyramide des besoins. Il s'agit du désir qu'éprouve une personne de réaliser ses projets, de se perfectionner et d'exploiter son plein potentiel. Soulignons que les impératifs rattachés à la satisfaction des besoins situés aux niveaux inférieurs de la pyramide obligent souvent les individus à remettre à plus tard leurs réalisations. Maslow soutient que les gens ayant satisfait les besoins les plus élevés de la pyramide ont une juste perception de la réalité. De plus, ils s'acceptent et acceptent les autres plus facilement, ils font preuve d'autonomie et de maturité, se montrent plus créatifs et voient le monde avec sérénité. Par conséquent, ils sont souvent des modèles de motivation pour leur entourage, permettant ainsi à d'autres de poursuivre leur cheminement vers l'accomplissement de soi.

Par-delà la nature particulière des divers besoins, deux principes fondamentaux régissent la dynamique de la pyramide de Maslow. Le premier est le principe de progression, qui régule la progression des individus à travers l'ensemble des groupes de besoins. Nous l'avons vu, les personnes évoluent de façon ordonnée, de la base de la pyramide jusqu'à son sommet. L'individu doit donc satisfaire ses besoins physiologiques, de sécurité, sociaux et d'estime avant de combler ses besoins d'actualisation. Le principe de la progression détermine la séquence unique d'apparition des besoins, selon l'ordre établi par la pyramide. Le second principe est celui du manque, selon lequel on ne ressent un besoin que s'il est insatisfait ; une fois comblé, il perd de son acuité. Ainsi, le groupe de besoins qui sera le plus à même d'amener l'individu à adopter un comportement pertinent est celui nécessitant une satisfaction immédiate. Cela ne veut pas dire que les besoins des niveaux inférieurs ne sont plus motivants, mais plutôt qu'ils le sont moins que ceux qu'il faut satisfaire en priorité. Ces deux principes s'imbriquent dans un processus de satisfaction-progression qui constitue le moteur de l'évolution des besoins dans la conception maslowienne. Ainsi, chaque besoin est ressenti de façon progressive et seule la satisfaction de besoins inférieurs permet l'émergence de ceux de la catégorie suivante. Cette nouvelle famille de besoins sera dès lors le principal déclencheur motivationnel du comportement.

La théorie de la motivation de Maslow jouit d'une grande popularité et trouve écho chez bien des gestionnaires de ressources humaines[11]. Cependant, force est de constater que la validité scientifique de cette théorie n'est pas aussi évidente qu'elle le paraît. En fait, peu d'études ont mis cette conception de la motivation à l'épreuve et rares sont celles qui appuient intégralement les postulats de Maslow[12]. Certaines ont mis en doute la nature des besoins, la séquence obligatoire de satisfaction ou encore l'universalité du modèle, même si Maslow n'a jamais eu la prétention de développer un tel modèle[13]. Alors, même si sa conception est discutable, il demeure que cette théorie met en lumière certains phénomènes sous-jacents à la motivation au travail[14]. Elle offre, entre autres, aux gestionnaires un cadre d'analyse permettant de mieux saisir les besoins des travailleurs afin de mettre en place des solutions de rechange appropriées de satisfaction dans l'environnement de travail[15].

EN PRATIQUE

L'importance de passer à l'action

Les individus constituent la richesse la plus importante de l'organisation, d'où l'importance de traiter toute personne avec dignité et de reconnaître sa contribution au processus de travail. Les différents intervenants œuvrant dans le monde du travail doivent tenir compte de ce principe et tenter de répondre aux besoins criants des travailleurs en matière de reconnaissance. En fait, l'avenir des entreprises est tributaire de la santé physique et psychologique des membres de l'organisation.

La reconnaissance au travail doit s'inscrire dans la foulée des valeurs que véhicule l'organisation. En ce sens, la reconnaissance doit faire partie intégrante des pratiques de gestion et de travail, du discours des gestionnaires et des priorités organisationnelles. Bref, la reconnaissance doit s'intégrer à une culture organisationnelle qui interpelle les membres de l'organisation. Dans cette perspective, une mobilisation des gestionnaires, des employés, des dirigeants et des associations syndicales s'impose. Il importe de préciser que le succès de la mise en œuvre de pratiques témoignant de la reconnaissance réside principalement dans la mobilisation et dans l'implication de l'ensemble des membres de l'organisation. En fait, la reconnaissance exige des interactions entre les gens, et la réciprocité des témoignages et des gestes d'appréciation. Des efforts quotidiens doivent être déployés dans la perspective de mener à terme le projet.

Source: « L'importance de passer à l'action », *Université Laval. Chaire en gestion de la santé et de la sécurité du travail*, [En ligne], www.cgsst.com/fra/de-la-theorie-a-action/limportance-de-passer-a-laction.asp (Page consultée le 10 février 2012)

La théorie ERD d'Alderfer

www.cheneliere.ca/dolan

Alderfer[16] reconnaît que les besoins sont étroitement associés à la motivation. Cependant, ses recherches ne lui ont pas permis d'établir une hiérarchie des besoins comparable à celle de Maslow, même si, dans certains cas particuliers, il admet qu'une progression a pu être observée. Par ailleurs, Alderfer classe les besoins en trois ensembles composés respectivement des besoins d'existence (E), des besoins relationnels (R) et des besoins de développement (D), d'où la théorie ERD (*voir la figure 3.3*).

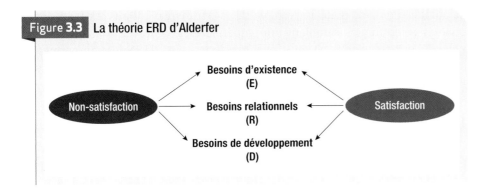

Figure 3.3 La théorie ERD d'Alderfer

Les besoins d'existence Il s'agit des besoins primaires qui sont satisfaits sur le plan personnel par la nourriture, l'air et l'eau, et, au travail, par le salaire, les avantages sociaux et les conditions de travail. En somme, cette catégorie correspond aux besoins fondamentaux (physiologiques) et de sécurité de la pyramide de Maslow. Un individu ayant la possibilité de s'assurer un bien-être physique et matériel aura généralement comblé ces besoins[17].

Les besoins relationnels Ces besoins sont satisfaits lorsque l'individu réussit à établir des relations interpersonnelles significatives avec son entourage et à rechercher la reconnaissance et l'estime d'autrui. Ils regroupent les besoins de reconnaissance, d'appartenance et d'affiliation. Cette catégorie de besoins s'apparente principalement aux besoins sociaux et d'estime qu'on retrouve chez Maslow.

Les besoins de développement Ces besoins sont comblés lorsqu'un individu parvient à créer ou à réaliser des projets significatifs tout en ayant le sentiment d'utiliser son plein potentiel et de s'épanouir. Ces besoins s'apparentent aux besoins d'actualisation dans la pyramide de Maslow.

Essentiellement, la théorie d'Alderfer se distingue de celle de Maslow en ce qu'elle rejette le postulat de la préséance stricte des besoins (principe de progression) ainsi que le postulat de l'unidimensionnalité de la satisfaction (principe de manque). Plutôt que d'appuyer le processus de satisfaction-progression formulé par Maslow, Alderfer adhère au processus de frustration-régression, où les besoins les plus susceptibles d'être comblés sont priorisés. En effet, Alderfer soutient qu'un individu peut aussi bien régresser que progresser dans la satisfaction de ses besoins, lesquels ne sont soumis à aucun ordre prédéterminé. Ainsi, une personne qui ne parvient pas à satisfaire ses besoins de croissance pourra canaliser ses énergies vers la satisfaction de ses besoins de sociabilité. Alderfer explique ce phénomène de régression par le sentiment de frustration qu'engendre l'impossibilité de combler les besoins supérieurs, et qui amène l'individu à centrer ses énergies sur des besoins pouvant être satisfaits. De plus, l'individu pourra chercher à satisfaire simultanément plusieurs besoins, car ils sont continuellement présents.

Bien que des efforts de validation soient encore nécessaires pour confirmer les fondements théoriques de cette conception, les données actuellement

besoins d'existence
Besoins primaires satisfaits sur le plan personnel par la nourriture, l'air et l'eau et, au travail, par le salaire, les avantages sociaux et les conditions de travail. Cette catégorie correspond aux besoins de base d'une personne sur les plans physiologique et matériel.

besoins relationnels
Besoins satisfaits lorsqu'un individu arrive à établir des relations interpersonnelles significatives avec son entourage et à rechercher la reconnaissance et l'estime.

besoins de développement
Besoins satisfaits lorsqu'un individu parvient à créer ou à produire des contributions significatives tout en ayant le sentiment qu'il utilise et augmente son potentiel en habiletés et en réalisations concrètes.

disponibles militent pour en reconnaître la pertinence[18]. Dans les faits, ses qualités scientifiques semblent être supérieures à celles de Maslow[19]. De plus, la coexistence des besoins ainsi que le principe de régression permettent de mieux apprécier la fluctuation temporelle des intérêts des travailleurs ainsi que la volatilité de la motivation au travail[20].

EN PRATIQUE

L'intérêt du travail l'emporte sur le salaire

Pour plus d'un salarié sur deux, ce que l'on apprend au travail est le premier facteur de bien-être au travail. Entre leur fiche de paie et un travail digne de leur CV, les salariés ont fait leur choix. Plus de la moitié d'entre eux considèrent l'intérêt du travail comme le premier facteur de bien-être en entreprise, selon un sondage. [Il] prime même sur la qualité de vie au bureau (38 %) et sur la rémunération (37 %). Le travail n'est plus seulement considéré comme un moyen de gagner de l'argent, il devient un véritable critère d'épanouissement. « Le bien-être des salariés dans leur entreprise commence par ce qui les fait se lever le matin, c'est-à-dire l'intérêt qu'ils portent à leur travail », explique Laurence Bedeau de l'institut TNS Sofres.

L'espace de travail, valeur montante du bien-être

Si les relations entre collègues sont pour 84 % des sondés leur principale motivation, l'étude révèle qu'ils sont de plus en plus sensibles à leur espace de travail. Un bureau assez grand, un siège confortable, une bonne connexion Internet, l'absence de bruit… autant de détails qui permettent, selon 48 % des sondés, de gagner en efficacité et en motivation. « Alors que les cadres se déclarent beaucoup plus sensibles à l'intérêt de leur métier, les interactions entre collègues et l'espace de travail sont des éléments qui sont de plus en plus importants, notamment pour les personnes qui vivent seules car le bureau devient le principal lieu de sociabilité », ajoute Laurence Bedeau.

Cependant, la satisfaction sur l'espace de travail est inégale selon la typologie du bureau. Les occupants de bureaux individuels sont 90 % à apprécier leur espace de travail alors que le taux de satisfaction pour des employés en *open-space* chute à 63 %. Ces différences de lieux ont un fort impact, notamment en matière de concentration et d'isolement : 83 % des salariés en bureau individuel disent pouvoir se concentrer, contre 51 % des employés en *open-space*. Ces derniers mettent également en avant les nombreuses nuisances sonores et les problèmes de température ou de climatisation.

Le sondage a été réalisé auprès d'un échantillon de 547 actifs travaillant dans un bureau, issu d'un échantillon national représentatif de 4000 personnes.

Source : A. BRESSON, « L'intérêt du travail l'emporte sur le salaire », *L'Express*, 23 mai 2011, [En ligne], www.lexpress.fr/emploi-carriere/emploi/l-interet-du-travail-l-emporte-sur-le-salaire_995532.html (Page consultée le 19 décembre 2011) © Alexandra Bresson/Lexpress.fr/23.05.2011

La théorie des deux facteurs de Herzberg

La publication de l'ouvrage *The Motivation to Work*, de Herzberg et ses collaborateurs[21], a provoqué une réaction immédiate dans le domaine de la psychologie du travail et du comportement organisationnel, réaction que, jusqu'alors, bien peu d'événements avaient suscitée. En fait, cet ouvrage jetait les bases d'une conception alors fort différente de la motivation et de la satisfaction au travail, conception nommée la **théorie des deux facteurs**, ou encore, la théorie bifactorielle.

théorie des deux facteurs de Herzberg

Théorie selon laquelle il y a chez l'être humain deux catégories de besoins : 1) le besoin d'éviter les situations pénibles et la douleur ; 2) le besoin de s'épanouir psychologiquement.

L'étude originale de Herzberg, effectuée auprès de 200 travailleurs de la compagnie américaine AT&T, voulait vérifier l'hypothèse selon laquelle certains facteurs procuraient de la satisfaction et d'autres, de l'insatisfaction. L'étude a d'ailleurs confirmé cette hypothèse.

Ainsi, les facteurs qui contribuent à la satisfaction sont liés au travail lui-même et au sentiment d'épanouissement qui en découle. Ces facteurs intrinsèques, appelés facteurs de motivation ou facteurs moteurs, sont associés au contenu du travail ; ils comprennent diverses dimensions dont la réussite, la considération, la reconnaissance, l'autonomie, les responsabilités, l'avancement et l'accomplissement.

En contrepartie, d'autres facteurs contribuent à amoindrir les attitudes négatives au travail sans toutefois entraîner un rendement accru et soutenu de la part de l'employé. Ces facteurs extrinsèques, appelés facteurs d'hygiène ou facteurs d'ambiance, sont liés au contexte de travail ; ils comprennent les politiques organisationnelles, la supervision (aspect technique), la politique salariale, les relations interpersonnelles, les conditions de travail et la sécurité d'emploi (*voir la figure 3.4*).

En somme, selon la théorie de Herzberg, il y aurait chez l'être humain deux grandes catégories de besoins. D'une part, en tant qu'élément du règne animal, l'homme éprouve le besoin de se prémunir contre le danger, la privation et la douleur ; d'autre part, en tant que représentant de l'espèce humaine, il ressent le besoin de s'épanouir et de se développer.

Ainsi, on remarque certaines similitudes entre les théories de Maslow, d'Alderfer et de Herzberg. On peut par exemple comparer les besoins extrinsèques (facteurs d'hygiène) de Herzberg aux besoins physiologiques, de sécurité et sociaux de Maslow ainsi qu'aux besoins d'existence et de

Figure 3.4 La théorie de Herzberg

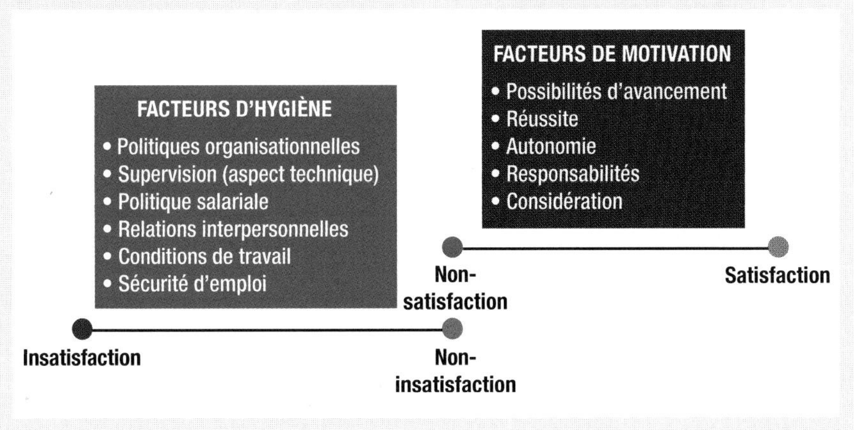

sociabilité d'Alderfer. Les besoins intrinsèques tels que définis par Herzberg (facteurs de motivation) correspondent simplement aux besoins d'estime et d'actualisation de Maslow ainsi qu'aux besoins de croissance d'Alderfer. Notons que Herzberg souscrit au principe de progression et au principe de manque, tels que formulés initialement par Maslow.

On note cependant une distinction fondamentale entre les trois théories. Les modèles traditionnels, comme ceux privilégiés par Maslow et Alderfer, soutiennent que tout ce qui n'est pas insatisfaisant est forcément satisfaisant et vice-versa. Donc, si le salaire est bon, on est satisfait ; s'il ne l'est pas, on devient alors insatisfait. Pour Herzberg, cette logique ne tient pas : il y a pour lui une nette dichotomie entre l'insatisfaction et la satisfaction. Ainsi, selon la théorie des deux facteurs, les catégories de besoins s'étendent sur des continuums indépendants les uns des autres. Les éléments de l'environnement de travail ou du contenu du travail agissent donc très différemment sur la dynamique de satisfaction. Les premiers peuvent réduire l'insatisfaction, alors que seuls les seconds ont la capacité de générer une réelle satisfaction au travail.

Les exemples suivants montrent la façon dont la théorie des deux facteurs de Herzberg explique certaines situations courantes dans un contexte de travail.

Exemple 1

Les faits : Jacques Picard ne reçoit aucune marque de considération pour le travail qu'il accomplit comme comptable.

Sa réaction : La considération est un facteur de motivation qui, à un niveau peu élevé, n'entraîne pas d'insatisfaction, mais qui suscite chez Jacques Picard un état de non-satisfaction.

Exemple 2

Les faits : Pauline Bigras travaille sous surveillance étroite et sévère.

Sa réaction : La surveillance étant un facteur d'hygiène, Pauline Bigras éprouve un sentiment d'insatisfaction. Les facteurs d'hygiène, à un niveau peu élevé, engendrent un état d'insatisfaction.

Exemple 3

Les faits : Jean Lafortune est au service d'une entreprise qui offre à ses employés de nombreux avantages sociaux.

Sa réaction : Les conditions de travail constituent un facteur d'hygiène qui, à un niveau élevé, engendre chez Jean Lafortune un sentiment de non-insatisfaction.

Exemple 4

Les faits : Elizabeth Bruni occupe un poste comportant de nombreuses responsabilités et des tâches très intéressantes.

Sa réaction : Le travail lui-même étant un facteur de motivation, Elizabeth Bruni est satisfaite. Un facteur de motivation, à un niveau élevé, procure de la satisfaction.

En résumé, le constat le plus significatif que fait Herzberg est qu'il existe deux catégories de besoins fondamentaux qui sont comblés par deux groupes de facteurs, soit les facteurs d'hygiène, qui suivent un continuum insatisfaction/non-insatisfaction, et les facteurs de motivation, qui suivent le continuum non-satisfaction/satisfaction. Par conséquent, le dirigeant qui souhaite renforcer la motivation d'un employé adaptera les tâches de celui-ci afin qu'elles engendrent un sentiment de satisfaction et un degré de motivation accrus, augmentant du même coup le rendement et la productivité de son employé.

Malgré le grand intérêt qu'il suscite et sa mise en application par les gestionnaires qui adoptent le processus d'enrichissement des tâches, le modèle de Herzberg n'est pas sans faille[22]. Ainsi, deux critiques principales définissent ce que l'on nomme «la controverse Herzberg». Ces critiques concernent la méthodologie qui a permis l'élaboration des concepts et le manque de validité ou d'universalisme du modèle des deux facteurs[23]. Cependant, malgré ces critiques, le modèle des deux facteurs demeure un incontournable de la compréhension de la nature de la motivation et de la satisfaction au travail. De plus, cette conception est la première à avoir proposé une distinction entre la motivation intrinsèque et extrinsèque, apport qui sera ensuite repris par diverses modélisations de la motivation au travail[24].

La théorie des besoins acquis de McClelland

David McClelland[25] est surtout connu pour ses travaux portant sur les besoins psychologiques situés au sommet de la pyramide de Maslow. Toutefois, il n'établit pas de hiérarchie formelle des besoins. Il ne cherche pas tant à déterminer une séquence d'apparition des besoins que d'expliquer comment ils influencent le comportement en milieu de travail. Par conséquent, l'attention de McClelland s'est portée plus particulièrement sur trois besoins manifestement liés au milieu du travail, soit le besoin d'accomplissement, le besoin d'affiliation et le besoin de pouvoir. Selon la **théorie de McClelland**, chaque individu éprouve une dépendance persistante à l'égard de l'un ou l'autre de ces besoins. Toutefois, au gré des circonstances, il peut également ressentir les deux autres besoins, mais dans une moindre mesure. L'intensité d'un besoin et les comportements qui en découlent varient en fonction de la situation. Plus un besoin se manifeste avec force, plus l'individu s'engage dans des comportements qui pourront le satisfaire.

théorie de McClelland
Théorie qui définit trois catégories de besoins pour expliquer la motivation des individus : les besoins de réalisation, les besoins d'affiliation et les besoins de pouvoir.

Une des particularités de la théorie de McClelland est qu'elle soutient que les besoins proviennent de la culture, des normes et des expériences personnelles, qu'ils ont, de ce fait, un caractère acquis et que leur importance fluctue en fonction des interactions avec les contextes. Par conséquent, de variable indépendante, la motivation passe à l'état de variable dépendante ; en outre, elle peut s'acquérir par la formation et le perfectionnement[26]. Décrivons maintenant les besoins d'accomplissement, d'affiliation et de pouvoir.

besoin d'accomplissement

Désir qu'éprouve un individu d'exceller dans les activités dans lesquelles il s'engage. C'est un besoin qui incite le travailleur à donner le meilleur de lui-même, qui l'incite à l'efficience et à l'accomplissement.

besoin d'affiliation

Désir d'établir et de maintenir des relations avec d'autres personnes.

Le **besoin d'accomplissement** se définit comme la volonté d'un individu d'exceller dans les activités dans lesquelles il s'engage et à présenter un rendement supérieur à ses collègues. Ce besoin incite le travailleur à accomplir ses tâches avec efficience et efficacité ainsi qu'à se fixer des objectifs réalistes, mais difficiles à atteindre.

Le **besoin d'affiliation** concerne le désir d'établir et de maintenir des relations conviviales avec autrui. Certains individus recherchent l'approbation sociale, d'autres aiment s'intégrer et se sentir appréciés dans un groupe. Il est réaliste de penser que les individus davantage motivés par le besoin d'affiliation sont très communicatifs et qu'ils réussissent bien dans des emplois où la qualité des contacts interpersonnels est primordiale. De plus, ces travailleurs préfèrent le travail en équipe à l'action individuelle.

Le *besoin de pouvoir* se rapporte au désir d'un individu d'influencer son entourage. Malheureusement, ce terme est tellement associé aux abus de pouvoir qu'il est difficile, lors d'une entrevue de sélection, d'évaluer sans méfiance les candidats qui expriment ce besoin. Pourtant, ces derniers exercent un leadership notable dans leur milieu parce qu'ils prennent plaisir à maîtriser les situations et à stimuler les gens. Ces personnes aiment travailler et sont attirées par la discipline que le travail impose, le prestige lié à un poste et sont fières de leur capacité à influencer le cours des choses.

En conclusion, les quatre théories de contenu exposées dans cette sous-section ont pour objet de cerner les besoins et d'expliquer l'influence qu'ils exercent sur la motivation. Les chercheurs qui ont élaboré ces théories ont tenté de décrire les facteurs qui poussent un individu à agir, mettant davantage l'accent sur la catégorisation des besoins et des facteurs de motivation que sur le processus de motivation lui-même. Ainsi, Maslow et Alderfer énoncent les besoins susceptibles de motiver les employés, et Herzberg ajoute que la motivation est en partie fonction de certaines variables organisationnelles. Pour sa part, McClelland fait preuve d'originalité en soutenant que les besoins tirent leur origine de la culture, des normes et des expériences personnelles et, donc, qu'ils peuvent être façonnés par le contexte organisationnel[27]. Le tableau 3.2 fait une synthèse des principales caractéristiques de ces quatre théories.

3.2.2 Les théories de processus

Nous venons de le mentionner, les théories de contenu tentent de déterminer la nature des besoins ainsi que leur rôle dans l'enclenchement d'un cycle de motivation. Elles soulignent les facteurs internes qui dynamisent le comportement. Toutefois, ces théories présentent des modèles plutôt universels de la motivation, en ce sens qu'elles tiennent pour acquis que tous les travailleurs agissent selon les mêmes principes et que, par conséquent, il doit y avoir une façon unique et générale de les motiver. Somme toute, les théories de contenu accordent une importance prépondérante aux facteurs internes de motivation, alors que les facteurs contextuels sont sous-estimés.

Tableau 3.2 Synthèse des théories de contenu

THÉORIE	PRINCIPALES COMPOSANTES
Théorie des besoins de Maslow	• Cinq catégories de besoins motivent les individus : – les besoins physiologiques ; – les besoins de sécurité ; – les besoins sociaux ; – les besoins d'estime ; – les besoins d'actualisation. • Les besoins sont ressentis selon une hiérarchie stricte débutant avec les besoins physiologiques. • Un seul continuum.
Théorie ERD d'Alderfer	• Trois catégories de besoins motivent les individus : – les besoins d'existence ; – les besoins relationnels ; – les besoins de développement. • Une certaine progression est généralement observée dans l'apparition des besoins, sans qu'ils soient soumis à une hiérarchie stricte. • Un seul continuum.
Théorie des deux facteurs de Herzberg	• Deux catégories de facteurs motivent les individus : – les facteurs d'hygiène ; – les facteurs de motivation. • Il s'agit de deux types de facteurs bien distincts agissant de façon indépendante. • Deux continuums.
Théorie des besoins acquis de McClelland	• Trois catégories de besoins motivent les individus : – les besoins d'accomplissement ; – les besoins d'affiliation ; – les besoins de pouvoir. • Aucune progression, aucune préséance hiérarchique. Ces trois types de besoins sont ressentis indépendamment de la satisfaction des autres besoins, et cela en fonction des caractéristiques de la situation dans laquelle évolue l'individu. • Trois continuums.

Les **théories de processus** envisagent la motivation sous un autre angle. Pour ces théories, ce qui motive une personne dans une situation donnée peut ne pas être approprié pour une autre personne ou dans une autre situation. Sans nier l'importance des besoins et des autres forces internes, les théories de processus s'attardent davantage aux facteurs situationnels et à la relation qui existe entre les besoins et les divers aspects de l'environnement. En ce sens, ces théories portent davantage sur l'orientation et la persistance d'un comportement motivé que sur l'émergence de la motivation.

théorie de processus

Théorie qui tente d'expliquer la manière dont les forces interagissent avec l'environnement pour amener l'individu à adopter un comportement plutôt qu'un autre.

La théorie des attentes de Vroom

Selon la théorie des attentes (ou théorie de l'expectative) élaborée par Vroom[28], le comportement individuel s'explique par la valeur perçue de ses conséquences. Cette théorie suppose également que l'individu choisit de façon consciente et raisonnée les moyens qui lui permettront d'atteindre ses objectifs, de sorte que les efforts individuels ne sont pas fournis de manière machinale, mais plutôt selon une perspective stratégique. Ainsi, l'individu réfléchit et évalue les comportements possibles, ce qui l'amène à prendre une décision fondée sur des considérations liées aux particularités de la situation dans laquelle il se trouve.

La théorie des attentes se différencie des théories de contenu par l'importance qu'elle accorde au choix rationnel des comportements susceptibles d'engendrer certaines conséquences. Ainsi, selon cette théorie, l'individu choisit délibérément les comportements qu'il estime les plus appropriés pour atteindre ses objectifs, plutôt que d'adopter automatiquement des comportements déclenchés par l'émergence d'un besoin à satisfaire.

Dans sa forme la plus simple, la théorie des attentes renvoie au choix d'une stratégie comportementale. Plus précisément, elle postule que l'individu évaluera un ensemble de comportements possibles et choisira celui qui lui permettra sans doute d'obtenir les récompenses auxquelles il attache une certaine importance ou une valeur. Ainsi, si l'individu estime qu'un accroissement soutenu de la qualité de son travail lui procurera une augmentation de salaire et de meilleures possibilités d'avancement, la théorie suppose qu'il adoptera ce comportement. La figure 3.5 illustre les principales composantes de la théorie des attentes, qui se résume essentiellement comme suit : c'est, d'un côté, la perception qu'a l'individu de la relation qui existe entre ses efforts au travail et son rendement et, d'un autre côté, entre les récompenses qu'il est susceptible d'obtenir qui motivent son comportement. Notons que les capacités individuelles viennent naturellement pondérer ce modèle. En somme, en plus d'impliquer un choix rationnel de comportement, cette théorie soutient que les attentes, l'**instrumentalité** et la **valence** déterminent la stratégie comportementale qui sera adoptée par chaque individu.

instrumentalité (valeur instrumentale)

Estimation de la probabilité que le rendement visé produise des conséquences ou des résultats.

valence

Mesure de l'attrait ou de la valeur que l'individu attribue à la récompense ou aux conséquences finales.

Figure 3.5 L'équation de la motivation selon Vroom

$$\text{MOTIVATION} = \text{Attentes} \times \text{Instrumentalité} \times \text{Valence}$$

Dans ce modèle, les attentes correspondent à la croyance que des efforts accrus entraîneront une amélioration du rendement et de la productivité. L'instrumentalité, ou l'utilité, renvoie à une estimation de la probabilité que le rendement visé entraîne des conséquences ou des résultats. Plus simplement, il s'agit pour l'individu d'évaluer ses chances d'obtenir une récompense (par exemple, une promotion, une augmentation de salaire) s'il améliore effectivement son rendement. Enfin, la valence est associée à l'attrait ou à la valeur symbolique que l'individu accorde à la récompense ou aux conséquences finales. Elle est surtout déterminée par l'espoir qu'a l'individu que les conséquences finales sauront répondre aux besoins qu'il cherche à combler en adoptant un comportement particulier. Plus précisément, selon la

théorie des attentes, l'individu tente de déterminer de façon rationnelle si la récompense (ou la
conséquence) sera proportionnelle à l'effort (au
coût) à fournir; il fera un effort supplémentaire à
la condition que la récompense le justifie.

En résumé, les attentes correspondent à la probabilité que les efforts entraînent une amélioration
du rendement, et l'instrumentalité correspond à
la probabilité que l'amélioration du rendement
entraînera des conséquences. La probabilité des
attentes et de l'instrumentalité peut varier sur
une échelle graduée de 0 à 1. Quant à la valence,
elle équivaut à la valeur des conséquences pour
l'individu et est évaluée sur une échelle de –1 à
1; une conséquence peut être jugée indésirable
(–1), sans valeur (0) ou attrayante (+1), selon les préférences de l'individu
et la situation dans laquelle il se trouve. Naturellement, une valence négative
engendrera un état de démotivation plutôt que de motivation.

On sait maintenant que c'est à partir de leur expérience et de leur jugement que les individus évaluent les conséquences de leur comportement.
L'exemple donné ci-après illustre le raisonnement que suit un individu en
vue d'adopter une conduite particulière.

Pierre, qui travaille au service d'entretien d'une usine depuis quelques années,
se demande s'il devrait fournir plus d'efforts au travail. Il se pose alors certaines questions :

1. Si j'augmente le niveau d'effort que je fournis au travail, quelle
   est la probabilité que j'améliore mon rendement? (Attentes)
2. Si les efforts que je prévois fournir permettent d'améliorer mon
   rendement, quelles conséquences puis-je espérer? (Instrumentalité)
3. Quelle valeur puis-je attribuer à chacune de ces conséquences?
   (Valence)

Ainsi, sur une échelle graduée de 0 à 1, les attentes de Pierre se situeront à 0
s'il croit que son comportement (augmentation du niveau d'effort) n'entraînera pas les effets (rendement) espérés. Au contraire, s'il croit que son effort
se traduira par une amélioration substantielle de son rendement, ses attentes
tendront vers le 1. De plus, si Pierre croit qu'il n'a aucune chance de recevoir
une récompense à la suite de l'amélioration de son rendement, il attribuera
un 0 à l'instrumentalité de son nouveau comportement. À l'opposé, s'il croit
qu'une amélioration de son rendement lui vaudra assurément une ou plusieurs
récompenses, la valeur instrumentale tendra vers le 1. Enfin, la valence, qui
est évaluée sur une échelle de –1 à 1, pourra être négative si Pierre considère
comme indésirables les conséquences liées à une amélioration du rendement, et positive s'il désire recevoir les récompenses en question; Pierre
peut également attribuer une valeur nulle à la valence si ces récompenses le
laissent indifférent.

Europe : qu'est-ce qui motive et démotive les salariés au travail ?

Entre crise et reprise, quel est l'état d'esprit des salariés actuellement ? Comment vivent-ils leur quotidien ? Au palmarès de ce qui leur plaît et de ce qui les démotive dans leur environnement de travail, les Français sont surtout sensibles à l'équilibre vie professionnelle vie privée, tout en supportant difficilement le manque d'implication de leurs collègues.

Environnement de travail, ce qui compte le plus..

Dans la mesure du possible, priorité à :

- l'équilibre vie professionnelle/vie privée, pour les Autrichiens (34 %), et les Suisses (33 %) ;
- travailler avec un manager que l'on respecte et dont on apprend beaucoup, pour les Luxembourgeois (36 %) et les Italiens (21 %) ;
- des collègues que l'on apprécie, pour les Néerlandais (37 %) et les Belges (22 %) ;
- travailler avec des équipements à la pointe des technologies, pour les Italiens (15 %) et les Allemands (12 %) ;
- le sentiment de la sécurité de l'emploi, d'une entreprise « stable » pour 17 % des Allemands, 14 % des Suisses et 13 % des Autrichiens ;
- un environnement agréable (architecture des bureaux, alentours du bâtiment…), très apprécié des Italiens (14 %) et des Français (11 %) ;
- des temps de transport courts, pour 10 % des Belges et 4 % des Autrichiens, des Allemands et des Suisses.

Environnement de travail, ce qui plaît le moins…

Au palmarès des éléments gênants dans l'environnement de travail des collaborateurs européens ?

- les collègues qui manquent d'implication dans leur travail insupportent les Luxembourgeois (44 %) puis les Français (31 %) et les Allemands et Néerlandais (30 %) ;
- les collègues colporteurs de ragots et rumeurs sont peu appréciés par les Luxembourgeois (29 %) et les Italiens (21 %) ;
- les « emprunteur d'idées », se servant des suggestions des autres pour se faire valoir, sont vraiment peu appréciés des Autrichiens (27 %) et des Néerlandais (19 %) ;
- l'absentéisme avec arrêts maladie fréquents est difficilement supporté en Belgique (15 %) et en Allemagne (12 %) ;
- les collègues peu respectueux de l'espace de travail des autres (parlant fort, laissant la sonnerie de leur portable…) sont gênants notamment pour les Suisses (12 %) et les Italiens (10 %).

Dans l'environnement de travail en France

Au « top 3 » de ce qui compte le plus :

1) un bon équilibre vie privée / vie professionnelle (25 %) ;
2) des collègues que l'on apprécie (20 %) ;
3) un *manager* que l'on respecte et dont on apprend beaucoup (19 %).

Au « top 3 » de ce qui plaît le moins :

1) les collègues qui manquent d'implication dans leur travail (31 %) ;
2) les colporteurs de ragots et de rumeurs (19 %) ;
3) ceux qui empruntent les idées des autres pour se faire valoir (16 %)

« Avec l'arrivée sur le marché du travail de la génération Y, les collaborateurs apprennent à travailler différemment ensemble. Une bonne ambiance de travail et un esprit d'équipe forts deviennent incontournables » remarque Gaëlle Marre, Directrice Associée d'OfficeTeam.

Source : « Europe : qu'est-ce qui motive et démotive les salariés au travail ? », *Office Team*, 22 mars 2011, [En ligne], http://www.officeteam.fr/EMEA/France/Press%20Releases/OT/Documents/OT_motivation_travail_0311.pdf (Page consultée le 10 février 2012)

À LA **UNE**

Le 21 février 2009

Comment se motiver soi-même lorsque le travail ne nous enchante pas ?

Guylaine Deschênes
Collaboration spéciale, *La Presse*

Êtes-vous un adepte du bouton d'arrêt momentané ou fonction répétition de votre réveille-matin ? Votre travail ne vous donne-t-il plus envie de vous lever ? Commencez-vous à l'appréhender dès le dimanche en fin de journée ? Quel dommage ! Si vous vous reconnaissez dans ce portrait, il serait tentant de vous proposer un exercice de réorientation professionnelle. Mais ce n'est pas toujours simple de changer d'emploi, notamment dans un contexte économique morose. Vous trouverez donc dans le texte qui suit divers trucs pour vous motiver à travailler et à surmonter ce syndrome, la «lundinite».

La première étape pour améliorer votre état serait de dresser la liste des aspects positifs et négatifs de votre travail. Il y a fort à parier que la première liste sera plus courte que la deuxième, mais faites un effort pour trouver quelques éléments qui vous plaisent. Il peut s'agir de collègues avec lesquels vous avez des affinités, de votre paie ou même d'un plat à la cafétéria ! Soyez imaginatif ! Il est impossible de tout détester dans son environnement de travail. En mettant l'accent sur ces aspects le matin, vous pourriez réussir à arriver au boulot en souriant. Même si votre sourire vous paraît forcé au début, cela crée malgré tout une chimie positive dans le cerveau et votre corps sera mieux disposé à bien travailler.

La deuxième liste pourrait vous servir à identifier certains irritants à éliminer ou à réduire, en collaboration avec votre équipe. De plus, vous pouvez, par des gestes simples, enjoliver votre environnement de travail. Si les politiques de l'entreprise le permettent, transformez votre bureau en un lieu à votre image, en y déposant photos, fleurs, plante, objets décoratifs, etc.

Par ailleurs, certains changements dans votre vie en dehors du travail peuvent contribuer à soulager votre «lundinite». Adoptez d'abord un horaire de sommeil stable. Commencez la semaine avec une activité plaisante. Partagez votre déjeuner avec des gens que vous appréciez, au bureau ou à l'extérieur, prenez une marche pour vous oxygéner, écoutez votre musique préférée en allant travailler plutôt que les nouvelles, etc. Bref, mettez les chances de votre côté pour créer un état d'esprit positif. Le lundi soir, récompensez-vous pour cette première journée accomplie. Un bon bain chaud vous détendrait, pourquoi attendre le vendredi soir ? Vous pouvez aussi agrémenter votre pause du midi, par exemple en allant à une courte séance de soins esthétiques ou en allant flâner chez le concessionnaire automobile, n'importe quoi pour couper la journée en deux ! Aussi, si votre travail ne comble pas certains de vos besoins (créativité, aider les autres), il peut être fort utile de pratiquer des activités paraprofessionnelles en ce sens (cours de peinture, bénévolat).

Petite idée originale pour vous motiver : le vendredi soir, vous pouvez vous écrire un petit mot que vous retrouverez dans votre tiroir, sur votre babillard ou dans votre boîte de courriels, pour vous souhaiter un bon retour au travail et vous remercier pour les accomplissements de la semaine. Enfin, lorsque la fin de semaine arrive, rien de mieux que de fermer l'interrupteur. Interdit de penser au boulot ! Changez-vous les idées ! Vous avez bien mérité ces journées de congé.

Vous pouvez adopter ces stratégies particulièrement le lundi, et le mardi au besoin. Habituellement, le syndrome commence à s'alléger vers le milieu de la semaine et les derniers jours sont plus faciles à traverser. Soyez donc les ambassadeurs du lundi et vous rendrez du même coup votre entourage plus heureux, tout en améliorant votre système immunitaire. Tout le monde y gagne !

Source : G. DESCHÊNES, *La Presse*, 21 février 2009, [En ligne]. http:// lapresseaffaires.cyberpresse.ca/cv/200902/21/01-829800-cest-bon-pour-le-moral.php (Page consultée le 19 décembre 2011)

Comme mentionné précédemment, le degré de motivation de Pierre résultera du calcul suivant : Attentes × Instrumentalité × Valence. Ce calcul est d'ailleurs effectué pour évaluer chaque conséquence anticipée pouvant résulter du comportement que Pierre prévoit adopter. On comprend aisément que si Pierre attribue la valeur 0 à l'un des facteurs de l'équation, le résultat obtenu sera nul, selon la logique de la multiplication, et Pierre trouvera peu de motivation dans le comportement en question. Toutefois, étant donné que la plupart des comportements entraînent plusieurs conséquences, Pierre effectuera le calcul plusieurs fois et c'est la somme des résultats qui déterminera l'adoption ou non du comportement. Dans notre exemple, si Pierre déploie plus d'énergie au travail en vu d'améliorer son rendement, il est possible qu'il reçoive une augmentation de salaire ou de l'avancement (valence positive). Toutefois, Pierre peut également prévoir une diminution de la qualité de sa vie familiale ou des critiques de la part de ses collègues de travail (valence négative). C'est donc après avoir évalué l'ensemble des conséquences potentielles que Pierre pourra décider d'accroître ou non l'effort qu'il fournit au travail.

Dans le but de renforcer la motivation des travailleurs, un gestionnaire aura avantage à s'assurer que chaque indice du choix comportemental est élevé et que les employés perçoivent clairement comment leurs comportements et les probabilités de satisfaction de leurs besoins sont liés. Ainsi, afin de soutenir la motivation de ses travailleurs, le gestionnaire doit illustrer comment les comportements souhaités et la performance au travail (attentes) sont liés. Il doit aussi convaincre les travailleurs que toute augmentation du rendement sera observée et récompensée selon des standards justes et équitables (instrumentalité). Enfin, il doit offrir des récompenses que ses travailleurs souhaitent et qui satisfont leurs besoins (valence).

Le modèle béhavioriste

Contrairement à la plupart des théories de la motivation, le béhaviorisme, ou comportementalisme, a été élaboré à partir d'expériences faites en laboratoire. Le but de l'approche expérimentale qui caractérise le béhaviorisme consiste à prévoir un phénomène en déterminant les conditions contextuelles qui permettent de le reproduire et de le contrôler. Dans ce contexte, l'observation du comportement d'un individu en interaction avec son milieu est nécessaire.

La théorie béhavioriste, utilisée surtout pour expliquer le phénomène de l'apprentissage, peut aussi, par extension, expliquer le phénomène de la motivation au travail. Le principe de base de l'approche béhavioriste est semblable à celui de la théorie des attentes de Vroom, exposée précédemment : le comportement est fonction de l'anticipation des conséquences qu'il entraîne. Toutefois, plutôt que d'envisager le comportement comme la résultante d'un choix cognitif et rationnel, comme le fait Vroom, les béhavioristes le considèrent comme l'objet des conditionnements.

Le béhaviorisme porte peu d'attention aux raisons ou aux besoins internes dans l'explication des comportements. L'accent est mis sur les motifs extrinsèques qui expliquent comment, et non pourquoi, un comportement est adopté et répété. Les béhavioristes accordent en effet peu d'importance, du moins dans la formulation initiale de leur modèle, aux motifs intrinsèques, parce qu'ils estiment que ces derniers sont subjectifs et difficilement observables, alors que les comportements et leurs conséquences, eux, sont objectifs et quantifiables. Aussi, à la différence des théories du contenu, selon lesquelles les besoins internes sont à l'origine des comportements, la théorie béhavioriste affirme que ce sont principalement les conséquences externes qui déterminent le comportement. Sans nier leur existence, il n'est donc plus nécessaire de tenir compte des besoins de l'individu, puisqu'on peut influencer son comportement en en modifiant simplement les conséquences.

La théorie béhavioriste se distingue de la théorie des attentes sur un autre point. On se souvient que, selon la théorie de Vroom, l'individu raisonne de façon logique lorsqu'il évalue les conséquences d'un comportement donné. La théorie béhavioriste, elle, ne soutient rien de tel. Au contraire, elle avance que l'individu adopte automatiquement les comportements qui ont entraîné des conséquences heureuses dans le passé et il évite, mécaniquement, ceux dont ont découlé des effets fâcheux.

En adoptant le point de vue béhavioriste, on peut expliquer la probabilité d'apparition des comportements par la loi de l'effet. Ainsi, puisque le comportement dépend de ses conséquences, il faut s'attendre à ce que les comportements dont les conséquences sont souhaitables aient plus de chances de se reproduire que ceux dont les conséquences ne sont pas souhaitables. C'est en contrôlant les conséquences qu'on peut façonner les comportements. Tout cela est mis en lumière dans le modèle SRC élaboré par Skinner[29], qui définit les paramètres du conditionnement opérant.

Selon la stimulation environnementale (S), l'individu émettra une réponse ou réaction comportementale (R), qui sera suivie d'une conséquence quelconque (C). C'est la nature de la conséquence d'un comportement donné qui prédispose l'individu à adopter ou non le même comportement dans une situation identique ou semblable. Bref, c'est la relation entre la réponse (R) et la conséquence (C) qui détermine la probabilité d'apparition d'un comportement donné dans un même contexte (S).

Dans cet esprit, le modèle béhavioriste offre un ensemble de techniques servant à modifier le comportement des individus, soit le renforcement positif, le renforcement négatif, la punition et l'extinction (ou la suppression) du comportement (*voir la figure 3.6, page suivante*).

Le renforcement positif Quel que soit son comportement, l'être humain s'attend à ce que des conséquences en découlent : certaines sont souhaitables pour l'individu, d'autres le sont moins. **Le renforcement positif** est associé aux conséquences heureuses qu'entraîne, pour un individu, l'adoption d'un

renforcement positif
Renforcement par présentation d'un stimulus qui vise à augmenter la fréquence d'un comportement désiré.

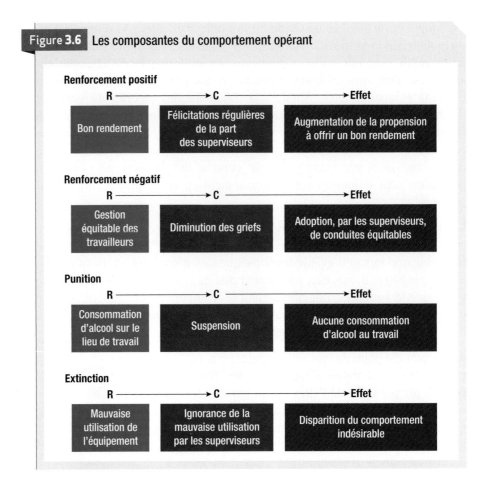

Figure 3.6 Les composantes du comportement opérant

comportement particulier. Ainsi, les dirigeants d'entreprise qui appliquent la méthode du renforcement positif souhaitent augmenter la probabilité d'apparition d'un comportement particulier en lui attribuant des conséquences souhaitables ou des récompenses. Par exemple, féliciter un employé pour son travail ou lui donner une augmentation de salaire sont des renforcements positifs. Cependant, pour que le renforcement soit efficace, la récompense doit être directement associée à un comportement précis.

Toutefois, afin de maximiser l'effet du renforcement positif, les gestionnaires doivent respecter certaines règles, en commençant par déterminer et évaluer les comportements qu'ils désirent voir apparaître et renforcer strictement les comportements cibles (principe du renforcement contingent). Ces comportements doivent être mesurables, en plus d'être connus et compris des employés. Par la suite, il leur faut clarifier la méthode de renforcement qu'ils entendent utiliser pour amener les employés à adopter les comportements définis au départ. En effet, pour être efficace, le renforcement doit être recherché et apprécié par les employés. Puis, selon le principe du renforcement immédiat, ils doivent s'assurer que le renforcement est très particulier au comportement et qu'il apparaît rapidement après l'apparition du comportement attendu. De cette façon, la relation entre le renforcement et le comportement devient évidente. Les gestionnaires doivent également éviter d'utiliser un renforcement de façon routinière, car son effet risque de s'effriter avec le temps. Enfin, l'employeur doit décider de donner des renforcements continus ou intermittents. Le renforcement continu apparaît chaque fois que le comportement attendu est adopté, alors que le renforcement intermittent apparaît soit à intervalles fixes, soit à intervalles variables. Chacune de ces modalités de renforcement représente ce qu'on appelle un **programme de renforcement** ; le tableau 3.3 synthétise l'ensemble des options possibles.

Le renforcement négatif Le **renforcement négatif** est une autre technique visant à modifier le comportement d'un individu. Il s'agit dans ce cas d'augmenter la probabilité d'apparition d'un comportement désiré en éliminant ses conséquences désagréables. Par exemple, la hausse du nombre de griefs est une conséquence négative qui s'atténue ou disparaît lorsque le comportement des gestionnaires est équitable. Le renforcement est donc négatif lorsque le comportement permet l'élimination d'une conséquence non souhaitable ou aversive.

Les programmes de prévention conçus par les entreprises sont souvent basés sur le principe du renforcement négatif. Les programmes de prévention des accidents du travail, par exemple, illustrent bien ce qu'est le renforcement négatif, car leur objectif est d'orienter le comportement des employés de manière à éviter les accidents. En prévenant les accidents, l'entreprise élimine donc les conséquences malheureuses d'un accident du travail : le renforcement est négatif.

La punition Qu'il soit positif ou négatif, le renforcement augmente toujours la probabilité qu'un comportement se répète. Toutefois, il arrive que pour augmenter cette probabilité, on doive réduire celle d'un autre comportement. C'est ici qu'entre en jeu une technique vieille comme le monde : la punition. Cette technique peut s'exercer en éliminant la conséquence positive d'un comportement ou en le faisant suivre d'une conséquence désagréable. L'exemple le plus connu de cette approche fait partie de notre folklore culturel et s'énonce de la manière suivante : « *Si tu ne manges pas tes pommes de terre, tu seras privé de dessert !* » (retrait d'une conséquence positive) ou

programme de renforcement
Programme incitatif qui repose sur l'hypothèse qu'il est possible de comprendre et de modifier le comportement des travailleurs à partir des conséquences qui en résultent pour eux.

renforcement négatif
Méthode utilisée pour augmenter la fréquence d'un comportement désiré en éliminant les conséquences désagréables qui lui sont associées.

Tableau 3.3 Les programmes de renforcement

PROGRAMME DE RENFORCEMENT	NATURE DU RENFORCEMENT	EFFET SUR LE COMPORTEMENT LORSQUE APPLIQUÉ	EFFET SUR LE COMPORTEMENT LORSQUE RETIRÉ	EXEMPLES
Intervalles fixes	Récompense attribuée à fréquence fixe	Entraîne un rendement moyen et irrégulier	Extinction rapide du comportement	Salaire hebdomadaire, mensuel, etc.
Ratio fixe	Récompense toujours associée aux résultats	Entraîne rapidement un rendement très élevé et stable	Extinction rapide du comportement	Système de paie à l'unité
Intervalles variables	Récompense attribuée à des intervalles irréguliers	Entraîne un rendement modérément élevé et stable	Extinction lente du comportement	Inspections et récompenses occasionnelles chaque semaine
Ratio variable	Récompense attribuée après un nombre variable de résultats	Entraîne un rendement très élevé et stable	Extinction lente du comportement	Vente à commission

Source : Traduit et adapté de R.M. STEERS, *Introduction to Organizational Behavior*, 3e éd., Glenview, IL, Foresman and Co., 1988, p. 225.

EN PRATIQUE

Code vestimentaire : Mettre ses culottes

Depuis les années 1990, la tenue vestimentaire des salariés québécois s'est engagée sur deux pentes glissantes : d'un côté, l'hypersexualisation de l'allure des femmes, de la camisole ultra-décolletée au *string* visible hors de la micro-jupe ou du pantalon ; de l'autre, la mode du *casual Friday*, née dans les entreprises californiennes en technologies de l'information dans les années 1990, qui s'est ensuite répandue dans plusieurs industries à la semaine longue.

Plusieurs employeurs ne supportent plus ce laisser-aller. « Le code vestimentaire redevient doucement formel », déclare Marie-Claude Pelletier, fondatrice et présidente d'une petite entreprise de stylisme personnalisé, Les Effrontés, à Outremont. « Mon entreprise existe depuis sept ans et ces dernières années, je sens beaucoup plus de raffinement chez ma clientèle, formée de gens d'affaires. »

Décrypter les codes

« Avant même qu'on ait eu le temps d'ouvrir la bouche, la tenue vestimentaire livre un premier message », rappelle Chantal Lacasse, conférencière en étiquette des affaires. Au-delà des salariés, c'est l'image de l'employeur qui est en jeu.

La plupart des entreprises possèdent un code vestimentaire, mais il est rarement couché sur papier. Chez SNC-Lavalin, à Montréal, un des plus importants groupes de sociétés d'ingénierie au monde comptant 12 000 employés, seulement deux lignes se consacrent à ce sujet dans le guide des employés : « Votre tenue doit être adaptée à un emploi de bureau et à vos fonctions. Évitez les excentricités vestimentaires ou autres au bureau. » […]

Certaines entreprises ignorent tout code vestimentaire. Ubisoft, à Montréal, en est un bon exemple. Le concepteur de jeux électroniques emploie des gens de style *punk* ou gothique, habillés tout en noir, des bermuda-camisole-sandales et des veston-cravate, énumère le porte-parole de l'entreprise, Cédric Orvoine. « Et notre PDG porte toujours un jean, une chemise sortie des pantalons, les manches roulées, avec un t-shirt en dessous. »

Que préfèrent les salariés : un code rigide ou flou ? Selon Chantal Lacasse, qui a jadis été salariée d'une Caisse populaire Desjardins, la réponse est simple. « Il y avait un code. Je n'avais pas à me casser la tête le matin et à me demander comment me vêtir. Ça me simplifiait la vie. »

[…]

Adieu *casual Friday* ?

Il existe souvent un décalage de quelques années entre l'apparition (et la disparition) d'un phénomène de société aux États-Unis et son impact au Québec. « La tenue décontractée du vendredi est *out* aux États-Unis, mais ici, ce sera encore *in* pour quelques années », prédit ainsi Ginette Salvas, diplômée de la Washington School of Protocol et présidente de l'École internationale d'étiquette et de protocole, à Montréal.

« Les États-Unis et le Québec se ressemblent beaucoup en affaires, abonde Chantal Lacasse, elle aussi formée à la Washington School of Protocol. Les employeurs deviennent plus stricts sur le plan vestimentaire. Chez la femme, on tente de ramener la jupe, le veston et le chemisier ; du côté masculin, le veston et le pantalon. »

Le designer de mode Denis Poitras, fondateur et président de Denis Poitras Couture, à Ottawa, a travaillé pendant huit ans au ministère des Finances du Canada avant de démarrer sa propre entreprise en 2001. « Au gouvernement fédéral, le *casual Friday* devenait de plus en plus le *casual week*, se souvient-il. Des gens portaient des t-shirts, des jeans et même des pantalons d'entraînement ! »

[…]

Faut-il bannir le jean au travail ? « La question est très discutable. Le jean est très populaire. On peut

⌄

maintenant le porter dans différents événements, répond Nadine Joannette. Plusieurs marques font dans le haut de gamme et se détaillent jusqu'à 300 dollars la paire. Le jean bleu porté avec un veston et une chaussure de bon goût est très acceptable pour le *casual Friday* ou pour les employés qui n'ont pas à rencontrer de clients ou de fournisseurs. »

Source: J.-S. MARSAN, « Code vestimentaire : Mettre ses culottes », *Magazine Jobboom*, vol. 7, n° 8, septembre 2006, [En ligne], www.carriere. jobboom.com/mode-vie/vie-travail/2006/09/13/1834019.html (Page consultée le 15 décembre 2011)

encore « *Mange tes pommes de terre ou tu feras la vaisselle !* » (application d'une conséquence négative). Dans un contexte de travail, la réduction de salaire ou le retrait de privilèges, tout comme l'application de mesures disciplinaires (par exemple, un avertissement verbal ou écrit, une suspension ou un congédiement) sont des punitions.

Pour être efficace, la punition doit respecter certaines règles. Une punition sévère et administrée rapidement est gage de son efficacité. Et elle sera encore plus efficace si on suggère à l'employé fautif une réponse ou un comportement de remplacement et si on lui explique les motifs justifiant la punition.

L'extinction Privé de renforcement positif ou négatif, un comportement tendra à disparaître. La technique visant l'extinction ou la suppression d'un comportement s'apparente à la punition parce qu'une contingence négative apparaît, et elle s'en distingue parce qu'il y a absence de renforcement positif ou négatif. Donc, en omettant de renforcer un comportement non souhaitable, on favorise sa disparition.

Par exemple, il arrive qu'un comportement non souhaitable fasse l'objet d'une attention positive de la part des collègues de travail. Cette attention agit comme renforcement positif et accroît la probabilité que le comportement non souhaitable se reproduise. On doit donc s'efforcer de supprimer l'attention accordée à ce comportement afin que soit adopté un comportement plus approprié. En somme, il est primordial de n'accorder une attention soutenue qu'aux comportements désirables.

En résumé, le modèle béhavioriste vise à modifier, renforcer ou éliminer un comportement en contrôlant ses conséquences. L'individu dont un comportement se voit renforcé positivement ou négativement aura tendance à reproduire ce comportement aussi longtemps que le renforcement durera. Au contraire, si le comportement adopté est puni ou si on omet de le renforcer, il disparaîtra.

Plusieurs techniques de renforcement positif peuvent être appliquées en entreprise, par exemple les félicitations, les promotions, les primes de production, les augmentations de salaire. Quant aux renforcements négatifs, ils peuvent consister en une diminution ou une disparition des réprimandes lorsqu'un employé respecte les règles et les normes de l'entreprise. On parle de punition, par exemple, lorsque l'employeur diminue le salaire d'un employé qui arrive en retard ou lorsqu'un employé est suspendu ou congédié pour mauvaise conduite. Enfin, la méthode de suppression du comportement consiste à omettre de renforcer le comportement d'un employé en vue de voir ce comportement disparaître. Le tableau 3.4 présente une synthèse de ces quatre techniques.

Tableau 3.4 Synthèse des techniques béhavioristes

TECHNIQUE	DÉFINITION	EXEMPLES
Renforcement positif	Fait de favoriser l'adoption d'un comportement donné par des récompenses.	• Féliciter un travailleur assidu ou lui offrir une prime d'assiduité. • Offrir une promotion, une prime ou une augmentation de salaire à un employé dont le rendement respecte ou dépasse les normes de l'entreprise.
Renforcement négatif	Fait de favoriser le maintien d'un comportement désirable par l'élimination de conséquences potentiellement désagréables.	• Ne pas diminuer le salaire d'un employé qui s'absente occasionnellement lorsqu'il en avertit son supérieur et qu'il présente une justification valable. • Cesser de talonner un employé qui agit de façon responsable et autonome et qui fournit un bon rendement.
Punition	Retrait de conséquences positives ou application de conséquences négatives lorsqu'un comportement non souhaitable est adopté.	• Réduire le salaire d'un employé qui s'absente sans raison valable ou qui arrive en retard. • Avertir ou suspendre un employé qui se présente au travail en état d'ébriété.
Extinction	Omission de renforcer positivement ou négativement un comportement que l'on veut voir disparaître.	• Omettre de féliciter un employé qui a obtenu un bon rendement si, pour y parvenir, il a négligé certaines règles de sécurité. • Ne pas nettoyer les salles à manger lorsque les employés laissent traîner leurs déchets.

théorie de l'équité
Théorie qui postule qu'un individu, dans une relation d'échange avec d'autres personnes ou avec une organisation, évalue l'équité des gains qu'il retire de cette relation en comparant son rapport intrants/extrants à celui de ses collègues de travail ou à celui de toute personne ou groupe avec qui la comparaison est possible et logique.

La théorie de l'équité d'Adams

Certaines théories de la motivation soutiennent qu'un comportement est amorcé, dirigé et maintenu par l'effort que fournit un individu pour rétablir ou conserver un certain équilibre psychologique. Ainsi, c'est lorsqu'un individu ressent des tensions psychologiques ou un déséquilibre quelconque qu'il agit de façon à les réduire.

Cette conception de la motivation provient des théories de l'équilibre qui ont, pour la plupart, été élaborées à partir des fondements de la théorie de la dissonance cognitive de Festinger[30]. Le modèle de Festinger est simple : il pose que lorsqu'un individu se trouve en présence de cognitions (idées) contradictoires, il ressent des tensions psychologiques désagréables qu'il tente de réduire en adoptant un comportement particulier. Les dissonances cognitives constituent donc les forces motrices qui incitent un individu à agir ; ce sont elles qui le motivent à adopter un tel comportement.

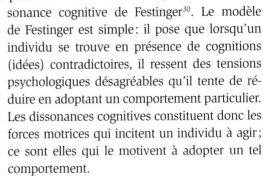

Parmi les variantes de la théorie de la dissonance cognitive, la **théorie de l'équité**, développée par Adams[31], est la plus connue.

Ce chercheur affirme que, de façon générale, les individus préfèrent l'équité, c'est-à-dire qu'ils veulent être traités d'une façon juste et équitable dans leurs relations avec l'organisation, ce que confirment de nombreuses recherches empiriques[32].

La théorie de l'équité est fondée sur le principe de comparaison sociale et implique l'évaluation du rapport intrants-extrants en milieu de travail. Essentiellement, on appelle intrants ce que l'individu apporte à l'organisation : ses compétences, son engagement, sa loyauté et son rendement. Font partie des extrants le salaire, la formation, la reconnaissance, les défis et la progression de sa carrière, bref tout ce que l'individu reçoit de l'organisation en échange de sa contribution. Ce que l'employé reçoit forme sa rétribution, alors que les efforts qu'il fournit en raison de sa formation et de son expérience constituent sa contribution (*voir le tableau 3.5*).

Ainsi, un individu engagé dans une relation d'échange avec une ou d'autres personnes ou avec une organisation évalue l'équité des gains qu'il retire de cet échange en comparant son rapport intrants-extrants à celui de ses collègues ou de toute personne ou groupe avec qui la comparaison est possible et sensée. Lorsque le rapport de l'individu A correspond au rapport de l'individu B, il perçoit un état d'équité. Toutefois, lorsque les rapports ne sont plus égaux, un état d'**iniquité** survient et l'individu peut croire, par exemple, qu'il est sous-payé (iniquité négative) ou surpayé (iniquité positive). La figure 3.7, à la page suivante, schématise les postulats de la théorie de l'équité.

iniquité
Caractère d'une situation qui résulte d'un déséquilibre entre le rapport intrants/extrants chez un individu et le rapport intrants/extrants chez l'individu ou le groupe auquel il se compare.

Ces postulats illustrent clairement les paramètres qui incitent les individus à agir. On y retrouve, en effet, le concept de dissonance cognitive et le processus de comparaison sociale. En résumé, lorsqu'un individu se compare à ses collègues de travail, il se forme une idée assez précise de la situation dans laquelle il se trouve sur le plan de l'équité. S'il perçoit un déséquilibre, il sera motivé à entreprendre une action quelconque afin de rétablir l'équilibre.

Tableau 3.5 Exemples de contributions et de rétributions en entreprise

CONTRIBUTIONS (C)	RÉTRIBUTIONS (R)
Scolarité	Salaire
Expérience	Primes et autres récompenses financières
Compétence	Prestige
Présence au travail	Promotions
Énergie	Perfectionnement
Formation et apprentissage	Avantages sociaux
Productivité	Conditions de travail avantageuses
Engagement	Sécurité d'emploi
Sentiment d'appartenance	Reconnaissance
Heures supplémentaires	Privilèges (garderie, voiture de fonction)
Attitudes positives	Autres

Source : S.L. McSHANE et C. BENABOU, *Comportement organisationnel. Comportements humains et organisations dans un environnement complexe*, Montréal, Québec, Chenelière Éducation, 2008, p. 271.

Figure 3.7   Les postulats de la théorie de l'équité

Équité	$\dfrac{\text{Extrant A}}{\text{Intrant A}} = \dfrac{\text{Extrant B}}{\text{Intrant B}}$	Équilibre : l'individu ne ressent aucune tension et il n'est pas motivé à agir.
Iniquité	$\dfrac{\text{Extrant A}}{\text{Intrant A}} < \dfrac{\text{Extrant B}}{\text{Intrant B}}$	Déséquilibre : l'individu ressent une tension qui le motive à agir.
Iniquité	$\dfrac{\text{Extrant A}}{\text{Intrant A}} > \dfrac{\text{Extrant B}}{\text{Intrant B}}$	Déséquilibre : l'individu ressent une tension qui le motive à agir.

Un individu peut tenter de réduire l'iniquité de diverses façons. Dans le cas où il se croit sous-payé, il peut soit demander une révision salariale, soit diminuer ses efforts et réduire son rendement. Il peut également envisager d'autres solutions : démissionner, trouver une autre personne de référence dans l'entreprise, réduire l'iniquité par un processus cognitif. À l'inverse, lorsque l'individu s'estime surpayé, il peut réduire ses extrants (par exemple, écourter ses périodes de repos) ou augmenter ses intrants (par exemple, améliorer son rendement). Il faut souligner que l'iniquité apparaît plus révoltante et est naturellement plus motivante lorsqu'elle est négative que lorsqu'elle est positive. Un employé est satisfait lorsqu'il ne perçoit aucune iniquité. Par conséquent, il ne tentera pas de changer sa situation, puisqu'elle lui semble convenable.

Somme toute, la théorie de l'équité fait ressortir le fait qu'une récompense prend toute sa valeur aux yeux d'un individu lorsqu'il considère qu'elle équivaut à ses contributions et qu'elle se compare aux gains et contributions de son entourage. Soulignons cependant que le sentiment d'équité ou d'iniquité est strictement ancré dans la perception de l'individu, et non dans la réalité objective telle qu'elle peut être observée par les autres[33].

La théorie de l'équité met en relief l'importance de la justice organisationnelle dans le processus de motivation au travail. En effet, le sentiment d'injustice que ressentiront les travailleurs qui perçoivent une iniquité dans le rapport intrants/extrants pourra motiver des comportements contreproductifs. Ainsi, si un travailleur considère que ses collègues bénéficient d'avantages qui ne lui sont pas accessibles (justice distributive), s'il entretient le sentiment qu'il est systématiquement désavantagé par certaines politiques de l'organisation (justice procédurale) ou s'il juge qu'il n'est pas traité avec honnêteté et respect (justice interactionnelle), il aura tendance à modifier ses extrants pour qu'ils correspondent aux intrants. Les gestionnaires ont donc avantage à assurer une saine gestion de la justice en milieu de travail afin de soutenir les efforts d'amélioration de la motivation au travail.

La théorie des objectifs de Locke

Au cours d'une série d'expériences en laboratoire, E. Locke[34] a démontré que le rendement et le comportement d'un individu sont influencés par les objectifs qu'il se fixe. Il a en effet établi que le rendement est plus élevé chez les individus qui se fixent des objectifs difficiles à atteindre que chez ceux qui préfèrent se fixer des objectifs faciles à réaliser.

C'est dans la foulée de ces expériences en laboratoire qu'a été élaborée la **théorie des objectifs**. Cette théorie met en évidence la capacité de l'être humain à choisir les objectifs qu'il désire atteindre et soutient que ces objectifs influencent fortement ses cognitions et ses comportements. Ainsi, pour motiver un employé, il suffit de l'encourager à se fixer des objectifs de rendement élevés, ou du moins de l'amener à accepter et à intérioriser les objectifs qui lui sont proposés. Lorsque l'individu aura l'intention d'atteindre ces objectifs, il fournira les efforts requis pour y parvenir. La figure 3.8 illustre les constatations de Locke sur le lien entre le rendement et la difficulté des objectifs.

Soulignons qu'au départ, Locke ne fondait sa théorie que sur deux principes. En effet, il affirmait qu'un individu qui se fixe des objectifs arrive, premièrement, à un meilleur rendement et, deuxièmement, qu'il obtient de meilleurs résultats que ce à quoi il parviendrait sans objectif précis. Toutefois, par la suite, Locke a enrichi sa théorie en y ajoutant les notions de spécificité, de difficulté et d'acceptation des objectifs.

- La notion de *spécificité* reflète la clarté et la précision des objectifs. Selon la théorie des objectifs, plus ces derniers sont clairs et précis, plus les chances qu'ils soient atteints sont grandes.

- La notion de *difficulté* renvoie au fait que plus les objectifs sont élevés ou difficiles à atteindre, plus le rendement est élevé.

- Locke affirme, en parlant de la notion d'*acceptation*, qu'il est primordial que l'individu souscrive aux objectifs fixés. En effet, seuls les objectifs acceptés et réalistes motiveront l'individu à fournir un rendement élevé.

théorie des objectifs

Théorie qui met en évidence la capacité de l'être humain à choisir les objectifs qu'il désire atteindre, tout en soutenant que ces objectifs influencent fortement ses cognitions et ses comportements.

Figure 3.8 Le lien entre le rendement et la difficulté des objectifs

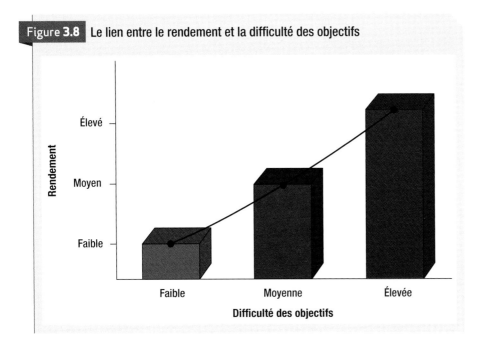

Le rejet des objectifs se traduira par une baisse de la motivation et le niveau de rendement de l'individu ne sera pas élevé.

Les propositions suivantes résument les principes élémentaires de la théorie des objectifs de Locke :

- L'individu qui se fixe ou qui adopte des objectifs a un rendement plus élevé que celui qui ne poursuit aucun objectif.

- L'individu qui se fixe ou qui adopte des objectifs clairs et précis a un rendement plus élevé que celui qui poursuit des objectifs mal définis.

- L'individu qui se fixe ou qui adopte des objectifs difficiles à atteindre a un rendement plus élevé que celui dont les objectifs sont faciles à atteindre.

- Les objectifs difficiles que se fixe ou qu'adopte un individu doivent être d'un niveau de difficulté réaliste afin qu'il consente à fournir les efforts lui permettant de les atteindre.

- Les objectifs difficiles et réalistes conduiront à un rendement élevé à la condition qu'ils soient acceptés par l'individu.

De nombreuses études corroborent les postulats de la théorie des objectifs, démontrant ainsi sa validité scientifique[35]. Latham et Balder[36], entre autres, ont expérimenté la théorie des objectifs en entreprise. Ils ont mené leur étude en Oklahoma, auprès de 36 chauffeurs de camion dont le travail consistait à transporter du bois à une usine de pâte à papier. La coutume, chez ces employés syndiqués et rémunérés sur une base horaire, était de ne remplir leurs camions qu'à 60 % du poids permis sur les routes. Cette habitude réduisait l'efficacité d'exploitation ainsi que les profits de l'entreprise, mais elle s'expliquait par l'imprécision de l'objectif de rendement de l'époque, qui était : « *Faites de votre mieux.* »

Face à ces résultats non souhaitables, l'entreprise pour laquelle travaillaient ces chauffeurs décida de fixer un objectif de rendement précis et élevé, mais réaliste, afin de renforcer la motivation de ses employés. L'objectif fut fixé à 94 % du poids permis sur les routes. On avisa donc les camionneurs de cette nouvelle consigne en les assurant qu'il s'agissait d'un essai et qu'ils ne seraient pas pénalisés si leur rendement ne respectait pas toujours l'objectif fixé.

Les résultats furent très satisfaisants. Durant le premier mois, les employés ont transporté des charges atteignant en moyenne 80 % du poids permis. Par la suite, ils ont diminué leurs charges à 70 % du poids permis, probablement pour s'assurer que l'entreprise tiendrait sa promesse de ne pas les obliger à maintenir une charge d'au moins 80 %. L'entreprise a ainsi gagné la confiance des camionneurs en n'appliquant aucune mesure disciplinaire. Dès le troisième mois, les employés ont atteint des charges de 90 % du poids permis, augmentant ainsi considérablement leur rendement. Par la suite, ce rendement a été maintenu et souvent dépassé, ce qui évita à l'entreprise de devoir acheter de nouveaux camions.

En résumé, les théories de processus complètent les théories de contenu en s'attardant aux cognitions de l'individu et aux conditions situationnelles qui l'incitent à agir, et en délaissant les modèles généraux qui tendent à considérer que les besoins et les facteurs internes sont semblables chez tous les individus. Ainsi, tandis que les théories de contenu mettent en évidence des facteurs généraux de motivation, les théories de processus envisagent la motivation sur une base plus individuelle. Nous avons présenté les quatre modèles les plus importants, soit la théorie des attentes (ou de l'expectative) de Vroom, le modèle béhavioriste, la théorie de l'équité d'Adams et la théorie des objectifs de Locke. Le tableau 3.6 résume les composantes essentielles de ces quatre modèles.

Tableau 3.6 Sommaire des théories de processus

THÉORIE DES ATTENTES (VROOM)	MODÈLE BÉHAVIORISTE	THÉORIE DE L'ÉQUITÉ (ADAMS)	THÉORIE DES OBJECTIFS (LOCKE)
L'individu choisit de façon rationnelle les comportements qu'il prévoit adopter pour atteindre ses objectifs. Afin d'évaluer l'indice de la force de motivation de l'individu à s'engager dans un comportement particulier, on multiplie les attentes, la valeur instrumentale et la valence de la récompense. Motivation = Attentes X Valeur instrumentale X Valence	L'individu adopte presque automatiquement les comportements qui ont été suivis de conséquences agréables dans le passé et évite ceux qui ont été suivis de conséquences désagréables. Quatre techniques peuvent être utilisées pour modifier un comportement : • le renforcement positif ; • le renforcement négatif ; • la punition ; • l'extinction.	L'individu est stimulé par les iniquités qu'il perçoit lorsqu'il compare son rapport intrants-extrants à celui d'autres personnes ou groupes. Plusieurs possibilités s'offrent aux employés qui désirent rétablir l'équité : • modifier les extrants ; • modifier les intrants ; • changer le référent de comparaison ; • réduire l'iniquité de façon cognitive ; • changer d'emploi.	Le rendement d'un individu sera plus élevé si les objectifs qu'il accepte de poursuivre sont difficiles mais réalistes. Donc, le fait de se fixer des objectifs l'incite à agir. Pour qu'un individu soit motivé : • il doit poursuivre des objectifs ; • les objectifs doivent être clairs et précis ; • les objectifs doivent être difficiles à atteindre mais réalistes ; • les objectifs doivent être acceptés par l'individu.

3.2.3 Un effort de synthèse : la théorie de l'autodétermination de Deci et Ryan

Chacune des théories de la motivation au travail présentées jusqu'à maintenant cherche à expliquer un aspect particulier de la motivation sans permettre pour autant une compréhension globale du phénomène. Campés dans une perspective exclusive de contenu ou de processus, ces modèles se veulent donc des explications pertinentes, mais parcellaires, du phénomène complexe qu'est la motivation au travail. Certaines avancées théoriques tendent maintenant à se détacher d'une simple allégeance à l'explication des origines ou de la direction de la motivation en proposant des modélisations plus intégrées du phénomène de motivation[37]. Au nombre de celles-ci, la théorie de l'autodétermination de Deci et Ryan[38] est sans aucun doute l'une des plus intéressantes et prometteuses.

Plus qu'une simple théorie, Deci et Ryan proposent une intégration conceptuelle à l'intérieur de ce qu'on peut qualifier de métathéorie. Ainsi, afin de comprendre la nature, l'origine et les conséquences de la motivation au travail, ces auteurs proposent divers principes complémentaires qui permettent de saisir de façon plus holistique les tenants et aboutissants de la motivation au travail. Les principaux postulats de ce modèle sont le principe de l'intégration organismique et celui de l'évaluation cognitive.

D'allégeance humaniste, le fondement premier de la théorie de l'autodétermination est que chaque individu cherche prioritairement à s'autodéterminer dans l'adoption de ses comportements, c'est-à-dire à choisir librement ses actions en fonction de l'efficience potentielle de ces dernières vers la satisfaction de ses besoins. Cette quête d'autodétermination est principalement orientée vers la satisfaction de trois besoins, à l'origine de tout comportement motivé. Ainsi, les choix comportementaux d'un individu seront principalement motivés par le besoin de compétence, le besoin d'autonomie et le besoin relationnel. Malgré leur nomenclature, ces besoins sont fort similaires à ceux initialement formulés par les auteurs des théories de contenu. On peut ainsi associer le besoin de compétence à celui d'estime de Maslow ou encore au besoin de développement d'Alderfer. Le besoin d'accomplissement de McClelland englobe assurément celui d'autonomie. Et, enfin, il y a peu de différence entre le besoin relationnel proposé par Deci et Ryan et celui qui avait été antérieurement défini par Alderfer. Cependant, la nouveauté réside dans l'intégration de ces trois besoins dans une logique où chacun contribue simultanément, et de façon additive, à déterminer un métabesoin, l'autodétermination, qui teintera, dans un contexte donné, la nature spécifique de la motivation d'un individu.

Le principe de l'intégration organismique

Le principe de l'intégration organismique permet d'organiser et de distinguer trois types de motivation en fonction du niveau d'autodétermination qui leur est associé. Ainsi, un individu peut afficher une motivation intrinsèque (MI) si son besoin d'autodétermination est très élevé, une motivation extrinsèque (ME) si son autodétermination est moindre, ou encore une amotivation (AM) lorsque les comportements adoptés sont des automatismes ne nécessitant pas de motivation particulière[39].

motivation intrinsèque

Motivation essentiellement liée au plaisir que procure la réalisation d'une tâche. Ainsi, l'individu est intrinsèquement motivé par les défis qu'il doit relever et par le sentiment d'accomplissement personnel que lui procure le travail effectué.

La **motivation intrinsèque** tire son origine de possibilités élevées d'autodétermination dans les choix comportementaux. Ainsi, l'individu qui a un grand besoin d'autodétermination, c'est-à-dire chez qui les besoins d'autonomie, de compétence et de relations sont prépondérants, orientera ses actions vers des activités qu'il choisira parce qu'elles lui donnent du plaisir et de la satisfaction. Cette motivation intrinsèque n'est pas étrangère à celle que formulait Herzberg. Il s'agit en fait d'une motivation supérieure qui incite les personnes à agir librement, sans contraintes ou récompenses externes. Le comportement ou l'activité est une fin en soi qui procure immédiatement un sentiment de bien-être. Cette forme de motivation est celle qui oriente majoritairement nos choix de loisirs, mais qui peut aussi être à l'origine de nos comportements professionnels. Ainsi, lorsqu'une tâche ou un projet est source de valorisation, de reconnaissance ou de plaisir, on constate que le travailleur l'exécute en affichant une motivation intrinsèque. C'est d'ailleurs ce type de motivation que cherchent à générer les gestionnaires puisqu'elle assure la pleine utilisation du potentiel des travailleurs et, de leur part, le déploiement d'efforts soutenus vers l'atteinte des objectifs de l'organisation.

Bien que les travaux antérieurs des chercheurs sur la motivation au travail nous aient fait connaître la dimension extrinsèque de la motivation, il revient à Deci et Ryan d'avoir réhabilité ce type de motivation. En fait, alors que la vision traditionnelle accordait peu de valeur à la **motivation extrinsèque**, la théorie de l'autodétermination stipule que ce type de motivation est loin d'être unidimensionnel. Ainsi, on distingue quatre types de motivation extrinsèque, selon le niveau d'autodétermination qui leur est propre (*voir la figure 3.9*).

De très faibles possibilités d'autodétermination généreront une *motivation par régulation externe* qui se rapproche de la définition usuelle de la motivation extrinsèque. La motivation par régulation externe n'amènera l'individu à adopter des comportements que par peur de la punition (perte d'emploi, par exemple) ou par désir d'une récompense (bonification salariale, par exemple). Les comportements sont ainsi déterminés de façon totalement externe, sans que la libre volonté d'un individu soit exprimée.

Lorsqu'une intériorisation des objectifs comportementaux apparaît, c'est-à-dire lorsque que les possibilités d'autodétermination augmentent, l'individu affichera une *motivation par régulation introjectée*, qui est la première forme de motivation autodéterminée. À ce moment, le comportement n'est plus

motivation extrinsèque

Motivation essentiellement liée à un rapport utilitaire, c'est-à-dire que l'individu s'engage dans une tâche pour bénéficier d'avantages concrets ou pour éviter des conséquences désagréables.

Figure 3.9   Une représentation schématique du continuum des divers types de motivation selon la théorie de l'autodétermination de Deci et Ryan

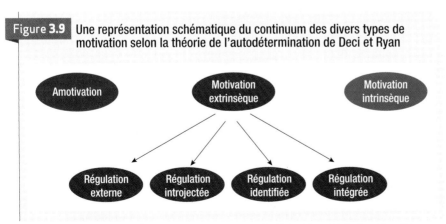

Source: E.M. MORIN et C. AUBÉ, *Psychologie et management*, 2ᵉ édition, Montréal, Québec, Chenelière Éducation, 2007, p. 117.

strictement dicté par des facteurs externes (punition ou récompense), mais il commence à relever de certaines caractéristiques personnelles. Entre autres, la personne agira par devoir ou par conscience morale afin de ne pas ressentir de culpabilité ou de honte à la suite d'une inaction de sa part. Par exemple, l'individu qui affiche une motivation introjectée accomplira certaines tâches afin d'être respecté des autres ou d'avoir le sentiment du devoir accompli. Il s'agit toujours de motifs instrumentaux, mais dont les balises émanent de l'individu et non seulement du contexte externe.

Avec la *motivation par régulation identifiée* apparaît la perspective stratégique du comportement. Ainsi, l'individu dont les choix comportementaux sont dictés par l'atteinte d'un but a probablement une motivation identifiée. Le travailleur qui agit en fonction de ses aspirations de carrière, et non en fonction de la satisfaction immédiate de ses besoins, est motivé de façon identifiée. Un autre exemple de motivation identifiée est celle de l'étudiant qui, dans un cours de comportement organisationnel et malgré son faible intérêt pour le sujet, est assidu et studieux, car ce cours est nécessaire à l'atteinte du but final qu'est le baccalauréat.

La motivation extrinsèque la plus autodéterminée est la *motivation par régulation intégrée*. Ce type de motivation est à l'origine de comportements «accessoires» dans un tout qui est intrinsèquement satisfaisant pour la personne. Même si notre emploi nous motive intrinsèquement, certaines tâches peuvent être moins motivantes, mais nécessaires à l'atteinte de notre satisfaction globale. Ces tâches sont alors effectuées sous la gouverne d'une motivation intégrée, un type de motivation qui demeure instrumental, mais intégré à une motivation supérieure. Le travailleur qui adore diriger des rencontres rédigera probablement leur procès-verbal avec une motivation intégrée, même si c'est la dimension de son travail qui lui plaît le moins.

Afin de rendre compte de comportements automatisés qui ne demandent pas d'élan motivationnel, la théorie de l'autodétermination prévoit la notion d'amotivation (AM). Ainsi, nous adoptons quotidiennement de nombreux comportements sans en appeler à une motivation particulière puisqu'ils sont mécaniques, voire inconscients. En effet, plusieurs de nos habitudes comportementales nécessitent peu de réflexion parce qu'elles s'effectuent machinalement, dans notre vie personnelle autant que dans notre sphère professionnelle.

Le principe de l'évaluation cognitive

La théorie de l'autodétermination soutient que ce sont les possibilités de s'autodéterminer qui sont garantes du type de motivation qui sera présent chez un individu. Puisque les besoins d'autonomie, de compétence et de relations sous-tendent l'autodétermination, le principe de l'évaluation cognitive attribue une valeur importante aux facteurs contextuels dans l'appréciation des possibilités d'autodétermination. Entre autres, en milieu de travail, le locus de causalité, la perception de compétence et le sentiment d'affiliation interpersonnelle sont trois mécanismes qui permettent de façonner la motivation des travailleurs.

La notion de locus de causalité est associée à l'élément qu'une personne considère comme étant à l'origine de son comportement. Par exemple, le locus de causalité est externe lorsque cette personne considère que ses actions sont dictées par l'environnement. Un gestionnaire autocratique, des procédures d'opérations strictes et une standardisation des processus sont autant de facteurs organisationnels qui amèneront les travailleurs à percevoir qu'ils ont peu de contrôle sur leurs comportements et à nourrir chez eux un locus de causalité externe. À l'inverse, le locus de causalité interne incite les travailleurs à croire qu'ils ont une grande liberté dans leur choix de comportement. Une participation aux décisions, des possibilités d'autogestion, le travail en équipe sont des éléments qui favorisent le développement d'un locus de causalité interne chez les employés. Plus le locus de causalité est interne, plus les travailleurs estimeront que leurs possibilités d'autodétermination sont élevées et plus leur motivation tendra vers des niveaux supérieurs, c'est-à-dire vers le pôle intrinsèque de motivation.

Une logique similaire s'applique à la perception de compétence. Lorsque l'organisation mise sur le développement et l'utilisation des compétences, elle favorise par la même occasion le sentiment d'autodétermination et les formes plus avancées de motivation. Cependant, lorsque l'acquisition de compétences, de connaissances ou de savoirs n'est pas une priorité, ou encore lorsque les compétences acquises ne sont pas bien exploitées, les travailleurs adopteront des formes plus extrinsèques de motivation en raison d'un faible sentiment d'autodétermination.

En ce qui a trait au sentiment d'affiliation interpersonnelle, il va de soi qu'il aura une incidence positive sur le développement de formes avancées de motivation. Ainsi, le travailleur qui œuvre dans un environnement soutenant un climat interpersonnel positif considérera qu'il est davantage l'instigateur de ses actions. Cette perception d'autodétermination issue d'une plus grande satisfaction de ses besoins d'autonomie, de compétence et d'appartenance pourra générer une motivation plus autodéterminée, donc plus intrinsèque. Cette dimension permet d'illustrer l'incidence potentiellement délétère de l'incivilité, des conflits ou du harcèlement en milieu de travail sur le niveau de motivation des travailleurs.

Somme toute, le principe de l'évaluation cognitive nous permet de comprendre que même si l'expérience d'un état de motivation est fondamentalement propre à l'individu, de nombreux facteurs externes, donc organisationnels, peuvent eux aussi façonner cette expérience. Dans les faits, tous les éléments contextuels facilitant ou freinant la satisfaction des besoins de base sera à même d'influencer la nature de la motivation. Ces facteurs sont nombreux, mais il demeure que les caractéristiques particulières de l'organisation du travail, du style de leadership préconisé ou encore des modes de rémunération utilisés auront une influence probante sur la motivation des travailleurs[40].

La théorie de l'autodétermination est un effort concret de synthétiser les connaissances jusqu'à maintenant acquises sur la motivation au travail. Elle partage avec les théories de contenu cet effort de définir les éléments de base de la motivation, en l'occurrence les besoins. En ce sens, plutôt que d'offrir une liste plus ou moins exhaustive de besoins, la théorie de l'autodétermination en cible un seul, le besoin d'autodétermination, qui est cependant alimenté par des besoins sous-jacents. Cette théorie s'intéresse aussi à l'orientation de la motivation en fonction d'une classification des états motivationnels selon un continuum allant de la motivation purement extrinsèque à des formes supérieures qui tendent vers la motivation intrinsèque. Et c'est sur ce plan que ce modèle explicatif se démarque. En effet, plutôt que de reproduire un schéma polarisé opposant la motivation extrinsèque à l'intrinsèque, Deci et Ryan relèvent diverses formes de motivation dites extrinsèques pouvant cependant être autodéterminées. Dès lors, la motivation extrinsèque n'est plus une réalité unique, mais un ensemble de réalités qui fluctuent au gré du sentiment d'autodétermination généré partiellement par le contexte de travail. Faute d'être motivé de façon intrinsèque, les travailleurs peuvent agir en raison de formes extrinsèques de régulation qui témoignent néanmoins d'un espoir et de possibilité d'autodétermination.

CONCLUSION

Au terme de cet exposé sur les modèles théoriques de la motivation, une question fondamentale se pose : Quel modèle est le plus apte à favoriser une augmentation significative de la motivation des travailleurs ? Malheureusement, aucune réponse précise ne peut être fournie, puisque chaque modèle a ses forces et ses faiblesses, et ce, sans tenir compte du contexte organisationnel où il est appliqué. Cependant, certaines lignes directrices permettent d'évaluer la pertinence de chaque modèle en fonction de situations précises.

Tout d'abord, les théories de contenu de la motivation au travail sont plus appropriées lorsqu'on cherche à agir sur un grand nombre de travailleurs. En définissant certains besoins de base, identiques chez tous les travailleurs, ces théories permettent de mettre au point une stratégie d'intervention pour régler certains problèmes généralisés de motivation. Bien que tous les modèles renferment des éléments explicatifs essentiels, le modèle de Herzberg présente un cadre opératoire détaillé et facile à utiliser. De plus, la théorie bidimensionnelle de Herzberg fait la synthèse de certaines conceptualisations (principalement celles de Maslow et d'Alderfer) et permet d'incorporer les composantes du contenu de la motivation à l'intérieur d'une intervention précise.

Lorsque le problème de motivation est bénin, c'est-à-dire lorsqu'il ne touche qu'un travailleur ou un petit groupe de travailleurs, les théories de processus permettent de chercher plus en profondeur les causes des lacunes motivationnelles. Cependant, il est impossible de statuer sur la théorie la plus efficace, car chaque modèle s'intéressant au processus de la motivation renferme une partie du problème. Néanmoins, il semble logique de considérer que certains modèles seront mieux adaptés à un contexte particulier ou à un type de travail. Par exemple, le modèle béhavioriste semble plus approprié lorsque le problème de motivation touche les employés de la production, alors que la théorie des objectifs s'applique plus facilement aux gestionnaires. Cependant, cela ne constitue en rien un absolu, et l'application de principes issus de chacune des théories peut, dans plusieurs cas, être une formule gagnante.

Ensuite, le choix d'un modèle doit être ancré dans la finalité poursuivie par les travailleurs. Tout comportement motivé est prioritairement orienté vers la satisfaction d'un besoin, d'une valeur ou d'une attente. Ainsi, en déterminant les objectifs personnels d'une population de travailleurs et en mettant en évidence leur complémentarité avec les objectifs organisationnels, il est possible de détecter les rouages qui leur sont propres. Un tel exercice permet de construire un programme de motivation sur mesure qui favorisera l'atteinte d'un réel état de satisfaction ; cela incitera les travailleurs, lors de la réapparition des mêmes besoins, à reproduire les comportements à caractère productif. Il est important de souligner que tout comportement motivé qui ne débouche pas sur un état de satisfaction sera subséquemment ignoré. L'organisation qui veut s'assurer que les comportements souhaitables deviennent permanents doit donc veiller à ce que l'effort fourni par les travailleurs trouve une réponse adéquate.

Somme toute, aucune technique n'est formellement plus efficace qu'une autre. Tous les modèles correspondent à autant de facettes d'une même réalité. C'est au moyen de l'analyse, de la compréhension et de la mise en perspective qu'un gestionnaire réussira à concevoir une stratégie qui contribuera à améliorer substantiellement la motivation et la satisfaction des travailleurs.

Cela dit, on constate que le phénomène de la motivation au travail n'existe pas en vase clos. En effet, nombre de facteurs et de variables adjacents interviennent dans le processus de motivation et viennent soutenir ou freiner les efforts organisationnels en cette matière. Ainsi, les valeurs des individus, leur personnalité, le stress généré par l'environnement de travail, les aspirations personnelles sont autant d'éléments venant potentiellement teinter la détermination du niveau motivationnel des personnes. À cet égard, il convient de reconnaître que les attitudes entretenues par les employés envers leur travail ne sont pas étrangères au processus de motivation. C'est ce dont nous discuterons dans le prochain chapitre.

QUESTIONS **DE RÉVISION**

1. Décrivez le processus de la motivation, de ses origines jusqu'à son influence sur le comportement.

2. Distinguez les deux courants de pensée qui mettent l'accent sur la motivation au travail et commentez la synergie (complémentarité) qui existe entre ces deux visions de la motivation.

3. Démontrez le lien qui unit la théorie des besoins de Maslow et la théorie des deux facteurs de Herzberg.

4. Relevez la contradiction entre le modèle béhavioriste et la théorie des attentes de Vroom en ce qui a trait aux conséquences entraînant la modification des comportements.

5. Faites une synthèse des diverses techniques en conditionnement opérant et donnez un exemple de leur application en milieu organisationnel.

6. Quelle est, selon vous, la théorie traditionnelle de la motivation (contenu *vs* processus) la plus pertinente et la plus efficace? Justifiez votre réponse en relevant les forces et les faiblesses apparentes de chacune des théories exposées dans le chapitre.

7. Décrivez le continuum d'autodétermination en fonction des diverses natures possibles de la motivation au travail.

8. Dans le modèle proposé par Deci et Ryan, quelle est la complémentarité entre le principe de l'intégration organismique et celui de l'évaluation cognitive?

AUTO-**ÉVALUATION**

Une application de la théorie des attentes
Partie 1

Pensez à une décision que vous devez prendre et qui revêt une certaine importance dans votre vie. Cette décision peut être au centre de vos préoccupations (carrière, emploi, famille) ou relever d'une situation plus factuelle (abandon d'un cours, choix d'une automobile, rencontre). Le processus de réflexion lié à cette décision n'est pas important : votre décision peut être déjà prise (court terme) ou il se peut que vous commenciez seulement à y penser (long terme). Cependant, gardez en tête que cette décision fera l'objet d'une discussion de groupe. Ne choisissez donc pas une question qui pourrait vous placer dans une situation inconfortable.

Maintenant que vous avez fait votre choix, suivez ces étapes :

1. Faites une liste de toutes les options relatives à cette décision. Écrivez-les dans la colonne de gauche de la table des attentes.

2. Pour chacune des options retenues, déterminez les conséquences (extrants) possibles. Il est important de noter aussi bien les conséquences positives que les conséquences négatives. Écrivez ces conséquences «potentielles» dans la table.

3. Évaluez la puissance de chacune des conséquences potentielles selon l'attrait qu'elle exerce sur vous. Pour ce faire, vous devez leur attribuer un pointage entre –1 (conséquence que vous jugez très défavorable) et 1 (conséquence que vous jugez très favorable). Indiquez chacune de vos évaluations dans la colonne «valence» de la table.

4. Pour évaluer les probabilités de chacune des conséquences désignées, posez-vous la question suivante : «Si je prends telle ou telle décision, quelle est la probabilité d'apparition de chacune de ses possibles conséquences ?» Ainsi, pour chacune des conséquences, vous devez déterminer une probabilité se situant entre 0 (certitude absolue que cette conséquence n'apparaîtra pas) et 1 (certitude absolue que cette conséquence apparaîtra). Indiquez chacune des probabilités dans la colonne «utilité» de la table.

5. Calculez vos résultats. D'abord, multipliez la valence par l'utilité pour chacune des conséquences désignées. Ensuite, additionnez l'ensemble des conséquences citées pour chacune des options choisies. Cela vous permettra de connaître votre propension à l'action pour chacune des options se rapportant à la décision que vous devez prendre.

Partie 2

Une fois que votre table des attentes est remplie, formez une équipe de deux, préférablement avec quelqu'un qui vous est déjà familier. Chaque participant doit alors présenter sa table à son coéquipier afin de discuter du réalisme et de la pertinence des solutions et des conséquences citées en fonction de leur valence et de leur utilité respectives.

Le rôle du coéquipier est de comprendre la dynamique de la décision à prendre et de questionner l'évaluation de chaque option. Cette deuxième partie se termine par une prise de décision par chacun des coéquipiers.

TABLE DES ATTENTES					
OPTION	CONSÉQUENCES	VALENCE	UTILITÉ	V x U	RÉSULTAT

TABLE DES ATTENTES					
OPTION	CONSÉQUENCES	VALENCE	UTILITÉ	V x U	RÉSULTAT

Source : Traduit de R.J. LEWICKY *et al., Experiences and Management and Organizational Behavior*, 3e éd., New York, NY, John Wiley & Sons, 1988, p. 14-16. Reproduit avec la permission de John Wiley & Sons, Inc.

 ÉTUDE **DE CAS**

EMPLOYÉS PRODUCTIFS, DOCILES ET SANS AMBITION DEMANDÉS !

***Richard Pépin**, Ph.D. en sciences de l'éducation, est professeur de comportement organisationnel au Département des sciences de la gestion de l'Université du Québec à Trois-Rivières depuis 1989. Ses principaux champs d'intérêt sont le changement et le développement organisationnels et, plus particulièrement, la mobilisation des employés, la gestion du stress au travail et la gestion des équipes de travail.*

Lydia travaille depuis plusieurs années au service d'assemblage d'une entreprise québécoise qui se spécialise dans la fabrication d'équipement informatique. À ses débuts, elle était de ceux qui s'investissaient dans l'organisation et offraient un rendement plus élevé que la moyenne des employés. Elle a vite appris les rudiments de son travail et, au cours des premières années, fit même plusieurs suggestions aux gestionnaires afin d'améliorer la productivité. Même si elle aimait son travail sur la chaîne de montage, au bout de quelques années, celui-ci lui parut monotone, répétitif et sans défi ; d'autant plus que son supérieur immédiat était de ceux qui ne laissent aucune latitude aux employés, qui les surveillent étroitement et qui ne prennent pas les suggestions des employés vraiment au sérieux. Donc, Lydia s'est graduellement désintéressée de son travail et a rejoint les rangs de la majorité de ses collègues qui cherchent à satisfaire leurs besoins à l'extérieur de l'organisation.

La philosophie de gestion de cette entreprise est simple : les employés doivent s'en tenir aux méthodes de travail qu'on leur a apprises et respecter à la lettre les spécifications d'assemblage de chacun des produits. Chaque commande a ses spécificités et les gestionnaires doivent donner la formation nécessaire aux travailleurs qui ont à assembler de nouveaux produits. Aucun écart de qualité n'est toléré par rapport aux normes d'assemblage et des pénalités monétaires peuvent être attribuées aux travailleurs trop souvent fautifs. Ainsi, malgré l'interdépendance élevée de leurs tâches, chacun assume pleinement les erreurs de production, amenant certains conflits interpersonnels entre les employés. Les employés travaillant sur la chaîne d'assemblage touchent tous le même salaire, et ce, peu importe le nombre d'années de service. À cela s'ajoute une prime mensuelle basée sur les profits réalisés par l'entreprise. La prime, qui varie entre 5 % et 40 % du salaire, crée beaucoup d'insatisfaction chez les employés. En principe, la prime est basée sur la production totale de l'usine pendant le mois et est répartie de façon «équitable» entre les employés. Cependant, beaucoup d'employés ont un doute sur cette procédure et croient plutôt que le patron fait preuve de favoritisme, récompensant davantage les employés dociles qui respectent l'autocratie hiérarchique. Récemment, des employés ont exercé des pressions auprès de la direction pour qu'on leur explique la manière dont était calculé le montant mensuel des primes. Offusqué par l'indiscrétion de ces employés, le directeur se limita à leur dire : «C'est moi qui est le mieux placé pour décider. Vous autres, les employés, contentez-vous de faire ce qu'on vous demande sans poser de questions !» Et il somma les plus récalcitrants à quitter l'entreprise si cela ne leur convenait pas…

Les employés réalisent qu'en dépit de l'insistance de la direction en faveur de la qualité et de la productivité, on ne les récompense pas vraiment pour les efforts supplémentaires qu'ils déploient au travail. D'ailleurs, aucun d'entre eux ne pourrait dire actuellement si son travail fait vraiment une différence dans la qualité du produit final, puisque personne ne les informe sur les résultats de leur travail, sauf pour les réprimander lors d'écarts aux standards. Les employés se contentent donc de s'en tenir aux normes minimales de production et ils expriment de plus en plus ouvertement leur insatisfaction et leur désengagement face à l'entreprise. Bon nombre d'entre eux songent même à quitter l'entreprise dès qu'une occasion se présentera ailleurs.

Très consciente de ce contexte d'insatisfaction, et puisqu'elle suit une formation en gestion à l'université de la région, Lydia se dit que la situation a assez duré et cherche des moyens d'améliorer les conditions de travail au sein de son entreprise. En ce sens, elle a récemment contacté une centrale syndicale pour obtenir du soutien afin de mettre en place un syndicat. La majorité de ses collègues l'appuient dans sa démarche et se disent qu'une fois qu'ils seront syndiqués, les gestionnaires n'auront plus le choix de les écouter réellement !

Questions

1. Comment se manifestent le manque de motivation et l'insatisfaction au travail dans cette entreprise ?
2. À l'aide des théories de contenu et de la théorie de l'autodétermination de Deci et Ryan, expliquez :
   a) l'insatisfaction des employés de cette entreprise ;
   b) la faible motivation de ces derniers à l'égard de leur travail.
3. Expliquez la faible motivation de ces travailleurs à l'aide de la théorie des attentes de Vroom.
4. À l'appui d'un diagnostic rigoureux, que recommanderiez-vous concrètement pour augmenter la motivation et le rendement des employés de cette entreprise ?

RÉFÉRENCES

1 S.L. McSHANE et C. BENABOU, *Comportement organisationnel: Comportements humains et organisations dans un environnement complexe*, Montréal, Québec, Chenelière/McGraw-Hill, 2008.

2 C. LOUCHE, «La motivation au travail: bilan critique de la recherche», dans P. GILBERT, F. GUÉRIN et F. PIGEYRE, *Organisation et comportements: nouvelles approches, nouveaux enjeux*, Paris, France, Dunod, 2005, p. 91-113.

3 R.J. VALLERAND et E. THILL, dir., «Introduction au concept de motivation», dans *Introduction à la psychologie de la motivation*, Laval, Québec, Éditions Études Vivantes – Vigot, 1993, p. 3-39.

4 D. McGREGOR, *The Human Side of Enterprise*, New York, NY, McGraw-Hill, 1960.

5 C.M. CARSON, «A historical view of Douglas McGregor's theory Y», *Management Decision*, vol. 43, n° 3, 2005, p. 450-460.

6 E.M. MORIN et C. AUBÉ, *Psychologie et Management*, Montréal, Québec, Chenelière Éducation, 2006, p. 111.

7 R.J. VALLERAND et E. THILL, dir., *op. cit.*

8 J.P. CAMPBELL *et al.*, *Managerial behavior, performance and effectiveness*, New York, NY, McGraw-Hill, 1970.

9 A.H. MASLOW, «A Theory of Human Motivation», *Psychological Review*, vol. 50, n° 3, 1943, p. 370-396.

10 P.M. MUCHINSKY, *Psychology applied to work*, Belmont, CA, Thomson Wadsworth, 2006.

11 G.P. LATHAM et C.C. PINDER, «Work motivation theory and research at the dawn of the twenty-first century», *Annual Review of Psychology*, vol. 56, 2005, p. 485-516.

12 M.A. WAHBA et L.G. BRIDWELL, «Maslow reconsidered: A review of research on the need hierarchy theory», *Organizational Behavior and Human Performance*, vol. 15, 1976, p. 212-240.

13 K. DYE, A.J. MILLS et T. WEATHERBEE, «Maslow: man interrupted: reading management theory in context», *Management Decision*, vol. 43, n° 10, 2005, p. 1375-1395.

14 P.M. MUCHINSKY, *op. cit.*

15 C. LOUCHE, *op. cit.*

16 C.P. ALDERFER, *Existence, Relatedness and Growth: Human Needs in Organizational Settings*, New York, NY, Free Press, 1972.

17 J.R. SCHERMERHORN, J.G. HUNT, R.N. OSBORN et C. DE BILLY, *Comportement humain et organisation*, Montréal, Québec, ERPI, 2006.

18 P. ROUSSEL, M. DALMAS, C. MANVILLE et D. MOTTAY, «Théories de la motivation au travail et management», dans J. ROJOT, P. ROUSSEL et C. VANDERBERGHE, dir., *Comportement organisationnel*, tome 3, *Théorie des organisations, motivation au travail, engagement organisationnel*, Paris, France, De Boeck, 2009, p. 171-214.

19 N. LANGTON, S.P. ROBBINS et T.A. JUDGE, *Fundamentals of organizational behaviour*, Toronto, Ontario, Pearson, 2011.

20 J.P. WANOUS et A.A. ZWANY, «A cross-sectional test of need hierarchy theory», *Organizational Behavior and Human Performance*, vol. 18, (février 1977), p. 78-97.

21 F. HERZBERG, B. MAUSNER et B. SYDERMAN, *The Motivation to Work*, New York, NY, John Wiley & Sons, 1959.

22 J.R. SCHERMERHORN, J.G. HUNT, R.N. OSBORN et C. DE BILLY, *op. cit.*

23 P. ROUSSEL, *La motivation au travail: concept et théories* (document de recherche 00-26), Toulouse, France, Laboratoire interdisciplinaire de recherche sur les ressources humaines et l'emploi (LIRHE), 2000.

24 P. ROUSSEL, M. DALMAS, C. MANVILLE et D. MOTTAY, *op. cit.*

25 D.C. McCLELLAND, *Assessing Human Motivation*, New York, NY, General Learning Press, 1971.

26 D.C. McCLELLAND, *op. cit.*

27 D. MIRON et D.C. McCLELLAND, «The impact of achievement motivation training in small businesses», *California Management Review*, vol. 21, n° 4, 1979, p. 13-28.

28 V.H. VROOM, *Work and Motivation*, New York, NY, Wiley, 1964.

29 B.F. SKINNER, *About Behaviorism*, New York, NY, Knopf, 1974.

30 L. FESTINGER, *A Theory of Cognitive Dissonance*, Palo Alto, CA, Standford University Press, 1957.

31 J.S. ADAMS, «Toward an Understanding of Inequity», *Journal of Abnormal and Social Psychology*, vol. 67, n° 5, 1963, p. 422-436; J.S. ADAMS, «Inequity in Social Exchange», dans L. BERKOWITZ, dir., *Advance in Experimental Social Psychology*, 2e éd., New York, NY, Academic Press, 1965, p. 202-210.

[32] J. GREENBERG, «Employee theft as a reaction to under-payment iniquity», *Academy of Management Journal*, vol. 32, 1990, p. 174-184.

[33] P.M. MUCHINSKY, *op. cit.*

[34] E.A. LOCKE, «Toward a Theory of Task Motivation and Incentives», *Organizational Behavior and Human Performance*, no 3, 1968, p. 157-189; E.A. LOCKE et G.P. LATHAM, *A Theory of Goal Setting and Task Performance*, Englewood Cliffs, NJ, Prentice-Hall, 1990.

[35] E.A. LOCKE et G.P. LATHAM, «Building a practically useful theory of goal setting and task motivation: A 35 year odyssey», *American Psychologist*, vol. 57, 2002, p. 705-717.

[36] G.P. LATHAM et J.J. BALDES, «The Practical Significance of Locke's Theory of Goal Setting», *Journal of Applied Psychology*, no 60, 1975, p. 122-124.

[37] M. GAGNÉ et J. FOREST, «La motivation au travail selon la théorie de l'autodétermination», dans J. ROJOT, P. ROUSSEL et C. VANDERBERGHE, dir., *Comportement organisationnel*, Paris, France, De Boeck, 2009, p. 215-234.

[38] E.L. DECI et R.M. RYAN, «Favoriser la motivation optimale et la santé mentale dans les divers milieux de vie», *Psychologie canadienne*, vol. 49, 2008, p. 24-34.

[39] N. ROY et E. GOSSELIN, «La motivation des travailleurs à temps partiel: Repose-t-elle sur autre chose que la motivation extrinsèque?», *Revue québécoise de psychologie*, vol. 27, 2006, p. 207-225.

[40] M. GAGNÉ et J. FOREST, *op. cit.*

CHAPITRE

4

Les attitudes au travail

PLAN DE CHAPITRE

Introduction

4.1 Qu'est-ce qu'une attitude?

4.2 Le phénomène de la satisfaction au travail

4.3 L'engagement organisationnel

4.4 Les autres attitudes au travail

Conclusion

Dans ce chapitre, le lecteur se familiarisera avec :

- la nature des attitudes et leurs fonctions quant aux choix comportementaux ;
- les modes d'acquisition des attitudes et leur incidence sur la propension à agir ;
- les facteurs favorisant la modification des attitudes ;
- les modèles explicatifs de la satisfaction au travail ;
- les origines et les répercussions de la satisfaction au travail ;
- les divers types d'engagement organisationnel ;
- les comportements prosociaux pouvant être associés à la citoyenneté organisationnelle ;
- les distinctions entre l'engagement organisationnel et l'engagement au travail.

INTRODUCTION

La psychologie du travail et le comportement organisationnel ont été, et sont toujours, grandement influencés par l'avancement des connaissances dans le domaine de la psychologie sociale. Un des concepts phares de la psychologie sociale, qui, pour certains, constitue la première pierre de sa fondation, est sans contredit la notion d'attitude[1]. Cette notion est un des principaux prédicteurs de l'intention de se comporter. Puisque, en milieu organisationnel, la prédiction du comportement revêt une importance centrale, il est clair qu'une meilleure compréhension des attitudes des travailleurs ira de pair avec une éventuelle adoption d'un plus grand nombre de comportements «productifs». Si on veut, par exemple, réduire l'absentéisme, le présentéisme ou toutes autres formes de comportements contre-productifs, il est essentiel de diagnostiquer les attitudes des employés. C'est aussi le cas lorsqu'on cherche à générer des actions productives : de bonnes attitudes au travail alimentent habituellement l'adoption des comportements attendus.

Bien que plusieurs facteurs contribuent à orienter les choix comportementaux, les valeurs, la personnalité ou les attributions, par exemple (*voir le chapitre 2*), les attitudes sont néanmoins au cœur de cette équation. En effet, la nature polarisée, positive ou négative, de l'attitude offre une information inestimable quant à l'orientation de futurs comportements. Ainsi, le travailleur qui possède des attitudes positives obtempérera plus volontiers aux demandes de son environnement de travail que celui qui entretient les attitudes inverses.

Ceci étant dit, la nature des attitudes d'un travailleur est aussi un bon indicateur de sa santé psychologique au travail. Ainsi, le bien-être ou la qualité de vie au travail passent par une structure attitudinale favorisant l'apparition de ces sentiments et de cette évaluation de l'environnement de travail[2]. Au-delà de leur incidence directe sur l'intention de se comporter, les attitudes au travail façonnent, chez le travailleur, un ensemble d'émotions à la fois à l'égard de son travail et de son environnement.

Afin de cerner la notion complexe et singulière d'attitude au travail, ce chapitre examinera le concept d'attitude en définissant et en décrivant les composantes de ce qu'on nomme la «structure attitudinale». Ensuite, nous explorerons diverses attitudes propres à l'environnement de travail, entre autres la satisfaction au travail et l'engagement organisationnel. Il sera alors question des principaux déterminants de ces attitudes spécifiques au travail ainsi que de leurs répercussions sur l'individu et l'organisation.

4.1 QU'EST-CE QU'UNE ATTITUDE?

C'est Gordon Allport qui formula, en 1935[3], la première version de la notion d'attitude. En fait, ses travaux de recherche l'ont amené à s'interroger sur l'origine des comportements; l'attirance ou la répulsion envers une situation, un objet ou une personne étaient pour lui des éléments essentiels du choix comportemental. Depuis, de très nombreuses études ont scruté la notion d'attitude en présentant des résultats tantôt favorables, tantôt contradictoires, quant à la portée réelle et à l'incidence des attitudes. Cela étant, l'intérêt pour cette notion perdure depuis plus de 70 ans et ce concept est toujours aussi central en psychologie sociale. En ce qui concerne les organisations, les attitudes occupent une place de choix dans les préoccupations des gestionnaires et des chercheurs. Entre autres, la contribution des attitudes à des phénomènes tels que la rétention du personnel, le bien-être au travail et la santé psychologique justifie amplement de s'arrêter à mieux comprendre les multiples implications des attitudes en milieu de travail.

4.1.1 La définition

Au fil des ans, différentes définitions de l'attitude ont été formulées[4]. Néanmoins, malgré certaines disparités, la plupart des conceptualisations de l'attitude considèrent qu'à sa plus simple expression, cette notion renvoie à l'évaluation de l'intérêt porté à une personne, à un objet ou à une situation. Ainsi, la notion d'attitude est étroitement associée aux sentiments favorables ou défavorables éprouvés envers quelqu'un ou quelque chose. D'ailleurs, le terme attitude est généralement accompagné d'un qualificatif comme «positive» ou «négative». Quand on dit qu'on aime ou qu'on n'aime pas telle personne, on exprime la synthèse de notre structure attitudinale à l'égard de cette personne. Par ailleurs, quand on affirme qu'on n'aime pas l'attitude d'une personne, on veut dire qu'on n'aime pas la façon dont cette personne pense ou se comporte dans un ensemble de situations propres à un contexte donné. Il s'agit alors d'une évaluation un peu réductionniste de l'ensemble des attitudes que cette personne entretient. C'est de cela qu'il est question, entre autres, lorsqu'on parle de l'attitude générale au travail.

Par définition, une attitude repose sur «l'évaluation générale et relativement durable que les gens font des objets, des idées ou des personnes[5]». Dans les faits, l'attitude est une micro-valeur. Il faut donc considérer que les valeurs précèdent les attitudes et qu'une seule valeur peut contribuer à la formation d'un ensemble d'attitudes interdépendantes. Par exemple, un individu pour qui l'éthique est une valeur fondamentale pourrait développer une attitude négative envers les politiciens et positive envers les juges.

De plus, l'attitude est un maillon important dans la gestion de l'économie cognitive. En ce sens, nos attitudes nous permettent, dans diverses situations, de décider promptement de la meilleure action à poser. Les attitudes représentent ainsi un registre de préparation à l'action permettant à l'individu de choisir des comportements qui concordent avec sa vision du monde. Par exemple, un ami nous demande de participer à une manifestation pour l'avortement. Chacun d'entre nous possède un ensemble d'attitudes lui permettant d'évaluer cette demande et d'accepter ou de refuser son offre. Ainsi, nous avons tous une quelconque attitude envers l'avortement. De plus, nous sommes favorables ou défavorables à l'expression citoyenne par la manifestation. Nous pouvons aussi avoir une position personnelle quant aux actions gouvernementales sur le sujet. L'ensemble de ces attitudes, en fonction de leurs caractéristiques, nous permettront de nous positionner rapidement par rapport à l'invitation de notre ami et de choisir de manifester ou de ne pas manifester en faveur de l'avortement.

Contrairement aux états psychologiques comme la motivation ou le stress, les attitudes sont relativement stables dans le temps. La teneur d'un état psychologique fluctue aisément selon les expériences immédiates de la personne. Ainsi, le stress que vit actuellement une personne pourra être fort différent de celui qu'elle vivra dans quelques heures ou le jour suivant. L'attitude, quant à elle, est beaucoup plus stable dans le temps et les modifications attitudinales se font sur une longue période. Ainsi, notre position sur l'indépendance du Québec ou sur le fédéralisme risque fort de demeurer la même demain, dans un mois et même dans un an. Cette stabilité de l'attitude est occasionnée, entre autres, par les multiples interrelations qui existent entre diverses attitudes particulières. Ainsi, chacune est insérée dans ce qu'on peut se représenter comme une toile attitudinale qui permet de soutenir l'équilibre psychologique et d'éviter, autant que possible, la dissonance cognitive. Or, notre position personnelle sur l'avenir du Québec relève d'un ensemble solidement tissé de plusieurs attitudes qui sont relativement résistantes aux changements. Il se peut, bien entendu, que les attitudes se modifient, mais cela ne sera possible qu'à la suite de remises en question s'échelonnant sur une certaine période. Nous discuterons plus amplement des stratégies de changement d'attitude à la section 4.1.4.

4.1.2 La nature de l'attitude

Comme plusieurs autres concepts en psychologie, le concept d'attitude ne représente pas une réalité singulière, mais plutôt un phénomène multidimensionnel regroupant diverses composantes. On peut décortiquer ce concept en composantes principales participant conjointement à la formation de l'attitude. Bien que chaque composante soit invariablement présente dans toutes les attitudes, sa contribution réelle est variable. Ainsi, on peut dire que les composantes sont toujours présentes, mais que la teneur de l'attitude dépend de la saillance de chaque dimension. De plus, elles sont largement tributaires des processus d'apprentissage, car elles se développent au gré de nos apprentissages : plus on en apprend sur un objet, une personne ou une situation, plus on consolide notre attitude à leur égard.

Il est généralement admis que toutes les attitudes possèdent trois composantes interdépendantes : les composantes cognitive, affective et conative.

1. *La composante cognitive* – L'aspect cognitif d'une attitude englobe les croyances, les connaissances et les opinions d'une personne à propos d'un objet ou d'une classe d'objets. Plus simplement, la composante cognitive fait référence à ce qui a précédé la formation de l'attitude ; elle est influencée par les expériences passées, les amis, la famille, etc. Par exemple, l'attitude que vous entretenez à l'égard de votre programme d'études actuel possède une composante cognitive qui est alimentée par votre opinion sur la qualité de ce programme, sur les possibilités d'emploi liées au diplôme, sur les témoignages de gradués, sur la notoriété des professeurs, etc. En fait, cette composante regroupe toute l'information que vous détenez sur la pertinence de ce programme d'études. On peut la voir comme étant l'aspect rationnel de votre attitude à l'égard de votre programme d'études. Et puisque vous lisez actuellement ce chapitre, il est probable que cette dimension de votre attitude soit favorable !

2. *La composante affective* – Cet aspect fait référence aux émotions, aux sentiments et aux états d'âme face à une personne, une idée, un événement ou un objet. La composante affective, comme toutes les autres d'ailleurs, est issue des apprentissages découlant d'expériences relatives à l'objet attitudinal. Reprenons l'exemple précédent. Avant même de vous inscrire à votre programme d'études, vous entreteniez déjà une bonne quantité d'émotions et de sentiments à l'endroit de ce champ d'études. C'était peut-être de la fierté, de l'appréhension, de l'enthousiasme, de la crainte, de l'espoir. Cette composante affective se voit aujourd'hui confirmée ou modifiée par ce que vous vivez comme étudiant dans ce programme. Parions que la composante affective de votre attitude à l'égard de vos études est davantage meublée d'émotions positives que négatives, puisque vous y êtes toujours inscrit…

3. *La composante conative* – Cette composante est associée aux expériences passées et actuelles relatives à l'objet attitudinal. Il faut savoir que nos comportements habituels à l'égard d'une personne, d'une idée, d'un événement ou d'un objet renforcent nos attitudes. Nos comportements passés sont alors associés à la nature de nos attitudes actuelles et futures. Dans notre exemple, le choix de poursuivre des études supérieures a été partiellement déterminé par vos expériences scolaires passées. Les efforts, les énergies et les sacrifices consentis sont à l'origine de ce choix que vous avez fait. Pourquoi avoir fait tant d'efforts pour tout arrêter ? De plus, tout ce que vous faites chaque jour pour réussir dans votre programme d'études actuel consolide cette attitude. Plus on se comporte positivement, plus l'attitude est favorable à l'égard d'un objet.

Ce qui est particulièrement intéressant dans cette configuration tripartite de l'attitude, c'est que ces composantes peuvent aussi bien être associées aux déterminants qu'aux conséquences de l'attitude, c'est-à-dire aux phénomènes causés par l'attitude. En effet, les sources et les conséquences de l'attitude sont symétriques, car la nature des intrants qui sont à l'origine d'une attitude est la même que celle des extrants, qui sont des indicateurs de l'influence d'une attitude (*voir la figure 4.1*).

C'est ce qui fait que les conséquences d'une attitude peuvent simultanément devenir ses facteurs de croissance ou de consolidation. Ce phénomène d'auto-alimentation, par lequel les conséquences de l'attitude rétroagissent sur cette dernière, contribue à expliquer la stabilité temporelle de l'attitude. De plus, les conséquences peuvent aussi servir de bases au développement d'une attitude voisine. On parle alors d'interalimentation, phénomène qui est à la base de la stabilité du système attitudinal global de l'individu. Dans un esprit de cohérence cognitive, cette deuxième possibilité nous permet d'entrevoir les relations possibles entre deux ou plusieurs attitudes parentes : la satisfaction au travail et la satisfaction dans la vie personnelle[6], par exemple.

Figure 4.1 **Le modèle des sources et des conséquences d'une attitude**

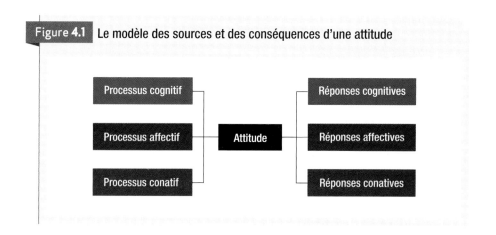

4.1.3 L'incidence des attitudes sur le comportement

Les sociopsychologues affirment que les attitudes sont des prédispositions stables qui guident nos comportements. Les psychologues du comportement, quant à eux, soutiennent que les attitudes sont plus simplement les déclarations verbales de nos comportements, qui sont contrôlées par des stimuli externes et, par conséquent, des apprentissages. Actuellement, la majorité des psychologues s'entendent pour considérer les attitudes comme des prédispositions stables et apprises.

EN PRATIQUE

Pour de saines relations interpersonnelles, cultivez une bonne attitude

Le succès de toutes relations interpersonnelles repose en majeure partie sur l'attitude des protagonistes; l'attitude est définie comme la «manière de se comporter avec les autres». Ainsi, quelle conduite doit adopter le professionnel de la gestion des ressources humaines ou le gestionnaire d'entreprise pour garantir le succès de ses interventions?

Les mécanismes intérieurs

Pour répondre à cette question, il faut se pencher sur les mécanismes intérieurs qui induisent l'attitude. Ces mécanismes intérieurs, soit les émotions, négatives ou positives, suscitées lors d'une interaction, sont les catalyseurs des comportements et de l'attitude. Ainsi, chacun des différents états émotifs module la manière de se comporter. Par exemple, un individu habité par la colère sera enclin à adopter une attitude et des comportements plus ou moins agressifs et violents, et ce, selon l'intensité et la maîtrise qu'il a de ladite émotion. Il en va de même pour toutes les émotions, telles que la frustration, la déception, l'amertume, la vengeance, le ressentiment, la joie, la gratitude, l'affection, etc.

Les émotions négatives, l'attitude menaçante

En définitive, les émotions négatives ne sont jamais de bonnes conseillères en matière de relations interpersonnelles. Elles le sont encore moins dans une situation de conflit ou de lutte de pouvoir

et, encore beaucoup moins dans la gestion des employés, notamment lorsque des mesures disciplinaires doivent être imposées.

Ainsi, si un professionnel de la gestion des ressources humaines ou un gestionnaire d'entreprise fait une intervention sous l'emprise d'une émotion négative, son attitude sera certainement menaçante et il fera probablement preuve d'un manque d'objectivité. Une telle intervention, en situation d'autorité, ne règle rien. De fait, elle aggrave la situation et envenime le climat de travail.

La maîtrise de soi, l'attitude calme

La capacité de gérer ses émotions négatives et de ne pas se laisser envahir par celles-ci produit généralement des résultats extraordinaires. En effet, la maîtrise de soi procure du pouvoir. D'abord sur soi-même et ensuite sur les autres. Une personne calme, en pleine maîtrise d'elle-même, malgré des circonstances tendues, conflictuelles ou dangereuses, est souvent crédible et en position d'influencer son interlocuteur ou son entourage.

L'autorité ne s'affirme pas, elle se pratique

Avant de faire preuve d'autorité sur les autres, il faut d'abord savoir l'exercer sur soi-même. La maîtrise de soi confère une grande autorité. Par exemple, devant un cataclysme ou un drame, si un individu demeure calme, il augmente ses chances de sauver sa propre vie et celle de plusieurs autres autour de lui, et ce, parce qu'il prend de bonnes décisions. Il en va de même au sein d'une organisation. Pour être écouté, crédible, pris au sérieux et avoir de l'autorité et du pouvoir, il est nécessaire de demeurer posé en toutes circonstances.

Que faire si je suis animé par une émotion négative ?

La recette est simple, mais pas toujours facile à appliquer. Pour évacuer une quelconque émotion négative, il est recommandé d'arrêter son travail, de prendre plusieurs respirations lentes et profondes tout en étant concentré sur sa respiration. Et si cela est faisable, on peut faire un tour dehors, toujours en étant bien concentré sur sa respiration. On peut aussi pardonner… et on y verra plus clair.

En conclusion

Dans tous les domaines d'activité, la maîtrise de soi et une attitude calme sont des atouts précieux pour l'entretien de relations interpersonnelles harmonieuses et la réalisation d'interventions de type gagnant/gagnant. Comme professionnel de la gestion des ressources humaines ou gestionnaire d'entreprise, il est bon de donner l'exemple en valorisant et en démontrant ce type d'attitude. C'est l'ensemble de l'organisation qui en sera gagnante.

Source : S. GAUDREAULT, « Pour de saines relations interpersonnelles, cultivez une bonne attitude », *CRHA. Ordre des conseillers en ressources humaines agréés,* 6 octobre 2009, [En ligne], www.portailrh.org/expert/fiche.aspx?p=394766 (Page consultée le 6 décembre 2011)

Cependant, les attitudes constituent un phénomène fort complexe. En effet, face à une même personne, on peut adopter des attitudes différentes, chacune se rapportant à certains aspects de cette personne. Ainsi, on peut faire preuve d'attitudes favorables quant à la manière dont un gestionnaire analyse un problème, gère son personnel et transmet ses ordres, tout en ayant des attitudes plus défavorables quant à la manière dont il anime les réunions, parle à ses collègues ou rédige ses rapports. Lorsque la somme des attitudes partielles est positive, l'attitude d'ensemble sera vraisemblablement favorable, à moins que le poids accordé à une attitude partielle soit suffisamment important pour déterminer l'attitude globale. Un certain degré d'ambivalence peut exister quant aux attitudes face à des objets, à des personnes ou à des situations, mais généralement, cette ambivalence n'entraîne pas d'inertie comportementale.

On ne peut donc affirmer que l'attitude d'une personne est totalement garante de son comportement. Par exemple, on peut bien prétendre que lorsqu'on n'aime pas une personne, on évitera de lui parler ; par contre, s'il s'agit de notre professeur, on lui parlera tout de même. S'il a une prédisposition négative envers le professeur, l'étudiant est-il libre d'agir en conformité avec cette prédisposition ? Dans les faits, c'est l'intention qui demeure le meilleur déterminant du comportement, bien que l'intention comportementale soit partiellement déterminée par la nature des attitudes de la personne. En conséquence, retenons que l'influence de l'attitude sur le comportement est indirecte et qu'elle est soumise à de multiples facteurs. Cela est particulièrement bien illustré par la théorie de l'action raisonnée et du comportement planifié développée par Fishbein et Ajzen[7].

Ce modèle conceptuel (*voir la figure 4.2, page suivante*) permet de comprendre la participation relative des attitudes à la détermination des comportements.

Le modèle de l'action raisonnée et du comportement planifié de Fishbein et Ajzen

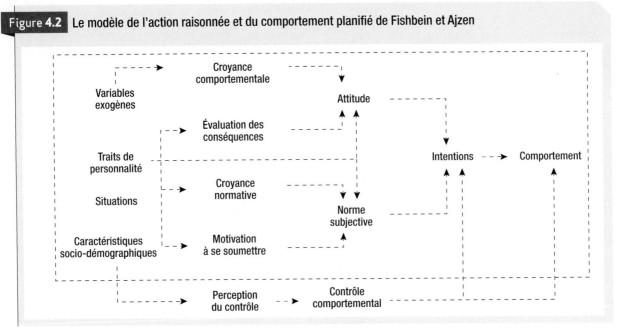

Source : R.J. VALLERAND, *Les fondements de la psychologie sociale*, 2ᵉ édition, Montréal, Québec, Gaétan Morin Éditeur, 2006, p. 287.

Ainsi, selon cette schématisation, c'est l'intention qui est le meilleur corrélat du comportement. La connaissance de l'intention comportementale serait donc le meilleur prédicat de l'action concrète. Par exemple, le facteur le plus efficace pour prédire ma présence à une activité est mon intention d'y participer. Donc, l'incidence des attitudes sur l'adoption d'un comportement serait indirecte, en fonction du façonnement de l'intention de se comporter, et l'attitude serait un des deux facteurs déterminants de l'intention de se comporter, l'autre étant la norme subjective. Alors que l'attitude représente l'aspect individuel du choix comportemental, la norme subjective en représente l'aspect social. Ainsi, pour qu'un individu ait l'intention d'agir, il faut que son attitude soit favorable à l'objet et que, selon lui, il soit socialement souhaitable d'agir ainsi.

Prenons un exemple. Si vous explorez la possibilité d'interrompre vos études et de prendre une année sabbatique pour faire le tour du monde, qu'est-ce qui déterminera votre décision, votre comportement ? En fait, la probabilité que vous partiez en voyage sera directement influencée par votre intention de voyager et cette intention sera principalement façonnée par votre intérêt et votre désir de voyager (attitude) ainsi que par le jugement de votre entourage (norme subjective). Si votre attitude est très positive et que vos proches vous soutiennent dans ce projet, il y a fort à parier qu'une forte intention de se comporter se transformera en un départ imminent. À l'inverse, si votre goût du voyage est mitigé et que le projet ne reçoit pas l'aval de personnes significatives, il est probable que la faiblesse de votre intention ne parvienne pas à motiver un comportement. Si les attitudes et les normes subjectives sont discordantes, alors, tel que l'illustre le modèle, le poids relatif des croyances comportementales/évaluation des conséquences *versus* les croyances normatives/motivation à se soumettre trancheront la question.

Ce modèle de l'action raisonnée est celui qui, actuellement, explique le mieux l'incidence réelle des attitudes dans les choix comportementaux : l'attitude est un facteur essentiel, mais il n'est pas suffisant pour motiver l'adoption d'un comportement. Ce modèle prédictif du comportement bénéficie d'un très bon soutien empirique[8] et il semble qu'il soit un des plus valides pour comprendre les origines de certains comportements[9].

Cela étant dit, et malgré les préceptes du modèle formulé par Fishbein et Ajzen, les caractéristiques intrinsèques de l'attitude pourront aussi modeler l'intention de se comporter et nuancer la probabilité qu'un comportement soit effectivement adopté. En fait, les caractéristiques permettent de mieux circonscrire une attitude particulière et d'en connaître la portée réelle. D'entrée de jeu, les caractéristiques propres à une attitude auront une influence différenciée sur les comportements spécifiques qui en découleront. Quatre caractéristiques permettent de mieux saisir la nature d'une attitude : l'intensité, la spécificité, la centralité et l'accessibilité.

L'intensité L'intensité de l'attitude peut être associée à son degré de polarisation. On sait déjà qu'une attitude est par définition soit positive, soit négative. Chacun de ces pôles évaluatifs peut être estimé en fonction de son intensité. Ainsi, si j'ai une attitude positive envers mon professeur, elle peut être faiblement, moyennement ou très positive. Il en est de même de l'évaluation négative qu'on fait d'une personne, d'une idée, d'un objet ou d'une classe d'objets. Naturellement, plus notre attitude est intense, plus elle influence nos comportements.

La spécificité La spécificité d'une attitude relève de la précision de l'objet attitudinal auquel elle réfère. Plus une attitude est spécifique, plus les probabilités qu'une personne s'y conforme sont élevées. Prenons l'exemple de Marilou et Tammy. Marilou manifeste peu d'intérêt pour les animaux en général, mais si un chien l'approche, il est possible qu'elle se laisse renifler et elle peut même aller jusqu'à le flatter. Tammy, par contre, déteste les chiens, mais les autres animaux ne la dérangent pas. En conséquence, elle a mis au point toute une gamme de comportements qui lui permettent d'éviter tout contact avec un chien. Son attitude est très spécifique, puisqu'elle ne concerne que les chiens, contrairement à Marilou dont l'attitude générale concerne l'ensemble des animaux.

La centralité L'importance relative qu'un individu accorde à une attitude a une influence directe sur l'adoption de certains comportements. En d'autres mots, plus son attitude est centrale, plus son comportement aura tendance à être cohérent avec son attitude. Prenons l'exemple d'un étudiant dont la poursuite des études est liée à l'obtention d'un prêt étudiant et qui entend, à la radio, le ministre de l'Éducation annoncer qu'il veut réduire de moitié les sommes allouées au Programme de prêts et bourses. Ce discours fera certainement naître chez l'étudiant une attitude négative envers ce ministre. De plus, puisque cette compression budgétaire revêt pour lui une grande importance, il adoptera fort probablement un comportement conforme à son attitude en s'abstenant de voter pour le parti que représente ce ministre. Par contre, si ce même ministre annonce qu'il veut réduire la masse salariale du personnel non enseignant des universités, l'étudiant pourra être en désaccord avec l'idée et démontrer une attitude négative envers le ministre, mais il est possible qu'au moment de voter, son comportement ne corresponde pas à cette attitude étant donné que la mesure annoncée n'a pas de conséquence directe pour lui.

L'accessibilité Le temps qui s'écoule entre le moment où l'attitude prend forme et celui où un comportement émerge influence aussi la détermination du comportement par l'attitude en question. Plus ce temps sera court, plus l'attitude sera accessible et plus elle sera indicative du comportement futur. Par exemple, un sondage effectué le 25 septembre 2012 prédira mieux le résultat de l'élection du 30 septembre 2012 qu'un sondage semblable effectué le 25 août 2012.

4.1.4 La modification des attitudes

Comme on est à même de le constater, plusieurs éléments contribuent à la relative stabilité des attitudes dans le temps. Les phénomènes d'interrelations au sein de la toile attitudinale, ainsi que les caractéristiques propres à une attitude particulière, sont les principaux jalons de stabilisation de cet élément central dans nos processus décisionnels. Par sa constance, l'attitude assure l'équilibre ainsi que la continuité dans les actions d'une personne. Néanmoins, il ne faut pas croire que les attitudes sont immuables, puisque, dans les faits, elles évoluent. Ainsi, les nouveaux apprentissages quotidiens influencent assurément notre système attitudinal et favorisent la consolidation ou la remise en question d'attitudes antérieures. Voilà pourquoi, de façon lente et incrémentielle, nos attitudes évoluent et se transforment au gré des informations reçues, des émotions ressenties et des comportements adoptés.

Cependant, force est de reconnaître que plusieurs sont intéressés à voir évoluer nos attitudes plus rapidement. Pensons au gouvernement qui cherche l'appui populaire à une réforme sociale, à l'employeur qui aimerait voir davantage de comportements productifs, à l'entreprise qui veut nous convaincre d'acheter ses produits, au politicien qui désire obtenir notre vote ou encore à l'organisme de charité qui espère récolter le plus de dons possible. Chacune de ces situations renvoie à un effort de restructuration des attitudes dans le but de favoriser l'adoption de certains comportements cibles. Et dans la plupart des cas, on mise sur le processus d'apprentissage afin de déstabiliser et de faire basculer l'attitude vers la direction désirée.

Même si le nombre de stratégies possibles est inimaginable, il demeure que les spécialistes s'entendent pour reconnaître que la communication persuasive est un des meilleurs moyens de modifier une attitude. La persuasion cherchera principalement à influencer une ou plusieurs dimensions de l'attitude (cognitive, affective et conative) en favorisant de nouveaux apprentissages. Cependant, pour réussir une telle opération, il faut que celui qui tente de persuader et celui qu'on tente de persuader répondent, tout comme le message, à certaines conditions.

Tout d'abord, celui qui tente de persuader doit être perçu comme crédible et digne de confiance. Les agences de publicité l'ont compris depuis longtemps, car elles associent souvent un expert à un produit, un dermatologue à une crème pour la peau, par exemple. Le messager, lui, doit être perçu comme relativement désintéressé et présenter des caractéristiques physiques ou psychologiques auxquelles l'auditoire peut s'identifier. La plupart des publicités de bières, de boissons gazeuses ou de gommes à mâcher mettent ainsi en scène des acteurs possédant des caractéristiques se rapprochant de celles de la clientèle visée afin de faciliter l'identification.

Par ailleurs, la personne à persuader sera d'autant plus facilement convaincue que son estime de soi sera faible[10]. Dans ce cas, elle aura peu confiance en elle et sera, de ce fait, plus réceptive aux nouvelles idées qui lui seront présentées. Très souvent, les messages publicitaires créent un lien direct entre l'utilisation du produit annoncé et des sentiments de bien-être, de valorisation ou de confiance en soi. En outre, et malgré cela, plus l'attitude initiale sera intense, plus il sera difficile de la transformer. Enfin, l'état d'esprit dans lequel se trouve la personne la rend plus ou moins perméable à la persuasion : si elle est de bonne humeur, elle sera plus facile à convaincre. On a tous déjà entendu la phrase suivante : « Ce n'est pas le moment d'essayer de le convaincre… »

Le message, quant à lui, ne doit pas prendre un ton menaçant ; le cas échéant, on communique le comportement désiré, mais on risque de cristalliser l'attitude dans la direction opposée. Par exemple, l'adolescent qui range sa chambre uniquement parce qu'on l'a menacé de le priver de son allocation ou d'un quelconque privilège n'adoptera probablement pas une meilleure attitude face à la propreté. Le message sera plus efficace s'il permet de comprendre les aspects positifs de la situation. Dans cet esprit, notons que le message peut amener une modification de l'attitude en fonction d'une intégration réfléchie ou encore par une assimilation machinale, voire automatique. En fait, le modèle de la vraisemblance de l'élaboration cognitive précise que les arguments, les connaissances ou les idées véhiculées par un message peuvent servir d'appui à une attitude périphérique, c'est-à-dire peu importante pour la personne, ou en construction[11]. Alors, le traitement cognitif de l'information sera rapide et superficiel. À l'inverse, lorsque l'information véhiculée par le message se rapporte à une attitude plus centrale pour l'individu, le traitement de son contenu sera plus raisonné et entraînera une modification plus lente et progressive de l'attitude.

Une vente à succès illustre le succès du neuromarketing…

Pour les sociétés de commercialisation du monde entier, notamment celles spécialisées dans le marketing de biens de grande consommation pour lesquelles le conditionnement est un élément déterminant du succès, la question qui se posait a désormais trouvé sa réponse définitive : le neuromarketing peut augmenter les ventes, et de manière très sensible.

Lorsque le magazine *New Scientist* a approché NeuroFocus pour tester trois couvertures différentes pour son édition du mois d'août, la réflexion a permis de cristalliser la question à laquelle les vendeurs du monde entier souhaitaient apporter une réponse : le neuromarketing peut-il effectivement engendrer un réel succès sur le marché mondial ?

«Nous avons travaillé avec NeuroFocus pour sélectionner un type de couverture attrayant pour le *New Scientist*, en faisant appel à leur technologie du neuromarketing», a expliqué Graham Lawton, rédacteur en chef adjoint. «Cette édition du magazine a réalisé de fortes ventes en kiosques au Royaume-Uni, faisant d'elle la deuxième meilleure vente de l'année, ce qui est très inhabituel pour un mois d'août généralement calme. Cela représente une augmentation de 12 % par rapport à la même édition de l'année dernière, et bien supérieure à ce à quoi nous nous attendions pour une édition en cette période de l'année ; nous pouvons donc affirmer en toute certitude que l'expérience a été un succès.»

Appliquant ses mesures encéphaliques basées sur un électroencéphalogramme (EEG) des réponses subconscientes des sujets testés quant aux trois couvertures, NeuroFocus a pu en identifier une comme nettement supérieure en termes d'efficience neurologique générale. Cette couverture a obtenu des résultats exceptionnels en

matière d'engagement émotionnel, l'un des principaux NeuroMetrics de NeuroFocus, les autres étant l'attention et la mémorisation. À partir de ces NeuroMetrics primaires, NeuroFocus dérive des mesures d'intention d'achat, de nouveauté et de sensibilisation.

Cette recherche en neuromarketing constitue une première dans le recours par l'industrie de l'édition à la technologie EEG pour déterminer l'attrait de couvertures de magazine auprès des consommateurs. Ces résultats ont des implications très importantes pour les sociétés travaillant dans de nombreux secteurs, mais particulièrement pour celles pour lesquelles l'efficience de la conception du conditionnement est une composante essentielle du succès sur le marché.

«Plusieurs des sociétés leaders mondiales utilisent déjà nos tests neurologiques et en tirent des résultats immédiats», explique le Dr A.K. Pradeep, président-directeur général de NeuroFocus. «Ce que ces résultats ajoutent pour le *New Scientist* est clair, sans équivoque, et constitue la validation publique par excellence de la science fondamentale qui étaye tout ce que nous faisons chez Neuro-Focus. Nous sommes fiers d'avoir pu aider le *New Scientist* à enregistrer un tel succès, nous apprécions leur confiance dans nos capacités, et nous invitons le reste de l'industrie de l'édition ainsi que d'autres sociétés à adopter cette science de marketing du XXIe siècle pour en tirer des bénéfices.»

Le Dr Pradeep a ajouté que la même technologie de neuromarketing et la même méthodologie que celle appliquée au *New Scientist* étaient mises en oeuvre pour permettre aux sociétés d'obtenir des réponses subconscientes de leurs clients en matière de design de présentation. «La couverture d'un magazine joue le même rôle que l'emballage d'un produit de grande consommation», a-t-il ajouté. «Elle attire l'attention et stimule un engagement émotionnel, essentiel à

⌄

toute intention d'achat. Ce type de succès commercial dans un environnement aussi concurrentiel qu'un kiosque à journaux, a une signification réelle pour les fabricants, les vendeurs et les détaillants. Les tests encéphalo-neurologiques apportent une vision en profondeur du subconscient des clients, là où se prennent les décisions d'essai et d'achat de produit, et là où se forge la fidélité envers une marque. Cette étude montre clairement et de manière univoque ce que nos compétences de neuromarketing peuvent apporter à la caisse. »

Source : PR NEWSWIRE, « Une vente à succès illustre le succès du neuromarketing dans la presse : le New Scientist fait état d'une augmentation de 12 % de ses ventes en kiosques pour son édition présentant une couverture testée par NeuroFocus », *Caducee.net*, 3 septembre 2010, [En ligne], *www.caducee.net/breves/breve.asp?idb=9798&mots=all* (Page consultée le 8 décembre 2011)

4.2 LE PHÉNOMÈNE DE LA SATISFACTION AU TRAVAIL

Jusqu'à maintenant, nous avons vu que les attitudes peuvent influencer le comportement sans pour autant parfaitement le prédire. Nous parlerons ici de l'influence de la satisfaction au travail sur les comportements au travail.

Il semble que la satisfaction au travail soit l'une des plus anciennes thématiques de recherche en psychologie du travail et en comportement organisationnel ; avec le choix de carrière et la motivation, la satisfaction au travail est un des sujets de prédilection des chercheurs dans ce domaine. À preuve, des milliers d'articles et de textes ont été publiés sur le sujet. Une telle popularité n'est évidemment pas le fruit du hasard, puisque le travail constitue vraiment une activité dominante dans la recherche de l'assouvissement des besoins individuels.

Il n'est donc pas étonnant que plusieurs dimensions, tant en aval qu'en amont, du concept de satisfaction au travail aient été scrutées. Qu'il s'agisse de ses causes (caractéristiques du travail, traits de personnalité, indices sociodémographiques, etc.) ou de ses conséquences (rendement, absentéisme, accident du travail, roulement du personnel, etc.), chaque « micro-réalité » de la satisfaction au travail se prête à l'analyse.

4.2.1 Qu'est-ce que la satisfaction au travail ?

Le concept de satisfaction au travail est à peu près aussi vieux que celui de l'attitude. En fait, ce sont les travaux de Hoppock, en 1935[12], qui jetteront les bases de l'étude de cette importante attitude en milieu de travail. Même si la définition de cette notion a grandement évolué au fil des recherches, on s'entend généralement aujourd'hui pour définir la satisfaction au travail comme étant « le sentiment positif que le travailleur éprouve, à divers degrés, à l'égard de son emploi et de son milieu de travail[13] ». Cette attitude revêt une importance cruciale pour les gestionnaires, car il y a lieu de croire qu'un travailleur satisfait adoptera un ensemble de comportements dits productifs, c'est-à-dire qu'il offrira un meilleur rendement au travail, qu'il aura moins l'intention de quitter son emploi et qu'il s'absentera moins fréquemment[14].

En conséquence, les employés qui ressentent une insatisfaction marquée au travail risquent d'éprouver des symptômes physiques ou psychologiques de mal-être professionnel. Cette situation aura alors des effets délétères sur la santé de la main-d'œuvre et aussi, par ricochet, un impact négatif sur la santé de l'organisation. C'est pourquoi le monitorage de la satisfaction au travail est utile aux gestionnaires, car il permet, dans une perspective diagnostique, d'améliorer l'efficacité organisationnelle en déterminant les aspects du travail ou de l'organisation du travail qui mériteraient d'être modifiés, voire améliorés.

La satisfaction au travail peut être évaluée dans son aspect général (satisfaction globale) ou selon des aspects particuliers (satisfaction dimensionnelle)[15]. Dans le second cas, on mesure la satisfaction, par exemple, en fonction de la rémunération, des tâches et des responsabilités, des possibilités de promotion, de la qualité de la supervision et de la qualité des relations avec les collègues. Les mesures dimensionnelles varient grandement quant au nombre de dimensions évaluées, pouvant aller de quelques-unes à près d'une vingtaine. La satisfaction au travail est relativement simple à évaluer. Pour ce faire, on utilise habituellement un des multiples questionnaires préétablis, facilement accessibles et aisés à utiliser (*voir le tableau 4.1*). La connaissance du niveau de satisfaction globale au travail d'une personne permet de prédire, dans une certaine mesure, la teneur des comportements professionnels qu'elle adoptera. Cependant, les indications de satisfaction dimensionnelle au travail offriront, en vertu de leur spécificité, de meilleures prédictions de comportements plus ciblés et concrets au travail.

Tableau 4.1 Exemples d'échelles permettant de mesurer la satisfaction au travail

Échelles globales	*Job in General Scale* (JIG)
	Michigan Organizational Assessment Questionnaire (MOAQ-JSS)
	Job Diagnostic Survey (JDS-JSS)
Échelles dimensionnelles	*Job Descriptive Index* (JDI)
	Job Satisfaction Survey (JSS)
	Minnesota Satisfaction Questionnaire (MSQ)

4.2.2 Les modèles explicatifs de la satisfaction au travail

En raison de l'abondante littérature sur la satisfaction au travail, il serait ambitieux de vouloir rendre compte de l'ensemble des théories et de leurs multiples ramifications. Néanmoins, il est relativement facile de relever les principaux courants de pensée et les auteurs qui y ont contribué. Bien que les nomenclatures divergent, la plupart des auteurs reconnaissent deux grandes tendances conceptuelles : celle qui repose sur la comparaison intrapersonnelle et celle qui s'intéresse davantage à la comparaison interpersonnelle[16].

La comparaison intrapersonnelle

Selon les théories axées sur la comparaison intrapersonnelle, la satisfaction au travail résulte de la concordance entre les standards individuels et les facteurs environnementaux. Les processus comparatifs s'accomplissent de façon autonome, c'est-à-dire sans que soient prises en considération les réalités externes à l'individu. Seule l'adéquation entre ce qui est requis et ce qui est vécu ou accessible est considérée : une bonne adéquation donne lieu à une grande satisfaction et une mauvaise adéquation commande une faible satisfaction.

Cette conception populaire de la satisfaction au travail renvoie plus particulièrement à ce qu'on appelle couramment la « théorie de l'assouvissement des besoins ». Selon cette perspective, l'intensité de la satisfaction ou de l'insatisfaction dépend directement et exclusivement de l'atteinte d'un standard. Les modèles conceptuels de la satisfaction au travail reposant sur la théorie de l'assouvissement posent comme postulat que le standard d'évaluation est fondé sur les besoins, ces derniers découlant directement de la nature psycho-organique de l'être humain. Chaque individu est par conséquent à la merci de besoins qui demandent contentement, qu'ils soient conscients, comme le besoin de nourriture, ou inconscients, comme le besoin de stimulation. Dans cet esprit, c'est l'assouvissement ou les possibilités d'assouvissement des besoins qui crée l'état de satisfaction. Plus concrètement, cette position théorique prévoit que l'assouvissement des besoins dépend des qualités propres à l'environnement de travail, qui conditionnent le degré de satisfaction des travailleurs. Des caractéristiques de l'environnement de travail qui favorisent l'assouvissement d'un maximum de besoins commandent un haut niveau de satisfaction au travail, et vice versa.

Selon une variante de la théorie de l'assouvissement, certains facteurs perceptuels interviennent dans la détermination des standards. Les standards ne sont alors plus stables et objectifs, mais partiellement perméables aux contextes et subjectifs. La théorie de la distanciation soutient ainsi que la satisfaction est fonction de l'évaluation de l'environnement, laquelle dépend de ce que la personne se croit en droit de recevoir ou aimerait recevoir. La théorie de la distanciation illustre un processus de comparaison intrapersonnelle. Dans cette perspective, le standard d'évaluation de base ne se rattache plus aux besoins. Ce sont les valeurs particulières à chaque individu qui constituent le pôle d'évaluation de la qualité de l'environnement de travail, puisqu'elles déterminent ce que la personne désire ou cherche à atteindre. Le concept de valeur diffère du concept de besoin par son caractère privé ainsi que par sa possible souplesse événementielle. Alors que la notion de besoin renvoie à une certaine uniformité interindividuelle et temporelle, les valeurs sont fort variables d'un individu à un autre, du moins dans leur hiérarchisation. Néanmoins, soulignons que les valeurs et les besoins ne sont pas indépendants les uns des autres et qu'on doit les voir comme deux notions parentes.

Naturellement, la satisfaction d'un groupe de travailleurs soumis aux mêmes conditions de travail, on le sait, pourra être largement différente d'un individu à un autre. Cela est principalement attribuable aux besoins ou aux valeurs individuelles ainsi qu'à la perception des possibilités d'assouvissement des besoins proposés par l'environnement de travail. Il y a donc une idiosyncrasie dans le vécu de satisfaction, et cela, malgré une situation contextuelle similaire.

La majorité des modèles explicatifs de la satisfaction au travail empruntent une logique de comparaison intrapersonnelle, particulièrement dans l'optique de l'assouvissement des besoins. C'est le cas, entre autres, du modèle de Hackman et Oldham qui propose la forme la plus connue de l'incidence des caractéristiques de l'emploi sur diverses variables, dont la satisfaction au travail[17] (*voir la figure 4.3*). Selon ces auteurs, cinq propriétés de l'emploi sont à même de générer les états psychologiques qui sont à l'origine de la satisfaction au travail : la variété des compétences, l'identité au travail, la signification du travail, l'autonomie et la rétroaction sont les caractéristiques essentielles desquelles découle l'évaluation de la qualité de l'environnement de travail. Ces caractéristiques seront à même de donner un sens au travail, un sentiment de responsabilité ainsi qu'une connaissance des résultats qui alimenteront directement le niveau de satisfaction du travailleur. Afin d'illustrer les relations entre les variables du modèle, Hackman et Oldham[18] formulent que la satisfaction sera égale à :

[(Variété + Identité + Signification) x Autonomie x Rétroaction]

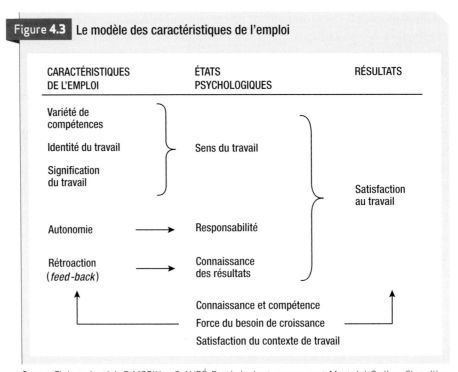

Figure **4.3** Le modèle des caractéristiques de l'emploi

Source : Tiré et adapté de E. MORIN et C. AUBÉ, *Psychologie et management*, Montréal, Québec, Chenelière Éducation, 2006, p. 12.

EN PRATIQUE

« Bonjour ! Est-ce que je peux vous aider ? » : comment désamorcer une crise au téléphone

Quelles attitudes le personnel devrait-il adopter lorsqu'il est aux prises avec un client agressif au téléphone ?

Lors d'un entretien téléphonique, il faut porter une attention particulière à la manière dont les mots sont diffusés : le ton, le volume et le rythme en particulier. Reconnaître les émotions que vit le client peut ainsi aider à adopter les attitudes appropriées, évitant du même coup une escalade possible.

Notre attitude peut avoir un impact sur l'attitude propre du client. Par exemple, garder un ton de voix calme et un débit posé peut influencer le client à baisser le ton et à se calmer. Si, par contre, le volume élevé de la voix du client nous fait réagir en élevant nous-mêmes la voix, il risque d'y avoir une escalade, avec les conséquences négatives que cela peut comporter.

1. **Soyez attentif aux signes de tension, tentez de décoder les émotions**

   Un client qui semble inquiet, anxieux, stressé ou qui se pose des questions a besoin d'être rassuré. Faire fi de ses besoins risque de faire « monter la pression ». Il faut donc répondre le mieux possible à ses interrogations et surtout bien l'écouter. Il faut lui faire sentir, par les mots que l'on emploie et par la manière de les transmettre, que l'on s'intéresse à lui, à ses attentes et à ses émotions.

2. **Évitez toute provocation, écoutez et laissez parler le client**

   Lorsque le client monte le ton, qu'il écoute de moins en moins et parle de plus en plus, qu'il exprime son mécontentement, il ne sert à rien de tenter de lui parler, il ne vous écoute plus. Tant qu'il ne s'attaque pas à vous, laissez-le aller ! Cette tolérance peut faciliter le retour à un état plus « normal », puisque l'expression des sentiments a été autorisée. Interdire au client d'extérioriser ses émotions risque de l'amener à faire exprimer les émotions qu'il refoule par des menaces ou de l'intimidation verbale ou encore en indiquant qu'il « passera à l'acte si... ».

3. **Adoptez une attitude directive**

   Le client ne pourra pas tenir le rythme éternellement et il finira par cesser ce comportement. Il faut alors fixer des limites quant aux attitudes et aux propos employés que l'on juge inacceptables. Idéalement, les limites que l'on fixe devraient être formulées d'une manière positive plutôt que négative. En ce sens, il est plus efficace de nommer le comportement que l'on souhaite voir adopter par le client plutôt que d'indiquer celui que l'on juge inapproprié. Par exemple, lui demander de parler plus calmement est généralement une formulation plus gagnante que de lui demander de ne pas crier.

4. **Si le client n'obtempère pas, raccrochez !**

   Laisser le client exprimer ses émotions ne doit tout de même pas être trop long ! Il faut nécessairement qu'il reprenne la maîtrise de ses émotions. Il ne faut donc pas hésiter à mettre fin à la conversation lorsque vous constatez qu'il ne veut pas suivre les limites que vous avez préalablement fixées. Autrement dit, après un certain temps que dure ce « monologue », il faut raccrocher le combiné, après en avoir préalablement avisé l'interlocuteur.

5. **Si des menaces ou des injures ont été faites, demandez de répéter et notez les termes exacts**

   Lorsque les attaques du client portent sur vous, il est important de rapporter les termes exacts utilisés par le client au moment de déclarer l'événement. N'hésitez pas à rappeler vos limites. Encore une fois, si le client n'obtempère pas, raccrochez.

≫

6. **Rapportez immédiatement l'événement à votre supérieur**

Il sera alors possible pour le gestionnaire de mettre en place des mesures afin d'éviter que le client ne renouvelle ce comportement ou ne passe à l'action.

Discuter au téléphone avec une personne fâchée, agressive et qui en veut «au système» n'est certes pas facile. Être en colère ou frustré contre une situation peut se comprendre, mais il ne faut pas accepter que ces émotions se traduisent par des manifestations de violence. Donc, n'hésitez pas à mettre fin à la conversation.

Source: «Bonjour! Est-ce que je peux vous aider? Quelle est l'attitude à adopter», *Association paritaire pour la santé et la sécurité du travail, secteur Administration provinciale*, 2011, [En ligne], www.apssap.qc.ca (Page consultée le 3 avril 2012)

La comparaison interpersonnelle

Les théories du processus de comparaison interpersonnelle voient, pour leur part, l'évaluation de la satisfaction au travail s'effectuer à l'intérieur de paramètres définis par un système social. Ces théories postulent que l'évaluation de la satisfaction ne dépend pas uniquement d'une appréciation intrapersonnelle autonome, mais aussi du niveau de satisfaction observé chez des personnes de notre entourage.

Il s'agit en fait de reconnaître, dans l'évaluation de l'état de satisfaction, l'influence du groupe. La satisfaction éprouvée par les individus constituant ce qu'on appelle communément le «groupe de référence» influence en effet l'évaluation qu'un individu fera de son propre niveau de satisfaction. La théorie du groupe de référence pose donc comme postulat que la satisfaction au travail d'un individu est le reflet de celle qu'éprouve son groupe, un peu comme si elle était contagieuse. Le groupe de référence est habituellement composé de personnes dont les caractéristiques sont semblables (sexe, âge, état civil) et il a comme fonction de confirmer le bien-fondé des sentiments ou des états vécus individuellement. Ce groupe agit ainsi comme ancre de soutien évaluatif. Dans ce modèle, les critères de comparaison issus du groupe sont intériorisés. L'exemple le plus connu de ces critères de comparaison interpersonnelle est le concept d'équité (*voir la théorie d'Adams au chapitre 3*); chaque individu, pour reconnaître sa satisfaction au travail, définit un standard à la lumière duquel il porte un jugement sur l'équité de la rétribution qu'il reçoit en échange de son travail. Façonnées par ce qu'on désigne comme le contrat psychologique, les attentes de l'employé sont pondérées par les situations que vivent ses collègues de travail ou les opinions qu'ils expriment librement. Ainsi, effectuant une appréciation intersubjective selon un ratio efforts-récompenses, chaque travailleur se compare aux autres et éprouve par la suite un sentiment relatif de satisfaction ou d'insatisfaction. Dans cette perspective, le niveau de satisfaction ressenti dépend autant du résultat de l'examen de l'équité organisationnelle que de la conformité avec certains critères.

Outre l'équité, d'autres normes interpersonnelles peuvent aussi servir de critères comparatifs en contexte de travail. On n'a qu'à penser aux stimulations (par exemple, les possibilités d'accomplissement personnel, de développement et d'autonomie) qu'offre un emploi ou encore au prestige social lié à un poste. Cependant, peu importe le ou les critères retenus, il demeure que la satisfaction au travail peut être déterminée par des variables extérieures à l'individu et régie par des jugements de comparaison sociale. Ce modèle de satisfaction au travail fait donc appel aux connaissances issues des théories relatives aux jugements humains, telles la théorie de la déprivation relative, la théorie de la comparaison sociale, la théorie du niveau d'adaptation et la théorie du niveau d'aspiration.

Somme toute, bien que les modèles intrapersonnel et interpersonnel s'inscrivent tous deux dans une logique comparative, la source des standards d'évaluation diffère. Alors que les standards sont individuels dans le modèle intrapersonnel, ils sont davantage sociaux dans la version interpersonnelle des processus de comparaison.

PERSPECTIVE INTERNATIONALE

Les Européens sont-ils satisfaits au travail?

Malgré le stress grandissant et les délais de plus en plus serrés, les Européens se sentent bien au travail. C'est du moins ce que révèle la cinquième enquête européenne sur les conditions de travail réalisée par la Fondation européenne pour l'amélioration des conditions de vie et de travail de Dublin, qui résume les propos recueillis auprès de 30 000 travailleurs issus des 27 pays membres de l'Union. 82 % des travailleurs interrogés se disent satisfaits de leurs conditions de travail.

Au palmarès des plus satisfaits se trouvent le Danemark (94,9 %), le Royaume-Uni (92,6 %) et les Pays-Bas (92,2 %) tandis que plus de 35 % des Grecs ne sont pas satisfaits des conditions dans lesquelles ils travaillent.

Source: « Conditions de travail: les Européens sont-ils satisfaits? », *Toute l'Europe.eu*, 31 août 2010, [En ligne], www.touteleurope.eu/fr/actions/social/emploi-protection-sociale/presentation/comparatif-la-satisfaction-au-travail.html (Page consultée le 15 décembre 2011)

4.2.3 Les déterminants de la satisfaction au travail

Une multitude de variables ont été isolées et désignées comme déterminants potentiels de la satisfaction au travail. De façon générale, on peut diviser ces variables en deux catégories: celles qui sont directement liées aux caractéristiques personnelles des travailleurs et celles qui appartiennent en propre à l'environnement organisationnel/professionnel[19]. La première catégorie est principalement constituée d'éléments biographiques (âge, sexe, état civil, etc.), d'éléments psychologiques (traits de personnalité, professionnalisme, valeurs, etc.) et d'éléments relatifs aux qualités personnelles (niveau de productivité, salaire, rang hiérarchique, etc.). Cette catégorie de variables, qu'on qualifie d'individuelles, est de loin celle qui a suscité le plus l'intérêt des chercheurs.

La seconde catégorie de variables, les variables organisationnelles, regroupe les caractéristiques propres à l'environnement de travail ou sur lesquelles l'organisation exerce, souvent par sa gestion, une certaine influence (par exemple, la culture organisationnelle, le style de gestion, la syndicalisation). Ces indicateurs ont surtout une portée macroscopique, en ce sens qu'ils influent sur la satisfaction au travail de l'ensemble des personnes travaillant dans une organisation ou occupant des fonctions similaires. Ces variables interviennent donc de façon beaucoup plus généralisée dans le niveau de satisfaction au travail. Elles sont en quelque sorte les dénominateurs communs sur lesquels s'effectuent les fluctuations issues des variables individuelles.

Un grand nombre de variables ont été étudiées, et il serait long et fastidieux de toutes les énumérer. Nous nous limiterons donc à discuter des principales variables dans chacune de ces catégories.

Les antécédents personnels

Parmi les multiples antécédents personnels abordés dans les ouvrages sur le sujet, deux méritent une attention particulière : les caractéristiques sociobiographiques et les diverses déclinaisons de la personnalité.

Les caractéristiques sociobiographiques Même si ces variables sont celles qu'on a le plus étudiées en lien avec la satisfaction au travail, la relation entre plusieurs caractéristiques sociobiographiques et la satisfaction demeure encore fort incertaine, voire intrigante. C'est particulièrement le cas en ce qui concerne l'âge, le sexe et la scolarisation. Ainsi, l'âge entretiendrait tantôt une relation curvilinéaire (en forme de U), tantôt une relation linéaire avec la satisfaction au travail. Donc, la satisfaction serait parfois plus élevée chez les jeunes et chez les travailleurs plus expérimentés, alors qu'en d'autres occasions, ce sont exclusivement les employés les plus anciens qui affichent une satisfaction nettement supérieure à leurs collègues. Cette ambiguïté persiste quant à l'effet du sexe et du niveau de scolarisation. Ainsi, certaines études montrent que ce sont les hommes qui sont le plus satisfaits, alors que d'autres révèlent que ce sont les femmes. Le même phénomène s'observe en comparant les individus plus ou moins instruits. Notons, néanmoins, que les récentes études tendent à confirmer que les travailleurs les plus scolarisés, qui ont en général de meilleures conditions de travail et une meilleure adéquation personne-occupation [20], seraient légèrement plus satisfaits au travail. Enfin, précisons que certaines études ont aussi exploré d'autres caractéristiques personnelles comme l'ancienneté, l'origine ethnique et l'état civil, mais que, généralement, les résultats sont peu probants et fort inconstants d'une recherche à une autre [21].

La personnalité La personnalité est un indicateur qu'on disait très prometteur dans l'explication de la satisfaction au travail. On s'est donc beaucoup intéressé à cette variable et plusieurs études, suivant des perspectives diverses, ont tenté d'évaluer les qualités de cette variable en vue de comprendre la satisfaction au travail. Force est de constater que les espoirs dépassaient la réalité. Ainsi, bien que la personnalité soit un facteur déterminant de la satisfaction, il n'en demeure pas moins que son influence est modeste et qu'elle explique au plus 5 % de la variation de la satisfaction au travail[22]. En fait, seuls les traits de personnalité liés à l'affectivité négative et au locus de contrôle seraient directement associés à la satisfaction au travail. Cependant, les plus récentes études se rabattent sur les facteurs de la personnalité (*big five*) comme sources de satisfaction au travail. Dès lors, des résultants plus encourageants sont rapportés, particulièrement en ce qui concerne les facteurs d'extraversion et de névrosisme. En ce sens, certaines méta-analyses affirment que les facteurs de personnalité peuvent, quant à eux, expliquer entre 15 % et 30 % de la variance de la satisfaction au travail[23]. De variable marginale, la personnalité, dans sa perspective factorielle, devient un élément non négligeable de l'origine de la satisfaction. Bref, les personnes extraverties seraient plus satisfaites au travail que les personnes introverties. En ce qui concerne le névrosisme, la stabilité émotionnelle aurait un effet positif sur la satisfaction au travail, alors que l'instabilité déterminerait davantage un état d'insatisfaction.

Les antécédents organisationnels

Les antécédents organisationnels ont eux aussi été grandement investigués afin de mieux comprendre la satisfaction au travail. Encore une fois, plusieurs catégories de variables ont été examinées, dont les caractéristiques du travail, l'incidence de la syndicalisation et l'influence des autres attitudes au travail.

Les caractéristiques du travail Il est logique de considérer que le niveau de satisfaction d'un travailleur est directement tributaire de la façon dont il perçoit et évalue les caractéristiques de son environnement de travail[24]. Au nombre des multiples variables organisationnelles ayant une incidence sur la satisfaction, mentionnons la reconnaissance, le support social, le climat de travail, la complexité de l'emploi, la justice procédurale, le stress lié au travail, l'esprit d'équipe et l'horaire de travail. Il semble néanmoins que les conditions intrinsèques de travail, c'est-à-dire celles qui sont directement liées au contenu de l'emploi, contribuent plus à la satisfaction que celles pouvant être associées au contexte de travail (facteurs extrinsèques)[25].

Plus particulièrement, force est de considérer l'apport de l'équilibre travail-famille à la satisfaction au travail. Sujet populaire en psychologie du travail et des organisations, cet équilibre n'est pas sans conséquence sur l'évaluation de l'environnement de travail. On constate que les conflits entre la vie professionnelle et personnelle sont à même de miner significativement la satisfaction des employés[26]. Il importe cependant de recentrer le débat dans la perspective plus large de l'adéquation entre la personne et son occupation et entre la personne et son organisation. Dans un cas comme dans l'autre, l'adéquation entre ce qui est recherché par la personne et ce qui lui est offert dans son environnement de travail constitue un puissant déterminant de sa satisfaction. Du moins, ce sont les constatations auxquelles sont arrivées diverses études s'étant intéressées à l'une et l'autre de ces adéquations[27].

EN PRATIQUE

Marmots, boulot, dodo… Conjoint, parent, aidant…

La réalité des familles québécoises a beaucoup changé : le tissu social est constitué de familles monoparentales et biparentales ; les salariés ne se définissent plus strictement par le travail, ce sont des conjoints, des parents, des proches aidants ou encore des individus en quête d'équilibre entre leurs obligations professionnelles et familiales.

Le travail aussi a beaucoup changé : exigences élevées, tâches multiples, charges de travail fastidieuses, échéances contraignantes, horaires atypiques et rythme de travail effréné. Pour affronter les responsabilités et obligations qui incombent aux familles d'aujourd'hui, les salariés ont besoin de plus de temps de qualité.

Selon une étude de Statistique Canada (2007), « le temps consacré au travail rémunéré, au cours d'une journée type, a considérablement augmenté ». Cette augmentation, jumelée au nombre grandissant de ménages où les deux conjoints travaillent et à une hausse des familles monoparentales, nous mène à un déséquilibre croissant entre les obligations personnelles/familiales et le travail. Plus on passe de temps au travail, moins il en reste pour la famille : soins aux enfants, éducation et devoirs, travaux domestiques, rendez-vous de santé, temps pour le couple ou pour s'occuper de parents malades.

Dès lors, la conciliation travail-famille n'est plus perçue comme une option, mais comme un impératif et une stratégie pour faire progresser l'organisation. Alors, comment les entreprises doivent-elles s'y prendre pour implanter un programme de conciliation travail-famille et quels en sont les avantages ?

1. Diagnostic

Avant tout, il faut qu'il y ait une volonté claire et forte de la part du sommet de l'organisation pour que la démarche soit réussie. Cela fait, dressez un éventail des pratiques de gestion et de ressources humaines actuellement présentes dans l'entreprise. Vous devez également, en consultant les employés, recueillir le maximum d'information sur leurs responsabilités professionnelles et familiales et sur ce qu'ils attendent de l'organisation, à court, moyen et long terme. Soyez à l'écoute ! Cette étape permet également de sensibiliser les employés.

Faites-vous accompagner d'un représentant d'une firme-conseil spécialisée afin d'augmenter vos chances de succès et d'atteindre vos objectifs.

2. Implantation

Élaborez ensuite un plan d'action et des mesures personnalisées à l'organisation et aux travailleurs. Une communication fréquente, ouverte et transparente est un gage de réussite à cette étape. La cohérence entre le discours et les actions sera aussi prioritaire. Cette étape est le moment de mobiliser les employés autour de la démarche, en vue d'accroître leur adhésion, qui est une autre condition de succès.

Certains facteurs organisationnels influenceront l'efficacité de votre démarche et des mesures mises en place : une culture d'entreprise qui appuie l'équilibre travail-famille ainsi que le sentiment que la direction, les superviseurs et les collègues vous soutiennent.

Une fois votre programme implanté, parlez de votre réussite dans votre milieu et à vos collaborateurs par l'entremise de concours et des médias sociaux, par l'affichage de postes, etc.

3. Suivi

Aucun programme ne vit de lui-même. Pour qu'il demeure en tout temps dynamique, autorisez-vous quelques ajustements et rétroactions : testez les effets à moyen et à long terme ; vérifiez l'adéquation entre les besoins et les mesures proposées ; mettez en place des indicateurs de rendement du capital investi des pratiques de conciliation travail-famille comme la satisfaction des employés, le taux d'absentéisme, etc.

Enfin, nommez une personne responsable du projet et mettez sur pied un comité « conciliation travail-famille » pour assurer le suivi requis et réaligner au besoin.

Exemples de pratiques

AMÉNAGEMENT DU TEMPS DE TRAVAIL	CONGÉS ET AVANTAGES SOCIAUX	SERVICES AUX EMPLOYÉS*
Accumulation d'heures pour usage futur/Heures annualisées	Congés payés pour assumer certaines responsabilités parentales/familiales	Programme d'aide aux employés (PAE)
Semaine de travail comprimée	Remboursement de frais relatifs aux études	Journée de la famille
Télétravail/travail à domicile	Remboursement de frais relatifs à des activités ou à des centres sportifs	Services alimentaires
Réduction volontaire du travail	Banque de congés mobiles	Services à domicile
Horaire flexible	Soutien domestique	Transport

*L'organisme à but non lucratif Commodus (http://www.commodus.ca) propose aux employeurs une gamme de services clés en main destinés aux salariés.

Avantages

POUR LES EMPLOYÉS	POUR L'ENTREPRISE
Amélioration de la qualité de vie	Projection d'une meilleure image auprès des clients et chercheurs d'emploi
Amélioration de la satisfaction au travail	Diminution des coûts liés à l'absentéisme
Gain d'énergie, de créativité et plus grande capacité à faire face au stress	Diminution du temps consacré aux tâches personnelles durant les heures de travail
Meilleur équilibre travail-famille et travail-vie personnelle	Amélioration du rendement, de la productivité et du climat de travail
Plus grande flexibilité	Capacité d'attirer et de retenir les meilleurs candidats/employés

Défis et enjeux

Puisque la qualité de vie et la satisfaction au travail revêtent une importance de plus en plus grande pour les travailleurs, au point d'être un critère dans leur décision de joindre ou de quitter une organisation, les entreprises ont intérêt à se préoccuper de la conciliation travail-famille. Puisque la main-d'œuvre qualifiée s'annonce de plus en plus rare dans le contexte du vieillissement de la population, les entreprises doivent maintenant adapter l'organisation du travail aux nouvelles réalités familiales, afin de demeurer concurrentielles sur le marché de l'emploi.

Enfin, le gouvernement du Québec a pris conscience de l'importance du phénomène et a instauré certaines mesures. La plus marquante consiste à offrir aux organisations un soutien financier (pouvant atteindre 10 000 $ par entreprise) afin d'améliorer la qualité de vie des employés sans mettre de côté les besoins de l'entreprise.

Source : Tiré et adapté de R. LACHANCE, « Marmots, boulot, dodo… Conjoint, parent, aidant… », *Jeune chambre de commerce de Québec*, [En ligne], www.jccq.qc.ca/Articles/Chroniques-daffaires/Conciliation-travail-famille.aspx (Page consultée le 18 mars 2012)

Somme toute, il est fondé de considérer que ce que le travailleur vit à son travail est une des origines dominantes de son niveau de satisfaction et que, pour cette raison, l'organisation, par les conditions de travail qu'elle met en place, est un joueur central dans le niveau de satisfaction au travail de ses employés.

La syndicalisation Les premières études s'étant intéressées à l'effet de la syndicalisation sur la satisfaction au travail ont conclu presque unanimement que les travailleurs syndiqués étaient moins satisfaits. Cependant, plus récemment, d'autres études ont laissé entendre que la satisfaction au travail des employés syndiqués est supérieure à celle de ceux qui ne le sont pas. Bien que cette relation soit plus évidente pour certaines dimensions de la satisfaction au travail, particulièrement la dimension salariale, il reste que la satisfaction globale au travail est influencée positivement par la syndicalisation. Ces résultats remettent en question le «paradoxe de l'effet de la syndicalisation» selon lequel, comme le démontraient les études précédentes, les syndiqués exprimeraient une plus faible satisfaction, mais manifesteraient aussi, parallèlement, une plus faible tendance à quitter leur emploi. Quoi qu'il en soit, l'hypothèse la plus couramment admise désormais est que la syndicalisation contribue à l'accroissement de la satisfaction au travail et à l'attachement des syndiqués à leur emploi. Néanmoins, d'autres auteurs constatent une absence de relation ou une influence minime de la syndicalisation sur la satisfaction et soulignent, de ce fait, l'effet marginal de la représentation syndicale sur la satisfaction au travail.

Les autres attitudes D'autres attitudes ont été spécifiquement étudiées, ainsi que ce qu'on pourrait qualifier de corolaires attitudinaux. En tête de liste : l'engagement organisationnel et la satisfaction dans la vie. Il semble évident que ces deux attitudes parentes ont la capacité de déterminer la satisfaction au travail. Notons cependant que, dans un cas comme dans l'autre, la direction de la relation de ces variables avec la satisfaction demeure un sujet de débat. La causalité pouvant être bidirectionnelle, plusieurs considèrent simplement que ces variables sont des corrélats l'une de l'autre. Cela étant dit, des liens significatifs existent entre l'engagement organisationnel et la satisfaction, ainsi qu'avec la satisfaction dans la vie [28]. Plus particulièrement, l'hypothèse de la relation d'entraînement est celle qui domine actuellement l'explication de ces interactions. Ainsi, dans une logique d'interalimentation, il est possible de considérer les liens entre ces attitudes qui s'influencent réciproquement en fonction des réponses qu'elles génèrent. En ce sens, dans une recherche d'intégrité cognitive, les individus auraient tendance à niveler leurs niveaux attitudinaux lorsqu'ils sont regroupés dans une sphère commune de vie. Cela pourrait justifier des seuils de satisfaction au travail et d'engagement organisationnel similaires.

On le voit bien, une grande variété de déterminants de la satisfaction au travail ont jusqu'à maintenant été reconnus. Cependant, il demeure que les résultats sont souvent contradictoires et qu'il est encore difficile d'établir avec précision un ensemble de variables dominantes. Néanmoins, en fonction du principe de la prépondérance de la preuve, il se dégage actuellement certaines tendances permettant de percevoir la nature des principaux éléments en jeu. Sans être complète, l'information amassée jusqu'à maintenant permet assurément aux entreprises et à leurs gestionnaires de développer des stratégies efficaces afin de soutenir ou d'améliorer la satisfaction au travail de leurs employés.

4.2.4 Les répercussions de la satisfaction au travail

En ce qui concerne les conséquences de la satisfaction au travail, plusieurs éléments retiennent l'attention. En effet, au-delà du rendement brut, plusieurs autres conséquences peuvent être considérées comme des indices du rendement indirect. Dans le but de comprendre leur dynamique interrelationnelle, on a étudié plusieurs thèmes en les associant à la satisfaction au travail, par exemple l'absentéisme, le roulement du personnel, les accidents du travail et d'autres comportements contre-productifs. Nous aborderons dans cette section trois des répercussions les plus saillantes de la satisfaction au travail, soit la performance, l'absentéisme et le roulement du personnel.

La performance

L'intérêt scientifique pour la satisfaction au travail a été de tout temps indissociable de l'étude de la performance ou de la productivité des travailleurs. Certains vont jusqu'à affirmer que cette relation représente le *Saint Graal* de la psychologie du travail et du comportement organisationnel [29]. Avec l'émergence de l'école des relations humaines, plusieurs ont mis leurs espoirs dans le concept de satisfaction afin de comprendre les origines de la performance au travail. Cependant, bien qu'elle paraisse *a priori* logique, la réelle relation entre la satisfaction au travail et le rendement s'est révélée limitée, et ce, dans une multitude d'études sur la question.

Force est d'admettre que la relation satisfaction-performance est moins évidente qu'on le présageait. Il faut comprendre que la notion de performance est très complexe, en plus d'être influencée par plusieurs déterminants de nature hétérogène tels les habiletés, les compétences, la motivation et le stress. Dans les faits, bien que la satisfaction ait une incidence significative sur le rendement, cette variable expliquerait au plus 10 % de la fluctuation de la performance [30].

Il s'ensuit que certains auteurs doutent du bien-fondé de l'hypothèse selon laquelle la satisfaction égale le rendement et proposent l'hypothèse inverse : le rendement d'un individu serait une condition de sa satisfaction au travail. Autrement dit, selon une logique causale, le rendement précéderait la satisfaction et agirait comme facteur déterminant de celle-ci. Le système de récompenses organisationnelles aidant, l'individu réussirait mieux à répondre à ses besoins et valeurs et serait donc plus satisfait lorsque son rendement est élevé que dans le cas contraire. Mais, qu'elle aille dans un sens ou dans l'autre, la relation entre la satisfaction au travail et le rendement demeure nébuleuse. Bien que l'hypothèse « rendement = satisfaction » ait eu droit à une plus grande attention récemment et qu'elle semble fondée, il convient de reconnaître que la question de la relation entre la satisfaction et le **rendement au travail** demeure encore controversée.

Il faut néanmoins reconnaître que le niveau de satisfaction d'un employé n'est pas totalement étranger à sa performance au travail. En ce sens, et malgré tout, l'hypothèse voulant que l'employé heureux soit plus performant est fragile, mais demeure probable.

rendement au travail
Production ou résultat du travail réalisé par un employé.

L'absentéisme

Il est tout naturel de penser que la satisfaction au travail est étroitement liée à l'assiduité des travailleurs. Il est raisonnable de croire que les employés satisfaits de leur travail auront moins tendance à s'absenter que ceux qui ne trouvent pas de satisfaction dans leur environnement professionnel. Cependant, la réalité empirique ne permet pas de soutenir une telle affirmation. En effet, plusieurs études démontrent que la corrélation entre la satisfaction au travail et l'absentéisme demeure relativement faible[31].

Dans les faits, les études sur le sujet montrent que l'influence de la satisfaction sur l'absentéisme serait au mieux comparable à celle qu'elle exerce sur la performance. De façon générale, il faut donc considérer que la satisfaction n'est pas un déterminant majeur de l'absentéisme au travail[32]. Cela étant dit, il faut reconnaître que la portée de la satisfaction se limite strictement à ce qu'on peut qualifier d'absentéisme volontaire. En effet, on comprendra que lorsqu'un problème de santé limite réellement la capacité du travailleur à se rendre au travail (absentéisme involontaire), le choix comportemental de ce dernier est totalement indépendant de son niveau de satisfaction, celle-ci n'ayant une influence que sur la volonté et non sur la capacité.

Dans cette optique, il y a lieu de considérer qu'il ne faut pas sous-estimer le rôle de la satisfaction dans le manque d'assiduité au travail, car la fragilité des résultats auxquels arrivent les études tient probablement davantage de circonstances d'ordre méthodologique que réelle.

Le roulement du personnel

La notion de satisfaction au travail est incontournable lorsqu'on s'intéresse au roulement du personnel. En témoigne le fait que la majorité des modèles explicatifs du roulement du personnel font appel au concept de satisfaction afin d'évaluer la propension à quitter l'organisation. Ainsi, le niveau de satisfaction au travail joue un rôle déterminant dans la décision de quitter son emploi.

ancienneté
Nombre d'années de service d'un travailleur au sein d'une organisation.

De toutes les variables étudiées, le roulement du personnel est assurément celle qui peut trouver dans la satisfaction au travail le meilleur indicateur prévisionnel. Bien que certaines dimensions de la satisfaction comme le salaire, les possibilités de promotion et le style de supervision aient une incidence accrue sur la démission, il demeure que la satisfaction globale est aussi fortement corrélée au roulement. Néanmoins, malgré ce qui précède, la satisfaction, ou plutôt l'insatisfaction, au travail n'est qu'un des déterminants du départ de l'organisation. Dans une moindre mesure, l'intention de démissionner, l'existence d'emplois substitutifs, l'**ancienneté**, le comportement de recherche d'emploi, les dispositions affectives, entre autres, sont autant d'indicateurs permettant de prévoir le roulement du personnel. En ce sens, certains auteurs affirment que l'influence de la satisfaction au travail sur le roulement du personnel est plus forte lorsque le contexte économique lui est favorable. Cette affirmation renvoie directement à la complexité de la dynamique du roulement du personnel, et ce, malgré l'influence marquante de la satisfaction au travail.

De toute évidence, le roulement du personnel est le phénomène le plus étroitement lié à la satisfaction au travail. Cette conséquence de la satisfaction fait l'unanimité, ce qui est exceptionnel considérant l'ambiguïté relative de la plupart des variables mises en relation avec la satisfaction au travail. De plus, l'importance de la relation entre la satisfaction au travail et l'intention de quitter son emploi est incontestablement un élément essentiel justifiant l'intérêt contemporain pour l'étude de la satisfaction en milieu de travail[33].

On peut le constater, beaucoup d'indicateurs ont été explorés afin de comprendre les sources et les répercussions potentielles de la satisfaction au travail. Malgré la quantité impressionnante d'études, peu de certitudes en ressortent. En somme, la thématique de la satisfaction au travail offre un très large éventail d'applications et d'extrapolations pratiques. Cette ouverture n'est pas sans entraîner certains imbroglios, tant dans l'élaboration du concept que dans la définition de ses tenants et aboutissants. Cependant, la croissance de l'intérêt pour le bien-être des travailleurs, ainsi que ses répercussions sur la pérennité des organisations, militent sans conteste pour une meilleure utilisation de ces connaissances en contexte organisationnel. Le gestionnaire qui saura satisfaire ses employés aura, sur plusieurs plans, un avantage compétitif indéniable sur ses concurrents.

4.3 L'ENGAGEMENT ORGANISATIONNEL

Lorsqu'on s'intéresse aux attitudes au travail, et après avoir discuté de la satisfaction, il est incontournable d'aborder la notion d'engagement organisationnel. Bien que, parmi les préoccupations des gestionnaires, l'engagement organisationnel soit plus récent que la satisfaction au travail, il y occupe aujourd'hui une place de choix. En fait, il semble que cette attitude est centrale dans l'adoption de divers comportements par les travailleurs, dont celui de choisir de demeurer en poste. Dans le contexte sociodémographique actuel, qui prévoit une pénurie importante de main-d'œuvre, on comprendra aisément l'importance du facteur d'engagement dans les stratégies de rétention et de développement du personnel préconisé par les entreprises. En ce sens, le concept d'engagement organisationnel est très prometteur dans le domaine de la psychologie du travail et du comportement organisationnel[34].

4.3.1 Les définitions et les types d'engagement organisationnel

Initialement, Porter et ses collègues[35] définissaient l'**engagement organisationnel** comme «l'intensité de l'attachement et de l'identification d'un individu envers son organisation». Cette forme d'engagement, auquel on réfère comme étant de nature affective, est présente lorsque l'employé accepte les objectifs de l'organisation, qu'il veut contribuer à l'atteinte de ces

engagement organisationnel
Intensité de l'attachement et de l'identification d'un individu à l'organisation qui l'emploie.

objectifs et qu'il désire fortement demeurer un membre de l'entreprise[36]. Plus spécifiquement, l'employé présentera alors les caractéristiques suivantes :

- Il partage les buts et les valeurs de l'entreprise.
- Il fournit les efforts nécessaires au fonctionnement de l'organisation.
- Il est intéressé à la réussite de l'organisation.
- Il veut personnellement être associé à l'entreprise.

L'engagement affectif à l'égard de l'organisation suscite l'intérêt des gestionnaires en raison de son influence positive sur le comportement au travail.

À compétences égales, les employés qui sont attachés à leur entreprise seraient plus productifs, exécuteraient un travail de qualité supérieure et s'absenteraient moins souvent. De plus, ces employés redoubleraient d'effort pour accomplir leurs tâches et seraient moins enclins à quitter l'entreprise. Prenons l'exemple suivant, tiré du monde du sport, plus particulièrement de l'univers du hockey. Pour expliquer la performance hors de l'ordinaire d'un joueur qui n'est pas une vedette, on dit de lui qu'il a le «CH» (*Canadian Hockey Club*) tatoué sur le cœur. Cette expression laisse supposer que la performance de l'athlète s'explique en grande partie par sa fierté d'appartenir, par exemple, aux Canadiens de Montréal.

Récemment, Allen et Meyer[37] ont annexé à ce type initial d'engagement organisationnel deux autres types d'engagement, à la fois indépendants et complémentaires du premier. Ainsi, à l'engagement de nature affective tel que défini par Porter et ses collaborateurs, s'ajouteront une forme d'engagement plus normative ainsi qu'une autre liée à la continuité. L'engagement normatif est associé à la loyauté de l'employé qui éprouve de la reconnaissance envers l'organisation. Cet engagement est fondé sur le sentiment d'obligation morale que ressent le travailleur à l'égard de l'entreprise. En ce qui concerne l'engagement de continuité, l'employé qui l'affiche demeure au service de l'organisation tout simplement parce qu'il ne peut se permettre de faire autrement. Il craint de perdre les avantages ou les privilèges acquis avec le temps, ou il a simplement peu d'alternatives professionnelles. Il s'agit d'un engagement lié à une évaluation stricte des bénéfices retirés de l'emploi, comparativement aux coûts que pourrait engendrer son départ.

L'identification de ces nouveaux types d'engagement appelle un élargissement de la définition initiale de l'engagement. Ainsi, l'engagement ne doit plus être strictement considéré comme le lien émotif avec l'organisation, mais, plus globalement, comme «une attitude qui reflète la force du lien entre l'employé et son organisation[38]». D'ailleurs, le principal outil permettant d'évaluer les divers types d'engagement des travailleurs est l'échelle d'engagement organisationnel développée par Meyer, Allen et Smith[39] (*voir l'encadré* En pratique *ci-après*). Cette échelle permet, de façon simple et parcimonieuse, d'évaluer le niveau d'engagement selon chacun des types précis, soit affectif, normatif et de continuité. Elle permet de bien diagnostiquer les niveaux d'engagement collectif et individuel des travailleurs.

EN PRATIQUE

Les énoncés de l'engagement

I. Engagement affectif

1. J'éprouve vraiment un sentiment d'appartenance envers mon organisation.

2. Mon organisation représente beaucoup pour moi.

3. Je suis fier d'appartenir à cette organisation.

4. Je ne me sens pas affectivement attaché à mon organisation*.

5. Je n'ai pas le sentiment de « faire partie de la famille » dans mon organisation*.

6. Je ressens vraiment les problèmes de mon organisation comme si c'était les miens.

II. Engagement normatif

1. Il ne serait pas moralement correct de quitter mon organisation actuelle maintenant.

2. Il ne serait pas correct de quitter maintenant mon organisation actuelle, même si j'y trouvais des avantages.

3. Je me sentirais coupable si je quittais maintenant mon organisation actuelle.

4. Je trahirais la confiance qu'on me fait si je quittais maintenant mon organisation actuelle.

5. Même si on m'offrait un poste dans une autre organisation, je ne trouverais pas correct de quitter mon organisation actuelle.

6. Je ne quitterais pas mon organisation maintenant parce que j'estime avoir des obligations envers certaines personnes qui y travaillent.

III. Engagement de continuité

1. Je ne voudrais pas quitter mon organisation actuelle car j'aurais beaucoup à y perdre.

2. En ce qui me concerne, quitter mon organisation actuelle aurait beaucoup plus d'inconvénients que d'avantages.

3. Je continue à travailler pour cette organisation parce que je ne pense pas qu'une autre pourrait m'offrir les mêmes avantages.

4. Je n'ai pas d'autre choix que de rester dans mon organisation actuelle.

5. Je reste dans mon organisation actuelle parce que je ne vois pas où je pourrais aller ailleurs.

6. J'estime mes possibilités de choix trop limitées pour envisager de quitter mon organisation actuelle.

* Énoncé codé de manière inversée

Source : C. VANDERBERGHE, « Concilier le rendement et le bien-être au travail : le rôle de l'engagement organisationnel », dans R. FOUCHER, A. SAVOIE et L. BRUNET, dir., *Concilier performance organisationnelle et santé psychologique au travail*, Montréal, Québec, Éditions Nouvelles, 2003, p. 151.

Ainsi, on peut ressentir un engagement quelconque envers son organisation, mais notre engagement au travail peut en même temps être orienté vers d'autres cibles. Même si l'engagement organisationnel demeure un point d'évaluation intéressant, on reconnaît maintenant que l'organisation ne détient pas le monopole de l'engagement au travail. Ainsi, les travailleurs peuvent concurremment nourrir un engagement envers leur supérieur, leur groupe de travail, leur syndicat ou encore, plus généralement, envers leur profession. Cette perspective multicible de l'engagement se veut plus spécifique et permet de mieux comprendre l'adoption de comportements précis à l'égard de ces divers pôles d'engagement potentiel[40]. Même s'il est logique de considérer qu'il existe une certaine congruence entre les divers niveaux d'engagement des travailleurs, force est de reconnaître que l'engagement envers une cible peut concurrencer celui qui est ressenti envers un autre élément d'engagement. À titre d'exemple, l'engagement envers notre organisation est parfois inversement proportionnel à celui qui nous lie à notre syndicat. C'est ce qu'on appelle la dualité de l'engagement[41].

À LA UNE

Le 2 février 2011

L'engagement au travail : une question de cœur

Iris Gagnon-Paradis
La Presse

Avec la pénurie de main-d'oeuvre qualifiée et le départ à la retraite de milliers de personnes, la rétention d'employés constitue plus que jamais un défi de taille pour les employeurs. Et pour susciter l'engagement au travail, il faut désormais s'adresser autant au cœur qu'à la tête.

André Savard est consultant en ressources humaines (RH) pour les gestionnaires d'entreprise depuis nombre d'années, notamment pour la firme Dessureault, Savard, Caron et associés. Sur le terrain, il dit constater de plus en plus cette réalité annoncée depuis au moins cinq ans : la pénurie de main-d'oeuvre qualifiée.

«Ça devient une préoccupation réelle pour les employeurs de voir toutes ces têtes blanches qui partent et le peu de jeunes qu'il y a pour les remplacer. Si une organisation veut maintenir sa compétitivité, elle ne pourra plus se contenter

de gens qui font seulement leur job ; elle aura besoin d'employés engagés », avance-t-il.

On distingue habituellement un modèle d'engagement organisationnel en trois composantes, explique Véronique Dagenais-Desmarais, professeure en gestion des RH à l'Université de Sherbrooke : l'engagement de continuité, où le travailleur conserve son emploi parce qu'il n'a pas d'autre option, l'engagement normatif, où c'est par sens du devoir, par obligation morale ou par loyauté que l'employé demeure en poste, et, finalement, l'engagement affectif, où c'est l'amour pour l'organisation et le travail qui prime.

Alors que l'engagement de continuité est une «prison dorée» pour le travailleur, c'est l'engagement qui vient du cœur qui serait le plus bénéfique, autant pour les employés que les employeurs, note la professeure, qui s'intéresse de près à la question du bien-être et de la santé psychologique au travail.

«Un employé qui aime son travail sera en général plus performant, motivé et s'absentera moins. Les bénéfices sont aussi grands pour les employés: meilleure santé mentale et physique, plus d'émotions positives au travail, mais aussi dans leur vie à l'extérieur du bureau. Ils sont aussi moins stressés et moins à risque de faire des *burn-out* ou des dépressions», énumère-t-elle.

Avec l'évolution du contrat de travail où «la sécurité d'emploi n'est plus inébranlable», l'engagement normatif semble perdre de son importance, ajoute la professeure. Dans un contexte où on veut attirer les meilleurs talents, mais aussi les retenir, favoriser l'engagement affectif de l'employé n'est donc pas un luxe, mais une nécessité. «Sans compter qu'un taux de roulement élevé coûte excessivement cher aux entreprises», ajoute-t-elle.

Du groupe à l'individu

Dans son plus récent guide pratique intitulé *Au-delà de la mobilisation: susciter l'engagement!*, publié par le groupe-conseil CFC l'automne dernier, André Savard constate comment le monde de l'emploi est passé de la mobilisation, «l'ère des systèmes et des têtes», à l'engagement, «l'ère des têtes et des cœurs». Fini le temps où le gestionnaire se contente de diriger un groupe dans une même direction: on est désormais passé à l'approche individualisée.

Les gestionnaires doivent donc modifier leur comportement et s'intéresser davantage à l'individu, croit M. Savard. «L'engagement, quant à moi, c'est une affaire individuelle. Il faut donc créer une relation de proximité avec les gens. D'autant plus que la nouvelle génération ne se contentera plus d'avoir un job; elle veut "avoir rapport" dans l'organisation», croit M. Savard.

Une nouvelle tendance qui a été observée, note par ailleurs Mme Dagenais-Desmarais, est celle de l'engagement envers le supérieur immédiat. «Les études démontrent clairement que l'engagement envers le supérieur est particulièrement déterminant quand l'engagement envers l'organisation s'est effrité. On peut penser aux survivants de la crise économique de 2008, par exemple.»

Les gestionnaires ne doivent donc pas sous-estimer leur rôle, avertit M. Savard. Il est important qu'ils donnent l'exemple, qu'ils prennent le temps d'expliquer aux nouveaux employés le sens des tâches à accomplir et qu'ils fassent preuve de reconnaissance au quotidien: «Le supérieur immédiat est celui qui donne un sens au travail, qui m'explique pourquoi je suis là et me fait sentir important», dit-il.

Source: I. GAGNON-PARADIS, «L'engagement au travail: une question de cœur», *La Presse*, 2 février 2011. Cet extrait a été reproduit aux termes d'une licence accordée par Copibec.

4.3.2 Les origines de l'engagement organisationnel

Au cours des trente dernières années, un nombre important d'études ont tenté de cerner les principaux antécédents de l'engagement organisationnel. En fonction des diverses natures possibles de l'engagement (affective, normative et de continuité) et des diverses cibles potentielles, il est fort complexe de dresser un inventaire complet des multiples origines des engagements au travail. Nous nous limiterons donc à répertorier les facteurs les plus importants dans la fluctuation de l'engagement organisationnel en les regroupant en fonction de leur portée individuelle ou organisationnelle.

Les antécédents individuels

L'ancienneté représente la caractéristique sociobiographique la plus reliée au niveau d'engagement organisationnel exprimé par les travailleurs[42]. En fait, on constate que l'engagement croît généralement proportionnellement à l'ancienneté des travailleurs, et cela tant en fonction du poste occupé que des années de service dans l'organisation. En fait, puisque l'engagement organisationnel est tributaire de la relation entretenue avec l'organisation, il n'est pas surprenant que ces variables soient associées. Ainsi, il semble que les trois types d'engagement se solidifieront en fonction du temps passé dans l'entreprise. Le sentiment d'appartenance, d'obligation morale et de perte advenant un départ s'accentue au fil du temps. Ainsi, habituellement, les travailleurs les plus anciens démontrent des niveaux d'engagement plus élevés que les nouveaux employés. Cela milite pour la centralité du processus de socialisation des employés dans le développement de l'engagement. On considère que le lien entre l'ancienneté et l'engagement est lié au processus de développement de l'engagement ainsi qu'à un phénomène de sélection naturelle, les travailleurs les moins engagés ayant tendance à tout simplement quitter l'organisation avant de devenir très anciens.

Certaines particularités de la personnalité auraient aussi une incidence sur la puissance de l'engagement envers l'organisation. L'extraversion, le caractère consciencieux et l'agréabilité, par exemple, seraient des prédicteurs de l'un ou l'autre des types d'engagement[43]. D'autres éléments de la personnalité seraient aussi associés à l'engagement organisationnel. C'est le cas, entre autres, du sentiment d'autoefficacité, du lieu de contrôle et de l'estime de soi. En conséquence, un travailleur possédant un fort sentiment d'autoefficacité, un site de contrôle externe ainsi qu'une bonne estime de soi serait plus susceptible d'afficher un niveau élevé d'engagement affectif[44]. Cette réalité liée à la personnalité illustre bien la nature interactionniste de l'engagement organisationnel qui s'alimente aux confins de la rencontre entre le travailleur et son organisation.

Mentionnons enfin que les valeurs d'une personne semblent avoir une influence sur le lien entretenu avec son organisation, donc sur son engagement envers celle-ci. En effet, on constate des différences significatives entre les niveaux d'engagement au travail en fonction de l'origine ethnique, ce qui ouvre la porte à l'incidence des valeurs personnelles sur l'attachement à l'organisation. D'ailleurs, certaines études montrent que les valeurs personnelles ne sont pas étrangères au degré d'engagement envers l'organisation. À titre d'exemple, le travailleur qui attribue de l'importance aux relations humaines, au respect des règles ou au soutien serait plus engagé envers son organisation, ce qui est logique, car, comme on le sait maintenant, il y a un fort lien entre les valeurs et les attitudes d'une personne.

Les antécédents organisationnels

Les antécédents organisationnels de l'engagement ont un poids relativement plus important que ceux qui sont associés à l'individu. En ce sens, nombre de variables contrôlées par l'organisation peuvent être associées au niveau d'engagement des travailleurs. Entre autres, les caractéristiques intrinsèques du poste de travail occupent une place centrale dans la détermination du niveau d'engagement. L'autonomie au travail, la variété des tâches, la possibilité de relever des défis seraient au nombre des caractéristiques du poste alimentant un bon engagement[45].

Outre les facteurs liés au poste, la nature des liens relationnels avec le supérieur immédiat est un élément crucial afin de comprendre la fluctuation de l'engagement. Ainsi, puisque l'engagement est un indice relationnel et que le supérieur est l'image proximale de l'entreprise, ce dernier a un rôle prédominant dans l'engagement de ses subordonnés et son style de leadership est déterminant. La qualité de la communication, la reconnaissance, le soutien, les possibilités de participation et la considération sont autant de caractéristiques du style de gestion qui teinteront l'engagement des subordonnés.

D'autres variables organisationnelles viendront aussi façonner l'engagement des employés. C'est le cas, entre autres, de la justice organisationnelle perçue, des pratiques de socialisation en milieu de travail et du climat organisationnel[46]. Mentionnons que ces variables sont étroitement liées à la teneur du contrat psychologique qui lie le travailleur et son organisation. En ce sens, le sentiment d'engagement est souvent dû à un respect mutuel et à une réelle réciprocité entre les attentes exprimées par le travailleur et les promesses de l'organisation[47].

4.3.3 Les liens avec d'autres variables organisationnelles

Il semble que les conséquences de l'engagement organisationnel sont quelque peu similaires à celles dont nous avons déjà discuté en ce qui concerne la satisfaction au travail. Ainsi, le niveau d'engagement des travailleurs aurait principalement une influence sur leur intention de démissionner et leur performance au travail. Cependant, de récentes études soutiennent aussi que l'engagement serait un élément essentiel du bien-être au travail.

De toutes les variables, l'intention de quitter ou de rester dans l'entreprise est définitivement la plus structurée par l'engagement organisationnel. Il va de soi que plus on se sent engagé envers une organisation moins est grande la probabilité qu'on la quitte. Du moins, c'est ce que confirme la majorité des études sur le sujet. Dans les faits, l'action combinée de l'engagement affectif et de la satisfaction au travail serait le meilleur gage de rétention des travailleurs.

Comme dans le cas de la satisfaction, la capacité de l'engagement à prédire la performance dans la tâche est d'un tout autre acabit. Bien qu'il ait une certaine incidence sur la performance, l'engagement est loin d'en être un déterminant dominant. Cependant, la performance extra-rôle, c'està-dire celle qui concerne l'adoption de comportements qui dépassent ceux qui sont prescrits, est dans une bien meilleure mesure liée à l'engagement. Ainsi, même si l'exécution des tâches usuelles n'est que légèrement bonifiée par l'engagement, le travailleur engagé fera preuve de plus d'initiative dans l'adoption de comportements productifs non obligatoires. Ce phénomène illustre l'association étroite existant entre l'engagement et une autre attitude nommée la citoyenneté organisationnelle (*voir la section 4.4.1*). Ainsi, un fort engagement conduit le travailleur à devenir un meilleur citoyen organisationnel et à déployer des efforts qui outrepassent le cadre strict des attentes de l'organisation.

En ce qui concerne le bien-être au travail, les résultats obtenus sont prometteurs, mais encore limités. Il est cependant possible, à ce moment-ci, de considérer que l'engagement organisationnel contribue au bien-être au travail. En fait, des liens ont été faits entre l'engagement et le stress, l'épuisement émotionnel et la détresse psychologique[48], particulièrement en ce qui concerne l'engagement affectif, sans pour autant totalement exclure la contribution des autres types d'engagement. Bien que la prudence soit encore de mise en fonction des rares études sur le sujet, il y a tout lieu de croire que l'engagement organisationnel est un vecteur de mieux-être au travail[49].

4.3.4 L'amélioration de l'engagement des employés

Nous venons de le voir, certaines conditions de travail encouragent l'engagement organisationnel. Ainsi, les organisations qui favorisent la participation des travailleurs à la prise de décision, qui insistent sur la sécurité de leurs employés, qui offrent des emplois intéressants comportant suffisamment de responsabilités et qui mettent en place des conditions de travail avantageuses et équitables contribuent à l'émergence d'une forme ou d'une autre d'engagement[50]. Naturellement, l'efficacité des interventions qui visent à améliorer l'engagement des employés est relative à divers facteurs dont le contexte organisationnel, la nature des tâches, le type de travailleurs, etc. En ce sens, il n'y a aucune recette miracle et il revient au gestionnaire de reconnaître les leviers de l'engagement de ses travailleurs.

Il n'en demeure pas moins que certaines caractéristiques relèvent des employés eux-mêmes. Ainsi, les interventions organisationnelles ciblant spécifiquement ces éléments ont de meilleures probabilités de mousser l'engagement des travailleurs. Voici quelques exemples d'éléments favorisant l'engagement des employés envers leur organisation[51] :

- Favoriser la convergence entre les valeurs de l'organisation et les valeurs individuelles des travailleurs en préconisant une gestion par valeurs dans l'entreprise.
- S'assurer que chaque employé connaisse bien son rôle dans l'organisation et que les attentes envers son travail soient clairement définies.
- Permettre aux travailleurs de s'autodéterminer au travail, c'est-à-dire leur offrir l'autonomie, les responsabilités et le pouvoir nécessaires à l'exécution de l'ensemble de leurs tâches.
- Offrir une reconnaissance individualisée pour la qualité de la performance au travail.
- Promouvoir un sain climat de travail où chacun peut ressentir du plaisir au travail.

Naturellement, ces propositions ne sont pas des panacées aux problèmes d'engagement des travailleurs. Cependant, chacune est un point de départ intéressant pour nourrir la réflexion sur les moyens les plus avantageux de s'assurer que la main-d'œuvre est engagée envers l'organisation, ce qui ne pourra qu'avoir une incidence positive sur la contribution de chacun.

4.4 LES AUTRES ATTITUDES AU TRAVAIL

Naturellement, chaque travailleur entretient plusieurs attitudes, tantôt positives, tantôt négatives, envers son environnement de travail. Ces attitudes ont pour cibles les divers aspects du travail, son contexte et même les personnes côtoyées dans l'exécution de ses tâches. On le mentionnait en début de chapitre, ces attitudes sont tissées de façon relativement cohérente afin de permettre une appréciation globale de l'environnement de travail. Bien sûr, il est important que les travailleurs éprouvent de la satisfaction au travail et qu'ils s'engagent envers l'organisation, car ces conditions orientent grandement leur perception de leur travail. Cependant, bien d'autres attitudes viennent meubler l'évaluation de leur emploi. Bien qu'il serait complexe de toutes les énumérer, deux d'entre elles méritent notre attention : l'attitude liée à la citoyenneté organisationnelle et l'engagement au travail (*work engagement*).

4.4.1 La citoyenneté organisationnelle

On s'accorde pour considérer que la **citoyenneté organisationnelle** regroupe «les comportements favorables d'un employé vis-à-vis son organisation [et] qui dépassent les exigences normales de son poste[52]». La nature des comportements de citoyenneté organisationnelle est très variée et plusieurs actions hétérogènes peuvent être regroupées sous ce vocable. Cependant, il est possible de regrouper les actions du travailleur faisant preuve de citoyenneté à l'intérieur de divers types de comportements prosociaux. Ainsi, l'altruisme, la prévenance, l'encouragement, la modération, la tolérance, le civisme et le professionnalisme peuvent être rattachés aux diverses dimensions de ce concept[53].

Puisque la citoyenneté organisationnelle concerne principalement les tâches extra-rôle, son incidence ne sera qu'indirecte sur la performance au travail. En fait, c'est ce qu'on nomme la performance contextuelle, plutôt qu'explicite, qui bénéficiera principalement de la présence de cette attitude chez un travailleur. Comme le mentionnait Organ[54], le travailleur empreint de citoyenneté organisationnelle agira comme «un bon soldat» et sera disposé à fournir les efforts, peu importe leur nature et leur portée, afin de contribuer significativement au succès de l'organisation.

Force est de reconnaître que des liens évidents existent entre cette attitude et celles dont on a discuté précédemment. Ainsi, la citoyenneté organisationnelle apparaît souvent conjointement avec une bonne satisfaction au travail et un fort engagement organisationnel. Bien qu'il demeure difficile de connaître les tenants et les aboutissants de ces attitudes, limitons-nous à reconnaître qu'elles sont probablement enchevêtrées afin d'alimenter une évaluation et une appréciation cohérente d'un environnement de travail.

citoyenneté organisationnelle
Attitude qui caractérise les comportements d'un travailleur qui accomplit volontairement un ensemble de tâches qui vont au-delà de ce qui est prévu à sa description de tâche.

4.4.2 L'engagement au travail

www.cheneliere.ca/dolan

Il convient de mentionner, d'entrée de jeu, qu'une confusion terminologique guette la distinction entre le concept d'engagement organisationnel (*organizational commitment*) et celui d'engagement au travail (*work engagement*). En effet, on utilise en français le terme «engagement» pour définir deux attitude distinctes, soit les notions anglaises de «*commitment*» et de «*engagement*». Ainsi, il faut être attentif pour ne pas confondre l'engagement organisationnel et l'engagement au travail, qui se rapportent à deux réalités spécifiques des attitudes d'un travailleur.

Cela étant dit, l'engagement au travail est un concept récent qui qualifie l'attitude d'un travailleur qui s'implique avec un grand enthousiasme dans les tâches qu'il exécute [55]. On dira ainsi que l'engagement au travail est «un état émotionnel positif et épanouissant, caractérisé par la vigueur, le dévouement et l'absorption [56]». Ainsi, le travailleur qui présente un grand engagement au travail s'acquittera de son travail avec passion et beaucoup d'intérêt.

Comme sa définition l'indique, l'engagement au travail se décline en trois dimensions: la vigueur, le dévouement et l'absorption envers les tâches. La vigueur représente l'énergie et les efforts déployés par le travailleur. Le dévouement est relatif au sens perçu du travail et à la fierté ressentie par son exécution. Enfin, l'absorption concerne l'enthousiasme sous-jacent aux tâches qui plonge la personne dans un état de concentration et de plaisir. La combinaison de ces éléments permet d'estimer un niveau global d'engagement au travail. C'est du moins ce que propose le principal outil d'évaluation de ce «construit» qu'est l'*Échelle d'engagement au travail* développée par Schaufeli et Bakker [57].

Malgré la nouveauté de cette notion, les résultats observés jusqu'à maintenant permettent, à l'instar des autres attitudes au travail, de considérer que l'engagement au travail entretient assurément des liens avec diverses variables organisationnelles. Cependant, chose certaine, l'engagement au travail est l'attitude de l'environnement professionnel qui est la plus étroitement associée au bien-être et à la santé mentale des travailleurs. À cet effet, d'aucuns considèrent que cette attitude est l'inverse naturel de l'épuisement professionnel et quelle serait ainsi un bon indicateur, tant d'un point de vue individuel qu'organisationnel, des qualités psychologiques de l'environnement de travail [58].

Lorsqu'on sait que moins du tiers des employés sont pleinement engagés envers leur travail, il est aisé de concevoir qu'une bonne réserve de productivité pourrait encore être atteinte en améliorant les caractéristiques psychologiques de la main-d'œuvre. Afin de favoriser l'engagement au travail de leurs employés, les organisations ont avantage à favoriser l'équilibre travail-famille, à promouvoir un traitement équitable des travailleurs, à intervenir promptement lorsque des problèmes apparaissent, à ouvrir des voies de communication avec leurs employés et à s'assurer que les relations entre les supérieurs et leurs subordonnés sont franches et honnêtes [59].

CONCLUSION

Bien cerner les attitudes des travailleurs n'est pas chose facile. En fait, chaque employé présente un profil bien personnel d'attitudes qui guide ses comportements au travail. Nous l'avons vu, même si la nature d'une attitude ne garantit pas l'adoption de comportements correspondants, elle demeure un des facteurs décisifs dans le choix de se comporter. En fait, il faut voir l'attitude comme un élément important d'un système qui régule les actions d'une personne. De pair avec la personnalité, les valeurs et les attributions, par exemple, l'attitude aide à orienter les comportements d'une personne.

En ce sens, la connaissance des attitudes d'un travailleur est un élément important dans la compréhension de ses comportements au travail. Ainsi, le diagnostic, formel ou informel, des attitudes au travail permet au gestionnaire de mieux saisir les leviers de maintien ou de développement des comportements recherchés. La satisfaction, les engagements et la citoyenneté organisationnelle sont autant d'informations qui permettent de saisir la dynamique comportementale d'un employé et, au besoin, d'intervenir sur certains aspects en fonction des attentes et des objectifs organisationnels. Somme toute, des attitudes positives au travail seront souvent la condition inhérente à l'efficacité d'un travailleur. C'est ainsi que les attitudes sont des indicateurs psychologiques de la performance au travail et il serait risqué de ne pas les considérer lors de l'analyse de l'environnement de travail.

QUESTIONS DE RÉVISION

1. Qu'est-ce qu'une attitude ? Répondez en fonction des composantes de cette notion et de leur interrelation.

2. Pourquoi les attitudes d'une personne sont-elles interreliées ?

3. Peut-on prédire le comportement d'une personne à partir de ses attitudes connues ? Justifiez votre réponse.

4. Pourquoi un gestionnaire devrait-il s'intéresser aux attitudes de ses travailleurs ?

5. Quelles sont les principales différences entre les processus de comparaison intrapersonnelle et les processus de comparaison interpersonnelle dans l'évaluation de la satisfaction au travail ?

6. Décrivez les natures possibles de l'engagement organisationnel.

7. Dans la perspective de la citoyenneté organisationnelle, comment peut-on définir les comportements prosociaux ? Donnez des exemples.

8. Quelles distinctions peut-on faire entre l'engagement organisationnel et l'engagement au travail ?

AUTO-ÉVALUATION

Ai-je un profil d'entrepreneur?

Le questionnaire suivant a été conçu par Yvon Gasse et Maripier Tremblay, en collaboration avec la Banque de développement du Canada. Cet instrument permet d'évaluer si une personne possède les qualités requises pour devenir entrepreneur. Plus particulièrement, ce questionnaire évalue les attitudes, les aptitudes et les motivations sous-jacentes aux compétences et à la volonté de devenir entrepreneur.

Pour chacune des questions suivantes, dans quelle mesure l'énoncé correspond-il à ce que vous êtes?

Entièrement en désaccord	1
Plutôt en désaccord	2
Plutôt en accord	3
Totalement en accord	4

____ **1.** J'aime me donner des défis lorsque j'entreprends un nouveau projet.

____ **2.** Je suis assez à l'aise dans les situations complexes.

____ **3.** Là où les autres voient des problèmes, moi je vois des possibilités.

____ **4.** Je me préoccupe toujours de ce que vont penser les autres avant de faire quelque chose d'important*.

____ **5.** Je suis assez curieux et je cherche continuellement à découvrir.

____ **6.** Je suis beaucoup moins efficace dans les situations stressantes*.

____ **7.** Je veux bâtir quelque chose qui sera reconnu publiquement.

____ **8.** Face aux difficultés, je cherche des solutions de remplacement.

____ **9.** Pour moi, ce qui compte, c'est l'action.

____ **10.** Selon moi, il est possible d'influencer son destin.

____ **11.** Je suis capable d'imaginer comment on peut faire marcher les choses.

____ **12.** Lorsque j'entreprends un projet, j'ai confiance de réussir.

____ **13.** Je vise l'excellence dans tout ce que j'entreprends.

____ **14.** Selon moi, on fait toujours un peu sa chance.

____ **15.** De façon générale, je me méfie de mon instinct*.

____ **16.** Je n'ai pas de difficulté à travailler pour quelqu'un d'autre*.

____ **17.** J'essaie d'être le premier ou le meilleur dans mon domaine de compétences.

____ **18.** Pour moi, prendre des risques, c'est comme prendre un billet de loterie, c'est une question de chance.

____ **19.** Je suis capable de voir plusieurs solutions à un problème.

____ **20.** Je préfère que la décision finale me revienne.

____ **21.** J'essaie toujours de tirer des leçons de mes échecs.

____ **22.** Pour moi, tout est possible si je crois que je peux le faire.

____ **23.** Je préfère m'en tenir aux bonnes vieilles façons de faire*.

____ **24.** La réussite est surtout une affaire de chance*.

____ **25.** Un bon niveau de stress me stimule.

⌄

26. J'ai de la facilité à motiver les autres à travailler avec moi.

27. Je me sens souvent bloqué par la complexité des situations*.

28. Je peux facilement imaginer plusieurs façons de satisfaire un besoin.

29. Après un revers, je suis capable de me ramasser et de me reprendre.

30. Je ne suis pas toujours disposé à faire des sacrifices pour réussir*.

31. Je n'aime pas influencer les autres*.

32. Pour être satisfait de moi, j'entreprends des projets faciles*.

33. Quand j'entreprends un projet, je ne suis pas toujours convaincu de mes capacités à le mener à bien*.

34. J'aime diriger les autres.

35. J'essaie toujours de prendre des risques calculés.

36. J'ai de la difficulté à fonctionner dans les situations ambiguës et incertaines*.

37. Je suis toujours en train de lancer de nouveaux projets.

38. J'ai de la difficulté à anticiper les événements, les tendances*.

39. J'aime bien les situations où il y a des conventions à respecter*.

40. Aujourd'hui, sans beaucoup d'argent, on ne peut pas entreprendre grand-chose*.

41. Être trop ambitieux est souvent mal vu*.

42. J'ai tendance à remettre à plus tard les tâches difficiles*.

43. Je suis du genre à voir le verre à moitié vide plutôt qu'à moitié plein*.

44. Il y a un temps pour la réflexion, mais il y a surtout un temps pour l'action.

45. Je n'ai pas peur de prendre des initiatives.

46. Peu importe ce que l'on fait, ça ne dépend pas de nous*.

47. Je préfère être mon propre patron.

48. Je ne me considère pas plus ambitieux que les autres*.

49. Je donne toujours le meilleur de moi-même dans tout ce que j'entreprends.

50. Je gère bien mon stress dans les situations ambiguës et incertaines.

Interprétation des résultats

Pour les énoncés suivis du signe (*), inscrivez (dans les colonnes prévues sur la feuille-réponses) :

1 point pour « totalement en accord » ;

2 points pour « plutôt en accord » ;

3 points pour « plutôt en désaccord » ;

4 points pour « totalement en désaccord ».

Pour les autres énoncés, inscrivez (dans les colonnes prévues sur la feuille-réponses) :

4 points pour « totalement en accord » ;

3 points pour « plutôt en accord » ;

2 points pour « plutôt en désaccord » ;

1 point pour « totalement en désaccord ».

Additionnez les points de tous les énoncés selon les caractéristiques notées dans l'encadré à la page suivante :

⌄

CARACTÉRISTIQUES	ÉNONCÉS	RÉSULTATS
Motivations		
Réalisation/Réussite	(30) ❏ 13 ❏ (32) ❏ 49 ❏ (40) ❏	
Pouvoir/Contrôle	34 ❏ (31) ❏ 20 ❏ 17 ❏ 26 ❏	
Défi/Ambition	(48) ❏ 1 ❏ (41) ❏ 45 ❏ 7 ❏	
Autonomie/Liberté	(4) ❏ (39) ❏ 47 ❏ (16) ❏	
Somme des résultats précédents :		
Aptitudes		
Persévérance/ Détermination	(27) ❏ 8 ❏ 29 ❏ 22 ❏	
Confiance en soi/ Enthousiasme	(43) ❏ 3 ❏ (33) ❏ 12 ❏	
Tolérance à l'ambiguïté/Stress	(36) ❏ 25 ❏ (6) ❏ 50 ❏ 2 ❏ 15 ❏	
Créativité/Imagination	11 ❏ (38) ❏ 28 ❏ 19 ❏ (23) ❏ 5 ❏	
Somme des résultats précédents :		
Attitudes		
Destin/Chance	10 ❏ (24) ❏ 14 ❏ (46) ❏ 18 ❏ 35 ❏	
Action/Temps	9 ❏ (42) ❏ 37 ❏ 44 ❏ 21 ❏	
Somme des résultats précédents :		
TOTAL :		

Source : Y. GASSE et M. TREMBLAY, « Questionnaire d'auto-évaluation : ai-je un profil d'entrepreneur ? » *Manuel technique 2004*, [En ligne], www.fsa.ulaval.ca/cepme/Articles&documents/BDC.PDFe (Page consultée le 15 décembre 2011) © Banque de développement du Canada.

ÉTUDE **DE CAS**

DES PROPOS ÉTONNANTS...

Jacques Forest détient un doctorat en psychologie du travail et des organisations de l'Université de Montréal et a réalisé des études postdoctorales à l'École de gestion John-Molson de l'Université Concordia. Il est actuellement professeur en comportement organisationnel à l'École des sciences de la gestion (ESG) de l'UQAM, psychologue organisationnel et conseiller en ressources humaines agréé (CRHA). Ses études et enquêtes ont été financées par divers organismes québécois, canadiens et américains, et il a reçu un prix lors du concours 2006 de vulgarisation scientifique de l'Association francophone pour le savoir (ACFAS) de même que le prix de la relève professorale en recherche de l'ESG-UQAM en 2011. Ses travaux s'inscrivent dans l'approche de la psychologie positive et vérifient les antécédents de la motivation et la passion du travail ainsi que l'impact de celles-ci sur le plaisir au travail, le bien-être et la détresse psychologiques de même que sur la performance individuelle au travail.

Claude C. Lamontagne a occupé pendant plus de 20 ans des postes de directeur, de conseiller et d'entrepreneur. Il enseigne à l'UQAT, à l'UQAC et à l'UQAM depuis plus de dix ans. Il est diplômé de l'Université Laval et de l'Université de Montréal (MBA). Depuis les dix dernières années, il s'intéresse au domaine de la responsabilité des entreprises et aux pratiques des employeurs, notamment en ce qui concerne l'organisation du travail, la qualité de vie au travail ainsi que la santé et la sécurité au travail.

André Émond est superviseur depuis plus de dix ans dans une entreprise de commerce de détail. Il vient de surprendre une conversation entre deux employés, l'un d'eux relevant de sa direction. Il ne sait trop que penser. Peut-être pourriez-vous l'éclairer? Il vous soumet les propos de Bernard et de James, ce dernier faisant partie de son service. Qu'en pensez-vous?

Bernard amorce la conversation:

Bernard: «J'aime travailler avec mes collègues. Ils sont sympathiques et il est toujours possible de s'entraider en cas de difficultés. Il y a vraiment un bel esprit d'équipe dans mon groupe de travail.»

James: «Tu es bien chanceux de te retrouver dans ce contexte de travail. Chez nous, c'est parfois difficile, bien que généralement les choses se passent assez bien.»

Bernard: «Écoute, pour moi c'est un plaisir de travailler et de collaborer au succès de mon service. J'aimerais même en faire plus, mais mes contraintes familiales m'empêchent de consacrer plus de temps à mon travail.»

James: «Enfin! La fin de semaine est arrivée. Je vais pouvoir passer du temps en famille. Je n'ai plus besoin de travailler les fins de semaine. Mon salaire est suffisant pour subvenir aux besoins de ma famille et c'est très bien comme ça. Par contre, mon patron est exigeant. À chaque fin de semaine ou presque, je me demande s'il est satisfait de mon travail. C'est curieux, j'ai le sentiment profond que je n'en fais jamais assez pour lui. Pourtant, je prends de bonnes décisions et je suis efficace et ça, je le sais!»

Bernard: «C'est drôle ce que tu me dis. Ça me fait réfléchir! En ce qui me concerne, mon patron m'explique toujours les raisons de ses demandes. Les choses sont claires et limpides. Il tient toujours compte de ce que je suis capable de faire. Il ne me demande jamais de faire un travail sans me donner les moyens de le faire. Je tiens à bien réussir sinon je ne me sentirais pas à la hauteur et je serais déçu.»

James: «On dirait que le fait de me sentir coupable me fait travailler davantage. Peut-être que mon patron joue sur cet aspect, après tout?»

Bernard: «Tu devrais complètement changer d'attitude pour voir comment il va réagir. J'ai déjà eu un superviseur qui tentait de me manipuler avec des récompenses. Je ne savais plus quoi faire jusqu'au jour où j'ai décidé d'être complètement indifférent à ses récompenses.»

James: «Qu'est-il arrivé?»

Bernard: «Il a complètement changé sa façon d'agir. Il a compris que cela ne m'atteignait plus. Il est venu me voir pour m'expliquer pourquoi je devais faire le travail qu'il me demandait. Cela a modifié notre relation. Depuis, je me suis toujours organisé pour avoir une marge de manœuvre pour faire mon travail. Je veux pouvoir prendre des décisions.»

James: «C'est intéressant ce que tu dis. Toi aussi, tu me fais réfléchir. J'aimerais vraiment rester dans cette entreprise car elle m'a malgré tout permis de terminer mes études et d'aspirer à des promotions.»

Bernard: «Il faut toujours avoir du plaisir dans son travail, sinon le temps peut être vraiment long…»

James: «Tu as raison, il faut que les choses changent.»

Question

À la lumière de cette conversation entre ces deux travailleurs, qu'est-il possible d'inférer quant à la nature de leurs attitudes au travail?

RÉFÉRENCES

[1] A. CERCLÉ et A. SOMAT, *Manuel de psychologie sociale*, Paris, France, Dunod, 1999.

[2] D. BERTRAND, R. FOUCHER et P. MOREAU, «Qualité de vie au travail et compétence: proposition d'un cadre conceptuel», Actes du 13ᵉ Congrès de psychologie du travail et des organisations, Bologne, Italie, 2004, p. 1-9.

[3] G.W. ALLPORT, «Attitudes», dans C. MURCHISON, dir., *Handbook of Social Psychology*, Worcester, MA, Clark University Press, 1935.

[4] A. CERCLÉ et A. SOMAT, *op.cit.*

[5] R.E. PETTY, S.C. WHEELER et Z.L. TORMALA, «Persuasion and attitude change», dans T. MILTON, M.J. LERNER et I.B. WEINER, dir., *Handbook of psychology: Personality and social psychology*, New York, NY, Wiley, 2003, p. 353-382.

[6] E. GOSSELIN et S.L. DOLAN, «Identifier les rapports entre la satisfaction au travail et celle hors travail: vers un modèle polymorphique de la relation», dans R. FOUCHER, A. SAVOIE et L. BRUNET, dir., *Concilier performance organisationnelle et santé psychologique au travail*, Montréal, Québec, Éditions Nouvelles, 2003, p. 205-222.

[7] M. FISHBEIN et I. AJZEN, *Belief, Attitude, Intention, and Behavior: An Introduction to Theory and Research*, Reading, MA, Addison-Wesley, 1975.

[8] P. SHEERAN, «Intention-behavior relations: A conceptual and empirical review», *European Review of Social Psychology*, vol. 12, 2003, p. 1-36.

[9] R.J. VALLERAND, *Les fondements de la psychologie sociale*, Montréal, Québec, Gaétan Morin Éditeur, 2005.

[10] N. RHODES et W. WOODS, «Self-esteem and intelligence affect influence-ability: The mediating role of message reception», *Psychological Bulletin*, vol. 111, 1992, p. 156-171.

[11] R.E. PETTY, S.C. WHEELER et Z.L. TORMALA, *op.cit.*

[12] R. HOPPOCK, *Job satisfaction*, New York, NY, Harper & Row, 1935.

[13] J.R. SCHERMERHORN, J.G. HUNT, R.N. OSBORN et C. DE BILLY, *Comportement humain et organisation*, 3ᵉ éd., Montréal, Québec, ERPI, 2006.

[14] L.M. SAARI et T.A. JUDGE, «Employee attitudes and job satisfaction», *Human Resource Management*, vol. 43, 2004, p. 395-407.

[15] P. SPECTOR, *Psychologie du travail et des organisations*, Paris, France, De Boeck, 2011.

[16] E. GOSSELIN et S.L. DOLAN, *Perspective historique de la satisfaction au travail: les avatars d'un concept*, document de recherche, Département de relations industrielles, Université du Québec en Outaouais, 2001.

[17] P.E. SPECTOR, *Job satisfaction: Application, assessment, causes, and consequences*, Thousand Oaks, CA, Sage Publications, 1997.

[18] J.R. HACKMAN et G.R. OLDHAM, *Work redesign*, Reading, MA, Addison-Wesley, 1980.

[19] P. SPECTOR, *Psychologie du travail et des organisations*, Paris, France, De Boeck, 2011.

[20] C.E. ROSS et B.F. RESKIN, «Education, control at work, and job satisfaction», *Social Science Research*, vol. 21, 1992, p. 134-148.

[21] D.H. BRUSH, M.K. MOCH et A. POOYAN, «Individual demographic differences and job satisfaction», *Journal of Occupational Behaviour*, vol. 8, 1987, p. 139-155.

[22] D. TOKAR et M.L. SUBICH, «Relative contributions to congruence and personality dimensions to job satisfaction», *Journal of Vocational Behavior*, vol. 50, 1997, p. 482-491.

[23] T.A. JUDGE, D. HELLER et M.K. MOUNT, «Five-factor model of personality and job satisfaction: A meta-analysis», *Journal of Applied Psychology*, vol. 87, 2002, p. 530-541.

[24] R.W. LENT, «Understanding and promoting work satisfaction: An integrative review», dans D. BROWN et R.W. LENT, dir., *Handbook of counselling psychology*, Hoboken, NJ, Wiley, 2008.

[25] L.M. SAARI et T.A. JUDGE, *op. cit.*

[26] R.W. RICE, M.R. FRONE et D.B. McFARLIN, «Work-nonwork conflict and the perceived quality of life», *Journal of Organizational Behavior*, vol. 13, 1992, p. 155-168.

[27] R.W. LENT, *op. cit.*

[28] A. COOPER-HAKIM et C. VISWEVARAN, «The construct of work commitment: Testing an integrative framework», *Psychological Bulletin*, vol. 131, 2005, p. 241-259.

[29] N.A. BOWLING, «Is the job satisfaction-job performance relationship spurious? A meta-analytic examination», *Journal of Vocational Behavior*, vol. 71, 2007, p. 167-185.

[30] T.A. JUDGE, C.J. THORENSEN, J.E. BONO et G.K. PATTON, «The job satisfaction-job performance relationship: A qualitative and quantitative review», *Psychological Bulletin*, vol. 127, 2001, p. 376-407.

[31] P.M. MUCHINSKY et M.L. TUTTLE, «Employee turnover: An empirical and methodological assessment», *Journal of Vocational Behavior*, vol. 14, 1979, p. 43-77.

32 N. NICHOLSON, C.A. BROWN et J.K. CHADWICK-JONES, «Absence from work and job satisfaction», *Journal of Applied Psychology*, vol. 61, 1976, p. 728-737.

33 A.P. BRIEF, *Attitude in and around organizations*, Londres, Angleterre, SAGE, 1998.

34 R. CROPANZANO et M.S. MITCHELL, «Social exchange theory: An interdisciplinary review», *Journal of Management*, vol. 31, 2005, p. 874-900.

35 L.W. PORTER, R.M. STEERS, R.T. MOWDAY et P.V. BOULIAN, «Organizational commitment, job satisfaction, and turnover among psychiatric technicians», *Journal of Applied Psychology*, vol. 59, 1974, p. 603-609.

36 P. SPECTOR, *Psychologie du travail et des organisations*, Paris, France, De Boeck, 2011.

37 N.J. ALLEN et J.P. MEYER, «The measurement and antecedents of affective, continuance and normative commitment to the organization», *Journal of Occupational Psychology*, vol. 63, 1990, p. 1-18.

38 S.L. McSHANE et C. BENABOU, *Comportement organisationnel*, Montréal, Québec, Chenelière McGraw-Hill, 2008.

39 J.P. MEYER, N.J. ALLEN et C.A. SMITH, «Commitment to organization and occupation: Extension and test of a three-component conceptualization», *Journal of Applied psychology*, vol. 78, 1993, p. 538-551.

40 J.B. MANSOUR, M. CHINIARA et K. BENTEIN, «L'engagement envers le groupe de travail et le supérieur», dans J. ROJOT, P. ROUSSEL et C. VANDERBERGHE, dir., *Comportement organisationnel*, vol. 3, Paris, France, De Boeck, 2009, p. 305-338.

41 C. GAGNON, E. GOSSELIN et R. PAQUET, «Les engagements au travail sont-ils des attitudes exclusives ou complémentaires? État des connaissances sur le double engagement (*dual commitment*)», *Revue multidisciplinaire sur l'emploi, le syndicalisme et le travail (REMEST)*, vol. 3, 2007, p. 43-64.

42 J.P. MEYER, D.J. STANLEY, L. HERSCOVITCH et L. TOPONYTSKY, «Affective, continuance and normative commitment to the organization: A meta-analysis of antecedents, correlates and consequences», *Journal of Vocational behavior*, vol. 61, 2002, p. 20-52.

43 J. ERDHEIM, M. WANG et M.J. ZICKAR, «Linking the big five personality construct to organizational commitment», *Personality and Individual Differences*, vol. 41, 2006, p. 959-970.

44 C. VANDERBERGHE, G. LANDRY et A.J. PANACCIO, «L'engagement organisationnel», dans J. ROJOT, P. ROUSSEL et C. VANDERBERGHE, dir., *Comportement organisationnel*, vol. 3, Paris, France, De Boeck, 2009, p. 275-306.

45 J.E. MATHIER et D.M. ZAJAC, «A review and meta-analysis of antecedents, correlates, and consequences of organizational commitment», *Psychological Bulletin*, vol. 108, 1990, p. 171-194.

46 C. VANDERBERGHE, G. LANDRY et A.J. PANACCIO, *op. cit.*

47 S.L. McSHANE et C. BENABOU, *op. cit.*

48 C. VANDERBERGHE, G. LANDRY et A.J. PANACCIO, *op.cit.*

49 E.R. MALTIN et J.P. MEYER, «L'engagement et le bien-être des employés», dans J. ROJOT, P. ROUSSEL et C. VANDERBERGHE, dir., *Comportement organisationnel*, vol. 3, Paris, France, De Boeck, 2009, p. 338-361.

50 S.L. McSHANE et C. BENABOU, *op. cit.*

51 N. LANGTON, S.P. ROBBINS et T.A. JUDGE, *Fundamentals of organizational behaviour*, Toronto, Ontario, Pearson, 2011.

52 S.L. McSHANE et C. BENABOU, *op. cit.*

53 S. ROUX et M. DUSSAULT, «Engagement organisationnel et citoyenneté organisationnelle d'enseignants», *Nouveaux cahiers de la recherche en éducation*, vol. 10, 2007, p. 151-164.

54 D.W. ORGAN, *Organizational citizenship behavior: The good soldier syndrome*, Lanham, MD, Lexington Books, 1988.

55 N. LANGTON, S.P. ROBBINS et T.A. JUDGE, *Fundamentals of organizational behaviour*, Toronto, Ontario, Pearson, 2011.

56 W.B. SCHAUFELI, M. SALANOVA, V. GONZALES-ROMA et A. BAKKER, «The Measurement of Engagement and Burnout: A Two Sample Confirmatory Factor Analytic Approach», *Journal of Happiness Studies*, 2002.

57 W.B. SCHAUFELI et A.B. BAKKER, *Test manual for the UtrechtWork Engagement Scale*, manuscrit non publié, Utrecht University, Pays-Bas, récupéré de www.schaufeli.com, 2003.

58 C. MASLACH et M.P. LEITER, *The truth about Burnout: How Organizations cause Personal Stress and What to do about it*, San Francisco, CA, Josey Bass, 1997.

59 M. ATTRIDGE, «Employee work engagement: Best practices for employers», *Research Works*, vol. 1, 2009, p. 1-12.

PLAN DE CHAPITRE

Introduction

5.1 L'adhésion à un groupe

5.2 Les types de groupes

5.3 Les étapes de l'évolution
d'un groupe

5.4 L'efficacité du groupe

5.5 La « pensée de groupe »
(*groupthink*)

5.6 La paresse sociale

5.7 Les équipes de travail
par opposition aux groupes
de travail

Conclusion

Dans ce chapitre, le lecteur se familiarisera avec :

- l'importance et les avantages de la présence de groupes à l'intérieur d'une organisation ;
- les raisons justifiant la formation d'un groupe ;
- les classes et les types de groupes ;
- les étapes de l'évolution d'un groupe ;
- l'influence de diverses variables sur la cohésion d'un groupe ;
- les effets positifs et négatifs de la cohésion sur l'efficacité du groupe ;
- le phénomène de la « pensée de groupe » ;
- le phénomène de la paresse sociale ;
- la différence entre le groupe et l'équipe en milieu de travail ;
- le fonctionnement des équipes de travail autogérées ;
- le fonctionnement des équipes interfonctionnelles ;
- le fonctionnement des équipes virtuelles.

INTRODUCTION

Une documentation abondante illustre le grand intérêt que les spécialistes des sciences humaines accordent au phénomène du groupe. Cet intérêt est d'ailleurs justifié, car être « humain », c'est être presque constamment en interaction avec ses semblables, et c'est aussi appartenir à des groupes tels que la famille, le parti politique, le cercle d'amis, l'équipe sportive ou l'équipe de travail.

Les groupes exercent une influence prépondérante sur l'individu. En fait, le sort de la société repose sur eux, puisque des décisions ayant un effet direct sur la vie des gens sont prises chaque jour par des comités, des associations, des partis, des ministères, etc. Toutefois, même s'ils occupent une place importante dans la vie de chacun et que leur influence est indéniable, on prend rarement le temps d'observer ce qui se passe au sein d'un groupe, quel qu'il soit. Comment les individus s'y comportent-ils ? Comment les rôles y sont-ils répartis ? Quelle est l'influence du groupe sur l'individu et quelle est celle de l'individu sur le groupe ? Pourquoi certains groupes sont-ils plus efficaces que d'autres ? De quelle manière les conflits sont-ils arbitrés ?

Devant autant d'interrogations, on ressent rapidement la nécessité d'étudier le groupe en psychologie du travail et des organisations. Par conséquent, nous traiterons principalement, dans ce chapitre, du phénomène de groupe en milieu de travail. Nous examinerons l'effet du groupe sur l'employé qui, en raison de ses tâches et responsabilités, est souvent amené à collaborer avec d'autres membres de l'organisation. Car, en plus de rendre des comptes à son supérieur, l'employé entretient généralement des rapports avec ses collègues et ses subordonnés. Nous parlerons également de la manière dont le comportement d'un individu influe sur celui de ses collègues, et de l'influence du groupe sur l'individu, sur le rendement global de l'entreprise, sur la satisfaction au travail, sur le taux de roulement et sur le taux d'absentéisme[1]. Nous examinerons le phénomène de groupe sous diverses facettes, toutes liées au milieu de travail. Mais avant d'aller plus loin, définissons de façon précise le phénomène de groupe.

Le groupe est un système organisé composé d'individus qui partagent des normes, des besoins et des buts et qui interagissent de manière à influencer mutuellement leurs attitudes et leurs comportements.

Soulignons que l'élément clé de cette définition du groupe est que ses membres partagent des normes, des besoins et des buts. Donc, un rassemblement d'individus ne constitue pas nécessairement un groupe. Les passagers d'un vol entre Montréal et New York, par exemple, ne forment pas un groupe, alors qu'une équipe de hockey, qu'elle se trouve ou non dans un avion, constitue bel et bien un groupe. Par cet exemple, on pourrait se demander s'il y a des différences entre un groupe et une équipe. Pour l'instant, il suffit de comprendre qu'une équipe est un type de groupe, et que tout groupe n'est pas nécessairement une équipe. Bien que ces deux termes soient parfois utilisés indifféremment, ils comportent des différences subtiles qui seront discutées un peu plus tard dans le chapitre (*voir la section 5.7, p. 202*).

5.1 L'ADHÉSION À UN GROUPE

La question à laquelle nous tenterons de répondre dans cette section est celle-ci : Pourquoi les individus se joignent-ils à un groupe ou qu'est-ce qui les incite à en former un ?

Il semble difficile de trouver une raison unique qui pousserait l'individu à devenir membre d'un groupe. Les motifs les plus courants sont liés aux besoins de sécurité, d'appartenance sociale et d'engagement dans des tâches communes.

Les travailleurs peuvent faire partie d'un groupe afin d'accomplir une tâche ou résoudre un problème ; dans la majorité des cas, c'est alors la direction qui a mis le groupe sur pied. Par ailleurs, ce sont parfois les objectifs poursuivis par un groupe déjà formé qui incitent un individu à le joindre. Un contremaître peut adhérer volontairement à une association de cadres de son organisation parce qu'il est attiré, par exemple, par les activités de formation qui y sont organisées régulièrement. Le même contremaître pourrait aussi s'unir à d'autres contremaîtres afin de former un groupe de pression. L'appartenance à ce groupe pourrait lui permettre de satisfaire un **besoin d'appartenance** sociale. La possibilité d'exercer un leadership au sein d'un groupe favorise aussi la satisfaction des besoins d'estime, de pouvoir et d'accomplissement.

En définitive, les raisons qui amènent une personne à se joindre à un groupe sont très variées et peuvent satisfaire plusieurs besoins. Il est toutefois rare que les besoins d'un individu soient entièrement comblés par un seul groupe. C'est pourquoi certains appartiennent à plusieurs groupes : si un groupe ne parvient pas à satisfaire tous les besoins d'un individu, ce dernier pourra cesser d'appartenir au groupe ou investir plus de temps ou d'énergie dans d'autres.

besoin d'appartenance

Besoin d'amitié, d'affiliation et d'amour qui se manifeste, entre autres, par le désir de travailler en équipe et de nouer de nouvelles relations dans son entourage.

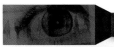

EN PRATIQUE

Le travail policier par équipe

Au Canada, le concept de « travail policier par équipe » est apparu dans les années 1970, alors qu'on cherchait un remède à l'ennui et à la solitude des policiers. Au cours de ces années, un certain nombre de services de police canadiens ont reconnu que les nombreuses pressions qui s'exerçaient sur eux imposaient des changements importants dans leur mode d'opération. De façon générale, le coût du travail policier croissait plus vite que le nombre d'habitants ou la somme des revenus fiscaux. Parallèlement à ce phénomène, la qualité des relations entre la police et les citoyens se détériorait. Le moral des policiers était à la baisse et leur sentiment de satisfaction au travail diminuait. Le taux de roulement du personnel progressait à un rythme inacceptable et il était de plus en plus difficile de maintenir la qualité des services policiers. Un certain nombre de services de police ont alors étudié l'efficacité du travail policier par équipe, espérant trouver une solution à tous ces problèmes. Ils en conclurent que cette approche leur permettait d'améliorer, à peu de frais, la qualité des services à la collectivité, les relations entre la police et la communauté et le sentiment de satisfaction au travail des agents qui travaillaient en équipe.

Source : Adapté de D.K. WASSON, *Les services de police préventive assurés par des équipes locales : un tour d'horizon*, Toronto, Ontario, John D. Crawford, 1977.

5.2 LES TYPES DE GROUPES

De façon générale, la notion de groupe se rattache à l'idée de réalisation d'une tâche ou d'interaction sociale. La plupart des auteurs s'entendent pour distinguer les groupes selon des catégories illustrant cette différenciation. Certains subdivisent les types de groupes en trois catégories, d'autres préfèrent n'en retenir que deux.

La classification en deux catégories se prêtant davantage à l'étude des groupes en milieu de travail, c'est sur cette dernière que nous mettrons l'accent.

Voyons maintenant les caractéristiques de chacun des types de groupes de cette classification.

5.2.1 Première catégorie : les groupes formels et les groupes informels

Les directions d'entreprise organisent des **groupes formels** qui ont pour mandat d'exécuter des tâches qu'elles commandent en conformité avec les objectifs déjà établis. Afin de favoriser l'atteinte de ces objectifs, les directions définissent les normes de rendement et le rôle de chaque membre des divers groupes. On retrouve une vaste diversité de groupes formels en milieu de travail : le conseil d'administration, une équipe de baseball constituée d'employés, le service financier et le comité chargé de l'organisation de la fête de Noël sont des exemples de groupes formels qui illustrent cette diversité.

Comparativement aux groupes formels, dont l'objectif est essentiellement de réaliser une ou plusieurs tâches, les **groupes informels** ont pour principale fonction de répondre à des besoins d'ordre affectif[2]. Les groupes informels sont très répandus dans les organisations et se constituent spontanément, au fil du temps et des interactions entre les membres de l'organisation. Les membres d'un groupe informel partagent généralement les mêmes idées, valeurs, croyances et besoins sociaux. On peut généralement reconnaître de tels groupes lors des pauses-café, alors que des travailleurs de divers services en profitent pour se réunir et discuter.

5.2.2 Deuxième catégorie : les groupes fonctionnels, les groupes de tâches, les groupes d'amis et les groupes d'intérêts

Les **groupes fonctionnels** ressemblent aux groupes formels en ce sens que c'est la direction qui les structure et qui en définit les tâches et les responsabilités. Ces groupes sont relativement permanents et ont une fonction organisationnelle. Par exemple, le personnel d'unités administratives telles que le service des finances et le service des achats fait partie de un ou quelques groupes fonctionnels. Dans les entreprises, les **groupes de tâches ou de projets** sont mis sur pied afin de remplir une tâche spécifique. Pour cette raison, on les considère comme des groupes formels. La durée de vie de ces groupes est généralement limitée, car une fois le travail terminé, ils n'ont plus de raison d'être. Un comité qui aurait pour mission d'évaluer l'efficacité des activités de coordination du service des finances et du service des achats correspond à ce type de groupe.

Créés par leurs membres, les groupes informels sont en réalité des groupes d'amis plus ou moins permanents, et des groupes d'intérêts, qui peuvent avoir une durée de vie plus courte. Les groupes d'amis naissent des relations cordiales entre les membres et du plaisir qu'ils ont à être ensemble. Les **groupes d'intérêts** sont constitués pour une activité ou un intérêt commun, mais une relation d'amitié peut se développer entre les membres.

groupe formel

Groupe qui a pour mandat d'exécuter les tâches et de fournir les services commandés par la direction en conformité avec des objectifs précis déjà établis. Afin de favoriser l'atteinte de ces objectifs, la direction définit également les normes de rendement et le rôle des membres à l'intérieur des divers groupes.

groupe informel

Groupe qui s'est formé spontanément, au fil du temps, et qui est constitué des interactions entre les membres de l'organisation. Les membres d'un groupe informel ont généralement des idées, des valeurs, des croyances et des besoins sociaux semblables.

groupe fonctionnel

Groupe ressemblant au groupe formel en ce sens qu'il est structuré par la direction, qui organise ses tâches et définit ses responsabilités. Ce groupe est plus ou moins permanent et représente une fonction organisationnelle. Les membres d'unités administratives telles que le service des finances et le service des achats appartiennent à des groupes fonctionnels.

groupe de tâche ou de projet

Groupe établi dans une entreprise dans le but d'accomplir une tâche précise.

groupe d'intérêts

Groupe formé de personnes qui ont des caractéristiques, des valeurs, des croyances, des objectifs ou des besoins semblables.

Les réseaux de travailleuses sont un bon exemple de groupes d'intérêts. Un grand nombre de ces groupes se sont formés à la suite de réunions informelles de femmes qui désiraient rencontrer d'autres femmes travaillant au sein d'entreprises composées majoritairement d'hommes. Ces réunions se sont rapidement transformées en groupes d'intérêts dont les avantages allaient bien au-delà du but initial. Les réseaux sont devenus des systèmes d'information en counseling, en placement et en formation en gestion. Certains se sont plus tard transformés en associations officielles et permanentes, d'autres sont demeurés des groupes informels reposant davantage sur les relations sociales que sur des intérêts précis, et quelques-uns ont été dissous. Ces groupes sont peut-être en partie responsables de l'augmentation fulgurante, au cours des dix dernières années, du pourcentage de femmes occupant des postes de direction et d'administration[3].

5.3 LES ÉTAPES DE L'ÉVOLUTION D'UN GROUPE

Un groupe est un organisme dynamique qui, comme tout être humain, évolue au fil du temps. Certains facteurs non négligeables influeront sur cette évolution de façon significative.

Parlons d'abord des caractéristiques personnelles de chaque membre du groupe : des individus possédant des affinités évidentes se lieront plus facilement et l'évolution de leur groupe sera plus rapide que s'ils n'ont aucune affinité. Lorsque les membres ont des intérêts et des objectifs communs, leur influence mutuelle ainsi qu'une fréquence élevée d'interactions favoriseront l'évolution du groupe (*voir la figure 5.1*).

Les dirigeants et les formateurs ont constaté que de nombreux groupes passent par une série d'étapes : la constitution, la confrontation, la normalisation, la réalisation et la dissolution. À chaque étape, les membres se heurtent à des difficultés qu'ils doivent surmonter pour passer à la suivante[4]. Le passage d'une phase à l'autre reflète le degré de maturité du groupe.

Figure 5.1 Le groupe en milieu de travail

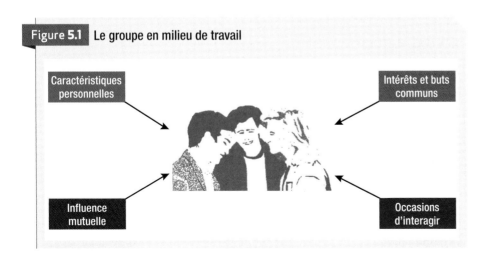

Caractéristiques personnelles

Intérêts et buts communs

Influence mutuelle

Occasions d'interagir

5.3.1 La constitution

La première étape de la formation d'un groupe est sa constitution. Les membres se cherchent alors des affinités possibles avec leurs confrères. Ils font en quelque sorte des tests qui leur permettront de découvrir les comportements jugés acceptables et les comportements réprouvés par le groupe, et ce, en étudiant les réactions des autres membres du groupe.

Lorsqu'il s'intègre à un nouveau groupe, l'individu ne s'engage pas spontanément. Il le fait avec réserve, se familiarisant peu à peu avec la nouvelle situation. À ce stade, le nouveau membre ressent une certaine dépendance envers ses compagnons et envers les règlements appliqués dans le milieu de travail. En effet, il tente d'éviter le conflit et garde ses opinions et croyances pour lui-même.

Les comportements axés sur la tâche sont définis par le groupe, de même que la mission et les objectifs. Si le groupe a déjà un leader, ce dernier établit aussitôt des directives claires et précises qui guideront les activités du groupe.

5.3.2 La confrontation

Vient ensuite la phase de la confrontation. À ce stade, les membres ne cachent plus leurs idées et leurs opinions. Ils les défendent et les confrontent avec celles des autres membres. Ils mesurent leur valeur respective. Une certaine lutte au leadership peut s'engager. S'il n'y a pas de **leader formel**, la lutte s'engagera entre ceux qui ont le potentiel de le devenir. Lorsqu'il y en a déjà un, son autorité peut être remise en question par un **leader informel**. Les buts déterminés par le leader, formel ou informel, peuvent même être contestés. La résolution des conflits est nécessaire pour que le groupe évolue et passe au stade suivant.

leader formel

Leader qui exerce une influence grâce à l'autorité que lui procure sa position hiérarchique dans l'organisation.

leader informel

Leader dont l'influence découle du prestige que lui vaut une compétence particulière, indépendamment de son statut dans l'organisation.

Les situations conflictuelles sont plus perceptibles à l'intérieur d'un groupe à caractère informel. En effet, les membres d'un groupe possédant des structures plus formelles ou rigides semblent mieux disposés à accepter l'autorité.

5.3.3 La normalisation

La troisième étape est celle de la normalisation. La cohésion d'un groupe dépend de la force d'attraction qu'exercent ses membres les uns sur les autres et de leur intention de continuer à appartenir au groupe. Ces deux éléments ont pour effet de maintenir ensemble les membres d'un groupe et de faire obstacle aux forces de désintégration. De nouveaux rôles sont alors définis et un leader est choisi ou confirmé dans son rôle. Petit à petit, les membres du groupe se sentent plus à l'aise et plus solidaires ; ils expriment plus facilement leurs opinions quant aux gestes à poser ou aux attitudes à adopter pour favoriser l'atteinte des buts communs. Les membres comprennent et respectent davantage les rôles et responsabilités de chacun et sont plus soucieux de s'entendre et d'éliminer les conflits et les obstacles.

5.3.4 La réalisation

Enfin, la quatrième étape voit naître des relations interpersonnelles plus intimes. Un climat de confiance et d'acceptation s'installe. À cette étape, des liens plus solides se créent entre les membres, puisque les questions concernant les relations interpersonnelles, la division des tâches et le partage des responsabilités ont déjà été réglées. En conséquence, le groupe peut concentrer la plus grande partie de ses énergies à la réalisation des tâches. On peut donc dire qu'à ce stade, le groupe a atteint une certaine forme de maturité.

5.3.5 La dissolution

Certains groupes, tels que les groupes de travail et les équipes de conception de projets, ont une durée de vie déterminée et se dissolvent après avoir atteint leurs buts. D'autres se désagrègent lorsque des licenciements ou une réduction des effectifs ont lieu au sein de l'entreprise. Au stade de la dissolution, les rites et les rituels qui confirment les réalisations précédentes du groupe sont courants (tels que les cérémonies et les fêtes). Les membres font souvent preuve de soutien affectif les uns envers les autres [5].

Le tableau 5.1 et la figure 5.2 (*voir page suivante*) résument le processus de maturation d'un groupe et les activités du groupe, en fonction de l'étape de développement qu'il a atteinte.

Tableau 5.1   Les étapes et les activités de l'évolution du groupe

ÉTAPES	ACTIVITÉS DU GROUPE
La constitution	• L'établissement des structures, des règlements et des schèmes de communication
	• L'éclaircissement des relations et de l'interdépendance entre les membres du groupe
	• La détermination des rôles et le choix d'un leader
	• L'élaboration d'un plan afin d'atteindre le but fixé
La confrontation	• La mise en lumière et la résolution des conflits interpersonnels
	• L'éclaircissement plus poussé des règlements, des buts et des relations structurelles
	• La création d'un climat favorable à la participation des membres
La normalisation	• La mise sur pied d'activités orientées directement vers les objectifs
	• L'établissement d'un système de rétroaction (*feedback*) adapté à la tâche
	• Le développement de l'esprit d'équipe
La réalisation	• Les démarches du leader pour faciliter l'exécution de la tâche et assurer la rétroaction et l'évaluation
	• Le renforcement des rôles et des relations personnelles
	• La consolidation de la détermination à accomplir la tâche et, par conséquent, à atteindre le but visé
La dissolution	• Les rites et les rituels qui confirment les réalisations précédentes du groupe
	• Le soutien affectif des membres les uns envers les autres

Source : Traduit et adapté de M.J. WALLACE, *Organizational Behavior and Performance*, 3e éd., Glenview, IL, Scott, Foresman and Company, 1983.

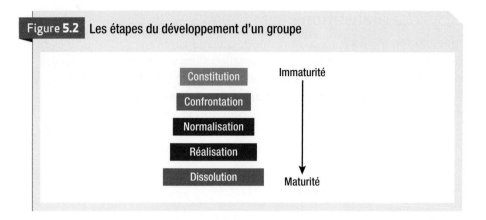

Figure **5.2** Les étapes du développement d'un groupe

Mentionnons que le groupe pourrait être dissous à l'une ou l'autre des étapes de son évolution. De plus, le fait d'établir de nouveaux objectifs ou d'intégrer de nouveaux membres peut déclencher un nouveau cycle et obliger le groupe à revivre les quatre étapes de son développement. Ajoutons que, même si elle peut se produire à tout moment, la dissolution du groupe peut être considérée comme une cinquième étape formelle qui comporte un certain nombre de rites. Pensons, par exemple, au bal de fin d'études au cégep ou à l'université, ou encore à la tradition qui consiste à offrir une petite fête ou un repas aux personnes qui quittent un groupe.

Avant de clore le sujet, un commentaire s'impose : l'évolution d'un groupe suivant les étapes susmentionnées illustre un point de vue intéressant sur le plan théorique, mais difficile à démontrer concrètement. En dépit de cette mise en garde, le gestionnaire doit essayer de tenir compte des étapes susmentionnées afin de déterminer le type de leadership qui s'avérera le plus efficace pour mener le groupe vers l'atteinte de ses objectifs.

5.4 L'EFFICACITÉ DU GROUPE

Lorsqu'on étudie le fonctionnement d'un groupe, on se doit de prêter attention aux facteurs qui influent sur son rendement et sur le comportement de ses membres.

Évidemment, plusieurs facteurs sont susceptibles de stimuler ou d'inhiber l'évolution du groupe. Un facteur présent dans l'environnement externe telle une compression budgétaire deviendra une menace pour la survie même du groupe et entraînera, de ce fait, un certain resserrement des liens. Les individus se rapprocheront afin d'affronter et de vaincre l'obstacle plus efficacement. Un environnement stable, paisible et rassurant aura l'effet contraire.

Dans les sous-sections qui suivent, on verra qu'outre l'environnement externe, des variables situationnelles (la taille, la tâche, la densité sociale, la composition du groupe et le style de leadership) et des éléments caractéristiques de la structure (les rôles, les normes et le statut des membres) ou de la dynamique du groupe peuvent influencer l'efficacité de ce dernier.

5.4.1 Les variables situationnelles

La taille, la densité sociale, la tâche à accomplir, la composition du groupe, le style de leadership et la confiance groupale sont les variables situationnelles qui influent sur le fonctionnement et l'efficacité d'un groupe (*voir la figure 5.3*). Soulignons toutefois que l'effet de ces variables est fonction de la tâche et de la nature du projet que le groupe s'est vu confier.

Figure 5.3 Les variables situationnelles qui influent sur l'efficacité d'un groupe

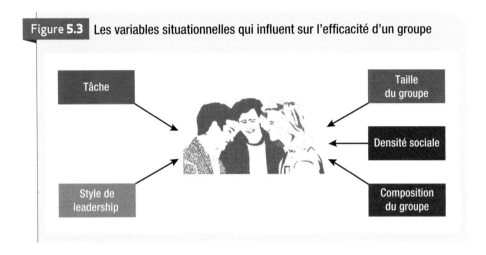

La taille du groupe

Bien que la taille ait fait l'objet de plusieurs études, elle ne nous semble pas être le facteur le plus déterminant de l'efficacité d'un groupe. Mentionnons tout de même certains de ses effets sur le fonctionnement d'un groupe.

Disons en premier lieu qu'un groupe de petite taille évoluera plus facilement qu'un groupe de grande taille. En effet, il semble que les membres d'un petit groupe ont une plus grande liberté d'action. Dans un groupe de trois à cinq personnes, les échanges d'idées sont plus simples et la satisfaction des membres est plus grande. Toutefois, la taille restreinte d'un groupe risque de créer des tensions internes, car les membres ont plus de responsabilités individuelles, ce qui accroît leur visibilité respective au sein du groupe.

Ensuite, la taille restreinte d'un groupe favorise les prises de décision rapides. Dans un grand groupe, des communications plus difficiles et la tendance à former des sous-groupes ralentissent le processus de décision. En contrepartie, la diversité des connaissances des membres d'un grand groupe joue en faveur de la qualité des décisions.

Il semble que la taille d'un groupe ait un effet sur le taux d'absentéisme et sur le taux de roulement des membres. Dans l'ensemble, les recherches indiquent que les membres d'un petit groupe s'absentent moins souvent et que le taux de roulement est plus faible qu'au sein d'un grand groupe.

Enfin, plus la taille des groupes accomplissant des tâches s'accroît, plus les risques de subir des pertes associées au processus sont élevés[6]. Les **pertes associées au processus** sont des difficultés de rendement qu'entraînent la

pertes associées au processus
Difficultés qu'entraînent les problèmes de productivité des grands groupes.

motivation et la coordination de grands groupes. Même avec de très bonnes intentions, les problèmes liés à la communication et à la prise de décision augmentent avec la taille du groupe. Imaginons 50 charpentiers qui tentent de construire une maison! Ainsi, la productivité réelle égale la productivité potentielle moins les pertes associées au processus.

La densité sociale

densité sociale

Nombre d'individus qualifiés disponibles dans un secteur géographique donné. La densité sociale se rapporte indirectement à la distance physique qui sépare les membres d'un groupe.

En psychologie du travail et des organisations, la **densité sociale** a un lien direct avec le nombre d'individus qualifiés disponibles dans une région géographique donnée. Elle concerne donc, indirectement, la distance physique qui sépare les membres d'un groupe. Il est réaliste de croire que la proximité géographique des personnes favorise l'augmentation des interactions sociales. Il est donc important de tenir compte de la distance qui sépare physiquement les membres d'un groupe, puisque cela détermine le succès avec lequel une tâche sera accomplie. Cependant, les progrès technologiques (courrier électronique, télécopieur, conférence téléphonique, etc.) permettent de réduire les difficultés traditionnellement liées à l'éloignement géographique.

La tâche

Plus une tâche est complexe, plus les membres d'un groupe mettent de temps à l'accomplir et plus les probabilités d'en arriver à un consensus sont faibles. Plus l'accomplissement de la tâche requiert l'accès à des renseignements diversifiés et complexes, plus le risque d'erreurs augmente à cause des difficultés de coordination et d'organisation de ces informations.

EN PRATIQUE

Les genres de tâche

Le rapport entre la taille du groupe et son rendement dépend du genre de tâche réalisé[7]. Les *tâches additives* sont celles où le rendement collectif équivaut à la somme du rendement de chaque membre du groupe. Ainsi, on peut prédire le rendement potentiel d'une tâche additive en additionnant le rendement de tous les membres du groupe. Comme dans les tâches additives, le rendement potentiel s'accroît avec la taille du groupe dans les *tâches disjonctives*, mais il dépend alors du rendement du meilleur membre. Le rendement potentiel d'un grand groupe sera supérieur à son rendement réel en raison des pertes collectives dues aux activités de motivation et de coordination inhérentes à ce type de groupe. Dans les *tâches conjonctives*, le rendement du groupe est limité par celui du membre le moins performant. Dans ce cas, tant le rendement potentiel que le rendement réel du groupe devraient diminuer à mesure que le groupe s'agrandit et que la probabilité d'intégrer un membre plus faible augmente.

Source: Traduit et adapté de G. JOHNS et A.M. SAKS, *Organizational Behaviour: Understanding and managing Life at Work*, 6e éd., Toronto, Ontario, Pearson Education Canada Inc., 2005.

La composition du groupe

La composition d'un groupe est généralement relative à l'homogénéité ou à l'hétérogénéité de ses membres. Dans un groupe dit homogène, la compatibilité des besoins, des motivations et des personnalités est synonyme de plus grande efficacité, et ce, parce que la coopération et la communication sont particulièrement favorisées. Toutefois, il est important de retenir que l'homogénéité du groupe n'est pas nécessairement synonyme d'efficacité. En effet, si plusieurs membres du groupe ont des traits de personnalité qui les incitent à exercer un fort leadership, le groupe sera composé de plusieurs «chefs» et de peu d'«indiens», et il en résultera une plus faible productivité.

Dans un groupe de type hétérogène, la variété de caractéristiques individuelles et la stimulante interaction entre les membres augmentent la qualité des réponses aux problèmes éventuels. Par contre, l'hétérogénéité peut aussi engendrer des situations conflictuelles qui auront pour effet de nuire à l'épanouissement du groupe.

Le style de leadership

Le style de leadership exerce une influence sur le cheminement du groupe. Les caractéristiques du leader, comme son expérience, son âge, son sexe, son ancienneté dans l'entreprise, son niveau de scolarité et son intelligence, interagissent avec celles des membres du groupe et influent sur sa capacité de coordonner les efforts axés sur la réalisation d'un but commun.

Le concept de confiance groupale

La *confiance groupale* est un concept qui a fait l'objet de nombreuses recherches[8]. Elle se définit comme la conviction des membres que leur groupe peut être efficace[9]. Des études ont révélé que les groupes dont le niveau de confiance groupale est élevé sont plus efficaces que les autres[10], ce qui laisse croire que les entreprises peuvent améliorer la performance de leurs groupes de travail en haussant le niveau de confiance groupale. Reposant essentiellement sur la théorie de la cognition sociale, la confiance groupale est un concept apparenté à la variable individuelle d'autoefficacité (abordée dans le chapitre 2), car il s'agit de deux concepts de motivation qui reflètent les évaluations des capacités[11]. Pourtant, la confiance groupale et l'autoefficacité sont aussi deux concepts clairement distincts, qui diffèrent sur deux points fondamentaux. L'autoefficacité reflète la confiance qu'une personne a en sa propre compétence, alors que la confiance groupale reflète celle que le groupe dans son ensemble a en sa compétence. Ainsi, l'opinion de chaque membre d'un groupe à l'égard de son rendement individuel peut différer nettement de celle qu'il a à l'égard du rendement du groupe.

www.cheneliere.ca/dolan

Dans des études en lien avec la confiance groupale, des chercheurs ont récemment examiné l'incidence de la gestion sur les croyances des employés en la confiance groupale[12]. Ces études ont révélé que le fait de fournir de l'information, de la formation et des récompenses axées sur le rendement renforce et favorise la confiance des employés en la capacité de réussite de leur groupe.

5.4.2 La structure du groupe

La **structure du groupe** est définie par les normes qui le régissent ainsi que par le rôle et le statut de ses membres. C'est la structure qui dynamise les relations entre les membres et qui incite le groupe à diriger ses actions vers l'atteinte des objectifs organisationnels. Cette structure peut correspondre à un simple organigramme. Toutefois, l'organigramme ne représente que l'aspect statique d'une structure; s'y juxtaposent certains facteurs qui, eux, donnent à un groupe son dynamisme. En effet, au sein d'un groupe, divers types de relations s'établissent entre les individus, des normes sont définies et des rôles sont graduellement attribués aux membres.

Les rôles

Les rôles au sein d'un groupe correspondent à des comportements attendus. Des rôles sont formellement attribués ou désignés par un organisme afin de répartir le travail et les responsabilités. L'attribution de rôles permet d'assigner les diverses tâches et d'établir l'autorité au sein du groupe. De nouveaux rôles voient le jour spontanément pour répondre aux besoins socio-émotifs des membres d'un groupe ou pour faciliter le travail de manière informelle.

En contexte de travail, les rôles correspondent étroitement aux fonctions des membres d'un groupe. Plus concrètement, les rôles sont attribués aux personnes conformément aux comportements qu'on attend d'elles. En fait, les rôles ont pour fonction de rendre les comportements prévisibles. Dans une entreprise, les descriptions de tâches et les directives encadrent l'exercice des fonctions et précisent les rôles des employés[13]. Quand ils ont des comportements qui ne correspondent pas à ceux qui sont normalement associés à leur rôle, les employés donnent l'impression de se comporter de façon inappropriée. Par exemple, si, au cours d'un match de hockey, un gardien de but s'emparait de la rondelle, déjouait les joueurs adverses en traversant la patinoire et comptait un but, on dirait qu'il ne respecte pas son rôle.

Par ailleurs, une personne peut jouer plusieurs rôles au sein d'une entreprise. Par exemple, elle peut se situer à divers degrés de la hiérarchie de telle sorte qu'elle se trouve, d'une part, dans un rôle d'autorité face à ses subalternes et, d'autre part, dans un rôle de subordination face à son supérieur immédiat. Qui plus est, elle peut appartenir à d'autres groupes (comité, association, etc.) au sein desquels elle joue des rôles différents.

En général, on note deux principaux types de rôles en entreprise : le premier est directement lié à la tâche, alors que le second est d'ordre socio-émotif. Les rôles liés à la tâche sont généralement assignés ou prescrits par l'organisation afin de déterminer « qui fait quoi ». Cependant, au-delà de l'assignation formelle, les comportements des individus font émerger des rôles qui correspondent à une manière d'être, à un style personnel. Ainsi, parmi les rôles associés à la tâche, on rencontre celui de l'individu qui introduit des sujets et des idées, qui suggère des méthodes ou propose des objectifs, celui qui consiste à exiger des renseignements supplémentaires et chercher des solutions, ou encore à prendre des notes, clarifier les idées ou les propositions et organiser l'information.

Les rôles socio-émotifs correspondent à des comportements qui visent la gestion des émotions, des éventuelles tensions et des aspects sociaux du groupe. Cette catégorie peut inclure le rôle de la personne qui renforce les liens sociaux en encourageant les membres du groupe, celle qui fait des commentaires positifs sur leurs idées et sur les solutions qu'ils proposent et celle qui encourage leur participation. S'y trouve aussi le rôle de la personne qui formule des synthèses et des compromis permettant d'atténuer les divergences et les éventuels conflits au sein du groupe, ainsi que le rôle de la personne qui voit à ce que le café soit prêt, qui fait les réservations pour les repas et qui s'assure du confort de tous. D'autres rôles socio-émotifs peuvent aussi émerger. Pensons au rôle du clown, celui qui utilise l'humour de différentes façons, ou encore le rôle du bouc émissaire, qui permet de canaliser les tensions et l'hostilité entre les membres.

La majorité de ces rôles, tant ceux qui sont associés à la tâche que ceux qui ont un caractère socio-émotif, ne sont pas formels, mais émergent selon les besoins du groupe ou les besoins particuliers de ses membres. Ces rôles ont leur importance et permettent de réduire l'ambiguïté. On observe en effet que la plupart des organisations connaissent des problèmes associés à l'attribution de rôles. Ces problèmes résultent d'une certaine ambiguïté ou d'un manque de clarté dans l'exercice de l'autorité et dans la répartition des tâches et des responsabilités de chacun. À cet égard, des recherches ont prouvé que l'ambiguïté d'une situation est proportionnelle à la complexité d'une tâche. Il faut aussi tenir compte du fait que certaines caractéristiques personnelles créent d'elles-mêmes des situations nébuleuses ; généralement, un individu très confiant perçoit plus clairement les situations que ses collègues moins sûrs d'eux.

D'autres problèmes peuvent surgir lorsqu'il y a **conflit de rôles** ou, plus précisément, lorsque des demandes multiples et des attentes divergentes sont exprimées simultanément, par une ou plusieurs personnes. Une incertitude s'installe alors dans l'esprit du travailleur qui doit établir un ordre de priorités. Deux types de conflits peuvent survenir : les conflits intrarôles — soit les conflits internes, lorsque l'employé ne peut satisfaire à toutes les demandes à la fois — et les conflits interrôles — soit les conflits qui découlent du cumul des rôles et des attentes.

conflit de rôles
Présence simultanée de deux ou de plusieurs ensembles d'exigences qui sont tels qu'en se soumettant à l'un, l'individu se trouve, par définition, dans l'impossibilité de se soumettre à l'autre ou aux autres.

Les normes

Les diverses normes auxquelles adhèrent les membres d'un groupe constituent une autre facette intéressante de l'étude des groupes. Dans ce contexte, une norme est un standard auquel l'individu a recours pour évaluer ses propres attitudes, conduites et opinions. Tous les groupes possèdent leurs propres normes relatives aux comportements acceptables et aux lignes de conduite à respecter.

Les normes touchent divers aspects du comportement des individus telles la façon de s'habiller, de parler, d'agir et même l'importance et la qualité du rendement. En uniformisant les comportements des membres, les normes assurent le maintien d'un certain rendement et l'atteinte des objectifs. Les normes varient selon les circonstances et les objectifs à atteindre. De plus, certaines normes s'appliquent à tous les membres, alors que d'autres ne régissent le comportement que de quelques-uns. Ainsi, il est possible qu'un nouvel employé soit tenu de respecter certaines normes précises (par exemple, la ponctualité), alors que le leader du groupe n'y est pas tenu.

Une fois acceptées par le groupe, les normes influencent le comportement des membres et remplissent une fonction externe, soit de type formel, soit de type informel. Les normes ou les règles formelles sont écrites. On les trouve dans les diverses clauses d'une convention collective. Elles décrivent principalement la **politique administrative** et les droits et obligations des employés. Cependant, la majorité des normes sont informelles. Dans des situations bien précises, certains comportements sont socialement plus acceptables que d'autres. Prenons, par exemple, une entrevue de sélection : il va de soi que certains sujets, tels les conflits de personnalité survenus au cours d'un travail précédent, les raisons d'un départ ou les défauts du candidat seront évités, alors que d'autres sujets, telles l'expérience, les habiletés acquises et les qualités personnelles, seront placés au premier plan.

La majorité des individus apprennent rapidement à se conformer aux normes établies au sein d'un groupe. Seuls les individualistes solidement déterminés à agir selon leurs propres critères oseront défier les croyances et valeurs véhiculées par le groupe.

politique administrative

Type de politique qui inclut les événements liés à un aspect global de l'entreprise, soit la pertinence ou le caractère inadéquat de la procédure formelle et informelle de l'organisation.

Le statut

Le statut découle du rang ou de la position de l'employé dans l'organisation. Cela est aussi vrai pour l'ensemble du groupe, car le rang ou la position du groupe dans l'organisation peut grandement accroître son influence et son efficacité.

Or, si, en général, le statut renvoie à la position hiérarchique formelle d'un individu, il peut aussi dépendre de ses qualités personnelles. Les principaux marqueurs du statut d'un individu sont : le titre d'emploi (directeur, vice-président, etc.), le titre professionnel (architecte, dentiste, etc.), l'importance des relations (travailler avec une personne qui a un très haut statut, comme un ministre, etc.), le salaire direct et indirect (salaire très élevé, compte de dépenses important, etc.) et la disposition d'espace (stationnement réservé, grand bureau, etc.).

Le statut détermine la façon dont l'individu ou le groupe est perçu par le reste de l'organisation, ainsi que son prestige et son influence. Les individus qui ont les statuts les plus élevés communiquent avec les autres membres d'un groupe et les influencent beaucoup plus que ceux dont le statut est moins élevé. En ce qui a trait au groupe de travail, il appert que, lorsqu'il possède certaines caractéristiques, il optimise son potentiel et, par le fait même, acquiert un plus haut statut dans l'organisation.

5.4.3 Les facteurs de cohésion du groupe

Dans un ensemble de personnes, un processus d'influence mutuelle se met graduellement en place de sorte qu'une certaine cohésion s'installe entre elles. Les membres d'un groupe en viennent à éprouver de l'affection mutuelle et à se respecter. Comme l'indique la figure 5.4, huit facteurs influent sur la cohésion du groupe ; nous les examinons dans les paragraphes qui suivent.

L'homogénéité

L'*homogénéité* d'un groupe favorise sa cohésion interne. Les individus sont plus enclins à se joindre à un groupe si les membres partagent leurs intérêts, valeurs et croyances. Ainsi, on remarque que des individus exerçant une même fonction dans une entreprise se regroupent souvent afin de parler de leur travail. Un phénomène semblable peut être observé dans une salle de cours. Lorsque des élèves issus de divers établissements scolaires se trouvent, au collège ou à l'université, dans une même classe pour la première fois, la cohésion de ce groupe est imparfaite parce que personne ne sait encore avec qui s'associer. Mais rapidement, des sous-groupes se formeront en fonction des affinités qui émergeront graduellement. On pourra voir se former, à gauche au fond de la classe, un groupe d'étudiants qui partagent les mêmes intérêts pour les parties de cartes et, à droite, un groupe d'élèves originaires d'une même région ou d'un même établissement scolaire, alors qu'au centre, un groupe se formera autour des goûts vestimentaires. Ces sous-groupes seront plus homogènes et on y remarquera une plus grande cohésion.

Figure 5.4   Les facteurs qui influent sur la cohésion d'un groupe

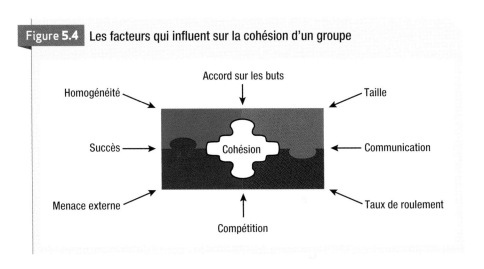

Cependant, leur cohésion peut être contrariée par des luttes pour le pouvoir que se livreraient des sous-groupes d'amis ou des clans (scissions). Soulignons que dans une organisation, il est important que l'homogénéité du groupe traduise un intérêt commun pour la tâche plutôt qu'une attirance interpersonnelle ou une amitié, car l'accomplissement de la tâche pourrait alors être négligé au profit d'interactions à caractère social.

L'accord sur les buts

Plus les membres d'un groupe s'entendent sur les buts et objectifs à atteindre, plus la cohésion du groupe augmente. Si le groupe n'arrive pas à se rallier à un objectif commun, même après l'intervention du leader, il est probable que des sous-groupes se formeront et qu'une scission se produira. C'est, par exemple, ce qui pourrait arriver dans une équipe sportive où les joueurs ne suivraient pas le même plan de match, ou encore dans un groupe de travailleurs divisés sur les objectifs, certains préconisant une forte productivité au détriment de la qualité et les autres l'inverse.

La taille

Un groupe de taille restreinte présente généralement une plus grande cohésion, car, dans un groupe comptant beaucoup de membres, la probabilité que des opinions différentes soient exprimées est plus forte. De plus, dans un petit groupe, les buts, les rôles et les responsabilités sont plus facilement définissables.

La communication

Une communication de qualité entre les membres d'un groupe favorise sa cohésion. La qualité de la communication peut se mesurer par la fréquence des interactions. À cet égard, il semble que plus les membres d'un groupe interagissent, plus le groupe est cohérent. Toutefois, il existe une limite au nombre d'interactions possibles, et celle-ci doit être définie en fonction de la capacité individuelle des membres d'apporter des renseignements significatifs lors des réunions. Ainsi, un calendrier de réunions trop rempli amène souvent une stagnation de la productivité du groupe.

La menace externe

En réaction à une menace externe, le groupe a tendance à faire preuve de cohésion, à mobiliser ses membres afin qu'ils unissent leurs efforts vers un but commun. Un bon exemple est un groupe d'employés dont la sécurité d'emploi est menacée par des changements technologiques ou des compressions budgétaires.

La compétition intergroupe

Comme la menace externe, la compétition intergroupe favorise elle aussi la cohésion d'un groupe. En effet, cette compétition force les membres à unir leurs efforts, à améliorer leur productivité, leur communication et l'organisation de leur travail. À l'inverse, la compétition intragroupe divise les membres plutôt que de les unir.

Le succès du groupe

Les membres d'un groupe qui n'atteint pas ses objectifs tentent généralement d'attribuer la cause de leur échec à un des leurs. Cette situation mine la cohésion du groupe et, dans une situation compétitive, le rend plus vulnérable. Il suffit de lire les pages sportives d'un quotidien pour se rendre compte qu'à la suite d'une défaite, un bouc émissaire, qui n'est pas nécessairement le leader de l'équipe, doit essuyer quelques sarcasmes. De plus, les gens n'aiment pas s'identifier à une équipe perdante, si bien que les groupes qui ont une bonne réputation sont recherchés et reconnus pour leur succès. La cohésion d'un groupe est ainsi renforcée par le succès, lequel rejaillit sur chaque membre en vertu d'un système de récompenses coopératives plutôt que compétitives. On reconnaît d'ailleurs souvent l'esprit d'équipe d'un travailleur productif aux commentaires élogieux qu'il fait sur ses coéquipiers plutôt que sur l'excellence de son propre rendement.

Le taux de roulement

Lorsque les employés vivent des tensions et des situations stressantes au sein de leur groupe de travail, ils réagissent inévitablement : certains vont contester, d'autres vont diminuer leur rendement et même, parfois, quitter leur emploi parce que le groupe ne satisfait plus leurs besoins. Tout cela entraîne un déséquilibre et, par conséquent, un fléchissement de la cohésion du groupe, qui peut conduire à sa dissolution. On peut donc associer à un fort taux de roulement une faible cohésion du groupe. Il y a tout de même des cas où le départ d'un employé joue en faveur de la cohésion du groupe. Pensons, par exemple, au groupe qui, pour améliorer son rendement, rejette les individus qu'il juge non productifs.

Dans l'ensemble, on peut dire que la cohésion entre les membres d'un groupe est d'autant plus grande que le groupe réussit à atteindre ses buts, qu'il est menacé de l'extérieur, qu'il est en compétition avec d'autres groupes ou qu'il a adopté un système de récompenses coopératives plutôt que compétitives. Dans les groupes de travail, la cohésion fortifie le moral et rehausse l'estime de soi tout en contribuant à l'amélioration du rendement.

PERSPECTIVE INTERNATIONALE

Les groupes de travail multiculturels

Les groupes de travail multiculturels sont de plus en plus fréquents dans les milieux de travail contemporains. Ils sont de trois types : ceux qui ne comptent qu'un seul membre d'une autre culture ; les biculturels qui ont des membres de deux cultures différentes ; les multiculturels qui comptent des membres de trois cultures ou plus. La diversité culturelle peut avoir des répercussions positives et négatives sur la productivité d'un groupe. La diversité augmente le potentiel de productivité, mais accroît de façon significative la complexité des procédés qu'un groupe de travail doit employer afin de réaliser son plein potentiel. Les groupes multiculturels ont la possibilité d'atteindre un niveau de productivité plus élevé que les groupes homogènes, mais risquent également d'essuyer de plus grandes pertes si leur fonctionnement laisse à désirer. Par exemple, par leur accès à de multiples points de vue, ils peuvent mieux comprendre une situation donnée et, conséquemment, accroître leur productivité. Cependant, ils éprouvent de plus grandes difficultés que les groupes homogènes lorsqu'il s'agit d'intégrer et évaluer ces points de vue multiples, ce qui entraîne des pertes de productivité. Si les membres d'un groupe sont de cultures semblables, ils ont plus de facilité à communiquer. Au contraire, de mauvaises perceptions, communications, interprétations et évaluations abondent au sein de groupes culturellement diversifiés. Au sein de ces groupes, des désaccords sur les attentes, la pertinence des renseignements et le besoin de prendre certaines décisions surviennent plus fréquemment. Le niveau de stress est donc plus élevé pour leurs membres que pour ceux qui font partie de groupes culturellement homogènes.

La diversité culturelle accentue l'ambiguïté, la complexité et la confusion inhérentes au travail de groupe. Comme l'indique le tableau qui suit, la méfiance, le stress et les mauvaises communications propres aux groupes multiculturels réduisent leur degré de cohésion, mais par-dessus tout, ils gênent souvent leur productivité.

La diversité au sein des groupes multiculturels : avantages et inconvénients

LES AVANTAGES

- La diversité augmente la créativité, entraînant :
  - des perspectives plus variées ;
  - des idées plus nombreuses et meilleures ;
  - moins de « pensée de groupe ».
- La diversité oblige à consentir plus d'efforts pour mieux comprendre les idées, perspectives et arguments des autres.
- Une augmentation de la créativité peut produire :
  - une meilleure définition des problèmes ;
  - plus de possibilités ;
  - de meilleures solutions ;
  - de meilleures décisions.
- Les groupes peuvent devenir :
  - plus efficaces ;
  - plus productifs.

LES INCONVÉNIENTS

- La diversité suscite un manque de cohésion, entraînant :
  - de la méfiance ;
  - peu d'affinité entre les membres ;
  - des stéréotypes erronés ;
  - plus d'échanges entre les membres d'une même culture ;
  - une mauvaise communication ;
  - une expression plus lente : problèmes de traduction et locuteurs étrangers ;
  - moins d'exactitude ;
  - du stress ;
  - plus de conduites contre-productives ;
  - moins de créativité.
- De la tension.
- Le manque de cohésion cause une incapacité à :
  - valider les idées ;
  - se mettre d'accord lorsque nécessaire ;
  - prendre des décisions par consensus ;
  - engager des actions concertées.
- Les groupes peuvent devenir :
  - moins efficients ;
  - moins efficaces ;
  - moins productifs.

Comme l'illustre le tableau suivant, la productivité des groupes multiculturels dépend de leurs tâches et de la façon dont ils gèrent leur diversité. La diversité devient plus intéressante lorsque le besoin d'innover l'emporte sur le besoin d'en arriver à une entente (cohésion). La diversité est un avantage seulement si le groupe sait à quel moment miser sur sa diversité et à quel moment ne pas le faire, et si il sait équilibrer créativité et consensus. Le chef de groupe doit évaluer chaque situation avec justesse et faire les choix qui répondent le mieux aux buts et objectifs globaux du groupe et aux exigences de la tâche en cours.

La gestion efficace de la diversité au sein d'un groupe

	EFFICACE	INEFFICACE
	La diversité entraîne une plus grande efficacité en présence des conditions de travail suivantes :	La diversité entraîne une moins grande efficacité en présence des conditions de travail suivantes :
Tâches	Novatrices	Routinières
Conditions	Différences reconnues	Différences ignorées
	Membres choisis pour leurs compétences	Membres choisis pour leur origine ethnique
	Respect d'autrui	Ethnocentrisme
	Pouvoir égal	Dominance culturelle
	Objectifs communs	Objectifs individuels
	Rétroaction externe	Aucune rétroaction (autonomie)

Source : Traduit et adapté de N.J. ADLER, *International dimensions of organizational behavior*, 4e éd., Cincinnati, OH, South-Western, 2002.

EN PRATIQUE

Atténuer les tensions intergroupe

Non seulement la cohésion d'un groupe se trouve-t-elle renforcée lorsque celui-ci se sent menacé de l'extérieur (l'«union sacrée»), mais même en excluant toute menace, le groupe peut spontanément exprimer sa solidarité en s'attaquant à ses voisins ou en cherchant des situations de compétition. Il existe une certaine corrélation entre le renforcement de la cohésion intragroupe et les possibles tensions intergroupes.

Au cours des années 1940, Muzafer Sherif, un des pères de la dynamique des groupes, a expérimenté des méthodes (dont certaines se sont révélées peu efficaces) visant à atténuer ces tensions.

- Une de ces méthodes consiste à mobiliser les efforts de tous contre un autre groupe pris comme adversaire commun ; cette mesure peut avoir une efficacité provisoire sur la cohésion du groupe, mais elle risque d'intensifier les tensions intergroupes.

- Une autre consiste à provoquer des contacts entre les deux groupes dans des situations agréables (séances récréatives, goûters

⌄

communs, etc.); cette méthode se révèle toutefois fort décevante, car les membres des deux groupes s'installent séparément dans un même local et les seuls échanges ont lieu de façon agressive.

- Pour atténuer l'agressivité entre plusieurs groupes, la seule méthode qui peut avoir

un effet décisif consiste à provoquer une interaction entre eux à l'occasion d'une urgence qui exige des ressources supérieures à celles des groupes pris isolément. On assiste alors à une évolution des attitudes et au rétablissement progressif de la communication et de la coopération entre les groupes.

Source: Adapté de M. SHERIF, *In Common Predicament*, Boston, MA, Houghton Mifflin, 1966.

5.5 LA «PENSÉE DE GROUPE» *(GROUPTHINK)*

C'est le psychologue Irving Janis qui a développé le concept de «pensée de groupe». Lorsque les membres d'un groupe se trouvent dans un processus de prise de décision, une cohésion élevée peut, dans certains cas, intervenir négativement et entraîner un conformisme excessif qui se manifeste par une intolérance à l'endroit de tout comportement dit déviant, c'est-à-dire qui ne respecte pas les normes établies par le groupe. Un tel conformisme fait en sorte que, lors d'une prise de décision, tous les membres du groupe se rallient aux opinions dominantes plutôt que d'émettre leur propre opinion.

Prévention de la pensée de groupe

Plusieurs suggestions ont été présentées aux gestionnaires pour les aider à réduire la probabilité que se forme une pensée de groupe dans la prise de décision en groupe. Résumées dans le tableau 5.2, ces recommandations sont divisées en quatre catégories selon qu'elles s'appliquent au dirigeant, à l'entreprise, à la personne ou au processus. Elles sont toutes conçues pour faciliter l'évaluation critique des possibilités et décourager la poursuite absolue de l'unanimité.

5.6 LA PARESSE SOCIALE

paresse sociale
Tendance à ménager ses efforts physiques ou intellectuels dans un travail de groupe.

effet parasite
Forme de paresse sociale qui survient lorsque des membres d'un groupe («des profiteurs») ralentissent leurs efforts aux dépens des autres.

effet compensatoire
Forme de paresse sociale qui survient lorsque certains membres d'un groupe font moins d'efforts en s'apercevant que d'autres sont profiteurs.

Avez-vous déjà pris part à un projet de groupe, au travail ou à l'école, auquel vous n'avez pas contribué autant que vous l'auriez pu parce que d'autres personnes allaient prendre la relève? Avez-vous déjà réduit vos efforts dans un projet de groupe parce que vous sentiez que les autres ne faisaient pas leur part[14]? En fait, les gens travaillent plus fort lorsqu'ils sont seuls que lorsqu'ils sont en groupe.

La **paresse sociale** est la tendance à ménager ses efforts physiques ou intellectuels dans un travail de groupe[15]. Elle est une des causes des pertes collectives au sein de grands groupes et se présente sous deux formes: l'**effet parasite** et l'**effet compensatoire**. L'effet parasite se produit lorsque des membres du groupe (des «profiteurs») diminuent leurs efforts aux dépens des autres. C'est le cas de ceux

Tableau 5.2 Recommandations pour prévenir la pensée de groupe[16]

A. RECOMMANDATIONS À L'INTENTION DU DIRIGEANT
1. Attribuer le rôle d'évaluateur critique à chacun.
2. Être impartial, ne pas montrer de préférences.
3. Assigner le rôle d'avocat du diable à au moins un membre du groupe.
4. Avoir recours à des experts externes pour défier le groupe.
5. Être ouvert aux points de vue dissidents.
B. RECOMMANDATIONS À L'INTENTION DE L'ENTREPRISE
1. Mettre sur pied plusieurs groupes indépendants pour étudier la même question.
2. Former des gestionnaires et des chefs de groupe sur les techniques de prévention de la pensée de groupe.
C. RECOMMANDATIONS À L'INTENTION DES PERSONNES
1. Avoir un esprit critique.
2. Discuter des délibérations de groupe avec une personne de confiance venant de l'extérieur ; rendre compte au groupe des propos échangés.
D. RECOMMANDATIONS LIÉES AU PROCESSUS
1. Diviser régulièrement le groupe en sous-groupes afin de discuter des questions posant problème.
2. Prendre le temps d'étudier les facteurs externes.
3. Tenir des réunions supplémentaires afin de reconsidérer les questions avant de prendre un engagement.

qui ne font pas leur part dans un projet collectif. Il y a un effet compensatoire lorsque certains membres du groupe freinent leurs efforts en s'apercevant que d'autres sont profiteurs. Ils veulent ainsi restaurer l'équité au sein du groupe.

On peut faire échec à la paresse sociale de diverses façons :

- En accroissant la visibilité du rendement individuel. La façon la plus simple d'y arriver est de conserver une petite taille au groupe.

- En s'assurant que le travail est intéressant. Toute tâche exigeante sera porteuse de motivations qui feront échec à la paresse sociale.

- En intensifiant chez les membres du groupe le sentiment de leur propre importance. Formation et statut peuvent leur donner la possibilité d'apporter une contribution unique à l'organisation.

- En augmentant la rétroaction sur le rendement. Des commentaires plus fréquents de la part du chef, des pairs et des clients devraient favoriser l'autocorrection.

- En récompensant le rendement collectif. Les membres sont plus enclins à surveiller et à maximiser leur rendement individuel lorsque le groupe est récompensé pour son efficacité.

5.7 LES ÉQUIPES DE TRAVAIL PAR OPPOSITION AUX GROUPES DE TRAVAIL

Certains auteurs ont laissé entendre qu'une équipe est plus qu'un groupe. Ils pensent qu'un groupe devient une équipe quand ses membres ont un sens aigu de l'engagement commun et que la synergie devient telle que les efforts du groupe sont plus grands que la somme de ses parties[17]. Bien que cette différence puisse sembler évidente dans certains cas, notre définition du groupe est suffisante pour décrire la plupart des équipes que l'on peut trouver dans les entreprises. Le terme «équipe» est habituellement utilisé pour définir un «groupe» dans un contexte organisationnel. Ainsi, dans le présent chapitre, nous utiliserons indifféremment l'un ou l'autre terme. Les équipes sont devenues un élément fondamental des organismes et elles sont maintenant très courantes en Amérique du Nord[18]. On les met sur pied pour diverses raisons, mais, dans bien des cas, il s'agit de tentatives pour améliorer l'efficacité, la qualité, la satisfaction de la clientèle, l'innovation ou la vitesse de production. Des travaux de recherche ont montré des améliorations dans la performance organisationnelle tant sur le plan de l'efficacité que sur celui de la qualité, attribuable aux formules de travail axées sur la formation d'équipes[19].

5.7.1 Les équipes de travail autogérées

équipe de travail autogérée
Groupe de travailleurs auquel sont confiées toutes les étapes de la fabrication d'un produit.

Les **équipes de travail autogérées** offrent généralement à leurs membres la possibilité d'accomplir un travail exigeant en étant moins supervisés. Autonomes et semi-autonomes sont d'autres étiquettes qui leur sont souvent attribuées. L'idée générale est que les groupes régissent la façon dont leurs propres membres se comportent.

La nature de la tâche, la composition du groupe et les divers mécanismes de soutien en place sont déterminants pour le succès des équipes de travail autogérées[20]. Bon nombre des suggestions qui suivent devraient améliorer la coordination, décourager la paresse sociale et stimuler l'efficacité collective.

Les tâches à assigner aux équipes de travail autogérées Les spécialistes s'entendent pour dire que, pour être bien réalisées, les tâches attribuées aux équipes de travail autogérées devraient être complexes et exigeantes, et nécessiter un degré d'interdépendance élevé entre leurs membres. Les équipes devraient savoir reconnaître l'importance d'une tâche, l'exécuter du début à la fin et utiliser une vaste gamme de compétences. L'éventail réel des tâches pour lesquelles les entreprises ont recours à des équipes autogérées est grand, couvrant autant le travail des cols bleus que celui des cols blancs.

La composition des équipes autogérées Pour que les équipes de travail autogérées soient efficaces, les organisations qui désirent les implanter doivent s'assurer qu'elles seront «stables, de petite taille et intelligentes».

- *La stabilité.* Il doit exister une très grande interaction et beaucoup de cohésion entre les membres des équipes autogérées, ce qui demande aussi de la compréhension et de la confiance. Pour qu'il en soit ainsi, la composition du groupe doit être assez stable.

- *La taille.* Suivant les besoins de la tâche, les équipes autogérées devraient être aussi réduites que possible.

- *L'expertise.* Il va sans dire que les membres d'un groupe devraient posséder des compétences étendues relativement à la tâche à accomplir. Personne n'a besoin de tout savoir, mais le groupe dans son *ensemble* devrait avoir une très bonne connaissance de l'*ensemble* de la tâche à réaliser. Une des principales qualités que devraient probablement posséder tous les membres, dans une certaine mesure, est *l'aptitude sociale.* Il est essentiel pour les groupes autogérés de savoir tirer les choses au clair, de communiquer efficacement et de résoudre les conflits.

- *La diversité.* Tout simplement, une équipe devrait être composée de membres ayant assez d'affinités pour bien travailler ensemble, mais présentant suffisamment de différences pour apporter une variété de perspectives et de compétences dans l'accomplissement de la tâche.

Appuyer les équipes autogérées Un certain nombre de facteurs de soutien peuvent aider les équipes autogérées à devenir et à demeurer efficaces.

- *La formation.* Les membres des équipes autogérées ont besoin d'une formation poussée. Le type de formation dépend de la conception exacte des tâches et des besoins des effectifs. Toutefois, il existe certains domaines communs, tels que:

  - *La formation technique.* Cela peut comprendre les mathématiques, l'utilisation d'un ordinateur ou toute autre tâche auparavant assurée par un superviseur.
  - *Les aptitudes sociales.* L'affirmation de soi et la résolution de problèmes et de différends quotidiens sont des aptitudes qui aident l'équipe à bien fonctionner.
  - *Les capacités langagières.* Celles-ci peuvent être importantes pour les équipes composées de personnes d'ethnies différentes. Il est essentiel que les membres des équipes autogérées puissent bien communiquer entre eux.
  - *La formation axée sur les activités.* Certaines entreprises offrent de la formation de base en finance, en comptabilité et en production.

- *Les récompenses.* En règle générale, il faut tâcher d'associer les récompenses aux réalisations de l'équipe plutôt qu'aux réalisations individuelles, tout en offrant aux membres de l'équipe une rétroaction individuelle sur le rendement.

- *La gestion.* L'autogestion est davantage encouragée lorsque les gestionnaires ne se sentent pas trop menacés et ne pensent pas qu'elle peut nuire à leur autorité ou à leurs possibilités d'avancement.

EN PRATIQUE

Les principes essentiels à une approche autogérée

Le modèle des équipes de travail autogérées repose sur un énoncé explicite des valeurs qui ont des impacts évidents sur la pratique. Un consensus préliminaire sur ces valeurs est nécessaire au succès de l'intervention: la définition et l'exploration préalables des valeurs sont indispensables à la réussite de l'action. Six principes sont essentiels à une approche autogérée:

1. Il faut percevoir positivement les personnes avec lesquelles nous travaillons, en refusant les étiquettes négatives et en reconnaissant que toutes ont des habiletés, des connaissances et des compétences.

2. Les personnes ont des droits, dont celui d'être entendues et de contrôler leur propre vie. Il s'ensuit qu'elles ont le droit de choisir leurs interventions. Elles doivent toujours avoir le droit de participer ou non à une action autogérée, de développer leurs propres problématiques et de choisir les actions conséquentes.

3. Les problèmes auxquels font face les membres sont complexes et les réponses doivent refléter cette complexité. Ils ne doivent pas être compris comme de simples résultantes de déficits personnels. Des forces importantes comme l'oppression, les politiques sociales, l'environnement et l'économie doivent être intégrées dans l'analyse, et la pratique doit s'inspirer des résultats de cette analyse.

4. Il faut appuyer la pratique sur la reconnaissance du principe « l'union fait la force ». Les personnes peuvent s'approprier un pouvoir en travaillant ensemble.

5. Les méthodes de travail doivent refléter des principes égalitaires. D'abord, les intervenants ne dirigent pas le groupe, mais facilitent les prises de décision collectives et l'appropriation des choix; les connaissances et les habiletés utiles n'appartiennent pas seulement à l'intervenant et ne lui accordent pas de privilèges spéciaux.

6. L'intervention doit remettre en question l'oppression, qu'elle porte sur la race, le genre, l'orientation sexuelle, l'âge, la classe sociale, la capacité physique ou toute autre forme de différenciation sociale. Historiquement, de telles caractéristiques ont permis l'élaboration des concepts de supériorité ou d'infériorité raciale, sexuelle ou sociale, et, bien qu'erronés, ces concepts continuent de rencontrer une certaine écoute.

Source: Adapté de J. LINDSAY, « Une description et une analyse du modèle de groupe autogéré », *Textes de base sur le modèle de groupe autogéré*, Québec, Québec, Université Laval, 1992.

équipe de travail interfonctionnelle
Groupe de travail réunissant des spécialistes de divers domaines ayant pour objectif commun de créer, concevoir et livrer autrement un produit ou une prestation.

cercle de qualité
Groupe restreint d'employés effectuant des tâches similaires et qui se réunissent régulièrement avec leur superviseur pour analyser et résoudre des problèmes liés au travail, en vue d'accroître la qualité du travail ou d'améliorer le rendement et la sécurité du travail.

5.7.2 Les équipes de travail interfonctionnelles[21]

Les **équipes de travail interfonctionnelles** sont de plus en plus présentes dans les organisations. Il s'agit de groupes de travail réunissant des personnes spécialisées dans divers domaines dans le but de mieux créer, concevoir ou livrer un produit ou un service[22]. Dans l'ensemble, ces équipes visent l'innovation, la rapidité et la qualité, qui découlent d'une coordination entre ces diverses spécialités[23].

Selon certaines études[24], six facteurs peuvent contribuer à l'efficacité des équipes interfonctionnelles: la composition de l'équipe, les objectifs prioritaires, la proximité, l'autonomie, les règlements et le leadership. L'équipe devrait être *composée* de tous les spécialistes pertinents, y compris des représentants syndicaux et des fournisseurs, s'il y a lieu. Les cultures propres aux diverses

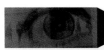

EN PRATIQUE

Les cercles de qualité

Un **cercle de qualité** est un mécanisme formel, institutionnalisé, destiné à favoriser une interaction productive et participative entre les membres du personnel afin de leur permettre de résoudre eux-mêmes leurs problèmes. Un petit groupe d'ouvriers ou d'employés s'engage dans un processus coopératif d'étude permanent afin de découvrir et de résoudre des problèmes liés au travail. Chaque cercle agit aussi comme instance de surveillance et aide l'entreprise à s'adapter à son environnement et à suivre les opportunités.

Les réunions sont dirigées par un animateur de groupe. Dans la plupart des cas, ce rôle est assumé par le chef du premier degré. L'animateur n'a pas de position d'autorité par rapport aux autres membres ; c'est un modérateur de débats qui facilite le processus de résolution de problèmes.

La plupart des entreprises recourent aussi à un facilitateur. Celui-ci conçoit les programmes de formation et offre une formation permanente et des conseils aux animateurs ; sur demande, il propose des programmes de formation des membres. Lorsque le nombre de cercles devient important, certaines entreprises recourent aussi à un coordinateur. Celui-ci assure la liaison entre les facilitateurs, le comité de pilotage et les cadres.

Les cercles de qualité ont les caractéristiques suivantes :

Objectifs

- Améliorer la communication, particulièrement entre ouvriers, employés et cadres.
- Repérer et résoudre les problèmes.

Organisation

- Le cercle est composé d'un animateur et de 8 à 10 membres appartenant à une même unité de travail.

- Les cercles ont aussi un coordinateur et un ou plusieurs facilitateurs.

Sélection des membres du cercle

- La participation des membres est volontaire.
- La participation des animateurs peut être volontaire ou non.

Nature des problèmes analysés par le cercle

- Le cercle sélectionne ses propres problèmes.
- Il est encouragé à les choisir dans son environnement immédiat.
- Les problèmes peuvent concerner la qualité du rendement, les coûts de production, la sécurité, le moral des travailleurs, l'entretien, l'environnement et d'autres domaines.

Formation

- Une formation en techniques de résolution de problèmes occupe habituellement une partie des réunions.

Réunions

- Habituellement, une heure par semaine.

Récompenses

- Habituellement, aucune récompense en espèces.
- La récompense la plus efficace réside dans la satisfaction que les membres éprouvent en résolvant des problèmes et en observant l'application des solutions qu'ils ont imaginées.

Source: O.L. CROCKER, C. CHARNEY et J. SIK LEUNG CHIEU, *Guide pratique des cercles de qualité: l'expérience des États-Unis et du Japon au service des entreprises françaises*, Paris, France, Eyrolles, 1991.

fonctions peuvent parfois entrer en conflit, alors que les *objectifs prioritaires* ne peuvent être atteints que par la collaboration. Les objectifs prioritaires aident donc à neutraliser les possibles conflits fonctionnels. Les membres de l'équipe doivent travailler à *proximité* les uns des autres afin de favoriser les contacts informels. Les équipes interfonctionnelles ont besoin d'une certaine *autonomie* dans l'organisation et les spécialistes doivent avoir l'autorité nécessaire à la réalisation du projet. Des *règlements* et des procédures de base doivent être établis afin d'éviter l'anarchie lors des prises de décision. Enfin, pour éviter l'émergence de conflits, les chefs d'équipes interfonctionnelles doivent avoir de fortes compétences en *leadership*, en plus du savoir-faire qu'exige la tâche à accomplir.

5.7.3 Les équipes de travail virtuelles [25]

équipe virtuelle

Groupe de travail qui communique et collabore dans le temps, l'espace et l'organisation grâce à la technologie.

Une **équipe virtuelle** est un groupe de travail qui communique et collabore dans le temps et l'espace grâce aux nouvelles technologies [26]. En plus du recours aux ordinateurs et aux technologies informatiques, ces équipes ont pour principale caractéristique l'absence de contacts physiques entre leurs membres en raison de leur dispersion géographique [27]. Ces équipes sont souvent de nature interfonctionnelle. Les équipes virtuelles comportent plusieurs avantages et inconvénients. Parmi les avantages, il y a le travail 24 heures sur 24. C'est-à-dire qu'il y a toujours au moins un membre d'une équipe virtuelle, dispersée aux quatre coins de la planète, qui est au poste. Second avantage : les heures de travail et les coûts de déplacement sont réduits, puisque les équipes virtuelles n'ont pas à se déplacer pour assister en personne aux réunions. Enfin, les équipes virtuelles assurent à l'organisation l'accès à une plus grande réserve de talents. C'est-à-dire que les entreprises peuvent élargir leur bassin d'employés potentiels et aller chercher les plus compétents là où ils sont, même s'ils ne veulent pas déménager [28].

Il y a aussi certains inconvénients à faire partie d'une équipe virtuelle [29]. Par exemple, l'absence de communication en personne entraîne certains risques ; il peut s'avérer difficile d'établir une relation de confiance entre les membres de l'équipe. L'isolement peut aussi devenir problématique ; l'absence d'interaction informelle entre collègues peut entraîner un sentiment d'isolement et de détachement chez les membres de l'équipe. Une équipe virtuelle peut aussi coûter cher ! Le coût des équipements technologiques de pointe est en effet très élevé au départ, comparativement aux frais de déplacement. Enfin, pour les gestionnaires, les équipes virtuelles peuvent poser de nouveaux défis, notamment lorsqu'il s'agit de traiter avec des employés qu'on ne voit

À LA **UNE**

Le jeudi 28 avril 2011

L'entreprise virtuelle

Pierre Duhamel
La Presse

La Fabrique de blogs est une entreprise du 21e siècle, tant par ce qu'elle fait que par la façon dont elle le fait. Elle a réalisé au fil des ans une centaine de mandats pour des entreprises canadiennes, européennes et même africaines, mais elle n'a pas d'employés ni vraiment de bureau. Philippe Martin, son président, se définit comme une sorte «d'aiguilleur du ciel», arrimant les demandes des clients au travail des designers, programmeurs et rédacteurs qui réaliseront les sites, blogues et intranets ou qui prépareront le passage des entreprises sur les réseaux sociaux.

Son entreprise, créée en 2004, est en fait une communauté d'experts qui mettent leurs ressources en commun. «Je partage la même philosophie que WordPress, le système de gestion de contenu que j'utilise avec mes clients», dit Philippe Martin. Ce dernier part à la rencontre des clients, les écoute et conçoit des solutions. Certaines peuvent être complexes, comme pour le site de la chaîne Piazzetta qui se décline entre 24 sous-domaines correspondant à chaque établissement. D'autres fois, La Fabrique de blogs conçoit des sites pour les clients d'agences de communication qui lui sous-traitent une partie de leur mandat.

Dans cet univers virtuel, les rencontres physiques se font plus rares, mais elles demeurent essentielles quand il s'agit de décider du design du site, «une décision beaucoup plus émotive», dit-il.

Philippe Martin travaille ainsi depuis cinq ans. Il arrive régulièrement qu'il paie ses «partenaires» avant qu'il ne soit lui-même payé, ce qui lui permet de leur en demander un peu plus quand il le faut vraiment. «Il y a une fluidité de fonctionnement et cela tient très bien la route», m'explique-t-il.

Trois chercheurs québécois des universités McGill et de Sherbrooke ont étudié il y a quelques années le fonctionnement de 700 individus faisant partie de 102 équipes virtuelles. Ils ont conclu que les connaissances partagées par un groupe informel et tacite permettaient une coordination efficace des équipes virtuelles, même si le cadre est moins rigide.

Pour le reste, les outils à la disposition des entreprises virtuelles étaient inimaginables il y a quelques années à peine. On peut se téléphoner et organiser des téléconférences à plusieurs gratuitement partout au monde avec Skype, s'échanger des photos et des documents avec Google Docs ou iWork et continuer son travail où que l'on soit avec les téléphones évolués comme le iPhone. On peut aussi effectuer les paiements de façon instantanée et sûre avec un service de paiement en ligne comme PayPal.

En revanche, il n'y a pas de moquette à payer, pas de réceptionniste à embaucher ou de loyer à payer.

«Tout cela permet à une petite entreprise du Québec d'effectuer des mandats partout au monde et d'en réaliser plusieurs à la fois», dit Philippe Martin.

Source: P. DUHAMEL, «L'entreprise virtuelle», *La Presse Affaires*, 28 avril 2011, [En ligne], http://blogues.cyberpresse.ca/lapresseaffaires/duhamel/2011/04/28/lentreprise-virtuelle/(Page consulté le 12 décembre 2011)

pas. Évidemment, il existe maintenant de nombreuses façons de «se voir» par Internet afin combler cette lacune.

En tirant des leçons d'expériences vécues, voici quelques précautions que les gestionnaires devraient prendre lorsqu'ils mettent sur pied des équipes virtuelles :

Le recrutement. Choisissez soigneusement les membres de l'équipe, en portant une attention particulière à l'attitude et à la personnalité de chacun. Choisissez des personnes qui ont de l'entregent et non seulement des compétences techniques.

La formation. Investissez dans la formation technique et dans les relations humaines.

La personnalisation. Encouragez les membres de l'équipe à faire connaissance, soit de façon informelle par voie technologique, soit lors de rencontres en personne.

Les buts et les règles de base. Les chefs d'équipe doivent définir clairement les buts, établir des règles de communication et assurer une rétroaction afin de tenir les membres au courant des progrès dans la réalisation de leurs buts et de leur donner une vision d'ensemble de leur travail.

CONCLUSION

Divers groupes coexistent au sein des organisations. Les membres d'un groupe fonctionnel sont ceux d'unités administratives durables, tandis que les membres d'un groupe de tâche ou de projet ont pour mandat d'accomplir une tâche précise, à la suite de quoi le groupe est généralement dissous. Des groupes d'intérêts peuvent également réunir les travailleurs qui partagent les mêmes valeurs, croyances, objectifs et besoins.

Au cours de son évolution, le groupe passe par cinq phases avant d'atteindre le plus haut niveau de maturité : la constitution, la confrontation, la normalisation, la réalisation et la dissolution. Bien que l'efficacité d'un groupe dépende de la façon dont il franchit ces étapes, d'autres facteurs entrent en jeu, tels l'environnement externe, les variables situationnelles ou encore la structure et la dynamique du groupe.

La «pensée de groupe» peut parfois se manifester lors d'un processus de prise de décision. Dans une telle situation, la probabilité que se forme une pensée de groupe peut être réduite lorsque l'évaluation critique des possibilités est facilitée et que la poursuite absolue de l'unanimité est découragée.

La paresse sociale est la tendance à ménager ses efforts physiques ou intellectuels dans un travail de groupe. Elle se présente sous deux formes : l'effet parasite et l'effet compensatoire. On peut faire échec à la paresse sociale de différentes façons.

Le terme «équipe» est habituellement utilisé pour définir un «groupe» qui s'est formé dans un contexte organisationnel. Les équipes de travail autogérées offrent généralement à leurs membres la possibilité d'accomplir un travail exigeant avec moins de supervision. Les équipes de travail interfonctionnelles réunissent des personnes spécialisées dans divers domaines. Enfin, une équipe virtuelle est un groupe de travail qui communique et collabore dans le temps et l'espace grâce aux nouvelles technologies.

QUESTIONS DE RÉVISION

1. Qu'est-ce qu'un groupe ? Nommez ses paramètres et précisez l'utilité que peut avoir le groupe à l'intérieur de la réalité organisationnelle.

2. Distinguez les notions de groupe formel et de groupe informel en utilisant des exemples tirés de votre situation personnelle.

3. Comparez les deux grandes classes de groupes présentées dans ce chapitre et établissez un parallèle entre les groupes appartenant à chacune.

4. Quelles sont les étapes de l'évolution d'un groupe et quels effets ont-elles sur la maturation et sur l'efficacité du groupe ?

5. Pour créer un groupe efficace, quelles variables situationnelles et structurelles devrait-on prendre en considération ?

6. La cohésion d'un groupe est souvent considérée comme un indice de son efficacité. Cet énoncé est-il toujours vrai ? Justifiez votre réponse.

7. Qu'est-ce que la paresse sociale ? Comment peut-on éviter ce phénomène dans un groupe de travail ?

8. Qu'est-ce qu'une équipe autogérée ? Indiquez ses paramètres en précisant l'utilité que peut avoir ce type d'équipe à l'intérieur de la réalité organisationnelle.

9. Présentez des arguments pour et contre la notion de groupe virtuel en utilisant des exemples tirés d'une situation de travail.

AUTO-**ÉVALUATION**

L'évaluation des aptitudes sur le plan interpersonnel

Le questionnaire qui suit constitue un outil d'apprentissage et un moyen d'évaluer vos aptitudes actuelles sur le plan interpersonnel. Prenez le temps d'y répondre avec soin et en toute franchise. Vos réponses devraient refléter votre comportement tel qu'il est et non tel que vous souhaitez qu'il soit. Ce questionnaire a pour but de vous aider à faire le point afin que vous puissiez ensuite améliorer vos aptitudes sur le plan interpersonnel.

L'inventaire des aptitudes sur le plan interpersonnel

Si vous n'avez jamais été cadre dans une entreprise, pensez à un groupe au sein duquel vous avez œuvré, soit en classe, soit dans un organisme de bienfaisance ou dans un club récréatif. Vous verrez que ce questionnaire peut s'appliquer à vous, même si vous n'êtes pas encore gestionnaire.

Directives

Reportez-vous à l'échelle ci-dessous pour inscrire devant chaque énoncé le nombre (de 1 à 7) qui correspond à la fréquence de ce comportement dans vos relations avec les autres.

Il s'agit pour moi d'un comportement:

RARE	1
IRRÉGULIER	2
OCCASIONNEL	3
HABITUEL	4
FRÉQUENT	5
PRESQUE CONSTANT	6
CONSTANT	7

____ 1. Je me rends disponible lorsque quelqu'un veut me parler.

____ 2. J'accueille les autres d'une façon amicale.

____ 3. Je fais appel à l'humour pour détendre l'atmosphère au besoin.

____ 4. Je laisse voir aux autres que je me soucie d'eux lorsque je leur parle.

____ 5. Je suis ouvert au point de vue et à l'opinion des autres, même lorsqu'ils s'opposent aux miens.

____ 6. Je me tiens en face de la personne avec qui je parle et je maintiens avec elle un contact visuel.

____ 7. Je me penche vers la personne qui me parle.

____ 8. Je répète ce qu'on me dit en le reformulant pour être certain d'avoir bien compris.

____ 9. Je suis à l'affût de tout message sous-jacent aux propos formulés.

____ 10. Je remarque l'expression faciale, les mouvements, la posture, les inflexions et les autres caractéristiques des gens avec qui je parle.

____ 11. J'accepte facilement les différences individuelles.

____ 12. Je respecte le droit à la vie privée.

____ 13. Je laisse voir aux autres que je comprends leurs problèmes, bien que j'évite de m'en mêler.

____ 14. J'essaie d'éviter que les problèmes personnels d'autrui causent des difficultés dans notre milieu.

____ 15. Je laisse savoir aux autres que je me soucie de leur bien-être.

____ 16. J'encourage les autres à faire connaître leurs idées, leurs sentiments et leurs perceptions.

____ 17. Je m'efforce de créer un climat où les gens ne craignent pas de faire

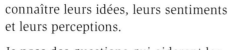

connaître leurs idées, leurs sentiments et leurs perceptions.

___ **18.** Je pose des questions qui aideront les autres à bien réfléchir au problème à l'étude.

___ **19.** Je favorise la libre circulation de l'information; je formule des questions ouvertes plutôt que des questions exigeant une réponse précise.

___ **20.** Je laisse savoir aux autres que leurs idées, leurs sentiments et leurs perceptions ont de l'importance.

___ **21.** Je reconnais les aspects positifs du rendement et des réalisations d'autrui et je les renforce au moyen de compliments et d'encouragements.

___ **22.** Je parle des comportements négatifs d'une manière objective, en faisant mention des directives établies et des normes en vigueur.

___ **23.** Je fournis une rétroaction qui se veut utile et qui s'accompagne au besoin d'un plan d'amélioration réalisable.

___ **24.** Je demande aux autres de procéder à une autoévaluation.

___ **25.** Je prends soin de ne pas porter atteinte à l'estime que les autres ont d'eux-mêmes lorsque je leur fournis une rétroaction.

Vos résultats et leur évaluation

Le tableau ci-contre vous permettra d'obtenir une vue d'ensemble de vos résultats. Il vous aidera à reconnaître vos points forts et à déterminer ce qu'il vous faut améliorer.

1. Calculez votre résultat pour chaque aptitude en additionnant les nombres que vous avez inscrits devant chaque énoncé.

2. Faites le total des cinq résultats obtenus et indiquez-le dans la case appropriée.

3. Comparez vos résultats à ceux des autres membres de votre équipe ou de votre groupe.

Si votre professeur ou animateur établit une moyenne de groupe pour l'ensemble de ces aptitudes et pour chacune d'elles, servez-vous-en pour comparer vos résultats.

4. Discutez avec les membres de votre groupe ou avec des compagnons de classe de vos forces et de vos faiblesses respectives sur le plan interpersonnel.

5. Examinez avec eux divers moyens d'améliorer les aptitudes pour lesquelles vous avez obtenu un résultat relativement faible par rapport à l'ensemble du groupe ou de la classe.

APTITUDES	ÉNONCÉS	ÉVALUATION - RÉSULTAT
Établir une relation favorable avec autrui et la maintenir	1, 2, 3, 4, 5	
Écouter les autres	6, 7, 8, 9, 10	
Se montrer sensible aux besoins des autres	11, 12, 13, 14, 15	
Amener les autres à faire connaître leurs idées, leurs sentiments et leurs perceptions	16, 17, 18, 19, 20	
Offrir une rétroaction	21, 22, 23, 24, 25	
RÉSULTAT TOTAL		

Source: Traduit de P.M. FANDT, *Management Skills: Practice and Experience*, St. Paul, MN, West Publishing Co., 1994, p. 4-5.

ÉTUDE **DE CAS**

L'ÉQUIPE AUTOGÉRÉE : DE LA PAROLE AUX ACTES

*Ce cas a été rédigé par **Vincent Rousseau**, professeur à l'École de relations industrielles de l'Université de Montréal. Il a obtenu un doctorat recherche/intervention en psychologie industrielle et organisationnelle. Ses activités de recherche touchent notamment la gestion, le fonctionnement et l'efficacité des équipes de travail, la santé psychologique et la formation en entreprise. Le professeur Rousseau enseigne le comportement organisationnel, la formation et le développement des ressources humaines ainsi que la gestion du changement.*

Il y a deux ans, la direction du Centre jeunesse de la Haute-Région a décidé, conjointement avec des représentants syndicaux, d'implanter des équipes autogérées dans ses différents points de service. Ce changement dans le mode d'organisation du travail consistait à regrouper les intervenants au sein d'équipes naturelles, auxquelles seraient attribuées des fonctions de planification, d'organisation, de direction et de contrôle. Cette forme d'organisation du travail visait à permettre aux membres d'une équipe de participer à la gestion du service afin qu'ils se sentent responsables de la qualité des services à rendre à l'ensemble de leurs clients. Cette réorganisation du travail résultait de certains constats sur les effets négatifs d'un trop grand nombre de niveaux hiérarchiques sur la rapidité du processus de prise de décision et, du même souffle, sur les coûts de gestion. De plus, le Centre jeunesse devait répondre aux besoins grandissants de sa population dans un contexte où les ressources financières étaient grandement limitées et le niveau de roulement de personnel assez élevé.

L'équipe autogérée du centre Meilleur-Avenir de Belleville est composée de 12 intervenants (éducateurs et psychoéducateurs), qui offrent des services de réadaptation à des adolescents de 12 à 17 ans. Plus spécifiquement, la mission de cette équipe consiste à offrir des services d'adaptation ou de réadaptation et d'intégration sociale à des jeunes qui éprouvent des difficultés d'ordre comportemental, psychosocial ou familial. Ces services sont rendus principalement dans un contexte d'hébergement. Dès son implantation, l'équipe s'est dotée d'un mécanisme de répartition du travail entre ses membres. Ainsi, dès qu'un jeune doit être reçu au centre, son dossier est attribué rapidement à l'un des membres, qui prend en charge les activités d'accueil du jeune et de sa famille, telles que la visite des lieux, la présentation des services disponibles et des droits et devoirs des usagers. De plus, tous les jeunes reçoivent des services de réadaptation en fonction d'un plan d'intervention personnalisé. L'actualisation de ce plan est sous la responsabilité d'un membre de l'équipe. Les plans sont révisés tous les trois mois avec la coordonnatrice professionnelle. Selon Julie, une des intervenantes de l'équipe : « Nous avons convenu d'une façon de répartir équitablement le travail entre les membres de l'équipe. Chacun des membres est responsable d'un certain nombre de dossiers et consulte ses collègues au besoin. » Jean-Philippe, un autre intervenant, ajoute : « Nous savons que nous pouvons compter sur l'aide de nos collègues en cas de difficultés. Personne, dans l'équipe, ne voudrait se retrouver dans la situation antérieure à l'implantation de l'équipe autogérée. »

Par ailleurs, les membres de l'équipe décident eux-mêmes qui, parmi eux, assumera le rôle de coordonnateur professionnel. Il revient au coordonnateur professionnel d'assurer le bon fonctionnement de l'équipe et de s'occuper des aspects administratifs. À sa nomination, cette personne reçoit un mandat de trois ans, qui peut être renouvelé plusieurs fois. Léa agit à titre de coordonnatrice professionnelle depuis la constitution de l'équipe autogérée du centre Meilleur-Avenir. Elle estime que cette réorganisation du travail est une réussite, parce que les relations entre les intervenants se sont grandement améliorées. En effet, depuis plus d'un an et demi, les membres organisent tous les mois des activités sociales, telles que des randonnées en montagne, des soupers au restaurant et des visites dans des musées. Selon Léa : « Grâce à ces activités, les membres sont devenus très unis. La solidarité est une valeur importante dans notre équipe.» Après plus de 15 ans de travail dans le réseau de la santé et des services sociaux, elle est, de tous les membres de l'équipe, l'intervenante qui a le plus d'expérience. Léa considère que son équipe est un modèle à suivre. «Ma philosophie de gestion est basée sur la transparence. Lorsque j'ai quelque chose à dire, je le dis. Je pense que les autres membres aiment savoir où on s'en va», dit-elle. Pour éviter de perdre du temps, elle a tendance à réserver peu de temps aux réunions hebdomadaires et à suivre un ordre du jour serré. Pour justifier cette façon de faire, elle explique: «Je préfère rencontrer individuellement chacun des intervenants afin de connaître leurs besoins et leurs problèmes au travail; ainsi, je peux leur faire profiter directement de mon expérience.»

Il revient à l'équipe de déterminer l'horaire de travail de chacun des membres. Cependant, au cours de la première année d'existence de l'équipe, de nombreuses mésententes sur la répartition des congés annuels, fériés et sans solde ont surgi. Afin de résoudre ces mésententes, Léa a incité les membres à accepter la règle de l'ancienneté. Elle soutient: «Après tout, il est normal que les plus vieux membres de l'équipe aient priorité sur les plus jeunes, puisqu'ils se sont investis davantage dans l'organisation au fil des ans.» L'équipe a donc décidé d'appliquer la règle de l'ancienneté, même si les plus jeunes membres de l'équipe ne sont pas tout à fait d'accord avec cette façon de procéder.

Dernièrement, à la suite de l'augmentation des comportements agressifs chez les jeunes, l'équipe du centre Meilleur-Avenir a révisé le code de vie, les règlements et les mesures disciplinaires de l'établissement. Au début de la rencontre, Léa a d'entrée de jeu insisté sur l'importance de resserrer les règles et d'adopter des mesures disciplinaires plus sévères. Elle explique: «Les jeunes d'aujourd'hui ne sont pas suffisamment encadrés. C'est notre devoir de leur fournir un encadrement approprié. Nous sommes des professionnels après tout, et personne d'autre ne peut le faire.» Après que quelques membres eurent donné leur accord à la proposition de Léa, tous les membres ont accepté de mettre en place un régime de vie plus sévère pour réduire la fréquence des comportements agressifs chez les jeunes.

Quelques semaines après l'entrée en vigueur des nouveaux règlements, Olivier et Josianne ont commencé à investir moins d'efforts dans leur travail d'éducateur. Ils tendent à allonger la durée de leurs pauses, à laisser passer certains incidents commis par les jeunes et à faire plusieurs appels personnels durant les heures de travail. Cette situation crée beaucoup de tensions au sein de l'équipe, parce que les autres intervenants ne se sentent pas en confiance lorsqu'ils travaillent en même temps qu'Olivier et Josianne. Ces derniers estiment que le nouveau régime de vie est beaucoup trop sévère. Selon eux, d'autres membres de l'équipe pensent la même chose, mais personne ne veut en parler.

Après deux années d'existence des équipes autogérées, les membres de la direction du Centre jeunesse de la Haute-Région estiment qu'il est temps de dresser un bilan et de dégager des pistes d'amélioration.

Questions

1. Quelles sont les lacunes dans le mode de fonctionnement de l'équipe autogérée du centre Meilleur-Avenir?

2. Que faudrait-il faire pour améliorer le mode de fonctionnement de l'équipe autogérée du centre Meilleur-Avenir?

RÉFÉRENCES

[1] K.L. BATTENHAUSEN, «Five Years of Group Research: What We Have Learned and What Needs to Be Addressed», *Journal of Management, vol.* 17, 1991, p. 345-381; J.R. HACKMAN, «Creating more Effective Work Groups in Organizations», dans J.R. HACKMAN, dir., *Groups that Work (and Those that Don't): Creating Conditions for Effective Teamwork*, San Francisco, CA, Jossey-Bass, 1990, p. 479-504.

[2] L. BRUNET et A. SAVOIE, *La face cachée de l'organisation: groupes, cliques et clans*, Montréal, Québec, Presses de l'Université de Montréal, 2003.

[3] «Women at Work», *Business Week*, 28 janvier 1985, p. 80-85.

[4] S.L. OBERT, «Developmental Patterns of Organizational Task Groups: A Preliminary Study», *Human Relations*, janvier 1983, p. 37-52; B. TUCKMAN et M.A. JENSEN, «Stages of Small Group Development Revisited», *Group and Organizational Studies*, n° 2, 1977, p. 419-427; Bruce TUCKMAN, «Developmental Sequence in Small Groups», *Psychological Bulletin*, vol. 63, n° 6, 1965, p. 384-399.

[5] S.G. HARRIS et R.I. SUTTON, «Functions of parting ceremonies in dying organizations», *Academy of Management Journal*, vol. 29, 1986, p. 5-30.

[6] I.D. STEINER, *Group process and productivity*, New York, NY, Academic Press, 1972; G.W. HILL, «Group versus individual performance: Are n + 1 heads better than one?», *Psychological Bulletin*, vol. 91, n° 3 (mai 1982), p. 517-539.

[7] I.D. STEINER, *op. cit.*

[8] L.R. SAYLES, *Behavior in Industrial Work Groups: Prediction and Control*, Wiley, New York, NY, 1958.

[9] S.W. LESTER, B.M. MEGLINO et M.A. KORSGAARD, «The Antecedents and Consequences of Team Potency: A Longitudinal investigation of Newly Formed Work Teams», *The Academy of Management Journal*, vol. 45, n° 2 (avril 2002), p. 352-368.

[10] J.R. HACKMAN, «Group influences on individuals in organizations», dans M.D. DUNNETTE, L.M. HOUGH, dir., *Handbook of Industrial and Organizational Psychology*, Palo Alto, CA, Consulting Psychologists Press, 1992, p. 199-267; CAMPION et autres, 1993, 1996; G.P. SHEA et R.A. GUZZO, Group effectiveness: What really matters? *Sloan Management Review*, vol. 28, 1987, p. 25-31.

[11] GULLY et autres, 2002; C. LEE, C.H. TINSLEY et P. BOBKO, «An investigation of the antecedents and consequences of group-level confidence», *J. Appl. Soc. Psych.* vol. 32, n° 8, 2002, p. 1628-1652.

[12] S.W. LESTER, B.M. MEGLINO, M.A. KORSGAARD, «The antecedents and consequences of group potency: A longitudinal investigation of newly formed work groups», *Academic Management Journal*, vol. 45, n° 2, 2002, p. 352-368; C.L. PEARCE, C.A. GALLAGHER, M.D. ENSLEY, «Confidence at the group level of analysis: A longitudinal investigation of the relationship between potency and team effectiveness», *Journal of Occupational and Organizational Psychology*, vol. 75, 2002, p. 115-119; N. SIVASUBRAMANIAM, W.D. MURRY, B.J. AVOLIO, D.I. JUNG, «A longitudinal model of the effects of team leadership and group potency on group performance», *Group Organ. Management*, vol. 27, n° 1, 2002, p. 66-96; G.E. PRUSSIA et A.J. KINICKI, «A motivational investigation of group effectiveness using social-cognitive theory», *Journal of Applied Psychology*, vol. 81, n° 2, 1996, p. 187-198; D. JUNG et J.J. SOSIK, «Group potency and collective efficacy: Examining their predictive validity, level of analysis and effects of performance feedback on future group performance», *Group & Organization Management*, vol. 28, n° 3, 2003, p. 366-391.

[13] D.G. ANCONA et autres, «Team Processes», dans Peter F. DRUCKER, *Managing for the Future*, Cincinnati, OH, South Western, 1996.

[14] J.A. SHEPPERD, «Productivity loss in small groups: A motivation analysis», *Psychological Bulletin*, vol. 113, 1993, p. 67-81; R.E. KIDWELL et N. BENNETT, «Employee propensity to withhold effort: A conceptual model to intersect three avenues of research», *Academy of Management Review*, vol. 18, 1993, p. 429-456.

[15] J.A. SHEPPERD, *op. cit.*; J.M. GEORGE, « Extrinsic and intrinsic origins of perceived social loafing in organizations », *Academy of Management Journal*, vol. 35, 1992, p. 191-202.

[16] Traduit et adapté de P.G. IRVING, D.F. COLEMAN, R.W. GRIFFIN et G. MOORHEAD, *Organizational Behaviour*, Boston, MA, Houghton Mifflin Harcourt Publishing Company, 2009.

[17] R.A. GUZZO et M.W. DICKINSON, «Teams in Organizations: Research on Performance and Effectiveness», *Annual Review of Psychology*, vol. 47, 1996, p. 307-338.

[18] B.L. KIRKMAN et D.L. SHAPIRO, «The impact of cultural values on employee resistance to teams: Toward a model of globalized self-managing work team effectiveness», *Academy of Management Review*, vol. 22, 1997, p. 730-757.

[19] R.A. GUZZO et M.W. DICKINSON, *op. cit.*; B.L. KIRKMAN et D.L. SHAPIRO, *op. cit.*; R.D. BANKER, J.M. FIELD, R.G. SCHROEDER et K.K. SINHA, «Impact of work teams on manufacturing performance: A longitudinal field study», *Academy of Management Journal*, vol. 39, 1996, p. 867-890.

[20] K. TASA, S. TAGGAR et G.H. SEIJTS, «The development of collective efficacy in teams: A multi-level and longitudinal perspective», *Journal of Applied Psychology*, vol. 92, 2007, p. 17-27; C.B. GIBSON et P.C. EARLEY, «Collective cognition in action: Accumulation, interaction, examination and accomodation in the development and operation of group efficacy beliefs in the workplace», *Academy of Management Review*, vol. 32, n° 2, 2007, p. 438-458.

[21] Traduit et adapté de G. JOHNS et A.M. SAKS, *Organizational Behaviour: Understanding and managing Life at Work*, 6ᵉ éd., Toronto, Ontario, Pearson Education Canada Inc., 2005.

[22] A. FARNHAM, «America's most admired company», *Fortune*, (7 février 1994), p. 50-54; B. DUMAINE, «Times are good? Create a crisis», *Fortune*, vol. 127, n° 13, (28 juin 1993), p. 123-130.

[23] R.H. WATERMAN Jr., *The renewal factor: How the Best Get and Keep the Competitive Edge*, New York, NY, Bantam Books, 1987.

[24] J.W. HENKE, R.A. KRACHENBERG et T.F. LYONS, «Cross-functional teams: Good concept, poor implementation», *Journal of Product Innovation Management*, vol. 10, 1993, p. 216-229; M.B. PINTO, J.K. PINTO et J.E. PRESCOTT, «Antecedents and consequences of project team cross-functional cooperation», *Management Science*, vol. 39, 1993, p. 1281-1297.

[25] Traduit et adapté de G. JOHNS et A.M. SAKS, *op. cit.*

[26] J. LIPNACK et J. STAMPS, *Virtual teams: People working across boundaries with technology*, 2ᵉ éd., New York, NY, Wiley, 2000; J. WILLMORE, «Managing virtual teams», *Training Journal*, (février 2000), p. 18-21.

[27] C. JOINSON, «Managing virtual teams», *HR Magazine*, (juin 2002), p. 68-73.

[28] S.P. VALLAS, «Why teamwork fails: Obstacles to workplace change in four manufacturing plants», *American Sociological Review*, vol. 68, 2003, p. 223-250; T.R. TUDOR, R.R. TRUMBLE et J.J. DIAZ, «Work-teams: Why do they often fail?», S.A.M. *Advanced Management Journal*, (automne 1996), p. 31-39.

[29] B.L. KIRKMAN, B. ROSEN, C.B. GIBSON, P.E. TESLUK et S.O. McPHERSON, «Five challenges to virtual team success: Lessons from Sabre, Inc.», *Academy of Management Exccutive*, (août 2002), p. 67-79.

CHAPITRE

6

La communication dans l'organisation

PLAN DE CHAPITRE

Introduction

6.1 Les éléments de base de la communication

6.2 Les réseaux de communication

6.3 Les modèles de communication dans l'organisation

6.4 La communication bidirectionnelle et la communication unidirectionnelle

6.5 Les obstacles à la communication

6.6 Les rouages d'une communication efficace

6.7 La communication persuasive

6.8 Les effets de la technologie et le processus de communication en milieu organisationnel

6.9 La richesse des moyens de communication

6.10 La communication non verbale

Conclusion

INTRODUCTION

Une organisation est un milieu social dont le but est de produire des biens et des services en s'appuyant sur la coordination des efforts des individus et des groupes qui la constituent. La communication y est d'une importance capitale. Au fil du temps, plusieurs changements ont été apportés aux relations interpersonnelles au sein des organisations. Les modèles mécanistes de Taylor et Fayol et la théorie X de McGregor ont cédé le pas à des modèles organiques basés sur une conception plus humaniste de l'environnement de travail. De nos jours, en raison de leur niveau de scolarité plus élevé, les employés veulent participer activement aux décisions et ils s'intéressent de plus en plus à la **qualité de vie au travail**. Ils souhaitent désormais évoluer dans un milieu qui favorise leur épanouissement personnel et social.

En général, on peut attribuer deux fonctions principales à la communication au sein d'une organisation. La première est informative ; elle est d'ailleurs aisément identifiable, parce qu'elle épouse les situations les plus évidentes pour tous. En fait, l'information facilite la prise de décision. Par exemple, informer son adjoint à la direction de ses priorités et de sa disponibilité fait en sorte que ce dernier peut gérer plus efficacement son temps. L'information facilite également le contrôle en ce qu'elle permet d'établir clairement les tâches, les rôles, les objectifs, les responsabilités et l'autorité. La deuxième est une fonction de motivation. Toutes les formes de communication verbale et non verbale qui ont pour objectif d'encourager les employés participent de cette fonction.

La communication se trouve au cœur de plusieurs processus organisationnels qui sont présentés dans cet ouvrage. La communication est inhérente à chacun des aspects de la vie organisationnelle : la motivation, le leadership, la prise de décision, la perception, les attitudes et le fonctionnement des groupes. Plus le poste qu'occupe une personne est élevé dans la hiérarchie, plus elle passera de temps à communiquer. Il est donc primordial d'étudier et de comprendre le processus et les moyens de communication pour qu'ils soient utilisés le plus efficacement possible.

Dans ce chapitre, nous traiterons des principes de base d'une bonne communication, des réseaux et des modèles de communication, ainsi que des obstacles susceptibles d'entraver son cours.

6.1 LES ÉLÉMENTS DE BASE DE LA COMMUNICATION

qualité de vie au travail
Expression qui se rapporte à l'humanisation du travail. Les facteurs principaux qui influent sur la qualité de vie au travail sont le poste lui-même, l'environnement physique et social, les relations interpersonnelles, les systèmes de l'organisation et les relations entre la vie au travail et à l'extérieur.

La communication se définit comme un processus bilatéral d'échange et de compréhension de l'information entre au moins deux personnes ou deux groupes : échange, puisqu'une personne ou un groupe transmet (émetteur) une information à au moins une autre personne ou un autre groupe, qui la reçoit (récepteur) ; compréhension, parce que l'information doit signifier quelque chose pour le récepteur.

La figure 6.1, montre un modèle général du processus de communication en six étapes. À la première étape, l'émetteur conçoit l'idée de transmettre une information à quelqu'un. À la deuxième étape, l'émetteur encode l'idée : il la transforme en un langage composé de symboles, de signes ou de mots. Les symboles doivent être choisis pour leur pertinence et leur capacité à transmettre adéquatement l'idée initiale. L'encodage est influencé par l'habileté, l'expérience, les connaissances et le rôle organisationnel de l'émetteur. Le message est le résultat de l'encodage. Le contenu de l'information est exprimé sous la forme d'un message verbal ou non verbal.

La transmission du message constitue la troisième étape, alors qu'il emprunte le canal choisi pour sa diffusion. Le canal est le moyen de transmission du message. Les organisations fournissent l'information aux employés à travers divers canaux comme des réunions, des appels téléphoniques ou des notes de service.

Par ailleurs, il arrive qu'un «bruit» dérange le processus de communication. Tout facteur pouvant déformer la signification du message est un bruit, et il peut survenir à toutes les étapes du processus. Par exemple, un abus d'alcool

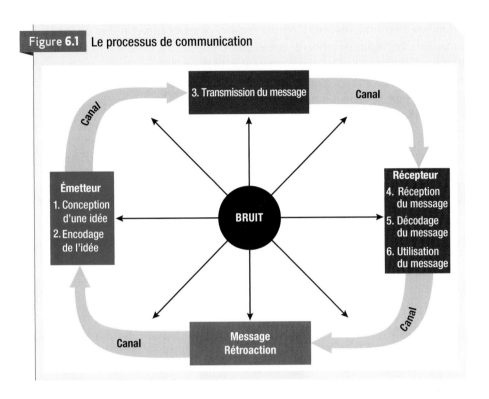

Figure 6.1 Le processus de communication

ou une émotion forte pourrait entraîner des problèmes dans l'encodage, la conception ou la transmission d'une idée. Des idées contradictoires ou la nécessité d'observer plusieurs événements simultanément peuvent aussi perturber la communication. Pensons par exemple à une voix trop faible ou trop forte, à des caractères typographiques trop petits ou trop pâles, à une écriture illisible ou à une incohérence entre le verbal et le non verbal. Il peut aussi arriver qu'un gestionnaire transmette une information par écrit alors que sa complexité aurait requis une communication verbale.

La quatrième étape est la réception du message par le récepteur, soit la personne ou le groupe à qui le message est destiné. Cette étape sera immédiatement suivie du décodage du message (cinquième étape), soit son interprétation par le récepteur. La phase du décodage est essentielle, car c'est à ce moment que la communication prend son sens. Si le récepteur ne comprend pas le message, tout le processus de communication aura été inutile. Encore une fois, les aptitudes, les connaissances et le système socioculturel du récepteur entrent en jeu au moment de l'interprétation du message. À la dernière étape, le destinataire a reçu le message et lui a attribué une signification.

Le cycle peut maintenant être complété par la réaction du destinataire. Il ne peut y avoir de véritable communication si le récepteur ne déclare pas à l'émetteur qu'il a reçu et compris son message car c'est en effet par la rétroaction que le récepteur montre qu'il a interprété le message, conformément ou non à l'intention de l'émetteur. La rétroaction permet donc de réduire les erreurs de compréhension et d'interprétation que le bruit aurait entraînées et, grâce à elle, la boucle de la **communication bidirectionnelle** est bouclée.

communication bidirectionnelle
Communication complète consistant en un échange bidirectionnel d'information : une fois que le message est reçu et compris par le récepteur, celui-ci retransmet un message à l'émetteur afin de s'assurer d'avoir bien compris. Ainsi, non seulement la compréhension du message est-elle vérifiée, mais l'échange est de ce fait enrichi. La communication bidirectionnelle nécessite donc la rétroaction.

En milieu de travail, les interférences (bruits) peuvent survenir tout au long du processus de communication et être si nombreuses qu'il est souvent préférable d'utiliser un modèle de communication plus complexe, mais qui tiendra compte de variables telles que les caractéristiques individuelles, les objectifs de l'organisation et de la communication, les moyens de transmission du message, la composition de la main-d'œuvre et sa stratification hiérarchique (*voir la figure 6.2*).

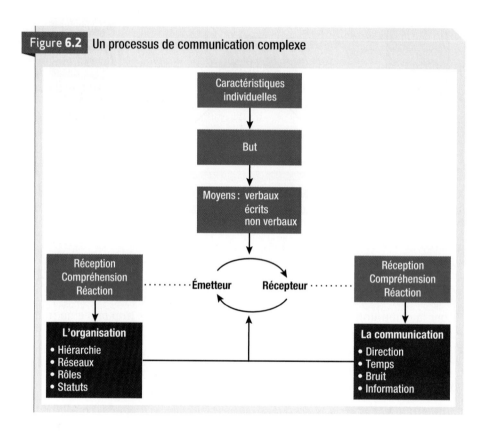

Figure 6.2 Un processus de communication complexe

6.2 LES RÉSEAUX DE COMMUNICATION

www.cheneliere.ca/dolan

réseau de communication formel
Ensemble des réseaux officiels établis lors de la structuration de l'organisation. Ces derniers permettent de canaliser les mouvements d'information internes et externes à l'entreprise.

Dans une organisation, on se sert de deux types de réseaux de communication : le réseau formel et le réseau informel. Ils sont illustrés à la figure 6.3.

Le **réseau de communication formel** correspond à tous les réseaux établis officiellement lors de la structuration de l'organisation ; son objectif est de canaliser les mouvements d'information à l'intérieur et à l'extérieur de l'entreprise.

6.2.1 Le réseau formel

La figure 6.4, illustre les cinq principaux types de réseaux de communication formels, soit la *roue*, la *chaîne*, le *Y*, le *cercle* et l'*étoile*. Ces réseaux

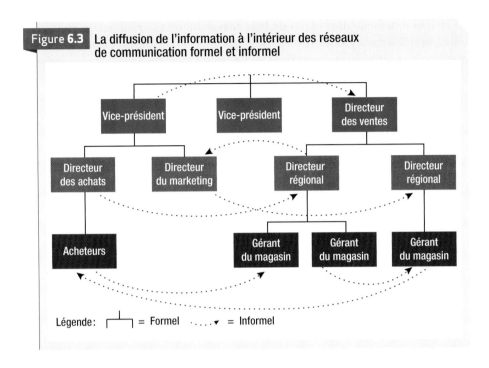

Figure 6.3 La diffusion de l'information à l'intérieur des réseaux de communication formel et informel

Légende: ⌐⌐ = Formel   ....▼ = Informel

déterminent la structure à l'intérieur de laquelle l'information est transmise d'un individu à un autre.

La roue structure les rapports entre les individus de telle façon que l'information est toujours dirigée vers l'individu du centre. Aucune transmission officielle d'information n'étant permise entre les membres du groupe, ces derniers ne peuvent interagir que par l'intermédiaire de la personne du centre qui, elle, communique avec chacune des personnes qui l'entourent. Le répartiteur d'une compagnie de taxis, par exemple, se situe au centre d'une roue et exerce un contrôle élevé sur l'information transmise[1]. Ce type de réseau a l'avantage d'être très efficace lorsqu'il s'agit de résoudre rapidement des problèmes simples. Toutefois, la satisfaction des membres du groupe est très faible.

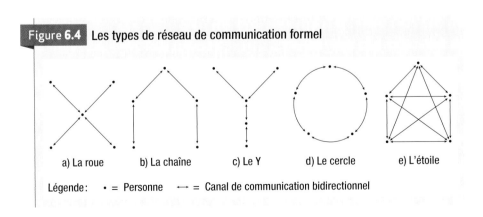

Figure 6.4 Les types de réseau de communication formel

a) La roue   b) La chaîne   c) Le Y   d) Le cercle   e) L'étoile

Légende: • = Personne   ↔ = Canal de communication bidirectionnel

La chaîne représente un réseau de type hiérarchique traditionnel où chaque individu doit communiquer l'information à la personne adjacente. C'est l'individu qui se situe au sommet de la chaîne et qui occupe un poste plus élevé que les autres qui détient le plus d'information et qui possède, de ce fait, un certain pouvoir. Quant aux personnes situées aux niveaux inférieurs de la chaîne, elles possèdent très peu d'information et donc, peu de pouvoir. Par exemple, dans une chaîne de montage, il se peut que les employés soient tenus de parler à un nombre restreint de leurs collègues, tout dépendant de leur emplacement dans la chaîne.

Le réseau en Y s'apparente à la chaîne en ce sens que le processus de communication y est centralisé et il s'en distingue car il place deux membres égaux au niveau supérieur. Il est toutefois possible d'inverser le Y et de placer une seule personne au sommet et deux membres égaux au niveau inférieur.

réseau de communication centralisé

Réseau dans lequel l'information est nécessairement orientée vers un ou deux individus.

La roue, la chaîne et le Y peuvent être regroupés au sein de ce qu'on appelle les **réseaux de communication centralisés**, puisque l'information est invariablement dirigée vers une seule personne dans le cas de la roue et de la chaîne, ou vers deux personnes dans le cas du Y. Ces types de réseaux permettent généralement de reconnaître la personne centrale comme étant le leader du groupe. Enfin, les réseaux centralisés favorisent l'exécution rapide et précise des tâches au détriment de la satisfaction et de la participation des membres.

Lorsqu'un groupe adopte le cercle ou l'étoile comme réseau de communication, il doit s'assurer que tous ses membres possèdent un statut équivalent. Une communication en cercle permet aux membres du réseau de communiquer avec les deux personnes voisines et pourrait être représentée par un groupe de travailleurs se partageant les quarts d'une période de 24 heures. Chaque employé rencontre la personne qu'il remplace lorsqu'il entreprend son quart de travail, et celle qui lui succède lorsqu'il a terminé. L'étoile permet aux membres de communiquer directement avec toutes les personnes du groupe. Le cercle et l'étoile font partie de ce qu'on ap-

réseau de communication décentralisé

Réseau dans lequel on ne peut décider qui est le leader formel.

pelle des **réseaux de communication décentralisés** : il est impossible de déterminer un leader formel dans ces groupes, puisque les membres possèdent un statut équivalent et que l'information n'est dirigée vers aucune personne en particulier.

Il semble que l'efficacité de ces réseaux de communication dépende de quatre facteurs : la rapidité avec laquelle les problèmes sont résolus, la précision accordée à cette résolution, la complexité de la tâche et la satisfaction des membres du réseau (*voir le tableau 6.1*). Toutefois, étant donné que la plupart des recherches visant à vérifier l'efficacité de ces réseaux ont été faites en laboratoire plutôt qu'en entreprise, il est difficile d'établir avec exactitude lequel est le plus efficace, mais on peut néanmoins observer certaines de

Tableau 6.1 Les caractéristiques des types de réseaux de communication formels

	RÉSEAUX CENTRALISÉS			RÉSEAUX DÉCENTRALISÉS	
	La roue	La chaîne	Le Y	Le cercle	L'étoile
La rapidité de la résolution de problèmes					
• Les problèmes simples	Rapide _____ Lente				
• Les problèmes complexes	Lente _____ Rapide				
La précision de la résolution de problèmes					
• Les problèmes simples	Plus précise _____ Moins précise				
• Les problèmes complexes	Moins précise _____ Plus précise				
La satisfaction des membres	Faible _____ Élevée				

leurs caractéristiques. En effet, nous l'avons déjà mentionné, les réseaux centralisés favorisent l'exécution de tâches simples en moins de temps et avec plus de précision que les réseaux décentralisés. En contrepartie, la satisfaction des membres qui évoluent dans les réseaux centralisés est faible. Le réseau décentralisé, quant à lui, permet de résoudre efficacement des problèmes complexes et procure une plus grande satisfaction à ses membres. Les avantages du réseau décentralisé sont accompagnés d'un seul inconvénient, soit une augmentation du temps nécessaire à la communication.

Avant de choisir un type de réseau de communication formel, il importe de bien cerner les principaux critères associés à une tâche et ensuite de déterminer l'option la plus appropriée au groupe et à l'entreprise, et en gardant à l'esprit l'effet possible que ce type de réseau aura sur le rendement et la satisfaction des membres.

6.2.2 Le réseau informel

Nous avons vu que les réseaux peuvent être un moyen de communication formelle. Par ailleurs, il existe aussi des réseaux informels, tissés à même les relations sociales. La **communication informelle** émerge naturellement des interactions sociales entre les membres d'une organisation. Le réseau formel ne parvient pas à satisfaire tous les besoins de communication et d'information des individus, c'est pourquoi un réseau informel d'interactions s'y juxtapose.

Le **réseau de communication informel** représente donc une courroie non structurée de communication, essentielle à l'efficience organisationnelle. Ce réseau permet d'assurer une plus grande coordination entre les diverses unités de l'entreprise situées à un même niveau hiérarchique, ou entre des personnes qui sont à des niveaux hiérarchiques différents, mais qui n'ont aucun lien d'autorité. Le gestionnaire peut même amener le réseau informel à faciliter la réalisation des objectifs visés par le réseau formel. Si l'organisation désire réellement partager l'information avec tous ses membres, l'intégration des deux réseaux est préférable. Il est donc essentiel d'utiliser le réseau informel de communication

communication informelle
Communication émanant des interactions entre les membres d'une organisation.

réseau de communication informel
Réseau permettant une meilleure coordination de l'information entre les différents départements d'une organisation.

afin de transmettre et de recevoir des messages. La communication est plus efficace lorsque les gestionnaires utilisent le réseau informel pour renforcer le réseau formel de communication.

Dans un réseau informel, la communication ne suit aucun cours déterminé, elle passe outre aux échelons hiérarchiques et répond probablement aux besoins sociaux des membres du groupe autant qu'elle facilite l'accomplissement des tâches. Le **bouche-à-oreille** est le réseau informel le plus courant. Des recherches ont montré que 75 % des employés d'une entreprise apprennent les dernières nouvelles «à travers les branches[2]». Il va sans dire que ce mode de communication est une source d'information importante pour beaucoup d'employés. Mais l'information qui circule par la bande est-elle toujours juste[3]? Quelles conditions favorisent ce genre de communication? Qu'est-ce qui fait courir les rumeurs?

On a tendance à croire que les rumeurs se mettent à circuler parce que les gens sont avides de ragots. C'est rarement le cas! Les rumeurs servent tout au moins à quatre fins:

1. contrôler et réduire l'anxiété;
2. rapiécer des bribes d'information;
3. former des coalitions au sein d'un groupe en y incluant parfois des personnes de l'extérieur;
4. affirmer sa position («Je suis dans le coup mais vous ne l'êtes pas») ou son pouvoir («J'ai le pouvoir de vous mettre dans le coup[4]»).

Des études montrent que les rumeurs surgissent lorsqu'une situation est vue comme importante et qu'elle soulève de l'ambiguïté et de l'anxiété[5].

Le bouche-à-oreille peut se faire de différentes façons, c'est-à-dire que la rumeur peut se transmettre d'une personne à une autre ou d'une seule personne à tout le monde.

Le bouche-à-oreille a trois caractéristiques. D'abord, il n'est pas contrôlé par la direction. Ensuite, la plupart des employés le jugent plus fiable et crédible que les communiqués officiels des cadres supérieurs. Enfin, il sert surtout les intérêts des personnes qui le pratiquent.

On peut circonscrire les types de réseaux informels, comme on l'a déjà fait pour les réseaux formels. Bien que le réseau informel n'ait pas les caractéristiques fonctionnelles du réseau formel, en ce qui a trait au rôle d'autorité particulièrement, on constate que la rumeur prend plus d'importance lorsqu'on peut l'attribuer à «quelqu'un de bien placé dans l'organisation». Ainsi, deux types de réseaux informels sont définis: le réseau linéaire et le réseau en grappe.

Dans un réseau linéaire, A transmet une information à B, qui la passe à C, qui la passe à D, et ainsi de suite. Dans le réseau en grappe, A transmet l'information

bouche-à-oreille
Réseau informel de communication par lequel l'information se propage de façon officieuse.

à une ou plusieurs personnes qui, elles, la retransmettent à une ou plusieurs personnes, ou encore ne la retransmettent pas.

La curiosité a poussé les chercheurs à vérifier l'exactitude des messages transmis par le réseau informel. Les résultats de leurs recherches indiquent que moins le contenu du message est émotif, plus l'exactitude est grande, et ce, dans une proportion variant entre 78 % et 90 %[6]. Elles ont aussi révélé que le réseau informel est extrêmement rapide, parce que beaucoup plus flexible et personnel que le réseau formel. La démission d'un vice-président, par exemple, peut être connue de tous les membres de l'organisation, et même à l'extérieur, bien avant la confirmation officielle de la nouvelle.

Dans un réseau informel, l'information circule en fonction des intérêts communs et des liens d'amitié qui unissent les individus. Les gestionnaires doivent être conscients de la présence de ce réseau de communication et l'accepter ; ils peuvent même l'utiliser pour vérifier l'effet et la compréhension des messages transmis par le réseau formel. Le réseau informel est aussi celui par lequel les fausses rumeurs sont diffusées ; comme celles-ci peuvent être très dommageables à l'entreprise, il importe qu'elles soient neutralisées[7].

6.3 LES MODÈLES DE COMMUNICATION DANS L'ORGANISATION

Le réseau formel de communication comprend implicitement la notion de direction de l'information qui, pour sa part, tient compte de la position d'autorité et de la position hiérarchique. Nous appelons « modèles de communication » les diverses façons dont est dirigée l'information dans une organisation. Trois modèles sont définis : la communication vers le bas, la communication vers le haut et la communication horizontale. La figure 6.5, à la page suivante, illustre la fréquence d'utilisation de ces modèles en entreprise. Comme on le voit, les gestionnaires utilisent souvent la communication vers le bas, alors que la communication vers le haut et la communication horizontale sont plus rares. Soulignons toutefois que le modèle choisi ne garantit pas que l'opération réussira et que cette représentation graphique des modèles simplifie une réalité fort complexe.

6.3.1 La communication vers le bas

La **communication vers le bas** consiste à transmettre de l'information d'un niveau hiérarchique supérieur de l'entreprise vers un niveau hiérarchique inférieur. Ce modèle de communication est le plus fréquent au sein des entreprises. Des auteurs[8] ont relevé les principaux types de messages véhiculés par la communication vers le bas :

- des directives au sujet de la tâche à accomplir et des instructions particulières au poste ;
- de l'information qui vise la compréhension de la tâche en fonction des objectifs de l'organisation ;
- les politiques et les méthodes de l'organisation ;

communication vers le bas

Modèle de communication qui sert à transmettre l'information d'un niveau hiérarchique supérieur de l'entreprise à un niveau hiérarchique inférieur. Le but principal de ce modèle est de transmettre une information axée sur la tâche, afin de faciliter la coordination entre les paliers hiérarchiques.

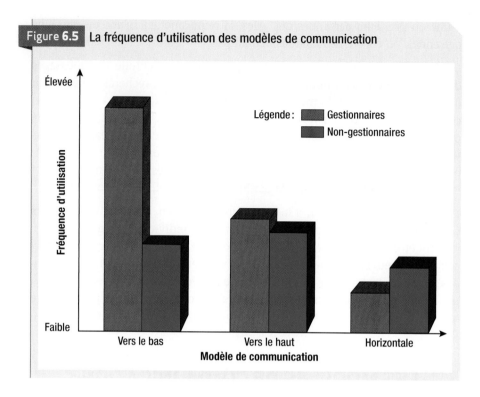

Figure **6.5** | La fréquence d'utilisation des modèles de communication

- de la rétroaction aux employés ;

- de l'information à caractère idéologique qui vise à favoriser l'engagement et la loyauté des employés envers l'organisation.

Si l'information transmise vers le bas est fréquemment déformée et mal comprise, c'est que le message subit de multiples distorsions en circulant à travers plusieurs niveaux hiérarchiques. Comme l'illustre bien la figure 6.6, une grande partie de l'information s'effrite tout au long du processus de retransmission.

Nous présenterons plus loin les moyens utilisés pour empêcher l'information de se déformer, de prendre du retard ou encore de se perdre.

6.3.2 La communication vers le haut

communication vers le haut

Modèle de communication qui permet de transmettre l'information d'un niveau hiérarchique inférieur de l'entreprise à un niveau hiérarchique supérieur.

La **communication vers le haut** fait passer l'information d'un niveau hiérarchique inférieur vers un niveau hiérarchique supérieur. C'est ce modèle que plusieurs entreprises utilisent actuellement. On retient quatre principales catégories de messages transmis vers le haut de la hiérarchie par les subordonnés[9] :

1. de l'information relative à leurs problèmes et à leur rendement ;
2. de l'information concernant d'autres personnes et leurs problèmes ;
3. de l'information touchant les politiques et les méthodes organisationnelles ;
4. de l'information sur le travail à effectuer et sur la manière de le faire.

Comme l'information transmise vers le bas, celle qui est transmise vers le haut peut aussi subir des distorsions. De plus, parce que les gestionnaires ont accès à une grande quantité d'information, ils ne retiennent et transmettent

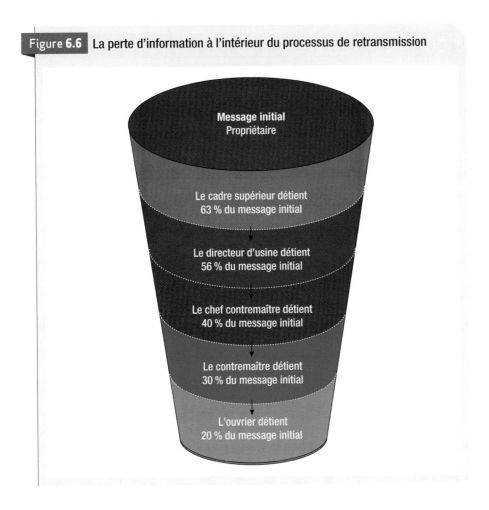

Figure 6.6 La perte d'information à l'intérieur du processus de retransmission

Message initial
Propriétaire

Le cadre supérieur détient
63 % du message initial

Le directeur d'usine détient
56 % du message initial

Le chef contremaître détient
40 % du message initial

Le contremaître détient
30 % du message initial

L'ouvrier détient
20 % du message initial

à leurs patrons que celle qu'ils jugent pertinente à la réalisation de tâches prioritaires. Les subordonnés, quant à eux, aiment bien faire état de ce qu'ils ont fait, de ce que leurs collègues ont fait et de ce qui devrait être fait, selon eux, pour améliorer le rendement général de l'entreprise.

6.3.3 La communication horizontale

La **communication horizontale** permet des échanges entre les membres d'un même service ou entre les services de l'organisation. Ces échanges s'effectuent principalement entre des individus se situant au même niveau hiérarchique. Bien qu'elle soit utilisée moins fréquemment que la communication vers le bas ou vers le haut, la communication horizontale est intéressante, parce qu'elle permet de coordonner les activités et de transmettre de l'information servant à résoudre des problèmes communs. Le modèle de communication horizontale est également celui qu'utilisent les individus pour signifier leur appui (social et émotionnel) à leurs collègues.

Généralement, l'information transmise horizontalement est moins filtrée que celle qui est transmise verticalement (vers le bas ou vers le haut), car elle n'a pas à traverser tous les paliers hiérarchiques. Toutefois, en certaines

communication horizontale

Modèle de communication qui permet des échanges entre les membres d'un même service ou entre les services de l'organisation. Ces échanges s'effectuent principalement entre les individus qui occupent un même niveau hiérarchique.

EN PRATIQUE

Les lettres et les notes... à votre service

Les lettres et les notes de service se différencient de deux façons. D'abord, bien évidemment, elles n'ont pas le même format. Ensuite, les lettres sont adressées aussi bien à des personnes de l'extérieur qu'à des personnes de l'intérieur de l'organisme, tandis que les notes de service sont exclusivement destinées à l'usage interne: elles sont envoyées à des employés de divers services, divisions ou entreprises.

Lorsqu'il s'agit de communications à caractère plutôt officiel, on aura tendance à préférer la lettre à la note de service pour s'adresser à ses collègues. Par exemple, un directeur du personnel fera parvenir une lettre de félicitations à un employé qui a accompli 10 ans de service; un superviseur écrira une lettre de condoléances à une travailleuse qui a perdu un membre de sa famille; un cadre supérieur enverra une lettre à tout le personnel pour annoncer l'adoption d'une nouvelle politique. Comme on le voit, le recours à la lettre plutôt qu'à la note de service indique que la situation est peu courante par rapport aux activités quotidiennes de l'organisme.

Source: Traduit et adapté de R.G. NEWMAN, M.A. DANZINGER et M. COHEN, *Communicating in Business Today*, Lexington, MA, D.C. Heath, 1987.

occasions, la communication horizontale pourra également subir des distorsions, par exemple s'il existe une rivalité entre collègues.

6.4 LA COMMUNICATION BIDIRECTIONNELLE ET LA COMMUNICATION UNIDIRECTIONNELLE

Comme on l'a souligné en début de chapitre, une communication complète implique un échange bidirectionnel d'information: une fois que le message est reçu et compris par le récepteur, celui-ci retransmet un message à l'émetteur afin de s'assurer qu'il a bien compris. C'est ce qui s'appelle une communication bidirectionnelle, c'est-à-dire un circuit complet de communication. Non seulement la compréhension du message est-elle vérifiée, mais l'échange est, de ce fait, enrichi. La communication bidirectionnelle nécessite la rétroaction. En contrepartie, lorsque le récepteur ne peut intervenir directement dans le processus de la communication, il s'agit d'une **communication unidirectionnelle**. Dans ce contexte, il est impossible de vérifier si le message a bel et bien été compris, puisqu'il s'agit d'un simple transfert d'information. Lorsque la direction envoie une note de service aux employés, par exemple, elle ne peut être assurée que le message sera bien reçu et bien compris par tous les employés.

La communication unidirectionnelle est fréquemment adoptée dans les entreprises car elle est rapide et facile à appliquer, mais elle convient surtout à la transmission de renseignements simples. En effet, lorsqu'il s'agit de faire circuler de l'information importante ou complexe, il est risqué d'adopter un modèle de communication unidirectionnelle, puisqu'elle ne permet pas de

communication unidirectionnelle
Communication où le récepteur ne peut intervenir directement dans le processus de communication. Dans ce contexte, il est impossible de vérifier si le message a été compris, puisqu'il s'agit d'un simple transfert d'information.

vérifier la compréhension du message. Pour cette raison, le recours à ce type de communication exige que le message soit très bien formulé et facilement compréhensible pour tous. Soulignons également que la qualité de la communication est souvent faible en raison du manque de rétroaction et que, de ce fait, la compréhension du message peut être malaisée.

Contrairement à la communication unidirectionnelle, la communication bidirectionnelle consiste en un échange d'information permettant aux employés d'émettre leurs opinions et de poser des questions susceptibles d'améliorer la compréhension du message. Elle requiert donc une plus grande disponibilité de la part du gestionnaire. De plus, la communication bidirectionnelle est plus satisfaisante pour les employés et elle a un effet positif sur la qualité de la communication et sur la compréhension du message.

6.5 LES OBSTACLES À LA COMMUNICATION

On n'est pas surpris d'apprendre que les **obstacles à la communication** sont nombreux. Lorsqu'un émetteur réussit à transmettre un message qui sera reçu et interprété exactement comme il l'a souhaité, il a accompli un véritable exploit. En effet, de nombreuses interférences peuvent surgir à n'importe quelle étape du processus de communication et rendre la compréhension du message plus difficile. Nous examinons ci-après les principaux obstacles.

obstacle à la communication
Tout facteur nuisant à la compréhension d'un message.

6.5.1 Le cadre de référence

Dès l'enfance, nous vivons des expériences qui contribuent à façonner notre manière d'appréhender la réalité et de réagir aux événements. C'est ainsi que se construit un cadre de référence qui est l'une des facettes les plus importantes de notre personnalité. Ce cadre de référence constitue la principale base de notre jugement, mais aussi le principal obstacle lorsqu'il s'agit d'aborder une nouvelle situation de façon créative. Chaque individu possède un cadre de référence unique et tend à émettre ou interpréter les messages en fonction des paramètres de ce cadre. Par conséquent, des personnes qui remplis-

sent des fonctions distinctes dans une organisation peuvent interpréter la même information différemment, ce qui causera très souvent une distorsion involontaire de la communication. Pensons, par exemple, à la réaction d'un représentant patronal par rapport à celle d'un représentant syndical face à une mise à pied, à un gel des salaires, à une augmentation de la productivité ou encore au travail à temps partiel.

6.5.2 L'écoute sélective

Directement reliée au cadre de référence, l'écoute sélective représente un deuxième type d'obstacle à la communication situé du côté du récepteur.

Ainsi, la plupart d'entre nous avons tendance à percevoir et à entendre ce que nous souhaitons percevoir et entendre. Nous rejetons toute information dissonante qui ne correspond pas à nos attentes ou à nos croyances, si bien que nous risquons d'interpréter un message à l'aulne de nos préjugés et de nos expériences. En effet, si le récepteur a un préjugé négatif sur l'émetteur, il est fort probable qu'il rejettera ou déformera l'information que ce dernier désire lui communiquer. Il faut constater aussi que l'écoute, même si elle n'est pas sélective, pose en plusieurs occasions de sérieux problèmes, car il n'est pas rare de voir plusieurs personnes parler en même temps, s'interrompre et finir les phrases des autres. On en vient alors rapidement à ne plus savoir quelle information devait être communiquée. Par ailleurs, il arrive souvent que le récepteur semble attentif aux propos de son interlocuteur, mais qu'en réalité, il prépare une réplique qu'il s'empressera de lancer dès qu'il en aura la chance.

6.5.3 Le filtrage de l'information

filtrage d'information

Manipulation de l'information de manière que le récepteur la perçoive de façon positive.

Le **filtrage de l'information** consiste à manipuler l'information de manière que le récepteur la perçoive de façon positive. Le filtrage de l'information se produit autant dans les communications qui vont vers le haut de la hiérarchie que dans celles qui vont vers le bas.

L'employé qui est situé au bas de la hiérarchie ne communiquera pas tous les renseignements à son supérieur immédiat, parce que certains ne sont d'aucun intérêt. De plus, d'autres renseignements, ceux-là importants, pourront ne pas être communiqués au supérieur immédiat, parce qu'ils pourraient servir à évaluer négativement le rendement et l'attitude de celui qui les transmet. On peut donc s'attendre à ce que, chaque fois que des renseignements franchiront un niveau hiérarchique supérieur, une partie sera filtrée, voire modifiée.

Le même phénomène se produit lorsque l'information part du haut de la hiérarchie pour aller vers le bas. On ne s'attend pas, par exemple, à ce que le vice-président d'une usine dévoile les plans stratégiques de l'entreprise à tous les travailleurs, même s'il doit s'assurer que certains renseignements essentiels au fonctionnement se rendent jusqu'à la base.

6.5.4 Les problèmes sémantiques

Si la capacité de communiquer par le langage constitue une marque distinctive de l'homme, il n'en demeure pas moins que de nombreuses erreurs sont rattachées à l'usage des mots. Si on considère que les 500 mots les plus fréquemment employés en anglais possèdent plus de 14 000 acceptions au dictionnaire, il est aisé de comprendre que les mots peuvent parfois être un obstacle à la communication[10]. En outre, au-delà des mots employés, il faut tenir compte de la signification du message. Prenons, par exemple, la situation suivante : assis à la cafétéria, un employé est en train de prendre son repas quand un autre employé arrive près de la table voisine de la sienne et demande : «Y a-t-il quelqu'un sur cette chaise ?» Si on s'arrêtait au sens strict des mots, on émettrait de sérieux doutes sur les capacités visuelles

La communication interculturelle

La communication entre groupes culturels présente de nombreux défis, car elle amplifie les difficultés qui découlent des différences existant à l'intérieur même de ces groupes[11]. Les échanges infructueux entre représentants de diverses cultures résultent souvent de problèmes de communication interculturelle. Voici quelques facteurs importants à considérer dans une telle situation.

Les différences de langues

Les différences de langues constituent l'obstacle le plus flagrant à la communication interculturelle. En outre, la communication est généralement plus facile entre personnes ou groupes partageant des valeurs culturelles semblables. Cela est encore plus vrai lorsque ces personnes ou groupes parlent la même langue. Bien que l'anglais soit en voie de devenir la langue du commerce international, l'apprentissage d'une autre langue permet de mieux comprendre les nuances propres à la culture d'un partenaire commercial.

La communication interculturelle non verbale

Si les diverses cultures présentent certaines similitudes en matière de communication non verbale, elles comportent aussi de nombreuses différences.

Les expressions faciales: Quelle que soit leur origine culturelle, les personnes arrivent généralement à reconnaître les émotions de base dans les expressions faciales[12].

Les gestes: Les gestes ne se traduisent pas aisément d'une culture à l'autre, car leur signification symbolique n'est pas la même dans toutes les cultures. Les Canadiens présument parfois qu'à défaut de pouvoir communiquer verbalement avec une personne qui ne parle ni le français ni l'anglais, ils peuvent s'exprimer par des gestes. Mais nous n'avons trouvé aucun geste ou mouvement du corps ayant la même signification dans toutes les sociétés. Les gestes signifiant l'approbation au Canada peuvent avoir des sens complètement différents à l'étranger. Le geste qui consiste à fermer le poing et à pointer le pouce vers le haut et qui signifie «bon travail» ou «vas-y, continue» au Canada, aux États-Unis et dans la plupart des pays d'Europe de l'Ouest, constitue une insulte vulgaire en Grèce. De même, le signe «OK», que l'on fait au Canada en formant un cercle avec le pouce et l'index, est jugé obscène dans le sud de l'Italie et au Brésil, et peut vouloir dire «tu ne vaux rien» en France et en Belgique.

Le toucher: Dans certains pays, les gens se tiennent près des autres et se touchent, tandis que dans d'autres, ils préfèrent conserver une certaine distance entre eux[13].

Le langage corporel: Les messages transmis par le corps varient eux aussi d'une culture à l'autre. Par exemple, hocher la tête de haut en bas signifie «oui» en Amérique du Nord, alors qu'en Grèce, la relever veut dire «non». En Amérique du Nord, s'incliner vers l'avant, garder les bras et les jambes décroisés et éloigner les bras du tronc constituent des positions corporelles ouvertes. En revanche, se pencher vers l'arrière, croiser les bras et les jambes et mettre les mains dans ses poches sont des positions corporelles fermées ou défensives. Comme leur nom l'indique, les positions ouvertes veulent dire que la personne est ouverte aux nouvelles idées et les accepte. Les positions fermées, qui trahissent un inconfort physique ou psychologique, signifient que la personne tente de se défendre ou de se fermer aux autres.

Comme les Orientaux valorisent la capacité de s'asseoir en silence, ils peuvent percevoir l'agitation et les trémoussements des Nord-Américains comme un manque d'équilibre mental ou spirituel. Même les intervieweurs et les auditoires canadiens réagissent habituellement mal aux gestes de nervosité, comme jouer avec ses cheveux, tripoter sa cravate ou ses bijoux, marteler un meuble avec son stylo ou faire balancer son pied.

Le contact visuel: Regarder quelqu'un droit dans les yeux est loin de faire l'unanimité dans les groupes culturels. En Occident, l'échange d'un regard direct entre un homme et une femme est souvent perçu comme un signe d'ouverture et d'honnêteté, tandis que chez les musulmans, seuls les époux peuvent se regarder dans les yeux; en toute autre circonstance, les contacts visuels entre hommes et femmes sont proscrits. Si le contact visuel direct entre deux étrangers peut parfois sembler impoli ou menaçant au Canada, il en va autrement dans les pays de culture latine, comme ceux d'Amérique latine, l'Espagne et l'Italie. Pour les gens d'affaires européens et canadiens, le contact visuel est un gage d'honnêteté. Dans de nombreuses cultures cependant, baisser les yeux est une marque de déférence tout à fait appropriée à l'égard d'un supérieur. D'ailleurs, on apprend aux enfants portoricains à ne pas regarder les adultes dans les yeux et aux Japonais à porter leur regard vers le cou de leur interlocuteur plutôt que vers ses yeux. En Corée, il est jugé inconvenant de maintenir un contact visuel prolongé. La personne occupant le rang inférieur doit baisser le regard en premier.

Dans tout milieu de travail multiculturel, ces différences peuvent occasionner des problèmes de communication. En effet, selon les valeurs culturelles de chacun, des superviseurs pourraient percevoir les regards directs que leur adressent leurs employés comme un manque de respect alors que ces derniers se comportent pourtant tout à fait correctement.

L'espace: La notion d'espace constitue également une valeur culturelle. L'espace personnel est celui qu'une personne souhaite maintenir entre elle et les autres dans les rapports courants et non intimes. L'observation et une expérience à petite échelle ont démontré que la majorité des Nord-Américains, des Européens du Nord et des Asiatiques exigent un espace personnel plus grand que les Latino-Américains, les Français, les Italiens et les Arabes. Lorsqu'ils sont contraints à avoir des contacts étroits avec les autres, soit dans un ascenseur ou un wagon de métro bondé, les gens qui jouissent habituellement d'un vaste espace personnel réagissent de manière rituelle et prévisible: ils adoptent une posture rigide et évitent tout contact visuel.

Même au sein d'une même culture, certaines personnes préfèrent disposer d'un espace personnel plus étendu que d'autres. Une étude a révélé que les hommes demandent plus d'espace personnel que les femmes. Dans de nombreuses cultures, l'espace personnel est moins important entre les personnes du même sexe et du même âge qu'au sein de groupes mixtes et d'âges divers. En outre, les Latino-Américains se tiennent plus près des personnes de même sexe et les Nord-Américains, des personnes de sexe opposé.

L'étiquette et la politesse d'une culture à l'autre

Puisque la culture définit le langage non verbal, les malentendus sont encore plus courants dans les rapports interculturels. Un étudiant de culture arabe présumait que son camarade de chambre nord-américain le détestait, car il s'asseyait en posant les pieds sur les meubles, les semelles tournées vers lui. Dans la culture arabe, le pied (en général) et la semelle (plus particulièrement) sont considérés malpropres; montrer ses semelles à quelqu'un constitue donc une insulte.

L'étiquette et l'expression de la politesse varient aussi considérablement d'une culture à l'autre. Elles consistent souvent à dire des choses que l'on ne pense pas véritablement. Le problème, c'est que la forme exacte de ce discours change selon la culture et nécessite un décodage soigné. Pour les gestionnaires désireux de traiter avec leurs homologues d'autres pays, il est primordial de se familiariser avec ces différences. Par exemple, dans les rapports sociaux, les Japonais sont particulièrement soucieux de maintenir des sentiments d'interdépendance et d'harmonie. Pour ce faire, ils utilisent une multitude de locutions figées ou d'«expressions lubrifiantes» afin d'exprimer la sympathie et la compréhension, d'adoucir le refus, de dire non de manière indirecte et de faciliter les excuses.

Les conventions sociales d'une culture à l'autre

Les diverses cultures ont des conventions sociales différentes, notamment en ce qui concerne le franc-parler dans les relations d'affaires, l'accueil et les salutations, l'intensité «convenable» de la voix, la ponctualité, le rythme de vie et la pratique du népotisme. Il importe de considérer tous ces facteurs lorsqu'on traite avec des personnes d'autres pays.

Le contexte culturel

Le contexte culturel est la somme des facteurs d'ordre culturel entourant une situation de communication. Certains pays, en grande partie asiatiques, latino-américains, africains et arabes, ont une culture très contextuelle, c'est-à-dire que la communication est grandement influencée par le contexte dans lequel elle se déroule. Ce type de culture s'oppose aux cultures peu contextuelles, courantes en Amérique du Nord, en Australie, en Europe du Nord (sauf en France) et en Scandinavie, où le sens réside davantage dans le message que dans le contexte. Ces nuances peuvent influer sur de nombreuses situations d'affaires, surtout dans le cadre de négociations entre partenaires de cultures différentes[14].

S'adresser à un auditoire international

La majorité des cultures comptent beaucoup de règles officielles. Lorsqu'on s'adresse à un auditoire international, il faut appeler les gens par leur titre plutôt que par leur nom, éviter les élisions, l'argot et les métaphores liées aux sports.

Il se peut que les modèles organisationnels convenant aux auditoires canadiens doivent être modifiés avant de servir à la correspondance extérieure au continent nord-américain. Dans la plupart des cultures, il faut atténuer l'aspect négatif des messages et adresser ses demandes de manière indirecte. On peut également devoir changer de style et de stratégie lorsqu'on communique avec des personnes de pays divers. En outre, il faut soigneusement éviter les phrases que les destinataires pourraient juger arrogantes ou grossières. En matière de faux pas culturels, il est bon de se rappeler que les paroles s'envolent, mais que les écrits restent.

Puisque les cultures présentent tant de différences, comment peut-on en savoir suffisamment sur la communication interculturelle?

D'abord, il faut se montrer sensible et flexible. La première chose à faire pour comprendre les personnes appartenant à une autre culture est de se rendre compte qu'elles peuvent avoir des coutumes très différentes des nôtres et qu'elles valorisent leurs façons de faire autant que nous chérissons les nôtres. De plus, il faut se rappeler que tous les membres d'une même culture ne se ressemblent pas nécessairement.

En conclusion, un communicateur international doit, pour réussir:

- réaliser que la conduite et les valeurs qu'il privilégie lui sont dictées par sa culture et ne sont pas nécessairement «correctes» pour tous;
- se montrer souple et ouvert au changement;
- être attentif aux langages verbal, paraverbal et non verbal;
- prendre conscience des valeurs, des croyances et des pratiques propres aux autres cultures;
- se soucier des différences entre les représentants d'une même culture.

Sources: Traduit et adapté de A.J. AUERBACH et S.L. DOLAN, *Fundamentals in Organizational Behaviour: The Canadian Context*, Scarborough, Ontario, ITP Nelson, 1997; G. JOHNS et A.M. SAKS, *Organizational Behaviour: Understanding and Managing Life at Work*, 6e éd., Toronto, Ontario, Pearson Education Canada Inc., 2005.

du nouveau venu; pourtant, au-delà des mots employés, tout le monde comprend le sens global de la question et chacun répondrait à l'individu adéquatement. Le problème est que, dans des situations moins évidentes, les gens portent trop souvent attention aux mots, sans se demander ce que l'émetteur veut réellement dire.

De plus, il arrive fréquemment que certains groupes se servent d'un langage particulier à leur profession ou à leur occupation. Un jargon n'a de signification que pour les membres du groupe concerné. Si on demande, par exemple, à un géologue de sensibiliser les employés à l'importance d'effectuer leur travail avec prudence et qu'il le fait de la façon qui suit, bien peu saisiront le message: «Étant donné que les roches des épontes supérieures et inférieures du gisement sont composées d'unités séquentielles répétitives de komatiites et de tholéiites intercalées, nous devons renforcer les mesures de sécurité.» Il est donc important que les gestionnaires s'adressent aux employés en des termes simples, clairs, précis, que tout le monde peut comprendre.

6.5.5 La position hiérarchique de l'émetteur

La position hiérarchique de l'émetteur joue souvent un rôle dans la réception du message. En général, plus la position hiérarchique de l'émetteur est élevée, plus le récepteur donne foi au contenu du message. C'est d'ailleurs un des problèmes que l'on rencontre fréquemment au sein des entreprises. Les employés du niveau hiérarchique inférieur ont moins de crédibilité et, en conséquence, leurs commentaires et leurs suggestions ont moins d'échos que ceux qui proviennent des employés d'échelons plus élevés. Or, l'expérience quotidienne de certains problèmes de fonctionnement du système devrait faire des employés de niveau hiérarchique inférieur des personnes dignes de confiance auxquelles on prête attention.

6.5.6 La quantité d'information

Une conséquence des progrès technologiques de la dernière décennie est que les gestionnaires sont ensevelis sous une masse de plus en plus grande de renseignements et de données, qu'ils doivent ensuite trier afin de faciliter leur prise de décisions. Par ailleurs, cette grande quantité d'information, souvent obtenue dans un court laps de temps, fait en sorte que les gestionnaires ne peuvent pas donner suite à toutes les demandes. Ils ne rendent pas leurs appels téléphoniques, ne répondent pas aux notes de service et ne vérifient pas l'information. Il est vrai que la multiplication de renseignements risque de créer un engorgement et de paralyser les processus décisionnels. Voulant éviter cette situation, les gestionnaires ne prennent pas le temps de consulter tous les renseignements qui leur parviennent. Aussi l'émetteur doit-il préalablement sélectionner les renseignements pour ne transmettre que les plus pertinents et éviter de les insérer dans une masse de renseignements inutiles. L'émetteur doit envisager le message du point de vue du récepteur.

6.5.7 La rétroaction

La rétroaction est présente à plusieurs niveaux dans le processus de communication. Bien qu'elle soit essentielle, elle est parfois éliminée. Les communications unidirectionnelles font partie intégrante de certains types d'échange, mais il arrive qu'elles soient créées de toutes pièces par l'attitude de l'émetteur. La communication écrite est une communication à sens unique au moment de l'émission du message. Il n'y a alors aucune rétroaction et l'émetteur doit, lorsqu'il s'exprime, se mettre dans la peau du récepteur afin d'éviter les distorsions. Dans une autre situation, c'est l'émetteur qui empêche la rétroaction en interdisant au récepteur de réagir, de poser des questions ou de faire des commentaires; il se prive ainsi d'un moyen de contrôler la réception de son propre message. Nous l'avons expliqué, la rétroaction est indispensable à une communication complète.

6.6 LES ROUAGES D'UNE COMMUNICATION EFFICACE

La communication n'est efficace que si le message est complètement transmis par l'émetteur et compris par le récepteur. Nous l'avons vu dans la section précédente, plusieurs obstacles — sources de distorsions — peuvent compromettre l'efficacité de la communication organisationnelle, qui devrait être de préférence bidirectionnelle. Certes, établir une communication efficace n'est pas chose facile. Il n'empêche que les gestionnaires comprennent l'importance d'une bonne communication dans l'atteinte des objectifs organisationnels de rendement et des objectifs individuels de satisfaction et d'épanouissement. Ils auraient toutefois avantage à s'inspirer des recommandations de plusieurs auteurs[15] afin de maximiser l'efficacité de leurs communications. Plusieurs de ces suggestions sont présentées dans les sous-sections suivantes.

EN PRATIQUE

Les huit principes d'une communication efficace

Une communication efficace devrait être :

- spécifique;
- honnête;
- logique;
- complète;
- succincte;
- dans les délais;
- pertinente;
- rétroactive.

6.6.1 Les qualités de communicateur

Il est possible d'améliorer les qualités de communicateur du gestionnaire. Plusieurs entreprises font appel à des consultants en communication pour élaborer des programmes spécifiques de formation à l'intention de leurs cadres. Dans une perspective d'amélioration de la communication verbale en tête-à-tête, les cadres reçoivent une formation sur la transmission d'un message clair et unique, sur la façon de diriger efficacement des réunions de groupe, sur les habiletés d'écoute et sur la facilitation de la rétroaction.

L'accent est mis tout particulièrement sur le développement des habiletés d'écoute à l'aide de jeux de rôles et de présentations audiovisuelles. À première vue, la majorité des individus semblent posséder naturellement une certaine habileté à écouter. Au cours d'une entrevue de sélection, par exemple, le gestionnaire sans expérience reste silencieux lorsque l'interviewé répond à la question qu'il a posée. En fait, le gestionnaire n'écoute que partiellement l'interviewé, car il se sert de cette période de silence pour préparer mentalement sa prochaine question ou encore pour analyser des bribes d'information.

6.6.2 Le contenu de la communication

Une fois que le gestionnaire a terminé sa formation et qu'il a perfectionné ses qualités de communicateur, il doit s'assurer que la bonne information parvienne aux employés. La plupart des entreprises voient à ce que leurs employés connaissent la politique de gestion des ressources humaines. Plusieurs d'entre elles publient également un journal d'entreprise. Toutefois, il semble que très peu d'entre elles informent leurs employés des principaux enjeux auxquels elles font face. Pourtant, les résultats de sondages réalisés par l'Association internationale des professionnels de la communication (AIPC) indiquent que, lorsqu'on demande aux employés quels sont les sujets sur lesquels ils aimeraient être informés, ils mentionnent majoritairement les plans de l'entreprise, les possibilités d'avancement et les façons d'accomplir leur travail et d'augmenter la productivité.

Les bons communicateurs réussissent à classer le contenu des messages en trois catégories distinctes : neutres, positifs et négatifs, selon la réaction attendue des destinataires. Lorsqu'on transmet une information que les lecteurs devraient recevoir de façon neutre, le message est jugé informatif. Si on s'attend à ce que les lecteurs réagissent positivement au message, ce dernier est considéré comme positif ou annonciateur de bonnes nouvelles.

Les messages positifs et informatifs n'exigent aucune collaboration, en temps ou en argent, de la part des destinataires, bien que leurs auteurs puissent leur demander de prendre connaissance de l'information transmise et d'agir en conséquence. Quelle que soit l'intention poursuivie, la communication écrite doit engendrer chez ses destinataires une attitude favorable envers le message et son auteur afin de maintenir en eux un sentiment de bonne volonté et

EN PRATIQUE

Que font les bons auditeurs ?

Ils utilisent sciemment quatre pratiques distinctes

Les bons auditeurs prêtent attention à leurs interlocuteurs, se concentrent sur leurs propos en s'oubliant eux-mêmes, évitent toute présomption et se montrent attentifs tant aux sentiments exprimés qu'aux faits rapportés.

Il y a plusieurs moyens d'éviter les erreurs d'écoute attribuables au manque d'attention :

- Avant d'amorcer une conversation, anticipez les réponses dont vous avez besoin. Dressez une liste mentale ou écrite de vos questions. À quelle date doit-on avoir terminé le projet ? De quelles ressources dispose-t-on ? Quel est l'aspect le plus important du projet aux yeux de votre interlocuteur ? Durant la conversation, portez attention aux réponses à vos questions.

- Au terme de la conversation, vérifiez auprès de votre interlocuteur si vous avez bien compris, et, surtout, si vous savez qui fera quels suivis par la suite.

- Une fois la conversation terminée, notez les éléments essentiels aux échéances et à l'évaluation du travail.

Il y a aussi plusieurs façons d'éviter les erreurs d'écoute dues à la distraction :

- Concentrez-vous sur la teneur du message formulé, et non sur l'apparence de la personne qui parle ou sur la manière dont elle s'exprime.

- Prenez le temps d'évaluer les propos de votre interlocuteur ; ne vous contentez pas d'en planifier la réfutation.

- Efforcez-vous d'apprendre quelque chose de toutes les personnes avec qui vous discutez.

Vous pouvez également éviter les erreurs d'écoute causées par de fausses hypothèses :

- Tenez compte des expériences et des antécédents de votre interlocuteur. Pourquoi insiste-t-il sur ce point en particulier ? Qu'entend-il par là ? Comment pouvez-vous profiter de l'importance que votre interlocuteur accorde à cette question ?

- Ne faites pas abstraction d'une directive que vous jugez inutile. Avant de poursuivre vos activités, vérifiez auprès de la personne responsable si la directive en question a une raison d'être.

- Au besoin, paraphrasez ce que votre interlocuteur vient de dire pour lui permettre de corriger votre interprétation.

Vous pouvez apprendre à éviter les erreurs fréquemment commises lorsqu'on s'en tient uniquement aux faits rapportés :

- Portez une attention consciente aux sentiments exprimés.

- Soyez attentif au ton de la voix, aux expressions du visage et au langage corporel.

- Ne présumez pas que le silence équivaut à un consentement, mais encouragez plutôt votre interlocuteur à parler.

Source : Traduit et adapté de K.O. LOCKER, S.K. KACZMAREK et K. BRAUN, *Business Communication : Building Critical Skills*, Montréal, Québec, McGraw-Hill Ryerson, 2005.

d'entraîner les résultats souhaités. Par conséquent, les messages informatifs et positifs comportent des éléments persuasifs, soit :

- de bonnes nouvelles pour les lecteurs ;
- des annonces d'acceptation ;

- des réponses favorables aux demandes des lecteurs ;
- des renseignements sur les procédures, les produits, les services et les possibilités offertes ;
- des annonces de changements neutres ou positifs.

Comment doit-on structurer les messages positifs et informatifs ?

Considérez les besoins des lecteurs : commencez par les bonnes nouvelles et un résumé du message en son entier.

Utiliser le modèle approprié permet d'accélérer la rédaction et d'obtenir une version définitive plus efficace. Les modèles de rédaction décrits ci-dessous conviendront aux communications d'affaires écrites dans 70 % à 90 % des cas.

Assurez-vous de comprendre le fondement des modèles afin de pouvoir les modifier au besoin. (Par exemple, lorsque vous rédigez des directives, les mises en garde devraient figurer au début et non au milieu du message.)

Selon le cas, vous pouvez énoncer plusieurs éléments d'information dans un même paragraphe ou consacrer plusieurs paragraphes à un seul élément d'information.

Rédigez les messages informatifs et positifs en suivant l'ordre indiqué ci-dessous :

1. *Annoncez les bonnes nouvelles et résumez les principaux éléments d'information.* Faites connaître les bonnes nouvelles immédiatement. Ajoutez des détails, comme la date d'entrée en vigueur d'une politique ou le pourcentage d'un rabais. Si vous donnez suite aux commentaires des lecteurs, mentionnez-le clairement.
2. *Donnez des détails, des éclaircissements et des renseignements contextuels.* Ne répétez pas les renseignements donnés dans le premier paragraphe. Répondez à toutes les questions que les lecteurs pourraient se poser ; fournissez toute l'information nécessaire à la réalisation de vos objectifs ; présentez les détails selon leur ordre d'importance pour les lecteurs.
3. *Présentez les éléments négatifs aussi positivement que possible.* Il se peut qu'une politique comporte des limites, que l'information transmise soit incomplète ou que les lecteurs doivent satisfaire à certaines exigences pour profiter d'un rabais ou d'un avantage. Indiquez clairement ces points négatifs, mais présentez-les aussi positivement que possible.
4. *Expliquez tous les avantages offerts aux lecteurs.* La majorité des notes de service informatives doivent annoncer des avantages offerts aux lecteurs. Montrez à ces derniers que la politique ou la procédure récemment adoptée profitera non seulement à l'entreprise, mais aussi à son personnel. Fournissez suffisamment de détails et expliquez les avantages offerts de façon claire et convaincante. Dans une lettre, vous pouvez indiquer en quoi il

est profitable de traiter avec votre entreprise et faire ressortir les caractéristiques positives de vos produits et de vos politiques. Dans un message annonçant de bonnes nouvelles, il est souvent possible de combiner, dans le dernier paragraphe, un bref résumé des avantages offerts aux lecteurs et une conclusion visant à maintenir la bonne volonté des destinataires.

5. *Terminez par une conclusion empreinte de bienveillance, à la fois positive, personnelle et optimiste.* Délaissez le message pour insister sur le fait que répondre aux besoins des lecteurs constitue votre véritable préoccupation.

Les messages sont jugés positifs ou négatifs en fonction de la réaction qu'ils suscitent chez leurs destinataires. Les messages négatifs annoncent aux lecteurs qu'ils devront sacrifier confort, temps, argent, égards ou ressources. Lorsqu'on s'attend à ce que les lecteurs soient déçus ou fâchés, c'est qu'on a rédigé un message négatif.

Les messages négatifs comprennent ce qui suit :

- des annonces de rejets et de refus ;

- des annonces de changements de politiques qui désavantageront les clients ou les consommateurs ;

- des demandes que les lecteurs trouveront agaçantes, insultantes ou dérangeantes ;

- des évaluations négatives du rendement et des avis disciplinaires ;

- des rappels de produits ou des avis de défectuosités.

Comment doit-on structurer les messages négatifs ?

Cela dépend de vos intentions et des personnes visées. Cependant, pour assurer l'efficacité de l'échange, respectez les modèles de rédaction des messages indirects, inductifs et réservés aux mauvaises nouvelles.

Le « sens » d'un message repose sur les personnes, et non sur les mots. Quelle que soit votre intention (conformité, consensus, action), la réponse émotionnelle ou affective de vos lecteurs est essentielle à l'obtention des résultats visés. Que vous avisiez un client d'une hausse de prix ou que vous annonciez par courriel à des collègues qu'ils doivent exécuter du travail supplémentaire, vous devez transmettre l'information de manière à nourrir la bonne volonté de vos destinataires. Autrement, vous perdrez des clients, perturberez vos relations de travail et, en fin de compte, gaspillerez temps et argent.

L'annonce de mauvaises nouvelles à des clients et à d'autres personnes à l'extérieur d'un organisme

Les modèles suivants aideront les rédacteurs à nourrir la bonne volonté de leurs destinataires :

1. *Débutez par un énoncé neutre en guise d'amortisseur.* Ce genre d'entrée en matière oriente les lecteurs et les prépare psychologiquement

à recevoir des nouvelles qui ne leur plairont pas. À l'oral comme à l'écrit, les meilleures phrases tampons sont les affirmations à propos desquelles les deux parties s'entendent. Répondre à une plainte ou à une demande en commençant par une phrase tampon telle que «Merci pour votre lettre…» montre que vous avez lu et compris le message et que vous donnez suite aux préoccupations exprimées par son auteur.

2. *Expliquez.* Donnez la raison du refus avant de l'exprimer.

3. *Annoncez la mauvaise nouvelle clairement et ne la répétez pas.* Des refus équivoques laisseront peut-être les lecteurs dans le doute et vous obligeront à dire «non» une seconde fois.

4. *Offrez toujours une solution de rechange ou une possibilité de compromis, le cas échéant.* En proposant une solution de rechange aux lecteurs, vous leur montrez une autre manière d'obtenir ce qu'ils désirent et leur prouvez que vous vous souciez de leur bien-être et que vous souhaitez les aider à résoudre leurs problèmes.

5. *Terminez par un énoncé positif et optimiste.*

6.6.3 Les préalables

L'implantation d'un programme visant à améliorer la qualité et l'efficacité de la communication organisationnelle ne peut atteindre ses objectifs que si certains préalables sont remplis. Le premier est l'obtention d'un engagement officiel de la part de la haute direction. Cet engagement doit découler d'une volonté réelle d'améliorer les communications et reposer sur la conviction qu'il est indispensable à l'amélioration de la productivité et de la satisfaction au travail. L'autre préalable est l'accès à des renseignements sur les réseaux informels de communication, sur l'importance accordée aux rumeurs, sur l'image de l'entreprise et de ses dirigeants auprès des employés, sur la quantité et la qualité des messages échangés dans l'organisation, sur les attentes des employés envers l'organisation, à brève et à longue échéance, sur les fondements de la culture organisationnelle, ainsi que sur l'attitude des cadres à l'égard de toutes ces questions. Ces renseignements, qui peuvent être obtenus par sondages, permettront à l'organisation de se fixer des objectifs de communication clairs, et surtout réalistes.

6.6.4 Les programmes de communication

L'information que l'entreprise doit recueillir avant d'implanter un programme de communication lui permet de cerner les préoccupations de ses employés et de définir précisément ses priorités en fonction des enjeux liés aux préoccupations relevées.

Une fois cette étape franchie, il s'agit de mettre en place un ou plusieurs programmes de communication qui sauront répondre aux besoins de l'organisation et de ses employés. Afin d'atteindre cet objectif, les entreprises ont élaboré divers programmes de communication, que nous avons classés en trois catégories, décrites ci-après.

Les moyens utilisés pour transmettre l'information

On le sait, l'information peut être transmise aux membres d'une organisation verbalement ou par écrit. La transmission verbale peut prendre la forme de réunions ou de rencontres avec les employés, ou encore de programmes de formation intégrant des cours magistraux, des vidéos ou des films. La transmission écrite de l'information peut, quant à elle, se faire sous forme de notes de service, de journaux internes, de brochures ou de bulletins d'information.

Les moyens utilisés pour assurer le contrôle et clarifier les responsabilités

Les entreprises contrôlent les activités de leurs membres afin de s'assurer que ceux-ci agissent en fonction des buts organisationnels. Au moyen de rapports journaliers et des rapports de ventes, de recettes et de matières utilisées, on peut vérifier si les normes de productivité sont respectées par les travailleurs.

Il est également important de clarifier les responsabilités de chacun dans une organisation. L'organigramme et les descriptions de tâche constituent deux moyens de communication qui donnent une idée des responsabilités de chacun.

Les moyens utilisés pour permettre aux membres de s'exprimer

Plusieurs entreprises, IBM par exemple, ont élaboré des programmes de communication qui permettent aux employés d'exprimer leurs sentiments, leur satisfaction ou insatisfaction et leurs besoins. Parmi ces programmes se trouvent les suivants :

- Les **programmes de consultation** (ou **programmes d'aide aux employés**). Une personne est engagée par l'entreprise pour être à l'écoute des employés qui ont des problèmes personnels ou professionnels. Cette personne-ressource doit orienter les individus vers des solutions possibles. Dans certaines entreprises, c'est l'infirmière qui joue ce rôle.

- *Le système de représentation des employés*. Un groupe d'employés élus siège à un comité, avec la direction, dans le but de représenter les intérêts des employés.

- *Les réunions avec les employés*. Certaines entreprises organisent régulièrement des rencontres avec les employés afin de discuter des problèmes auxquels ces derniers font face dans leur travail (les cercles de qualité, par exemple). Au cours de ces réunions, on parle des problèmes des employés et des pratiques de gestion qui influent sur les résultats du travail.

- *Les entrevues avec les employés*. Dans certaines entreprises, les gestionnaires rencontrent individuellement tous les employés sur une base périodique et discutent des problèmes que vivent ces employés, de leurs satisfactions et de leurs insatisfactions, ainsi que de leurs besoins et attentes.

programme de consultation (ou d'aide aux employés)
Programme conçu pour venir en aide aux employés aux prises avec des difficultés personnelles aiguës ou chroniques (par exemple, des problèmes conjugaux ou d'alcoolisme) ayant des répercussions sur leur rendement et leur présence au travail.

- *La politique de la porte ouverte*. Cette politique vise, elle aussi, à favoriser la communication dans l'entreprise. Les organisations qui adoptent ce programme (par exemple, IBM et Cascades) encouragent les employés à rencontrer les cadres ou les gestionnaires de leur choix (que ce soit leur supérieur immédiat ou la haute direction) pour discuter de leurs insatisfactions ou de leurs problèmes. Dans ce type d'entreprise, les portes des bureaux des cadres et des gestionnaires sont réellement ouvertes et les gestionnaires sont disponibles en tout temps.

- *Les sondages d'opinion*. Grâce aux sondages, la haute direction a la possibilité de connaître le point de vue des employés sur plusieurs sujets. Les employés peuvent s'exprimer en toute confidentialité au sujet des méthodes et des pratiques de l'entreprise, que ce soit en ce qui a trait à la supervision, aux possibilités d'avancement, aux responsabilités, etc.

6.6.5 L'écoute active

écoute active

Stratégie conçue pour montrer à un interlocuteur que son message a bien été entendu et compris.

L'**écoute active** consiste à formuler des commentaires sur le sens littéral ou sur le contenu émotionnel des propos tenus par son interlocuteur et à lui montrer activement que le message transmis a été entendu et compris. D'autres méthodes d'écoute active consistent à demander plus de détails à son interlocuteur et à exprimer ses propres sentiments.

Voici cinq stratégies d'écoute active :

1. *Paraphrasez le contenu*. Émettez des commentaires sur le sens du message transmis tel que vous le comprenez et dans vos propres mots.
2. *Reflétez les sentiments de votre interlocuteur*. Cernez les émotions que vous croyez percevoir en lui.
3. *Verbalisez vos propres sentiments*. Cette stratégie fonctionne particulièrement bien lorsqu'on éprouve de la colère.
4. *Demandez de plus amples renseignements ou des éclaircissements*.
5. *Demandez à votre interlocuteur comment vous pouvez l'aider*.

Au lieu de traduire ce que leur interlocuteur tente de dire, beaucoup de gens tâchent de répondre à leurs propres besoins en essayant d'analyser, de résoudre ou d'éviter le problème. Les personnes en difficulté doivent avant tout sentir que l'on comprend qu'elles se trouvent dans une mauvaise passe. Le fait de leur donner des ordres et de les interroger ne fait que leur indiquer que l'on ne tient pas à écouter ce qu'elles ont à dire.

Faire la morale à une personne constitue une attaque à son endroit. Minimiser l'importance de son problème laisse sous-entendre que ses préoccupations sont futiles. Lui prodiguer des conseils peut même l'inciter à se taire. Lui répondre en vitesse montre que l'on fait peu de cas de ses sentiments ; de plus, elle se sentira humiliée de ne pas avoir trouvé elle-même une solution qui paraît pourtant évidente à quelqu'un qui n'est pas aux prises avec le problème. Même si on lui donne une réponse juste et objective, il se peut qu'elle ne soit pas prête à l'entendre. Parfois, la première réponse qui vient à l'esprit n'est pas la plus appropriée.

L'écoute active demande du temps et de l'énergie. Même les personnes douées en écoute active ne peuvent la pratiquer en tout temps, car leurs propres émotions viennent parfois entraver la réception du message.

De plus, comme des spécialistes l'ont souligné, l'écoute active ne fonctionne que si on accepte véritablement les idées et les sentiments de l'autre. L'écoute active peut remédier aux conflits découlant de problèmes de communication, mais elle ne permet pas de résoudre l'opposition entre deux parties si l'une veut changer l'autre ou que les volontés exprimées sont contradictoires.

6.7 LA COMMUNICATION PERSUASIVE

Dans l'introduction de ce chapitre, nous avons reconnu à la communication deux fonctions principales : informer et motiver. Jusqu'à présent, nous nous sommes concentrés sur la première fonction de la communication. Néanmoins, les employés tout autant que les gestionnaires doivent parfois motiver d'autres membres de l'organisation (subordonnés, collègues, etc.) et les inciter à adopter certains comportements et certaines attitudes spécifiques par rapport au travail. Lorsque l'objectif est de convaincre, la connaissance des éléments de la **communication persuasive** peut s'avérer utile[16]. Trois éléments augmentent la probabilité que l'émetteur réussisse à convaincre un récepteur d'accepter son message (et non seulement le comprendre) : les caractéristiques de l'émetteur, le contenu du message et le canal de communication utilisé (*voir le tableau 6.2*).

communication persuasive
Processus bilatéral où l'objectif de l'émetteur est de convaincre (plutôt que d'informer) le récepteur.

Lorsque vous demandez à une personne une faveur sans grande importance ou un service faisant partie de ses fonctions courantes, vous pouvez procéder de façon directe[17].

Dans le corps du message, fournissez aux destinataires tous les renseignements dont ils ont besoin pour agir et, à la fin, expliquez clairement ce que vous voulez qu'ils fassent, facilitez-leur les choses et précisez le moment auquel vous souhaitez obtenir une réponse. Vous pouvez aussi exiger une réponse immédiate en demandant par exemple : « Faites-moi savoir dès que

Tableau 6.2 Les éléments de la communication persuasive

CARACTÉRISTIQUES DE L'ÉMETTEUR	CONTENU DU MESSAGE	CANAL DE COMMUNICATION
Fait preuve de confiance en soi. Évite les pauses. Est respecté par ses pairs et possède une expertise dans le domaine (crédibilité).	Le sujet est important aux yeux du récepteur. L'émetteur présente tous les aspects de la question. Le récepteur est averti qu'un autre émetteur tentera de le convaincre autrement (effet d'inoculation).	Tête-à-tête (permet à l'émetteur de s'assurer que le récepteur comprend et accepte le message). Document écrit (permet de soutenir le point de vue).

possible si vous pouvez rédiger un article pour le bulletin afin que je réserve un espace à cet effet» ou une réponse plus complète à une date ultérieure par une phrase telle que «Nous devons recevoir le texte au plus tard le 4 mars».

Lorsque vous demandez à une ou à des personnes une faveur importante ou un service ne faisant pas partie de leurs fonctions courantes, votre premier paragraphe devrait non seulement préciser votre demande, mais aussi amener vos destinataires à envisager cette dernière d'un œil favorable. Dans le deuxième paragraphe, donnez un aperçu de ce que le reste du message vise à démontrer: «Voici pourquoi nous devrions agir ainsi. Laissez-moi d'abord vous décrire le projet en question. Ensuite, si vous souhaitez y participer, je vous ferai parvenir une copie de la proposition.» Prenez le temps de réfléchir au genre de personnes que vous voulez convaincre et trouvez une raison de les convaincre d'accéder à votre demande. Même si elles sont déjà occupées, fournissez-leur tous les renseignements dont elles ont besoin, incluant ce qu'il leur faut faire pour répondre à votre requête.

Les demandes importantes exigeant des modifications sur le plan des valeurs, de la culture et du mode de vie ne devraient pas être adressées par courrier électronique.

6.8 LES EFFETS DE LA TECHNOLOGIE ET LE PROCESSUS DE COMMUNICATION EN MILIEU ORGANISATIONNEL

Depuis plus de 60 ans, les progrès technologiques promettent de transformer radicalement la nature du travail et des organisations. Les premiers macro-ordinateurs des années 1950 et 1960 permettaient déjà aux employeurs à la fine pointe de la technologie de lire l'information plus rapidement et laissaient entrevoir la disparition de certaines catégories de travailleurs, que des composantes robotiques, informatiques et électroniques viendraient remplacer. Libérés de la contrainte quotidienne du travail, les humains pourraient finalement se consacrer entièrement à une vie de loisirs.

Évidemment, ces prévisions ne se sont pas concrétisées, mais la technologie a toutefois eu des répercussions importantes sur les travailleurs et les organisations. Aucun processus organisationnel n'a autant été touché par les progrès technologiques que la communication. En fait, la technologie continue à se développer à un rythme époustouflant et à transformer les réseaux organisationnels de communication.

6.8.1 La télécommunication

Les effets de la technologie sur le processus de communication se font sentir depuis déjà plusieurs années, mais c'est au cours des années 1980 que la cadence des changements dans le domaine des télécommunications a augmenté. L'usage des premiers équipements modernes de télécommunication, en l'occurrence les télécopieurs, s'est généralisé. La plupart des organisations ont en effet profité de la possibilité d'accélérer le processus de communication en substituant la télécopie au courrier postal.

C'est également au cours de cette décennie que se sont perfectionnées les technologies d'audioconférence et de vidéoconférence. Il va sans dire que tous ces procédés de télécommunication réduisent significativement les coûts et le temps requis pour communiquer avec des acteurs (employés, clients, fournisseurs, etc.) extérieurs à l'organisation.

Au cours des années 1990, les boîtes vocales se sont répandues, allégeant la tâche des téléphonistes-réceptionnistes. Si la possibilité de laisser des messages sans passer par un intermédiaire assure une plus grande confidentialité à la communication, la dépersonnalisation du processus peut, en revanche, causer des frustrations. Sensibles à ce phénomène, certaines organisations (par exemple, la Ville d'Ottawa) ont même interdit à leurs employés d'utiliser leur boîte vocale pendant les heures de bureau afin de permettre à toutes les personnes qui appellent de communiquer directement avec eux, au besoin.

Les dernières années voient aussi augmenter la popularité des téléphones cellulaires et des «téléphones intelligents». Ainsi, les employeurs peuvent communiquer avec tous les membres de l'organisation en tout temps et en tout lieu. Ces gadgets réussissent à éliminer (ou presque) les obstacles de temps (heures fixes de bureau) et d'espace (confinement au bureau) liés aux moyens traditionnels de communication.

6.8.2 La communication assistée par ordinateur

Le courriel, la messagerie instantanée, les textos, les plateformes de réseautage, les blogues et les sites Web de transfert de fichiers et vidéoconférence vous permettent de travailler même si vous n'êtes pas à votre poste de travail. Ces technologies ont beaucoup contribué à transformer la communication au sein des organisations. On peut vous joindre partout, que vous soyez en réunion, en pause, chez un client, au cinéma ou sur un terrain de golf le samedi matin. La frontière entre le bureau et la vie personnelle s'étant estompée, tout employé peut désormais être «sur appel» 24 heures sur 24.

Malgré l'importance de tous ces procédés de télécommunication, ce sont le courrier électronique, la messagerie instantanée et les plateformes de réseautage qui ont eu la plus forte incidence sur le processus de communication des organisations. Ils ont même réussi à rendre presque désuètes certaines méthodes de communication auparavant considérées comme avant-gardistes (par exemple, le télécopieur).

Grâce à ces outils, des employés peuvent discuter entre eux et prendre des décisions sans se trouver au même endroit, ce qui leur permet d'économiser temps et argent et leur évite les tracas liés aux déplacements.

Le courriel

Le courriel est de loin la méthode la plus courante. Il a révolutionné la communication au sein des organismes. Il demeure l'outil de choix dans la plupart des lieux de travail parce qu'il permet de rédiger et d'envoyer des messages rapidement. Les logiciels de courriel sont aussi très utiles comme classeurs[18]. Les employés s'en servent de plus en plus pour filtrer, emmagasiner et trier des messages et des pièces jointes et pour y effectuer des recherches, ce qu'ils peuvent faire beaucoup plus rapidement que s'ils s'en tenaient à un mode de communication sur papier.

Le courriel est aussi très apprécié comme moyen de coordonner le travail (par exemple, pour confirmer une échéance auprès d'un collègue) et de communiquer des renseignements définis qui sont nécessaires à une prise de décision. Il accroît souvent le volume des communications et modifie considérablement la circulation d'information au sein d'équipes et d'organisations[19].

Le courriel offre certes des avantages énormes, mais quiconque l'a utilisé sait aussi qu'il a des limites.

- *Les émotions ne passent pas.* Le courriel ne transmet pas l'expression faciale et autres signaux non verbaux qui confèrent aux mots une charge émotive[20].

- *La politesse et le respect en souffrent.* Il est souvent plus difficile de faire preuve de tact dans un courriel que dans une lettre, car l'instantanéité du courriel ne donne souvent pas le temps aux émotions de se résorber. De plus, ce qui se dit dans un courriel ne se dirait pas nécessairement en personne, et toute «flingue» (message incendiaire) provoque facilement une explosion parce qu'il est facile de mal interpréter sa teneur émotive[21].

- *Il y a rapidement surdose d'information.* Le courriel cause une surdose d'information en un rien de temps, puisqu'il est facile d'écrire un message et de l'expédier à une foule de gens.

La messagerie instantanée et le texto

La messagerie instantanée (MI) et le texto, qui font fureur chez les adolescents depuis plus d'une décennie, ont maintenant leur place dans le milieu des affaires[22].

Leur croissance a été fulgurante: aujourd'hui, le plus grand nombre privilégie la MI au courriel comme outil de communication au travail[23].

La MI et le texto sont pour les gestionnaires des moyens rapides et peu coûteux de rester en contact avec les employés, et, pour ces derniers, de garder le contact entre eux. De plus en plus, ils deviennent des outils indispensables en affaires, alors qu'auparavant, on les voyait comme un luxe.

La MI et le texto ont peut-être bien des avantages, mais ils ne remplaceront jamais le courriel. Celui-ci convient probablement mieux à la transmission de longs messages qu'il est nécessaire de conserver. La MI est utile pour les messages d'une ou deux lignes qui ne feraient qu'engorger la boîte de réception du courriel. Par ailleurs, les adeptes de la MI et du texto trouvent que ces technologies sont envahissantes et qu'elles sont source d'inattention. Leur omniprésence peut empêcher les employés de se concentrer sur leur tâche.

À LA UNE

Le 23 juillet 2009

Facebook au travail : utile ou pas ?

Sarah Perez et Fabrice Epelboin
ReadWrite Web

Difficile de se faire une opinion, ou tout du moins de s'y tenir, tant les avis divergent sur le sujet. Certains pensent que Facebook n'est plus ce qu'il a longtemps été, une perte de temps en terme de productivité, tout juste bon à envoyer des *pokes* ou faire des jeux stupides entre amis, mais que le plus grand réseau social de la planète est devenu un composant de la communication entre collègues de travail et au sein des équipes.

Il n'y a pas longtemps, nous faisions état d'une étude qui rapportait que les réseaux sociaux étaient de mieux en mieux acceptés au sein de l'entreprise, cette étude montrait que près de la moitié des professionnels dans le secteur des technologies voyaient Facebook comme quelque chose d'utile dans un cadre professionnel.

Mais selon Nucleus Research, qui a publié un rapport la semaine dernière sur le sujet, Facebook causerait aux entreprises 1,5 % de leur productivité. Diantre. Voilà de quoi inquiéter bien des patrons qui réalisent que, lors d'une traversée inopinée d'un *open space*, Facebook est devenu un élément du quotidien de leurs employés.

Facebook, une perte de productivité ?

Selon l'étude de Nucleus Research, les employeurs perdent 1,5 % du temps de travail de leurs employés à cause du temps passé à utiliser Facebook. Pour calculer un tel chiffre, Nucleus a interrogé un échantillon sélectionné au hasard de 237 travailleurs du tertiaire.

Les résultats révèlent que près des trois quarts de ceux qui utilisent Facebook le font durant leurs horaires de travail, et qu'ils restent sur le site pour une durée moyenne de quelques minutes par jour.

Bien que certains affirment que Facebook soit en train de devenir un outil professionnel, très peu des personnes interrogées lors de cette étude ont prétendu qu'elles utilisaient Facebook à ces fins, au contraire, 87 % des personnes interrogées ont affirmé que le temps passé sur Facebook au travail n'avait aucun but professionnel.

Bien sûr, on pourrait objecter que l'échantillon est assez petit, et qu'en tirer des conclusions est difficile, même si cela n'a pas arrêté Nucleus. Ils concluent même leur étude en suggérant aux entreprises de mettre en place un règlement intérieur concernant Facebook, dans la mesure où « bloquer Facebook pourrait donner lieu à un gain de productivité de 1,5 % » (et améliorer le climat social ?).

Pas si sûr...

Nucleus Research voit les choses par le petit bout de la lorgnette, alors, comme souvent lorsque l'on a affaire à des recherches sorties de nulle part et dont les bases scientifiques sont discutables, on se tourne vers de vrais chercheurs, chez R/W, et c'est à l'Université de Melbourne, chez le professeur Brent Coker que nous avons trouvé de quoi pondérer l'avis de Nucleus. Il a lui aussi interrogé un petit échantillon de

⟱

travailleurs du tertiaire (300, à peine 40 %
de plus que Nucleus), mais il est arrivé à une
conclusion différente.

Il a trouvé que les personnes qui prennent de
petites pauses entre leurs tâches augmentaient
leur productivité de 9 % par rapport à leurs collègues qui ne le faisaient pas. « Cela leur permet
de remettre en marche leur concentration », dit
Coker. Cela signifie que les sociétés qui bloquent
Facebook ou MySpace ne font, en pratique, que
diminuer leur productivité.

Par ailleurs, les employés, qu'ils disposent de
Facebook ou pas, ont toujours trouvé des moyens
de faire des pauses au bureau. Avant les réseaux
sociaux, même avant les ordinateurs. Souvenez-
vous, les machines à café ont longtemps été
des lieux dédiés à de telles pauses, et le restent
encore dans beaucoup d'entreprises. Faut-il supprimer le café également ? Interdire les employés
qui fument des cigarettes pendant les heures
de travail ?

Facebook, à coté de ces autres types de pauses,
semble bien inoffensif pour la productivité des
employés, qui plus est, si ceux-ci développent
une activité professionnelle dessus, il n'est
pas interdit de penser qu'il finira même par être
utile.

(traduit d'un article de Sarah Perez)

Source : S. PEREZ et F. EPELBOIN, « Facebook au travail : utile ou pas ? », *ReadWriteWeb.com France*, 23 juillet 2009, [En ligne], http://
fr.readwriteweb.com/2009/07/23/a-la-une/facebook-au-travail-utile-ou-pas (Page consultée le 19 mars 2012)

La communication par réseautage personnel

Les sites de réseautage social comme Facebook et LinkedIn se taillent une
place bien définie dans la culture populaire. Ces technologies facilitent la
création de groupes unis par l'amitié, des intérêts communs, une expertise et d'autres liens, ce qui intensifie les interactions. D'ailleurs, certaines
plateformes de réseautage, dont les cyberforums et la messagerie instantanée, deviennent plus intéressantes et utiles lorsque le nombre d'utilisateurs
s'accroît[24].

Or, tandis que des chefs d'entreprise interdisent l'accès aux sites de réseautage sociaux, des sociétés innovent en cherchant comment faire des technologies de réseautage personnel un moyen de communiquer avec leurs
employés et avec diverses parties intéressées.

6.8.3 Les inconvénients de la technologie dans le processus de communication

Malgré les nombreux avantages des progrès technologiques, il arrive que
ceux-ci nuisent à l'efficacité du processus de communication. Les réseaux
créés par le courrier électronique sont parfois qualifiés de statiques et
de « pauvres » en ce qui touche leur capacité de transmettre le véritable
contenu d'un message. Certaines personnes soutiennent même que les
employés ont tendance à lire moins attentivement un message transmis électro-
niquement qu'un message acheminé par un canal plus traditionnel. En outre, cette

EN PRATIQUE

À quelle nétiquette devons-nous nous conformer ?

Lorsque vous débutez dans un nouvel emploi, votre patron s'attend sûrement à ce que vous soyez à l'aise avec la technologie électronique. Il est fort probable que, dès votre première semaine de travail, vous ayez à répondre à des messages électroniques ou à en faire parvenir. Bien que le courrier électronique ait réinventé la correspondance traditionnelle en offrant un moyen de communiquer instantanément et à peu de frais sans tenir compte des distances géographiques, les rédacteurs chevronnés font toujours preuve de prudence quand ils composent des messages électroniques.

Lorsque vous écrivez un courriel, gardez en tête les lignes directrices suivantes :

Rappelez-vous que tous les documents écrits peuvent être conservés et qu'on peut dès lors s'y reporter. Bien que les gens jugent le courriel aussi officieux que la simple conversation, ce n'est pas le cas. Le courriel n'a aucunement le caractère privé d'une conversation. Tous les écrits ont des implications intellectuelles, psychologiques et juridiques. Vos courriels peuvent être imprimés et distribués à n'importe qui, à votre insu et sans votre autorisation. Les courriels que vous faites parvenir dans le cadre de vos fonctions peuvent être retrouvés et votre employeur peut y jeter un coup d'œil en toute légalité. Les écrits, même lorsqu'ils sont envoyés par courrier électronique, restent. Soyez donc discret.

Prenez en considération les limites de ce mode de communication. Contrairement aux documents imprimés, un message électronique ou virtuel n'a aucune composante tactile. Il a l'avantage de pouvoir être reçu « juste à temps », ce qui le rend idéal pour transmettre une confirmation, mais il est inapproprié lorsque la communication est lourde de sens, par exemple lorsqu'il s'agit de négocier et de régler des conflits. Le format des messages électroniques évolue constamment ; ceux-ci circulent sur une voie dépourvue de censure et de réglementation. Par conséquent, il est essentiel de connaître et d'observer l'étiquette des communications électroniques. L'humour, par exemple, se transmet difficilement par courriel.

Relisez et corrigez votre message avant de l'expédier. Comme toutes vos communications écrites, vos messages électroniques représentent ce que vous êtes. Afin qu'ils soient crédibles et convaincants, assurez-vous qu'ils ne comportent pas de coquilles et qu'ils soient compréhensibles (ajoutez tous les renseignements pertinents). Comme les rédacteurs de courriels ont l'impression de parler à leurs destinataires plutôt que de leur écrire, certains d'entre eux tendent à négliger l'orthographe, la grammaire et ne révisent pas leurs textes. De nombreux progiciels de courrier électronique sont dotés d'un correcteur orthographique ; n'hésitez pas à vous servir de cet outil.

Utilisez un langage clair et concis. Un message électronique doit piquer la curiosité des lecteurs dès la ligne « objet » et le premier paragraphe. Si votre message ne tient pas dans l'écran, écrivez plutôt une note de service ou une lettre que vous ajouterez à votre message sous forme de pièce jointe.

Source : Traduit et adapté de K.O. LOCKER, S.K. KACZMAREK et K. BRAUN, *Business Communication : Building Critical Skills*, Montréal, Québec, McGraw-Hill Ryerson, 2005.

technologie est susceptible de nourrir le réseau informel de communication et de contribuer à la propagation des rumeurs.

Mentionnons aussi le phénomène des virus électroniques, capables de paralyser les systèmes informatiques d'une organisation, qui dépend pourtant

des nouvelles technologies pour communiquer avec son environnement. Certains prédisent que la fréquence de tels virus augmentera au cours des prochaines années. Par ailleurs, ces virus sont de plus en plus perfectionnés et réussissent à déjouer les systèmes de sécurité mis en place par les organisations. Ils sont même conçus pour endommager des programmes d'ordinateur, supprimer des fichiers ou reformater le disque dur. D'autres ne créent aucun dommage mais se dupliquent et se manifestent sous forme de textes, de vidéos et de messages audio. Ces virus bénins sont toutefois truffés d'erreurs pouvant provoquer des défaillances du système et des pertes de données[25].

6.9 LA RICHESSE DES MOYENS DE COMMUNICATION

Il est possible de classer les moyens de communication selon la richesse de leur contenu. La richesse du canal correspond à sa capacité de transmettre le véritable contenu du message au récepteur. Ainsi, plus le canal de transmission choisi est riche, plus il est probable qu'il transmette correctement le contenu du message.

La communication directe (en personne) permet de transmettre une information très riche, car elle implique la présence réelle de l'expéditeur du message, l'utilisation des modes audio et visuel ainsi que des langages verbal et corporel, de même que la transmission immédiate et continue des réactions du récepteur. L'échange téléphonique est aussi assez riche en contenu, mais il se limite au mode audio et ne permet pas d'observer le langage corporel. La communication électronique, en revanche, manque de richesse, puisqu'elle est impersonnelle et ne s'effectue qu'en langage numérique. De plus, les rétroactions parviennent très lentement à l'expéditeur.

La richesse de l'information transmise comporte deux dimensions importantes : le synchronisme de l'échange d'information entre l'expéditeur et le destinataire et l'étendue des signaux paraverbaux et non verbaux que les deux parties peuvent recevoir. Un mode de communication très synchrone est le discours direct et réciproque, qui se déroule en temps réel. Les notes de service, les lettres, et même les courriels, étant de simples messages unilatéraux, n'offrent qu'un faible synchronisme (le courrier électronique permettant toutefois des échanges rapides). La communication directe et par vidéoconférence est riche en signaux paraverbaux (le ton de voix, par exemple) et non verbaux (le langage corporel, par exemple), tandis que la communication écrite en est dépourvue.

D'aucuns ont observé que le caractère impersonnel de la communication électronique est propice aux messages impulsifs et discourtois et à la formulation de propos non nuancés, soit à ce qu'on appelle parfois la « flingue ».

D'autres ont remarqué que les médias électroniques favorisent des modes d'expression informels qui se prêtent aux erreurs d'interprétation.

Enfin, si la communication assistée par ordinateur atténue les écarts entre les rangs et promeut l'égalité, elle traduit toujours quelques différences lorsqu'elle se fait par texte[26].

Somme toute, il convient de se rappeler qu'une communication peu assidue doit être très riche en contenu[27]. Les notes de service, les comptes rendus, les courriels et les portails conviennent aux communications générales, non controversées et impersonnelles, qui ne servent qu'à transmettre des renseignements. L'annonce de décisions importantes, de nouvelles, de changements souhaités, de messages pouvant susciter la controverse et de questions à forte charge émotive nécessite généralement des modes de communication plus riches, comme la communication directe ou par vidéo.

6.10 LA COMMUNICATION NON VERBALE

Les indices non verbaux (par exemple, les attitudes corporelles, la gestuelle globale, le regard, le ton et le timbre de la voix, l'odeur, la posture, la distance, le mouvement, les gestes et le toucher) jouent un rôle de premier plan en communication. Selon certaines études, 80 % de l'information qui circule entre deux personnes qui sont en présence l'une de l'autre est non verbale. Bien que cette information soit difficile à interpréter, elle revêt une importance certaine puisque si le récepteur perçoit une incohérence entre le verbal et le non verbal, c'est généralement sur ce dernier qu'il s'attardera, parce qu'il est souvent inconscient et involontaire. De plus, le langage non verbal a la particularité de transmettre des renseignements touchant les émotions de l'émetteur et du récepteur. Les gestes, les poses et les expressions faciales sont tous des exemples de signes non verbaux. L'échange non verbal n'a pas nécessairement lieu dans une situation de communication directe ; au cours d'une conversation téléphonique, par exemple, le ton de la voix peut en dire beaucoup plus long que le message lui-même[28].

Le comportement non verbal n'est pas instinctif. Il varie souvent en fonction du sexe et de l'âge des personnes ainsi que du groupe culturel auquel elles appartiennent. Les communications non verbales que nous établissons avec les gens de notre entourage influent sur l'opinion qu'ils ont de nous. Par exemple, les candidats à un poste qui présentent certains comportements non verbaux tels qu'un contact visuel soutenu et un bon maintien reçoivent une meilleure évaluation que ceux qui baissent les yeux et se tiennent mal. De nombreux cabinets d'experts-conseils qui aident les personnes à trouver un emploi leur apprennent à maîtriser certains aspects de la **communication non verbale**, dont l'apparence, la posture et les manières, afin qu'elles puissent impressionner les employeurs potentiels.

communication non verbale

Communication par les gestes, les poses et les expressions faciales.

Les messages non verbaux ont de nombreuses fonctions. Ils peuvent compléter, accentuer ou même contredire le message verbal, ou encore attirer l'attention, comme lorsqu'on lève le doigt pour demander le silence à son interlocuteur.

Ces signes peuvent également remplacer les mots, comme lorsqu'on lance un regard furieux à quelqu'un au lieu de proférer des menaces. Lorsqu'une personne dit : « Je vais t'avoir ! », il suffit d'observer ses signes non verbaux pour comprendre son intention réelle.

Les membres d'un organisme devraient apprendre à prêter attention aux signes non verbaux, car ceux-ci fournissent des renseignements sur le sens du message transmis. Les modes de communication non verbale sont répartis en quatre catégories : l'utilisation de l'espace, les mouvements du corps, les variations de la voix et les expressions du visage.

En milieu organisationnel, la manière dont on utilise l'espace peut transmettre des messages. Les façons dont on occupe l'espace interpersonnel, dont on organise son bureau et dont on dispose les sièges sont des messages. L'**espace interpersonnel** est celui qui est mis entre soi et les autres. Il se divise en quatre zones précises d'interaction.

La **zone intime**, qui comprend tout l'espace situé entre le corps et une distance de 45 cm, est habituellement réservée aux relations avec les êtres chers et les membres de la famille. La **zone personnelle**, qui sert généralement aux rapports amicaux, s'étend entre 45 cm et 1,20 m de distance depuis le corps. La **zone sociale**, qui englobe l'espace situé entre 1,20 m et 3,60 m de distance, se prête généralement aux échanges avec des partenaires d'affaires, des connaissances et des vendeurs. La **zone publique** commence à environ 3 m du corps et s'étend vers l'extérieur. Nous nous sentons généralement mal à l'aise lorsque des étrangers franchissent les limites de cette zone.

La disposition des sièges peut également influer sur la communication. Par exemple, si on souhaite favoriser la coopération entre deux personnes, on doit les placer côte à côte, de manière qu'elles regardent dans la même direction. En revanche, asseoir deux personnes face à face favorise entre elles un rapport de compétition.

Enfin, la façon dont on organise son bureau fournit des renseignements sur soi aux visiteurs. Les gens se sentent généralement moins à l'aise lorsqu'un bureau les sépare de la personne à qui ils rendent visite. Les œuvres d'art et la décoration influent aussi sur la capacité du visiteur à se détendre. Dans la conception des bureaux, la tendance actuelle consiste à communiquer des messages plus engageants et moins autoritaires grâce à des plans d'étage ouverts, à des tables de réunion de forme arrondie et à des meubles créant moins d'isolement.

Les mouvements du corps, tels les signes de tête affirmatifs, la posture et le fait de croiser les bras ou les jambes, transmettent aussi des messages de nombreuses façons. Se frotter les mains, serrer les poings et se gratter le front sont tous des gestes traduisant une tension nerveuse. On peut également communiquer sa nervosité en faisant les cent pas et en faisant tinter la monnaie qu'on a dans les poches. Les personnes qui baillent ou

espace interpersonnel
Espace compris entre soi et les autres, et divisé en quatre zones distinctes réservées à des formes précises d'interaction.

zone intime
Espace circonscrit à 45 cm autour du corps ; habituellement réservé aux communications avec les êtres chers et les membres d'une famille.

zone personnelle
Espace qui s'étend entre 45 cm et 1,20 m de distance du corps, servant généralement aux rapports amicaux.

zone sociale
Espace situé entre 1,20 m et 3,60 m du corps ; se prête généralement aux échanges avec des partenaires d'affaires, des connaissances et des vendeurs.

zone publique
Espace débutant à environ 3 m du corps et qui s'étend au-delà.

qui tambourinent avec leurs doigts essaient certainement de dire qu'elles s'ennuient.

Les variations de la voix, notamment dans l'intensité, la hauteur et le ton, ainsi que le fait de rire ou de pleurer, peuvent servir à communiquer des messages précis. Par exemple, quelqu'un qui parle très fort exprime peut-être de la colère. Par ailleurs, les rires et les pleurs sont généralement perçus de la même façon d'une culture à l'autre. Le débit (parler rapidement traduit parfois la nervosité) et les interruptions (on s'en sert quelquefois pour presser son interlocuteur) constituent également des variations de la voix.

Les expressions du visage et les mouvements des yeux sont deux des modes de communication non verbale les plus courants. Le sourire, le froncement des sourcils et toutes les autres expressions faciales sont utiles pour comprendre les sentiments et l'attitude de son interlocuteur. Dans certains cas, les expressions du visage traduisent des émotions que la personne tente de dissimuler. Le regard peut également transmettre un large éventail de messages. Par exemple, lever les yeux vers le haut indique l'exaspération, tandis qu'un regard direct peut être un signe d'honnêteté et d'ouverture. Cependant, le message communiqué par le regard dépend, comme tous ceux qui sont portés par des mouvements corporels, des antécédents culturels de la personne.

À quel point réussissons-nous à interpréter tous ces signes non verbaux? Dans la plupart des cas, les gens croient pouvoir lire ces signes mieux qu'ils n'y parviennent en réalité. Cela est particulièrement vrai lorsqu'on tente de déterminer les motivations d'une personne en se fiant à ses messages non verbaux. En effet, des études ont démontré que les intervieweurs sont beaucoup plus aptes à déterminer le caractère social d'une personne (extraversion, amabilité et capacité à communiquer) qu'à deviner ses motivations en interprétant son langage non verbal.

Les émotions jouent un rôle dans la communication non verbale. À preuve, le phénomène de la **contagion émotive**, qui consiste à «saisir» ou à éprouver les émotions de l'interlocuteur en reproduisant son expression faciale et ses autres signaux non verbaux. La communication non verbale est parfois planifiée, mais la contagion émotive se fait inconsciemment tandis que nous adoptons les comportements non verbaux de l'autre et les synchronisons avec les nôtres[29].

La contagion émotive permet de faire trois choses. D'abord, par cette forme d'«imitation», nous faisons voir à notre interlocuteur que nous le comprenons et que nous avons de l'empathie pour lui. Ensuite, reproduire les comportements non verbaux de l'autre semble être une façon de percevoir la charge émotive de ses paroles. Enfin, la contagion émotive satisfait le besoin de créer des liens. La solidarité est issue du sentiment d'appartenance qu'éprouve chaque membre d'un groupe.

contagion émotive
Tendance inconsciente du récepteur à synchroniser ses comportements non verbaux avec ceux de l'émetteur.

CONCLUSION

Toute communication remplit une fonction informative. La communication peut, en outre, avoir d'autres fonctions. En effet, comme nous venons de le voir, elle peut servir aussi bien de moyen de contrôle que de motivation des membres d'une organisation. On peut relever au moins six autres fonctions de la communication dans l'entreprise[30] :

- comprendre les problèmes des employés et y répondre de façon constructive ;

- créer un climat où les employés se sentent à l'aise de formuler leurs plaintes et de faire des suggestions à la haute direction ;

- éviter que seules les bonnes nouvelles soient transmises à la haute direction ; en effet, les superviseurs des niveaux hiérarchiques inférieurs ont tendance à filtrer l'information et à rapporter seulement les bonnes nouvelles ;

- faire connaître aux employés les progrès et les problèmes de l'entreprise ;

- amener les superviseurs à prêter une attention particulière aux relations humaines, s'ils ne veulent pas que des problèmes surgissent et que la haute direction en soit avertie ;

- éviter que les problèmes personnels des employés n'entravent leur productivité.

La communication implique un processus d'échange et de compréhension de l'information engageant au moins deux personnes. La communication peut être bidirectionnelle ou unidirectionnelle. La communication unidirectionnelle est la simple transmission d'information d'un émetteur à un récepteur. Bien qu'elle entre dans la définition générale de la communication, la communication unidirectionnelle ne peut être considérée comme un véritable acte de communication, car elle exclut la rétroaction. La rétroaction permet de s'assurer qu'un message est bien compris et qu'aucune distorsion ne l'a déformé entre le moment de son émission et celui de sa réception. On parle alors de communication bidirectionnelle.

Dans une organisation, la communication emprunte essentiellement deux types de réseaux. Le premier est le réseau formel, qui correspond à la structure organisationnelle. La transmission de l'information s'effectue du haut vers le bas de la hiérarchie ou inversement. De plus, la transmission peut s'effectuer horizontalement, soit entre les employés d'un même niveau hiérarchique.

Le second est le réseau informel. L'information y est transmise indépendamment de la structure organisationnelle officielle. C'est sur ce réseau que circulent les potins et les rumeurs.

Dans tous les cas, l'information risque de subir des déformations à n'importe quelle étape du processus de communication. Elles découlent d'une formulation boiteuse, d'un canal inapproprié ou d'une mauvaise compréhension. Toutefois, il est possible de corriger ces lacunes en améliorant les habiletés de communication des gestionnaires à l'aide de programmes de formation.

En somme, la meilleure façon d'assurer l'efficacité de la communication dans l'entreprise consiste à amener les gestionnaires à développer leurs aptitudes en la matière. Ceux-ci, en vertu de leur rôle d'émetteur, ont la responsabilité de concevoir un message direct, de définir l'objectif visé par la communication, de choisir le canal le plus approprié et de mettre au point des techniques propres à susciter la rétroaction. De plus, à titre de récepteurs, les gestionnaires devront apprendre à se concentrer et à écouter activement leurs subordonnés.

Dans certains cas, les gestionnaires ont à convaincre plutôt qu'à informer les destinataires d'un message. Afin d'atteindre cet objectif, ils doivent faire preuve d'assurance et paraître crédibles aux yeux des récepteurs.

Les changements technologiques apparus au cours des dernières décennies ont réussi à transformer le processus organisationnel de communication. Les outils de télécommunication et de communication assistée par ordinateur facilitent la communication verticale et horizontale et peuvent favoriser une communication plus efficace. Néanmoins, l'utilisation de ces outils comporte certains risques pour les organisations, car elle les rend vulnérables aux virus électroniques et compromet la sécurité de leurs transactions financières. Enfin, les nouvelles technologies peuvent perturber le processus de communication autrement. Il arrive, par exemple, que les messages électroniques captent moins l'attention des récepteurs que les messages traditionnels, et qu'ils risquent de propager les rumeurs plus rapidement et plus facilement.

La richesse de l'information transmise repose sur deux dimensions importantes : le synchronisme de l'échange d'information entre l'expéditeur et le destinataire et l'étendue des signaux paraverbaux et non verbaux que les deux parties reçoivent[31]. Un mode de communication très synchrone est le discours direct et réciproque, qui se déroule en temps réel. Les notes de service, les lettres et même les courriels étant de simples messages unilatéraux, n'offrent qu'un faible synchronisme (le courrier électronique permet toutefois des échanges rapides). La communication directe et par vidéoconférence est riche en signaux paraverbaux (le ton de la voix, par exemple) et non verbaux (le langage corporel, par exemple), tandis que la communication écrite en est dépourvue.

Les indices non verbaux jouent un rôle important en communication. Cette information peut être difficile à interpréter, mais elle revêt une importance certaine. Les gestes, les poses et les expressions faciales sont des signes non verbaux.

QUESTIONS **DE RÉVISION**

1. Nommez trois canaux de communication que vous utilisez fréquemment et indiquez leurs forces et leurs faiblesses apparentes.

2. Quelle est l'importance de la rétroaction dans le processus de communication? La rétroaction est-elle toujours essentielle?

3. Nommez trois types de distorsion (bruit) pouvant s'introduire dans les communications entre le professeur et les étudiants. Est-il possible de réduire l'influence de ces bruits?

4. Quel est le rôle du réseau informel de communication dans l'organisation et pourquoi pourrait-on le qualifier de système parallèle?

5. Si, à titre de gestionnaire, vous devez faire face à des problèmes d'une grande complexité, quel type de réseau de communication privilégierez-vous entre vous et vos subordonnés? Justifiez votre réponse.

6. Quels sont les moyens que peut utiliser une organisation afin de faciliter et d'optimiser la communication entre ses divers paliers hiérarchiques?

7. Quels éléments peuvent permettre à l'émetteur d'un message de convaincre le récepteur d'accepter le contenu de son message?

8. Comment le courriel peut-il améliorer le processus de communication d'une organisation?

9. Expliquez comment la technologie peut parfois perturber le processus de communication d'une organisation.

10. Quelles sont les deux dimensions importantes de la richesse de l'information?

11. Expliquez pourquoi les indices non verbaux peuvent parfois être difficiles à interpréter.

AUTO-ÉVALUATION

Les aptitudes en matière de communication écrite

Le questionnaire suivant porte sur le processus de communication écrite. Il vous permettra d'évaluer vos aptitudes en la matière, aptitudes qu'il vous faut posséder pour être un bon gestionnaire.

Directives

Répondez au questionnaire en vous basant sur votre expérience en classe ou au sein d'une organisation dont vous avez déjà été membre. Reportez vous à l'échelle ci-dessous pour noter (de 1 à 7) chacun des 24 énoncés.

Il s'agit pour moi d'un comportement :

RARE	1
IRRÉGULIER	2
OCCASIONNEL	3
HABITUEL	4
FRÉQUENT	5
PRESQUE CONSTANT	6
CONSTANT	7

____ **1.** Je me rends disponible lorsque quelqu'un veut me parler.

____ **2.** J'établis clairement l'objectif général de chacune de mes communications écrites.

____ **3.** Je me procure systématiquement l'information pertinente afin de l'incorporer à mes communications écrites.

____ **4.** Je trie et j'organise l'information devant faire partie d'un texte que je rédige (autrement dit, je la structure selon le sujet, la source, le problème à l'étude ou l'ordre chronologique).

____ **5.** J'établis (par écrit) la structure des textes que j'ai à rédiger.

____ **6.** Je me renseigne sur les antécédents, les attentes et l'expérience du ou des destinataires de chacune de mes communications écrites.

____ **7.** Je tiens compte du point de vue probable du destinataire.

____ **8.** Je tiens compte des connaissances du destinataire.

____ **9.** Je reconnais les besoins du destinataire et sais qu'ils auront une influence sur l'accueil qu'il réservera à mes communications écrites.

____ **10.** Je sais comment adapter mes communications écrites pour qu'elles répondent aux besoins du destinataire ou pour qu'elles soient favorablement accueillies par celui-ci.

____ **11.** Je choisis des termes qui expriment clairement ce que je veux dire.

____ **12.** J'examine les divers sens des termes que j'utilise.

____ **13.** Je tiens compte du fait que les mots véhiculent souvent un message caché, et je m'assure que ce message est bien celui que je désire transmettre.

____ **14.** Je cherche à obtenir une rétroaction du destinataire pour vérifier que mon message a été bien compris.

____ **15.** J'évite d'employer des termes que le destinataire pourrait ne pas connaître.

____ **16.** J'utilise des substantifs concrets plutôt qu'abstraits dans mes communications écrites.

____ **17.** Je choisis toujours le pronom approprié, suivant le genre et le nombre du nom qu'il représente.

____ **18.** Je prends soin d'éviter les superlatifs et les termes tendancieux lorsqu'il est important que je demeure objectif.

____ **19.** J'évite les répétitions inutiles.

____ **20.** J'évite d'utiliser un jargon technique.

____ **21.** Je n'exprime qu'une seule idée principale dans chaque phrase.

____ **22.** Je construis chaque paragraphe de sorte que les idées et l'information qu'il contient s'articulent autour d'un seul grand thème, présenté dans la première phrase.

❯

___ **23.** J'utilise certains mots ou certaines phrases pour assurer la transition d'un paragraphe à l'autre.

___ **24.** Je structure mes communications écrites au moyen d'un plan ou de sous-titres.

L'évaluation de vos résultats

Le tableau ci-après vous permettra d'obtenir une vue d'ensemble de vos résultats. Il vous aidera à reconnaître vos points forts et à déterminer ce qu'il vous faut améliorer.

1. Additionnez les nombres que vous avez indiqués devant chacun des énoncés ; vous obtiendrez cinq résultats, soit un par aptitude.

2. Faites le total des cinq résultats et inscrivez-le dans la case appropriée.

3. Comparez vos résultats, pour l'ensemble de ces aptitudes et pour chacune d'entre elles, à ceux des autres membres de votre équipe ou de votre groupe. Si votre professeur ou animateur établit une moyenne de groupe, servez-vous-en pour comparer vos propres résultats.

4. Discutez avec les membres de votre groupe, ou avec des compagnons de classe, de vos forces et de vos faiblesses respectives en communication écrite.

5. Examinez avec eux divers moyens d'améliorer vos aptitudes les plus faibles par rapport à celles du groupe ou de la classe.

APTITUDES	ÉNONCÉS	ÉVALUATION - RÉSULTAT
Établir les objectifs et organiser l'information requise	1, 2, 3, 4, 5	
Tenir compte du destinataire	6, 7, 8, 9, 10	
Choisir ses termes avec soin	11, 12, 13, 14, 15	
Utiliser la forme appropriée des mots	16, 17, 18, 19, 20	
Structurer sa communication écrite	21, 22, 23, 24	
RÉSULTAT TOTAL		

Note : Attendez d'avoir rempli le questionnaire avant de lire les indications fournies ci-dessous !

Indications à lire après l'évaluation

Si vous désirez améliorer vos compétences en communication écrite, assurez-vous d'accorder une attention particulière aux éléments suivants.

A. Avant la rédaction du texte :

- Établissez vos objectifs et organisez l'information requise. Au cours de cette étape initiale, il convient de définir clairement les objectifs général et particuliers de votre message. Vous devriez également rassembler l'information pertinente et déterminer l'ordre de présentation de vos idées.

- Tenez compte du ou des destinataires. Assurez-vous de prendre en compte leurs antécédents, attentes, points de vue, connaissances et besoins.

B. Lors de la rédaction du texte :

- Choisissez vos termes avec soin. Il importe de choisir les termes qui expriment clairement ce que vous voulez dire. Vous devez aussi vous assurer que tout terme de jargon est compris par le destinataire, d'où la nécessité de susciter une rétroaction.

- Utilisez la forme appropriée des mots. Employez des substantifs concrets, choisissez les pronoms appropriés et évitez les superlatifs ainsi que les répétitions.

- Structurez la communication écrite. Il convient de présenter vos idées d'une manière conforme aux principes régissant la construction des phrases et des paragraphes. Faites des transitions et un plan. Après avoir rédigé votre message, relisez-le et modifiez-le au besoin.

Source : Traduit de P.M. FANDT, *Management skills : practice and experience*, St. Paul, MN, West Publishing Co., 1994.

ÉTUDE DE CAS

UNE RUMEUR COURT!

Denis Morin *est professeur en gestion des ressources humaines à l'École des sciences de la gestion à l'Université du Québec à Montréal. Il est également affilié au programme Psychologie industrielle/ organisationnelle du Département de psychologie de l'UQAM. Après avoir obtenu son doctorat en relations industrielles à l'Université Laval, le professeur Morin a réalisé un stage postdoctoral en psychologie industrielle/organisationnelle à l'Université du Colorado. Il est spécialisé dans les domaines de la psychométrie, des statistiques et de l'évaluation du personnel. Ses champs de recherche sont la sélection du personnel, la gestion du rendement, l'intelligence émotionnelle et la personnalité en milieu de travail.*

Josée Vallerand a été mutée dans un autre service administratif à la suite du règlement d'un problème de harcèlement amoureux causé par son ancien superviseur, Marc Beaupré. Comme ces deux personnes conservent leur emploi dans l'organisation, il a été jugé préférable de déplacer Josée dans un autre secteur administratif, afin qu'elle n'ait plus de contact avec Marc Beaupré. La direction de l'entreprise a accepté cette solution et facilité une rapide réaffectation. Dès le règlement du conflit, Josée est transférée dans un autre département.

Dans les deux unités concernées, on a eu vent de cette situation conflictuelle.

Josée est une employée réservée, consciencieuse et responsable. Elle est appréciée de ses collègues de travail. Sa nouvelle superviseure, Line Paradis, est heureuse d'avoir Josée dans son département. Josée est un peu lente dans l'apprentissage de ses nouvelles fonctions, mais Line est prête à lui offrir tout le soutien nécessaire pour lui permettre d'accroître la qualité de sa prestation au travail. Toutefois, après deux mois dans ses nouvelles fonctions, Josée présente toujours des problèmes de productivité et son rendement, au lieu de s'améliorer, semble même diminuer.

Line est préoccupée par cette situation. Elle décide tout de même d'allonger la période d'adaptation de Josée avant d'intervenir et de discuter avec elle de ses problèmes de rendement. «Quelle peut être la cause de cette faible prestation?» se demande la superviseure.

Line prend le repas du midi avec une autre superviseure de l'organisation, Sylvie Rémillard. Les deux femmes, à leur habitude, se gardent de discuter des problèmes de travail. Néanmoins, à la fin du repas, Sylvie demande à Line:

«N'as-tu pas, dans ton département, une ancienne employée de Marc Beaupré?

– Oui, effectivement, répond Line. Qu'est-ce qu'elle a de particulier?

– Bien, j'ai entendu dire que Marc Beaupré a mis une employée enceinte et que Josée a pris un congé de deux semaines juste avant le règlement du conflit entre elle et Beaupré. Y aurait-il eu plus que du harcèlement amoureux?

– J'ai de la difficulté à croire ce que tu avances, Sylvie. Merci tout de même pour cette information.»

Josée étant une personne sensible, Line pense que si elle a entendu ce qu'on dit d'elle, cela pourrait expliquer son rendement insatisfaisant.

Après le dîner, Line va rencontrer Josée. Elle lui dit:

«Je constate, Josée, que ton apprentissage dans tes nouvelles fonctions se fait lentement et je remarque surtout que, depuis quelque temps, ton rendement diminue. Je suis prête à allonger ta période d'apprentissage. Je sais par ailleurs que tu es une employée consciencieuse. Je cherche donc à comprendre ce qui se passe, pour qu'ensemble on puisse améliorer la situation. De plus, ce midi, j'ai entendu une rumeur sur ton compte et j'aimerais savoir si tu en as eu connaissance.

– Oui, enchaîne Josée, je sais que des histoires circulent sur mon compte. Quelle version as-tu entendue? Il semble qu'il y en ait plusieurs. Certains mentionnent que je suis enceinte, d'autres disent que j'ai eu un avortement. Il y a d'autres histoires qui s'inventent au jour le jour.

⌄

– Ce que j'ai entendu n'a pas d'importance, Josée. Ce qui me préoccupe, c'est si et comment cela t'affecte personnellement.

– Je suis nerveuse et tendue, répond Josée. Dès que je vois deux personnes parler ensemble, j'ai l'impression qu'elles parlent de moi dans mon dos. Il me semble que les gens me regardent avec un drôle d'air. Il est évident que tout le monde accorde crédit aux rumeurs et chacun en ajoute un peu plus tous les jours. J'ai de la difficulté à me concentrer. Je dors très mal la nuit. Le pire, c'est que les faits rapportés sont totalement faux.

Voici ce qu'il en est. Avant le règlement du conflit, j'ai pris un congé de deux semaines pour m'éloigner de Beaupré. La situation devenait invivable, surtout depuis que j'avais porté plainte. Ce que j'ai fait durant ces deux semaines semble être une préoccupation pour chaque employé, mais cela ne concerne personne à part moi. J'aimerais que les gens me laissent tranquille et qu'on cesse de colporter toutes sortes de faussetés à mon sujet. Je ne sais vraiment plus quoi faire avec ça.

– Écoute, dit Line, prends l'après-midi de congé et essaie de relaxer un peu. De mon côté, je vais réfléchir à la meilleure façon de régler la situation. »

Après le départ de Josée, Line tente de déterminer ce qu'elle pourrait faire pour mettre fin aux rumeurs. Elle explore quelques pistes. On peut laisser aller les rumeurs jusqu'à ce qu'elles s'estompent d'elles-mêmes ; cela risque d'être long et Line ne croit pas que Josée sera capable de subir longtemps cette pression. Il est possible de rencontrer Beaupré et de discuter avec lui, mais cela ramènera toute l'affaire à la surface. Si on donne un congé supplémentaire à Josée, on ne fera qu'alimenter les rumeurs. On peut penser faire une annonce générale, mais cela accorderait crédit aux rumeurs et mettrait la situation au grand jour, même dans les départements moins concernés par ce conflit.

Au moment de quitter le bureau, à la fin de la journée, Line demeure indécise sur la façon de procéder.

· ·

Questions

1. Que peut faire Line pour faire taire les rumeurs ?

2. Comment Line peut-elle aider Josée à composer avec la situation ?

3. S'il y a lieu, que peut-on faire avec Marc Beaupré ?

Éléments théoriques sur la rumeur

Les rumeurs peuvent se propager rapidement et elles sont difficiles à contrôler. Les rumeurs ne peuvent être ignorées, puisqu'elles sont susceptibles d'avoir des conséquences négatives pour les individus et leur entourage. Malgré les retombées potentiellement négatives, les individus sont souvent impliqués dans ce processus de diffusion de la rumeur.

La rumeur est un élément de base de l'interaction humaine dans la mesure où les individus se questionnent sur leur environnement social. Bien que la rumeur possède une connotation négative, elle a la capacité de satisfaire des besoins personnels et sociaux. Plus spécifiquement, elle donne un sens à notre environnement social en permettant de comprendre la nature des événements et les raisons qui orientent leurs manifestations. La diffusion de la rumeur est un processus par lequel les individus tentent d'obtenir des faits ou de cumuler suffisamment d'information pour réduire leur inconfort psychologique ou leurs craintes.

La rumeur est une histoire ou une affirmation qui circule sans qu'elle ait été confirmée. Les rumeurs s'apparentent à des communications publiques qui s'appuient sur des allégations ou sur des attributions fondées sur des faits circonstanciels non vérifiés. Ces allégations représentent les postulats et les soupçons concernant la façon dont le monde fonctionne.

Un des éléments de base de la rumeur est l'incertitude de la validité du message. La rumeur devient une proposition non confirmée. Il existe une part

⌄

d'incertitude concernant la véracité des faits. Par conséquent, la rumeur peut être vraie ou fausse.

Les termes «rumeur» et «commérage» sont utilisés d'une manière interchangeable, mais le commérage concerne des personnes tandis que la rumeur ne s'appuie pas nécessairement sur une situation interpersonnelle. Contrairement à la rumeur (qui n'est jamais vérifiée), le commérage peut ou non être soutenu par des faits. Le commérage réfère à une conversation banale et futile à propos de la vie privée des personnes, de leurs comportements et de leur manière d'être.

Voici plusieurs règles relatives au commérage dans les communications organisationnelles:

1. Tout le monde peut commérer. Même en adoptant le comportement passif de celui qui ne fait qu'écouter, on participe au commérage.

2. Personne ne se demande si l'information qui circule est exacte. Chacun assume que tel est le cas.

3. Plus les informations sont susceptibles d'être dommageables, plus les commérages se propagent rapidement.

4. Si on affirme que ce commérage est inexact, les personnes y croiront d'autant plus.

5. De toutes les formes de communication, le commérage est la plus déformée.

6. Les personnes commèrent pour protéger leur réputation. Quand le centre d'intérêt est déplacé sur quelqu'un d'autre, cela leur accorde un sursis.

7. Plus les commérages sont susceptibles d'être blessants et même déshonorants, plus la victime met du temps à en prendre connaissance.

8. Les commérages se développent dans une atmosphère de secret et de compétition.

Le commérage représente une forme de communication interpersonnelle plus superficielle que la rumeur; les commérages apparaissent spontanément dans les conversations informelles.

Voyons maintenant les conditions relatives au processus de diffusion de la rumeur. D'abord, le sujet abordé doit être aussi important pour celui qui parle que pour celui qui écoute (l'importance vient du fait que les personnes se sentent personnellement impliquées ou concernées par la situation). Puis, les faits réels doivent être entourés d'une certaine ambiguïté. L'ambiguïté vient du fait qu'un doute subsiste toujours sur une situation qui n'est pas claire. La plupart des rumeurs découlent d'une des situations suivantes: une crise, un conflit, une catastrophe, une relation interpersonnelle.

En plus d'être liées à des ambiguïtés, à des éléments non familiers et invérifiables, les rumeurs prennent forme et circulent lorsque des membres d'un groupe se sentent atteints par la situation sur le plan émotionnel ou lorsqu'ils ont des craintes pour eux-mêmes. De plus, l'anxiété qui naît de ces situations instables sur le plan émotionnel est une force qui favorise la formation de rumeurs.

Les rumeurs circulent dans une organisation grâce aux réseaux de communication informels et non officiels tels que le bouche-à-oreille.

Le besoin pour l'individu de connaître (d'être informé) est le principal motif qui donne naissance à la rumeur. Dans ce cas, la rumeur apporte une forme de logique dans une situation de doute.

Les histoires qui circulent dans une organisation à propos des personnes, de ce qui leur est arrivé lorsqu'elles se sont comportées de telle façon, permettent de préciser quelles actions sont considérées comme acceptables ou non dans la culture de cette organisation.

Dans les entreprises où la gestion est inadéquate, les informations qui circulent et qui sont une source d'anxiété et de malentendu engendrent de l'hostilité entre les travailleurs et affectent leur moral. Dans de telles situations, les rumeurs ont un cycle perturbé: les rumeurs conduisent à la démotivation et sont une source de plus grande anxiété, ce qui en retour favorise la création de rumeurs.

Les moyens de contrôler la rumeur:

1. diminuer l'incertitude en donnant les renseignements nécessaires;

2. voir venir les rumeurs;

≫

3. dissiper l'anxiété ;

4. vérifier les faits ;

5. informer les employés des raisons qui empêchent de divulguer certains faits ;

6. reconnaître, auprès des employés, les conséquences émotionnelles que peuvent avoir certaines informations non sécurisantes ;

7. déployer tous les efforts nécessaires pour garder les employés informés de ce qui se passe et de ce qui peut survenir ;

8. agir très rapidement, comme gestionnaire, quand on constate qu'une rumeur commence à circuler, car plus longtemps des on-dit circulent, plus il est probable que les personnes considèrent les faits comme véridiques ;

9. ne pas agir promptement donne l'impression que les gestionnaires cherchent à sauver la face.

RÉFÉRENCES

[1] R.H. George FIELD et R.J. HOUSE, *Human Behaviour in Organizations : A Canadian Perspective*, Scarborough, Ontario, Prentice-Hall Canada Inc., 1995.

[2] «Heard It Through the Grapevine», *Forbes*, (10 février 1997), p. 22.

[3] K. DAVIS, cité dans R. ROWAN, «Where Did That Rumor Come From ?», *Fortune*, vol. 100, (13 août 1979), p. 134.

[4] L. HIRSCHHORN, «Managing Rumors», dans L. HIRSCHHORN *et al*, *Cutting Back : retrenchment and redevelopment in human and community services*, San Francisco, CA, Jossey-Bass, 1983, p. 49-52.

[5] R.L. ROSNOW et G.A. FINE, *Rumor and Gossip : The Social Psychology of Hearsay*, New York, NY, Elsevier, 1976.

[6] K. Davis, «Management Communication and the Grapevine», *Harvard Business Review*, vol. 3, n° 5, 1953, p. 43-49.

[7] N. DIFONZO, P. BORDIA et R.L. ROSNOW, «Reigning in Rumors», *Organizational Dynamics*, vol. 23, n° 1, 1994, p. 47-62.

[8] D. KATZ et R.L. KAHN, *The Social Psychology of Organizations*, 2e éd., New York, NY, Wiley, 1978.

[9] *ibid.*

[10] W.V. HANEY, *Communication and Organizational Behavior*, Homewood, IL, Richard D. Irwin, 1967.

[11] N.J. ADLER, *International Dimensions of Organizational Behavior*, 2e éd., Belmont, CA, Wadsworth, 1992, p. 66.

[12] P. EKMAN et E.L. ROSENBERG, *What the face reveal : Basic and applied studies of spontaneous expression using the Facial Action Coding System (FACS)*, New York, NY, Oxford University Press, 1997.

[13] M. ARGYLE, «Inter-cultural Communication», dans S. BOCHNER, dir., *Cultures in contact : Studies in cross-cultural interaction*, Oxford, Angleterre, Pergamon, 1982.

[14] E.T. HALL et M.R. HALL, *Understanding cultural differences : Germans, French and Americans*, Yarmouth, ME, Intercultural Press, 1990.

[15] Y. DUPRÉ, «La communication interne comme outil de gestion», *Info ressources humaines*, vol. 12, n° 3, 1988, p. 20-21 ; A. ALESSANDRA, «Administrateurs, êtes-vous de bons auditeurs ?», *Le Maître imprimeur*, vol. 51, n° 5, 1987, p. 12-14 ; Y. TELLIER, «Communication et productivité», *Le Maître imprimeur*, vol. 50, n° 2, 1986, p. 6-10 ; L. CHARTRAND, «La communication avec les employés : plus qu'un journal d'entreprise», *Le Maître imprimeur*, vol. 49, n° 12, 1985, p. 22-23.

[16] D.B. FREELAND, «Turning communication into influence», *HR Magazine*, vol. 38, 1993, p. 377-387.

[17] K.O. LOCKER, S.K. KACZMAREK et K. BRAUN, *Business Communication : Building Critical Skills*, Montréal, Québec, McGraw-Hill Ryerson, 2005.

[18] N. DUCHENEAUT et L.A. WATTS, «In Search of Coherence : A Review of E-Mail Research», *Human-Computer Interaction*, vol. 20, n° 1-2, 2005, p. 11-48.

[19] W. LUCAS, «Effects of E-Mail on the Organization», *European Management Journal*, vol. 16, n° 1, (février 1998), p. 18-30 ; D.A. OWENS, M.A. NEALE et R.I. SUTTON, «Technologies of Status Management Status Dynamics in

≫

E-Mail Communications», *Research on Managing Groups and Teams*, vol. 3, 2000, p. 205-230 ; N. DUCHENEAUT, «Ceci n'est pas un Objet ? Talking About Objects in E-Mail», *Human-Computer Interaction*, vol. 18, n° 1-2, 2003, p. 85-110.

20 K. BYRON, «Carrying Too Heavy a Load ? The Communication and Miscommunication of Emotion by Email», *Academy of Management Review*, vol. 33, n° 2, 2008, p. 309-327.

21 G. HERTEL, S. GEISTER et U. KONRADT, «Managing Virtual Teams : A Review of Current Empirical Research», *Human Resource Management Review*, vol. 15, 2005, p. 69-95.

22 A. HARMON, «Appeal of Instant Messaging Extends into the Workplace», *New York Times*, (11 mars 2003), p. A1.

23 J. BOW, «Business Jumps on Text-Messaging Wave», *Business Edge*, (5 avril 2007), p. 12.

24 A.F. CAMERON et J. WEBSTER, «Unintended Consequences of Emerging Communication Technologies : Instant Messaging in the Workplace», *Computers in Human Behavior*, vol. 21, n° 1, 2005, p. 85-103.

25 Adapté de *Symantec*, «Quelle est la différence entre les virus, les vers et les chevaux de Troie», [En ligne], http://service1.symantec.com/SUPPORT/INTER/navintl. nsf/fr_docid/20020219115924905 (Page consultée le 25 septembre 2011)

26 R. THOMSON et T. MURACHVER, «Predicting gender from electronic discourse», *British Journal of Social Psychology*, vol. 40, 2001, p. 193-208.

27 R.H. LENGEL et R.L. DAFT, «The selection of communication media as an executive skill», *Academy of Management Executive*, (août 1988), p. 225-232.

28 V.P. RICHMOND, J.C. McCRONSKY et S.K. PAYNE, *Nonverbal behavior in interpersonal relations*, Englewood Cliffs, NJ, Prentice Hall, 1990.

29 E. HATFIELD, J.T. CACIOPPO et R.L. RAPSON, *Emotional Contagion*, Cambridge, Royaume-Uni, Cambridge University Press, 1993 ; S.G. BARSADE, «The Ripple Effect : Emotional Contagion and Its Influence on Group Behaviour», *Administrative Science Quarterly*, vol. 47, (décembre 2002), p. 644-675; S.K. JOHNSON, «I Second That Emotion : Effects of Emotional Contagion and Affect at Work on Leader and Follower Outcomes», *Leadership Quarterly*, vol. 19, n° 1, 2008, p. 1-19.

30 F.K. FOULKES, *Personnel Policies in Large Nonunion Companies*, Englewood Cliffs, NJ, Prentice-Hall, 1980.

31 R.L. DAFT et R.H. LENGEL, «Information richness : A new approach to managerial behavior and organizational design», *Research in Organizational Behavior*, vol. 6, 1984, p. 191-233.

PLAN DE CHAPITRE

Introduction

7.1 Contexte général et définition

7.2 L'origine et la nature
des conflits

7.3 La gestion des conflits

7.4 Les conséquences du conflit

Conclusion

OBJECTIFS D'APPRENTISSAGE

Dans ce chapitre, le lecteur se familiarisera avec :

- les dynamiques relationnelles pouvant donner naissance à des conflits dans l'organisation ;
- les paramètres de la gestion organisationnelle des conflits et les stratégies pouvant réduire leurs effets négatifs ;
- la nécessité du conflit dans l'organisation et son rôle en tant qu'agent de changement ;
- les divers types de conflits en fonction des potentialités à l'œuvre dans l'organisation ;
- l'évolution et le développement d'un épisode conflictuel ;
- les forces et les contraintes du milieu de travail dans une perspective de gestion des conflits ;
- les éléments de gestion permettant d'exploiter les avantages et de limiter les inconvénients des conflits en milieu de travail ;
- les répercussions, à court et à long terme, des stratégies et des méthodes de gestion des conflits.

INTRODUCTION

La notion de conflit est omniprésente dans la vie quotidienne. Qu'il s'agisse de conflits familiaux, politiques ou armés, aucune journée ne se passe sans que nous soyons exposés, directement ou indirectement, à un quelconque conflit. En milieu de travail, le conflit est souvent associé à la négociation collective, à la **grève** et au **lock-out**. Cependant, les changements structurels des dernières années ont modifié le pouvoir des parties en présence et les **conflits organisationnels** s'expriment maintenant autant sur une base individuelle que sur la base collective traditionnelle [1]. Il en découle que les gestionnaires passent près de 20 % de leur temps à gérer des conflits interpersonnels de diverses natures [2]. Peu importe son origine ou sa nature, le conflit est une réalité incontournable dans le monde organisationnel et sa démystification est essentielle à la compréhension des comportements des dirigeants comme des travailleurs. Pour ces raisons, et parce que les gestionnaires doivent posséder de solides compétences en matière de **gestion des conflits**, ce chapitre est entièrement consacré à la dynamique des conflits en milieu de travail. Après avoir défini le concept de conflit, nous nous pencherons sur les divers types de conflits et sur les formes qu'ils peuvent prendre selon la position hiérarchique des protagonistes. Nous ferons ensuite ressortir les sources des conflits et leurs conséquences possibles sur le comportement des groupes et des individus. Nous décrirons aussi les réactions des personnes qui font face à une situation conflictuelle et, pour terminer, nous exposerons certaines stratégies propres à la gestion proactive et constructive des conflits organisationnels.

7.1 CONTEXTE GÉNÉRAL ET DÉFINITION

grève
Moyen de pression économique utilisé par les travailleurs d'une organisation contre l'employeur, qui consiste à refuser totalement ou en partie d'effectuer leur travail habituel.

lock-out
Moyen de pression économique utilisé par l'employeur contre les travailleurs, qui consiste à leur refuser l'accès au lieu de travail.

conflit organisationnel
Conflit qui éclate au sein d'une organisation.

gestion de conflit
Ensemble d'actions ou démarche qu'entreprend le gestionnaire en vue de régler un conflit.

La sociologie, la politicologie, l'économie, l'histoire et les relations industrielles font partie des disciplines qui s'intéressent aux tenants et aboutissants des conflits. C'est cependant davantage la perspective développée par la psychologie qui retiendra notre attention. Faisant fi des querelles et des connivences disciplinaires, nous nous concentrerons principalement sur le conflit en tant que phénomène individuel, c'est-à-dire tel qu'il est vécu par une personne ou par un groupe en interaction avec une autre personne ou un autre groupe dans un environnement donné. Comme le conflit n'apparaît pas en vase clos, sauf dans une logique psychique, il est donc inévitablement associé à l'intersubjectivité, à une nécessaire rencontre avec l'autre.

Le conflit est un concept difficile à définir. En entreprise, il naît généralement d'une incompatibilité totale ou partielle, réelle ou perçue, entre les rôles, les buts, les objectifs, les intentions et les intérêts d'un ou de plusieurs individus, groupes ou services. Selon Dion[3], la notion de conflit renvoie à d'autres notions telles que la mésentente, la dispute, le différend ou le désaccord.

Foucher et Thomas[4] en donnent une définition plus circonscrite et précise. Selon eux, le conflit est «un processus impliquant des réactions (émotives et cognitives) et des comportements, qui commence lorsqu'une partie perçoit qu'elle a été, selon elle, lésée par une autre partie ou que cette autre partie s'apprête à le faire».

Les conflits naissent des relations entre les individus. Ils découlent, entre autres, de la diversité des attentes individuelles ou collectives ainsi que des différences entre les intérêts de chacun. De plus, une interdépendance croissante entre les personnes, l'augmentation de la charge de travail et les pressions externes constituent autant de situations propices à l'apparition de conflits. Bref, l'incompatibilité des buts et des moyens, la limitation des ressources, l'urgence des tâches à effectuer à l'intérieur de brefs délais sont tous des éléments qui, aujourd'hui, favorisent l'émergence de conflits.

Les gestionnaires doivent être réalistes et accepter l'omniprésence des conflits. Il n'est plus question de tenter par tous les moyens d'en limiter l'expression dès qu'on décèle leur apparition. Il a été démontré qu'une part importante des activités régulières des gestionnaires concerne la gestion de conflits. D'ailleurs, il y a toujours une leçon à tirer d'un conflit. Même si ce sont ses aspects négatifs qui ressortent souvent en premier, une analyse

EN PRATIQUE

L'importance d'un système de gestion de conflits organisationnels

Toutes les organisations, de la plus complexe à la plus simple, disposent d'un système de gestion des conflits. Les conflits et la manière dont ils sont gérés sont au cœur de nos vies et, par extension, des organisations et des sociétés dont nous faisons partie. De plus, tous les conflits non résolus ont des conséquences néfastes. Les conflits ont le potentiel de créer de grandes pertes économiques, produire un niveau de stress considérable au sein d'une organisation, miner les possibilités de coopération et même mener à la paralysie organisationnelle. Conséquemment, à défaut de disposer d'un système de prévention et règlement des conflits efficace, toute organisation s'expose à miner sa propre fonctionnalité, notamment en ne sachant pas harmoniser les interactions en son sein.

L'universalité des systèmes de gestion des conflits

Dans toute entité organisée existe une manière de gérer les conflits, de la plus élémentaire à la plus sophistiquée. Dans un système simple, par exemple, on voit un patron trancher lui-même les différends. Le système peut aussi être plus élaboré, comme c'est le cas lorsqu'une entreprise syndiquée met en place des procédures de règlement de griefs et d'arbitrage. Volontairement ou non, consciemment ou inconsciemment, toutes les organisations disposent d'un système de gestion des conflits, qu'on se situe au niveau international, organisationnel ou personnel.

Au niveau international, l'Organisation des Nations Unies (ONU) représente un exemple de système de gestion des conflits. L'ONU a été créée pour prévenir de nouvelles guerres mondiales. L'un des objectifs était d'offrir aux nations un mécanisme autre que la guerre pour résoudre leurs différends. On a donc tenté de remplacer les luttes de pouvoir par des règles de droit international. Toutefois, comme ces règles ne permettent pas de tout régler,

l'ONU tient des conférences à intervalles réguliers afin de permettre aux nations membres de négocier des conventions internationales en fonction de leurs intérêts respectifs. L'ONU présente donc toutes les caractéristiques d'un système de gestion des conflits.

Sur le plan organisationnel, chaque entreprise a sa manière de gérer les conflits. Dans les entreprises de moindre envergure, on cherche souvent à supprimer les conflits. Le patron règle alors les dissensions à la pièce, soit en imposant sa décision, soit en faisant appel à la notion de survie de l'entreprise pour inciter les employés à mettre de l'eau dans leur vin. Dans les plus grandes entreprises, on peut retrouver un service du contentieux chargé de voir au traitement des litiges, à moins qu'il ne s'agisse d'un milieu syndiqué, auquel cas le règlement des différends relève plutôt d'un service des relations de travail et d'un syndicat qui procèdent en vertu de procédures de règlement de griefs conventionnées. En dehors de ces contextes typiques, on peut par ailleurs retrouver divers autres systèmes de gestion des conflits susceptibles de varier selon la particularité de l'entreprise concernée. Notons également que de plus en plus d'entreprises non syndiquées tentent de se munir de mécanismes pour faciliter le règlement des litiges à l'interne.

Sur le plan personnel, les couples forment eux aussi une organisation. Ils utilisent donc consciemment ou inconsciemment un système pour gérer leurs conflits. Qu'arrive-t-il lorsque les partenaires ont des besoins divergents ? Certains couples évitent religieusement les sujets de discorde. C'est leur manière de gérer les conflits. Il est toutefois bien connu des thérapeutes familiaux que ces couples sont souvent malheureux à long terme et risquent même de rompre. Par ailleurs, ils invoquent parfois le statut économique pour faire valoir leur point de

≫

vue : celui qui paye choisit. Ou alors c'est la norme du « chacun son tour » qui est privilégiée pour éviter les conflits.

Dans tous ces exemples, il importe de se demander si les discussions productives et la recherche de solutions bénéfiques aux deux parties sont présentes. Force est de constater que c'est rarement le cas, au grand détriment de la satisfaction et de l'actualisation des aspirations des partenaires. Cela explique les conséquences destructrices des conflits.

Les conséquences destructrices des conflits non résolus

Placez une pierre chauffée à rouge dans un aquarium. La pierre se refroidira et la température de l'eau augmentera. Placez deux autres pierres chauffées : la température augmentera davantage et des poissons commenceront à mourir. La morale de cette histoire est double. D'abord, ce n'est pas parce que l'échauffement propre à un conflit en vient à s'estomper de lui-même que le problème cesse d'exister. Ensuite, l'accumulation de conflits mal gérés peut mener au déclin puis à la mort de certains éléments vitaux du système.

S'il peut sembler avantageux à court terme de ne pas gérer un conflit, l'accumulation de petits conflits destructeurs est souvent néfaste, voire fatale pour l'organisation à long terme. Des couples qui ont toujours évité les conflits et les ajustements requis finissent par divorcer, car la passion a été étouffée. Des organisations voient leur productivité fondre et sont même parfois menacées de faillite parce qu'elles ont été minées de l'intérieur par des conflits. Des pays entrent en guerre parce qu'ils n'ont pu résoudre leurs différends. Les éléments destructeurs des conflits non résolus peuvent prendre plusieurs formes.

Sur le plan organisationnel, la gestion des conflits – grèves, lock-out, processus d'arbitrage et frais légaux – peut mobiliser d'énormes ressources qui auraient pu être plus avantageusement investies pour accroître la productivité tout en bonifiant les conditions de travail des salariés. Lorsqu'ils ne vont pas jusqu'à entraîner un bris de relations entre les parties les conflits génèrent à tout le moins une concurrence improductive entre les membres de l'organisation. Et ce ne sont là que quelques exemples des conséquences négatives des conflits non résolus.

Malgré toutes les images négatives évoquées en regard des conflits, il ne faut pas perdre de vue que ces derniers peuvent aussi avoir des résultats positifs lorsqu'ils sont gérés et résolus efficacement. Une solution qui recueille l'aval de tous les intéressés peut, par exemple, restaurer un climat d'harmonie et motiver la productivité des employés. Les résolutions atteintes peuvent notamment donner naissance à de nouvelles manières de faire et ainsi favoriser l'innovation dans l'organisation. Une gestion saine des conflits peut donc à la fois réduire les coûts et procurer des avantages.

Revenons donc à notre point de départ mais en suivant une logique inverse. Les conflits bien résolus ont un potentiel dynamisant et constructeur pour l'organisation. Toute organisation a donc le potentiel de faire usage de ses forces créatrices, pourvu que le système de gestion des conflits adopte une approche qui actualise ce potentiel constructeur des conflits. Ainsi, pour ce faire, une organisation doit être prête à réévaluer sa manière de gérer les conflits et, au besoin, entreprendre une démarche pour améliorer son système de gestion des conflits. L'objectif de cet ouvrage est de fournir aux organisations les outils pour entreprendre une telle démarche.

Source : J. POITRAS, « Importance d'un système de gestion de conflits organisationnels », *Conflits et stratégies, Développez votre perspicacité ! Formation, médiation, négociation et gestion de conflits,* 26 novembre 2007, [En ligne], http://jeanpoitras.blogspot.com/2007/11/importance-dun-systme-de-gestion-des.html (Page consultée le 25 janvier 2012)

minutieuse permettra au gestionnaire d'entrevoir ses retombées positives potentielles. En effet, chaque fois qu'un conflit éclate, un certain nombre de phénomènes s'ensuivent. D'abord, ce genre de situation déstabilise les gens dans leur routine quotidienne : le conflit les motive à agir. Puis, les démarches inhérentes à la résolution du conflit obligent les parties concernées à créer de nouveaux réseaux de communication. En outre, le conflit oblige à une prise de conscience du rôle, des responsabilités et des problèmes de l'autre partie, ce qui peut susciter l'empathie. La recherche d'une solution amène également les parties à remettre en question certains aspects de l'organisation du travail. Enfin, le conflit permet d'assainir le climat de travail en éliminant certaines tensions latentes qui enveniment souvent les relations entre les individus durant de longues périodes avant même de se manifester.

Évidemment, un conflit ne se conclut pas toujours par des conséquences positives, car elles dépendent de facteurs tels que les objectifs individuels, le partage des ressources et l'interdépendance des parties. Ce qui importe surtout dans la détermination du résultat, c'est la façon dont le conflit est géré[5].

7.2 L'ORIGINE ET LA NATURE DES CONFLITS

Dans une organisation, plusieurs éléments peuvent contribuer à l'émergence de conflits. Ils peuvent surgir à propos des objectifs poursuivis, de l'allocation des ressources, de la distribution des pouvoirs ou de l'attribution des rôles et mettre en scène les différents services de l'organisation, les clients, les fournisseurs, les employés, la direction ou le syndicat (*voir la figure 7.1, page suivante*). Parmi les sources de conflits, deux sont particulièrement saillantes : l'incompatibilité des objectifs poursuivis par les individus ou les groupes et les attentes relatives aux rôles de chacun.

L'incompatibilité des objectifs

Il y a incompatibilité des objectifs lorsqu'il n'existe pas d'entente sur les priorités, les échéances à respecter ainsi que sur l'orientation générale des activités des individus ou des groupes. C'est le cas, par exemple, lorsque les priorités du service des ventes ne coïncident pas avec celles du service de la production. Bien entendu, l'atteinte des objectifs dépend de la disponibilité des ressources humaines, matérielles et temporelles dans chaque service. Comme ces ressources sont en général limitées, elles doivent être partagées et réparties entre les services de façon à ce que chacun puisse atteindre les objectifs organisationnels[6]. Le conflit peut aussi naître d'une incompatibilité entre les objectifs à courte, moyenne et longue échéance, tant du côté de l'organisation que de l'individu. L'incompatibilité des objectifs génère habituellement ce qu'on peut appeler un conflit de fond, c'est-à-dire un désaccord quant aux moyens et aux méthodes à préconiser afin d'atteindre efficacement les buts.

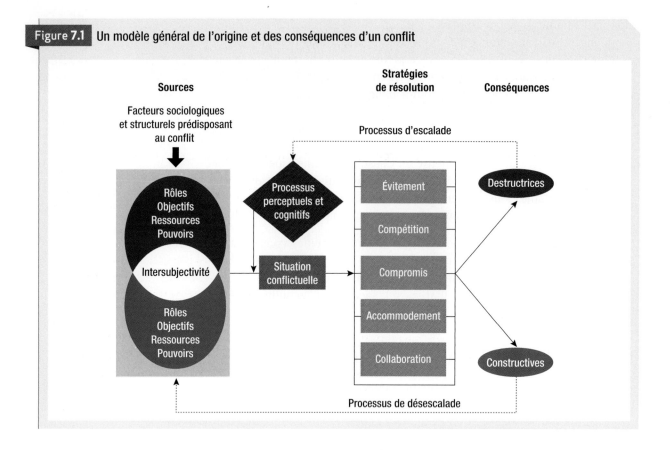

Figure 7.1 Un modèle général de l'origine et des conséquences d'un conflit

L'incompatibilité des rôles et des attentes

Un individu peut jouer différents rôles au sein d'une entreprise. Un rôle est un comportement attendu ; il est défini, entre autres, par la description de tâche, le titre du poste occupé et les accords informels. Le rôle détermine les activités dont l'individu est responsable ainsi que la manière dont ces activités doivent être menées. Il est certain que si le rôle attendu n'est pas clairement précisé à l'employé, celui-ci aura tendance à définir lui-même son propre rôle afin de réduire l'ambiguïté de sa situation et ne pas avoir l'impression de travailler sans direction. De plus, s'ils sont nombreux dans ce cas, ils risquent de s'attribuer des responsabilités qui empiètent sur celles d'autres employés, d'adopter des comportements inappropriés et d'émettre des demandes contradictoires[7]. Bien que cela ne soit pas exclusif, les divergences concernant les rôles et les attentes de chacun entraînent souvent des conflits impliquant une forte émotivité. C'est que ce type de conflit peut être menaçant pour l'identité professionnelle et remettre en question les habiletés et compétences des personnes impliquées. Sans une prompte intervention, ce genre de situation peut aisément alimenter une escalade qui risque d'envenimer le climat de travail, tant pour les personnes directement concernées que pour leurs collègues de travail.

EN PRATIQUE

La notion de territorialité…

Si, chez les animaux, le sens du territoire est purement spatial, chez l'homme il déborde largement de ce cadre pour s'étendre à nos objets, nos idées, nos projets, nos croyances politiques, nos droits et nos goûts. Nous défendons âprement notre territoire en société, en famille ou sur le lieu de travail.

Ainsi retrouvons-nous chaque matin «notre» vestiaire, «notre» bureau, «notre» casier destiné au courrier. À la pause-café, nous utilisons «notre» tasse, apportée de la maison. Et puis il y a «notre» ordinateur, «nos» stylos, «notre» bloc, «nos» dossiers. Pour personnaliser «notre» place, nous l'agrémentons d'une photo de notre cher et tendre aimé, d'une plante verte et d'un gadget à la mode. Tout irait donc pour le mieux dans le meilleur des mondes s'il n'y avait nos collègues. Comme Marie, qui fume tel un pompier et pollue nos poumons. Alain, qui oublie miettes de croissant ou pelures d'orange sur notre bureau. Nina, qui nous emprunte agrafeuse, ciseaux et stylos sans jamais nous les rendre. Sans oublier Denis, dont l'eau de toilette nous file la nausée, Myriam et ses affreuses lithos, Gladys, qui chipe nos meilleures idées et notre sous-chef, qui nous remet à 17 h 50 un dossier à boucler d'urgence. À force d'être agressé en permanence, on finit, tôt ou tard, par devenir agressif. Une réaction mal vue, mais tout à fait normale, puisqu'il faut bien protéger son espace et ses biens, sous peine de se les faire voler.

«Notre notion de la territorialité est très poussée: elle ne se limite pas à un jardin ou à une maison, mais s'étend à nos objets, nos idées, nos croyances.»

Source: J. RIGOLI, «Touche pas à mon territoire», *Psycho*, n° 23, 2000.

7.2.1 L'exercice du pouvoir dans l'organisation

Ce sont souvent des éléments relatifs à la répartition ou à l'exercice du pouvoir qui provoquent un épisode conflictuel. La notion de pouvoir prend très souvent une connotation péjorative parce que, lorsqu'on définit le pouvoir comme étant la capacité d'un individu à en influencer un autre, on imagine spontanément cet autre individu en état de dépendance — même si cette dépendance n'est que temporaire et partielle. De plus, à la notion de pouvoir, on accole habituellement la notion d'abus de pouvoir, soit l'utilisation du pouvoir à des fins personnelles ayant souvent pour conséquence la détérioration du bien-être physique et psychologique de la personne qui subit indûment ce pouvoir.

Le pouvoir, dans l'organisation, permet d'influencer un ou plusieurs individus afin de les inciter à poursuivre les objectifs de l'entreprise. Deux principaux éléments ressortent de cette définition du pouvoir: le premier est que le pouvoir dépend étroitement de la capacité d'un individu à en influencer un autre et le deuxième que le pouvoir est tributaire de l'autorité accordée à un individu dans une situation donnée. On peut conclure de ces considérations que le pouvoir s'exerce entre deux individus, entre un individu et un groupe ou entre deux groupes.

French et Raven[8] ont mis en évidence six types de pouvoir que l'individu peut exercer afin d'influencer ou de persuader les autres: le pouvoir légitime, le pouvoir de récompense, le pouvoir de coercition, le pouvoir d'expert, le pouvoir de référence et le pouvoir d'information. Cette conception du pouvoir est l'une des plus influentes dans le domaine de la psychologie sociale et industrielle[9] et a mené au développement du modèle pouvoir/interaction de l'influence interpersonnelle[10].

Ces six bases du pouvoir social se divisent en deux grandes familles : les formes de pouvoir formel émanant de l'autorité, puisqu'elles prennent leur source dans les caractéristiques organisationnelles (légitimité, récompense, coercition) et les formes de pouvoir informel trouvant leur origine dans les caractéristiques individuelles, puisqu'elles sont conférées à une personne selon les qualités reconnues par autrui et s'inscrivent donc dans une perspective relationnelle (expertise, référence, information)[11].

Le pouvoir légitime

pouvoir légitime
Capacité d'une personne qui profite de sa position hiérarchique dans l'entreprise pour en influencer une autre.

Le **pouvoir légitime** se définit comme étant la capacité d'une personne d'en influencer une autre en raison de la position qu'elle occupe au sein de l'entreprise. Ce type de pouvoir est donc très étroitement lié à la position hiérarchique des deux personnes, telle qu'établie par l'organigramme de l'entreprise. Il provient en quelque sorte d'une décision délibérée de donner à une personne le privilège d'en influencer d'autres qui occupent des positions hiérarchiques moins élevées. Dans l'ensemble, ce privilège est respecté à condition que les subalternes en reconnaissent la légitimité. En effet, en acceptant de travailler pour une entreprise, l'employé sait que son rôle et ses tâches seront encadrés par des politiques et des directives précises et qu'il devra se soumettre, dans une certaine mesure, à une autorité. Par ailleurs, l'employé s'attend à ce que les personnes qui détiennent cette autorité soient clairement identifiées et à ce que l'étendue de cette autorité soit clairement balisée.

Le pouvoir de récompense

pouvoir de récompense
Pouvoir qui renforce le pouvoir légitime en ce sens qu'il autorise un individu à remettre des récompenses aux employés qui ont particulièrement bien fait leur travail.

Le **pouvoir de récompense** est utilisé pour renforcer et soutenir le pouvoir légitime. Il donne le droit à un individu d'attribuer des récompenses à ceux qui se sont distingués dans l'accomplissement de leur tâche. Si l'expression de ce pouvoir peut prendre la forme d'un compliment sur le travail bien exécuté, ce n'est toutefois pas de ce type de récompense qu'il tire son importance, car n'importe quel employé a la possibilité de reconnaître ouvertement la qualité du travail d'autrui. Ce pouvoir prend plutôt sa force dans la capacité d'accorder des privilèges formels comme des augmentations de salaire, des promotions ou des ressources supplémentaires. Ainsi, un surintendant qui donne à un contremaître plus de latitude, d'argent, de personnel ou d'équipement pour accomplir une tâche exerce son pouvoir de récompense.

Le pouvoir de coercition

Le troisième type de pouvoir formel, le **pouvoir de coercition**, peut lui aussi appuyer le pouvoir légitime. Certes, les moyens de coercition ont bien changé avec le temps, mais encore aujourd'hui, le pouvoir de coercition réside dans la capacité de pénaliser les employés qui ne respectent pas les directives. Ainsi, un individu qui détient un pouvoir de coercition peut réprimander ou rétrograder un employé, lui refuser une promotion, surveiller de plus près ses activités ou même le congédier. Toutefois, selon certains auteurs, ce type de pouvoir ne doit être utilisé qu'en dernier recours, parce qu'il a des conséquences néfastes pour l'individu et l'organisation, telles que la frustration, la détérioration du climat de travail et la baisse de la motivation.

pouvoir de coercition

Type de pouvoir qui appuie le pouvoir légitime. Les personnes qui le détiennent peuvent pénaliser les employés réfractaires à l'autorité.

Le pouvoir d'expert

Le **pouvoir d'expert** découle d'une caractéristique individuelle qui est liée à l'acquisition de compétences techniques ou scientifiques peu communes, ou à une connaissance des processus administratifs acquise par une grande expérience dans une même fonction ou dans une même entreprise. Pensons aux entreprises qui, sous l'effet de la modernisation, ont dû engager un technicien ou un spécialiste de la programmation informatique. Ou encore, en milieu universitaire, à la technicienne administrative qui a travaillé dans le même département pendant de nombreuses années et sous l'autorité de différents directeurs pour lesquels elle a eu à assurer la transition des processus administratifs. Ces personnes, eu égard à leurs connaissances ou à leur expérience, ont la capacité de façonner le comportement d'autrui, si ces derniers acceptent de se laisser influencer, en fonction de la qualité des conseils ou des recommandations qui leur seront formulés. Ainsi, le fait de reconnaître une quelconque expertise chez un collègue permet à ce dernier d'avoir une incidence marquante sur nos comportements en fonction des recommandations qu'il formulera.

pouvoir d'expert

Caractéristique d'une personne qui, grâce à une longue expérience, a acquis des compétences techniques ou scientifiques ou une connaissance des processus administratifs hors du commun.

Le pouvoir de référence

Le **pouvoir de référence** repose sur les caractéristiques d'une personne qui incite les autres à vouloir imiter ses comportements, c'est-à-dire qu'elles acceptent de subir son influence, car elles l'idéalisent et l'estiment. Les personnes qui détiennent ce type de pouvoir peuvent, par exemple, inciter les gens à modifier leur habillement, leur façon de s'exprimer ou de se comporter. Les gens qui ont du charisme ou les célébrités, par exemple, peuvent influencer le comportement des gens parce qu'ils sont idéalisés. On parle là aussi d'un pouvoir fondé sur des caractéristiques personnelles ; ce pouvoir est l'apanage de personnes aimées, respectées et en qui on a confiance en raison de leur personnalité, de leur façon de penser ou de leur manière de se comporter. D'ailleurs, n'importe qui dans une entreprise

pouvoir de référence

Type de pouvoir attribué à une personne qui amène les autres à vouloir l'imiter.

peut acquérir ce pouvoir, et ce, indépendamment de sa position hiérarchique. Ainsi, toute personne qui est respectée, estimée, admirée possédera un certain pouvoir de référence sur les personnes qui lui reconnaissent ces qualités.

Le pouvoir d'information

pouvoir d'information
Pouvoir qui se rapporte à la capacité d'un individu d'accéder à de l'information précise et privilégiée.

L'individu qui accède à de l'information particulière et privilégiée, à laquelle les autres n'ont pas accès, détient un **pouvoir d'information**. Ce pouvoir se distingue du pouvoir d'expert en ce sens qu'il ne renvoie aucunement à des connaissances liées à un savoir-faire, comme ce serait le cas pour un analyste-programmeur ou un spécialiste en psychologie du travail. On pense plutôt à la secrétaire qui filtre les appels destinés à sa directrice ou qui empêcherait une candidate à un poste de savoir où en est l'étude de sa demande d'emploi. Il s'agit donc là d'un pouvoir individuel contextuel de nature relativement éphémère.

Il est important de savoir que ces diverses formes de pouvoir sont souvent indépendantes les unes des autres. Ainsi, rares sont les personnes qui possèdent simultanément l'ensemble de ces pouvoirs ; la capacité d'influencer les autres est directement liée à la configuration particulière de l'ensemble des pouvoirs d'une personne. Plus un individu possède un large éventail de pouvoirs et plus ces pouvoirs sont grands, plus il lui est facile de façonner le comportement des autres. Le gestionnaire ou le travailleur qui bénéficie d'un bon arsenal de pouvoirs sera à même d'orienter les actions des personnes qui l'entourent dans divers contextes en minimisant les possibilités de générer des conflits.

7.2.2 Les stratégies d'acquisition du pouvoir

coalition
Alliance qui vise à réduire les incertitudes.

En plus du pouvoir accordé par l'organisation, un individu ou un groupe peut aussi acquérir un certain degré de pouvoir en déployant diverses stratégies. Bien que plusieurs possibilités soient envisageables à cet effet, trois semblent plus familières en milieu organisationnel : le contrat, l'absorption et la **coalition**. Ces stratégies amènent deux ou plusieurs parties à conclure des ententes stratégiques afin de diminuer les incertitudes engendrées par les activités de l'une ou de l'autre et d'ainsi bonifier leurs pouvoirs relatifs par la mise en commun de leurs ressources respectives.

Le contrat

Le contrat est le résultat de la négociation d'une entente entre deux ou plusieurs parties qui couvre une période généralement déterminée. L'exemple le plus courant d'un contrat est la convention collective, qui régit les rapports entre l'employeur et le syndicat. Cette forme de stratégie réduit les incertitudes de chacune des parties concernant les conduites de l'autre groupe. En effet, s'il n'y a pas de contrat clairement établi, les employés se demandent s'ils auront un salaire convenable et si leur emploi est assuré pour quelque temps, alors que l'employeur se demande si ses employés fourniront les efforts qui permettront d'atteindre les objectifs organisationnels. Lors de la négociation d'un contrat, toutes ces incertitudes sont discutées par les parties afin de trouver une solution convenable pour tous et lorsqu'une entente est conclue, on la ratifie généralement pour une période déterminée. Le contrat est donc une stratégie qui permet aux deux parties d'acquérir une certaine forme de pouvoir et de structurer le pouvoir de l'autre en réduisant les incertitudes (entente négociée) et en stabilisant leur relation (entente signée pour une période déterminée).

L'absorption

On parle d'**absorption** quand un groupe en assimile un autre pour tenter de restreindre les incertitudes que le premier a créées. Cette stratégie est adoptée, par exemple, lorsque deux entreprises ont des objectifs différents mais complémentaires : la plus grande des deux réduit ses incertitudes en acquérant la plus petite. Du même coup, la grande entreprise acquiert du pouvoir, contrôle les activités de l'entreprise absorbée et devient plus forte pour affronter la concurrence du marché. Un exemple courant est celui de l'entreprise manufacturière qui assimile l'entreprise qui distribue ses produits. Le principal risque d'une telle stratégie est de ne pas réussir à bien intégrer les employés de l'entreprise absorbée, lesquels en viendront à opposer une résistance nuisible à l'atteinte des objectifs organisationnels.

> **stratégie d'absorption**
>
> Assimilation d'un groupe par un autre dans le but de réduire les incertitudes créées par le premier.

La coalition

La coalition consiste, entre autres, à former des alliances permanentes ou occasionnelles afin d'augmenter le rapport de force des entreprises alliées. Généralement, cette union est une avenue intéressante lorsque le contrat et l'absorption sont impossibles ou indésirables. Par exemple, il arrive fréquemment que certaines centrales syndicales fassent front commun contre l'État lors de négociations collectives dans le secteur public. Cette coalition temporaire est possible à la condition qu'il y ait une communauté d'intérêts dans les revendications soutenues par chaque centrale. L'objectif recherché est d'augmenter le pouvoir de négociation par la mobilisation d'un nombre plus important de salariés. Cette stratégie peut s'avérer fructueuse lorsque les parties concernées ont la capacité de mettre leurs différends de côté afin d'accroître leurs pouvoirs respectifs. Lorsque la coalition a un caractère plus permanent, il s'agit de ce qu'on nomme communément une fusion ; les parties décident dans ce cas de lier définitivement leur avenir. Par exemple, la banque connue aujourd'hui sous le nom de TD Canada Trust est le résultat de la fusion du Groupe financier Banque Toronto Dominion et de Canada Trust ; ces entreprises ont décidé d'unir leurs ressources afin de mieux concurrencer les autres organisations du secteur bancaire. Une manœuvre de coalition est aussi fréquemment utilisée sur une base individuelle afin de forcer l'acquiescement à des revendications. Lorsque quelques travailleurs possédant des intérêts communs unissent leurs voix afin de réclamer des modifications aux conditions de travail (par exemple aux horaires ou à l'organisation du travail), ils modifient la nature de leurs pouvoirs par une stratégie de coalition.

7.2.3 Les divers types de conflits

Les conflits, dont les causes sont multiples, peuvent prendre plusieurs formes selon les protagonistes qui y sont associés. Les principaux sont les conflits intrapersonnels, interpersonnels, intragroupes et intergroupes (*voir la figure 7.2*).

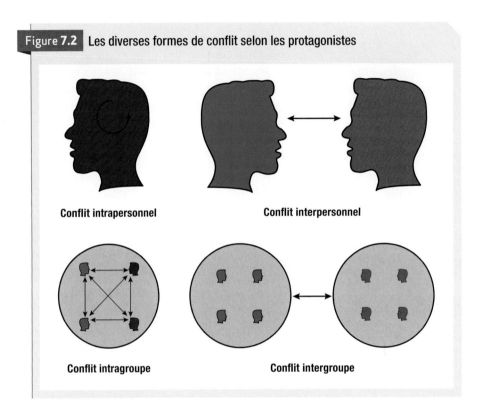

Figure 7.2   Les diverses formes de conflit selon les protagonistes

Conflit intrapersonnel

Conflit interpersonnel

Conflit intragroupe

Conflit intergroupe

Le conflit intrapersonnel

conflit intrapersonnel

Situation dans laquelle un individu est en conflit avec lui-même. Généralement, ce type de conflit suppose que l'individu est en présence d'une certaine incompatibilité de buts ou d'une dissonance cognitive qui le perturbe.

Le **conflit intrapersonnel** résulte de la présence, chez un individu, de motivations, désirs, sentiments ou exigences contradictoires. Généralement, ce type de conflit suppose que l'individu fait face à une certaine ambivalence ou à une dissonance cognitive. Par exemple, une personne risque de vivre un conflit intrapersonnel si elle doit choisir entre un emploi bien rémunéré dans une entreprise qui a peu de prestige et un emploi moins bien rémunéré dans une organisation reconnue. Ce type de conflit se produit également lorsqu'un individu doit opter, à l'intérieur d'une entreprise, pour un poste qui élève sa position hiérarchique, son pouvoir, son prestige et son salaire, mais dont les tâches sont de moindre intérêt, ou un poste de professionnel aux tâches très intéressantes, mais aux possibilités d'avancement plus limitées. Mentionnons que les gestionnaires d'une organisation sont souvent aux prises avec ce type de conflit à cause des conséquences inhérentes aux décisions qu'ils doivent prendre[12]. Un tel conflit n'implique aucune interaction avec autrui et, habituellement, ne constitue donc pas une situation sur laquelle les gestionnaires peuvent agir directement. Cependant, le conflit intrapersonnel demeure un levier important dans le processus décisionnel qui orientera le choix des actions et des comportements individuels. Les actions qui génèrent un conflit intrapersonnel freineront l'adoption du comportement cible, alors que les possibilités d'action n'alimentant pas de conflit seront plus aisément choisies.

Le conflit interpersonnel

Un **conflit interpersonnel** (ou intersubjectif) survient lorsque deux individus vivent une mésentente au sujet des buts à poursuivre, des moyens à prendre, des valeurs, des attitudes ou des comportements à adopter. On a tous vécu des situations où on devait entrer en relation avec une personne qui, à première vue, nous paraissait antipathique, et d'autres où l'animosité

conflit interpersonnel
Conflit qui oppose deux personnes au sujet des buts à poursuivre, des moyens à prendre, des valeurs, des attitudes ou des comportements à adopter.

PERSPECTIVE INTERNATIONALE

L'entreprise, un lieu de conflits permanents

«Vous ne supportez plus votre chef? Vos collègues vous tapent sur les nerfs? Rassurez-vous, vous n'êtes pas les seuls.» Plus de 8 salariés sur 10 disent être confrontés à des conflits sur leur lieu de travail. Une situation qui n'inquiète pas les entreprises.

Interrogés pour OPP, un cabinet spécialiste de la psychologie au travail, 85% des salariés ont répondu qu'ils étaient confrontés à des conflits sur leurs lieux de travail. L'étude a été réalisée dans 9 pays, en Europe et en Amérique.

En moyenne, ces conflits occupent 2,1 heures par semaine, soit près d'une demi-journée de travail par mois. On est loin d'être dans l'anecdotique. D'un pays à l'autre, le temps passé varie sensiblement. Ainsi, contredisant la légende qui la présente comme le pays du compromis – le compromis s'obtient donc au prix d'affrontements préalables – l'Allemagne arrive en tête avec 3,3 heures par semaine à égalité avec l'Irlande.

Autre enseignement, les conflits n'ont pas les mêmes causes d'un pays à l'autre à en croire les réponses au questionnaire. Ce qui met le feu

aux poudres en France, c'est le manque d'honnêteté de leurs interlocuteurs (cité par 36% des répondants). Globalement, tous pays confondus, les causes de conflits les plus citées sont les chocs de personnalité et d'egos (49%), le stress (34%) et la surcharge de travail (33%).

Maladie, voire arrêt de travail

Tout cela serait anecdotique si le conflit n'avait pas de conséquences sur les personnes concernées. 27% des salariés expliquent que le conflit a débouché sur des attaques personnelles. Pour un quart d'entre eux, cela a été jusqu'à la maladie, voire à l'arrêt de travail.

Face à un tel fléau, qui a un impact sur la santé des personnes et la productivité des firmes, les entreprises restent relativement inactives ou déploient des outils inadaptés. Seulement 44% des salariés déclarent avoir reçu une formation pour faire face à ces situations finalement banales. Là encore, un écart apparaît entre l'Europe et l'Amérique. 68% des salariés brésiliens et 57% des États-uniens ont reçu une formation ad hoc. À l'inverse, en Europe, près des trois quarts des salariés indiquent n'avoir jamais reçu un début de formation sur le sujet.

Source: C. BYS, «L'entreprise, un lieu de conflits permanents», *L'Usine nouvelle*, 9 septembre 2009, [En ligne], http://ousontlestrentenaires.over-blog.com/article-35923588.html (Page consultée le 21 janvier 2012)

s'est développée progressivement au fil des interactions, générant un conflit. Prenons le cas de deux collègues de travail. Le premier n'aime pas la manière de se vêtir, de s'exprimer ou de se comporter du second. Il n'aime pas non plus sa façon d'outrepasser les règles implicites de travail et de ne pas respecter les niveaux hiérarchiques. Bref, le premier n'apprécie pas beaucoup le second. En contrepartie, le second trouve le premier beaucoup trop respectueux des règles établies et beaucoup trop consciencieux. Il considère qu'il perd son temps sur des détails insignifiants et qu'il freine l'enthousiasme des personnes qui le côtoient. En somme, le second n'aime pas non plus le premier et, en plusieurs occasions, leur antipathie respective s'est ouvertement exprimée sous forme de conflit. En fait, la propension au conflit sera plus grande en présence de personnes qui nous semblent très différentes de nous, et, habituellement, elle sera plus faible si on considère qu'elles possèdent des caractéristiques similaires aux nôtres.

Le conflit intragroupe

conflit intragroupe

Conflit ressemblant, à bien des égards, au conflit interpersonnel. Ils sont différents en ce sens que l'un oppose plusieurs personnes d'un même groupe et que l'autre divise deux individus.

À bien des égards, le **conflit intragroupe** ressemble au conflit interpersonnel. La principale différence est que la mésentente touche plusieurs personnes d'un même groupe plutôt que deux individus isolés. Des divergences peuvent se manifester quant à l'analyse d'un problème ou à la façon de mettre en œuvre les solutions pour le régler, d'où des prises de position opposées, donc génératrices de conflits. Si les conflits intragroupes ne sont pas bien gérés, ils mèneront à une polarisation des opinions ou des attitudes au sein du groupe, ce qui peut occasionner une détérioration significative du climat de travail ou, à la limite, une scission du groupe.

Le conflit intergroupe

Le conflit intergroupe survient lorsqu'un groupe entre en conflit avec un autre groupe[13]. Étant donné la pluralité des groupes, il peut s'agir, par exemple, d'un conflit opposant les partisans de l'avortement libre à des groupes pro-vie. Plus près du monde organisationnel, un conflit peut surgir entre un organisme voué à la protection de l'environnement et une entreprise peu respectueuse des normes environnementales. Ainsi, bien qu'il puisse être simplement de nature fonctionnelle, le conflit intergroupe peut parfois s'organiser de façon plus structurelle et opposer des institutions sociales reconnues, tel le conflit idéologique opposant le mouvement syndical au Conseil du patronat.

7.2.4 Les conflits et la position hiérarchique

Trois formes de conflits sont reliés à la position hiérarchique des protagonistes dans l'organisation: le conflit vertical, le conflit horizontal et le conflit entre cadres hiérarchiques et cadres-conseils.

Le conflit vertical

Le **conflit vertical** concerne les mésententes ou les différends qui opposent les individus ou les groupes appartenant à des niveaux hiérarchiques différents. Plusieurs causes sous-tendent ce type de conflit. Un conflit peut survenir entre les subordonnés et leurs supérieurs lorsque, par exemple, ces derniers exercent un contrôle excessif sur les activités des employés. Les subordonnés considèrent généralement que ce type de contrôle lèse leur liberté professionnelle, ce qui les amène à réagir. Il se peut aussi qu'un conflit vertical surgisse à la suite d'une mauvaise communication ou d'une certaine incompatibilité de buts, de valeurs ou de croyances entre des personnes de niveaux hiérarchiques différents. C'est le cas du gestionnaire qui, tout en représentant les intérêts de l'entreprise à laquelle il s'identifie, demande à ses employés d'agir d'une manière qui va à l'encontre de leurs valeurs fondamentales. En voici un exemple : le directeur d'une succursale bancaire demande à ses caissiers d'augmenter les ventes de certains produits financiers en sollicitant régulièrement les clients, alors que les caissiers ne croient pas que ces produits représentent nécessairement un bon investissement pour leurs clients.

conflit vertical
Conflit qui oppose des individus ou des groupes de niveaux hiérarchiques différents.

Le conflit horizontal

Le **conflit horizontal**, l'un des plus fréquents en milieu de travail, survient entre des employés ou des groupes d'une même strate hiérarchique. On est en présence d'un conflit horizontal lorsque deux collègues vivent, par exemple, une mésentente quant à la façon d'effectuer le travail, quant à leurs rôles respectifs dans l'équipe de travail ou encore quant à la nature de la collaboration qu'ils doivent entretenir. Bien qu'ils ne soient pas directement concernés dans l'épisode conflictuel, les gestionnaires se doivent néanmoins d'intervenir afin de résoudre les difficultés vécues entre collègues. En l'absence d'une saine gestion des conflits horizontaux, ces derniers peuvent dégénérer et donner naissance à des comportements et des attitudes vexatoires pouvant conduire au harcèlement psychologique. Le conflit horizontal peut aussi survenir entre des groupes de l'entreprise, plus particulièrement entre les divers services d'une organisation. Par exemple, ce type de conflit peut surgir lorsque le service des ventes, dont le personnel extrêmement compétent est rémunéré à la commission, atteint un volume de ventes qui dépasse les capacités du service de production, ou encore quand le service du contrôle de la qualité empêche, par ses demandes d'ajustement, le service de production d'atteindre certains standards de rendement.

conflit horizontal
Conflit dans lequel sont impliqués des employés ou des groupes d'un même niveau hiérarchique.

Le conflit entre cadres hiérarchiques et cadres-conseils

Les acteurs d'un **conflit entre cadres hiérarchiques et cadres conseils** n'ont généralement pas de lien hiérarchique. Les conflits découlent souvent des caractéristiques mêmes de chaque groupe (*voir le tableau 7.1, page suivante*). En fait, c'est la fonction particulière de ces deux catégories de cadres qui alimente les conflits. Les cadres-conseils, même s'ils sont très compétents dans leur domaine d'expertise, n'ont souvent qu'un pouvoir de

conflit entre cadres hiérarchiques et cadres-conseils
Conflit qui surgit entre des individus qui occupent un poste de direction dans la ligne hiérarchique et d'autres qui occupent un tel poste dans la ligne-conseil.

recommandation, ce qui suscite parfois des difficultés d'interprétation dans la répartition des pouvoirs et des responsabilités. Le pouvoir décisionnel, ou pouvoir formel, est détenu par les cadres hiérarchiques qui ont moins de compétences spécifiques que les cadres-conseils, mais qui ont la responsabilité du bon fonctionnement d'une unité administrative. Prenons l'exemple d'un directeur des ressources humaines (cadre-conseil) qui met au service du directeur des finances (cadre hiérarchique) tout son savoir-faire et toutes ses connaissances afin de choisir l'adjoint administratif qui correspondra le mieux possible au profil du poste. À la suite du processus de sélection, le directeur des ressources humaines recommande la candidature qui répond le mieux aux critères et exigences du poste à combler. Toutefois, sa recommandation est celle d'un conseiller, et le directeur des finances peut utiliser son pouvoir décisionnel afin de choisir le candidat qui, selon lui, convient le mieux. Cette dernière solution peut naturellement offenser le directeur des ressources humaines, qui peut interpréter cette décision comme une non-reconnaissance de ses compétences et de sa fonction dans l'organisation.

Tableau **7.1** Les caractéristiques des cadres hiérarchiques et des cadres-conseils

CARACTÉRISTIQUES	CADRE HIÉRARCHIQUE	CADRE-CONSEIL
Scolarité	Générale	Spécifique
Nombre de subalternes	Plusieurs	Aucun ou très peu
Autorité	Élevée	Faible ou moyenne
Ancienneté	Élevée	Faible ou moyenne
Nature des décisions	Stratégies à long terme	Stratégies à court terme

7.2.5 Un type particulier de conflit au travail : le harcèlement psychologique

Alors que ce terme était jusqu'à récemment absent du vocabulaire des gestionnaires, la notion de harcèlement psychologique au travail est maintenant, et malheureusement, une réalité de mieux en mieux connue. L'intégration en 2004 de dispositions dans la Loi sur les normes du travail visant à contrer le harcèlement a permis de sensibiliser les travailleurs à ce phénomène et à obliger les employeurs à prévenir le harcèlement en milieu organisationnel en offrant un environnement de travail sain. Bien qu'il représente plus qu'un simple conflit au travail, le harcèlement psychologique peut émaner de l'escalade d'un épisode conflictuel et être ponctué d'un amalgame systématisé de mésententes entre deux ou quelques travailleurs. Concrètement, le harcèlement psychologique représente, tel que le définit la Loi sur les normes du travail du Québec, «une conduite vexatoire se manifestant soit par des comportements, des paroles, des actes ou des gestes répétés, qui sont hostiles ou non désirés, laquelle porte atteinte à la dignité ou à l'intégrité psychologique ou physique du salarié et qui entraîne, pour celui-ci, un milieu de travail néfaste[14]».

Quatre éléments sont particulièrement importants dans cette définition du harcèlement psychologique. Ainsi, pour qu'une situation puisse être associée à du harcèlement, elle doit généralement être composée d'actions qui ont un caractère répétitif, ces gestes ou ces comportements doivent être non désirables, il doit y avoir une quelconque atteinte à la dignité ou à l'intégrité psychologie ou physique de la présumée victime et un milieu de travail néfaste doit être la résultante de cette situation.

À la lumière de cette définition, on constate que le phénomène de harcèlement psychologique au travail est très complexe puisqu'il s'actualise à partir d'une diversité de comportements, de paroles ou de gestes vexatoires qui portent atteinte à l'intégrité de la personne qui en est victime (*voir le tableau 7.2*). La situation de harcèlement émerge donc, sauf exception, d'un long processus pernicieux où divers moyens subtils sont utilisés pour miner la crédibilité, ridiculiser ou tout simplement nuire au travailleur ciblé. Ainsi, le harcèlement psychologique est une réalité composite où il importe de distinguer une situation de harcèlement de strictes actions harcelantes, la première étant la conséquence d'une systématisation des secondes.

Tableau 7.2 Les 20 comportements d'agression les plus fréquents en milieu de travail

1. Parler dans le dos de quelqu'un.	11. Passer des remarques sarcastiques.
2. Rire dans le dos de quelqu'un.	12. Faire des reproches à quelqu'un sans motif valable.
3. Regarder quelqu'un de travers.	13. Insulter une personne.
4. Rabaisser une personne en son absence.	14. Refuser de préciser ce que l'on a contre quelqu'un.
5. Bouder quelqu'un.	15. Refuser de répondre à une demande justifiée de quelqu'un.
6. Ne pas tenir compte des idées d'une personne.	16. Déshabiller quelqu'un du regard.
7. Faire des reproches à quelqu'un devant les autres.	17. Éviter tout contact avec une personne.
8. Cesser d'adresser la parole à quelqu'un.	18. Exercer une surveillance excessive sur quelqu'un.
9. Semer la chicane.	19. Donner à quelqu'un un délai trop court pour un travail.
10. Rapporter des propos compromettants.	20. Ne pas contredire une fausse rumeur.

Source: COURCY et autres (2004) dans E. MORIN et C. AUBÉ, *Psychologie et management*, Montréal, Québec, Chenelière Éducation, 2006, p. 288.

Actuellement, il est fort difficile de faire le portrait type du harceleur potentiel[15] ou encore d'établir les caractéristiques de la personne qui pourrait être victime de harcèlement[16]. Les observations scientifiques portent ombrage à la croyance populaire que les harceleurs sont des êtres égoïstes et narcissiques alors que les victimes sont «faibles et sans défense[17]». Personne n'est donc à l'abri du harcèlement au travail. Cette difficulté à définir le harceleur et la victime typiques amène les chercheurs à considérer que le contexte des interactions entre les individus est probablement aussi responsable du harcèlement que les caractéristiques propres aux personnes impliquées[18]. En ce sens, certains facteurs organisationnels permettent d'expliquer partiellement l'incidence du harcèlement. Entre autres, il semble qu'une culture organisationnelle valorisant la compétitivité, un mauvais

EN PRATIQUE

Manifestations du harcèlement au travail

Bien que le harcèlement au travail soit aussi vieux que le monde du travail lui-même, ce n'est que récemment qu'il a été vraiment reconnu comme destructeur du climat de travail et cause d'absentéisme et de diminution de la productivité.

Ces dernières années, dans les entreprises comme dans les médias, il a surtout été question de harcèlement sexuel, qui n'est évidemment qu'une des variantes du harcèlement pris dans son sens le plus large. Or, les autres formes de harcèlement doivent être combattues avec la même vigueur, car toutes sont dommageables, tant pour l'individu que pour l'entreprise.

Par harcèlement, il faut entendre toute conduite abusive se manifestant notamment par des comportements, des paroles, des actes, des gestes, des écrits unilatéraux, de nature à porter atteinte à la personnalité, à la dignité ou à l'intégrité physique ou psychique d'une personne, mettre en péril son emploi ou dégrader le climat de travail.

Harceler c'est:

Refuser toute communication lorsque la personne harcelée essaie de se défendre; lui interdire tout écrit, ne pas discuter, ne pas lui répondre, l'interrompre, l'injurier.

Détruire les relations sociales d'une personne en l'isolant; l'ignorer, ne plus lui adresser la parole.

Détruire la reconnaissance sociale d'une personne en la ridiculisant; la réprimander sans raison, lui parler de ses défauts physiques, la traiter de malade mentale.

Détruire la qualité de vie d'une personne: lui attribuer uniquement des tâches ingrates, extérieures à son domaine, inférieures ou supérieures à son niveau de responsabilité ou de compétence.

Nuire à la santé d'une personne: lui confier des tâches physiquement au-dessus de ses forces, la harceler physiquement, la harceler sexuellement.

Source: Adapté de «Mobbing. Répression du harcèlement sur le lieu de travail», *Union du personnel du domaine des EPF*, [En ligne], http://up-epf. epfl.ch/page-61362-fr.html (Page consultée le 21 janvier 2012)

climat de travail, un stress élevé, un leadership autoritaire et une absence de soutien social seraient quelques-uns des éléments prédisposant à l'apparition de harcèlement en milieu de travail[19]. De plus, il est important de souligner que le harcèlement psychologique n'est pas l'apanage d'un seul groupe professionnel. Bien que le harcèlement vertical soit plus fréquent, les collègues, les subordonnés et même les clients peuvent être à la source de comportements harcelants[20].

Il importe de mentionner que parmi les multiples antécédents pouvant générer une situation de harcèlement, les incivilités au travail sont probablement les plus fréquents et les plus aisément observables. Les propos désobligeants, les sarcasmes, les impolitesses, les mesquineries ou encore les remarques blessantes sont aux nombres des manifestations pouvant être regroupées sous le vocable d'incivilités; ces manifestations sont communes aux organisations, car, selon les études, entre 50 % et 70 % des employés disent en avoir déjà été la cible.

Bien qu'elle puisse ultimement dégénérer en harcèlement, l'incivilité au travail sera la plupart du temps épisodique. Mais, même sporadique, l'incivilité réussira tout de même à miner le climat de travail, à hausser la propension à l'épuisement professionnel, à restreindre la coopération, à réduire la satisfaction et à faire augmenter les intentions de quitter l'entreprise. De plus, sans encadrement, l'incivilité a la propriété de nourrir instantanément l'hostilité des plus placides, créant à brève échéance une spirale d'incivilité dans le milieu de travail. Il est maintenant clair que toute tolérance des plus bénignes déviances sociales ne se fera qu'au risque de miner l'efficacité organisationnelle.

Cela étant dit, il demeure encore aujourd'hui très difficile de prévenir le harcèlement psychologique au travail. Ne connaissant pas précisément qui sont les harceleurs potentiels, qui peut en être victime et quels contextes en favorisent l'apparition, les organisations ne peuvent souvent faire mieux que de la détection précoce. En ce sens, la formation des gestionnaires, la sensibilisation des travailleurs, le développement d'une politique de harcèlement psychologique et l'intervention rapide dès que des signes de harcèlement psychologique apparaissent sont souvent les seuls remparts contre ce phénomène. Néanmoins, l'employeur a l'obligation de prendre les moyens raisonnables afin d'offrir à ses travailleurs un environnement de travail exempt de harcèlement et d'intervenir promptement lorsqu'une situation est portée à son attention. Par-delà les obligations légales, les organisations ont tout avantage à être intraitables face au harcèlement car il entraîne de sérieux risques de nuire au fonctionnement de l'entreprise [21] en favorisant, par exemple, l'augmentation de l'absentéisme, l'insatisfaction au travail, le désengagement et le roulement du personnel.

À LA **UNE**

Le 14 novembre 2009

Les employeurs ne doivent pas prendre les gestes d'incivilité à la légère

Dominique Froment
Les Affaires

Depuis un certain amendement à la Loi sur les normes du travail du Québec, en juin 2004, la plupart des employeurs savent qu'ils ont l'obligation de prendre les moyens nécessaires pour prévenir le harcèlement psychologique. Mais nombreux sont ceux qui ignorent qu'ils ont la même obligation face au manque de civilité ou, si l'on veut, en matière de protection de la dignité de leurs employés.

Au cours des cinq premières années des dispositions sur le harcèlement psychologique, seulement 9 % des 10 095 plaintes déposées par des travailleurs non syndiqués devant la Commission des normes du travail ont été renvoyées à la Commission des relations du travail.

Une partie de celles-ci ont été réglées par médiation, mais une chose est sûre, la grande majorité des personnes dont la plainte a été rejetée ont été victimes d'incivilité. «Le mal qui ronge les entreprises, ce n'est pas le harcèlement, c'est le manque de savoir-vivre», affirme Gilles Demers, chef de pratique, climat, harcèlement et civilité chez Dolmen Capital humain.

Le savoir-vivre ou la civilité est l'ensemble des petits gestes que chacun doit poser pour rendre la vie en groupe au moins supportable. L'incivilité, c'est, au contraire:

- Refuser de saluer un collègue;
- Quitter la table quand un collègue arrive;
- Consulter son BlackBerry pendant qu'un autre nous parle;
- Entrer dans un bureau sans frapper;
- Sacrer comme un charretier;
- Donner un surnom blessant;
- Utiliser des termes vulgaires pour décrire une collègue attirante;
- Tous gestes déplacés.

Bref, l'incivilité est un ensemble d'impolitesses, de mesquineries, de vulgarités, de marques d'irrespect et de manque de savoir-vivre qui ne répondent pas aux cinq critères obligatoires qui définissent le harcèlement psychologique.

Des conséquences sur la productivité

Une série d'études récentes (Cortina, L.M. & Magley, V.J.) menées aux États-Unis a permis d'apprendre que 75% des employés d'une université avaient subi une conduite d'incivilité au cours de l'année précédant l'enquête. La prévalence était de 54% dans un groupe d'avocats fédéraux et de 71% chez des employés de cours de justice.

Les employeurs doivent savoir qu'il y a un coût à laisser l'incivilité détruire le climat de travail. Une autre étude (Pearson, C.M., Andersson, L.M. & Porath, C.L.) montre en effet que 28% des victimes d'incivilité avaient perdu du temps à chercher à éviter la personne incivile alors que 53% avaient perdu du temps à réfléchir à ce qui s'était passé.

En plus de l'article de la Loi sur les normes du travail qui interdit spécifiquement le harcèlement psychologique, au moins trois articles de loi obligent l'employeur à prendre des moyens raisonnables pour fournir des conditions de travail qui respectent la santé, la sécurité, l'intégrité physique et la dignité des employés.

Il s'agit de l'article 46 de la Charte des droits et libertés de la personne, de l'article 9 de la Loi sur la santé et la sécurité du travail et de l'article 2087 du Code civil du Québec. Sans compter les clause comprises dans les conventions collectives.

Comment éviter l'incivilité

Contrairement au harcèlement psychologique, l'incivilité est généralement facile à détecter. La première chose à faire lorsqu'on est victime d'incivilité est de demander à l'instigateur de cesser son manège. Si cela ne suffit pas, il faut se plaindre à son supérieur.

«Malheureusement, celui-ci répond souvent par un: "Vous êtes tous les deux majeurs, parlez-vous!"», explique M. Demers, ancien ombudsman de Bell Canada.

Mauvaise réponse, puisque le patron doit agir. Il doit demander fermement à l'instigateur «d'éviter de sacrer au travail», «de baisser le ton lorsqu'il a un reproche à adresser à un collègue», «de cesser de prendre ses appels quand un collègue lui parle», «de laisser les autres terminer leur explication», etc.

Envers les employés récalcitrants, il convient d'utiliser la même stratégie que dans les cas de baisse de rendement. Une fois la personne informée du fait que son comportement est inacceptable, il faut imposer des pénalités graduelles qui peuvent aller jusqu'au congédiement, recommande M. Demers.

Source: D. FROMENT, «Les employeurs ne doivent pas prendre les gestes d'incivilité à la légère», *Les Affaires*, 14 novembre 2009. Cet extrait a été reproduit aux termes d'une licence accordée par Copibec.

7.3 LA GESTION DES CONFLITS

Afin de choisir la stratégie de résolution de conflits la plus appropriée, le gestionnaire doit examiner l'efficacité relative de chacune des stratégies possibles en fonction de la situation et des caractéristiques propres aux personnes concernées. Entre autres, une analyse de l'évolution du conflit sera nécessaire afin d'en estimer la profondeur et l'étendue. Les stratégies n'auront pas la même efficacité à chacune des étapes d'un conflit. On n'interviendra pas de la même façon sur un conflit en émergence et sur un conflit qui présente déjà des positions consolidées. Pour résoudre un conflit, un gestionnaire peut décider de combiner plusieurs stratégies ou d'en adopter une seule. La stratégie choisie est souvent garante de l'issue du conflit, qui pourra être constructive si la stratégie choisie est appropriée, ou destructrice, dans le cas contraire. La figure 7.3 illustre les issues possibles d'un conflit.

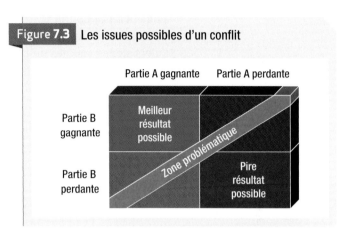

Figure 7.3 Les issues possibles d'un conflit

Certes, le dénouement idéal est celui où les deux parties sortent gagnantes et satisfaites du résultat. Une telle issue fait qu'un certain nombre de modifications sont apportées à la vie organisationnelle et que celle-ci devient plus riche et plus productive. Parmi ces modifications, citons l'amélioration des communications, une maximisation de l'organisation du travail et un meilleur esprit d'équipe. Par ailleurs, les individus tendront ultérieurement à considérer le conflit comme un outil favorisant la créativité et l'innovation et leurs relations gagneront en sincérité et en profondeur par un accroissement de l'intersubjectivité. Dans le cas d'une issue gagnant-perdant, une des parties obtient satisfaction et l'autre se trouve dans le camp des perdants. Cette situation est propre à engendrer de la morosité et une méfiance qui viendra freiner la résolution des conflits futurs. Pour ce qui est de l'issue perdant-perdant, chaque partie l'emporte sur certains points, mais dans l'ensemble du règlement, les deux parties sont perdantes. Cette issue est la pire parce qu'elle entraîne le *statu quo*, donc l'inertie de l'organisation dans ses efforts d'adaptation aux changements que lui impose l'environnement.

Naturellement, les réactions face au conflit dépendent étroitement de l'attitude et de la perception des gestionnaires. Ainsi, l'expérience et les valeurs d'une personne peuvent l'amener à adopter une attitude particulière : celle qui adopte une attitude pessimiste aura tendance à vouloir éviter le conflit en raison des conséquences néfastes qu'elle prévoit ou encore à tenter de trouver des solutions qui ne conviennent qu'à l'une des parties ; la personne qui adopte une attitude optimiste est, quant à elle, portée à affronter le conflit. En somme, tous les gestionnaires ne réagissent pas de la même façon et les modes d'intervention en matière de conflit sont parfois davantage tributaires des caractéristiques personnelles du gestionnaire que d'une réelle analyse des situations et de la recherche d'un dénouement constructif.

7.3.1 Les phases d'un conflit

L'observateur externe qui considère que l'avènement d'un conflit est un phénomène inopiné est dans l'erreur. Dans les faits, un épisode conflictuel tire souvent son origine d'un facteur déclencheur qui pourrait être anodin dans un autre contexte, mais qui, dans ce cas particulier, s'inscrit dans une dynamique relationnelle qui prête le flanc au conflit. Ainsi, il ne faut pas considérer le conflit comme une situation statique ou ponctuelle, mais bien comme un processus qui, parfois, débute bien avant l'émergence des premiers signes visibles de la mésentente. Ainsi, un élément déclencheur, aussi important soit-il, n'a d'emprise que lorsqu'il est transposé dans une situation propice à l'émergence du conflit.

Le caractère évolutif de toute situation conflictuelle doit donc être considéré dès l'analyse initiale de la dynamique relationnelle entre des protagonistes. Par la connaissance de l'origine du conflit, de son évolution et de son positionnement temporel, le gestionnaire sera mieux à même d'évaluer l'efficacité potentielle des stratégies pouvant être utilisées afin de résorber la situation.

Le processus conflictuel peut ainsi être décrit par une succession de phases qui s'inscrivent dans une logique d'escalade de l'épisode conflictuel. Ainsi, de façon naturelle, le parcours d'un conflit aura tendance à suivre un crescendo où l'intensité de l'opposition entre les parties ira grandissante jusqu'à un point où une rupture relationnelle deviendra la seule solution viable. Dans cette logique, une saine gestion des conflits a comme objectif d'intervenir promptement dans ce processus afin de freiner l'intensification de l'animosité entre les protagonistes et de favoriser une désescalade menant ultimement à la résolution du conflit.

Même si la nomenclature et le nombre d'étapes décrivant l'évolution d'un épisode conflictuel diffèrent d'un auteur à l'autre, il n'en demeure pas moins qu'il est pertinent d'identifier un minimum de quatre moments particuliers dans le développement d'un conflit : le déclenchement, l'expression, la consolidation des positions et le dénouement du conflit.

Le déclenchement Comme mentionné plus tôt, le conflit ne survient jamais dans un désert relationnel, mais s'inscrit dans une logique de construction ou de déconstruction du lien entre des personnes. Bien qu'il soit toujours possible de pointer du doigt l'élément déclencheur d'un épisode conflictuel, ce dernier peut parfois être davantage une excuse que le réel fondement du conflit. Sans banaliser l'importance première de l'agent déclencheur, il arrive souvent que l'événement, le comportement ou les gestes qui sont à l'origine de la mésentente ne sont que la pointe de l'iceberg. Il faut parfois, afin de bien saisir la matière conflictuelle, comprendre dans quel contexte s'inscrit l'agent déclencheur, au-delà de sa nature particulière. C'est habituellement à cette phase du déclenchement qu'il sera possible, pour un acteur externe, d'observer une première scène conflictuelle, bien qu'elle puisse parfois passer inaperçue.

L'expression Le conflit en milieu de travail sera considéré comme expressif à partir du moment où il deviendra public. Ainsi, dans la phase d'expression du conflit, les personnes impliquées verbaliseront leur mécontentement auprès de leurs collègues et possiblement à leurs supérieur immédiat. L'expression du conflit sert diverses fonctions dont celles de liquider la frustration, de rechercher des appuis sociaux et de valider le bien-fondé de nos revendications. Ainsi, le fait de discuter de la situation avec des collègues permet à l'individu impliqué dans un épisode conflictuel d'exprimer son mécontentement et de s'assurer que celui-ci est justifié. Lors de cette étape, le conflit gagne habituellement peu en intensité en fonction de l'écoute habituellement disponible dans l'entourage immédiat de chacune des parties. Il s'agit définitivement du meilleur moment pour intervenir afin de désamorcer l'escalade du conflit. Le gestionnaire attentif pourra dès lors participer à la gestion du conflit et répondre au besoin de résolution exprimé par les parties. Cette période est habituellement de courte durée et laisse place à une cristallisation des positions si rien n'est fait.

La consolidation La consolidation du conflit est une étape heureusement facultative, c'est-à-dire que bien des conflits seront solutionnés avant d'atteindre cette phase. Cependant, si rien n'est tenté afin de régler le différend entre les personnes, le conflit finira par générer une cristallisation des positions initiales. Cette phase est associée au phénomène de l'escalade qui alimente une mutation quant aux cognitions et aux perceptions qui étaient à l'origine du conflit. Ainsi, les protagonistes durciront leur position et croiront de plus en plus au bien-fondé de leur désaccord, ce qui peut occasionnellement générer un sentiment de victimisation. Dans une dynamique d'action-réaction régie par le principe de réciprocité, chaque personne interprète les actions de l'autre et justifie en cette même occasion l'adoption de comportements de même nature[22]. Ce cercle vicieux entraîne une détérioration importante du climat de travail tant pour les personnes impliquées dans le conflit que pour celles qui l'observent. À ce stade, l'intervention d'un tiers sera souvent la seule solution afin de favoriser une résolution du problème.

Le dénouement Bien qu'on puisse parfois croire qu'ils ne finiront jamais, les conflits sont rarement éternels. Ainsi, le dénouement illustre deux possibilités quant à l'aboutissement de l'épisode conflictuel : soit le conflit est résolu, soit la relation est détruite. Dans le premier cas, un nouvel équilibre est instauré en ce qui concerne les rôles, les responsabilités ou tout autre élément d'où origine le conflit. Cela amène le développement d'une intersubjectivité nouvelle qui permet à la relation d'évoluer. Ainsi, le dénouement du conflit sera un vecteur de développement de la relation et, par ricochet, un élément pouvant alimenter, par exemple, la motivation, la satisfaction ou l'esprit d'équipe. *A contrario*, si toute résolution est impossible, c'est souvent la relation elle-même qui écopera. Ainsi, afin de limiter l'émotivité, la frustration ou le ressentiment issus du conflit, une des personnes impliquées pourra simplement mettre fin à la relation, et ainsi, sans l'effacer, donner un caractère latent au conflit antérieur. Dans un tel cas, l'employé pourra décider de quitter l'organisation, de changer de service ou simplement de ne plus collaborer directement avec la personne en question. Ces choix auront incidemment des effets sur l'efficacité et la productivité de l'organisation.

Malgré ces phases standards, il semble que les conflits sont souvent fort différents les uns des autres et que leur évolution est loin d'être linéaire. Puisqu'il en a la responsabilité, le gestionnaire se doit d'être attentif aux premiers signes de conflictualité dans son équipe et d'intervenir le plus tôt possible. La difficulté à résoudre une situation conflictuelle est inversement proportionnelle à son évolution. Plus l'intervention sera prompte, plus il sera aisé de rétablir l'harmonie entre les personnes.

7.3.2 Les stratégies génériques

Après ce survol des issues possibles du conflit et de son évolution, examinons maintenant les stratégies de résolution proprement dites. Comme l'ont formulé Thomas et Kilmann[23], cinq stratégies peuvent être utilisées pour dénouer un conflit. Le choix du mode d'intervention en situation conflictuelle dépend de l'importance que l'on accorde à ses propres intérêts (égoïsme/affirmatif) et aux intérêts de l'autre (altruisme/coopératif). Ainsi, selon leur positionnement respectif sur chacun de ces axes, les personnes favoriseront naturellement une stratégie particulière de résolution des conflits. La figure 7.4 représente graphiquement le positionnement de ces stratégies et le tableau 7.3 résume les principales caractéristiques de ces stratégies ainsi que leurs conditions d'utilisation.

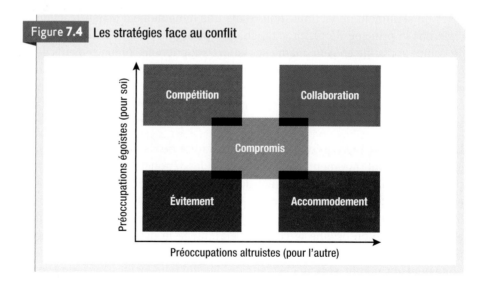

Figure 7.4 Les stratégies face au conflit

L'évitement

évitement

Conduite caractérisée par le refus de discuter d'une situation conflictuelle. Lorsque les personnes adoptent cette conduite, c'est qu'elles préfèrent ne pas s'engager, même si elles savent que leur attitude ne permettra pas de résoudre le problème.

La stratégie d'**évitement** est caractérisée par le refus catégorique de discuter de la situation problématique ou encore par un certain attentisme. Ainsi, les personnes qui adoptent cette stratégie préfèrent ne pas s'engager directement dans la résolution du problème, et ce, même si elles sont conscientes que cette attitude ne résout pas le conflit. Il arrive que certains conflits engendrent peu de conséquences ou que les personnes concernées par le conflit considèrent que son dénouement n'aura pas assez de retombées positives

Tableau 7.3 Les tenants et les aboutissants des diverses stratégies

STRATÉGIE	ENJEUX DOMINANTS	DÉMARCHE DOMINANTE	CONDITIONS
Autocratie Autorité Domination Force	• Satisfaction des intérêts personnels • Gagner; dominer	• Compétition • Pouvoir	• Quand la situation doit être réglée d'urgence • Quand des décisions impopulaires sont nécessaires • Quand la décision est vitale pour l'employé ou l'entreprise • Pour se protéger des profiteurs
Évitement Retrait Laisser-faire	• Évitement des situations conflictuelles	• Fuite; retrait • Le silence est d'or	• Quand l'enjeu est sans importance • Quand les chances de gagner sont nulles • Quand les risques sont trop grands • Pour temporiser; gagner de l'information • Quand d'autres peuvent mieux résoudre le problème
Conciliation Accommodement Apaisement	• Relation avec l'autre • Harmonie	• Évitement des divergences • Accent sur les convergences	• Quand on se rend compte qu'on n'a pas raison • Quand l'enjeu est beaucoup plus important pour l'autre • Pour se donner du crédit • Quand l'autre est plus fort • Quand l'harmonie est très importante
Compromis Négociation	• Terrain d'entente • Juste milieu • Satisfaction partielle des intérêts personnels	• Négociation	• Quand les buts sont modérément importants, incompatibles • Quand les parties ont un pouvoir similaire • Pour des solutions temporaires ou urgentes • Quand la collaboration ne marche pas • Quand la force ne marche pas
Démocratie Collaboration Intégration	• Satisfaction de ses intérêts et de ceux de l'autre	• Confrontation • Résolution de problèmes	• Quand les intérêts individuels sont complémentaires ou compatibles et importants • Quand on peut tirer avantage de plusieurs perspectives • Pour régler des problèmes interpersonnels

Source: Adapté de R. FOUCHER et P. MÉNARD, *La gestion des conflits dans le cadre de projets,* conférence prononcée dans le cadre des séminaires de formation de l'Institut de gestion de projets, Montréal, novembre, 1982, document inédit.

pour y investir de l'énergie. Dans ces circonstances, il peut être préférable de ne pas tenir compte du conflit. Toutefois, il ne faut pas oublier que cette stratégie débouche souvent sur une situation où les deux parties sont, à court terme, perdantes. Néanmoins, elle est d'une certaine efficacité lorsque les causes du conflit sont exceptionnelles, que l'objet du conflit est banal ou que la sauvegarde de la relation entre les parties n'est pas nécessaire. Cependant, si tel n'est pas le cas, le choix de cette stratégie pourra envenimer la situation et causer une cristallisation de la mésentente. En ce sens, l'utilisation de l'évitement comme mode de gestion d'une situation conflictuelle se doit de demeurer exceptionnelle plutôt qu'habituelle.

L'accommodement

Lorsqu'une des parties engagées dans un conflit est persuadée de ne pouvoir obtenir satisfaction, elle a tendance à adopter une attitude conciliante. Ainsi, la stratégie d'accommodement peut parfois être associée à l'abandon. Autrement dit, en situation de conflit, ces personnes permettent aux autres de satisfaire

EN PRATIQUE

Les vertus de la saine colère

« Je ne me mets jamais en colère. Il me pousse une tumeur à la place », fait dire le cinéaste Woody Allen à l'un de ses personnages. Pour le Dr Maté, cette boutade reflète une réalité médicale bien documentée : « Non seulement le refoulement de la colère prédispose à la maladie, mais il a été démontré que l'expression de la colère favorise la guérison ou, du moins, prolonge la survie. » Le hic, on l'a vu, c'est que l'expression de la colère peut aussi s'avérer dévastateur pour l'organisme... Alors, comment résoudre ce dilemme ? Réponse du Dr Maté : en apprenant à distinguer la colère négative et destructrice, pour soi et pour les autres, de la saine colère qui détend et renforce l'autonomie. « Qu'on décide de l'exprimer en paroles ou en actes, le secret consiste à ne pas refouler l'expérience de la colère ni à se laisser aller à des débordements de rage incontrôlée, explique le médecin. Dans une expression saine de la colère, l'individu ne cède pas le contrôle à une émotion débridée. »

« La colère est l'énergie que donne Dame Nature aux enfants pour qu'ils puissent se défendre et dire "je compte", renchérit la psychologue Joann Peterson, qui dirige des ateliers en Colombie-Britannique. La différence entre l'énergie saine de la colère et l'énergie malsaine de la violence physique et émotionnelle tient au fait que la première respecte les limites, les frontières de l'individu. En nous défendant, nous ne violons ni les limites ni les frontières des autres. »

Le pouvoir du rire

Réciproquement, cultiver la bonne humeur a un effet positif sur la santé. Ainsi, avoir le cœur à rire préviendrait l'infarctus du myocarde. Le Dr Michael Miller, directeur du Centre de prévention cardiaque de l'Université du Maryland, en est convaincu, son équipe ayant découvert que les malades cardiaques rient près de deux fois moins des situations comiques (avant leur maladie) que ceux dont le cœur se porte bien.

Glousser, pouffer, s'esclaffer ou rigoler renforce également le système immunitaire. Après avoir fait visionner une vidéo humoristique à une cinquantaine d'étudiants américains, des chercheurs ont en effet noté que le taux d'anticorps dans leur sang avait bondi. En revanche, on a pu observer une baisse significative des anticorps chez des couples après une dispute.

Omnipraticien au Centre hospitalier universitaire de Québec (CHUQ) et président de l'Association de santé holistique du Québec (ASHQ), le Dr Jacques Drouin n'hésite pas à intégrer l'humour à sa pratique médicale. « Je me suis toujours intéressé aux attitudes qui favorisent la guérison », explique-t-il. À ses clients stressés et mal en point, il suggère d'inclure une bonne dose de rire et d'humour dans leur vie quotidienne.

L'ordonnance du Dr Drouin fait sourire : lire une bande dessinée avant de passer aux mauvaises nouvelles du journal, rire au moins une fois par semaine, collectionner les histoires drôles, etc. Une prescription qui donne des résultats plutôt encourageants : « Certains de mes patients qui appliquent ces principes ont cessé de prendre des antidépresseurs, ne font plus d'insomnie ou affirment que leurs douleurs arthritiques sont moins violentes », rapporte-t-il.

Source : « Les vertus de la saine colère », *Bien-être*, [En ligne], http://femmeplus.canoe.com/bienetre/article1/2005/06/28/1108507-fp.html (Page consultée le 25 janvier 2012)

leurs intérêts au détriment des leurs. Cette stratégie ne profite alors qu'à la partie adverse. Ainsi, au cours de leurs discussions, les membres des deux groupes en conflit ne s'attarderont qu'aux points sur lesquels ils s'entendent plutôt que de discuter des points de divergence. Les points de divergence seront mis en évidence, mais plutôt que de chercher à négocier une solution qui serait satisfaisante pour les deux parties, l'une des deux permettra à l'autre de satisfaire entièrement ses besoins sans présenter d'opposition.

Le compromis

Lorsque les individus en conflit adoptent une attitude de compromis, ils consentent généralement à faire des sacrifices partagés. En effet, cette attitude ne permet de satisfaire entièrement ni les intérêts des uns ni ceux des autres. On cherche donc une solution intermédiaire qui sera partiellement satisfaisante pour chacune des parties. Ainsi, contrairement à la stratégie d'accommodement, en vertu de laquelle une seule des parties atteint ses objectifs, la stratégie de compromis permet aux deux parties d'atteindre partiellement leurs objectifs. Il s'agit en fait de couper la poire en deux, chaque partie n'ayant gain de cause que si elle sacrifie d'autres intérêts.

La compétition

Les individus qui privilégient la stratégie compétitive ont la ferme intention de satisfaire leurs propres intérêts au détriment de ceux des autres. Il n'y a pas l'ombre d'un doute dans leur esprit : la situation exige qu'une des parties soit gagnante et ce sera la leur. Ils se serviront de leur autorité et de leur pouvoir afin d'imposer leur point de vue, par tous les moyens. Ce type de réaction peut se justifier en période de crise. En effet, pensons, par exemple, au gouvernement américain à l'époque où le président Reagan avait dû congédier et remplacer les contrôleurs aériens par des militaires parce que, en déclarant la grève, ces contrôleurs paralysaient le trafic aérien. Néanmoins, cette stratégie fait obligatoirement un perdant qui peut entretenir du ressentiment et favoriser la résurgence de conflits collatéraux.

La collaboration

Les personnes qui adoptent une stratégie de collaboration cherchent une solution qui permettra de satisfaire pleinement les besoins des deux parties engagées dans le conflit. Bien que la recherche d'une telle solution soit complexe et ardue, les gestionnaires qui préconisent cette stratégie ont l'intime conviction qu'elle existe et qu'il est justifié de fournir tous les efforts nécessaires pour la trouver. Il s'agit plus particulièrement d'engager un dialogue constructif entre les parties afin de faire émerger la convergence des intérêts. Ainsi, cette approche permet, malgré une apparente divergence initiale, de faire apparaître une communauté d'intérêts qui servira de base à la résolution du conflit. Plutôt que de se camper dans une stricte logique distributive, les protagonistes qui favorisent la collaboration cherchent une solution intégrative où les gains d'une partie sont proportionnels à ceux de l'autre partie.

Il importe de souligner que chacune de ces stratégies peut être efficace dans certains contextes et ne pas l'être dans d'autres. Il serait vain de chercher la meilleure stratégie et de l'utiliser de façon indifférenciée dans toutes les situations conflictuelles. Ainsi, peu importe la stratégie ou le mode de résolution des conflits privilégié, c'est son efficacité relative, c'est-à-dire dans une situation donnée, qui importe.

Cela étant dit, quatre critères peuvent néanmoins être associés aux diverses stratégies et servir de guides lorsque vient le temps de choisir un mode d'intervention ou d'en évaluer la pertinence : les coûts de la transaction, le degré de satisfaction des parties, le potentiel de réconciliation et le niveau de résurgence du conflit[24]. Les *coûts de la transaction* font référence aux sommes monétaires et à l'énergie devant être investies afin de résoudre le conflit. Le *degré de satisfaction* concerne le contentement des parties quant aux résultantes et au mode de résolution du conflit. Le *potentiel de réconciliation* s'attarde à l'efficacité de la stratégie utilisée quant au rétablissement de la relation entre les parties et à la restauration du climat de travail. Enfin, le *niveau de résurgence* réfère aux probabilités de réapparition de conflits entre les parties. Le tableau 7.4, présente les caractéristiques d'efficacité propres à chaque stratégie.

Tableau 7.4 L'efficacité des stratégies génériques de résolution des conflits

INDICATEUR D'EFFICACITÉ	ÉVITEMENT	ACCOMMODEMENT	COMPROMIS	COMPÉTITION	COLLABORATION
Coût de la transaction	Nul	Faible	Moyen	Élevé	Élevé
Degré de satisfaction	Faible	Moyen	Moyen	Moyen	Élevé
Potentiel de réconciliation	Faible	Moyen	Élevé	Moyen	Élevé
Niveau de résurgence	Moyen	Moyen	Faible	Élevé	Faible

Source : Tiré et adapté de J. POITRAS et A. LADOUCEUR, *Système de gestion de conflit*, Montréal, Québec, Éditions Yvon Blais, 2004, p. 25.

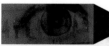

EN PRATIQUE

Comment agir avec des personnes au caractère difficile

Lorsque vous travaillez en groupe, il est inévitable que vous ayez à côtoyer au moins une personne au caractère difficile. Souvent, cette personne n'est pas consciente de l'effet qu'elle produit sur le groupe ou des conséquences de ses actions sur les autres. Selon les points de vue, toute personne peut être considérée à un moment ou un autre comme une personne au caractère difficile. Dans son milieu de travail, chaque personne peut être productive tout en étant la source de problèmes. Tout dépend de la façon dont on examine la situation. Avec un simple changement de perspective, une situation que vous subissez avec une personne au caractère difficile peut se transformer en une expérience d'apprentissage enrichissante pour vous.

Si vous éprouvez des sentiments très négatifs envers une autre personne, il vous faut considérer deux éléments : vous-même et l'autre personne. Commencez par vous examiner : il est essentiel de comprendre la cause de vos sentiments pour cette personne et de cerner les stratégies qui pourraient améliorer la situation. Par exemple, votre style de conflit préféré pourrait aggraver une situation en raison d'une méthode particulière de communication. Si vous avez tendance à éviter les conflits, les courriels sont-ils la seule façon que vous ayez de régler les conflits au bureau ? Ou dites-vous dans un courriel des choses que vous ne diriez jamais en personne ? Pour beaucoup d'entre nous, il est facile de se cacher derrière son ordinateur et de prendre un ton plus audacieux ou agressif. Il s'agit

❯❯

essentiellement de changer votre comportement pour travailler efficacement avec cette personne. Il existe bien des façons de communiquer avec vos collègues: rencontres individuelles, appels téléphoniques, courriels, vidéoconférences, etc. Les possibilités sont nombreuses.

Lorsque vous travaillez avec une personne au caractère difficile, commencez par localiser le problème à l'intérieur de vous. Dans son livre *Learning in Relationship*, le Dr Ronald Short (1998) affirme: «L'effet qu'une personne a sur nous (les sentiments et les pensées que nous avons en nous-mêmes) relève de notre responsabilité. Pour comprendre cet effet, nous devons nous regarder nous-mêmes, et non juger les autres.» Rappelez-vous de prendre pour règle de ne pas vous sentir personnellement visé (ce qui est plus facile à dire qu'à faire!). Vous n'êtes pas responsable de la façon dont les gens agissent: les gens parlent et agissent selon ce qu'ils vivent.

Lorsque vous éprouvez une tension, posez-vous les questions suivantes:

- Qu'est-ce qui me dérange chez cette personne?
- Pourquoi est-ce que je réagis si fortement?

Lorsque vous comprendrez mieux pourquoi cette personne vous dérange et que vous aurez une meilleure idée des raisons qui pourraient la pousser à agir de cette façon, vous serez en mesure d'engager une conversation avec elle.

Si vous décidez de l'aborder, souvenez-vous qu'une communication efficace est la condition pour réussir à régler un conflit, et qu'une bonne communication dépend de deux facteurs: il faut d'abord reconnaître le savoir-faire des personnes, les écouter et utiliser leurs différences de façon productive et

ensuite, développer une approche personnelle pour traiter avec les gens de façon efficace. Essayez les suggestions suivantes:

- Lorsqu'un problème se présente, réagissez immédiatement, directement et de façon respectueuse.

- Adressez-vous directement à la personne - ne parlez pas à quelqu'un d'autre du comportement de cette personne.

- Ne confondez pas les personnes et les problèmes. Souvenez-vous que le problème provient de la relation, non de la personne elle-même.

- Essayez de comprendre de façon objective pourquoi une personne au caractère difficile agit ainsi, au lieu de réagir impulsivement.

- Demandez-vous si vous avez contribué à la situation, et comment.

- Envoyez des messages clairs, sinon vous risqueriez de compliquer davantage la situation en semant des incompréhensions.

- Discutez du problème en parlant à la première personne (par exemple: «Je ne suis pas à l'aise lorsque vous...»).

- Renforcez tous les changements positifs (même les plus petits) effectués par la personne au caractère difficile.

Lorsque ce genre de discussion est mené avec succès, le résultat est bien supérieur à ce que vous auriez obtenu en ne faisant que modifier votre façon de parler et d'aborder la situation. Faites preuve d'ouverture et de curiosité, il y a beaucoup à apprendre des autres. Les stratégies de gestion de conflits ne sont qu'un côté de la médaille; la façon dont vous gérez la communication pour régler le conflit est l'autre face de cette médaille.

Source: Tiré et adapté de «Un milieu de travail convivial», *Conseil RH pour le secteur comunautaire*, [En ligne], http://hrcouncil.ca/info-rh/milieux-de-travail-conflits.cfm#_secA4 (Page consultée le 21 mars 2012)

7.3.3 Les stratégies spécifiques

Plutôt que d'intervenir directement dans un conflit, un gestionnaire peut parfois recourir aux services d'une tierce personne. Ce type d'intervention peut être formalisé dans les politiques de l'organisation ou encore utilisé à la pièce, lorsque la situation le justifie. Divers intervenants peuvent agir lorsqu'une situation conflictuelle se présente et chacun aura un rôle et un mandat bien circonscrits. On aura recours à des intervenants externes en fonction du processus de résolution qu'ils favorisent (directif *vs* participatif) ainsi que de l'importance de leur contribution au dénouement de la situation (pouvoir d'imposer une solution). Ainsi, on pourra faire appel à un arbitre, à un médiateur, à un négociateur ou encore à un ombudsman. Chacun de ces intervenants préconise une stratégie spécifique afin de résorber les situations conflictuelles. Le choix de ces tierces personnes sera donc dicté par la nature particulière du conflit, les personnes impliquées et l'efficacité potentielle de l'intervention dans une situation donnée.

L'arbitrage

L'intervention d'un arbitre suit une logique légaliste, puisque cette personne cherchera à établir une responsabilité et à imposer, parfois en collaboration avec la direction de l'entreprise, une solution au conflit[25]. L'arbitre a peu de pouvoir d'intervention dans la démarche de résolution des conflits et son rôle se limite habituellement à entendre les doléances de chacune des parties. En contrepartie, il a la possibilité d'imposer un règlement qui, généralement, favorisera la position d'une partie au détriment de l'autre. Le processus d'arbitrage est utilisé dans le cadre des règlements de griefs, mais également dans le cadre de conflits au travail émanant d'entreprises non syndiquées.

La médiation

www.cheneliere.ca/dolan

L'intervention d'un médiateur se fera davantage dans le respect de tous les intérêts des parties. Il tentera d'amener les personnes concernées à exprimer leurs difficultés et à chercher une entente consensuelle[26]. Il s'agit d'une tierce personne qui agit principalement sur la démarche de résolution, laissant aux parties la liberté d'imaginer la nature d'un règlement équitable[27]. Le médiateur joue un rôle d'expert-conseil qui aide à réconcilier les positions des personnes engagées dans le conflit. Le médiateur s'inspirera, entre autres, des principes suivants :

- rencontrer chaque partie isolément ;
- explorer les terrains d'entente possibles ;
- choisir un terrain neutre (lieu physique) ;
- prévoir le temps nécessaire à la résolution du conflit ;
- favoriser les échanges entre les parties ;
- éviter que les parties soient sur la défensive ;
- mettre l'accent sur les conséquences tangibles ;
- être très attentif ;
- faire des résumés et des mises au point ;
- éviter d'imposer des solutions.

La négociation

La négociation est le mode traditionnellement utilisé pour résorber les conflits collectifs de travail. Ce processus est celui qui permet aux parties de trouver une entente mutuellement acceptable aux différends et de fixer les règles de fonctionnement organisationnel pour une période donnée. Les négociateurs sont des agents externes mandatés par les parties et dont le principal rôle est d'établir, grâce à la discussion et aux échanges, les balises qui serviront de guide aux actions des parties dans l'entreprise. Le négociateur est un spécialiste du processus de résolution des conflits qui, par l'argumentaire, cherche à convaincre du bien-fondé de la position qu'il représente. Dans cet esprit, la négociation est dite distributive lorsque les négociateurs cherchent principalement à imposer leur point de vue dans une dynamique gagnant-perdant (stratégie compétitive). Par contre, elle est davantage intégrative si les négociateurs privilégient une résolution mutuellement acceptable où les gains d'une partie sont proportionnels à ceux de l'autre (stratégie de collaboration).

Par-delà le cadre de la négociation collective, force est de constater que la négociation se vit quotidiennement entre les divers acteurs de l'organisation. Les échéanciers, les ressources disponibles, les projets à développer et les horaires de travail sont des exemples d'enjeux réguliers de négociation dans la sphère du travail. Nous sommes ainsi tous des négociateurs ! Cependant, bien que la négociation individuelle génère fréquemment des solutions efficaces aux conflits ponctuels au travail, l'embauche de négociateurs externes est un moyen à privilégier lorsque le conflit s'embourbe. Les négociateurs externes ont l'avantage de pouvoir analyser le conflit sans émotivité, c'est-à-dire objectivement, facilitant ainsi l'identification d'une zone d'entente possible entre les personnes impliquées dans le conflit.

Le recours à un ombudsman

Contrairement à l'arbitre, au médiateur et au négociateur, l'**ombudsman** fait habituellement partie de l'organisation et sa fonction concerne exclusivement le dénouement des conflits pouvant survenir entre les divers acteurs organisationnels (par exemple : gestionnaires, employés, clients). Ainsi, lors d'un épisode conflictuel, les parties peuvent recourir à ses services afin de trouver une issue à leurs difficultés[28]. La position de l'ombudsman se situe à la croisée de celles de l'arbitre et du médiateur. En fait, il a un pouvoir d'enquête et peut imposer un règlement au conflit en cherchant toutefois à rapprocher les parties et à les amener à s'entendre sur un règlement mutuellement acceptable.

ombudsman
Intervenant interne dont la tâche est de dénouer les conflits touchant des membres de l'organisation.

7.4 LES CONSÉQUENCES DU CONFLIT

L'époque où les conflits étaient perçus comme un symptôme de dysfonctionnement organisationnel est maintenant révolue. Tous s'entendent aujourd'hui pour reconnaître que les conflits sont à la fois inévitables et bénéfiques au développement de l'organisation[29]. Ainsi, une entreprise où les conflits seraient inexistants ou, au contraire, trop fréquents, serait probablement dans une situation périlleuse. À l'inverse, un niveau modéré de conflits est constructif pour l'organisation, en autant qu'ils soient bien gérés[30]. Dans cette optique, les gestionnaires occupent un rôle de premier plan[31]. Un gestionnaire qui pratique l'écoute active et qui est capable de gérer ses émotions, de prendre du recul par rapport à une situation difficile et de dépersonnaliser les conflits favorisera l'émergence de retombées constructives. Ce n'est donc pas le conflit en soi, mais bien sa gestion qui peut avoir des conséquences destructrices, et les gestionnaires sont des acteurs clés dans la résolution des difficultés relationnelles en milieu de travail.

7.4.1 Les conséquences constructives

Lorsqu'une situation est source d'insatisfaction pour une personne ou un groupe de personnes, on verra surgir les bases d'un conflit. Lorsque les membres d'une entreprise n'acceptent plus les méthodes en vigueur, s'ils perçoivent de l'injustice ou remettent en question les objectifs, leur insatisfaction se transforme souvent en conflit. De plus, leur opposition manifeste provoquera des réactions chez les autres membres de l'équipe de travail et, plus encore, chez la direction. Des questions seront posées, des suggestions seront faites, des solutions seront proposées et cette effervescence débouchera sur des changements. Si les conflits sont évités par souci de conservatisme, d'uniformité ou de stabilité, les nouvelles idées feront difficilement leur chemin. Le conflit est donc une étape nécessaire au changement et il est primordial de bien le gérer afin de structurer les oppositions et de désamorcer l'escalade.

Pour que les conflits puissent engendrer des conséquences positives, deux conditions doivent être remplies : premièrement, le conflit ne doit pas mettre en péril la survie de l'organisation et, deuxièmement, l'entreprise doit avoir prévu un encadrement pour favoriser la gestion des conflits. Cet encadrement peut prendre diverses formes (cercle de qualité, arbitrage des plaintes et des griefs, politique de portes ouvertes, programme d'aide aux employés, etc.), mais il doit prioritairement viser l'expression du conflit et proposer des pistes de solution. Lorsqu'un conflit est bien encadré, il en découle des avantages pour l'organisation, notamment une plus grande ouverture d'esprit, un accroissement de la créativité, une meilleure solidarité entre les travailleurs et plus d'engagement de leur part[32]. Ce sont là autant de retombées positives pouvant résulter d'une résolution constructive et efficace d'un conflit.

7.4.2 Les conséquences destructrices

Certains conflits donnent lieu à des réactions extrêmes et ont évidemment des répercussions négatives sur le climat organisationnel. S'ils perdurent, de l'hostilité, de la violence et un durcissement des positions, entre autres, peuvent suivre un processus d'escalade. Toute forme de collaboration devient alors impossible et c'est l'ensemble de l'organisation qui en souffre.

EN PRATIQUE

Les cinq étapes de la gestion constructive des conflits

La démarche de sortie de crise implique la responsabilité du manager et l'engagement réel des parties en conflit. Le processus consiste ensuite à:

1. Reconnaître l'existence du conflit

Chacun doit au moins accepter de regarder la situation en face pour reconnaître qu'il y a conflit et qu'il aura des conséquences. Si tel n'est pas le cas, ne pas hésiter à présenter objectivement les faits qui attestent de la mésentente (retards, défauts, réclamations, non-atteinte des objectifs, erreurs de décisions…). En cas de déni persistant, exposer pragmatiquement et fermement les conséquences du *statu quo*.

Attention! Il faut faire la distinction entre un «désaccord» ponctuel et un «conflit» qui crée une impasse durable.

2. Définir le contexte

Par contexte on entend le lieu et le moment des rencontres de résolution de conflit, la procédure et les règles. Idéalement, on choisira un endroit neutre, à l'abri des indiscrétions. La durée des rencontres est un facteur crucial. Il faudra prévoir suffisamment de temps pour que toutes les solutions possibles puissent être envisagées.

3. Discuter ouvertement en évitant que quiconque endosse le rôle de «victime», de «sauveur» ou de «persécuteur»

Il arrive que certains conflits soient latents depuis longtemps, surtout lorsque les parties en cause ont adopté un comportement d'évitement. Certains enjeux ne sont pas toujours faciles à identifier. Il peut s'agir d'une accumulation de frustrations devenue insupportable à la longue. Au cours de cette troisième étape, il faut laisser les griefs et les émotions s'exprimer complètement. Il s'agit d'identifier les causes, les enjeux et le rôle de chacun dans le conflit.

Plusieurs questions doivent être abordées:

Qu'est-ce que chacun perd à rester dans le conflit?

Qu'est-ce que chacun gagne à résoudre le conflit?

Quel est l'objet du conflit?

Quelles sont les conséquences humaines et matérielles du conflit?

Quelles sont les positions en présence?

Quels sont les objectifs et les besoins individuels?

Les parties sont-elles prêtes à collaborer et, si non, quelles seront les conséquences du blocage?

4. Cerner les solutions possibles

La meilleure solution pour sortir d'un conflit est celle que trouveront les protagonistes eux-mêmes. Un conflit se résout durablement si chacune des parties a été respectée, si personne n'a perdu la face.

Chaque protagoniste doit être prêt à adopter certains principes de base:

- Dissocier la personne et le problème: provoquer une confrontation n'est pas la même chose que proférer des attaques verbales.
- Discuter des intérêts en cause et non des positions. Les conflits difficiles à résoudre sont souvent ceux où les acteurs concernés restent sur leurs positions. Le piège est de croire que la meilleure solution possible se trouve dans un marchandage ou encore dans une lutte de pouvoir.
- Permettre à chaque partie de présenter sa perception de la situation, en incluant les sentiments qu'elle suscite.
- Faire en sorte que chacun écoute le point de vue de l'autre: dans un dialogue, la présentation d'un point de vue suppose une écoute attentive

de l'autre. Écouter signifie s'abstenir de se défendre continuellement ou de forger sans cesse des contre-attaques.

Plus le conflit est intense, plus cette étape de mise à plat et de «désescalade» sera longue.

5. Conclure un accord

- La solution trouvée doit respecter et satisfaire les besoins de chacun. Négocier, c'est trouver un compromis, c'est donc accepter de lâcher, de renoncer et d'ouvrir son cadre de référence.

- En cas de refus de telle ou telle proposition de solution par un des protagonistes, il ne faut pas hésiter à demander à celui-ci de faire une contre-proposition.

- L'accord doit déboucher sur un changement de comportement observable et un plan d'action. Il faut déterminer la part que chacun se réservera dans ce plan d'action, ses modalités d'application et les conséquences à assumer en cas de non-respect des engagements.

Source: Tiré et adapté de «Spirit: Dénouer un conflit, même sérieux, en 5 étapes!», *Buro Market*, 1er avril 2008, [En ligne], http://www.buromarket.com/fr/about-us-1/spirit.html?s=denouer-un-conflit-meme-serieux-en-5-etapes-82 (Page consultée le 22 février 2012)

Enfin, les conflits majeurs provoquent une nette réduction de la confiance mutuelle. Chacun des membres de l'organisation abandonnera les objectifs du groupe pour se consacrer exclusivement à ses objectifs personnels. Les arguments de la raison seront oubliés au profit de l'émotivité et les possibilités de résoudre le conflit s'amenuiseront d'autant. De plus, un conflit non résolu peut entraîner une démobilisation des travailleurs, un bris du lien de confiance, de l'absentéisme, de l'hostilité interpersonnelle ainsi qu'une hypersensibilité à toutes les situations conflictuelles futures[33]. Dans une perspective individuelle, les répercussions des conflits interpersonnels mal gérés peuvent avoir un effet très délétère sur le niveau de stress des personnes et, conséquemment, sur leur santé psychologique[34].

CONCLUSION

Le conflit est un phénomène omniprésent dans les organisations. Rien ne sert de chercher à les éviter, il faut plutôt se doter de moyens et de procédures permettant d'encadrer l'émergence d'épisodes conflictuels et de favoriser une saine gestion de ces situations. En effet, divers types de conflits sont susceptibles d'apparaître dès que deux individus ou deux groupes ne s'entendent pas sur les objectifs, les attentes ou les rôles, et ils peuvent se manifester à tous les niveaux de la hiérarchie organisationnelle. Nul n'est donc à l'abri et le conflit frappe, indistinctement du poste occupé, de la nature des fonctions ou encore du type d'activités professionnelles.

Dans ce contexte et en fonction d'une conception moderne du conflit, le gestionnaire détient un rôle de premier plan dans la gestion des conflits. C'est à lui que revient la lourde tâche de repérer l'émergence de situations conflictuelles et de mettre en branle, au besoin, les stratégies les plus pertinentes afin d'assurer l'encadrement et la résolution du conflit. En ce sens, les diverses possibilités devront être choisies à partir d'une analyse minutieuse du contexte. En matière de gestion des conflits au travail, aucune stratégie n'est une panacée et toute solution ne sera efficace que si elle est utilisée à bon escient.

Le gestionnaire doit donc bien analyser les causes, la nature et le contexte d'un conflit s'il veut le gérer le mieux possible afin d'en tirer tous les avantages et d'en réduire les inconvénients potentiels. Une bonne gestion des conflits constitue assurément un gage du succès de l'entreprise.

QUESTIONS **DE RÉVISION**

1. Quelles sont les sources possibles de conflit ? Énumérez-les en donnant un exemple concret pour chacun d'eux.

2. Nommez et définissez les divers types de pouvoir que peut détenir un professeur d'université. En fonction des pouvoirs qu'il détient, quel(s) mode(s) de résolution des conflits devrait-il privilégier ?

3. En quoi les conséquences destructives d'un conflit contribuent-elles au processus d'escalade ?

4. Quelle distinction peut-on faire entre le harcèlement psychologique et l'incivilité au travail ?

5. Si, en tant qu'étudiant, vous voulez augmenter votre pouvoir, quelle stratégie sera la plus efficace ?

6. Nommez une situation conflictuelle où une stratégie d'évitement pourrait être efficace.

7. Décrivez le contexte global d'une organisation où les conflits sont inexistants. Une telle situation est-elle souhaitable et possible ? Justifiez votre réponse.

AUTO-**ÉVALUATION**

La stratégie en ce qui touche le pouvoir et l'influence

Remplissez ce questionnaire portant sur le pouvoir et l'influence. Prenez le temps d'y répondre avec soin et en toute franchise. Vos réponses devraient refléter votre comportement tel qu'il est (et non tel que vous le souhaitez). Ce questionnaire a pour but de vous aider à évaluer votre capacité à acquérir pouvoir et influence; vous pourrez ensuite concentrer vos efforts sur les aspects particuliers qu'il vous faut améliorer.

Remplissez le questionnaire en utilisant l'échelle d'évaluation fournie.

C'EST TOUT À FAIT FAUX	1
C'EST FAUX	2
C'EST PLUTÔT FAUX	3
C'EST PLUTÔT VRAI	4
C'EST VRAI	5
C'EST TOUT À FAIT VRAI	6

Dans une situation où il est important d'avoir plus de pouvoir :

_____ **1.** Je m'efforce sans cesse de devenir très compétent dans mon domaine.

_____ **2.** Je me montre toujours amical, honnête et sincère envers les personnes avec qui je travaille.

_____ **3.** Je fournis plus d'efforts et prends plus d'initiatives que ce qu'on attend de moi au travail.

_____ **4.** J'accorde tout mon appui aux activités à l'intérieur de l'organisation.

_____ **5.** Je tisse un réseau étendu de relations avec des gens de tous les niveaux, un peu partout dans l'organisation.

_____ **6.** Je trouve un domaine dans lequel je peux me spécialiser et qui aide à répondre aux besoins des autres.

_____ **7.** Je prends toujours soin d'envoyer une note personnelle à ceux qui accomplissent quelque chose de remarquable et lorsque j'ai des renseignements importants à leur communiquer.

_____ **8.** Au travail, j'essaie constamment d'apporter de nouvelles idées, de lancer de nouvelles activités et d'éviter le plus possible la routine.

_____ **9.** Je cherche sans cesse divers moyens de représenter mon service ou mon organisation à l'extérieur.

_____ **10.** Je n'arrête jamais de perfectionner mes aptitudes et d'enrichir mes connaissances.

_____ **11.** Je fais beaucoup d'efforts pour soigner mon apparence.

_____ **12.** Je travaille toujours plus fort que la plupart de mes collègues.

_____ **13.** J'encourage fortement les nouveaux employés à démontrer par leurs paroles et leurs gestes qu'ils partagent les valeurs importantes de l'organisation.

_____ **14.** Je déploie beaucoup d'efforts pour occuper une place clé au sein des réseaux de communication et ainsi avoir accès aux informations importantes.

_____ **15.** Je m'efforce sans cesse de conserver en propre un aspect de mon travail que personne d'autre n'accomplit.

_____ **16.** Je suis à l'affût de toute occasion de faire rapport de mon travail, en particulier aux cadres supérieurs.

_____ **17.** Je déploie beaucoup d'efforts pour que les tâches que j'accomplis demeurent variées.

_____ **18.** Je fais beaucoup d'efforts pour que mon travail soit toujours relié à la mission première de l'organisation.

Lorsque je tente d'influencer quelqu'un dans un but précis:

_____ **19.** Je fais sans cesse appel à la raison et aux faits.

_____ **20.** Je n'ai aucune difficulté à user de méthodes de persuasion différentes selon les circonstances.

_____ **21.** Je prends bien soin de récompenser les gens qui se rangent à mon point de vue, créant ainsi une situation de réciprocité.

_____ **22.** J'adopte toujours une méthode franche et directe au lieu d'avoir recours à la manipulation ou à des moyens détournés.

_____ **23.** J'évite d'imposer ma volonté aux autres en insistant ou en les menaçant.

Lorsque d'autres personnes tentent d'exercer sur moi une influence inappropriée:

_____ **24.** J'use des ressources et de l'information qui sont à ma disposition pour contrer leurs demandes et leurs menaces.

_____ **25.** Je refuse de négocier avec toute personne qui utilise des méthodes de choc pour parvenir à ses fins.

_____ **26.** J'explique à ces personnes pourquoi je ne peux accéder à leurs demandes en apparence raisonnables en leur indiquant les conséquences qui en résulteraient en ce qui touche à mes responsabilités et à mes obligations.

En règle générale, lorsque j'occupe un poste important:

_____ **27.** Je m'assure de toujours complimenter et récompenser les gens en public et de les réprimander en privé.

_____ **28.** Je témoigne fréquemment aux personnes avec qui je travaille ma confiance en leurs capacités.

_____ **29.** Je prends toujours soin de reconnaître et de souligner les succès remportés par des membres de mon service.

_____ **30.** Je m'efforce d'encourager la participation des gens avec qui je travaille.

APTITUDE	ÉNONCÉS	ÉVALUATION - RÉSULTAT
Acquérir du pouvoir grâce à des caractéristiques personnelles		
Expertise	1, 10	
Attirance personnelle	2, 11	
Effort	3, 12	
Légitimité	4, 13	
Acquérir du pouvoir grâce à des caractéristiques reliées au poste occupé		
Position centrale	5, 14	
Importance	6, 15	
Visibilité	7, 16	
Flexibilité	8, 17	
Pertinence	9, 18	
User de son influence	19, 20, 21, 22, 23	
Résister à l'influence d'autrui	24, 25, 26	
Conférer un certain pouvoir à autrui	27, 28, 29, 30	
RÉSULTAT TOTAL		

Résultats

Le tableau qui précède vous permettra d'obtenir une vue d'ensemble de vos résultats. Il vous aidera à reconnaître vos points forts et à déterminer ce qu'il vous faut améliorer.

1. Calculez votre résultat pour chaque aptitude en additionnant les nombres que vous avez indiqués devant chacun des énoncés.

2. Faites le total des 12 résultats obtenus et indiquez-le dans la case appropriée.

Évaluation des résultats

Évaluez vos résultats en les comparant: 1) à ceux d'autres étudiants de votre classe; puis 2) à la moyenne obtenue aux États-Unis par un groupe de référence formé de 500 étudiants en administration des affaires. À l'intérieur de ce groupe:

- un résultat égal ou supérieur à 147 vous placerait dans le premier quartile;
- un résultat compris entre 138 et 146 inclusivement vous placerait dans le deuxième quartile;
- un résultat compris entre 126 et 137 inclusivement vous placerait dans le troisième quartile;
- un résultat égal ou inférieur à 125 vous placerait dans le dernier quartile.

Source: Traduit de D.A. WHETTEN, *Developing Management Skills*, 2ᵉ éd., © 1991, p. 160-161, 274-276. Réimprimé avec la permission de Pearson Education, Inc. Upper Saddle River, NJ.

 ÉTUDE **DE CAS**

RALENTISSEZ! HOMME EXCÉDÉ AU TRAVAIL

Jean-François Tremblay, CRIA, Ph.D., est professeur de négociation collective au Département de relations industrielles de l'Université du Québec en Outaouais. Ses activités d'enseignement et de recherches portent notamment sur le processus de la négociation collective, la gestion stratégique des relations du travail, la transformation des systèmes de relations industrielles et les nouveaux modes relationnels entre employeur et salariés. De plus, il œuvre comme praticien dans le domaine de la gestion des relations du travail à titre de négociateur, de médiateur, d'arbitre, d'enquêteur en matière de harcèlement psychologique au travail et de formateur. Il est coauteur d'un ouvrage sur la négociation collective et a publié des articles scientifiques sur le sujet.

Ian Sauleau trouve le temps bien long au travail ces jours-ci. Col bleu en poste à la voirie de Ville de Mont-Laval, il fait équipe avec, entre autres, Charles «Chuck» Bacca, reconnu pour être la «grande gueule» du groupe. Avec sa voix tonitruante, ses remarques intempestives et ses blagues salaces, nul ne peut ignorer sa présence sur les lieux du travail. Bien qu'il se prétende «bon vivant», il n'en demeure pas moins que les comportements de Bacca ont occasionné par le passé quelques accrochages avec d'autres collègues. Gratien Letendre, le contremaître de l'équipe, n'a jamais voulu intervenir directement, préférant laisser «couler l'eau sous le pont». En fait, lorsqu'il intervient, c'est pour mentionner avec dépit son éternel: «Les gars...»

L'organisation du travail des cols bleus les amène à travailler en équipe, à voyager dans la même camionnette et à prendre leurs pauses ensemble. Elle fait en sorte de créer une très grande proximité entre eux. En fait, la forte culture organisationnelle de ce milieu de travail induit une grande pression sur les travailleurs pour qu'ils «fassent partie de la gang». Bien que les railleries et les disputes soient monnaie courante, on constate une grande solidarité entre les cols bleus de la voirie. À cet égard, la culture syndicale militante de ce groupe n'est certes pas étrangère aux liens étroits qui unissent ces cols bleus de Ville de Mont-Laval. On en vient également parfois à considérer comme faisant partie de l'environnement normal de travail les commentaires désobligeants qui peuvent être formulés de part et d'autre et les altercations qui s'ensuivent souvent.

D'un tempérament plutôt solitaire, dû probablement à sa personnalité aux forts accents d'introversion, Ian Sauleau trouve l'ambiance de plus en plus malsaine. Cela n'est pas étranger au fait qu'il est régulièrement visé par les propos de Chuck Bacca. Ce dernier ne se gêne pas pour le dénigrer en raison de son excès de poids ou encore eu égard à la qualité de son travail. En effet, il arrive fréquemment que Chuck mentionne que si Ian ne pouvait pas compter sur l'apport des autres cols bleus de l'équipe, il n'arriverait certainement pas à faire correctement son travail et serait alors probablement congédié. De fait, et à l'instar de ce qui fut observé au cours des derniers mois, des remarques de cet acabit ont été formulées par Chuck Bacca à quatre reprises au cours de la dernière semaine de travail. Quant à son poids, Ian est conscient qu'il traîne quelques kilos en trop, mais il aimerait que ses camarades de travail remarquent que depuis les deux dernières années, il en a beaucoup perdu. Si la plupart de ses collègues évitent pour leur part d'y faire allusion, c'est sur une base quasi quotidienne que Chuck Bacca l'interpelle en utilisant les termes de «patapouf», «bonhomme Pillsbury», «ventripotent» ou encore «gros tas». Bien que profondément affecté par les propos de Bacca, Ian Sauleau hésite à lui en faire part. En effet, comme plusieurs autres employés de la voirie, Ian Sauleau et Chuck Bacca entretiennent des liens d'amitié à l'extérieur du milieu de travail. Soirées hebdomadaires au salon de quilles, parties de pêche annuelles et quelques soirées dans des établissements licenciés avec effeuilleuses sont quelques-unes des activités que Ian partage avec Chuck. Il se sent également quelque peu redevable à son endroit car c'est lui qui, il y a 10 ans, a moussé sa candidature auprès de la Ville pour qu'il soit embauché. Ce que lui rappelle d'ailleurs fréquemment son collègue...

Néanmoins, Sauleau s'interroge de plus en plus sur le caractère acceptable ou non des agissements de Bacca. En tête de liste se trouve un incident survenu lors de son mariage, le mois dernier. Dûment invité aux noces de Ian avec d'autres collègues de travail, Chuck a alors évoqué le droit de danser avec la mariée comme le veut la tradition. C'est donc sans retenue que Ian et sa conjointe ont consenti à ce que cette dernière danse avec lui. Toutefois, durant la danse, Chuck Bacca a effectué des attouchements sur le corps de la mariée qui ont provoqué un vif malaise chez cette dernière et son conjoint. Bacca a cependant immédiatement reconnu être allé trop loin et s'est excusé promptement en expliquant son comportement par le caractère festif de l'évènement et sa trop grande consommation d'alcool. Bien qu'enclin à excuser son collègue sur le moment, Ian Sauleau apprécie beaucoup moins que celui-ci raconte cette histoire durant les heures de travail en insistant sur les caractéristiques morphologiques de sa nouvelle épouse. Ayant remarqué le malaise de Ian lorsque Chuck relate les détails de cette histoire aux autres cols bleus, Gratien Letendre lui a mentionné sur un ton las: «T'avais juste à pas l'inviter à tes noces...» «Peut-être», a répondu Ian, tout en ajoutant sur un ton colérique: «De toute façon, Chuck est sur le point de ravaler ses paroles avec un bon coup de pelle en pleine face!»

Ian Sauleau se sentait déjà bien peu motivé au travail avant cet événement, tout en connaissant une baisse marquée de sa productivité. Il cherche de plus en plus à s'éloigner de ses collègues et entretient de la rancœur à l'égard de Chuck Bacca. Il hésite à dénoncer formellement la situation à Gratien Letendre qu'il croit peu disposé à intervenir, semblant plus préoccupé à compter les jours qui le séparent de la retraite. De plus, Ian n'est pas sans savoir que selon toute vraisemblance, c'est Chuck qui devrait obtenir le poste de contremaître à la suite de la retraite de Gratien Letendre. Par conséquent, il préfère ne pas se mettre à dos son futur patron et subir d'éventuelles représailles. D'ailleurs, Chuck Bacca lui a déjà clairement dit devant témoin que si un jour il devenait contremaître, il le ferait travailler deux fois plus fort que les autres afin qu'il perde du poids. À la suite de cet épisode, Ian Sauleau avait quitté promptement le milieu de travail et s'était absenté pendant deux jours en raison de l'humiliation. Depuis cet événement, sa motivation et sa performance au travail ont grandement décliné. Ian Sauleau fait donc face aux commentaires de Chuck Bacca en se demandant comment mettre fin à cette situation...

Questions

1. Quels types de conflits sont présents dans cette situation?
2. Le cas échéant, à quel niveau d'intensité les conflits sont-ils situés?
3. Quelles solutions proposez-vous à Ian Sauleau afin de mettre fin à cette situation?
4. Sommes-nous en présence d'un cas de harcèlement psychologique au travail?

RÉFÉRENCES

[1] E. GOSSELIN, Psychogénèse du conflit industriel (document de recherche 2002-01), Hull, Québec, Université du Québec à Hull, Département de relations industrielles, 2002.

[2] E. McSHULSKIS, «Managing employee conflicts», *HR Magazine*, vol. 41, n° 9, 1996, p. 16-18.

[3] G. DION, *Dictionnaire des relations du travail*, 2e éd., Sainte-Foy, Québec, Presses de l'Université Laval, 1986.

[4] R. FOUCHER et K.W. THOMAS, «La gestion des conflits», dans R. TESSIER et Y. TELLIER, dir., *Changement planifié et évolution spontanée*, Québec, Québec, Presses de l'Université du Québec, 1991, p. 75-170.

[5] L.R. PONDY, «Reflections on Organizational Conflict», *Journal of Business*, n° 13, 1992, p. 257-261.

[6] C.K.W. DE CREU, F. HARINCK et A.E.M. VAN VIANEN, «Conflict and Performance in Groups and Organizations», dans C.L. COOPER et I.J. ROBERTSON, dir., *International Review of Industrial and Organizational Psychology*, New York, NY, John Wiley, 1999, p. 371-414.

[7] A.M. ROCHEBLAVE-SPENLÉ, «Résolution des conflits de rôles», dans N. CÔTÉ et autres, *Individu, groupe et organisation*, Boucherville, Québec, Gaëtan Morin Éditeur, 1986, p. 295-305.

[8] J.R.P. FRENCH et B.H. RAVEN, «The Basis of Social Power», dans D. CARTWRIGHT, dir., *Studies in Social Power*, Université du Michigan, 1959, p. 150-167.

[9] P.M. PODSAKOFF et C.A. SCHRIESHEIM, «Field studies of French and Raven's bases of power: Critique, reanalysis, and suggestions for future research», *Psychological Bulletin*, vol. 97, 1985, p. 387-411.

[10] B.H. RAVEN, «The bases of power: Origins and recent developments», *Journal of Social Issues*, vol. 49, 1993, p. 227-251.

[11] A. LE FLANCHEC et J.M. PLANE, «Le pouvoir dans les organisations», dans J. ROJOT, P. ROUSSEL et C. VANDERBERGHE, dir., *Comportement organisationnel*, vol. 3, Paris, France, De Boeck, 2009, p. 103-143.

[12] S.L. McSHANE et C. BENABOU, *Comportement organisationnel*, Montréal, Québec, Chenelière McGraw-Hill, 2008.

[13] R.J. FISHER, «Intergroup conflict», dans M. DEUTSCH et P.T. COLEMAN, dir., *Handbook of Conflict Resolution: Theory and Practice*, San Francisco, CA, Jossey-Bass Publishers, 2000.

[14] Loi sur les normes du travail, Article 81.18, 2002, c. 80, a. 47. [En ligne], http://www.cnt.gouv.qc.ca/en-cas-de/harcelement-psychologique/les-normes-du-travail/article-8118/index.html (Page consultée le 25 janvier 2012)

[15] C. RAYNER, H. HIEK et C.L. COOPER, *Workplace bullying: What we know, who is to blame, and what can we do?*, New York, NY, Taylor & Francis, 2002.

[16] S. EINARSEN, «The nature and causes of bullying at work», *International Journal of Manpower*, vol. 20, n° 1, 1999, p. 16-27.

[17] E. MORIN et C. AUBÉ, *Psychologie et management*, Montréal, Québec, Chenelière Éducation, 2007.

[18] D. ZAPF, «Organisational, work group related and personal causes of mobbing/bullying at work», *International Journal of Manpower*, vol. 20, n°s 1 et 2, 1999, p. 70.

[19] T. CAROL, E. GOSSELIN et R. FOUCHER, *Origines du harcèlement psychologique au travail: de l'individu à l'organisation*, Gestion 2000, sous presse.

[20] C. RAYNER, H. HIEK et C.L. COOPER, *op. cit.*

[21] J. BOURGAULT, *Le harcèlement psychologique au travail*, Montréal, Québec, Wilson et Lafleur, 2005.

[22] S.L. McSHANE et C. BENABOU, *op. cit.*

[23] K.W. THOMAS et R.H. KILMANN, *Thomas-Kilmann conflict mode instrument*, Tuxedo, NY, XICOM, 1978.

[24] J. POITRAS et A. LADOUCEUR, *Système de gestion de conflits*, Montréal, Québec, Éditions Yvon Blais, 2004.

[25] D.B. LIPSKY, R.L. SEEBER et R.D. FINCHER, *Emerging Systems for Managing Workplace Conflict: Lessons from American Corporations for Managers and Dispute Resolution Professionals*, San Francisco, CA, Jossey-Bass, 2003.

[26] K. KRESSEL, «Mediation», dans M. DEUTSCH et P.T. COLEMAN, dir., *The Handbook of Conflict Resolution: Theory and Practice*, San Francisco, CA, Jossey-Bass Publishers, 2000.

[27] J.A. MALAREWICZ, *Gérer les conflits au travail: la médiation systémique en entreprise*, Paris, France, Pearson Éducation, 2004.

[28] D.M. KOLB, «Corporate ombudsman and organization conflict resolution», *Journal of Conflict Resolution*, vol. 31, 1987, p. 673-691.

[29] A.D. SLABBERT, «Conflict management styles in traditional organisations», *Social Science Journal*, vol. 41, 2004, p. 83-92.

[30] J.R. SCHERMERHORN, J.G. HUNT et R.N. OSBORN, *Comportement humain et organisation*, Montréal, Québec, ERPI, 2002.

[31] S. CORMIER, *Dénouer les conflits relationnels en milieu de travail*, Québec, Québec, Presses de l'Université du Québec, 2004.

[32] E. VAN DE VLIERT, A. NAUTA, E. GIEBELS et O. JANSSEN, «Constructive Conflict at Work», *Journal of Organizational Behavior*, vol. 20, 1999, p. 475-491.

[33] J.G. PETITPAS, G. BOUCHER et P.A. GAGNÉ, *Gérer des conflits*, Sainte-Foy, Québec, Les Publications du Québec, 1994.

[34] S. HARVEY, C. BLOUIN et D. STOUT, «Proactive personality as a moderator of outcomes for young workers experiencing conflict at work», *Personality and Individual Differences*, vol. 40, 2006, p. 1063-1074.

PLAN DE CHAPITRE

Introduction

8.1 Le leadership : concepts et définitions

8.2 Les théories du leadership

8.3 Une vision contemporaine du leadership

Conclusion

Dans ce chapitre, le lecteur se familiarisera avec :

- le concept de leadership et ses composantes ;

- les divers modèles théoriques de leadership ;

- l'influence des traits personnels (physiques et psychiques) sur l'efficacité et l'efficience du leadership ;

- le caractère indispensable de l'intelligence émotionnelle dans l'instauration d'un leadership efficace et efficient ;

- l'influence des schèmes comportementaux sur l'efficacité et l'efficience du leadership ;

- l'influence des facteurs situationnels sur l'efficacité et l'efficience du leadership ;

- le rôle des substituts dans la dynamique du leadership ;

- les différences entre le leadership transactionnel et le leadership transformationnel ;

- la théorie du leadership authentique ;

- les fondements de la théorie des échanges dirigeants-dirigés (théorie LMX) ;

- le rôle du leadership charismatique ;

- les fondements de la théorie de l'autodétermination du leadership.

INTRODUCTION

On évalue à plus de 5000 le nombre d'études traitant du leadership ou de l'une de ses composantes telles que le pouvoir, l'autorité, le charisme, l'influence ou la persuasion. Néanmoins, cette notion complexe qu'est le leadership semble mal comprise et sa définition reste ambiguë, comme le souligne Jean-Marie Toulouse :

> Le leadership est le terme le plus étudié et le moins compris des sciences sociales [...]. Les ouvrages qui traitent du leadership sont souvent aussi remarquablement inutiles que prétentieux. Le leadership serait comme l'abominable homme des neiges : on trouve ses empreintes partout, mais personne ne l'a jamais vu[1].

Tout en gardant à l'esprit la critique sévère que fait Toulouse des études sur le leadership, nous tenterons de jeter une lumière sur le phénomène.

À cette fin, nous nous référerons à trois grandes approches, soit l'approche axée sur les traits, l'approche axée sur les comportements et l'approche axée sur la situation. Après avoir défini le concept de leadership, nous examinerons les modèles les plus connus qui sont regroupés dans chacune de ces approches, puis nous traiterons de quelques modèles théoriques contemporains.

8.1 LE LEADERSHIP : CONCEPT ET DÉFINITIONS

Les chercheurs ont proposé une multitude de définitions du leadership. Dans cette diversité se retrouvent des éléments communs à la lumière desquels on peut définir le leadership organisationnel comme étant la capacité d'une personne à en influencer d'autres en vue d'atteindre les objectifs organisationnels. Cette définition correspond également à celle du pouvoir, en ce sens qu'il peut être formellement attribué à une personne qui sera ainsi placée dans une position d'autorité (leader formel) ou découler de caractéristiques particulières à une personne, indépendamment de sa position dans l'organisation (leader informel).

Un leader organisationnel, formel ou informel, est donc un individu qui influence le comportement, les attitudes et le rendement des employés. Il arrive que ces deux types tentent d'exercer leur influence simultanément. Il est alors de première importance que le leader informel influence le comportement des employés en faveur des objectifs organisationnels. À défaut, l'efficacité et le rendement du groupe risquent d'en souffrir grandement, car un conflit pourrait surgir, remettant en question l'autorité conférée par l'organisation au leader formel et le pouvoir d'influence du leader informel.

Qu'est-ce qui fait qu'un leader est un leader ? Qu'est-ce qui fait qu'une personne peut en influencer d'autres au point de mobiliser les efforts individuels vers l'atteinte de buts précis ? La section suivante présente plusieurs modèles qui tenteront de répondre à ces questions.

8.2 LES THÉORIES DU LEADERSHIP

approche axée sur les traits
Approche selon laquelle l'efficacité d'un leader dépend de ses caractéristiques individuelles.

approche axée sur les comportements
Approche selon laquelle l'aspect le plus important du leadership se rapporte au style et à la façon de réagir du leader dans différentes situations.

La difficulté à définir le leadership et à dresser une liste exhaustive de ses caractéristiques a entraîné l'élaboration de trois approches théoriques : l'approche axée sur les traits, l'approche axée sur les comportements et l'approche axée sur la situation[2].

En gros, l'**approche axée sur les traits** présuppose que certaines caractéristiques individuelles permettent de distinguer un leader efficace d'un leader inefficace. Selon l'**approche axée sur les comportements**, l'aspect le plus important du leadership ne concerne pas les caractéristiques du leader, mais bien son style et sa façon de réagir dans différentes situations. Enfin, selon l'**approche axée sur la situation**, l'efficacité du leader tient non seulement à son comportement, mais aussi au contexte environnemental dans lequel il évolue. Voyons chacune de ces approches en détail.

approche axée sur la situation
Approche selon laquelle l'efficacité du leader est déterminée par son comportement et par l'environnement.

8.2.1 L'approche axée sur les traits

Qu'entend-on par traits caractéristiques? Ce sont les traits de caractère propres à chaque individu, notamment les attributs physiques, les aptitudes intellectuelles et la personnalité.

PERSPECTIVE INTERNATIONALE

Le leadership mondial

Les théories traditionnelles sur le leadership ne prennent pas en compte les obstacles et les défis du leadership mondial. Or, de nos jours, les dirigeants doivent être en mesure de fonctionner efficacement sur le marché international[3]. Le leadership mondial exige des chefs qu'ils soient capables de fonctionner de manière efficace dans un milieu culturel différent et de savoir surmonter les barrières linguistiques, sociales, économiques et politiques. Les dirigeants mondiaux possèdent les quatre qualités suivantes[4]:

Une curiosité insatiable: Ils ne ratent pas une occasion de voir et d'essayer de nouvelles choses. L'apprentissage continu et la curiosité sont la clé de leur succès.

Des qualités personnelles: Ils nouent des liens émotionnels avec des gens de cultures diverses et font montre d'une intégrité indéfectible.

La dualité: Ils doivent être capables de gérer l'incertitude et d'assurer l'équilibre entre tensions locales et tensions mondiales.

Un bon jugement: Ils ont un grand sens de l'organisation et des affaires. Ils savent ce qui les attend dans divers pays, sont au fait des moyens dont dispose leur organisme et suivent les projets en cours à l'échelle internationale.

Les personnes qui ont le potentiel pour devenir des dirigeants mondiaux ont déjà travaillé ou vécu avec des gens d'autres cultures, ils parlent plus d'une langue et possèdent des aptitudes pour le commerce international. Cependant, pour devenir de véritables dirigeants mondiaux, elles doivent avoir reçu une formation exhaustive: elles doivent notamment avoir voyagé, travaillé au sein d'équipes multiculturelles, suivi des cours sur des sujets comme la planification stratégique, le commerce et l'éthique internationales, sur la communication interculturelle et sur le leadership au sein d'équipes multiculturelles et, enfin, elles doivent avoir fait des stages pratiques. Les mutations et les affectations à l'étranger sont les meilleurs moyens de former des dirigeants mondiaux.

Si la plupart des organismes et des grands pays — comme les États-Unis — affirment qu'ils n'ont pas assez de dirigeants mondiaux et qu'ils en manqueront dans l'avenir, le Canada ne connaît pas ce problème. Cela s'explique par la taille moyenne de notre économie et par le fait que les dirigeants canadiens sont souvent dans l'obligation de comprendre les personnes appartenant à d'autres cultures et d'être empathiques à leur égard. En outre, les Canadiens et Canadiennes apprennent dès leur enfance à tenir compte de l'opinion des autres. Vivre dans un milieu multiculturel comme le Canada constitue une excellente préparation pour les dirigeants mondiaux.

Source: Traduit et adapté de G. JOHNS et A.M. SAKS, *Organizational Behavior, Understanding and managing Life at Work*, 6e éd., Toronto, Ontario, Pearson Education Canada Inc., 2005.

EN PRATIQUE

Les caractéristiques du leader efficace

Selon Pierre Grenier, sous-ministre associé au ministère des Ressources naturelles et de la Faune, les caractéristiques du leader sont l'humilité et le partage, sans l'obligation d'avoir toutes les réponses, mais avec celle d'avoir toutes les questions. Selon lui, la phrase clé est: «Le pouvoir grandit en le partageant.»

Source: *Adapté de* D. PROULX, «Synthèse de l'atelier - Le leadership à différents niveaux de l'organisation», *Chaire La Capitale et leadership dans le secteur public*, [En ligne], www.chairelacapitale.enap.ca/capitale/docs/ateliers/leadership_differents_niveaux.pdf (Page consultée le 2 février 2012)

C'est principalement au cours de la première moitié du xxe siècle que les tenants de l'approche axée sur les traits ont tenté de déterminer les caractéristiques du leader. Ils ont alors mis au point des méthodologies permettant de mesurer l'étendue des différences individuelles. Les chercheurs ont également étudié, par observation directe, les comportements des leaders en groupe. Les résultats de leurs recherches leur ont ensuite permis de répartir les caractéristiques des leaders en six grandes catégories[5]:

1. *Les caractéristiques physiques.* L'âge, l'apparence, la taille et le poids figurent parmi les principales caractéristiques mises en évidence. Toutefois, les recherches empiriques n'ont pas permis d'établir de lien causal direct entre les caractéristiques physiques et le leadership.

2. *L'environnement social.* Plusieurs études ont été menées sur l'éducation, la position sociale et la mobilité des leaders. Comme dans le cas des caractéristiques physiques, on n'a relevé aucune relation significative entre l'efficacité d'un style de leadership et la position sociale du leader.

3. *L'intelligence.* Plusieurs chercheurs ont tenté de démontrer qu'il y avait un lien positif entre le rôle d'un leader et ses capacités intellectuelles en émettant l'hypothèse que, de façon générale, le leader efficace aurait une meilleure capacité de jugement, une capacité décisionnelle remarquable, un grand savoir et une facilité d'expression. Les résultats démontrent que, bien qu'elle soit constante, cette corrélation demeure faible.

4. *La personnalité.* On a également vérifié si la confiance en soi, la vivacité d'esprit, l'intégrité et le besoin de dominer (pouvoir) étaient des traits plus souvent présents chez les leaders que chez les autres membres d'un groupe. Les résultats révèlent qu'une telle corrélation est fréquente, mais qu'elle ne peut être généralisée. On en conclut donc que la personnalité même

du leader doit être prise en considération dans toute étude du phénomène de leadership.

5. *Les caractéristiques liées à la tâche.* Les résultats des recherches sur le leadership indiquent clairement qu'un leader peut, de façon générale, être décrit comme un individu qui fait preuve d'une forte motivation, d'un besoin d'accomplissement et d'un sens remarquable de l'initiative et des responsabilités.

6. *Les habiletés sociales et interpersonnelles.* Les études montrent aussi que, généralement, le leader participe activement à plusieurs activités, qu'il est en relation avec un large éventail d'individus et qu'il est libre de ses actes. Ces comportements sont appréciés par les autres membres du groupe dans la mesure où ils visent à établir un climat d'harmonie, de confiance et qu'ils favorisent la cohésion du groupe.

D'autres études ont tenté de distinguer les traits caractéristiques des meneurs de ceux des suiveurs, alors que d'autres ont cherché à relever les traits de personnalité des leaders efficaces ou à définir ce qui distinguait les cadres inférieurs des cadres supérieurs[6].

EN PRATIQUE

Sexe et style de leadership

Les hommes et les femmes ont-ils des styles de leadership différents ?

Selon les études, le style de leadership d'un homme diffère quelque peu de celui d'une femme.

Certains affirment que les femmes possèdent de meilleures aptitudes sociales, ce qui leur permet de bien gérer les concessions mutuelles par lesquelles passe toute participation. D'autres affirment qu'elles évitent les styles autocratiques parce qu'ils enfreignent les stéréotypes sexistes et entraînent des réactions négatives.

Une analyse de 45 études sur les styles de leadership des hommes et des femmes a permis de constater que les femmes sont plus transformationnelles que les hommes et qu'elles adoptent davantage les comportements dits de récompense contingente associés au leadership transactionnel. Pour leur part, les hommes favorisent davantage les autres formes de leadership transactionnel, comme la gestion par exception et le leadership du laisser-faire, qui est l'esquive ou l'absence de leadership. Ce qui est très intéressant à propos de ces résultats, c'est que ces aspects du leadership dans lesquels les femmes dépassent les hommes sont tous positivement associés à l'efficacité du leadership, alors que les aspects du leadership dans lesquels les hommes dépassent les femmes sont peu associés à l'efficacité du leadership, qu'ils le sont négativement ou pas du tout. Les auteurs en concluent que ces résultats témoignent de l'aptitude des femmes à être de très bons leaders dans les organismes contemporains[7].

Alors que les faits observés indiquent clairement que les femmes peuvent être de très bons leaders, elles détiennent en réalité très peu de postes de haute direction dans les organismes canadiens, et il en est de même aux États-Unis et en Europe. Comment expliquer ce parti pris sexiste ?

Pendant des dizaines d'années, on a expliqué ce phénomène en recourant à la métaphore du plafond de verre, cette barrière invisible qui empêche les femmes d'avancer à des postes de haute direction dans les organismes.

Selon les études, un grand nombre de traits caractéristiques ne sont pas associés à l'accès aux postes de leader ou au degré d'efficacité. Cependant, on estime parfois que certaines personnes sont plus susceptibles de devenir des leaders ou qu'elles sont des leaders plus efficaces simplement parce qu'elles possèdent des traits de caractère qui sont censés être associés au leadership.

Les études montrent aussi que le leadership dont fait preuve une personne est en lien avec certains traits de sa personnalité. La figure 8.1 établit la liste de ces traits[8]. On s'en doute, chez les leaders (ou les leaders performants), ces dimensions tendent à être supérieures à la moyenne, bien qu'on ne détienne pas beaucoup de données à ce sujet. Notons que cette liste dresse le portrait d'une personne très énergique qui désire avoir une réelle influence sur les autres, mais qui en même temps est intelligente et suffisamment équilibrée pour ne pas abuser de son pouvoir.

Ces dernières années, l'étude des traits caractéristiques liés au leadership a connu un renouveau et diverses recherches montrent que certains sont plus étroitement liés à l'émergence et à l'efficacité du leadership. À titre d'exemple, une étude a révélé que trois des cinq traits principaux de la personnalité (les «Big Five») influencent les comportements d'un leader : l'agréabilité, l'extraversion et l'ouverture à l'expérience. Un examen des études sur l'intelligence

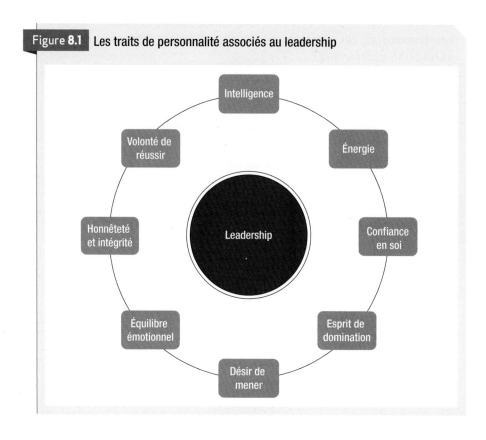

Figure 8.1   **Les traits de personnalité associés au leadership**

et le leadership a montré que le rapport non négligeable qui les relie est beaucoup moins important que prévu[9]. De nombreuses grandes sociétés font passer des tests de personnalité aux candidats pour un emploi ou une promotion et font appel à des centres d'évaluation pour mesurer leurs traits de leadership avant de prendre une décision.

L'intelligence émotionnelle et le leadership

Selon des études récentes, un autre trait pouvant caractériser l'efficacité du leadership est l'intelligence émotionnelle (IE). Les défenseurs de cette forme d'intelligence font valoir que même si une personne possède une formation exceptionnelle, un esprit hautement analytique, une vision convaincante et une provision sans fond d'idées géniales, elle ne peut devenir un grand leader sans elle. C'est notamment le cas des personnes qui avancent en grimpant tout simplement les échelons de l'entreprise[10]. Mais pourquoi l'intelligence émotionnelle est-elle essentielle à un leadership efficace? Parce qu'un élément crucial de l'intelligence émotionnelle est l'empathie et que les leaders empathiques ont conscience des besoins des autres, qu'ils parviennent à lire leurs réactions et qu'ils écoutent ce que les suiveurs disent (et ne disent pas).

L'intelligence émotionnelle comprend tous les domaines de l'intelligence humaine non associés au quotient intellectuel (QI). Souvent appelée savoir-être, débrouillardise, bon sens ou encore jugeote, la vaste gamme d'aptitudes qui y est associée est en train de devenir le noyau de compétences indispensables dans le monde des affaires. En effet, les aptitudes individuelles et sociales, ainsi que les compétences en gestion et en leadership, sont de plus en plus reconnues comme étant le noyau qui distingue les exécutants de haut calibre du reste du peloton.

Peter Salovey (Yale) et John D. Mayer (University of New Hampshire) ont défini l'expression «intelligence émotionnelle» en 1990, dans un article paru dans la revue *Imagination, Cognition, and Personality,* comme étant «le sous-ensemble d'intelligences sociales qui comprennent la *capacité de suivre ses propres émotions et celles des autres, de les différencier et d'utiliser cette information pour orienter sa réflexion et ses actions*». Depuis la publication de cet article révolutionnaire, on a mené et rédigé beaucoup d'études sur l'IE, sur ses mécanismes et sur ce qui peut être fait pour l'améliorer, ce qui a eu une grande incidence sur le métier de formateur. En 1995, l'ouvrage de Daniel Goleman intitulé *L'intelligence émotionnelle* a popularisé le concept même de l'intelligence émotionnelle. Depuis, les formateurs ont adopté les concepts de l'IE et ont intégré ses techniques et outils dans leur travail.

En fait, l'intelligence émotionnelle nous intéresse tous car elle englobe des aptitudes que nous utilisons quotidiennement, des compétences qui déterminent à quel point nous nous connaissons nous-mêmes, comment nous composons avec les situations que nous vivons et comment nous nous comportons avec autrui. Et, que nous en soyons conscients ou non, ce sont ces aptitudes qui assurent notre succès.

Les études montrent qu'on n'obtiendra jamais de succès extraordinaires si notre niveau de compétence dans les domaines clés de l'IE n'est pas élevé. Le paysage

À LA UNE

Le 8 mars 2011

Le plafond de verre reste un frein pour les femmes cadres

AFP
L'EXPRESS.fr

Les femmes gagnent en moyenne 7000 euros par an de moins que les hommes

« La femme serait vraiment l'égale de l'homme le jour où, à un poste important, on désignerait une femme incompétente », déclarait Françoise Giroud en 1983. Trente ans plus tard, on est encore loin de l'égalité dont rêvait la journaliste.

Selon une étude de l'Association pour l'emploi des cadres (Apec), publiée ce mardi à l'occasion de la journée de la femme, les femmes cadres connaissent toujours des écarts de responsabilité et de rémunération importants avec les hommes et se heurtent à un « plafond de verre » à partir de 35 ans.

« Alors qu'avant 35 ans, elles occupent des postes proches en termes de responsabilité, elles sont moins nombreuses que les hommes, en proportion, à avoir ensuite la possibilité de s'élever dans la hiérarchie ou à prendre des postes d'envergure plus importante (ce phénomène est aussi appelé « le plafond de verre ») », note l'Apec dans cette étude, basée sur un questionnaire proposé à 12 739 cadres en février 2010. Mais c'est principalement après 40 ans que les inégalités quant aux responsabilités exercées se creusent, indique aussi l'Apec. Si la part des femmes parmi les cadres a progressé de 23 % il y a vingt ans à 34 % aujourd'hui,

seules 11 % d'entre elles occupent un poste à « forte responsabilité » (direction générale ou d'un département ou d'une entité) contre 23 % de leurs homologues masculins.

7000 euros par an de moins que les hommes

Les conséquences de ces écarts de carrière sont visibles sur les salaires. La rémunération annuelle brute médiane des femmes s'élève à 43 000 euros, soit 7000 euros de moins que les hommes. Et les différences s'accroissent avec l'âge, surtout après 40 ans. Les causes, quant à elles, tiennent en partie aux formations initiales avec une proportion deux fois plus élevée de cadres masculins que féminins diplômés d'écoles d'ingénieurs ou en informatique, des filières présentant des taux d'emploi nettement supérieurs aux diplômes d'universités. La proportion de femmes cadres dotées d'un diplôme de gestion, ressources humaines ou de sciences humaines, lettres ou droit, est, elle, deux à trois fois plus élevée que chez les hommes.

« Le niveau de responsabilité augmente chez les hommes en fonction du nombre d'enfants »

Mais deux facteurs jouent énormément contre la promotion des femmes cadres : « les interruptions de carrière et une pratique du temps partiel plus fréquentes » liées à la famille, même si elles « ont moins d'enfants que les hommes cadres et que les femmes en général ». Car, à l'inverse, « le niveau de responsabilité augmente chez les hommes en fonction du nombre d'enfants ». Les femmes sans enfant sont sur-représentées chez les cadres : 23 % des 45 ans ou plus alors que « dans la population française seule une femme sur dix n'a pas d'enfant ».

Source : AFP, « Le plafond de verre reste un frein pour les femmes cadres », *L'Express.fr*, 8 mars 2011, [En ligne], www.lexpress.fr/emploi-carriere/emploi/le-plafond-de-verre-reste-un-frein-pour-les-femmes-cadres_969752.html (Page consultée le 2 février 2012)
© Lexpress.fr/08.03.2011

professionnel est jonché de leaders en devenir, intelligents et dotés d'excellentes compétences techniques, mais qui ont échoué car ils ne se connaissaient pas, ne se maîtrisaient pas, n'avaient pas confiance en eux ou étaient incapables de comprendre les autres et d'établir des relations de confiance, des relations enrichissantes, productives et mutuellement avantageuses avec leur groupe[11].

Pour parfaire son intelligence émotionnelle, il faut :

- apprendre à se connaître soi-même en développant son bagage émotif et en reconnaissant ses tendances ;
- opter pour soi en appliquant la pensée conséquentielle, en pilotant ses émotions, en suscitant une motivation intrinsèque et en faisant preuve d'optimisme ;
- s'investir en développant son empathie et en poursuivant des buts nobles.

Une critique de l'approche axée sur les traits

Les recherches sur les traits particuliers des leaders se poursuivent. Toutefois, la plupart des études empiriques sur les liens entre les caractéristiques individuelles et l'efficacité du leader n'ont pas été concluantes. Bien que l'approche axée sur les traits n'attache aucune importance à l'environnement dans lequel agit le leader, certaines études ont permis de constater que des caractéristiques jugées importantes dans une situation donnée ne le sont pas nécessairement dans une autre.

Une étude[12] a montré qu'il y a un lien entre le rendement et l'intelligence du leader lorsque ce dernier entretient de bons rapports avec ses supérieurs. Si, au contraire, ces relations donnent lieu à beaucoup de tensions, l'expérience du leader devient un meilleur baromètre de son rendement que son intelligence.

Certes, les entreprises ne sont pas dirigées par des êtres tout-puissants qui ne se préoccupent que de rendement ; elles sont composées d'individus capables, de par leurs caractéristiques personnelles, d'influer sur les processus décisionnels[13]. Les études sur les traits laissent toutefois entrevoir que d'autres facteurs interviennent dans l'efficacité d'un leader. On peut ainsi se demander si les caractéristiques individuelles concourent à doter certains individus d'une prédisposition à exercer une influence motivante, indépendamment des situations, ou si les différences individuelles contribuent plutôt à créer des situations favorables à l'émergence d'une influence motivante.

C'est à partir de réflexions de cet ordre et des recherches sur les traits que la problématique s'est déplacée vers l'étude des comportements.

8.2.2 L'approche axée sur les comportements

Comme nous venons de le voir, les lacunes de l'approche axée sur les traits ont conduit les chercheurs à étudier le leadership en se concentrant plutôt sur les comportements.

Ainsi, selon cette approche, on considère qu'un leader efficace adopte un comportement qui incite les individus ou les groupes à prendre les moyens nécessaires pour atteindre les objectifs organisationnels et qui favorise une meilleure productivité et la satisfaction des employés.

Contrairement à l'approche axée sur les traits, celle-ci insiste sur l'efficacité du leader plutôt que sur les caractéristiques qui lui permettraient de se distinguer des autres. Étant donné que le leadership peut se manifester de différentes façons, suivant le style du leader, les chercheurs ont formulé plusieurs définitions. Deux d'entre elles ressortent particulièrement, soit celle du leadership orienté vers la tâche et celle du leadership orienté vers la personne. Pour étudier plus en détail chacun de ces styles de leadership, nous présentons une synthèse des principales recherches inspirées de l'approche comportementale du leadership.

Les objectifs initiaux des recherches sur les comportements étaient de faire ressortir les éléments qui influencent le comportement du leader et de déterminer les effets du style de leadership sur le rendement et la satisfaction au travail[14]. La question suivante était à la base de ces recherches : « Est-il possible de regrouper divers types de comportements afin d'en constituer des ensembles distincts ? » Les résultats ont démontré que c'était non seulement possible, mais que le comportement d'un leader est orienté soit vers la tâche, soit vers les personnes.

Le style de leadership orienté vers la tâche Les comportements liés à ce style de leadership visent en priorité l'accomplissement de la tâche. Par conséquent, le leader qui adopte ce style met l'accent sur la définition et la répartition des tâches, sur la mise sur pied d'un réseau de communication formel dans le groupe ainsi que sur l'organisation et la direction des activités du groupe. Le but premier de ce leader est d'atteindre les objectifs.

Le style de leadership orienté vers la personne Ce style se caractérise par des comportements qui tendent vers la création d'un climat de travail où priment la confiance, le respect mutuel, l'amitié et le soutien. Le leader qui privilégie ce style de leadership se soucie de la sécurité et du bien-être des employés. En effet, il favorise la création de saines relations interpersonnelles, il se soucie des besoins de ses employés et de leur satisfaction au travail et il prend le temps de les écouter. Par conséquent, ce style de leadership contribue à l'émergence de relations de travail fondées sur une confiance mutuelle, une bonne communication et le respect des idées des autres.

Selon les résultats, les comportements orientés vers la tâche et vers les personnes sont indépendants les uns des autres, ce qui implique qu'un leader peut obtenir simultanément un résultat élevé d'un côté et faible de l'autre. De plus, et c'est là l'intérêt de ce modèle, un leader peut adopter les deux styles en même temps, ce qui fait de lui, selon les tenants de cette approche, le leader idéal ou le plus efficace. Le tableau 8.1 donne des exemples des deux styles de leadership.

Tableau 8.1 Exemples de comportements orientés vers la tâche et vers la personne	
EXEMPLES DE COMPORTEMENTS ORIENTÉS VERS LA TÂCHE	**EXEMPLES DE COMPORTEMENTS ORIENTÉS VERS LA PERSONNE**
• Explique clairement aux employés les tâches à accomplir.	• Se montre cordial, amical et facile d'approche.
• Établit des échéances, des normes ou des délais de production.	• Tient compte des besoins des employés avant de prendre une décision.
• Informe les employés des échéances, des normes ou des délais de production à respecter.	• Établit des liens de confiance avec ses employés.
• Supervise étroitement les employés.	• Fait preuve d'une certaine flexibilité par rapport aux échéances, aux normes ou aux délais de production.
• Mesure le rendement des employés.	• S'intéresse au bien-être et à la satisfaction générale de ses employés.

La grille de gestion de Blake et Mouton

Blake et Mouton[15] ont enrichi l'approche axée sur les comportements en s'appuyant sur une logique bidimensionnelle.

Ces auteurs ont élaboré une grille comprenant cinq repères types de leadership, et ce, afin de déterminer les comportements d'un leader capable d'atteindre les buts organisationnels (*voir la figure 8.2, page suivante*).

La grille de Blake et Mouton permet de situer le comportement des leaders sur deux axes perpendiculaires, où l'axe horizontal représente l'intérêt du leader pour la production (la tâche) et l'axe vertical, son intérêt pour les relations humaines (la personne).

Chaque axe est divisé en neuf degrés : le premier (1) correspond au faible intérêt et le dernier (9) à un intérêt très élevé. On détermine le style de leadership en combinant le résultat de l'abscisse — intérêt pour la production — et celui de l'ordonnée — intérêt pour les relations humaines. Le leader idéal adopterait le style 9-9 et le moins efficace, le style 1-1. À partir de leur grille, Blake et Mouton ont défini cinq grands styles de gestion qui sont présentés ci-après.

La gestion autocratique (9-1) Il s'agit d'une **gestion centrée sur la tâche** qui découle d'un intérêt maximal pour la production (9) et d'un intérêt minimal pour l'individu (1). Ce genre de leader prend tous les moyens pour que les employés atteignent les objectifs organisationnels, mais il ne se soucie pas de leurs besoins, de leurs idées, de leurs attitudes ou de leurs sentiments. Sa préoccupation première est le maintien d'un rendement satisfaisant ; il pourra même prendre des mesures coercitives pour arriver à ses fins.

gestion centrée sur la tâche
Type de gestion où le leader privilégie la production à l'individu.

La gestion paternaliste (1-9) Le leader qui adopte ce style de gestion démontre un intérêt minimal pour la production (1) et un intérêt maximal pour l'individu (9). Il consacre toute son énergie au maintien de relations saines

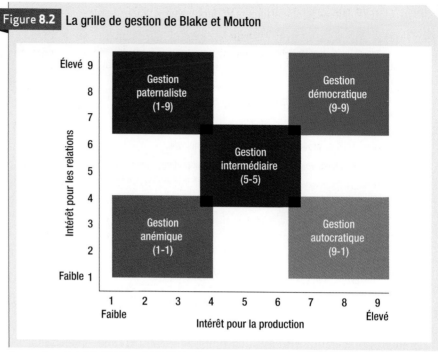

Figure 8.2 La grille de gestion de Blake et Mouton

Source : Adapté de R.R. BLAKE et J. MOUTON, *The Managerial Grid*, Houston, TX, Gulf Publishing, 1964.

et satisfaisantes avec et entre ses subordonnés. Il relègue donc la productivité au second plan, ce qui lui permet d'éviter toutes situations conflictuelles.

La gestion anémique (1-1) Un leader formel qui exerce une gestion de type anémique démontre peu d'intérêt pour la production et pour les personnes. Ce type de leader évite donc d'établir des relations avec ses subordonnés et prend peu de décisions. Pour pallier les faiblesses liées à cette situation dans l'entreprise, il y a souvent émergence de leaders informels.

La gestion démocratique (9-9) Ce type de gestion par objectifs est probablement celui qui correspond le mieux à la conception idéale du leadership. En effet, le leader qui le préconise démontre un intérêt maximal pour les deux dimensions : il fixe des objectifs de production et manifeste sa confiance aux employés. Il amène ceux-ci à se valoriser en fonction de l'effort qu'ils ont fourni pour atteindre leurs objectifs. Il cherche à maximiser la créativité, la satisfaction, la productivité et l'efficacité.

La gestion de type intermédiaire (5-5) Le leader de type intermédiaire adopte une attitude de compromis en démontrant un intérêt moyen pour la production (5) et un intérêt moyen pour l'individu (5). Il fixe des objectifs nécessitant peu d'efforts et exige un travail de niveau acceptable. Ne recherchant pas l'excellence, il accorde une reconnaissance raisonnable à un effort raisonnable.

Une critique de l'approche axée sur les comportements

Bien qu'elle soit intéressante, la grille de gestion de Blake et Mouton souffre de certaines faiblesses importantes. Entre autres choses, elle ne tient pas suffisamment compte des impératifs situationnels, c'est-à-dire des caractéristiques des subordonnés, de la structure organisationnelle, de la dynamique de groupe, de l'environnement physique et du contexte économique.

S'opposant à la primauté des comportements des leaders, d'autres chercheurs [16] ont montré qu'il n'existe pas de style de leadership plus efficace qu'un autre et que tout dépend des situations. Diverses variables doivent par conséquent être prises en considération : les antécédents, les caractéristiques et le statut des employés, le rôle du groupe au sein de l'entreprise, la cohésion interne du groupe et les contraintes auxquelles il est soumis, la structure formelle de l'organisation, les particularités de la tâche, etc. L'approche axée sur les comportements omet de tenir compte du contexte dans lequel s'inscrivent les relations entre le leader et ses subordonnés. En définitive, il est impossible, à partir des résultats obtenus, de déterminer un seul et unique type de leadership efficace dans toutes les situations.

gestion participative
Mode de gestion qui permet aux travailleurs d'exercer une influence sur le fonctionnement de l'entreprise à l'intérieur d'une dynamique à trois associant le patron, les salariés et le syndicat.

PERSPECTIVE INTERNATIONALE

Le conditionnement culturel

Certains chercheurs affirment que les théories du leadership présentées dans ce chapitre s'appliquent à d'autres pays, comme la République populaire de Chine [17] et la Yougoslavie [18], mais la plupart des gestionnaires croient qu'ils doivent adapter leur style de leadership à la culture de leurs employés, autrement dit, que leur style est conditionnel à une culture. Même si les travaux innovateurs menés au début des années 1960 révélaient plus de similarités que de différences chez les 14 pays étudiés, il n'en demeure pas moins que ces mêmes pays se distinguaient davantage par leurs particularités ethniques que par celles de leurs industries. Presque 20 ans plus tard, Hofstede (1980) avançait que les stratégies de **gestion participative** préconisées par les théoriciens et les gestionnaires américains, théorie Y et modèle de gestion 9-9 compris, ne convenaient pas à toutes les cultures. En effet, les employés appartenant à une culture axée sur l'autorité s'attendent à ce que les gestionnaires exercent leur autorité et ne sont pas à l'aise lorsqu'on leur demande de prendre leurs propres décisions. Dans certaines cultures, les gestionnaires sont censés être des experts agissant de façon décisive et autoritaire et dans d'autres, ils résolvent les problèmes de façon participative. Même dans les pays où la gestion participative est généralement admise, comme aux États-Unis, en Angleterre et en Suède, les organismes doivent adapter le type de gestion à la culture locale [19]. Bien que les conclusions des recherches varient en fonction de la conformité du style de leadership privilégié aux modèles américains (voir les descriptions de postes de gestionnaires en Israël, dans les pays d'Europe, en Inde et en Allemagne [20]), il est évident aujourd'hui que les gestionnaires doivent faire preuve d'assez de souplesse pour adapter leurs méthodes de gestion lorsqu'ils sont à l'étranger.

Source : Traduit et adapté de N.J. ADLER, *International dimensions of organizational behavior*, Cincinnati, OH, South-Western, 2002.

8.2.3 L'approche axée sur la situation

Les tenants de l'approche axée sur la situation se préoccupent des variables situationnelles susceptibles d'influer sur l'efficacité d'un leader[21]. Ils tiennent également compte des traits et comportements du leader. En ce sens, cette approche constitue une synthèse des diverses approches du leadership selon laquelle les variables situationnelles suivantes influent sur l'efficacité d'un leader :

- *les caractéristiques personnelles du leader* : sa personnalité, ses besoins, ses motivations et ses expériences passées ;
- *les caractéristiques des subordonnés* : leur personnalité, leurs besoins, leurs motivations et leurs expériences passées ;
- *les caractéristiques du groupe* : son stade de développement, sa structure, la nature de sa tâche ainsi que les normes formelles et informelles qu'il s'est données ;
- *les caractéristiques de la structure organisationnelle* : les sources de **pouvoir du leader**, les règles et les procédures établies par l'organisation, le professionnalisme des employés et le temps alloué pour effectuer une tâche ou prendre une décision.

La figure 8.3 illustre les liens entre ces variables.

L'approche axée sur la situation est à l'origine de divers modèles de leadership, présentés dans les pages suivantes.

Le modèle du cheminement critique développé par House

Le **modèle du cheminement critique de House** stipule que le style de leadership varie selon les situations. Toutefois, House s'efforce de circonscrire les variables situationnelles qui inciteraient les leaders à choisir un style de leadership plutôt qu'un autre. Ces variables sont présentées plus loin.

House part du principe qu'un leader est efficace dans la mesure où il amène les employés à travailler dans le respect des objectifs organisationnels et où

pouvoir du leader

Pouvoir qui renvoie au degré d'autorité que possède le leader. Le pouvoir peut être élevé ou faible selon le degré d'influence du leader sur l'embauche, les congédiements, la discipline, les promotions, les augmentations salariales, etc.

modèle du cheminement critique de House

Modèle qui se fonde sur la théorie de l'expectative et qui vise à circonscrire des variables situationnelles qui inciteraient les leaders à choisir un style de leadership plutôt qu'un autre.

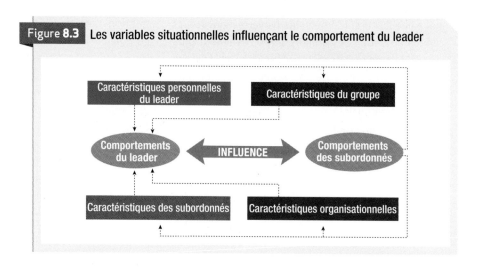

Figure 8.3 Les variables situationnelles influençant le comportement du leader

il leur procure un sentiment de satisfaction immédiat — climat de travail plaisant — et à venir — possibilités d'avancement et d'accomplissement professionnel[22]. Toujours selon House, le leader doit savoir influencer l'employé afin qu'il soit en mesure de lier la satisfaction de ses besoins et l'atteinte des objectifs organisationnels. Le modèle de House prend ainsi son fondement dans la théorie des attentes (*voir le chapitre 3, p. 88*). De plus, le leader doit aider l'employé à établir ce lien en lui précisant les comportements les plus susceptibles de lui apporter les récompenses désirées[23]. C'est de cette fonction de «guide» que le modèle de House tire son nom, soit le «cheminement critique» (*path-goal*).

Le modèle de House reconnaît quatre styles de leadership (*voir la figure 8.4*):

1. *Le **leadership directif***. Le leader directif consacre son énergie à planifier, à organiser, à coordonner et à évaluer le travail. Ce type de comportement correspond à la **dimension structurelle** définie par des chercheurs de l'Université de l'Ohio.

2. *Le **leadership de soutien***. Le leader de soutien a à cœur d'établir des relations interpersonnelles harmonieuses et de créer un climat de travail agréable et amical. Ce type de comportement est identique à celui de la considération, telle que définie par des chercheurs de l'Université de l'Ohio.

3. *Le **leadership participatif***. Le leader participatif favorise la participation des employés et se fait un point d'honneur de les consulter et d'échanger des renseignements avec eux dans le but de faciliter l'atteinte des objectifs organisationnels.

4. *Le **leadership orienté vers les objectifs***. Le leader orienté vers les objectifs encourage ses subordonnés à fournir un rendement très élevé afin d'atteindre des objectifs au départ ambitieux, mais vraisemblables.

leadership directif
Style du leader qui s'investit dans la planification, l'organisation, la coordination et l'évaluation du travail à effectuer.

dimension structurelle
Dimension regroupant les comportements visant l'accomplissement de la tâche. Par conséquent, le leader qui favorise cette dimension met l'accent sur la définition et la répartition des tâches à accomplir, sur la mise sur pied d'un réseau de communication formel dans le groupe ainsi que sur l'organisation et la direction des activités du groupe.

leadership de soutien
Style du leader qui préconise les relations interpersonnelles harmonieuses et un climat de travail agréable et amical.

leadership participatif
Style de leadership d'un supérieur qui souhaite que ses subordonnés participent à la prise de décision.

leadership orienté vers les objectifs
Style du leader qui encourage un niveau de rendement très élevé afin de soumettre ses subordonnés à des objectifs difficiles mais réalistes.

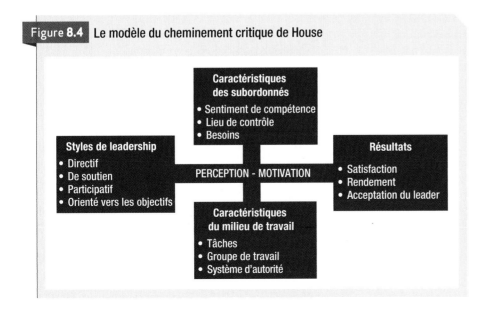

Figure 8.4 Le modèle du cheminement critique de House

Le modèle du cheminement critique stipule que, pour savoir quel style de leadership saura le mieux maximiser le rendement et la satisfaction des employés et renforcer le comportement du leader, il faut, selon House, examiner des variables situationnelles de deux ordres : les caractéristiques propres aux subordonnés et les caractéristiques propres au milieu de travail.

Les *caractéristiques des subordonnés* sont définies comme étant les facteurs qui influencent leur comportement ; House en a relevé trois. Le premier est le sentiment de compétence, lié à la perception qu'a l'employé de ses compétences et de ses aptitudes à remplir une tâche. Il convient de croire que plus le sentiment de compétence est fort chez un subordonné, plus un leadership orienté vers les objectifs sera approprié, alors qu'à l'inverse, si le subordonné a un faible sentiment de compétence et une faible confiance en ses aptitudes, le style de leadership devra être plus directif.

Le deuxième facteur a trait au lieu de contrôle. Il est lié à la perception qu'a un individu du contrôle qu'il exerce sur une situation. Essentiellement, il s'agit de déterminer jusqu'à quel point un employé croit que c'est lui et non le hasard qui influe sur le cours des événements. En conséquence, si l'employé sent qu'il a le contrôle, un style de leadership participatif a plus de chances d'être efficace.

Le troisième facteur concerne les besoins des subordonnés. Ce sont les besoins d'accomplissement, d'affiliation, de domination ou de soumission qui déterminent le besoin d'encadrement d'un employé. Le style de leadership adopté par un superviseur dépend donc fortement des caractéristiques de ses subalternes.

Les *caractéristiques propres au milieu de travail* sont liées à des facteurs organisationnels tels que les tâches, le groupe de travail et le système d'autorité officiel. Au chapitre des tâches des subordonnés, on considérera la complexité et l'ambiguïté du travail à accomplir. Par exemple, une tâche répétitive incitera les employés à souhaiter un style de leadership de soutien. Le groupe de travail influe aussi sur le choix d'un style de leadership. En effet, il semble qu'un leadership directif soit approprié lorsque les employés connaissent peu les compétences de leurs collègues. Par contre, lorsque le groupe est plus uni et fonctionnel, le leader doit modifier son leadership en tenant compte de la capacité d'autorégulation du groupe ainsi que du système de gratification et de reconnaissance des collègues. Le système d'autorité officiel, quant à lui, se rapporte aux règles et aux normes établies par l'organisation et aux politiques qui régissent le travail des employés.

Le modèle de House dépeint un leader qui adapte son style de leadership à la situation dans laquelle il évolue. Quant à savoir si c'est le leader qui s'adapte au comportement des subordonnés ou si, au contraire, ce sont les subordonnés qui adaptent leur comportement au style de leadership du leader, la réponse n'est pas claire[24].

Le modèle de House est un des plus flexibles de l'approche axée sur la situation. En fait, d'autres variables situationnelles ont été étudiées à partir du modèle de House et il est toujours possible d'en introduire d'autres[25]. Par contre, compte tenu de sa complexité, la mise à l'épreuve de cette théorie n'a pas été très facile[26]. Une analyse des résultats suggère un accueil mitigé. Mais la mise à l'épreuve de cette théorie est si complexe qu'elle risque de le demeurer longtemps.

Le modèle de Hersey et Blanchard

Les travaux de Hersey et Blanchard[27] leur ont permis d'intégrer à l'approche situationnelle deux nouveaux éléments, soit la maturité des subordonnés et les effets de celle-ci sur le style adopté par le leader.

Les auteurs définissent la maturité comme étant la capacité de se fixer des buts élevés, mais réalistes, combinée à la volonté d'assumer des responsabilités et d'acquérir de la formation et de l'expérience. La maturité des subalternes peut être vue sous deux aspects : la maturité face au travail et la maturité psychologique.

La **maturité face au travail** est fonction de la pertinence de l'expérience et des connaissances d'un individu au regard du travail à effectuer. La **maturité psychologique**, quant à elle, correspond à la capacité et à la volonté d'un individu de bien accomplir son travail.

maturité face au travail
Maturité d'un individu qui se définit en fonction de son niveau d'expérience et de ses connaissances.

maturité psychologique
Maturité d'un individu qui se définit en fonction de sa capacité et de sa volonté de bien travailler.

À l'aide d'un questionnaire, Hersey et Blanchard ont élaboré un modèle qui permet d'évaluer la maturité des employés sur quatre niveaux (*voir le tableau 8.2*).

En outre, les auteurs ont établi des liens entre les types de comportements, soit ceux qui sont orientés vers la tâche et ceux qui sont orientés vers les relations, et les quatre niveaux de maturité. Ainsi, le leader choisit son style de leadership en fonction du degré de maturité des employés qu'il a à superviser (*voir la figure 8.5, page suivante*).

Lorsque le niveau de maturité d'un employé est faible (catégorie M1), le leader adopte un style qui met l'accent sur l'accomplissement de la tâche. Lorsque le niveau de maturité est plus élevé (M2, M3), le leader insiste plutôt sur l'aspect relationnel. Enfin, lorsque les subordonnés présentent un niveau de maturité élevé (M4), le leader privilégie un style qui leur laisse plus de liberté d'action et qui favorise l'attribution de responsabilités.

Tableau 8.2 Les quatre niveaux de maturité du modèle de Hersey et Blanchard

NIVEAU DE MATURITÉ	DESCRIPTION
M1 – Maturité faible	Les employés ont peu de connaissances liées à leur travail et ils se montrent peu disposés à l'accomplir.
M2 – Maturité faible à moyenne	Malgré leur manque de connaissances, les employés se montrent bien disposés à accomplir leur travail.
M3 – Maturité moyenne	Même s'ils ont les connaissances requises, les employés sont peu disposés à accomplir le travail qui leur est demandé.
M4 – Maturité élevée	En plus de bien connaître les exigences du travail, les employés se montrent enthousiastes.

Figure 8.5 Le style de leadership en fonction du niveau de maturité, selon le modèle de Hersey et Blanchard

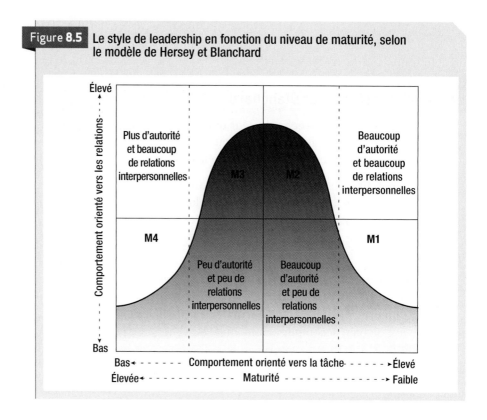

Bref, selon Hersey et Blanchard, il n'y a pas de style idéal. L'efficacité du leader dépend de son adaptabilité aux diverses situations. C'est aussi ce que soutiennent Tannenbaum et Schmidt [28] :

> Le gestionnaire efficace ne peut être catégorisé ni comme un leader autoritaire, ni comme un leader permissif. Il s'agit plutôt de quelqu'un qui maintient une bonne moyenne au bâton quand il s'agit de déterminer le comportement à adopter, et qui est capable de s'y conformer.

Après avoir juxtaposé les niveaux de maturité aux comportements orientés vers la tâche ou vers les relations, Hersey et Blanchard établissent quatre styles particuliers de leadership :

1. *Le leadership autocratique.* Le leader adopte une attitude autocratique lorsque les employés connaissent mal leur tâche et qu'ils semblent peu disposés à l'effectuer (M1). Le leader doit donc leur donner des directives précises.

2. *Le leadership de motivation.* Le superviseur qui adopte un **leadership de motivation** tente d'établir des relations harmonieuses avec et entre les membres du groupe et fournit le soutien professionnel à ceux qui connaissent mal les exigences de leur travail, mais qui sont très motivés (M2).

3. *Le leadership de participation.* En adoptant le style de **leadership de participation**, le superviseur favorise l'implication des employés à la prise de décision dans le but de les motiver à accomplir un travail pour lequel ils ont les connaissances (M3).

leadership de motivation
Style de leadership dont l'objectif est de conserver des relations harmonieuses avec et entre les membres du groupe et de soutenir professionnellement ceux qui, bien que ne connaissant pas les exigences de leur travail, veulent vraiment bien le faire.

leadership de participation
Style de leadership adopté par le supérieur qui implique ses employés dans la prise de décision, qui les consulte et échange des renseignements avec eux, afin de les encourager à exploiter leurs compétences au maximum.

4. *Le leadership de délégation*. Le superviseur pratique un **leadership de délégation** lorsque les employés connaissent leur travail et qu'ils s'y appliquent avec attention.

En somme, en plus de croiser les comportements orientés vers la tâche ou vers les relations et les niveaux de maturité des subordonnés, le modèle de Hersey et Blanchard a ceci d'original qu'il place la maturité dans un contexte dynamique d'évolution. En effet, le style de leadership doit s'adapter à l'état des subordonnés au fur et à mesure qu'ils gagnent en maturité et ainsi contribuer à leur épanouissement psychologique.

Le modèle de contingence de Fiedler

En raison de sa grande simplicité, le modèle le plus couramment utilisé pour évaluer le style de leadership adéquat dans une situation donnée est celui de Fiedler[29] qui avance qu'un leader efficace est capable de modifier les facteurs situationnels. Selon lui, il serait possible de former un leader pour qu'il apprenne à agir sur les variables situationnelles, de manière à transformer une situation. Fiedler s'oppose donc à l'idée que l'efficacité d'un leader dépend de sa capacité d'adaptation à toutes les situations.

Dans son modèle, Fiedler soutient que l'efficacité d'un groupe dépend de l'adéquation entre le style de leadership exercé par le leader et les variables situationnelles. Les trois principales variables situationnelles de son modèle sont :

1. *Les relations entre le leader et les membres*. Cette première variable correspond à l'acceptation du leader par le groupe. Fiedler l'associe à l'atmosphère, bonne ou mauvaise, qui règne au sein du groupe ou encore au degré de confiance et de respect que les employés accordent à leur leader.
2. *La **structure de la tâche***. Cette variable se rapporte à la clarté et à la précision de la tâche ainsi qu'aux moyens de l'accomplir. La tâche peut être structurée ou non structurée, définie avec rigidité ou avec souplesse.
3. *Le pouvoir du leader*. Cette variable a trait au pouvoir, élevé ou faible, que détient le leader, selon l'influence qu'il peut exercer sur l'embauche, les congédiements, la discipline, les promotions, les augmentations salariales, etc.

Ces trois variables situationnelles déterminent jusqu'à quel point une situation donnée est favorable ou défavorable à l'exercice du leadership. La figure 8.6 (*page suivante*) présente huit situations possibles, de la plus favorable à la plus défavorable selon les variables situationnelles.

Il convient maintenant d'établir un lien entre chacune de ces situations et le style de leadership à adopter. Pour apprécier le leadership d'un individu, Fiedler propose la variable LPC (*least preferred co-worker*). En se basant sur 18 critères d'évaluation, le leader décrit le collègue actuel ou ex-collègue qu'il apprécie le moins. Au moyen d'une échelle de 8 degrés, il évalue donc ce collègue, avec qui il lui a été le plus difficile de travailler. La figure 8.7 (*page suivante*) présente quelques critères d'évaluation.

---

leadership de délégation
Style de leadership pratiqué lorsque les employés connaissent le travail à effectuer et s'y appliquent avec attention, et qui consiste à leur confier certaines responsabilités et à leur laisser une grande autonomie.

structure de la tâche
Façon dont une tâche est organisée. Elle doit être claire et précise et comprendre les moyens de l'accomplir.

Figure 8.6 Le modèle de leadership de Fiedler

Atmosphère	Bonne				Mauvaise			
Structure de la tâche	Structurée		Non structurée		Structurée		Non structurée	
Pouvoir du leader	Élevé	Faible	Élevé	Faible	Élevé	Faible	Élevé	Faible
Situation	1	2	3	4	5	6	7	8

Favorable .... Défavorable

Plus le résultat est élevé, plus le collègue le moins aimé est décrit favorablement. D'après Fiedler, un résultat élevé témoigne d'un style de leadership centré sur les relations, donc démocratique, car, bien qu'il s'agisse d'un collègue avec qui il lui était difficile de travailler, le leader lui reconnaît quand même des aspects positifs. À l'inverse, plus le résultat est faible, plus ce collègue est décrit défavorablement. Fiedler considère qu'un résultat faible témoigne d'un style de leadership centré sur la tâche, donc autoritaire. Évidemment, un résultat moyen est aussi possible, mais il est plus difficile à interpréter que les autres, car il n'a pas fait l'objet de la même attention que ses contreparties faible et élevée.

En résumé, le modèle de Fiedler comprend quatre variables situationnelles : le style de leadership (autoritaire ou démocratique), l'atmosphère dans le groupe (bonne ou mauvaise), la structure de la tâche (structurée ou non structurée) et le pouvoir du leader (élevé ou faible). Grâce à ses recherches, Fiedler a également pu déterminer les styles de leadership les plus efficaces en fonction de ces variables. Le tableau 8.3 présente les combinaisons style-climat-pouvoir idéales.

Comme on le constate à la figure 8.6 et au tableau 8.3, le style autoritaire ou autocratique est efficace lorsque la situation est favorable au leader (situations 1, 2, 3) ou lorsqu'elle lui est défavorable (situation 8). Au contraire, le style

Figure 8.7 Exemple de critères d'évaluation du collègue le moins apprécié

Plaisant	8	7	6	5	4	3	2	1	Déplaisant
Coopératif	8	7	6	5	4	3	2	1	Non coopératif
Distant	1	2	3	4	5	6	7	8	Accessible
Froid	1	2	3	4	5	6	7	8	Chaleureux

Tableau 8.3 Le style de leadership correspondant à certaines situations

SITUATION	ATMOSPHÈRE	STRUCTURE DE LA TÂCHE	POUVOIR DU LEADER	STYLE EFFICACE
1	Bonne	Structurée	Élevé	Autoritaire
2	Bonne	Structurée	Faible	Autoritaire
3	Bonne	Non structurée	Élevé	Autoritaire
4	Bonne	Non structurée	Faible	Démocratique
5	Mauvaise	Structurée	Élevé	Démocratique
6	Mauvaise	Structurée	Faible	Inconnu
7	Mauvaise	Non structurée	Élevé	Inconnu
8	Mauvaise	Non structurée	Faible	Autoritaire

démocratique est efficace lorsque la situation est plus ou moins favorable au leader (situations 4 et 5). Aucune donnée empirique ne permet de tirer de conclusion aux situations 6 et 7.

En somme, le **modèle de contingence de Fiedler** a le mérite d'avoir considérablement contribué à rendre opérationnel le concept de leadership en le soumettant à une vérification empirique. De plus, contrairement aux autres modèles croisant les facteurs situationnels et les styles de leadership, le modèle de Fiedler laisse entendre qu'une des qualités importantes d'un leader est sa capacité à modifier son environnement. Donc, il ne s'agit plus de s'adapter à des situations particulières, mais plutôt de façonner l'environnement et de l'adapter à son propre style.

modèle de contingence de Fiedler
Modèle selon lequel un leader efficace est capable de modifier les facteurs situationnels en fonction de son propre style de leadership.

8.3 UNE VISION CONTEMPORAINE DU LEADERSHIP

Les notions et les théories qui viennent d'être présentées peuvent faire la synthèse de la conception classique du leadership. Bien qu'ils soient toujours valides et utiles, ces modèles ne tiennent naturellement pas compte des apports de la recherche et des études récentes. En effet, des recherches contemporaines sont venues enrichir la vision traditionnelle du leadership en la rapprochant des réalités organisationnelles d'aujourd'hui. À cet égard, six approches supplémentaires méritent d'être examinées : les substituts du leadership, le leadership transformationnel, le leadership authentique, la théorie des échanges dirigeants-dirigés (théorie LMX), le leadership charismatique et l'autodétermination.

8.3.1 Les substituts du leadership

En milieu de travail, les subordonnés dépendent du leader : ils sont dirigés, soutenus, influencés ou récompensés par lui. Cette dépendance peut toutefois être amenuisée lorsque des **substituts du leadership** interviennent et modifient l'influence du leader. Ces substituts prennent différentes formes

substitut du leadership
Facteur ou personne qui s'interpose entre les subordonnés et le leader et qui modifie l'influence de ce dernier.

(*voir le tableau 8.4*) et neutralisent, amplifient ou remplacent le pouvoir du leader d'influencer ses subordonnés, leur satisfaction et leur rendement.

Certaines études[30] démontrent qu'il existe un lien, parfois ténu, entre les substituts et l'influence que pourront exercer les leaders de l'organisation. Par exemple, le professionnalisme amplifie la relation positive entre le leadership et l'intérêt des travailleurs pour leur travail, alors que la cohésion du groupe la neutralise. De même, plus les travailleurs sont expérimentés, plus ils ont reçu de formation et plus ils possèdent de connaissances, plus la présence du leader est jugée inutile. Un autre exemple : un psychologue qui offre des services de consultation et d'orientation professionnelle aux étudiants d'une université peut demeurer insensible aux tentatives de son supérieur de l'influencer, en partie parce qu'il est très intéressé par la nature même de son travail, en partie parce qu'il relègue au second rang les préoccupations relatives à la promotion. On peut donc constater que, pour certains substituts, les tentatives d'influencer le leader sont inutiles.

Il est donc possible que les caractéristiques des subordonnés, de la tâche ou de l'entreprise agissent comme substituts du leadership et modifient l'influence du leader. Une tâche intéressante peut réduire le besoin de considération des employés, tout comme un travail structuré peut rendre inutile l'exercice d'un leadership centré sur la tâche. Par conséquent, un leader qui désire conserver son influence doit tenir compte de ces substituts et s'assurer de soutenir les employés là où aucun substitut ne peut le faire.

Tableau 8.4 Éléments pouvant agir comme substituts du leadership

TYPES DE SUBSTITUTS	ÉLÉMENTS
Caractéristiques des subalternes	• Aptitudes, expérience, formation et connaissances • Orientation professionnelle • Indifférence aux récompenses • Besoin d'indépendance
Caractéristiques de la tâche	• Tâches routinières, claires et méthodiques • Rétroaction instantanée (intégrée à la tâche) • Tâches intrinsèquement satisfaisantes
Caractéristiques organisationnelles	• Normes et objectifs formels • Règles et normes inflexibles • Soutien et conseils donnés par le personnel • Cohésion du groupe • Récompenses hors du contrôle du leader • Distance spatiale entre les supérieurs et les employés

8.3.2 Le leadership transformationnel

Traditionnellement, le leadership est perçu comme une transaction, un échange entre le leader et ses subordonnés. C'est pourquoi on l'a appelé **leadership transactionnel**[31]. Ce type de leadership est ancré dans la dynamique des récompenses et des punitions. Ainsi, le leader a le pouvoir de récompenser par des félicitations et par l'octroi d'augmentations salariales et de primes, ou de punir par des réprimandes ou par l'application de mesures disciplinaires.

leadership transactionnel
Capacité d'influencer d'autres personnes en vue d'atteindre les objectifs organisationnels.

Cette approche traditionnelle du leadership étant insatisfaisante, une vision transformationnelle du leadership a été développée. Le leadership transformationnel élargit et élève les intérêts des travailleurs en leur faisant prendre conscience des objectifs et de la mission de l'organisation, les incitant ainsi à regarder au-delà de leurs propres intérêts, et ce, pour le bien-être de leur groupe[32]. Le tableau 8.5 permet de comparer les comportements qu'adoptent habituellement un leader transactionnel et un leader transformationnel.

Le leadership transformationnel comprend essentiellement quatre dimensions :

1. *Le charisme.* Le leader charismatique (qui détient un pouvoir de référence) définit la vision de l'organisation et les employés s'identifient à lui.

2. *L'inspiration.* Le leader est également une source d'inspiration. Il incite les employés à se dépasser et à se consacrer à la réussite de l'organisation.

3. *La considération.* Cette dimension prend sa source dans la consultation du groupe lors de la prise de décision. Le leader est conscient des différences individuelles des employés ; il agit comme mentor auprès de ceux qui ont besoin d'aide pour se développer.

4. *La stimulation.* Le leader doit adopter des comportements conformes à sa vision, ce que la littérature appelle *walk-the-talk*. Il doit montrer aux employés de nouvelles manières d'envisager et de résoudre les problèmes auxquels ils font face. Il pourra aussi les amener à modifier leurs croyances et leurs valeurs.

 www.cheneliere.ca/dolan

Le leadership transformationnel n'est pas vraiment un nouveau type de leadership, mais plutôt un type traditionnel dont les paramètres ont été

Tableau 8.5 Les comportements transactionnels et transformationnels du leader

COMPORTEMENTS DU LEADER TRANSACTIONNEL	COMPORTEMENTS DU LEADER TRANSFORMATIONNEL
• S'assure que les choses sont bien faites.	• Explique pourquoi les choses doivent se faire.
• Met en place les stratégies.	• Élabore une vision et conçoit une mission.
• Introduit des plans promotionnels.	• Inculque des valeurs.
• Gère les ressources disponibles.	• Développe de nouvelles ressources.
• Contrôle les coûts.	• Crée des valeurs.
• Maintient le *statu quo*.	• Innove, développe une vision de changement.
• Gère les systèmes, les structure et les contrôle.	• Gère les processus, les personnes et leur fait confiance.
• Pense à court terme.	• Pense à long terme.
• Veille au respect des valeurs.	• Amène les gens à assimiler la vision et les nouvelles valeurs.
• Contrôle les comportements dysfonctionnels.	• Canalise l'énergie des gens.
• Organise.	• Réorganise.
• Croit au système.	• Remet en question le système.
• Oriente les gens vers les tâches.	• Mobilise les gens autour d'idées.
• Évite le chaos à tout prix.	• Découvre le chaos créatif.

modifiés. Les leaderships transactionnel et transformationnel ne sont pas foncièrement opposés. Ainsi, un leader de type transformationnel peut emprunter des attitudes liées au rôle transactionnel, mais il y ajoutera certains éléments qui lui sont propres. De plus, certaines situations appellent naturellement un type donné de leadership. Ainsi, dans un environnement organisationnel stable, le leadership transactionnel demeure efficace. Cependant, lorsque l'organisation doit composer avec un environnement turbulent, elle a besoin de leadership transformationnel.

Certes, le leadership transformationnel n'est pas le remède à tous les maux de l'organisation. Il représente cependant une option intéressante pour faire face aux problèmes organisationnels contemporains.

Plus d'études sur le leadership transformationnel ont été publiées ces 20 dernières années que sur toutes les autres théories populaires du leadership. L'examen de toutes ces études révèle que le leadership transformationnel est largement associé à la motivation et à la satisfaction du suiveur (satisfaction vis-à-vis du leader et satisfaction au travail), à la performance et à l'efficacité du leader, et à la performance individuelle, collective et organisationnelle.

Les comparaisons entre le leadership transformationnel et les comportements associés à une récompense contingente permettent de constater que le leadership transformationnel est davantage lié à la satisfaction du suiveur vis-à-vis du leader et à l'efficacité de ce dernier, alors que la récompense contingente est davantage associée à la satisfaction du suiveur au travail et à la performance au travail du leader. Le leadership transformationnel est cependant tout particulièrement efficace pour rallier les employés à une démarche de changement[33].

8.3.3 Le leadership authentique

Les leaders agissent-ils toujours conformément à leurs véritables valeurs et convictions personnelles? En fait, c'est en analysant leurs paroles et leurs gestes qu'on constate que certains leaders sont plus authentiques que d'autres.

Le leadership authentique est une forme positive de leadership qui consiste à être fidèle à soi-même. Les leaders authentiques connaissent leurs véritables valeurs, convictions et forces, ils les font ressortir dans leurs actions et encouragent les gens à les imiter. Leur conduite et leur comportement sont guidés par leurs valeurs personnelles. Autrement dit, il y a conformité entre leurs valeurs, leurs convictions et leurs actions.

De ce fait, le leadership authentique comprend un élément éthique, mais il n'est pas suffisant. Le leadership authentique est composé de quatre dimensions reliées mais distinctes[34] :

1. *La connaissance de soi.* Connaître et comprendre ses points forts et ses points faibles et être sensible à l'influence exercée sur les autres. Les leaders authentiques se découvrent par l'interaction avec autrui.

2. *La transparence relationnelle.* Présenter son moi véritable ou authentique aux gens, échanger l'information et exprimer ses véritables pensées et sentiments.

3. *La procédure réfléchie.* Analyser objectivement les données pertinentes avant de prendre une décision et examiner les points de vue qui divergent de sa propre position.

4. *La conscience morale.* Définir les normes et les valeurs personnelles qui guident le comportement et la prise de décisions. Les leaders authentiques se conduisent conformément à leurs propres normes et valeurs.

Bien que la recherche sur le leadership authentique n'en soit qu'à ses débuts, il est reconnu que les suiveurs de leaders authentiques constatent chez eux un civisme organisationnel supérieur, un engagement organisationnel, une satisfaction au travail et une satisfaction à l'égard de leurs supérieurs et rapportent une performance au travail plus élevée. Le leader authentique cultive la confiance et le respect envers les leaders organisationnels.

8.3.4 La théorie des échanges dirigeants-dirigés (théorie LMX)

La **théorie des échanges dirigeants-dirigés (théorie LMX)** traite de la qualité des relations qui se développent entre un chef et un employé[35]. Contrairement à d'autres théories du leadership qui se concentrent sur la situation ou les caractéristiques du chef, la théorie LMX s'intéresse particulièrement aux rapports entre le dirigeant et le dirigé et part du principe que les relations entre ces deux personnes varient en qualité. Des relations de grande qualité entre le chef et l'employé supposent un niveau élevé d'influence, d'obligation, de confiance, de loyauté et de respect. Des relations de faible qualité se caractérisent par un manque de confiance, de respect, d'obligation et de soutien mutuels[36].

Des études ont révélé que la qualité des échanges dirigeants-dirigés est liée au rendement de l'employé, au degré de satisfaction globale quant au travail réalisé et à la supervision, à l'engagement, au conflit de rôles, à la clarté des rôles et aux intentions en matière de roulement du personnel. Des relations de travail de grande qualité ont une incidence positive sur les cadres, les employés, les équipes de travail et les organisations[37].

8.3.5 Le leadership charismatique

Robert House est le premier chercheur à avoir examiné le leadership charismatique sous l'angle du comportement organisationnel. Selon sa **théorie du leadership charismatique**, les suiveurs attribuent des aptitudes de leadership audacieuses ou extraordinaires lorsqu'ils observent certains comportements[38]. Parmi les études ayant tenté de recenser les traits caractéristiques du leader charismatique, une des meilleures analyses en cite quatre : il a une vision, il est prêt à courir lui-même des risques pour réaliser cette vision, il est sensible aux besoins des suiveurs et il adopte des comportements qui sortent de l'ordinaire[39].

théorie des échanges dirigeants-dirigés (théorie LMX)
Théorie qui stipule que de bonnes relations de travail entre un chef et un employé auront un effet positif sur le rendement.

théorie du leadership charismatique
Théorie du leadership qui avance que les suiveurs seront portés à attribuer des qualités extraordinaires à leurs leaders lorsqu'ils observent certains de leurs comportements.

vision

Perspective stratégique à long terme sur laquelle on se base pour fixer un ou plusieurs objectifs organisationnels.

énoncé de vision

Formulation formelle de la vision d'un organisme.

Comment les leaders charismatiques influencent-ils les suiveurs ?

Selon les études, ce processus comporte quatre étapes[40]. Au début, le leader formule une **vision** attrayante, une stratégie à long terme permettant d'atteindre un ou plusieurs objectifs. Cette vision procure une certaine continuité aux suiveurs en associant le présent à un avenir meilleur pour l'organisme.

Une vision est incomplète si elle n'est pas accompagnée d'un énoncé de vision. Un **énoncé de vision** est la formulation officielle de la vision ou de la mission d'un organisme. Les leaders charismatiques peuvent se servir de l'énoncé de vision pour «imprimer» aux suiveurs un but et un objectif suprêmes. Dès que la vision et l'énoncé de vision sont définis, le leader communique ses attentes très élevées en matière de rendement et se dit persuadé que les suiveurs pourront les atteindre, ce qui renforce leur estime de soi et leur confiance en soi.

Ensuite, le leader charismatique transmet, par ses paroles et ses actes, un nouvel ensemble de valeurs et, par son comportement, un exemple à imiter par les suiveurs.

Enfin, le leader charismatique adopte un comportement chargé d'émotions et souvent non conformiste pour manifester son courage et ses convictions à propos de la vision. Un courant émotif contagieux de la part du leader charismatique amène les suiveurs à «capter» les émotions qu'il leur a transmises[41].

8.3.6 L'autodétermination (ou autogestion)

Les organismes se tournent de plus en plus vers l'autodétermination, ou l'autogestion, (*voir les passages sur les équipes autogérées au chapitre 5*). Dans le cas de l'autodétermination, les intéressés et les équipes définissent des objectifs, établissent des plans et exécutent les tâches, évaluent le rendement, règlent leurs propres problèmes et se motivent entre eux.

Plusieurs facteurs invitent à l'autodétermination: moins de supervision; travail à domicile; travail d'équipe et développement des services et du perfectionnement professionnel où l'individu est souvent tenu de prendre des décisions sur-le-champ. Pour donner suite au phénomène des substituts au leadership, l'autogestion peut aussi être un substitut ou un neutralisant au leadership d'autrui.

Malgré l'absence d'études sur les techniques d'autogestion au sein d'organismes, il faut savoir que les stratégies d'autogestion se sont révélées prometteuses dans d'autres milieux[42]. Les personnes qui pratiquent l'autogestion recherchent des occasions d'être plus efficaces en milieu de travail et d'améliorer leur réussite professionnelle. Leur comportement est «autorenforcé», c'est-à-dire que ces personnes se procurent elles-mêmes un sentiment de récompense et de rétroaction après avoir réussi. De plus, le comportement «autorenforcé» se maintient souvent à un niveau plus élevé que le comportement réglementé par d'autres.

CONCLUSION

Le leadership est un des phénomènes les plus complexes et les plus étudiés en psychologie du travail et des organisations. Les théories du leadership empruntent trois principales approches : l'approche axée sur les traits, l'approche axée sur les comportements et l'approche axée sur la situation.

Pendant la première moitié du XXe siècle, les chercheurs ont surtout étudié les traits de personnalité du leader. Malgré la cohérence et la logique des traits relevés, leur influence n'a pas été démontrée de façon empirique. Certaines études plus récentes montrent, par contre, que certains traits de personnalité et l'intelligence émotionnelle sont associés au leadership.

Les faiblesses de l'approche axée sur les traits ont conduit les chercheurs à s'intéresser davantage au comportement du leader. L'approche comportementale a donné naissance à divers modèles, d'où ressortent deux dimensions : celle du leader qui favorise la tâche et la production et celle du leader qui se soucie que les relations interpersonnelles avec ses subordonnés soient saines. La principale critique formulée contre les théories se réclamant de l'approche comportementale concerne l'absence de facteurs situationnels dans l'élaboration des modèles de leadership.

De cette critique est née l'approche axée sur la situation, qui regroupe le modèle du cheminement critique de House, le modèle de Hersey et Blanchard et le modèle de contingence de Fiedler. Ces auteurs mettent en relation diverses variables situationnelles avec un style de leadership efficace. Toutefois, malgré l'avancement des recherches dans ce domaine, on n'a encore trouvé aucun modèle capable de définir le style de leadership idéal. Par contre, les théories et les modèles proposés laissent entendre que la complexité de la réalité organisationnelle exige une analyse approfondie des situations dans lesquelles le leadership doit s'exercer.

Plus récemment, les recherches ont montré l'importance de la réalité organisationnelle dans la compréhension du leadership et donné naissance à une nouvelle vision de ce phénomène, autour de laquelle s'articulent les substituts du leadership, le leadership transformationnel, le leadership authentique, la théorie des échanges dirigeants-dirigés (théorie LMX), le leadership charismatique et l'autodétermination.

QUESTIONS **DE RÉVISION**

1. Définissez le leadership en mettant l'accent sur ses diverses composantes.

2. Les traits individuels peuvent-ils être considérés comme de bons indicateurs de la capacité de leadership d'un individu? Expliquez votre réponse en l'illustrant par un exemple tiré de la vie courante.

3. En vous reportant aux théories présentées dans la sous-section traitant de l'approche situationnelle, déterminez si un leader doit s'adapter aux situations ou s'il doit façonner les situations à son image.

4. Expliquez ce qu'est un substitut du leadership. Nommez, pour chaque type de substituts

(subordonnés, tâches et organisation), un élément pouvant jouer ce rôle et expliquez son influence.

5. Si un leader de type transactionnel veut devenir un leader transformationnel, quels paramètres de gestion devra-t-il modifier?

6. Expliquez le processus par lequel les leaders charismatiques arrivent à influencer leurs suiveurs.

7. Expliquez ce qu'on entend par «leadership authentique». Quelles sont les dimensions du leadership authentique?

8. Pourquoi l'intelligence émotionnelle est-elle essentielle à un leadership efficace?

 AUTO-**ÉVALUATION**

Questionnaire sur l'intelligence émotionnelle

Dans l'exercice de vos fonctions professionnelles en tant que cadre, vous aurez à tester les différentes aptitudes qui composent votre intelligence émotionnelle.

Le présent questionnaire vous permettra de vous évaluer. En répondant à chacun des énoncés, pensez à la manière dont vous réagiriez normalement et non exceptionnellement. Donnez des réponses honnêtes.

Encerclez Oui ou Non, selon ce qui s'applique.

1. Je sais comment je réagis lorsque des crises surviennent. Oui Non

2. Au travail, mon comportement est en harmonie avec mes valeurs de base. Oui Non

3. J'ai examiné mes valeurs de base et je les connais bien. Oui Non

4. Je parviens à communiquer mes valeurs de base à mon

personnel, à mes collègues et à mes supérieurs. Oui Non

5. Mon style de gestion est suffisamment flexible pour être fonctionnel. Oui Non

6. Je suis fier (fière) de la manière dont je me comporte avec les employés les plus difficiles. Oui Non

7. Je communique clairement mes idées aux plus hauts échelons administratifs. Oui Non

8. Je tire consciemment parti de nombreux styles et principes de leadership, selon la situation. Oui Non

9. Je comprends les moteurs, tant personnels que professionnels, qui dictent les décisions prises par mon personnel. Oui Non

⌄

⊗

10. Ma méthode de motivation est très personnalisée et dépend des besoins de chacun.   Oui   Non

11. Je sais que des considérations politiques ont un effet sur l'activité de l'organisme que je représente.   Oui   Non

12. Je connais les points forts et les points faibles de mon personnel.   Oui   Non

13. Je trouve le moyen de contourner les obstacles.   Oui   Non

14. Mes succès ne sont pas assurés dans l'isolement ; ils sont le résultat d'activités collaboratives concertées et coordonnées.   Oui   Non

15. J'encourage mon personnel à communiquer avec les autres services et à leur offrir leur aide au besoin.   Oui   Non

16. Je demande régulièrement de l'aide à mes pairs.   Oui   Non

Chacun de ces énoncés correspond à un domaine de l'IE (la connaissance de soi, l'autogestion, la conscience sociale et la gestion des relations). Après les avoir analysés, vous pourrez vous évaluer et rechercher des occasions de perfectionnement. Seul (seule) ou avec l'aide d'un moniteur, vous pourrez déterminer la voie à suivre en matière de perfectionnement, axée sur l'acquisition ou le renforcement de vos compétences dans un ou plusieurs domaines.

La grille ci-dessous montre le domaine de l'IE qui correspond à chaque question.

DOMAINE	QUESTION	NOMBRE TOTAL (SUR QUATRE)
Connaissance de soi	Questions 1, 2, 3, 4	
Autogestion	Questions 5, 6, 7, 8	
Conscience sociale	Questions 9, 10, 11, 12	
Gestion des relations	Questions 13, 14, 15, 16	

Note : Ce questionnaire est donné à titre informatif et à des fins de démonstration uniquement ; il n'a été ni testé ni validé scientifiquement.

ÉTUDE **DE CAS**

RESTAURANT LE VERJUS
MENU DU JOUR : LE LEADERSHIP

*Ce cas a été rédigé par **Denis Chênevert**, professeur à HEC Montréal. M. Chênevert a obtenu un doctorat en Science de la gestion de l'École doctorale des Sciences de l'entreprise de l'Université de Toulouse I. Son enseignement est surtout tourné vers la gestion de la rémunération, la mobilisation du personnel et la gestion stratégique des ressources humaines. Ses intérêts de recherche portent sur les formes de contingences en rémunération et leur influence sur la performance organisationnelle ; l'influence des demandes et des ressources sur la santé mentale au travail et son rôle dans les mécanismes de retrait ; les comportements de mobilisation et leurs déterminants ; la transformation des rôles des services et des professionnels en ressources humaines et leur influence sur l'efficacité.*

⊗

Le milieu de la restauration dans le quartier Plateau Mont-Royal connaît des conditions de plus en plus difficiles. Les années où quelques restaurateurs seulement y avaient pignon sur rue et connaissaient du succès avec la formule « Apportez votre vin » semblent révolues. Monsieur Richard, propriétaire du chaleureux petit bistrot « Le Verjus », a connu de bonnes années sans procéder à de réels changements. Toutefois, depuis deux ans, sa clientèle ne cesse de baisser et les solutions tardent à venir. Patrick, le gérant, ne semble plus déterminé autant qu'avant et caresse depuis quelques mois l'idée d'ouvrir son propre restaurant. Devant cet état de choses, monsieur Richard décide de procéder à des changements en commençant par embaucher une nouvelle gérante.

Cela fera bientôt un an que Judith, la nouvelle gérante, est en poste et le propriétaire ne voit pas beaucoup d'amélioration. Les objectifs financiers, fixés en début d'année, ne semblent pas en voie d'être atteints. Monsieur Richard se promet bien de tirer l'affaire au clair et d'interroger les employés afin de savoir ce qui se passe réellement dans son restaurant. C'est cependant le hasard qui lui permettra de répondre à plusieurs de ses interrogations. Un soir, alors que, contrairement à ses habitudes, monsieur Richard travaillait à une heure tardive, il fut témoin d'une discussion entre quelques employées. Attablées non loin du bureau de monsieur Richard, dont la porte était entrebâillée, elles discutaient après leur quart de travail, nullement conscientes de la présence de leur patron. De nature discrète, monsieur Richard se laissa gagner par la curiosité et oublia le malaise d'abord ressenti à l'écoute d'une conversation à laquelle il n'était nullement convié.

Pauline : « Ça ne peut plus continuer comme ça, je suis vraiment au bout du rouleau. La nouvelle gérante, Judith, est toujours sur mon dos ; je vais quitter ce foutu restaurant, un point c'est tout ! »

Sophie : « Judith avait raison d'être fâchée contre toi. Elle a dû revenir au restaurant au début de la nuit parce que tu avais mal fermé une fenêtre et que le système d'alarme s'est enclenché… »

Pauline : « Primo, c'était la première fois que je faisais la fermeture du restaurant et secundo, je crois bien que tout le monde sait que Judith ne prend pas le temps d'expliquer quoi que ce soit à qui que ce soit. Quand elle est mal prise, il faut être disponible et deviner ce qu'elle veut. »

Cassandra : « Moi, je te comprends, Pauline. Judith t'a fait des remontrances devant tout le monde. Au fait, est-ce que je vais finalement avoir un vrai training ? J'ai l'impression de déranger tout le monde avec mes questions… Comme nouvelle employée, je t'avoue que je marche sur des œufs. J'ai peur de faire une gaffe et d'en subir les conséquences. Il me semble que plus je suis nerveuse, plus je risque de faire des erreurs. »

Sophie : « C'est la même rengaine avec toutes les nouvelles. Comme Judith le dit, ce sont les meilleurs qui restent ici, les autres partent assez vite, merci. C'est le système D qui s'applique ; D pour débrouillardise… »

Pauline : « Ce que Sophie essaie de te dire, c'est qu'il n'y a pas de training formel, on apprend comme ça, sur le tas. C'est vrai, par contre, qu'il en est passé des serveurs, ici. Comme le restaurant marchait très fort et qu'il y avait beaucoup d'argent à faire, on trouvait toujours des remplaçants. Depuis qu'un concurrent intéressant s'est installé pas très loin, j'observe une baisse de l'achalandage. D'ailleurs, Sophie, je te ferai remarquer que quelques serveurs "pas assez bons" pour être ici travaillent chez ce concurrent… »

Sophie : « Je sais bien que le restaurant va moins bien… D'ailleurs, Judith, qui m'a toujours demandé de servir le plus de gens possible et le plus vite possible, me parle maintenant de service à la clientèle. Je ne comprends pas très bien ce qu'elle veut. L'autre jour, un groupe de 20 personnes, qui avait réservé la salle arrière, m'a demandé de remplacer la musique d'ambiance par quelque chose d'un peu plus gai. Moi, je n'y voyais aucun inconvénient, mais comme tu le sais, Judith veut toujours être consultée avant qu'un changement soit fait. Comme elle n'était pas là et qu'il était impossible de la joindre, j'ai expliqué que je ne pouvais pas le faire. Lorsque j'en ai parlé à Judith, elle a soupiré en disant que je devais utiliser mon jugement et que, bien entendu, j'aurais dû répondre à leurs attentes. »

Cassandra : « Justement, parlons-en de ce fameux service à la clientèle. Je me demande bien à quoi peuvent servir toutes les fiches d'appréciation que les clients remplissent. Judith m'a demandé de compiler les suggestions des clients et de les mettre sur l'ordinateur.»

Pauline: «C'est Patrick, l'ancien gérant, qui avait mis ça en place un peu avant son départ. Judith a trouvé que c'était une très bonne façon de savoir qui ne fait pas bien son boulot. Elle les lit et dès qu'un client est insatisfait du service d'un d'entre nous, elle nous fait venir dans son bureau et nous demande des explications. Si j'étais toi, Cassandra, je prendrais le temps d'en lire quelques-unes avant de les lui remettre. Les bons commentaires, heureusement majoritaires, font vraiment chaud au cœur. Je m'accroche à ça quand j'en ai assez, c'est-à-dire lors de journées comme aujourd'hui…»

Sophie: «Est-ce qu'elle nous demande encore d'ajouter nos commentaires aux suggestions des clients? À l'époque, on me demandait de trouver des solutions aux problèmes soulevés.»

Cassandra: «Non, elle ne m'a pas demandé d'ajouter mes commentaires. De toute façon, je ne me sentirais pas à l'aise de suggérer des changements, puisque je suis nouvelle. De plus, j'ai l'impression que les choses ne changent jamais. Que fait-on réellement avec toutes ces informations? Il m'arrive souvent de me demander si ce n'est pas une perte de temps de faire ça, mais, c'est elle le patron et je suis payée pour le faire. Mais, entre vous et moi, si j'étais Judith, je parlerais certainement aux cuisiniers. Il faut qu'ils comprennent que c'est normal de retourner des assiettes parfois, et que ce n'est pas toujours par caprice. Ils devraient aussi comprendre

que les plaintes, c'est nous qui devons les encaisser et qu'un client insatisfait ne reviendra plus!»

Sophie: «Nos priorités ne sont pas toujours les mêmes. Je crois que ce que veulent les cuisiniers, c'est éviter les pertes de nourriture et sortir les assiettes rapidement, ce qui suppose l'absence de retour, de correction, etc. C'est vrai que Judith évite de leur parler; elle ne veut pas déplaire au grand chef, qui est vraiment une *prima donna…* Trouver un bon chef, c'est vraiment un casse-tête! En fait, Judith semble un peu dépassée par les événements, mais on ne peut pas dire qu'elle ne travaille pas fort. Elle est presque toujours ici et elle nous aide souvent lorsque le restaurant est bondé et que nous sommes dans le trouble. Elle ne compte pas son temps.»

Sophie: «Ce serait dommage de te perdre, on t'aime bien, Pauline!»

Cassandra: «Je suis bien d'accord avec Sophie. Bonne fin de soirée, Pauline!»

Pauline: «Bonne fin de soirée à vous deux également!»

Cette discussion a pris monsieur Richard par surprise, qui n'en revient tout simplement pas. Il avait pourtant été clair avec Judith sur les objectifs à atteindre en termes de service à la clientèle et de travail d'équipe, entre autres choses. Il avait soulevé l'importance d'obtenir l'adhésion de tous les employés, plongeurs, cuisiniers, serveurs compris. Monsieur Richard doit maintenant analyser la situation et se préparer à apporter certains changements.

Questions

1. Qu'est-ce qui peut expliquer cette situation?
2. Que doit faire Judith pour améliorer son leadership?
3. Y a-t-il des points positifs dans la façon de faire de Judith?
4. Monsieur Richard a-t-il une part de responsabilité dans cette situation?

RÉFÉRENCES

[1] J.M. TOULOUSE, «À propos de leadership», *Revue québécoise de psychologie,* vol. 7, nos 1-2, 1986, p. 209-221.

[2] R.N. KANUNGO, «Leadership in Organizations: Looking Ahead to the 21st Century», *Canadian Psychology*, vol. 39, 1998, p. 71-82.

[3] H.B. GREGERSEN, A.J. MORRISON et J.S. BLACK, «Developing leaders for the global frontier», *Sloan Management Review*, vol. 40, 1998, p. 21-32.

[4] H.B. GREGERSEN, A.J. MORRISON et J.S. BLACK, *op.cit.*

[5] R.M. STOGDILL, *Handbook of Leadership*, New York, NY, Free Press, 1974.

[6] B.M. BASS, *Bass & Stogdill's handbook of leadership; A survey of research*, 3e éd., New York, NY, Free Press, 1990.

[7] A.H. EAGLY, M.C. JOHANNESEN-SCHMIDT et M.L. VAN ENGEN, «Transformational, transactional, and laissez-faire leadership styles; A meta-analysis comparing women and men», *Psychological Bulletin*, no 129, 2003, p. 569-591.

[8] R.J. HOUSE et M.L. BAETZ, «Leadership: Some empirical generalizations and new research directions», *Research in Organizational Behavior*, vol. 10, 1979, p. 341-423; E.A. LOCKE *et al.*, *The essence of leadership: The four keys to leading effectively*, New York, NY, Free Press, 1992; R.G. LORD, C.L. DeVADER et G.M. ALLIGER, «A meta-analysis of the relationship between personality traits and leadership perceptions: An application of validity generalization procedures, *Journal of Applied Psychology*, no 71, 1986, p. 402-410.

[9] T.A. JUDGE et J.E. BONO, «Five-factor model of personality and transformational leadership», *Journal of Applied Psychology*, no 85, 2000, p. 751-765; T.A. JUDGE, A.E. COLBERT et R. ILIES, «Intelligence and leadership: A quantitative review and test of theoretical propositions», *Journal of Applied Psychology*, no 89, 2004, p. 542-552.

[10] D. GOLEMAN, «What Makes a Leader?», *Harvard Business Review*, (novembre-décembre 1998), p. 93-102; J.M. GEORGE, «Emotions and Leadership: The Role of Emotional Intelligence», *Human Relations*, (août 2000), p. 1027-1055; C.S. WONG et K.S. LAW, «The Effects of Leader and Follower Emotional Intelligence on Performance and Attitude: An Exploratory Study», *Leadership Quarterly*, (juin 2002), p. 243-274; D.R. CARUSO et C.J. WOLFE, «Emotional Intelligence and Leadership Development», dans D. DAVID et S.J. ZACCARO, dir., *Leader Development for Transforming Organizations: Growing Leaders for Tomorrow*, Mahwah, NJ, Lawrence Erlbaum, 2004, p. 237-263.

[11] R. BOYATZIS et A. McKEE, *Resonant Leadership: Renewing Yourself and Connecting with Others Through Mindfulness, Hope, and Compassion*, Boston, MA, Harvard Business Press, 2005.

[12] E.H. POTTER et F.E. FIEDLER, «The Utilization of Staff Member Intelligences and Experience under High and Low Stress», *Academy of Management Journal*, vol. 24, 1981, p. 361-376.

[13] M.F.R. KETS de VRIES, *The Irrational Executive*, New York, NY, International Universities Press, 1982.

[14] R. LIKERT, *New Patterns of Management*, New York, NY, McGraw-Hill, 1961; R.M. STOGDILL, *Handbook of Leadership*, New York, NY, Free Press, 1974.

[15] R.R. BLAKE et J. MOUTON, «Management by Grid Principles or Situationalism: Which?», *Group and Organization Studies*, vol. 7, 1982, p. 207-210.

[16] A.K. KORMAN, «Consideration, Initiating Structure, and Organizational Criteria: A Review», *Personnel Psychology*, vol. 19, 1966, p. 349-361.

[17] T.K. OH, «Theory Y in the People's Republic of China», *California Management Review*, vol. 19, no 2, 1976, p. 77-84.

[18] B. KAVIC, V. RUS et A.S. TANNENBAUM, «Control, Participation, and Effectiveness in Four Yugoslavian Industrial Organizations», *Administrative Science Quarterly*, vol. 16, no 1, 1971, p. 74-86.

[19] N. FOY et H. GODON, «Worker Participation Contrasts in Three Countries», *Harvard Business Review*, vol. 54, 1976, p. 71-84.

[20] Y. VARDI, A. SHROM et D. JACOBSON, «A study of Leadership Beliefs of Israeli Managers», *Academy of Management Journal*, vol. 23, no 2, 1980, p. 367-374; D. KAKAR, «Authority Patterns and Subordinate Behavior in Indian Organizations», *Administrative Science Quarterly*, vol. 16, no 3, 1971, p. 298-308; D. TSCHEULIN, «Leader Behavior Measurement in German Industry», *Journal of Applied Psychology*, vol. 57, 1973, p. 28-31.

[21] D. GOLEMAN, «Leadership That Gets Results», *Harvard Business Review*, vol. 78, 2000, p. 78-90.

[22] R.J. HOUSE, «A Path-Goal Theory of Leadership Effectiveness», *Administrative Science Quarterly*, (septembre 1971), p. 321-339.

[23] R.J. HOUSE et T.R. MITCHELL, «Path-Goal Theory of Leadership», *Journal of Contemporary Business*, (automne 1974), p. 81-97.

[24] C. GREENE, «Questions of Causation in the Path-Goal Theory of Leadership», *Academy of Management Journal*, (mars 1979), p. 22-40.

[25] J.C. WOFFORD et L.Z. LISKA, «Path-Goal Theories of Leadership: A Meta-Analysis», *Journal of Management*, vol. 19, 1993, p. 857-876.

[26] J.C. WOFFORD et L.Z. LISKA, *op.cit.*

[27] P. HERSEY et K.H. BLANCHARD, *Management of Organizational Behavior – Utilizing Human Resources*, Upper Saddle River, NJ, Prentice Hall, 1969.

[28] R. TANNENBAUM et W. H. SCHMIDT, «How to Choose a Leadership Pattern», *Harvard Business Review*, (mai-juin 1973), p. 180

[29] F.E. FIEDLER, *A Theory of Leadership Effectiveness*, New York, NY, McGraw-Hill, 1967.

[30] P.M. PODSAKOFF et S.B. MACKENZIE, «Substitutes for Leadership and the Management of Professionals», Leadership Quarterly, vol. 4, n° 1, 1993, p. 1-44.

[31] B.M. BASS, «Does the transactional-transformational leadership paradigm transcend organizational and national boundarie?», *American Psychologist*, vol. 52, 1997, p. 130-139; B.M. BASS, *Bass and Stogdill's Handbook of Leadership: Theory, Research, and Managerial Application*, 3e éd., New York, NY, Free Press, 1990.

[32] B.M. BASS, «From transactional to transformational leadership: Learning to share the vision», *Organizational Dynamics*, 1990, p. 19-31; N.M. TICHY et M.A. DEVANNA, *The Transformational Leader: The Key to Global Competitiveness*, San Francisco, CA, Jossey Bass, 1997.

[33] D.M. HEROLD, D.B. FEDOR, S. CALDWELL et Y. LIU, «The effects of transformational and change leadership of employees' commitment to a change: A multilevel study», *Journal of Applied Psychology*, no 93, 2008, p. 346-357.

[34] F.O. WALUMBWA, B.J. AVOLIO, W.L. GARDNER, T.S. WERNSING et S.J. PETERSON, «Authentic leadership: Development and validation of a theory-based measure», *Journal of Management*, n° 34, 2008, p. 89-126.

[35] G.B. GRAEN et M. UHL-BIEN, «Relationship-based approach to leadership: Development of leader-member exchange (LMX) theory of leadership over 25 years: Applying a multi-level multi-domain perspective», *Leadership Quarterly*, vol. 6, n° 2, 1995, p. 219-247.

[36] C.R. GERSTNER et D.V. DAY, «Meta-analytic review of leader-member exchange theory: Correlates and construct issues», *Journal of Applied Psychology*, n° 82, 1997, p. 827-844.

[37] C.A. SCHRIESHEIM, S. L. CASTRO et C. C. COGLISER, «Leader-member exchange (LMX) research: A comprehensive review of theory, measurement, and data-analytic practices», *Leadership Quarterly*, vol. 10, n° 1, 1999, p. 63-113.

[38] J.A. CONGER et R.N. KANUNGO, «Behavioral Dimensions of Charismatic Leadership», dans J.A. CONGER et R.N. KANUNGO, dir., *Charismatic Leadership*, San Francisco, CA, Jossey-Bass, 1988, p. 79.

[39] J.A. CONGER et R.N. KANUNGO, *Charismatic Leadership in Organizations*, Thousand Oaks, CA, Sage, 1998; R. AWAMLEH et W.L. GARDNER, «Perceptions of Leader Charisma and Effectiveness: The Effects of Vision Content, Delivery, and Organizational Performance», *Leadership Quarterly*, (automne 1999), p. 345-373.

[40] B. SHAMIR, R.J. HOUSE et M.B. ARTHUR, «The Motivational Effects of Charismatic Leadership: A Self-Concept Theory», *Organization Science*, (novembre 1993), p. 577-594.

[41] P.D. CHERLUNIK, K.A. DONLEY, T.S.R. WIEWEL et S.R. MILLER, «Charisma Is Contagious: The Effect of Leaders' Charisma on Observers' Affect», *Journal of Applied Social Psychology*, (octobre 2001), p. 2149-2159.

[42] A. BANDURA, «Self-Reinforcement: Theoretical and Methodological Considerations,» *Behaviorism*, n° 4, 1976, p. 135-155.

CHAPITRE

9

La résolution de problèmes et l'innovation au travail

PLAN DE CHAPITRE

Introduction

9.1 Les types de décisions

9.2 Les éléments influençant la prise de décision

9.3 Le processus décisionnel

9.4 La prise de décision en groupe

9.5 La prise de décision et le leadership — le modèle de Vroom et Yetton

9.6 L'innovation et la créativité en milieu de travail

9.7 Le management de la créativité

Conclusion

OBJECTIFS D'APPRENTISSAGE

Dans ce chapitre, le lecteur se familiarisera avec :

- le concept de motivation et ses paramètres (besoins, pulsions, forces, etc.);
- la différence entre une décision programmée et une décision non programmée;
- le rôle central de la rationalité dans le processus décisionnel;
- les principes de base de la prise de décision naturelle;
- la dynamique politique et aléatoire des décisions particulières;
- les avantages et les inconvénients de la prise de décision individuelle et de la prise de décision en groupe;
- les techniques qui permettent d'augmenter la qualité des décisions prises en groupe;
- la relation entre le style de leadership d'un gestionnaire et le mode de prise de décision qu'il privilégie;
- les méthodes qui permettent de développer la créativité des membres d'une organisation.

INTRODUCTION

Constamment, nous devons prendre des décisions. Pourtant, nous sommes peu nombreux à savoir définir avec précision la nature même d'une décision. L'esprit humain est ainsi fait; il ne justifie les décisions qu'une fois qu'elles ont été prises; c'est donc dire qu'*a posteriori*, on peut toujours expliquer et rationaliser nos décisions et leurs conséquences. Pourtant, elles ne sont jamais prises de façon arbitraire : elles dépendent d'un contexte, d'un environnement et de problèmes spécifiques. La prise de décision est l'un des aspects les plus importants du travail d'un gestionnaire. En fait, on évalue l'efficacité de ce dernier par la qualité de ses décisions. C'est au cours du processus décisionnel que le gestionnaire choisit, parmi diverses options, celle qui est la plus appropriée à une situation donnée. Certaines décisions sont difficiles à prendre, d'autres sont tout à fait routinières. Nous décrirons, tout au long de ce chapitre, le processus de prise de décision en organisation du point de vue individuel et du point de vue collectif.

9.1 LES TYPES DE DÉCISIONS

décision
Démarche déterminant le choix d'une solution parmi un certain nombre et visant l'atteinte d'un objectif.

Chaque jour, tous les gestionnaires doivent prendre de nombreuses **décisions** : certaines sont relativement simples et comportent peu de risques ; d'autres sont plus complexes et, par le fait même, plus risquées[1]. Outre leur part de risque, on en rencontre deux types : les décisions programmées et les décisions non programmées.

décision programmée
Mode d'action précis et formel (basé sur les règlements et politiques, par exemple) adopté par l'organisation dans le but de faciliter et d'accélérer la prise de décision portant sur des problèmes répétitifs et routiniers.

Si une organisation doit faire face à des problèmes répétitifs et routiniers, elle peut adopter des méthodes de résolution de problèmes qui faciliteront et accéléreront le processus décisionnel : il s'agit de **décisions programmées**. Le gestionnaire peut s'inspirer des règlements, procédés et politiques de l'organisation pour élaborer une méthode qui lui permettra de prendre rapidement un bon nombre de décisions sans devoir analyser en détail tous les éléments liés à un problème précis. En entreprise, un grand nombre de décisions sont programmées. Elles s'appuient sur des méthodes formelles qui assurent une économie de temps et d'énergie en réduisant l'effort déployé pour prendre la décision. De plus, ces méthodes formelles ont l'avantage de favoriser l'uniformité des décisions et de les rendre plus prévisibles. Enfin, parce qu'elles sont formalisées, elles transmettent l'idéologie de la direction de l'entreprise, qui n'a pas à participer directement à chaque prise de décision.

décision non programmée
Décision inhabituelle prise par une organisation, de façon irrégulière et souvent inattendue, et pour laquelle il n'y a aucune procédure préétablie.

Les **décisions non programmées** sont généralement associées à de nouveaux problèmes pour lesquels il n'existe aucune méthode préétablie. Il peut s'agir de cas spéciaux ou de cas complexes présentant un grand niveau de risque.

Les décisions programmées laissent peu de marge de manœuvre au décideur, alors que les décisions non programmées, qui sont liées à des situations uniques et originales, sont davantage le reflet des intentions, des habiletés et de la personnalité du décideur, tant dans leurs aspects rationnels qu'irrationnels.

neurologie
Spécialité médicale consacrée à l'étude et au traitement des maladies touchant le système nerveux central (cerveau, moelle épinière) ou périphérique (racines et nerfs)[2].

cortex préfrontal
Partie antérieure du cortex frontal. Le cortex préfrontal remplit trois grandes fonctions qui dépendent chacune de trois régions : latérales, orbitaires et médianes. Les principales fonctions touchées par ces régions sont les processus cognitifs, les processus affectifs et motivationnels et l'auto-génération des comportements[3].

hippocampe
Également appelé corne d'Ammon, il est situé dans le cerveau. Il s'agit d'une structure bilatérale appartenant à la structure corticale. On lui reconnaît un rôle dans la mémoire épisodique et dans le sommeil[4].

9.2 LES ÉLÉMENTS INFLUENÇANT LA PRISE DE DÉCISION

Prenons la liste de questions suivante :

- Où devrait-on construire la nouvelle usine ?

- Quel inventaire devrait-on conserver ?

- Devrait-on offrir des programmes de formation complets aux employés ou embaucher une main-d'œuvre déjà formée ?

- Quelles devraient être les principales caractéristiques de notre système d'information informatisé ?

- Est-ce que le programme d'évaluation du rendement devrait être couplé avec un programme de rémunération au mérite ?

- Est-ce qu'on devrait accepter le contrat d'emploi offert ?

EN PRATIQUE

Le processus décisionnel et la neurologie : Quelques résultats d'un rapport de conférence réalisé par le docteur Melissa Lamar, en 2006 à l'École de sciences économiques de Londres

Dans le domaine de la **neurologie**, le processus de décision peut se définir en fonction du type de décisions auquel nous sommes confrontés. Nous retrouvons les décisions issues d'un contexte connu (de certitude) et les décisions issues d'un contexte inconnu (d'incertitude).

Plus le contexte de la décision est nouveau, plus l'individu doit utiliser des processus cognitifs supplémentaires afin de prendre sa décision. Dans la prise de décision, il y a une influence des expériences passées et des valeurs des individus. Il existe une interaction entre les processus physiologiques, les émotions et les processus cognitifs lors de la prise de décision.

Plusieurs zones de notre cerveau sont sollicitées dans le processus de prise de décision, mais on note particulièrement le rôle majeur du **cortex préfrontal** et de la zone cingulaire.

L'âge, le sexe, l'expérience professionnelle constituent tous des facteurs à considérer dans le cadre du processus décisionnel. Dans les années 1980, une étude a démontré que le processus cognitif de résolution de problèmes a tendance à différer en fonction de l'expertise des individus. Plus précisément, cette étude a comparé le processus de décision de spécialistes dans les sciences physiques à celui d'un groupe de profanes en la matière. Ces chercheurs ont découvert que, pour trouver une solution à un problème donné, le groupe d'experts utilisait généralement les informations préliminaires fournies pour obtenir leur solution. Ils

utilisaient donc une stratégie prospective. Tandis que les profanes (novices) utilisaient une stratégie rétrospective (Larkin, McDermott, Simon et Simon, 1980).

Au début des années 2000, l'étude de Maguire et ses collègues a permis de découvrir que l'anatomie neurologique était légèrement différente chez les chauffeurs de taxi que chez les chauffeurs traditionnels. Pour les chauffeurs de taxi, on a observé une différence dans la distribution du volume de l'**hippocampe**.

De ces études, il est possible de dresser certaines lignes directrices. Le processus de prise de décision siège principalement dans le cortex préfrontal, bien que sa dynamique appelle d'autres zones du cerveau. L'ampleur du développement anatomique de certaines régions du cerveau varie en fonction de l'expertise. Les facteurs individuels innés et issus de l'apprentissage influencent notre façon de prendre des décisions.

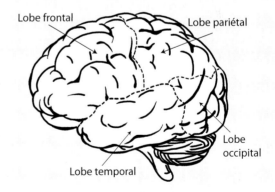

Sources : Extraits d'une conférence de M. LAMAR, « Improving the Decision-Taking Process in Institutions », SOL-UK workshop London School of Economics (23 juin 2006), [En ligne], www.triarchypress.com/pages/articles/Neuroscience_and_Decision_Making.pdf (Page consultée le 16 décembre 2011) ; J. LARKIN, J. McDERMOTT, D.P. SIMON et H.A. SIMON, « Models of competence in solving physics problems », *Cognitive Science*, vol. 4, 1980, p. 317-345 ; E.A. MAGUIRE et autres, *Navigation-related structural change in the hippocampi of taxi drivers*, Proc Natl Acad Sci USA, vol. 97, n° 8, 2000, p. 4398-4403.

EN PRATIQUE

L'intelligence émotionnelle et sa relation avec le processus décisionnel

Nous avons vu au chapitre précédent les diverses composantes de l'intelligence émotionnelle et constaté l'intérêt grandissant de ce concept dans le cadre du développement des compétences et dans celui de l'optimisation de la performance en gestion. Plusieurs chercheurs trouvent important de mesurer parallèlement le concept de l'intelligence émotionnelle et celui de l'intelligence intellectuelle. Des outils spécifiques ont été développés afin de mesurer l'intelligence émotionnelle de l'individu, notamment le test de Schutte « Schutte Self Report Emotional Intelligence Scale » (1998).

Puisque cette dimension de l'intelligence est importante, qu'en est-il de sa relation avec le processus de prise de décision ? L'étude réalisée par Ansiau et ses collègues auprès de 108 cadres français, en 2007, a permis de vérifier si un niveau élevé d'intelligence émotionnelle permettait de diminuer la suggestibilité aux biais décisionnels. À cet égard, notons que la littérature fait état de différents types de biais qui influencent la qualité des décisions. Les plus connus sont: la surconfiance (qui conduit les gens à surévaluer leurs compétences ou leurs connaissances); l'erreur de conjonction (qui suppose qu'une combinaison d'événements spécifiques est plus probable que chacune de ses constituantes, la décision reposant sur une projection, une association; le manque de flexibilité cognitive (les décisions souffrent de la rigidité d'adaptation cognitive de l'individu) et l'aversion à la perte.

Les résultats de cette étude ont démontré que l'intelligence émotionnelle se décompose en différents axes, faisant en sorte que ce concept soit multidimensionnel. Parmi ces dimensions, on retrouve notamment la capacité d'évaluer ses propres émotions, de les gérer et de les utiliser.

En ce qui a trait à la capacité d'évaluer ses émotions, les chercheurs ont découvert que plus un individu est en mesure d'évaluer ses propres émotions, moins il est sujet à un optimisme élevé (par exemple: croire à une amélioration sur le plan économique). Quant à la capacité de gestion émotive, les chercheurs mentionnent que plus l'individu sait gérer ses émotions, moins son aversion à la perte est grande. Un autre point intéressant est la relation entre la capacité d'un individu à utiliser ses émotions dans la résolution de problèmes et sa plus grande flexibilité cognitive, c'est-à-dire sa capacité d'adapter ses stratégies aux contextes.

De façon générale (sauf exception), les résultats démontrent que plus un individu détient un score élevé sur une composante donnée de l'intelligence émotionnelle, moins il a tendance à avoir des biais décisionnels relatifs à cette composante. Cela dit, des formations spécifiques (offertes aux preneurs de décisions) portant sur les facteurs influençant la qualité des décisions et le rôle de l'intelligence émotionnelle pourraient ainsi contribuer à améliorer l'efficience et l'efficacité des systèmes.

Les chercheurs poursuivent leurs discussions en invitant la communauté scientifique à circonscrire davantage le concept de l'intelligence émotionnelle et, à la lumière de leurs résultats, à explorer de plus en plus les liens entre le processus décisionnel et l'intelligence émotionnelle.

Source: Adapté de D. ANSIAU, C. DEJOUX, I. DHERMENT, L. BERGERY et H. WECHTLER, « Intelligence émotionnelle et processus de décision: une étude exploratoire sur des cadres français », *Centre d'études et de recherche sur les organisations et la gestion*, Université de droit, d'économie et des sciences d'Aix Marseille, Université Paul Cézanne, W.P. n° 806, (juillet 2007), [En ligne], www.cergam.org/fileadmin/files/cerog/wp/806.pdf (Page consultée le 16 décembre 2011)

Chacune de ces questions appelle une décision qui peut être prise de différentes façons : la personne ou le groupe peut faire appel à son intuition, à ses valeurs, à son jugement ou à la rationalité. Voyons brièvement les éléments essentiels de la prise de décision[5].

On a beaucoup écrit sur les limites du décideur. Les auteurs se penchent très souvent sur les problèmes de choix dans diverses situations. Ils comparent, par exemple, la stratégie adoptée par un décideur à une stratégie optimale censée maximiser les résultats. De façon générale, on constate que les décideurs ne maîtrisent pas «les stratégies basées sur les valeurs» et qu'ils utilisent toutes sortes d'autres raisonnements, parfois approximatifs. Voici quelques exemples :

- *La présentation du problème (framing of decision)* [6] : La prise de décision se fait en tenant compte de la présentation du problème. Le principe d'invariance de la théorie d'espérances subjectives n'est presque jamais respecté [7].

- *La violation de simples règles de calcul* : Les règles de transitivité (répercussion des préférences relatives sur l'ensemble) et de dominance (choix de la meilleure solution dans un cas et d'une solution équivalente dans les autres) sont aussi fréquemment ignorées.

- *Le choix sans raisonnement* : Souvent, on constate que des gens prennent une décision sans savoir pourquoi ils la prennent. Si on les interroge sur la question, ils inventent de fausses raisons [8].

L'intuition

Tout individu peut, à un moment ou à un autre, avoir le sentiment de devoir agir d'une certaine façon sans trop savoir pourquoi. À ce moment-là, c'est son **intuition** qui le guide. Dans certaines occasions, un gestionnaire peut, lui aussi, s'appuyer sur son intuition ou sur un pressentiment pour prendre une décision. Dans ce cas, il ne s'attarde pas à analyser le pour et le contre de chaque possibilité qui s'offre à lui. Cette «méthode» comporte un niveau de risque considérable et, selon certaines recherches, donne de plus ou moins bons résultats.

intuition
Sentiment de devoir agir d'une certaine façon, sans en connaître la raison.

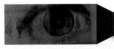

EN PRATIQUE

Quelques pensées de personnalités célèbres concernant l'intuition

Albert Einstein (physicien d'origine allemande) :

«La seule chose ayant de la valeur est l'intuition.»

«Il n'y a pas de chemin logique à la découverte des lois élémentaires. Il y a seulement le chemin de l'intuition, qui est aidé par un sentiment pour l'ordre qui repose derrière l'apparence.»

Emmanuel Kant (philosophe allemand) :

«L'intuition et les concepts constituent les élé-ments de notre connaissance, donc aucun concept sans intuition et aucune intuition sans concept peut amener à la connaissance.»

Lao Tseu (philosophe chinois) :

«Le pouvoir de la compréhension de l'intuition vous protégera des blessures jusqu'à la fin de vos jours.»

Source : Adapté de Wasson (1977).

Les valeurs personnelles

Ce sont les valeurs d'un gestionnaire qui guident les décisions qu'il prend. Prenons l'une des questions énoncées plus haut : Devrait-on offrir des programmes de formation en milieu de travail aux employés ou embaucher une main-d'œuvre déjà formée ? Il est évident que la décision qui sera prise dépendra de considérations éthiques et reflétera les valeurs du décideur.

Le jugement

Lorsqu'un individu se fonde sur son jugement pour prendre une décision, il se réfère généralement à des situations comparables vécues antérieurement en espérant prévoir les conséquences éventuelles et probables de la décision envisagée. Bien qu'elle soit intéressante, cette méthode, qui fait appel au jugement, est souvent difficile à justifier. En effet, même si des similitudes importantes existent entre deux situations, il n'en demeure pas moins que chacune est unique et qu'elle appelle, par le fait même, une solution unique. Par conséquent, lorsque le décideur fait face à une nouvelle situation ou à un problème très complexe, il peut lui être difficile de prendre une décision en ne se fondant que sur son jugement.

La rationalité

La rationalité caractérise le processus qui amène le décideur à analyser toutes les composantes d'un problème et à adopter la meilleure solution possible. Cette approche se différencie de la méthode qui ne repose que sur le jugement par le fait qu'elle s'appuie non seulement sur l'expérience, mais aussi sur une méthode objective rigoureuse, qui inclut une analyse complète. Ce processus est examiné à la section 9.3.

9.3 LE PROCESSUS DÉCISIONNEL

Constamment, nous nous trouvons devant une décision à prendre. Pourtant, nous l'avons mentionné, bien peu de gens savent définir avec précision la nature même d'une décision. Il est important de souligner que l'efficacité d'une décision dépend du contexte, de l'environnement et des problèmes qui lui sont liés, et chacun de ces facteurs doit être considéré attentivement.

Le processus décisionnel est un mécanisme qui aide à choisir une solution parmi d'autres et, plus particulièrement, une réponse organisationnelle à toutes sortes de problèmes ou de situations. Ainsi, toute décision est le résultat d'un processus dynamique qui est influencé par une diversité de forces.

Afin d'améliorer la qualité des décisions prises en milieu organisationnel, diverses méthodes ont été élaborées : la méthode rationnelle, le modèle de la rationalité limitée de Simon, l'approche intuitive, l'approche politique, les stratégies de résolution de problèmes et la «poubelle organisationnelle». Nous les présentons dans les pages qui suivent.

9.3.1 La méthode rationnelle

En vertu du principe de rationalité, toute activité est un moyen d'atteindre un objectif. Les décisions ne sont donc pas que des choix, elles font partie intégrante du fonctionnement.

La méthode rationnelle de prise de décision oblige à analyser logiquement des faits concrets afin de parvenir à une décision calculée (*voir la figure 9.1*). La méthode rationnelle est utile lorsque le problème auquel le gestionnaire fait face est complexe ou nouveau, car elle l'incite à opérer un choix efficace parmi les solutions possibles. Si le problème est simple ou routinier, le recours à cette méthode est peu pertinent.

Une décision fondée sur l'**approche rationnelle** requiert un cheminement logique suivant diverses étapes précises.

approche rationnelle
Méthode de prise de décision rigoureuse qui inclut un processus analytique complet.

Première étape : la définition du problème

Avant d'envisager une solution, il est important de se faire une idée claire et nette de la situation : il faut cerner et définir le problème. On commence à définir un problème lorsqu'on sent le besoin d'améliorer une situation ou qu'on rencontre des obstacles qui nous empêchent d'atteindre efficacement un objectif. Il est dès lors essentiel de faire les distinctions qui s'imposent entre les symptômes et les causes du problème et entre les données essentielles et secondaires. Prenons l'exemple d'un professionnel qui a l'habitude de remettre des rapports incomplets ou mal structurés. Si son supérieur émet l'hypothèse que cette situation est due au manque d'habileté ou de connaissances en rédaction de son employé, il pourrait lui suggérer de s'inscrire à un cours de rédaction spécialisée. Cependant, une analyse plus approfondie aurait peut-être démontré que cet employé sait rédiger des rapports, mais qu'il gère mal son temps, de sorte qu'il rédige ses rapports à la hâte et, par conséquent, qu'il les présente incomplets ou mal structurés.

Il arrive, en effet, que le problème soit difficile à définir parce que divers facteurs viennent fausser sa compréhension. Le piège dans lequel tombent fréquemment les décideurs est de formuler le problème sous forme d'alternative : Devrait-on acheter une maison à la campagne ou en ville ? L'alternative ne correspond pas au problème, elle suggère plutôt deux solutions au problème. Les solutions présentées sous cette forme empêchent

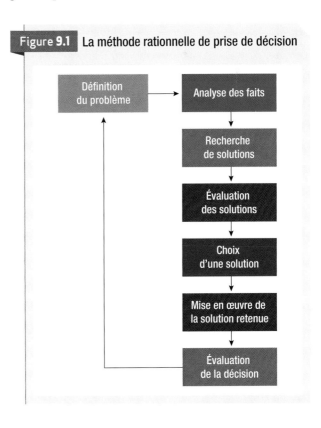

Figure 9.1 **La méthode rationnelle de prise de décision**

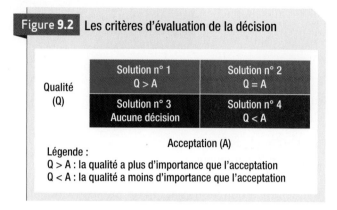

Figure 9.2 Les critères d'évaluation de la décision

Qualité (Q)	Solution n° 1 Q > A	Solution n° 2 Q = A
	Solution n° 3 Aucune décision	Solution n° 4 Q < A

Acceptation (A)

Légende :
Q > A : la qualité a plus d'importance que l'acceptation
Q < A : la qualité a moins d'importance que l'acceptation

d'une part la reconnaissance du véritable problème et, d'autre part, la créativité et la formulation de nouvelles solutions.

Au cours de cette première étape, le gestionnaire doit déterminer les objectifs et les limites de l'éventuelle solution. Il s'agit donc de définir les exigences de la solution idéale.

Bien qu'il existe des mesures quantitatives pour évaluer les solutions possibles, elles sont complexes à utiliser. Les critères d'évaluation auxquels on a le plus fréquemment recours ont plutôt trait à la qualité de la solution ou à son acceptabilité. C'est d'ailleurs de ce dernier critère que se servent de nombreuses entreprises en Amérique du Nord. Ainsi, une décision jugée «bonne» par les membres de la direction, mais inacceptable par les subalternes, pourra être considérée comme inefficace et rejetée. Souvent, tant les critères associés à la qualité de la solution que ceux qui concernent son acceptabilité sont présents et varient selon l'organisation et la situation. Comme l'illustre la figure 9.2, quatre situations sont possibles :

1. Le décideur favorise la qualité de sa décision.
2. Les deux critères sont d'égale importance dans le processus décisionnel.
3. Une décision immédiate est considérée comme impossible. Elle doit donc être remise à plus tard. Cette attente peut parfois être bénéfique au gestionnaire en lui permettant, par exemple, de prendre du recul et de mieux percevoir le problème.
4. Le critère privilégié est l'acceptabilité de la décision.

Deuxième étape : la réunion et l'analyse des faits pertinents

Une fois que le problème est défini, il faut rassembler tous les faits s'y rapportant. Ce processus est parfois irritant en raison d'une possible difficulté d'accès à certains renseignements et, d'un autre côté, la quantité d'information peut être telle qu'un tri est nécessaire. Or, pour faire ce tri, le décideur devra avoir recours à son expérience et à son intuition. Il devra pouvoir distinguer les faits des opinions : le fait se définit généralement comme un phénomène vrai ou réel et l'opinion, comme une idée ou un jugement quelconque.

Il est clair que le fait de détenir des renseignements pertinents aide à clarifier le problème et à amorcer la recherche de solutions. Ces renseignements proviennent, par exemple, d'enquêtes effectuées par l'organisation, des registres de l'entreprise ou d'expériences antérieures similaires. Les sources d'information peuvent donc se trouver aussi bien à l'extérieur qu'à l'intérieur de l'organisation.

La classification de tous les faits et renseignements réunis, de même que l'évaluation de leur importance, permettent au décideur de passer à l'étape suivante.

Troisième étape : la recherche de solutions

À ce stade-ci, il faut faire ressortir toutes les solutions possibles. Une des méthodes les plus efficaces pour y arriver est communément appelée le remue-méninges (*brainstorming*). Il s'agit d'une technique de recherche d'idées : les participants à une séance de remue-méninges, dont nous reparlerons plus loin, donnent libre cours à leur imagination et formulent des suggestions pour résoudre un problème. En général, plus le nombre de solutions proposées est grand, plus la discussion sera fructueuse. À ce stade, les suggestions ne font l'objet d'aucune critique. Une évaluation sera effectuée à la prochaine étape, mais il importe d'élargir au préalable l'horizon des solutions possibles. Dans cette optique, quelques règles doivent être respectées : il faut maximiser le nombre d'idées, encourager l'expression d'idées extravagantes et n'exercer aucune censure.

Quatrième étape : l'évaluation des solutions soumises

Ensuite vient l'évaluation. Cette démarche repose sur le principe qu'il est impossible de prendre une décision éclairée si toutes les options possibles n'ont pas été évaluées. La démarche d'analyse suivante est proposée :

1. Repérer toutes les solutions susceptibles de résoudre le problème et éliminer toutes les autres.
2. Définir clairement et de façon concise chaque solution retenue et essayer d'imaginer les conséquences qu'entraînerait leur application.
3. Faire une évaluation préliminaire de chaque possibilité, en classant ses conséquences probables selon leurs avantages et leurs inconvénients.
4. Adopter un point de vue économique et évaluer les résultats possibles de chacune d'elles.

En somme, lorsque toutes les solutions possibles ont été proposées, elles doivent être évaluées qualitativement et quantitativement. Comme l'objectif premier de la prise de décision consiste à maximiser les effets de la décision choisie, il est important de choisir la solution qui présente le plus d'avantages et le moins d'inconvénients. Ainsi, pour bien saisir les répercussions d'une décision sur l'entreprise, il faut d'abord analyser chaque possibilité en pesant le pour et le contre. Plusieurs méthodes plus ou moins formelles peuvent permettre de qualifier et de quantifier les solutions. Une des méthodes privilégiées en entreprise est celle de l'arbre décisionnel. Cette méthode, que nous examinerons plus à fond à la section 9.5, consiste à simuler diverses conditions et à examiner les conséquences immédiates et à longue échéance de chaque solution possible.

Cinquième étape : le choix d'une solution

Il est important de noter que la prise de décision ne s'effectue qu'à cette étape. Malheureusement, il arrive souvent que les gestionnaires passent trop rapidement de la première à la cinquième étape, ce qui entraîne inévitablement l'adoption de solutions médiocres. Idéalement, le choix est objectif et intègre tous les faits pertinents. Après avoir comparé toutes les possibilités et cerné leurs avantages et inconvénients, le décideur se rend souvent compte que la meilleure solution ressort clairement du lot.

Sixième étape : la mise en œuvre de la solution retenue

Lorsque la solution est choisie, il faut déterminer la façon dont elle sera mise en place et choisir la personne qui en sera responsable. En fait, la mise en œuvre de la solution retenue peut elle-même faire l'objet d'un processus décisionnel. Étant donné que la mise en œuvre de la solution peut se faire en plusieurs étapes, il faut se poser quelques questions telles que : Quelles sont les étapes du processus ? Dans quel ordre se dérouleront-elles ? Qui sera responsable du déroulement ? D'où proviendront les ressources humaines, matérielles, financières et informationnelles ? Bref, il est nécessaire d'avoir une idée claire de chacune des étapes pour que la solution retenue soit mise en œuvre avec efficacité.

Septième étape : l'évaluation de la décision

Une gestion efficace comporte une évaluation périodique des résultats. Cette évaluation s'effectue en comparant les résultats obtenus avec les résultats prévus ou, plus précisément, avec les objectifs visés. Lorsque les résultats de l'évaluation montrent des écarts entre les deux points de comparaison, des changements doivent être apportés. L'évaluation de la décision, dernière étape du processus décisionnel, est donc cruciale. En effet, elle permet de s'assurer de la congruence entre les résultats obtenus et les objectifs visés.

Il est rare que la méthode rationnelle, telle que nous venons de la décrire, soit appliquée intégralement. En effet, il semble que la prise rationnelle de décision ne soit efficace que dans certaines circonstances, soit lorsqu'il y a unanimité quant aux objectifs visés, que la nature des objectifs est claire et qu'il existe plusieurs solutions possibles. Étant donné la réalité organisationnelle dans laquelle il évolue, le gestionnaire doit généralement prendre des décisions en contexte d'incertitude, lorsque l'information qu'il détient est incomplète et que les délais sont courts. Il est évident que ces circonstances ne se prêtent pas à la méthode rationnelle. C'est pourquoi d'autres modèles s'imposent, mieux adaptés à la réalité organisationnelle.

9.3.2 Le modèle de la rationalité limitée de Simon

En 1978, Hébert A. Simon a reçu le prix Nobel pour sa théorie sur la « rationalité limitée », qui remet en question le modèle de la « rationalité omnisciente » attribuée à « l'homo-economicus ». L'élément distinctif de tout ce courant est qu'en plus de la « décision », il incorpore explicitement l'analyse de l'action et des problèmes que l'organisation doit surmonter pour réaliser ses objectifs.

En 1997, Simon a établi que la rationalité est limitée par l'incapacité de l'esprit humain d'intégrer l'ensemble des valeurs, connaissances et comportements relatifs à une décision[9]. Parce qu'elle s'inscrit dans un environnement psychologique et social, la rationalité humaine se trouve limitée par des facteurs et des contraintes sur lesquels se fonde la décision. C'est dans la foulée de cette réflexion qu'est né le modèle de la rationalité limitée. Simon propose une méthode qui vise à maximiser la **qualité de la décision** en encourageant le décideur à suivre son intuition. À cet égard, Simon distingue d'abord deux types d'éléments sur lesquels se fonde la prise de décision : les faits et les valeurs. Les faits se rapportent à ce qui est observable ; une proposition factuelle peut généralement être vraie ou fausse. La décision peut en outre être le fruit de considérations éthiques et dépendre des valeurs du décideur ; une proposition à contenu éthique n'est donc pas vérifiable. Par exemple, dire que tel état de choses devrait exister, qu'il serait préférable ou désirable n'est ni vrai ni faux. Ajoutons qu'une prise de décision fait appel à certaines prémisses éthiques qui découlent des objectifs de l'organisation.

qualité de la décision
Caractère d'une décision qui se définit par l'effet qu'elle aura sur le fonctionnement du groupe.

Dans son modèle, Simon fait aussi intervenir les notions de rationalité et de comportement rationnel. Sa théorie est en effet fondée sur les comportements possibles et sur leurs conséquences. La décision devient le processus par lequel une des possibilités est choisie afin d'être mise en application. On parle de stratégie quand une série de décisions déterminent des comportements pour une période précise. La décision rationnelle permet de déterminer la stratégie qui provoquera un ensemble de conséquences désirées. Dans ce modèle, la prise de décision comprend trois étapes : d'abord, il faut dresser la liste de toutes les stratégies possibles, puis relever toutes les conséquences de chacune des stratégies et, enfin, évaluer les conséquences de façon comparative.

9.3.3 L'approche intuitive

Au cours des 20 dernières années, l'**approche intuitive** a acquis une certaine influence comme méthode explicative de la prise de décision. L'approche intuitive, ou les théories de la prise de décision naturelle, comme on l'appelle le plus souvent, repose sur des modèles descriptifs plutôt que normatifs, des stratégies utilisées par les décideurs chevronnés pour aborder les problèmes réels. Les théories de la prise de décision naturelle n'ont pas recours à la notion de choix normatif ; elles partent du principe que les décideurs utilisent des stratégies beaucoup moins formalisées, mais beaucoup plus rapides.

approche intuitive
Théorie de la prise de décision naturelle reposant sur des modèles descriptifs plutôt que normatifs.

Trois principes de base sous-tendent les théories intuitives. Le premier, c'est que les décisions sont prises après l'évaluation holistique et séquentielle des actions possibles en vertu de leur acceptabilité. Le deuxième principe, c'est que le décideur compte d'abord sur la reconnaissance pour trouver des choix

PERSPECTIVE INTERNATIONALE

Hébert A. Simon, récipiendaire d'un prix Nobel pour ses contributions à l'analyse des processus décisionnels

Herbert A. Simon, né en 1916, est un des précurseurs de l'école de la décision. C'est à la suite de la parution de son livre, *Administrative Behavior*, en 1945, que se développa une véritable théorie administrative de la décision. Ses contributions à l'analyse des processus décisionnels lui ont valu le prix Nobel des sciences économiques en 1978.

EN PRATIQUE

La prise de décision selon Sigmund Freud

Lorsque Sigmund Freud prenait une décision plus ou moins importante, il trouvait toujours avantageux de peser les «pour» et les «contre». Lorsque la décision était cruciale, comme lors du choix d'un partenaire ou d'une profession, il proposait d'aller puiser à l'intérieur de soi, dans l'inconscient. Selon Sigmund Freud, les décisions importantes concernant la vie personnelle et les individus devraient être guidées par les besoins profonds de l'homme.

Source: «On making a decision by S. Freud», *Gurteen.com*, [En ligne], www.gurteen.com/gurteen/gurteen.nsf/id/X0004FDF2/ (Page consultée le 28 janvier 2012) Adaptation d'une citation de Sigmund Freud.

possibles et les comparer à des expériences antérieures (notamment aux expériences acquises au travail et lors de la formation). Il ne produit donc pas une liste exhaustive de ces choix. Il détermine plutôt d'éventuels plans d'action en évaluant d'abord la situation, puis en y reconnaissant des situations antérieures. En se fondant sur ses expériences, le décideur peut se souvenir d'anciens plans d'action et évaluer leur pertinence dans la situation présente. Le troisième principe, c'est que le décideur se sert d'un critère satisfaisant et que, plutôt que chercher une solution optimale, il interrompt la recherche quand il a trouvé un plan d'action acceptable. Les situations réelles exigent souvent des réponses très rapides, et le décideur peut être obligé d'accepter une solution tout juste satisfaisante, sans se préoccuper de savoir s'il en existe une meilleure [10].

Le principal problème de l'approche intuitive de la prise de décision est le caractère généralement vague des modèles qu'elle formule. En 2001, Todd et Gigerenzer ont soutenu que les chercheurs avaient délibérément évité d'élaborer une théorie détaillée parce qu'ils pensaient, à tort, qu'on ne peut pas faire de modèles formalisés des processus décisionnels utilisés dans les cas réels [11]. Certes, les chercheurs en science du comportement ont tenté de développer des modèles génériques du fonctionnement cognitif, mais cela n'empêche pas la création de modèles approfondis d'opérations cognitives propres à certaines conditions. Sans modèle détaillé, il sera difficile de formuler des hypothèses assez précises pour mettre à l'épreuve les modèles intuitifs de prise de décision.

9.3.4 L'approche politique

approche politique

Processus décisionnel qui s'appuie essentiellement sur la satisfaction des besoins personnels des décideurs et qui est soutenu par les principes d'hédonisme et d'appât du gain et par une absence d'éthique.

Les chercheurs qui se sont penchés sur l'**approche politique** soutiennent que les décisions des gestionnaires ont pour principal objectif de satisfaire leurs besoins personnels. Dans cette optique, chaque décision devient bien plus qu'une occasion de faire progresser l'organisation; elle est une façon de réaffirmer la position hiérarchique (pouvoir) du gestionnaire ainsi que ses qualités de gestionnaire. Donc, loin d'être ouverts et attentifs aux multiples renseignements disponibles, les gestionnaires auront tendance à répéter les mêmes schèmes décisionnels, sans égard aux problèmes qui leur sont soumis. Le pouvoir décisionnel est alors utilisé pour renforcer la position politique des acteurs organisationnels, en fonction des stratégies et des tactiques propres à chacun de ces acteurs.

L'approche politique repose sur quatre grands principes:

1. le principe d'hédonisme, selon lequel l'individu fera tout ce qu'il peut pour satisfaire ses propres intérêts;
2. le principe de marché, selon lequel les individus sont égoïstes et motivés par les gains personnels;
3. le principe de convention, selon lequel tout individu profitera des situations sans égard aux lois ou à l'éthique;
4. le principe d'équité, selon lequel les individus légitiment les gains qu'ils accumulent par leur statut et leur position.

9.3.5 Les stratégies de résolution de problèmes

En 1967, Thompson a défini quelques règles pour aider les gestionnaires à choisir une stratégie propre à résoudre leurs problèmes [12]. Selon lui, deux dimensions majeures viennent influencer la prise de décision. La première suppose qu'on croit en un lien de cause à effet entre le problème et ses conséquences, alors que la seconde est en lien avec les préférences quant aux éventuels résultats. Lorsqu'on met ces deux dimensions en relation, on obtient une matrice qui jette un éclairage particulier sur les types de situations problématiques auxquelles se heurtent les gestionnaires (*voir la figure 9.3*).

Thompson propose une stratégie de résolution de problèmes pour chacune de ces situations. Ainsi, dans le cas de problèmes qui sont très bien structurés, très bien définis, dont les relations de cause à effet peuvent être assez bien circonscrites et dont on connaît l'aboutissement probable, il suggère une stratégie de «calcul»; la complexité de ce type de problèmes est essentiellement fonction de la quantité d'information dont on doit tenir compte lors de l'application de procédés routiniers.

Figure 9.3 Les situations organisationnelles problématiques

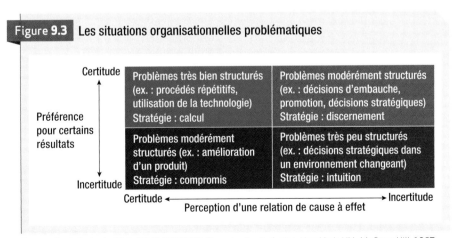

Source: Traduit et adapté de J.D. THOMPSON, *Organization in Action*, New York, NY , McGraw-Hill, 1967, p. 134.

À l'inverse, quand il s'agit de problèmes dont les relations de cause à effet sont incertaines et dont même les conséquences possibles font l'objet de spéculations et de controverses, il suggère l'élaboration ou l'utilisation de techniques de résolution de problèmes qui permettent une prise de décision plus solidement fondée, mais où prédomine l'intuition.

Pour les deux autres types de situations problématiques, qui présentent un degré modéré de complexité, Thompson préconise des stratégies de discernement et de compromis.

9.3.6 La «poubelle organisationnelle»

La méthode de la «poubelle organisationnelle» (de l'anglais *garbage can approach*) qu'ont imaginée Cohen, March et Olson en 1972, est différente des méthodes précédentes. Selon cette approche, les décisions sont habituellement prises de façon hasardeuse, voire aléatoire. L'organisation devient un amas de problèmes, de solutions, d'intervenants et de situations qui s'entremêlent et se répandent de façon désordonnée dans l'environnement organisationnel (*voir la figure 9.4*). Une décision concrète survient lorsque les éléments nécessaires à la formulation d'une décision se rencontrent. Naturellement, ces rencontres ne sont pas planifiées, et c'est au gré des conjonctures et des aléas situationnels que les décisions sont prises. On peut certes douter de la qualité de la décision qui est prise dans de telles circonstances, celle-ci étant alors davantage dictée par l'agencement arbitraire des éléments que par une démarche rationnelle.

Figure 9.4   La «poubelle organisationnelle»

Problèmes — Solutions

Intervenants — Options situationnelles

Source: Inspiré de M.D. COHEN, J.G. MARCH, et J.P. OLSON, «A Garbage Can Model of Organizationnal Choice», *Administrative Science Quarterly*, n° 17, 1972, p. 1-25.

La méthode de la «poubelle organisationnelle» pourrait être illustrée par le cas d'un service, au sein d'une organisation, qui veut épuiser son budget avant la fin de l'année fiscale. Comme les employés du service en question ne veulent pas voir cet argent leur échapper, ils procéderont d'abord à une fausse attribution des fonds, ne sachant pas encore exactement à quoi ils seront utilisés. Deux semaines après la fin de l'année fiscale, le système informatique du service tombe en panne. Heureusement, la solution (la disponibilité des crédits nécessaires pour remplacer le système), le problème (le système informatique en panne) et les individus en cause (les employés) sont en «alignement». Autrement dit, la conjoncture est parfaite: les employés ont protégé les fonds budgétaires qui pouvaient être utiles à un certain moment, le système informatique est tombé en panne et les crédits ont servi à en acheter un autre. Le problème a ainsi pu être réglé facilement.

Bien qu'elle soit marginale, cette approche démontre que les méthodes de prise de décision «étape par étape» ne sont pas les seules à avoir cours dans les organisations. Loin d'être toujours ordonné, le processus décisionnel est souvent fort chaotique. En fait, il semble que les meilleures décisions sont parfois prises de façon « accidentelle » et non planifiée.

9.4 LA PRISE DE DÉCISION EN GROUPE

Bien que la plupart des décisions puissent être prises individuellement, si le problème est complexe, il est souvent préférable de faire intervenir plusieurs personnes dans le processus décisionnel. Une décision de groupe résulte des délibérations de personnes réunies pour fournir des renseignements ou exprimer leur opinion sur le sujet. Toutefois, pour que la prise de décision en groupe soit efficace, on doit:

- *viser le consensus*: le groupe doit délibérer jusqu'à ce qu'il parvienne à une entente;
- *décourager le verbiage*: les gens ayant la parole trop facile influencent leurs collègues quant au choix d'une solution… Il faut garder à l'esprit qu'il n'y a pas de lien direct entre la quantité et la qualité des interventions;
- *éviter de tenir compte de la position hiérarchique*: parmi les membres du groupe, quelques-uns ont un rang hiérarchique plus élevé et, de ce fait, ils sont susceptibles d'exercer une influence indue sur les autres.

La prise de décision en groupe suppose la participation de subalternes et de spécialistes de la question. Elle comporte trois principaux avantages:

1. Le partage d'une plus grande quantité d'information et d'idées favorise l'élaboration de solutions originales et créatives.
2. Le sentiment d'être utile stimule l'intérêt des participants, surtout si la décision les touche directement.
3. Les personnes comprennent et acceptent beaucoup plus facilement une décision à laquelle elles ont pris part. Par conséquent, leur engagement lors de la mise en application sera plus grand.

À la prise de décision en groupe correspondent aussi certains inconvénients:

- Le temps requis avant d'aboutir à une décision est long et les coûts sont très élevés. Ainsi, plus le groupe compte de participants, plus le temps requis et les coûts augmenteront. Donc, si ces facteurs sont cruciaux pour l'entreprise, il est préférable qu'elle évite de recourir à la prise de décision de groupe.
- Il peut arriver que certains participants dominent le groupe et orientent la décision en fonction de leurs propres intérêts.
- Comme nous l'avons montré au chapitre 3, la recherche de cohésion à l'intérieur du groupe encourage une certaine conformité, ce qui limite les apports critiques de certains membres. Par ailleurs, si le souci de conformité n'est pas présent, les prises de position peuvent être si opposées que des conflits peuvent émerger entre les participants. Par conséquent, cette méthode nécessite la présence d'un leader efficace.

On peut maintenant se demander comment se conduit généralement le groupe face à une situation qui comporte un certain risque. Deux positions s'opposent : l'une favorise le risque et l'autre, la prudence. Le groupe qui opte pour la première prend plus de risques que ses membres ne le feraient probablement s'ils étaient seuls à décider. Le groupe qui préfère adopter une position prudente prend moins de risques que les membres du groupe ne pourraient le faire chacun de leur côté.

Les études indiquent que la position adoptée par le groupe dépend de l'attitude initiale des membres avant que la discussion ne commence. Ainsi, s'ils avaient une attitude prudente avant les échanges, ils auront tendance à proposer une position prudente. Le même phénomène explique l'adoption d'une position risquée. En somme, l'attitude du groupe devant le risque tend à refléter l'attitude initiale des membres.

Le gestionnaire doit donc être conscient que les interactions initiales au sein du groupe ont tendance à définir le niveau de risque qu'il acceptera. Si cette interaction favorise l'échange d'information, elle permettra d'améliorer la qualité de la décision. Au contraire, si l'interaction débouche sur une concentration ou sur une trop grande diffusion des responsabilités, elle entraînera une diminution de la qualité de la décision.

9.4.1 La facilitation du processus décisionnel par la créativité

Pour faciliter la prise de décision en groupe, il est nécessaire de créer un climat propice à la créativité et il faut que chaque personne soit prête à accepter la critique. La créativité est fréquemment associée aux artistes, aux scientifiques et aux chercheurs. De plus, on croit qu'ils ont un don et qu'ils sont plus susceptibles que la moyenne des gens d'avoir des inspirations géniales.

Cette façon de penser est de moins en moins répandue et on tend maintenant à affirmer que les administrateurs doivent aussi faire preuve de créativité. Ils doivent en effet appréhender la réalité de façon originale afin de surmonter les difficultés qui surviendront inévitablement dans l'exercice de leurs fonctions. Il est cependant juste de croire que les règles et procédures administratives, qui se veulent cohérentes et uniformisées, entraîneront l'inhibition de la créativité. C'est pourquoi on a mis au point des méthodes d'analyse qui incitent les gestionnaires à adopter des perspectives originales afin de trouver des solutions nouvelles. Trois de ces méthodes sont le remue-méninges (*brainstorming*), la méthode Delphi et la technique du groupe nominal.

Le remue-méninges (*brainstorming*)

Une des méthodes les plus efficaces pour favoriser la créativité lors de la recherche de solutions est le remue-méninges (*brainstorming*). Cette méthode met l'accent sur la production d'idées plutôt que sur leur évaluation, l'hypothèse étant que plus il y aura d'idées émises, plus la probabilité d'en trouver une qui convienne à la situation sera grande. Cependant, certaines règles doivent être respectées :

- Il faut maximiser le nombre d'idées en encourageant les membres du groupe à exprimer toutes celles qui leur passent par la tête, y compris les extravagantes, car, en soi, aucune idée n'est ridicule.

- Il ne faut critiquer aucune suggestion, car le but de l'exercice n'est pas d'évaluer les idées, mais plutôt d'en produire le plus possible.

- Il faut se rappeler que toute idée formulée appartient au groupe et non à la personne qui l'a émise ; ainsi, le groupe se sent libre d'utiliser toutes les idées et d'en trouver de nouvelles en s'inspirant de celles qui ont été exprimées.

On constate donc que, dans un contexte de remue-méninges, les idées nouvelles sont aussi valorisées et appréciées que celles qui sont élaborées à partir d'idées déjà émises.

À la suite de l'exercice de recherche d'idées, on évalue chacune des solutions formulées en suivant les étapes de la méthode rationnelle de prise de décision.

La méthode Delphi

La **méthode Delphi** suppose que certaines données sont recueillies de façon anonyme et qu'elles sont comparées. Les données sont obtenues au moyen de questionnaires soumis à des spécialistes. Deux séries de questionnaires sont généralement utilisées : la première a une portée générale et permet aux participants de présenter librement leurs suggestions pour résoudre le problème ; la deuxième amène les répondants à classifier les réponses de tous les participants par ordre de priorité. Cette dernière étape, qui vise à améliorer la qualité de la décision, est répétée jusqu'à ce que les répondants aient atteint un certain consensus.

L'exemple suivant, tiré de l'ouvrage que Tsui et Milkovich ont produit en 1977, illustre l'application de la méthode Delphi dans le domaine des ressources humaines [13]. Supposons qu'une entreprise souhaite restructurer son service des ressources humaines en vue d'accroître son efficacité et d'augmenter la satisfaction des travailleurs. S'ils emploient la méthode Delphi, les membres de la direction ou leurs représentants enverront un questionnaire à diverses personnes dans lequel ils leur demanderont d'indiquer les activités du service des ressources humaines qui devraient être dirigées par les professionnels du service et celles qui devraient l'être par les gestionnaires de l'entreprise. Les répondants, anonymes, représentent des groupes d'intérêts liés aux ressources humaines. Le questionnaire est donc adressé à des cadres, à des spécialistes, à des membres du personnel technique et du personnel de bureau, à des représentants syndicaux, à des professeurs spécialisés en ressources humaines ou à toute autre personne dont l'opinion est requise. Le questionnaire contient une longue liste d'activités propres aux ressources humaines et des énoncés tels que : « Les activités suivantes doivent être dirigées par le service des ressources humaines : (liste d'activités). » Les répondants doivent noter la valeur de chaque énoncé selon son degré

méthode Delphi
Méthode qui atténue l'influence des uns sur les autres lors d'une prise de décision en groupe. Les participants ne se trouvent pas en situation de confrontation et ne subissent pas l'influence de facteurs psychologiques.

de concordance avec leurs convictions, le chiffre 1 signifiant «absolument d'accord» et le chiffre 5, «absolument en désaccord». Les répondants ajoutent aussi des activités à la liste suggérée, s'ils le jugent nécessaire.

Les membres de la direction ou leurs représentants compilent ensuite les résultats et les retournent aux répondants, toujours en respectant l'anonymat, en leur demandant d'interpréter les divergences entre leurs réponses personnelles et les réponses compilées du groupe. Le processus est repris jusqu'à ce qu'un consensus émerge.

L'utilisation de la méthode Delphi comporte des avantages et des inconvénients (*voir le tableau 9.1*). Parmi les avantages, notons le fait qu'elle élimine les problèmes d'influence lors d'une prise de décision en groupe, puisque les répondants sont anonymes. Aussi, en évitant le groupe de discussion, on ne confronte pas les participants, mettant ainsi en sourdine l'influence de facteurs psychologiques et situant la démarche dans une optique purement rationnelle. De plus, la méthode Delphi de prise de décision est très utile lorsque les décideurs se trouvent géographiquement éloignés les uns des autres.

Évidemment, la méthode Delphi présente aussi certains inconvénients, par exemple, elle n'est pas efficace lorsqu'une décision rapide s'impose. De plus, il est très difficile de maintenir la motivation des répondants si la démarche doit se dérouler en plusieurs phases, réparties sur plusieurs mois. Le participant trouve fastidieux de remplir un questionnaire souvent complexe et, lorsqu'on lui demande de donner par écrit les raisons pour lesquelles il refuse de se rallier à la majorité, il le fait d'abord de bon gré, mais il finit par se lasser et se range alors à l'avis dominant. On peut donc douter de la valeur d'un tel consensus.

Une autre difficulté réside dans l'absence d'interaction entre les participants. Ainsi, en cherchant à combler une lacune, on en crée une autre. En effet, si l'absence d'interaction entre les participants diminue les risques d'influence indue, elle entraîne en revanche une division — qui peut être artificielle — des commentaires sur les énoncés. En effet, les commentaires des participants

Tableau 9.1 Les atouts et les limites de la méthode Delphi

ATOUTS	LIMITES
• La méthode permet de générer des consensus raisonnés qui pourront servir à légitimer certaines décisions futures.	• L'application de la méthode est relativement lourde et fastidieuse, tant pour les analystes que pour les experts.
• Elle permet de collecter une information riche, notamment en ce qui concerne les déviances, parfois plus intéressantes que les comportements normés.	• Elle apparaît à certains égards davantage intuitive que rationnelle.
• Elle peut être appliquée dans des domaines très variés (gestion, économie, techniques, sciences sociales, sciences humaines, etc.).	• Seuls les experts dont les réponses sortent de la norme sont amenés à justifier leur position.
• Elle ouvre parfois sur des perspectives ou des hypothèses non envisagées par les analystes.	• Elle suppose, chez les analystes, une excellente capacité de traitement des réponses et une grande maîtrise de tout l'exercice.

Établissement d'une politique de vaccination : un scénario utilisant la méthode Delphi

La méthode Delphi fut utilisée afin d'explorer et d'identifier les implications associées à l'introduction d'un premier vaccin contre le syndrome immunodéficitaire acquis VIH/Sida en Suisse. Au total, trente participants anonymes qui manifestaient un intérêt pour le domaine ont contribué à l'étude. L'étude a focalisé sur un scénario existant qui modélise les caractéristiques d'un premier vaccin préventif et partiellement efficace contre le VIH/Sida.

La consultation Delphi a été menée en trois étapes et les participants ont été sollicités pour :

- énumérer les objectifs à atteindre dans les cinq premières années ;

- évaluer l'acceptabilité et la faisabilité des propositions concernant le développement d'une stratégie de santé publique et de l'octroi de vaccins ;

- estimer le potentiel d'utilisation des vaccins en fonction de différents groupes d'usagers.

Le processus de consultation a induit deux principaux résultats : premièrement, une série de stratégies et de recommandations pour le développement d'un cadre d'analyse pour les campagnes de prévention et, deuxièmement, l'établissement d'un cadre d'analyse institutionnel permettant la mise en œuvre d'une future stratégie de vaccination.

Source : Traduit de P. ZUBER, *Introducing a first AIDS vaccination in Switzerland : A Delphi Policy Analysis*, Lausanne, Suisse, Institut de médecine sociale et préventive, 1994.

pourraient être mieux compris si ces derniers explicitaient les liens logiques qu'ils font entre les énoncés.

La technique du groupe nominal

La technique du groupe nominal combine les avantages des deux méthodes précédentes en ce sens qu'elle permet, en alternance, le travail individuel et la discussion de groupe selon une démarche très structurée [14]. La façon de procéder est la suivante :

1. Des personnes sont réunies pour exprimer leur opinion sur un problème donné, mais on leur dit qu'elles ne doivent pas communiquer entre elles.

2. À la suite d'une question posée par l'animateur, les participants, en silence, formulent par écrit le plus grand nombre d'opinions ou d'idées possible, dans un laps de temps donné.

3. L'animateur demande ensuite à chacun de lire la première opinion ou idée inscrite sur sa feuille. L'animateur, ou une personne désignée, retranscrit toutes les opinions ou idées émises. Il n'y a toujours pas de discussion. Le résultat de cette étape est donc une liste d'opinions et d'idées.

4. Une fois tous les énoncés bien en vue au tableau ou sur de grands cartons fixés au mur, on procède à la clarification des idées, les unes après les autres. Il s'agit alors de vérifier si tous les participants

Évaluation des programmes d'éducation à l'université Missouri-Kansas City aux États-Unis : un scénario utilisant la méthode Delphi

Désireuse de procéder à l'évaluation de ses programmes d'éducation, l'université Missouri-Kansas City, aux États-Unis, a décidé d'opter pour la méthode d'évaluation du sondage Delphi.

Le sondage Delphi enrichit la démarche d'évaluation traditionnelle en ce qu'il sollicite et considère les diverses opinions personnelles tout en limitant les influences des leaders d'opinion, ce qui permet de dresser un portrait exhaustif d'une problématique donnée.

Entrepris principalement par les étudiants, le sondage a nécessité une implication minimale de la part des chercheurs. D'entrée de jeu, mentionnons que l'enquête Delphi de l'université Missouri-Kansas City soutenait quatre principaux objectifs :

1. évaluer les programmes d'éducation existants ;

2. identifier les problèmes liés aux programmes ;

3. impliquer les étudiants dans le processus d'évaluation et obtenir leurs opinions ;

4. enseigner les méthodes d'évaluation aux étudiants.

L'évaluation fut réalisée par l'entremise de trois types de questionnaires :

1. Le premier a permis de colliger les opinions des participants concernant les priorités des programmes de recherche actuellement sous étude.

2. Le deuxième a permis de consolider les réponses obtenues au premier questionnaire. Mentionnons que ce questionnaire est le produit de l'analyse et de la reformulation, sous forme d'énoncés, des réponses au premier questionnaire. Ces énoncés représentent, en somme, le reflet exact des positions personnelles des participants concernant les dimensions à l'étude. Plus précisément, dans le deuxième questionnaire, les participants ont dû exprimer leur degré d'accord avec les énoncés.

3. Le troisième questionnaire fut élaboré de manière similaire. Les chercheurs ont bonifié les énoncés du deuxième questionnaire en ajoutant des valeurs moyennes, des qualificatifs appropriés et des commentaires correspondant aux opinions émises par les participants à l'égard de chacun des énoncés. Ce questionnaire fut, une fois de plus, révisé et commenté par les participants.

Les résultats finaux issus du processus ont été remis aux autorités responsables.

La méthode Delphi a suscité beaucoup d'intérêt chez les participants. Elle a favorisé l'identification des problèmes et a permis d'éviter l'omission de dimensions importantes à l'atteinte d'un meilleur succès dans les programmes.

À la lecture des résultats obtenus, la présidence de l'université a adopté et encouragé l'utilisation de la méthode de sondage Delphi à titre d'outil d'évaluation efficace pour ses programmes d'éducation.

Source : Traduit et adapté de L. GARAVALIA et M. GREDLER, « Teaching Evaluation through Modeling - Using the Delphi Technique to Assess Problems in Academic Programs », *American Journal of Evaluation*, vol. 25, n° 3, 2004.

attribuent le même sens aux énoncés et s'ils comprennent la logique qui sous-tend chaque opinion. Cela permet de vérifier le degré d'acceptation des opinions et des idées inscrites au tableau.

5. Cette discussion de groupe est suivie d'un vote individuel sur l'importance relative des énoncés. Les énoncés qui reçoivent le plus de votes constituent les priorités du groupe. La décision du groupe résultera de la compilation mathématique des votes individuels. Pour diminuer la dispersion des votes et resserrer le consensus, on ajoute, si nécessaire, une autre étape, consacrée à la discussion des résultats du vote, puis on procède à un dernier vote.

Des commentaires sur ces techniques

En 1977, Madsen et Singer ont démontré, dans une recherche comparative, que la technique du remue-méninges, fondée sur l'hypothèse «plus on est nombreux, plus on a d'idées», ne donne pas les résultats escomptés. Selon ces auteurs, un groupe d'individus produit moins d'idées que le même nombre d'individus, chacun de son côté [15].

Par ailleurs, la méthode Delphi et la technique du groupe nominal donnent de très bons résultats. Dans le premier cas, les participants sont anonymes et communiquent leur opinion par écrit et, dans l'autre, ils sont invités à faire part de leur opinion verbalement et à en discuter.

9.5 LA PRISE DE DÉCISION ET LE LEADERSHIP — LE MODÈLE DE VROOM ET YETTON

Il est évident que la prise de décision est étroitement liée au style de leadership préconisé par une organisation. Un style de leadership de tendance démocratique favorisera la décentralisation des décisions, tandis qu'un style plus autoritaire provoquera l'inverse. Afin d'illustrer l'interrelation entre prise de décision et style de leadership, nous présentons ci-dessous le **modèle de Vroom et Yetton** (1973) [16].

La singularité du modèle de Vroom et Yetton réside dans l'utilisation d'un modèle normatif permettant aux gestionnaires de décider quel style de leadership est le plus approprié à une situation donnée. Pour ces auteurs, le choix d'un style de leadership équivaut essentiellement à décider du recours à la participation des employés et de l'importance de cette participation. Les auteurs ont retenu deux variables situationnelles : l'acceptation de la décision par les employés et la qualité de la décision.

L'**acceptation de la décision** par les employés dépend étroitement de leur participation à la prise de décision. Selon Vroom et Yetton, plus le degré de participation des subordonnés est élevé, plus ils sont susceptibles d'accepter la décision et plus son application risque d'être réussie. La qualité de la décision, quant à elle, est fonction de l'effet qu'elle aura sur le fonctionnement du groupe.

modèle de Vroom et Yetton
Modèle qui a pour postulat de base qu'aucun style de leadership n'est assez bon pour s'appliquer à toutes les situations et que, par conséquent, les gestionnaires doivent être assez flexibles pour changer leur style de leadership en fonction des particularités des situations qui se présentent.

acceptation de la décision
Attitude des employés qui dépend étroitement de leur degré de participation à la prise de décision. Selon Vroom et Yetton, plus le degré de participation des subordonnés est élevé, plus il y a de chances qu'ils acceptent la décision, ce qui en facilite par le fait même l'application.

Ainsi, lorsqu'une décision doit être prise, le leader doit tout d'abord analyser la situation pour ensuite choisir le style de leadership le plus approprié. Vroom et Yetton ont situé sur un même continuum cinq styles de leadership qui varient selon le niveau de participation des subordonnés à la prise de décision (*voir la figure 9.5*).

Le leader qui adopte le style A1 exerce une gestion très autocratique et il le démontre en prenant seul toutes les décisions. Le leader de type A2 adopte lui aussi un comportement autocratique, mais il recueille les renseignements dont il a besoin auprès de ses subordonnés, avant de décider seul. Le leader de style C1 encourage la discussion pour évaluer le problème. Toutefois, il arrive que sa décision ne reflète pas l'opinion des individus consultés. C'est le leader consultatif. Le leader qui adopte le style C2 favorise la consultation en groupe lorsqu'un problème se pose. Mais encore une fois, il est possible que la décision finale ne reflète pas l'opinion du groupe. Enfin, le leader de style G2 opte pour la prise de décision en groupe.

Pour guider les gestionnaires dans le choix du style de leadership à adopter, Vroom et Yetton ont élaboré un arbre décisionnel qui comporte sept questions ; les trois premières ont trait à la qualité de la décision et les quatre dernières, à l'acceptation de la décision. Ainsi, en répondant à ces sept questions, le leader peut déterminer le style de leadership le plus approprié dans un contexte donné. Voici ces questions :

1. Est-ce que le critère de qualité est très important dans le choix de la solution ?
2. Est-ce que j'ai assez d'information pour prendre une décision éclairée ?
3. Est-ce que le problème est structuré ?
4. Est-il important pour son implantation que la décision soit acceptée par les subordonnés ?
5. Si je prends la décision seul, est-ce raisonnable de croire que mes subordonnés l'accepteront ?
6. Est-ce que les subordonnés approuvent les objectifs organisationnels visés par la résolution du problème ?
7. Est-ce que les solutions préférées sont susceptibles de créer des conflits parmi les subordonnés ?

Lorsqu'il utilise l'arbre de décision pour choisir un style de leadership adéquat, le leader commence par se poser la première question, puis il place

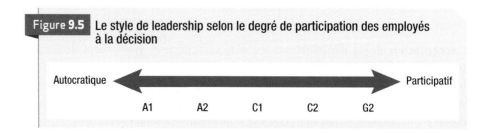

Figure 9.5 Le style de leadership selon le degré de participation des employés à la décision

sa réponse sur la branche appropriée. Il répète ce processus en suivant les embranchements associés aux questions, ce qui le conduit au style de gestion à préconiser (*voir la figure 9.6*). Si sa réponse à la première question est négative, il doit tout de suite passer à la quatrième question, puisque les trois premières ont trait à la qualité de la décision, aspect qu'il vient de juger non important par sa première réponse.

Ce modèle a suscité beaucoup d'intérêt chez les chercheurs et chez les gestionnaires et il demeure, encore aujourd'hui, un instrument de gestion séduisant.

Figure 9.6 L'arbre de décision de Vroom et Yetton

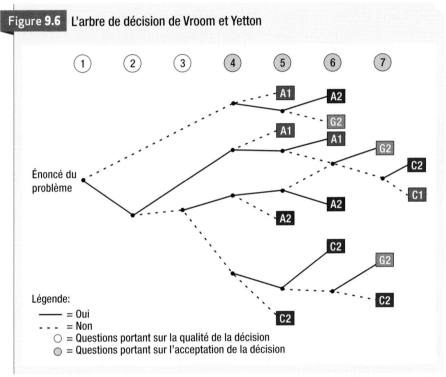

Source : Traduit et adapté de V.H. VROOM et P.W. YETTON, *Leadership and Decision Making*, Pittsburg, PA, University of Pittsburg Press, 1973, p. 36.

9.6 L'INNOVATION ET LA CRÉATIVITÉ EN MILIEU DE TRAVAIL

Les pressions de la concurrence, les changements technologiques et l'évolution des préférences des consommateurs ont forcé de nombreuses entreprises à repenser leurs stratégies et pratiques organisationnelles traditionnelles. La nouvelle organisation du milieu de travail a provoqué l'accroissement de la flexibilité de l'entreprise, tant en ce qui touche ses activités internes que ses interactions avec les marchés extérieurs. Pour favoriser leur flexibilité, les entreprises peuvent adopter une vaste gamme de stratégies, de structures et de pratiques : elles peuvent restructurer les emplois et y instaurer le principe de polyvalence, encourager le recyclage professionnel et la formation avancée, diminuer la stratification des fonctions, développer des canaux de communication horizontale, instaurer des mesures incitatives de rendement et des horaires atypiques, développer l'impartition et la sous-traitance, etc. Il n'y a pas, toutefois, une seule façon de faire pour accroître la flexibilité dans l'entreprise.

changement organisationnel

Toute modification touchant l'environnement de travail, par exemple les buts et les stratégies de l'entreprise, sa technologie, la répartition des tâches, la structure ou les ressources humaines.

Selon les profils de **changement organisationnel**, de nombreux facteurs contingents sont spécifiques à l'entreprise. Ces facteurs ont forcé de nombreuses organisations à réfléchir aux nouveaux styles de leadership et amené des cadres supérieurs et les employés en général à faire preuve d'une plus grande créativité dans leurs décisions.

Étant donné le contexte socioéconomique des dernières années, l'innovation est désormais indispensable à toute organisation (que ce soit une entreprise, une association, une institution, etc.) qui veut se distinguer de ses concurrents. Il lui faut constamment concevoir de nouveaux produits et services et les introduire sur le marché, de préférence avant ses concurrents. En effet, être la première sur un marché peut lui procurer des avantages concurrentiels très importants. En fonction de sa stratégie, elle devra imaginer des produits et services qui répondent aux attentes de ses clients actuels et potentiels (innovation orientée vers le client) avant que les entreprises concurrentes ne le fassent.

L'innovation ne doit pas être perçue comme étant le domaine réservé des vitrines technologiques ou des journées portes ouvertes. Elle touche tous les stades de la vie d'un produit : sa conception, le choix de ses composantes, sa fabrication, sa présentation, la rencontre avec les clients, etc. [17].

9.7 LE MANAGEMENT DE LA CRÉATIVITÉ

management de la créativité

Méthode qui vise à favoriser la créativité des membres d'une organisation.

Le **management de la créativité** vise à améliorer l'inventivité des employés d'une organisation, ce qui est important dans le cadre d'un projet innovant. La créativité consiste à trouver des idées originales, qui peuvent prendre la forme de solutions à des problèmes organisationnels, de nouveaux produits ou de nouveaux services.

Le cadre normal d'une organisation est souvent peu propice à la créativité. L'organisation a besoin de stabilité pour exercer ses activités, ce qui s'accommode mal des à-coups d'une activité créatrice. Une équipe distincte du reste de l'organisation, une équipe de projet par exemple, constitue un environnement dans lequel les cadres peuvent retrouver leur créativité.

Certains mécanismes de la créativité ont été mis en évidence :

- *Utiliser d'une façon nouvelle des idées anciennes.* Par exemple, trouver un usage inédit à un objet déjà existant.

- *Décomposer le problème à résoudre.* Prises séparément, les composantes d'un problème peuvent être plus faciles à maîtriser.

- *Reformuler le problème.* Parfois, quand on énonce un problème en en modifiant les termes, sa solution devient évidente.

- *Être naïf*. Aborder un problème avec un regard neuf afin d'éviter les idées toutes faites. Laisser la naïveté s'exprimer permet aussi à ceux qui ont de bonnes idées de les exprimer, même si elles sont incomplètes.

9.7.1 Les outils et les méthodologies d'aide à la créativité

Plusieurs méthodes permettent de générer de la créativité ou d'en améliorer la qualité. Les plus connues sont la méthode des six chapeaux, d'Edward de Bono (2005), la méthode TRIZ et la méthode ASIT[18].

La méthode des six chapeaux

Dans la **méthode des six chapeaux**, les six chapeaux sont de couleurs différentes. À chaque couleur est associé un rôle. Chaque participant prend un «chapeau» et, ce faisant, assume un rôle et adopte un mode de pensée. Tous les participants se réunissent ensuite et, à tour de rôle, endossent à la fois leur rôle et celui de tous les autres. L'ordre d'entrée en scène des six chapeaux est déterminé en fonction du problème à traiter.

méthode des six chapeaux
Méthode de gestion permettant de traiter les problèmes en évitant la censure.

Le chapeau BLANC Lorsqu'il porte le chapeau BLANC, le penseur énonce des faits, purement et simplement. La personne alimente le groupe en chiffres et en information factuelle. C'est la froideur de l'ordinateur et du papier. C'est la simplicité, le minimalisme.

Le chapeau ROUGE Avec le chapeau ROUGE, le penseur rapporte de l'information porteuse d'émotions, de sentiments, d'intuitions et de pressentiments. Il n'a pas à se justifier auprès des autres chapeaux. C'est le *feu*, la *passion*.

Le chapeau NOIR Lorsqu'il porte le chapeau NOIR, le penseur s'objecte constamment en soulignant les *dangers* de la concrétisation d'une idée. C'est l'*avocat du diable*! C'est la *prudence*, le *jugement négatif*.

Le chapeau JAUNE Lorsqu'il porte le chapeau JAUNE, le penseur confie ses *rêves* et ses idées les plus folles à ses collègues. Ses commentaires sont constructifs et tentent d'activer la réalisation des idées suggérées par les autres membres du groupe. C'est le soleil et *l'optimisme*.

Le chapeau VERT Lorsqu'il porte le chapeau VERT, le penseur provoque, cherche des solutions de rechange. Il s'inspire de la pensée latérale et tente de voir le problème autrement. Il sort des sentiers battus et propose des idées neuves. C'est la fertilité des plantes, la *semence des idées*.

Le chapeau BLEU C'est le meneur de jeu, l'animateur de la réunion; il canalise les idées et les échanges entre les autres chapeaux. C'est le bleu du *ciel qui englobe tout*.

Ce système crée un climat cordial et créatif et facilite la contribution de chacun à la discussion. Cela permet à tous d'être sur la même longueur d'onde (*voir la figure 9.7, page suivante*); les idées des uns font naître celles des autres. Cette méthode centralise l'énergie créatrice de l'équipe, rarement sollicitée.

On peut résoudre les problèmes plus rapidement en concentrant les pensées sur le problème à régler. Les idées nouvelles sont protégées de la critique immédiate et peuvent donc se développer. Cette méthode, selon de Bono, est donc beaucoup plus productive que la méthode d'argumentation critique habituelle.

La méthode TRIZ

TRIZ

Acronyme russe de la Théorie innovante de résolution de problèmes «*Teorija Reshenija Izobretateliskih Zadatch*».

La méthode **TRIZ** est une approche algorithmique éprouvée pour résoudre les problèmes techniques. L'ingénieur et scientifique russe Genrith Altshuller a commencé à élaborer cette méthode en 1946, en découvrant que l'évolution des systèmes techniques était régie par des lois objectives. Ces lois peuvent être utilisées pour conduire de façon rigoureuse le développement d'un système tout au long de son évolution technique et y implanter des innovations.

La méthode TRIZ part du principe que les problèmes éprouvés durant la conception d'un nouveau produit ou service présentent des analogies entre eux et que des solutions analogues doivent donc pouvoir s'appliquer. La

Figure 9.7 Carte synthèse : six chapeaux pour penser

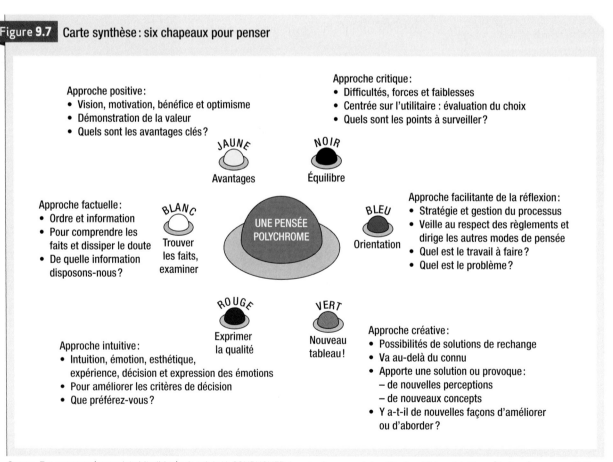

Source: Topogramme (en anglais *MindMap*) adapté de N. COURNOYER, *Les six chapeaux de la réflexion d'Edward de Bono*, [En ligne], www.creativite. net/six-chapeaux-de-la-reflexion-edward-de-bono-creativite-1/ (Page consultée le 4 décembre 2011)

reconnaissance et l'application de ce principe permettent d'éviter de réinventer perpétuellement la roue.

L'ambition de la méthode TRIZ est de favoriser la créativité ou de stimuler la recherche de concepts innovants en proposant aux ingénieurs et inventeurs des outils de déblocage de l'inertie mentale. En respectant la créativité de chacun, la méthode de conception TRIZ guide le concepteur, à chaque étape de la résolution de problème, en lui proposant systématiquement des solutions génériques et des outils éprouvés. Cette méthode permet de profiter de l'expérience acquise dans différents domaines d'activité et des principes fondamentaux qui en ont été tirés. La méthode TRIZ conduit l'utilisateur vers la bonne formulation de son problème. Les «fils rouges» de réflexion de la méthode TRIZ permettent au concepteur de réagir et d'adapter les indications données en solutions concrètes. La méthode a été élaborée après l'analyse de quelques millions de brevets internationaux et repose donc sur la compréhension de multiples méthodologies de résolution de problèmes et de principes d'innovation communs à une grande variété de domaines. Concrètement, la méthode TRIZ permet :

- la résolution de la contradiction poids/puissance durant la conception d'un moteur ou encore la contradiction vitesse/empreinte mémoire pendant la conception d'ordinateurs ;

- la description de la situation à étudier à l'aide d'un schéma fonctionnel ;

- l'élaboration de modules de résolution ayant pour objectif de structurer et systématiser la démarche de réflexion (génération d'un maximum d'idées autour d'un problème rencontré) ;

- la création d'un répertoire de 7500 connaissances scientifiques et techniques permettant d'affiner les concepts générés et d'en trouver d'autres ;

- l'extraction d'informations de base de brevets publics ; proposition d'outils pour en analyser rapidement les contenus ;

- le tri des idées les plus intéressantes et la production d'un rapport ;

- l'innovation sans tout réinventer — cinq niveaux d'inventivité ont été établis : de la solution apparente (niveau 1) à la découverte scientifique (niveau 5). La méthode TRIZ s'applique de manière optimale aux niveaux 3 et 4 (amélioration majeure et nouveau concept) (*voir la figure 9.8, page suivante*).

Les avantages de la méthode TRIZ

- Elle permet la création rapide et efficace de nouveaux concepts techniques.

- Elle remplace les méthodes lourdes d'essais et erreurs par une approche systématique de résolution de problèmes complexes.

- Elle réduit les dépenses en réalisant des analyses de coûts.

- Elle assiste les ingénieurs dans la mise en place de *technologies* et de solutions de qualité.

- Elle permet aux *entreprises* de se démarquer grâce au développement rapide de produits et de processus innovateurs.

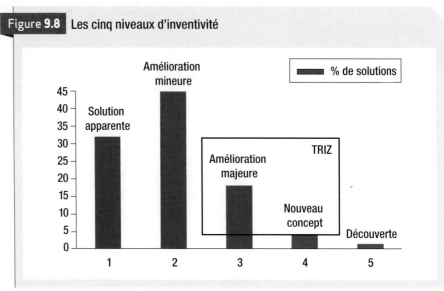

Figure 9.8 Les cinq niveaux d'inventivité

Source : « TRIZ », *Wikipedia,* [En ligne], www.fr.wikipedia.org/wiki/TRIZ (Page consultée le 8 février 2012)

La méthode ASIT

méthode ASIT

Méthode dont les conditions définissent la solution créative et dont les outils permettent de l'atteindre.

Issue de la méthode TRIZ, la **méthode ASIT** est une méthode de résolution de problèmes créative basée sur deux conditions et cinq outils[19].

Les conditions

- *La condition du monde clos* : Dans un monde clos, la solution inventive ne comporte pas de type d'objet absent dans le monde du problème. À titre d'exemple, selon le principe de l'immunologie en médecine, on constate que la solution du problème peut être puisée dans le problème lui-même.

- *La condition du changement qualitatif* : Au moins un des facteurs aggravants du monde du problème est changé en facteur bénéfique ou neutre.

Les cinq outils Ils permettent de proposer des solutions de base (idées) qui peuvent être développées, une seule à la fois ou plusieurs en même temps. Les outils permettent de débloquer la créativité ou de contourner ce qui peut lui faire obstacle (fixations).

- *L'unification* : On cherche un objet déjà présent dans le monde du problème et on tente de l'amener à réaliser l'action voulue.

- *La multiplication* : On ajoute un objet proche à un objet existant et on tente de l'amener à réaliser l'action voulue.

- *La division* : On prend un objet existant, on le décompose et on tente d'amener une de ses parties à réaliser l'action voulue.

- *Casser la symétrie* : On prend un objet existant, on en cherche les caractéristiques et on les modifie pour obtenir de nouveaux résultats.

- *La suppression* : On prend un objet existant, on le supprime et on analyse le fonctionnement du monde du problème sans cet objet.

PERSPECTIVE INTERNATIONALE

La stratégie d'innovation d'Apple

Comment la compagnie la plus novatrice au monde s'y prend-elle pour créer et introduire dans la société des produits à succès et innovants comme le iPod, iTunes et le iPhone? Quels sont les ingrédients qui génèrent ses succès innovants?

Force est de constater que le résultat ne provient probablement pas d'une seule et unique stratégie, mais bien d'un amalgame de différents éléments dont:

- la création d'une culture de créativité et d'innovation;
- un effort soutenu dans la recherche de produits innovants;
- une constante évaluation du modèle organisationnel;
- l'alimentation pour un désir d'innovation chez les leaders et dans le style de leadership de Steve Jobs;

- le maintien d'un état de veille sur les besoins des clients et un réalignement continu.

Avec la disparition de Steve Jobs, un dirigeant passionné, charismatique et visionnaire, plusieurs se demandent si Apple saura conserver sa position d'entreprise novatrice.

Saviez-vous qu'une des meilleures citations de Steve Jobs provient de Wayne Gretzky, le célèbre joueur de hockey canadien?

« ...Je patine où la rondelle ira et non où elle a été. »

Selon Steve Jobs, depuis les débuts d'Apple, c'est toujours ce qu'ils ont essayé de faire et c'est ce qu'ils veulent continuer de faire!

La croissance et l'innovation d'Apple sont avant tout essentiellement guidées par une vision profonde portant sur les besoins futur du monde. Cette vision a été énoncée par Steve Jobs et véhiculée par lui et son entourage.

Source: Traduit et adapté de « Apple's Innovation Strategy – Learn How Apple Innovates », [En ligne], www.innovationmain.com/Apple-eBook. html (Page consultée le 8 février 2012)

CONCLUSION

La prise de décision est une activité inhérente à la vie organisationnelle et au travail du gestionnaire. En fait, une décision résulte essentiellement d'un choix opéré entre différentes options ou solutions possibles. Il existe deux types de décisions: les décisions programmées — de nature répétitive — et les décisions non programmées — de nature occasionnelle.

Divers facteurs influent sur la prise de décision. Le décideur peut se laisser guider par son intuition, s'appuyer sur ses valeurs personnelles, se fier à son jugement ou à sa raison. L'approche rationnelle oblige le décideur à suivre un cheminement logique en franchissant les étapes suivantes: définition du problème, analyse des faits pertinents, recherche de solutions, évaluation des options, choix d'une solution, mise en œuvre de la solution retenue et évaluation des résultats. Parce que l'efficacité de l'approche rationnelle est restreinte par certains facteurs, Herbert A. Simon a élaboré le modèle de la rationalité limitée, qui favorise l'optimisation de la décision.

La décision peut être prise individuellement ou en groupe. La prise de décision en groupe a des avantages : la solution trouvée peut être plus créative, les individus qui y participent peuvent jouir d'un meilleur moral, l'acceptation de la décision peut être facilitée. Elle a aussi des inconvénients : la décision est plus longue à prendre, les coûts associés au processus décisionnel sont plus élevés et le souci de conformité peut inhiber la créativité des membres du groupe.

Lorsqu'un groupe doit prendre une décision et que cette décision comporte des risques, il peut choisir d'adopter deux positions opposées : accepter de prendre plus de risques que ses membres ne l'auraient fait individuellement ou adopter une attitude plus prudente et prendre moins de risques que ne l'auraient fait ses membres séparément.

Diverses techniques et méthodes ont été élaborées pour aider les gestionnaires à rendre plus créatif le processus décisionnel de groupe, dont le remue-méninges, la méthode Delphi et la technique du groupe nominal.

QUESTIONS **DE RÉVISION**

1. Décrivez une décision programmée et une décision non programmée que vous avez prises au cours de la dernière semaine.

2. Est-il justifié de dire que le modèle de la rationalité limitée de H.A. Simon est un complément de la méthode rationnelle ? Expliquez et commentez votre opinion.

3. Quels sont les principes de base qui différencient l'approche intuitive de la méthode rationnelle ?

4. Selon l'approche politique, un gestionnaire prend toujours ses décisions dans un sens qui favorise l'assouvissement de ses besoins personnels. En vous référant aux principales écoles de pensée en psychologie, justifiez cette dynamique décisionnelle.

5. Décrivez un type de décision qu'un groupe pourrait prendre de façon beaucoup plus efficace qu'un individu seul et, à l'inverse, un type de décision qu'un individu pourrait prendre en étant bien plus efficace qu'un groupe.

6. La technique du groupe nominal est une synthèse de la méthode Delphi et du remue-méninges. Expliquez cette technique.

7. Selon Vroom et Yetton, si un gestionnaire adopte un style de leadership très autocratique, quel est, théoriquement, le niveau d'information qu'il détient d'une situation donnée ?

8. En quoi le «management de la créativité» améliore-t-il l'inventivité des membres d'une organisation ? Nommez et décrivez une technique ou une méthode pouvant stimuler la créativité.

AUTO-ÉVALUATION

Le style décisionnel

Remplissez le questionnaire ci-après portant sur la résolution de problèmes. Prenez le temps d'y répondre avec soin et en toute franchise. Vos réponses devraient refléter votre comportement tel qu'il est (et non tel que vous le souhaitez). Ce questionnaire vise à vous aider à déterminer votre style décisionnel. Aucune réponse n'est bonne ou mauvaise. Après avoir rempli le questionnaire, calculez vos résultats de la manière indiquée. Vous devriez découvrir les aptitudes que vous devez acquérir afin d'améliorer votre capacité à résoudre les problèmes ainsi que votre créativité.

Remplissez le questionnaire en utilisant l'échelle d'évaluation suivante :

C'EST TOUT À FAIT FAUX	1
C'EST FAUX	2
C'EST PLUTÔT FAUX	3
C'EST PLUTÔT VRAI	4
C'EST VRAI	5
C'EST TOUT À FAIT VRAI	6

Lorsque je suis aux prises avec un problème courant :

_____ **1.** Je prends toujours soin de le définir de façon claire et explicite.

_____ **2.** J'envisage toujours plus d'une manière de le résoudre.

_____ **3.** J'évalue les diverses solutions possibles en fonction de leurs conséquences à court et à long terme.

_____ **4.** Je définis ce problème avant de le résoudre ou, en d'autres termes, j'évite d'adopter une solution prédéterminée.

_____ **5.** Je procède par étapes, c'est-à-dire en m'assurant de ne pas confondre la définition du problème, la mise en évidence des options possibles et le choix d'une solution.

Lorsque je suis aux prises avec un problème complexe ou épineux pour lequel il n'existe aucune solution manifeste :

_____ **6.** J'essaie de le définir de plusieurs manières.

_____ **7.** Je m'efforce de l'aborder d'une manière flexible et de ne pas simplement m'en remettre à la sagesse populaire ou aux usages établis.

_____ **8.** Je cherche les éléments communs à divers aspects du problème.

_____ **9.** J'essaie d'explorer différentes avenues en posant de nombreuses questions sur la nature du problème.

_____ **10.** Je m'efforce de le résoudre en utilisant à la fois l'hémisphère gauche et l'hémisphère droit de mon cerveau, c'est-à-dire la logique et l'intuition.

_____ **11.** Je me sers fréquemment de métaphores ou d'analogies pour analyser le problème et déterminer à quoi il ressemble.

_____ **12.** J'essaie de l'envisager sous différents angles et d'élaborer plusieurs définitions.

_____ **13.** Je m'abstiens d'évaluer une solution quelconque avant d'en avoir trouvé d'autres.

_____ **14.** Je choisis, dans bien des cas, de décomposer le problème en des éléments plus simples que j'analyse ensuite un par un.

_____ **15.** J'essaie d'envisager des solutions multiples témoignant d'une certaine créativité.

Lorsque je tente d'amener les gens avec qui je travaille à être plus créatifs et plus innovateurs :

_____ **16.** J'essaie de faire en sorte qu'ils puissent consacrer du temps à leurs idées sans subir les contraintes de la marche à suivre normale.

___ **17.** Je m'assure que divers points de vue sont représentés au sein du groupe chargé de la résolution de problèmes.

___ **18.** Je formule à l'occasion des suggestions et même des demandes extravagantes, dans le but d'inciter les gens à trouver de nouvelles façons d'aborder le problème.

___ **19.** J'essaie d'obtenir de l'information des clients au sujet de leurs préférences et de leurs attentes.

___ **20.** Je demande parfois à des personnes de l'extérieur (des clients ou des experts reconnus, par exemple) de prendre part aux discussions visant à résoudre le problème.

___ **21.** Je souligne non seulement la contribution des individus qui formulent des idées, mais aussi celle des gens qui appuient les idées des autres et fournissent les ressources nécessaires à leur mise en œuvre.

___ **22.** J'encourage les gens à passer outre aux règles établies, en toute connaissance de cause, pour trouver des solutions dénotant une certaine créativité.

Résultats

Le tableau ci-après vous donnera une vue d'ensemble de vos résultats. Il vous aidera à reconnaître vos points forts et à déterminer ce qu'il vous faut améliorer.

1. Calculez votre résultat pour chaque aptitude en additionnant les nombres que vous avez indiqués devant chaque énoncé.

2. Faites le total des trois résultats obtenus et indiquez-le dans la case appropriée.

APTITUDES	ÉNONCÉS	ÉVALUATION - RÉSULTAT
Résoudre les problèmes de façon rationnelle	1, 2, 3, 4, 5	
Résoudre les problèmes en faisant preuve de créativité	6, 7, 8, 9, 10, 11, 12, 13, 14, 15	
Favoriser l'innovation	16, 17, 18, 19, 20, 21, 22	
RÉSULTAT TOTAL		

Évaluation des résultats

Évaluez vos résultats en les comparant : 1) à ceux d'autres étudiants de votre classe ; 2) à la moyenne obtenue par un groupe de référence formé de 500 étudiants en administration des affaires, aux États-Unis. Si vous preniez place dans ce groupe :

- un résultat égal ou supérieur à 105 vous placerait dans le premier quartile ;
- un résultat compris entre 94 et 104 inclusivement vous placerait dans le deuxième quartile ;
- un résultat compris entre 73 et 93 inclusivement vous placerait dans le troisième quartile ;
- un résultat égal ou inférieur à 72 vous placerait dans le dernier quartile.

Source : Traduit de D.A. WHETTEN et K.S. CAMERON, *Developing Management Skills*, 2ᵉ éd., © 1991, p. 160-161, 274-276. Réimprimé avec la permission de Pearson Education, Inc., Upper Saddle River, NJ.

ÉTUDE **DE CAS**

J.D. VIKING LTÉE

Cas élaboré par **André Durivage,** *Ph.D., professeur au Département des sciences administratives de l'Université du Québec en Outaouais.*

La compagnie J.D. Viking fut fondée en 1980 par un immigrant scandinave, Jack David Viking. En 30 ans, la petite scierie locale est devenue un producteur de bois d'œuvre d'envergure nationale. Selon J.D. Viking, la compagnie vise à devenir la «meilleure au monde». Afin d'atteindre cet objectif, elle a instauré, en 2005, un programme d'amélioration continue appelé QV200 ou «Qualité Viking 200». Ce programme, implanté dans chacune des 13 divisions de la compagnie, vise à la fois l'amélioration de la qualité des processus et la création d'une saine compétition entre les divisions. Chaque division accumule des points en fonction du barème suivant :

OBJECTIF GÉNÉRAL	OBJECTIF SPÉCIFIQUE	POINTS
Sécurité	Réduction du nombre d'incidents	30
Qualité	Mise en place de procédés stables visant à satisfaire les besoins des clients	30
Réduction des coûts	Réduction des coûts de l'ordre de 20 %	80
Production	Amélioration de la production	30
Catégorie spéciale	Varie selon les périodes	30
TOTAL		200

Ce programme a permis à l'ensemble des divisions d'améliorer substantiellement leur performance. Cependant, comme tout processus d'amélioration continue, les gains importants qui furent observés au cours des premières années sont difficiles à soutenir.

Monsieur Viking croit que le programme d'amélioration de la qualité doit maintenant s'étendre à la gestion des ressources humaines. Selon lui, les équipements et les méthodes de production fonctionnent de manière optimale et les efforts devraient maintenant viser à améliorer le «facteur humain». S'y connaissant peu en gestion des ressources humaines, il a décidé de mettre sur pied

un comité dont le mandat consisterait à prendre les meilleures décisions quant aux orientations à adopter en la matière. Le comité est composé des cinq personnes suivantes :

- Garry Stanfeld est le spécialiste en relations de travail. C'est le maître d'œuvre de toute négociation avec les nombreux syndicats en place dans l'une ou l'autre des divisions de l'entreprise.

- Tim Osher était, jusqu'à tout récemment, celui qui possédait le plus de connaissances en gestion des ressources humaines. Tim a démissionné il y a trois mois, à la demande de J.D. Viking. Selon Garry Stanfeld, Tim voulait effectuer des changements trop rapidement. De plus, sa forte personnalité entrait parfois en conflit avec celle du grand patron. Tim occupait un poste de vice-président. Depuis son départ, le poste n'a pas été comblé.

- Colleen Bastien est une jeune bachelière en administration des affaires (avec plusieurs cours en gestion des ressources humaines). Colleen travaillait pour Tim Osher.

- John Seconhand a récemment joint les rangs de l'équipe. John a travaillé pendant quatre ans dans une des usines de pâte et papier de la compagnie, où il était superviseur. John a obtenu son baccalauréat en administration l'automne dernier et connaît relativement peu de choses en ressources humaines. Il est cependant dynamique et a démontré une forte volonté d'apprendre. John a la réputation d'être un travailleur apprécié de ses collègues de travail.

- Anne Labelle est secrétaire. Elle travaille pour la compagnie depuis deux ans. Âgée de 20 ans, elle suit présentement un cours d'administration à temps partiel et compte obtenir son diplôme en 2015.

Par ailleurs, vous possédez l'information suivante :

- Le style de gestion de J.D. Viking est à la fois autoritaire et paternaliste. Cependant, il valorise l'autonomie et est prêt à prendre des risques

◆

et à faire confiance à ses ressources dans la mesure où elles ne font pas d'erreurs graves.

- Il y a un responsable des ressources humaines dans chaque division de l'entreprise. Dans la plupart des cas, il s'agit d'employés de longue date qui ont obtenu ce poste par voie d'ancienneté dans le secteur administratif.

- Pour l'instant, chaque division est autonome en matière de gestion des ressources humaines. Le secteur corporatif offre des services de soutien sur demande (par exemple, recrutement, administration de tests, gestion de la paie, etc.). Les responsables des ressources humaines sont jaloux de leur autonomie et protègent farouchement leur territoire. Vous savez que d'emblée, ces responsables n'adoptent pas avec enthousiasme les initiatives présentées par le quartier général.

- Un survol rapide des divisions permet de relever un certain nombre de points communs :

    - La technologie a évolué de manière fulgurante. Autrefois, les employés devaient constamment manipuler des charges lourdes. Aujourd'hui, la machinerie spécialisée exécute 98 % de ces travaux. Le rôle des employés consiste maintenant à contrôler des ordinateurs complexes. On estime que toutes les usines seront complètement informatisées d'ici cinq ans. Cette transformation nécessitera une réduction de 35 % des effectifs. Dans l'ensemble, les employés sont peu instruits. Plusieurs ont été embauchés en raison de leur force physique.

    - Plusieurs usines sont situées dans de petites localités et leur main-d'œuvre est souvent composée de membres d'une même famille, d'amis ou de relations proches.

    - Les employés hésitent à accepter des postes d'autorité de peur d'être mal perçus par leur entourage immédiat. De plus, lorsqu'on tient compte des heures supplémentaires, les avantages salariaux d'un poste de superviseur deviennent marginaux.

    - De façon générale, les syndicats de l'entreprise sont à la fois forts et présents.

    - Même si les accidents de travail ont diminué dans l'ensemble, plusieurs employés ne portent pas les équipements de protection exigés. Les superviseurs ferment les yeux de peur de faire face à une trop forte résistance de la part des employés.

    - Les employés sont généralement satisfaits de leur salaire et de leur emploi.

    - La plupart des plaintes formulées aux responsables des ressources humaines touchent l'augmentation importante du nombre d'employés sur appel (parfois jusqu'à 30 % de la main-d'œuvre). Ces employés n'ont pas d'horaire fixe et vivent dans l'insécurité. Cela nuit au climat de travail.

J.D. Viking veut que le comité présente un plan global qui tiendra compte des enjeux mentionnés précédemment, tout en s'inscrivant dans son programme QV200.

Questions

1. En vous référant aux principes théoriques abordés dans ce chapitre, quelle est, selon vous, la meilleure façon d'agir pour le comité devant une telle situation ?

2. En tenant compte des circonstances décrites plus haut, quels pourraient être les avantages et les inconvénients de chacune des approches décisionnelles présentées dans le présent chapitre ?

3. De façon générale, quelle approche décisionnelle vous semble la meilleure ?

RÉFÉRENCES

[1] D. KAHNEMAN et A. TVERSKEY, «Prospect theory: An Analysis of decision under risk», *Econometrica*, vol. 47, n° 2, 1979, p. 263-292.

[2] J.P. WAINSTEN, dir., *Le Larousse médical*, Paris, France, Larousse, 2009.

[3] S. PIROT, «L'anatomie fonctionnelle du cortex préfrontal : du singe à l'homme», *Neuropsychiatrie : Tendances et Débats*, 2003, 20, p. 27-31, [En ligne], www.neuropsychiatrie.fr/extranet/upload/article/729982874_27-31%20L'anatomie%20fonctionnelle%20du%20cortex%20pr%C3%A9frontal.pdf (Page consultée le 10 décembre 2011)

[4] Encyclopédie Vulgaris-Médical, [En ligne], www.vulgaris-medical.com/encyclopedie/hippocampe-du-cerveau-definition-anatomie-maladies-9266.html (Page consultée le 5 décembre 2011)

[5] D. RADIN, *La conscience invisible*, Paris, France, Châtelet, 1999 ; L. ROBITAILLE, «La prise de décision : être rationnel ou raisonnable ? L'exemple du banquier», *Organisation*, (automne 1992), p. 17-25.

[6] D. KAHNEMAN et A. TVERSKEY, *op. cit.* ; A. TVERSKEY et D. KAHNEMAN, «The framing of decisions and the psychology of choice», *Science*, vol. 211, n° 4481, 1981, p. 453-458.

[7] J. VON NEUMANN et O. MORGENSTERN, *Theory of Games and Economic Behavior*, Princeton, NJ, Princeton University Press, 1944.

[8] R. NISBETT et T. WILSON, «Telling more than we can know: Verbal reports on mental processes», *Psychological Review*, vol. 84, 1977, p. 231-259.

[9] H.A. SIMON, *Administrative Behavior: A Study of Decision-Making Processes in Administrative Organizations*, 4e éd., New York, NY, Free Press, 1997.

[10] D.J. BRYANT, R.D.G. WEBB et C. McCANN, «Synthétiser deux modes d'approche de la prise de décision pour le commandement et le contrôle», 2005, [En ligne], www.journal.forces.gc.ca/frgraph/vol4/no1/command1_f.asp (Page consultée le 12 décembre 2006)

[11] P.M. TODD et G. GIGERENZER, «Putting Naturalistic Decision Making into the Adaptive Toolbox», *Journal of Behavioral Decision Making*, vol. 14, 2001, p. 353-384.

[12] J.D. THOMPSON, *Organization in Action*, New York, NY, McGraw-Hill, 1967.

[13] A.S. TSUI et G.T. MILKOVICH, «Personnel Department Activities: Constituency Perspectives and Preferences», *Personnel Psychology*, n° 40, 1977, p. 519-537.

[14] A.L. DELBECQ, A.H. VAN DE VEN et D.H. GUSTAFSON, *Group Techniques for Program Planning*, Glenview, IL, Scott, Foresman and Co., 1975.

[15] D.B. MADSEN et J.R. SINGER, «Comparison of a Written Feedback Procedure, Group Brainstorming and Individual Brainstorming», *Journal of Applied Psychology*, vol. 63, 1977, p. 120-123.

[16] V.H. VROOM et P.W. YETTON, *Leadership and Decision Making*, Pittsburgh, PA, University of Pittsburgh Press, 1973.

[17] S.L. DOLAN, I. MARTIN et E. SOTO, *Los 10 mandamientos para la dirección de persona*, Barcelone, Espagne, Gestion 2000, 2004.

[18] E. DE BONO, *Les six chapeaux de la réflexion*, Paris, France, Éditions Eyrolles, 2005.

[19] R. HOROWITZ, «ASIT, A Revolutionary Creative-Thinking Method will lead you Step-by-Step from Deadlocks to Breakthroughs», 2006, [En ligne], www.start2think.com (Page consultée le 12 décembre 2006)

CHAPITRE

10

La gestion du stress au travail

PLAN DE CHAPITRE

Introduction

10.1 Le stress au travail :
perspectives

10.2 Qu'est-ce que le stress ?

10.3 Le stress : concepts
et modèles

10.4 Les origines du stress
au travail

10.5 Les effets néfastes du stress

10.6 Les programmes
d'intervention

Conclusion

INTRODUCTION

Notre société, construite sur les prémisses de l'optimisation des ressources et des besoins, oblige de plus en plus les individus à se surpasser et à relever des défis dans tous les aspects de leur vie. Ce dépassement est souvent la cause de l'épuisement des travailleurs et de la détérioration du rendement des plus dévoués. Bien sûr, les réactions diffèrent d'un individu à un autre, et cela, même si les conditions de travail sont similaires, et ces différences ont retenu l'attention de nombreux chercheurs. Cependant, force est de constater qu'en plus des différences individuelles qui peuvent atténuer ou accentuer l'état de stress, certains facteurs organisationnels, environnementaux ou liés au poste occupé peuvent favoriser l'émergence de ce déséquilibre chez l'individu. Les facteurs qui sont à l'origine du stress sont nombreux et ils évoluent au rythme de l'organisation et de la société.

L'organisation soucieuse de sa performance doit tenter d'interagir sur ces facteurs, car les conséquences du stress touchent non seulement les individus, mais elles affectent également la sphère sociale de l'organisation et sa performance.

La qualité de vie au travail dépend du rapport entre les buts de l'organisation et les besoins des travailleurs. Si ce rapport n'est pas harmonieux, on ne saurait parler d'efficacité ou de succès. En effet, que vaut le succès d'une entreprise s'il met en péril la santé de ses travailleurs ? Et inversement, que vaut le bien-être des travailleurs si la survie de l'organisation est en jeu ? Afin de mieux cerner cette relation, nous utiliserons dans ce chapitre un cadre conceptuel qui intègre les objectifs organisationnels et les besoins des individus. En plus de définir la nature de l'organisation et celle des travailleurs, il illustre la dynamique de leurs interactions pour conduire au succès et à l'efficacité ou, au contraire, à l'échec et à l'inefficacité.

Au tournant des années 1980, les chercheurs Simon Dolan et André Arsenault ont développé un modèle perceptif-cognitif portant sur le stress comme indicateur de la qualité de vie au travail[1]. Selon ces chercheurs, le stress est un excellent indicateur de la qualité de vie au travail en ce qu'il est non seulement nuisible à la santé du travailleur, mais également lourd de conséquences pour l'organisation et la société en général. En plus des nombreuses maladies qui lui sont reliées, le stress entraîne une diminution de la productivité et une augmentation des coûts de santé. Au Canada, en 2010, on évaluait que la santé mentale entraînait des coûts de 51 milliards de dollars par année, essentiellement générés par l'utilisation des services de santé, les arrêts de travail et l'absentéisme[2].

Dans ce chapitre, nous dresserons le profil de la problématique du stress au travail en définissant dans un premier temps le concept, et en abordant successivement les modèles explicatifs dominants qui ont été élaborés. Cette analyse ne saurait être complète si elle ne traite pas des stratégies d'intervention individuelles et organisationnelles en milieu de travail.

10.1 LE STRESS AU TRAVAIL : PERSPECTIVES

De nouvelles interrogations sur le sens même du travail ont amené les spécialistes en sciences du comportement à élargir leur champ d'études qui ne couvrait au départ que la gestion. Aujourd'hui, les sciences comportementales sont analysées dans des cadres aussi variés que la santé, la sécurité, la psychologie, la médecine et l'économie.

La notion de succès au travail a toujours été liée à l'atteinte, par l'employé, d'objectifs organisationnels déterminés. Or, cette notion prend aujourd'hui une nouvelle signification en raison de l'importance que revêt la qualité de vie au travail. En effet, le concept de **succès au travail** est maintenant analysé de façon plus systémique, car il met en relation le bien-être de l'individu et celui de l'organisation, l'un étant conditionné par l'autre[3].

succès au travail

Produit de la relation entre le bien-être de l'individu et celui de l'organisation, l'un étant conditionné par l'autre.

Aujourd'hui, les travailleurs eux-mêmes sont conscients des effets négatifs que peuvent exercer sur leur santé les conditions physiques et psychosociales de leur milieu de travail. Déjà, en 1970, les résultats d'une vaste enquête effectuée aux États-Unis montraient une augmentation de l'insatisfaction au travail dans la population active et les répercussions sur la santé des travailleurs[4]. Ce rapport d'enquête révèle en outre que la satisfaction au travail permet, mieux que les facteurs médicaux et génétiques connus, de prédire la

PERSPECTIVE
INTERNATIONALE

La définition de la santé selon l'Organisation mondiale de la santé (OMS)

L'Organisation mondiale de la santé définit la santé comme un état complet de bien-être physique, mental et social, qui ne consiste pas seulement en une absence de maladie ou d'infirmité. La définition n'a pas été modifiée depuis 1946. Dans l'application de ce concept aux autochtones, l'OMS a voulu souligner la portée de sa définition en traitant le corps, l'esprit et la société de façon plus holistique.

L'OMS place en parallèle l'état somatique objectif et l'état de santé physique et mental. Une maladie de type non objectif comporte une souffrance subjective suffisante pour perturber la capacité de fonctionner au travail et pour laquelle le médecin, n'ayant pu trouver d'explications ou de manifestations physiques objectives, a autorisé une absence du travail. Nous croyons aussi que plusieurs des maladies objectivées pourraient bien trouver leur source dans des facteurs subjectifs.

Sources: «Questions-réponses», *Organisation mondiale de la santé*, [En ligne], http://www.who.int/suggestions/faq/fr/ (Page consultée le 2 mai 2011); «Centre des médias», *Organisation mondiale de la santé*, [En ligne], www.who.int/mediacentre/factsheets/fs326/fr/ (Page consultée le 2 mai 2011)

longévité d'un travailleur et que les divers aspects du travail constituent une part importante des facteurs associés à la maladie cardiaque.

Plusieurs études signalent l'ampleur des problèmes de santé au sein de la population ouvrière et établissent un lien entre ces problèmes et le milieu de travail. De nombreux auteurs considèrent que le stress est la cause première des problèmes de santé et d'un nombre considérable de maladies physiques et comportementales. Des données épidémiologiques récentes suggèrent l'existence d'un lien entre la morbidité, la mortalité et certains milieux de travail.

Selon plusieurs études, un travail peut ne pas être considéré comme stressant en lui-même, mais, en raison des exigences physiques et psychosociales auxquelles il astreint le travailleur, il peut avoir néanmoins un lien étroit avec divers comportements inadaptés.

Les recherches sur le stress de Dolan et Arsenault fournissent un cadre très prometteur à l'étude de l'inadaptation de la personne en situation de travail et à ses conséquences sur le succès individuel et organisationnel[5].

Afin d'approfondir ce modèle, nous abordons ci-après un nouveau concept, celui de la **santé du milieu de travail**.

10.1.1 La santé du milieu de travail

Les tenants de la gestion traditionnelle privilégient le point de vue pro-organisationnel où la notion de succès au travail est liée à la productivité. Les facteurs qui motivent leurs actions sont l'efficacité, le taux de rendement,

santé du milieu de travail
Bien-être de l'individu au sein de l'organisation.

le taux d'absentéisme et le taux de roulement du personnel. Pour les gestionnaires de l'école humaniste, la réussite au travail se traduit d'abord et avant tout par la satisfaction des besoins personnels du travailleur, et ce, parfois même aux dépens de l'organisation. Quant aux dirigeants qui adhèrent au courant de la pensée moderne, ils sont préoccupés par la conciliation des buts de l'entreprise et de ceux des travailleurs et reconnaissent qu'il est nécessaire de satisfaire ces deux éléments avant d'aboutir au succès et à l'efficacité de l'entreprise.

Les individus, au même titre que les organisations, doivent atteindre des objectifs à brève, moyenne et longue échéance. Les objectifs multiples de l'individu et de l'organisation, à première vue incompatibles, doivent être conciliés. Dans le monde du travail, l'individu est essentiel à l'organisation et l'organisation n'existe pas sans l'individu. L'un est un moyen pour l'autre d'atteindre ses objectifs. Si certains de leurs objectifs à brève échéance semblent difficilement compatibles (par exemple, ceux qui concernent les profits de l'entreprise et les salaires des travailleurs), d'autres, à longue échéance, s'harmonisent parfaitement (ils concernent, par exemple, la survie de l'organisation et la santé des individus). Le concept de santé du milieu de travail fait partie des objectifs à long terme. Il s'agit d'un objectif général permettant d'harmoniser les exigences de la santé de l'individu et celles de la santé de l'organisation (*voir la figure 10.1*).

10.1.2 La réussite au travail

Le concept de santé du milieu de travail, qui englobe le bien-être de l'individu et celui de l'organisation, doit son apparition à l'importance croissante que l'on accorde à la qualité de vie au travail. Le monde du travail, comme la société en général, a été le théâtre de mutations culturelles qui ont amené tous les acteurs à se préoccuper de la qualité de leur vie professionnelle. Diverses valeurs culturelles, dont l'accomplissement de soi, ont ainsi contribué à changer la définition de la réussite au travail. En outre, on considère

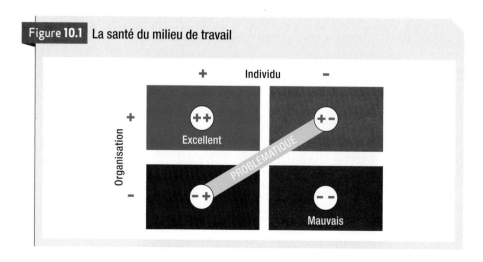

Figure 10.1 La santé du milieu de travail

de moins en moins le travail comme la seule source de sécurité économique et on tend à remettre en question le culte de l'efficience[6].

La réussite au travail étant désormais subordonnée au bien-être de l'individu, il est indispensable de pouvoir mesurer ce bien-être. Historiquement, la notion de satisfaction au travail a servi de variable explicative au bien-être physique et psychologique du travailleur. En raison de sa subjectivité, la mesure de cette variable pose toutefois des difficultés majeures sur les plans conceptuel et méthodologique. C'est pour cette raison que la notion de satisfaction au travail a perdu du terrain au profit de la notion de stress, qui peut être mesurée plus objectivement. On constate en effet que le stress possède des caractéristiques précises, qu'il peut être mesuré quantitativement et que les données obtenues peuvent servir à mesurer le bien-être de l'individu et celui de l'organisation.

En bref, le **stress professionnel** se mesure de deux façons : par l'approche subjective, qui consiste à étudier les symptômes observables dans une perspective psychologique et comportementale, et par l'approche objective, qui porte sur les changements physiques et physiologiques de l'individu.

10.1.3 Le paradoxe de la société industrielle

La société industrielle moderne fait face à un paradoxe. En effet, malgré l'amélioration des connaissances, des conditions d'hygiène et de l'arsenal thérapeutique et diagnostic dont dispose le secteur médical, la population manifeste de plus en plus son désarroi en termes de santé mentale[7]. Dans le cadre d'une présentation vidéo diffusée le 10 mars 2011 sur le site Internet de Télé-Québec, le docteur Michel Vézina, de l'Institut national de santé publique du Québec, souligne que le Québec est le siège d'un accroissement notable de la détresse psychologique au travail depuis 20 ans. Durant les années 1990, 20 % des absences de longue durée étaient motivées par des raisons d'ordre psychologique et, aujourd'hui, ce seuil atteint 50 %. Les coûts du stress au travail au Canada sont estimés à 16 milliards de dollars, soit environ 1,7 % du produit intérieur brut et 14 % du profit net annuel des entreprises[8]. En 2010 et en 2011, le continent européen a été frappé par une série de suicides individuels et collectifs dans les organisations. Selon des intervenants, l'organisation du travail et les nombreuses rationalisations sont responsables de ces drames.

D'après l'OMS, la dépression majeure deviendra en 2020 la deuxième cause d'invalidité chez l'humain, après les maladies cardiovasculaires[9]. Dans un article du journal *Le Devoir* paru en septembre 2010, l'Association québécoise des retraités des secteurs public et parapublic soulignait que plus de 1100 personnes décédaient par suicide annuellement et que 40 % d'entre elles étaient âgées de plus de 50 ans[10].

Dans une perspective plus globale, ce que l'on constate, c'est que les programmes de prévention réalisés par les intervenants internationaux tendent à porter des fruits, mais que la problématique est toujours là et qu'elle cible diverses strates sociales et adopte de nouveaux visages.

stress professionnel
Résultat d'une inadéquation entre l'individu et son milieu de travail. Le stress se présente lorsque l'environnement, en raison de ses exigences excessives ou de son incapacité à fournir au travailleur les moyens de combler ses besoins, constitue une menace pour l'individu.

Le travail dans tous ses états

L'Agence européenne pour la santé et la sécurité au travail est une institution qui a notamment pour mission de promouvoir la santé et la sécurité du travail en Europe. Dans ce cadre, l'Agence a réalisé en 2009 une enquête nommée *The European Survey of Enterprises on New and Emerging Risks* (ESENER), soit « l'enquête européenne des entreprises sur les risques nouveaux et émergents ».

Cette étude, réalisée auprès de 28 000 dirigeants de 31 pays de l'Union européenne, souligne que les accidents professionnels, le stress et les troubles musculo-squelettiques constituent les principales préoccupations des entreprises européennes dans le domaine de la santé et de la sécurité au travail. Plus précisément, leurs principales préoccupations, en ordre d'importance, sont :

• les accidents du travail (80 %) ;

• le stress lié au travail (79 %) ;

• les troubles musculo-squelettiques (78 %) ;

• la violence (ou la menace de violence) ainsi que les brimades et le harcèlement (40 %).

Les résultats de l'enquête démontrent aussi que les préoccupations quant au stress en Europe se concentrent surtout dans les secteurs économiques du travail sanitaire et social ainsi que dans celui de l'éducation.

Les facteurs contribuant le plus aux risques psychosociaux sont :

• la pression liée au temps (52 %) ;

• la confrontation avec les clients, les patients, les élèves difficiles, etc. (50 %) ;

• la mauvaise communication entre la direction et les salariés (près de 30 %).

Source : Adapté de « Enquête ESENER. Résumé printemps 2009 », *Agence européenne pour la sécurité et la santé au travail*, [En ligne], http://osha.europa.eu/fr/publications/reports/ fr_esener1-summary.pdf (Rapport consulté le 25 août 2011)

On estime que la maladie cardiaque, première cause de décès dans les sociétés industrielles, est attribuable dans une grande proportion à l'insatisfaction au travail. Certaines études tendent à montrer que, même si nous arrivions à adopter une hygiène de vie irréprochable (alimentation saine, exercices physiques réguliers, etc.), à maîtriser notre héritage génétique et à nous assurer d'excellents soins médicaux, l'incidence de la maladie cardiovasculaire ne serait réduite que de 25 %. Il convient de souligner que la nature du travail effectué revêt de plus en plus d'importance pour un nombre croissant d'individus. En effet, une forte proportion de travailleurs scolarisés revendique un poste qui soit non seulement rémunérateur, mais aussi intéressant et valorisant. Cette catégorie d'employés apporte sur le marché du travail des connaissances, des croyances et des valeurs nouvelles.

description de poste

Description des principales tâches et responsabilités associées à un poste.

Pour leur part, les organisations ont conservé une façon traditionnelle d'établir leurs politiques, leurs règlements, leurs **descriptions de postes**, etc. Visiblement, les tâches n'ont pas évolué aussi vite que les aspirations des personnes appelées à les remplir. Cela est attribuable au fait que les entreprises ont négligé l'aspect psychosocial de la tâche pour se concentrer surtout sur l'amélioration du bien-être économique des employés. L'écart entre les récompenses que l'organisation désire offrir et celles que le travailleur désire recevoir est une cause majeure du stress au travail.

EN PRATIQUE

Quelques statistiques québécoises et canadiennes

- Au Canada, 43 % des travailleurs ont manifesté une détresse psychologique entre 1994 et 2000.

- Au Québec, depuis 2006, le nombre et la fréquence relative des lésions acceptées attribuables au stress en milieu de travail, toutes catégories d'emplois confondues, a diminué. D'un autre côté, les frais moyens attribuables aux lésions occasionnées par le stress au travail avec frais d'assistance médicale ou de réadaptation ont été en constante progression.

- Selon les statistiques d'activités de la Commission de la santé et de la sécurité du travail du Québec, le nombre de lésions acceptées attribuables au stress en milieu de travail, entre 2006 et 2009, a été plus important chez les femmes que chez les hommes. Durant cette même période, les lésions attribuables au stress chronique au travail selon le genre d'événement se répartissaient ainsi : harcèlement psychologique (35,2 %), organisation du travail (18,7 %) et relations de travail conflictuelles (17,3 %).

Sources : Adapté de « Statistiques sur les lésions attribuables au stress en milieu de travail 2006-2009, 1er trimestre 2011 », *Commission de la santé et de la sécurité du travail du Québec*, [En ligne], www.csst.qc.ca/NR/rdonlyres/CB1CF512-B2D8-466E-9BE0-C95EF68B5C9C/8107/DC300_321_1_web1.pdf (Rapport consulté le 5 septembre 2011) ; C. BIRON et F. ST-HILAIRE, J.-P. BRUN « Guide pour une démarche stratégique de prévention des problèmes de santé psychologique au travail », *Université Laval. Chaire en gestion de la santé et de la sécurité du travail*, 2009, [En ligne], www.cgsst.com/stock/fra/guide-full.pdf (Rapport consulté le 30 août 2011)

La santé du milieu de travail est une composante essentielle de la qualité de la vie professionnelle et l'attribut d'une société saine. Si les organisations acceptaient, à brève échéance, d'engager des frais additionnels pour procurer aux travailleurs un environnement de travail moins « toxique » sur le plan social, elles pourraient contribuer de façon substantielle à l'amélioration de l'état de santé de la population. Qui plus est, de nombreuses études ont fait un lien entre le nombre d'accidents industriels et le stress. Au Québec, le programme de certification « Entreprise en santé », basé sur la norme BNQ 9700-800, s'adresse à toutes les entreprises et vise à reconnaître les pratiques organisationnelles mises en œuvre pour favoriser la santé en milieu de travail [11].

10.2 QU'EST-CE QUE LE STRESS ?

De façon générale, un individu vit un stress lorsqu'il est incapable de répondre de façon adéquate aux stimuli en provenance de son environnement, ou, s'il y arrive, c'est au prix de l'usure prématurée de son organisme. Le **stress au travail** se manifeste par des symptômes somatiques, psychologiques, comportementaux et physiologiques. La définition du stress au travail n'est pas étrangère aux théories de la motivation, en ce sens que le stress n'apparaîtrait que lorsque le travailleur perçoit l'occasion de satisfaire ses besoins.

Le stress professionnel, c'est aussi la réaction d'un individu à une situation menaçante dans son milieu de travail. Selon cette définition, le stress est

stress au travail

Résultat de la discordance entre les aspirations d'un individu et la réalité de ses conditions de travail.

présent lorsque l'environnement est une menace pour le travailleur, en raison de ses exigences excessives ou de son incapacité à fournir au travailleur les moyens de combler ses besoins. Dans un cas comme dans l'autre, la menace relève d'un processus cognitif (donc perceptif) et non d'une situation objective. Cela signifie que des agents stressants précis sont en cause, mais que leur intensité est perçue de façon différente par chaque travailleur. La réaction individuelle à des éléments anxiogènes dépend de la personnalité, des expériences de travail et de vie, ainsi que des antécédents sociaux et culturels. Le travailleur ambitieux, par exemple, considérera son emploi comme stressant s'il ne lui procure pas d'occasions d'avancement. Le stress professionnel est donc le résultat d'une inadéquation entre l'individu et son milieu de travail. En terminant, soulignons qu'en pareille situation, il y a deux façons d'intervenir, que ce soit à titre préventif ou curatif : en agissant sur l'individu et sur sa perception de la situation ou en modifiant le milieu de travail.

10.3 LE STRESS : CONCEPTS ET MODÈLES

Comme c'est généralement le cas lors de l'apparition de nouveaux concepts, la documentation sur le stress pose certains problèmes : les points de vue et les conceptions qu'elle regroupe, issus d'écoles de pensée diverses, font appel à des termes qui, bien souvent, ne sont limpides que pour les initiés.

Les premiers travaux visaient à découvrir « la » cause du stress. Sur le plan médical, on croyait à l'existence d'un seul facteur étiologique d'ordre physique, chimique ou bactérien, alors que sur le plan psychologique, on croyait à des facteurs de nature psychique ou sociale. Les mentalités ont évolué depuis. On reconnaît actuellement que la maladie est souvent la résultante de plusieurs facteurs agissant les uns sur les autres pour constituer une sorte de stimulus « multifactoriel ». Le stress fait désormais l'objet d'une étude multidisciplinaire. Bien qu'on ne s'entende pas sur les moyens pratiques d'en mesurer l'ampleur, on admet qu'il est causé par des agents stressants qui peuvent être aussi bien de nature physique ou chimique que sociale ou psychologique. On admet, en outre, que le stress agit sur l'individu du point de vue physiologique, psychologique ou comportemental. Enfin, c'est dans le contexte du travail qu'ont été définis les modèles multidisciplinaires les plus intéressants en matière de stress.

Dans ce chapitre, nous étudierons les divers modèles de stress au travail élaborés au fil du temps, en commençant par les modèles unidisciplinaires pour finir par les modèles multiparamétriques et multidisciplinaires.

Pour faciliter la compréhension de l'évolution du concept, nous avons établi une typologie des travaux sur le stress en utilisant une double classification : les stimuli générateurs de stress et les types de réponses observés. Les stimuli étudiés dans la littérature ont été classés en deux groupes principaux : les stimuli physiques et les stimuli psychosociaux. Bien que les stimuli physiques aient fait l'objet de nombreux travaux, nous n'avons retenu aux fins de référence que ceux de Walter B. Cannon et de Hans Selye. Au chapitre des stimuli psychosociaux, nous n'avons relevé que les plus représentatifs et les plus significatifs. Le but de l'exercice n'est pas l'exhaustivité, mais l'aménagement d'une vision cohérente et multidisciplinaire.

10.3.1 Les modèles fondés sur les conséquences physiologiques

Afin de faciliter la compréhension de la terminologie utilisée dans cette section, nous devons avant tout rappeler certaines notions académiques. Les réactions somatiques relèvent de deux grands systèmes antagonistes : le système nerveux sympathique et le système nerveux parasympathique. Le **système nerveux sympathique** s'active quand surviennent des réactions de lutte ou de fuite ; il prépare l'organisme à l'action. Il commande la sécrétion d'un ensemble d'hormones qui, à leur tour, mobilisent d'autres systèmes nécessaires à l'exécution de la lutte ou de la fuite. Le **système nerveux parasympathique**, pour sa part, prépare le soma au repos ou au retrait. L'énergie est emmagasinée plutôt que mobilisée. Les hormones stimulées par le système parasympathique ont, en substance, des effets opposés à ceux des hormones stimulées par le système sympathique. Nous verrons plus loin que ces deux grands systèmes sont aussi considérés comme des générateurs de conséquences physiopathologiques qui varient selon le degré de stimulation de l'un ou de l'autre.

Le stress selon Cannon

Dès que l'on discute de réponse physiologique à un stimulus de nature psychosociale, on pense immédiatement aux travaux de Walter B. Cannon. En 1929, Cannon a fait œuvre de pionnier en démontrant que le système nerveux sympathique est activé par des stimuli psychosociaux et qu'il commande la sécrétion d'hormones provenant de la **médullosurrénale** [12]. Cette dernière est la partie la plus interne de la glande surrénale, ainsi désignée parce qu'elle est située au-dessus des reins. La médullosurrénale sécrète une série d'hormones appelées globalement les catécholamines et parmi lesquelles on compte, entre autres, l'adrénaline.

En étudiant longuement le comportement animal, Cannon a pu élaborer un modèle du stress qu'il a appelé « réponse par la lutte ou la fuite ». Selon ce modèle, un animal qui cherche à s'approprier un objet désirable et qui en est empêché ressentira un stress qui déclenchera en lui des réactions émotionnelles accompagnées de réactions sympathiques et hormonales. Prenons, par exemple, un chien qui savoure un gros os. À l'approche d'un étranger qui ferait mine de le lui enlever, l'animal grognera et finira par passer à l'attaque. Toutefois, si l'étranger est grand et menaçant, il se peut que le chien choisisse de fuir. Au cours de ses expériences, Cannon a pu mesurer chez les animaux une activation du système nerveux sympathique ainsi qu'une sécrétion hormonale de la médullosurrénale. C'est grâce à des expériences de ce type que Cannon a découvert

système nerveux sympathique
Système activé lors des réactions de lutte ou de fuite. Il prépare l'organisme à l'action, qui commande la sécrétion d'une série d'hormones, qui mobilisent à leur tour d'autres systèmes nécessaires à l'exécution des gestes de survie.

système nerveux parasympathique
Système qui prépare au retrait et qui permet la mise au repos de l'organisme en ralentissant le rythme cardiaque. Les effets des hormones stimulées par le système parasympathique sont antagonistes à ceux du système sympathique.

médullosurrénale
Partie la plus interne de la glande surrénale, ainsi désignée parce qu'elle est située au-dessus de chacun des reins. La médullosurrénale sécrète une série d'hormones appelées globalement catécholamines, dont l'adrénaline.

que la médullosurrénale sécrétait des catécholamines lorsque l'animal, en situation de stress, se préparait à attaquer ou à fuir. Par la suite, Cannon a relevé toute une série de réponses physiologiques de type neuroendocrinien, dont une réponse du système nerveux et une réponse hormonale.

Aujourd'hui, de nouvelles études sur la théorie cognitive décrivent quatre modèles de réponse primaire au stress : le combat (*fight*), la fuite (*flight*), la défaillance (*faint*) et le blocage (*freeze*).

EN PRATIQUE

Les changements physiologiques lors d'une situation de fuite ou de combat

Les changements physiologiques qui se produisent lors d'une situation où un individu est confronté au combat ou à la fuite sont :

- Un écoulement accru de sang dans le cerveau et les grands groupes de muscles, ce qui nous rend plus alertes et nous fournit la force supplémentaire pour faire face au stress.

- Une augmentation de la vigilance. La vision, l'audition et d'autres sens sont plus éveillés.

- Une sécrétion de glucose et d'autres acides gras dans le sang pour fournir de l'énergie supplémentaire pendant l'événement stressant.

- Un agrandissement des pupilles pour améliorer la vision dans les endroits plus sombres.

- Une sudation de la paume des mains et de la plante des pieds, donnant une meilleure adhérence pour courir, grimper et s'agripper aux objets.

- Un ralentissement des processus digestifs tel que la diminution de la salivation qui aide à la digestion.

Source : Adapté de S.L. DOLAN et A. ARSENAULT, *Stress, estime de soi, santé et travail*, Québec, Québec, Presses de l'Université du Québec, 2009, p. 44.

Le stress selon Selye

Hans Selye, un autre pionnier de la physiologie du stress, a commencé ses recherches dans les années 1930. Il a principalement étudié la réaction du rat aux agents stressants physiques (par exemple, la chaleur, le froid et la course) et aux agents chimiques (par exemple, les hormones stéroïdiennes). Comparativement à Cannon qui s'est intéressé aux hormones de la médullosurrénale, Selye s'est orienté vers l'analyse des hormones stéroïdiennes. Les effets des stéroïdes diffèrent selon qu'ils agissent sur l'hypophyse, sur le métabolisme des sucres, sur celui des minéraux, celui des graisses ou celui des protéines[13].

Selye a observé que la réaction de l'animal, quel que soit l'agent de stress utilisé, était toujours la même, c'est-à-dire non spécifique. Cela l'a donc conduit à dire que le stress est une réponse non spécifique à un stimulus. Par la suite, il a développé sa théorie dans ce qu'il a appelé le « **syndrome général d'adaptation** » **(SGA)**. Passons rapidement sur la confusion qui règne encore dans bien des esprits quant au concept de stress de Selye, qui tantôt

syndrome général d'adaptation (SGA) au stress

Processus d'adaptation physiologique au stress développé par Selye et faisant appel à trois phases.

assimilent son syndrome général d'adaptation au stress, tantôt à la conséquence du stress. Par ailleurs, Selye a décrit le SGA comme un processus en trois phases : la réaction d'alarme — qui rappelle les expériences de Cannon —, la réaction d'adaptation durable — qu'on appelle aussi la phase de résistance ou de défense — et la phase d'épuisement — au cours de laquelle les mécanismes d'adaptation finissent par céder.

La réaction d'alarme a lieu sur l'axe sympathique-adrénergique où entre en jeu l'adrénaline. La réaction d'adaptation mobilise l'axe hypophyse antérieure **ACTH-glucocorticoïdes**, d'une part, et l'axe **STH-minéralocorticoïdes**, d'autre part. L'ACTH, de l'anglais *adreno-cortico-tropic hormone*, peut être sécrétée par l'hypophyse antérieure en réponse à des signaux en provenance d'autres régions du cerveau. Elle agit à distance sur la partie corticale de la glande surrénale, où elle stimule la production d'autres hormones, les glucocorticoïdes ; il s'agit d'hormones stéroïdes qui agissent sur le métabolisme des hydrates de carbone, soit les sucres. Les glucocorticoïdes ont aussi la propriété d'inhiber les réactions de défense de l'organisme, telles que l'inflammation et la production d'anticorps.

En résumé, le Syndrome général d'adaptation (SGA) développé par Selye comprend un ensemble de réactions physiologiques complexes qui présentent toutes des caractéristiques communes, du moins dans les conditions expérimentales créées par le chercheur. En identifiant le SGA, Selye a pu établir le caractère non spécifique de la réponse au stress, sans toutefois parvenir à en distinguer les modalités. La question devient beaucoup plus complexe lorsqu'il s'agit de transposer le modèle de Selye à l'être humain, étant donné que les perceptions d'une situation donnée peuvent être considérablement différentes d'une personne à une autre.

ACTH-glucocorticoïdes

Hormone sécrétée par le lobe antérieur de l'hypophyse en réponse à des signaux en provenance d'autres régions du cerveau. L'ACTH, de l'anglais *adreno-cortico-tropic hormone*, agit à distance sur la partie corticale de la glande surrénale où elle stimule la production d'autres hormones, les glucocorticoïdes.

STH-minéralocorticoïdes

Hormone responsable de la croissance qui est sécrétée par l'antéhypophyse. L'axe minéralocorticoïde agit sur la régulation de l'eau, du sodium et du potassium dans l'organisme.

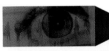

EN PRATIQUE

Comment le « gourou du stress », Hans Selye, est mort pour cause de stress et de manque d'estime de lui-même : une histoire vécue par Simon Dolan

Pendant les deux premières années de mes recherches avec Hans Selye (1977-1979), je me suis soumis à ses caprices en pensant que c'était le prix qu'un jeune érudit devait payer afin d'acquérir la reconnaissance et qu'il s'agissait d'une occasion d'apprendre près du grand maître. Pendant ces années, nous avons eu de nombreux petits incidents qui me laissèrent un goût amer. Selye était déprimé et, parfois, son comportement au travail trahissait ses problèmes avec sa dernière épouse. En voici un exemple typique :

Un jour, j'ai reçu un appel téléphonique de Hans, qui me demandait de venir le voir immédiatement. Mon bureau, situé à environ 200 mètres du sien, était en haut de la colline. J'ai donc mis de côté ce que je faisais et j'ai couru à son bureau. À bout de souffle, j'arrive pour découvrir que le grand maître avait des ennuis avec son épouse et qu'il ne pourrait pas retourner à la maison sans lui apporter de nouveaux timbres pour sa collection. Tandis que, pour lui, cette situation était une « vraie crise », pour moi, elle se traduisait par une autre corvée stupide que j'ai dû accepter. Ces types d'incidents, que je pourrais qualifier de «fausses alarmes», sont devenus plus fréquents au fur et à mesure que notre relation devenait plus personnelle. Je ressentais de la pitié pour le vieil homme, et je remarquais aussi à quel point sa propre estime faiblissait de plus en plus. Évidemment, jusqu'à ce qu'on finisse par connaître très bien une personne, on ne remarque pas toujours ce genre de comportement.

Je dois admettre que, mis à part ces incidents, mes expériences de travail avec Selye n'étaient pas toujours décevantes. Il m'a donné une chance en m'invitant à participer à la 2e Conférence internationale sur la gestion du stress, que notre institut avait organisée à Monte Carlo, Monaco, en 1979. Cette conférence m'a donné la chance de partager mes pensées sur le stress lié au travail avec les plus importants experts du monde, y compris plusieurs récipiendaires de prix Nobel. Selye a également demandé mon aide pour produire un nouveau journal appelé «STRESS». Pour quelqu'un de limité ou qui n'a aucune publication à son actif, mettre à jour des manuscrits pour ce journal et publier deux essais (avec Paul Rohan) fut très formateur; cela a contribué au développement de ma carrière et de ma propre estime. Comme beaucoup d'autres projets de Selye, le journal est mort avec lui; il n'avait pas préparé de succession et n'avait pas non plus créé de structure pour que cet important travail puisse continuer. Ce fut après la conférence de Monaco et deux autres incidents de type «abus de mon temps» que j'ai réalisé que je ne pourrais pas compter sur Selye pour m'aider à développer ma ligne de recherche (les personnes dans leur lieu de travail). Réalisant cela, j'ai dû cesser de travailler avec lui et j'ai mis sur pied un centre de recherche parallèle, toujours actif à l'Université de Montréal. C'était également la première fois que je parvenais à décrocher des subventions de recherches octroyées par les gouvernements du Québec et du Canada afin d'étudier le stress professionnel.

Quelques mois plus tard, je suis revenu vers Selye pour travailler avec lui sur un projet de publication. J'étais censé assurer la direction du projet et lui devait me guider, me diriger. Une fois le livre prêt à la publication, je n'avais encore reçu aucun commentaire de Selye et j'ai donc invité un autre médecin, André Arsenault, à le remplacer. Mon rapport avec André Arsenault était très productif et nous avons conjointement dirigé le Centre de recherches sur l'étude du stress professionnel et la santé au travail pendant plus de 15 ans. Cette collaboration a également mené à la publication de nombreux articles dans les revues spécialisées en médecine, en psychologie et en gestion, qui ont fait connaître notre travail à l'échelle internationale. Mais juste avant que le livre ne soit publié, Selye a appris la nouvelle de son remplacement et m'a appelé à son bureau; il a alors insisté pour écrire la préface du livre. J'ai accepté de bonne grâce. Cela a été une trêve dans notre relation. Le livre, intitulé *Le stress, la santé et l'exécution au travail*, a été publié en 1980 par l'Université de Montréal; c'est devenu un best-seller de langue française au Canada. Peu de temps après, Selye m'a demandé de lui donner un coup main en organisant la 3e Conférence internationale sur la gestion du stress, qui allait se tenir en Australie en 1981, et j'ai accepté. Malheureusement, cette conférence n'a jamais eu lieu, puisque Selye est mort juste avant qu'elle ne débute. Le grand Hans Selye est mort dans la solitude, torturé à la pensée de ne pas avoir reçu le prix Nobel, objet de discorde avec sa dernière épouse, et complètement isolé des autres universitaires, qui ne pouvaient travailler avec celui qui n'était pas un joueur d'équipe. J'en conclus que la propre estime de Selye, à la fin de sa vie, était extrêmement basse. La dernière goutte qui a peut-être fait déborder «le maître du stress» et causé sa mort, c'est qu'il faisait l'objet d'une enquête de l'administration fiscale canadienne, qui le soupçonnait d'avoir omis de déclarer les revenus tirés de différentes conférences et discours donnés autour du globe.

Source: Adapté de S.L. DOLAN et A. ARSENAULT, *Stress, estime de soi, santé, travail*, Québec, Québec, Presses de l'Université du Québec, 2009.

Bref, les conséquences biologiques au stress varient selon que l'individu se trouve dans une phase de tension initiale ou dans une phase de tension chronique ou de stress prolongé. La phase de tension initiale se caractérise par une activation générale et par des altérations facilement rémissibles si la cause de la tension disparaît ou s'améliore. La phase de tension chronique ou de stress prolongé se caractérise par la permanence des symptômes de la maladie. Le tableau 10.1 expose quelques exemples des conséquences.

Tableau 10.1 Des exemples de conséquences biologiques du stress

RÉGION TOUCHÉE	PHASE INITIALE DE LA TENSION	CONSÉQUENCES DU STRESS
Cerveau	Idées claires et vives	Maux de tête, migraines, tics nerveux, insomnie
Humeur	Concentration mentale	Anxiété, perte du sens de l'humour
Salive	Production réduite	Assèchement de la bouche
Muscles	Capacité accrue	Tension et tics musculaires
Poumons	Capacité accrue	Hyperventilation ou crise d'asthme
Estomac	Niveau d'acidité accru	Indigestion, vomissements
Intestins	Spasmes, péristaltisme	Diarrhée, douleurs, colite
Organes sexuels	Perte de libido	Impotence, frigidité
Peau	Perte d'humidité (assèchement)	Rash, dermatite, éruptions
Énergie	Augmentation de la consommation d'oxygène	Épuisement rapide
Cœur	Surutilisation des organes cardiovasculaires	Hypertension, douleurs péricardiques

Source: S.L. DOLAN et A. ARSENAULT, *Stress, estime de soi, santé, travail*, Québec, Québec, Presses de l'Université du Québec, 2009, p. 50. (Reproduit avec la permission des auteurs.)

10.3.2 Les modèles fondés sur les conséquences psychologiques et comportementales

On trouve, dans la littérature, plusieurs modèles qui expliquent le stress de façon psychologique et comportementale. Parmi ceux-ci, nous avons retenu le modèle de Menninger et celui de Lazarus. Le premier attire notre attention par la simplicité de l'explication psychanalytique qu'il propose et le second, par l'originalité de la perspective mécanique et cognitive qu'il utilise pour interpréter le stress.

L'approche psychanalytique de Menninger

Pour Karl Menninger, la santé et la maladie ne sont pas deux entités distinctes. Selon lui, les phénomènes observés en psychiatrie clinique se situent sur un continuum présentant à une extrémité un état d'équilibre face au réel, à l'autre une dislocation de la personne — la maladie proprement dite — et au centre, des états intermédiaires. Dans cette perspective, le moi agit comme régulateur de l'équilibre homéostatique face aux pressions exercées par le surmoi et la réalité extérieure, et cherche à négocier un niveau de tension tolérable et compatible avec sa croissance, son développement et l'expression de sa créativité [14].

L'équilibre homéostatique assuré par le moi est continuellement compromis par les stress à répétition qui, à des intensités variables, atteignent l'organisme tout entier. Réagissant à ces menaces de déséquilibre, le moi a recours à des mécanismes de défense plus ou moins coûteux en énergie psychique et en « sacrifice » visant à acheter la paix intérieure. Menninger assimile ces mécanismes à des lignes de défense aménagées sur cinq niveaux ; le premier correspondrait à des adaptations mineures, et le cinquième, au sacrifice du moi tout entier, qui s'anéantit lui-même. La psychanalyse propose de nombreuses variantes des mécanismes d'adaptation d'une personne à son environnement. Si nous avons retenu le point de vue de Menninger, c'est en raison de son caractère descriptif et de son accessibilité. Toutes les écoles ont leur façon d'organiser le réel intrapsychique en « être de raison » utilisant ses diverses composantes comme autant de fonctions et d'opérateurs mathématiques. Cette perspective permet d'échapper temporairement aux contraintes de la vérification empirique.

L'approche psychocognitive de Lazarus

Dans sa définition du stress, Richard Lazarus a intégré certaines notions propres à la mécanique. Il établit une distinction entre le stress et la tension : le premier constitue la force qui s'exerce sur l'organisme, et la seconde est la résultante de l'application de cette force, qui correspond, en mécanique, à une déformation. En d'autres mots, au stress, force externe, correspond une tension intérieure qui tend à rompre l'équilibre de l'organisme, soit l'**homéostasie**.

homéostasie
Processus de régulation par lequel l'organisme maintient les diverses constantes du milieu intérieur entre les limites des valeurs normales. Processus de maintien de la situation d'équilibre [15].

En 1966, Lazarus utilise cette notion de tension pour expliquer le comportement humain [16]. Dans son système, l'interaction entre l'individu et son environnement est génératrice de symptômes. Son concept prenant racine dans le terroir de la psychologie, Lazarus fait une large place à l'activité cognitive du sujet et s'intéresse d'abord aux manifestations que traduisent les comportements [17].

approche cognitive
La façon dont nous choisissons et interprétons l'information. Ces deux opérations dépendent de nos schémas cognitifs, c'est-à-dire de la façon dont nous sélectionnons certains aspects de l'information en fonction des expériences que nous avons vécues.

Cette **approche cognitive** fait intervenir le processus de la pensée ainsi que la mécanique des jugements dans l'interprétation subjective que la personne fait de son environnement, si bien que cette interprétation prend plus de signification que la réalité objective. Un tel contexte fait en sorte que la réaction de l'individu se déclenche sous forme de déséquilibres au sein de la structure cognitive. L'individu doit alors agir afin d'éliminer ces incohérences et restaurer son homéostasie intrapsychique. Autrement dit, la fonction « tension » n'est pas exclusivement dépendante des conditions extérieures et peut être fortement influencée par le vécu intrapsychique. C'est ce que le sujet ressent intérieurement qui permet d'expliquer ses comportements.

La définition du stress proposée par Lazarus a connu une grande popularité sous l'expression « équation-personne-environnement ». Sur le modèle des équations chimiques, Lazarus présente le stress comme un état d'équilibre dynamique continuellement soumis à un réaménagement entre l'individu pris dans sa totalité et son environnement. Lazarus est d'avis que tout agent susceptible de mettre en péril les objectifs et les valeurs personnelles, ou encore la survie ou l'intégrité du corps, peut se transformer en stress.

La notion implicite de menace ou, plus précisément, de perception subjective de menace est donc présente chez Lazarus. Par conséquent, la diversité des interprétations de ce qui constitue une menace renvoie forcément à la présence, dans la structure de la personnalité, de facteurs qui peuvent prédisposer à des vulnérabilités particulières. Les comportements qui en résultent doivent être interprétés comme autant de tentatives destinées à restaurer l'équilibre de l'organisme. Dans le modèle de Lazarus, le caractère menaçant de la situation à laquelle le sujet doit faire face interfère avec l'expression spontanée des mécanismes d'adaptation. C'est donc dire que plus la situation est perçue comme menaçante, plus l'adaptation est difficile.

Lazarus appuie son modèle sur une interprétation phylogénétique dont il dégage deux principes fondamentaux : d'abord, plus on monte dans l'arbre de la **phylogenèse**, plus le comportement repose sur un apprentissage plutôt que sur des automatismes instinctifs et ensuite, compte tenu de ce qui précède, les différences entre les individus d'une même espèce ont tendance à s'accentuer, de sorte qu'il devient inacceptable d'appliquer à l'être humain des modèles entièrement et exclusivement fondés sur l'expérimentation animale. Selon Lazarus, on ne peut donc pas considérer qu'un agent stressant générateur de tension est transposable d'une espèce à l'autre, puisque chaque espèce porte sa propre empreinte et que les comportements sont plus automatisés chez les espèces inférieures que chez l'être humain. Par ailleurs, on voit non seulement des différences individuelles chez l'être humain, mais aussi des caractéristiques culturelles, des systèmes de valeurs intériorisées et des processus cognitifs qui agissent de façon déterminante sur les comportements. Nous avons abordé dans cette section des modèles de stress soutenus par des perspectives psychanalytiques et comportementales. Plusieurs autres modèles ont été développés spécifiquement pour le marché du travail. La prochaine section fait état des efforts en cette matière.

phylogenèse
Étude de la formation et de l'évolution des espèces animales et végétales en vue d'établir leur parenté [18].

10.3.3 Les modèles du stress au travail

Le modèle du National Institute for Occupational Security and Health (NIOSH)

Le NIOSH, l'Institut américain de la santé et de la sécurité au travail, est un organisme dont la mission est de faire de la recherche en matière d'accidents du travail et de maladies professionnelles. Selon les recherches du NIOSH, le stress occupationnel peut se modéliser à l'aide de trois grands axes : les facteurs occupationnels de stress, les facteurs individuels et situationnels et les résultantes (risque de blessures et de maladies). Le modèle soutien que les conditions de travail stressantes (facteurs occupationnels de stress) ont une influence sur la santé et la sécurité des travailleurs. Quant aux caractéristiques individuelles et situationnelles, elles viennent moduler, voire atténuer ou accroître, la force de la relation observée entre les facteurs de stress et ses conséquences (*voir la figure 10.2, page suivante*).

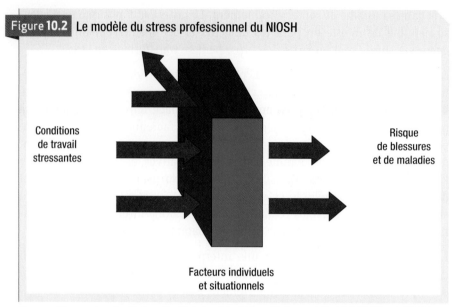

Figure 10.2 Le modèle du stress professionnel du NIOSH

Conditions de travail stressantes

Risque de blessures et de maladies

Facteurs individuels et situationnels

Source: « Stress…at work », *National Institute for Occupational Safety and Health (NIOSH)*, vol. 99-101, [En ligne], www.cdc.gov/niosh/docs/99-101/ (Page consultée le 2 octobre 2011)

Le stress occupationnel de courte durée ou qui se manifeste moins fréquemment entraîne peu de risques chez le travailleur. C'est lorsque le stress se prolonge dans le temps ou qu'il se manifeste plus fréquemment qu'il est susceptible d'engendrer des problématiques diverses. Le corps ainsi maintenu dans un état d'alerte constant accélère l'usure de ses systèmes biologiques, créant un état de fatigue et réduisant d'autant sa capacité à se guérir. Le risque de maladies ou d'accidents s'en trouve donc accru.

Le modèle de Karasek : La latitude décisionnelle et les demandes de l'environnement

En 1979, le psychosociologue Robert Karasek a développé un modèle qui explique le stress à l'aide de deux principaux facteurs : la latitude décisionnelle (le degré de contrôle et l'autonomie décisionnelle) ainsi que les demandes faites à l'individu dans le cadre de son travail (la quantité de travail et les exigences intellectuelles)[19]. L'hypothèse véhiculée est qu'un niveau élevé de latitude décisionnelle ou de contrôle permet de réduire les effets négatifs des demandes de l'environnement professionnel sur la santé. Un niveau élevé de demandes au travail, associé à une faible latitude décisionnelle, a pour résultante un niveau élevé de tension. À l'inverse, une forte demande de l'environnement professionnel (grande charge de travail) peut sembler moins contraignante lorsqu'elle est jointe à un niveau de latitude plus élevé dans les décisions. La situation exposant le plus au stress est celle qui combine à la fois une demande psychologique élevée et une faible latitude décisionnelle (*voir la figure 10.3*).

Dans les années 1990, Karasek et Theorell ont bonifié leur perspective en incorporant les nouveaux axes d'intérêts développés dans la littérature (voir le modèle cognitif de Dolan et Arsenault en 1980), ce dernier venant appuyer

Figure 10.3   La demande psychologique et la latitude décisionnelle (Karasek)

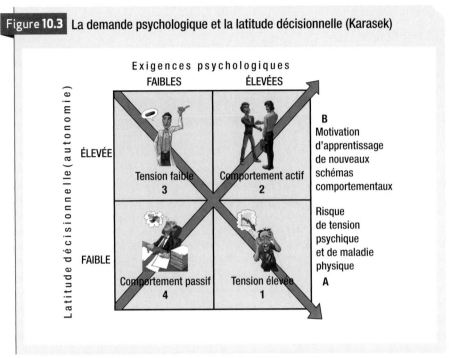

Source: R. KARASEK, *Demand/Control Model: A Social, Emotional, And Physiological Approach To Stress Risk And Active Behaviour Development*, 1979, dans « Le modèle exigences professionnelles/autonomie : une approche sociale, psychologique et physiologique du risque de stress et de la réponse comportementale positive », [En ligne], www.ilo.org/safework_bookshelf/french?content&nd=857170413 (Page consultée le 17 septembre 2011)

l'importance des variables psychosociales dans la perception de l'intensité du stress en incorporant le facteur du soutien social[20].

10.3.4 Le modèle cognitif et conditionnel de Dolan et Arsenault

On le sait, le travail n'est pas la seule et unique source de stress. Toutefois, le stress associé à l'activité professionnelle influe considérablement sur la santé et le bien-être des individus au sein des organisations. Les travaux de Dolan et Arsenault, en 1980, se sont concentrés sur cette problématique en proposant un modèle qui permet de poser un diagnostic et, de ce fait, d'orienter les interventions visant à diminuer, à longue échéance, la fréquence des conséquences du stress. En créant ce modèle, ces auteurs désiraient fournir une base empirique aux réponses aux quatre questions suivantes :

- Quelles sont les sources de stress dans un environnement de travail ?

- Pourquoi les travailleurs ne sont-ils pas tous touchés de la même façon ?

- Quelles peuvent être les conséquences du stress sur les travailleurs, du double point de vue physique et psychologique ?

- Quelles sont les conséquences organisationnelles du stress pouvant être mesurées par le rendement des travailleurs (productivité, absentéisme, fréquence des accidents, etc.) ?

Nous avons vu que le stress pouvait provenir de deux sources : une stimulation insuffisante ou une stimulation excessive. Les stimuli ne deviennent des agents stressants qu'à partir du moment où il y a discordance entre le degré de stimulation désiré par le travailleur et le degré de stimulation qu'il perçoit subjectivement. Les agents stressants sont particuliers à chaque occupation et varient d'une organisation à une autre.

Dolan et Arsenault attribuent les problèmes d'adaptation à la discordance entre l'individu et son environnement de travail. Selon le degré de concordance, on voit apparaître ou non des symptômes et des signes de tension qui sont des indicateurs de stress : leur présence et leur intensité permettent d'estimer le degré de discordance entre le travailleur et son environnement.

Ce modèle met en relief la diversité des comportements face aux exigences des tâches, tout en tenant compte du fait qu'à des tâches différentes correspondent des exigences différentes. La relation qui s'établit entre un employé et son milieu de travail suit des cycles d'adaptation susceptibles de varier avec le temps et les changements qui s'opèrent soit dans l'organisation, soit chez l'individu lui-même.

Le modèle cognitif et conditionnel du stress au travail de Dolan et Arsenault comporte quatre groupes de variables (*voir la figure 10.4*). Les variables du groupe I représentent les conditions particulières du travail et sont présentées comme des exigences en provenance de l'environnement. Ces exigences sont accrues ou réduites en fonction des caractéristiques individuelles de chacun, à savoir les variables du groupe II. L'interaction entre les variables du groupe I et celles du groupe II a diverses conséquences sur les plans psychologique, somatique, comportemental ou physiologique : ce sont les symptômes et les signes de tension, soit les variables du groupe III. Les symptômes et les signes de tension représentent les conséquences à brève échéance du stress sur les individus ; les conséquences à longue échéance sur les individus et l'organisation correspondent aux variables du groupe IV.

Tel que mentionné précédemment, le stress professionnel ne génère pas toujours des conséquences négatives. Il arrive que les caractéristiques de l'individu, sa personnalité et son engagement dans le travail, par exemple, atténuent les aspects que l'on aurait cru stressants, et influent ainsi sur les résultats.

Le stress naît de la perception trop forte ou trop faible que l'on a d'un stimulus. En milieu de travail, il semble y avoir une dose optimale de stimuli qui favorise le bon rendement de chaque individu. Les agents stressants supérieurs ou inférieurs à cette dose exercent une action néfaste sur l'activité du travailleur et sur son bien-être physique et psychologique. Il faut toutefois préciser que l'étendue optimale des agents stressants varie d'une personne à l'autre. Certaines personnes recherchent de hauts niveaux de stress pour alimenter leur enthousiasme et maintenir leur rendement, alors que d'autres affichent un seuil de tolérance moins élevé. Dans tous les cas, c'est l'écart entre l'intensité souhaitée et l'intensité vécue des facteurs stressants, et non le stress lui-même, qui représente une menace pour l'individu et un danger pour sa santé aussi bien que pour celle de l'organisation.

Figure 10.4 Le modèle cognitif et conditionnel du stress au travail

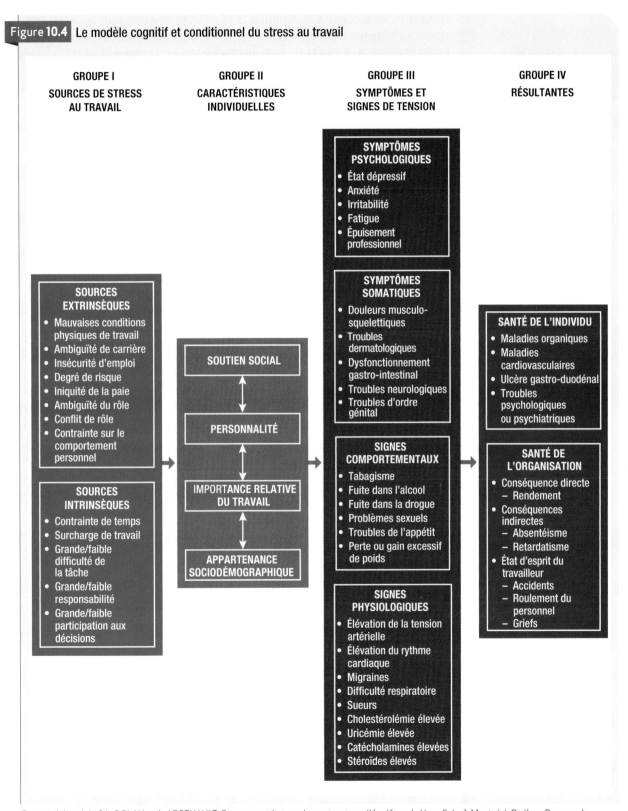

Source: Adapté de S.L. DOLAN et A. ARSENAULT, *Stress, santé et rendement au travail* (préface de Hans Selye), Montréal, Québec, Presses de l'Université de Montréal, 1980, p. 143 ; S.L. DOLAN et A. ARSENAULT, *Stress, estime de soi, santé, travail*, Québec, Québec, Presses de l'Université du Québec, 2009, p. 56.

Dans le modèle cognitif et conditionnel de Dolan et Arsenault, les sources de stress en milieu de travail (les variables du groupe I) sont divisées en deux catégories : les **sources intrinsèques de stress** et les **sources extrinsèques de stress**. Par «sources intrinsèques», on entend les caractéristiques du contenu même de la tâche, et, par «sources extrinsèques», on fait référence aux caractéristiques du contexte dans lequel s'exécute la tâche. Naturellement, chacune de ces dimensions interagit différemment avec les signes et les symptômes de tension (*voir la figure 10.5*).

Par ailleurs, les variables du groupe I ont des effets stimulants ou débilitants sur le comportement au travail selon les caractéristiques individuelles, à savoir les variables du groupe II. Le paradoxe inéluctable du stress au travail tient au fait que ses conséquences sont personnelles. En effet, un facteur stressant peut être une source de stress pour un employé, mais une source de satisfaction pour un autre. C'est l'individu qui définit les facteurs qui sont stressants pour lui ; ceux-ci résultent de ses expériences et de ses attentes.

Dolan et Arsenault proposent quatre classes de variables pour représenter les différences individuelles qui agissent comme modérateurs des effets du stress au travail : le soutien social, la personnalité, l'importance relative accordée au travail et l'appartenance sociodémographique.

Le soutien social, tant en milieu de travail qu'à l'extérieur, constitue un facteur modérateur important du stress. Le soutien des amis, de la famille et des collègues de travail suppose le partage des responsabilités, la reconnaissance sociale et l'appui affectif ; il permet de filtrer les agents stressants, réduisant ainsi l'emprise du stress sur l'individu. Le degré d'encadrement ou de soutien social dont jouit un individu détermine sa capacité à résister au stress[21].

Pour définir la personnalité des individus, les chercheurs qui étudient le stress au travail utilisent souvent les expressions «personnalité de type A»

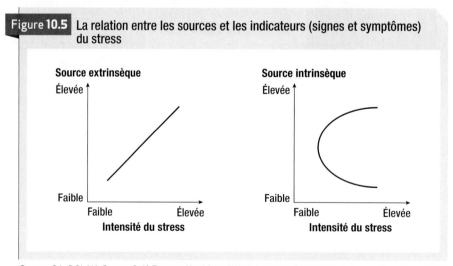

Figure 10.5 La relation entre les sources et les indicateurs (signes et symptômes) du stress

Source : S.L. DOLAN, *Stress, Self-Esteem, Health and Work*, Londres, Angleterre, Palgrave-Macmillan, 2006.

et «personnalité de type B». Chez une personne de type A (caractérisée par une ambition considérable et l'esprit de compétition), l'inadaptation due au stress sera imputable au manque de défis, de responsabilités et d'autonomie. Pour cette personne, l'emploi idéal sera assorti de responsabilités élevées et d'une grande autonomie, à la condition qu'elle ait les compétences nécessaires pour les assumer.

En règle générale, les agents stressants ont plus d'effets sur les personnes qui placent le travail au centre de leur vie. La gamme des conséquences symptomatiques est ainsi influencée par l'intensité de l'attachement au travail. Les effets du stress seront nettement moins préjudiciables chez la personne qui n'accorde que peu d'importance au travail, puisqu'elle vise d'abord la satisfaction de ses besoins à l'extérieur de son milieu de travail. L'intégration de la valeur accordée au travail dans le modèle étudié permet aussi de maîtriser indirectement certaines sources de stress extérieures au cadre professionnel, telles que les conflits à la maison et les mauvaises relations sociales, qui peuvent également entrer dans la pathogenèse de certaines maladies psychosomatiques.

Bien que l'influence de l'appartenance sociodémographique n'ait pas été démontrée de façon probante, il demeure que le niveau de stress au travail varie notamment selon le sexe, l'âge, les années de scolarité, les croyances religieuses et la langue maternelle. Par exemple, les effets pervers du stress touchent plus les hommes que les femmes et le stress a moins d'emprise à mesure qu'une personne vieillit ou qu'elle se scolarise. En ce qui a trait aux pratiques religieuses, elles semblent inhiber l'action du stress. Notons cependant que cet effet vaut pour toute pratique d'activités à caractère religieux, sans distinction de cultes. Enfin, on constate que les différences culturelles liées à la langue maternelle influent sur l'assimilation du stress. Au Québec, les symptômes physiques du stress semblent être associés au système cardiovasculaire chez les anglophones et à l'appareil digestif (ulcères) chez les francophones, alors qu'ils résultent des mêmes agents stressants [22].

Ainsi, l'interaction dynamique entre les facteurs stressants (groupe I) et les différences individuelles (groupe II) définit l'adaptation ou l'inadaptation, qui engendre les signes et les symptômes de tension (groupe III) et donne la possibilité d'en prédire la présence ou l'absence. C'est évidemment la présence et l'intensité relative de chacun de ces signes et de ces symptômes plus ou moins stables qui permettent de mesurer le degré de discordance entre l'individu et son environnement.

Ces signes et symptômes, qui sont des indicateurs de stress, sont subdivisés en quatre grandes catégories : les symptômes psychologiques, les symptômes somatiques, les signes comportementaux et les signes physiologiques.

La possibilité de mesurer de façon objective et subjective les propriétés physiologiques et les propriétés comportementales et somatiques permet d'améliorer la précision et la valeur du diagnostic du modèle élaboré par Dolan et Arsenault (*voir la figure 10.6, page suivante*).

Figure 10.6 Le prototype du stress au travail

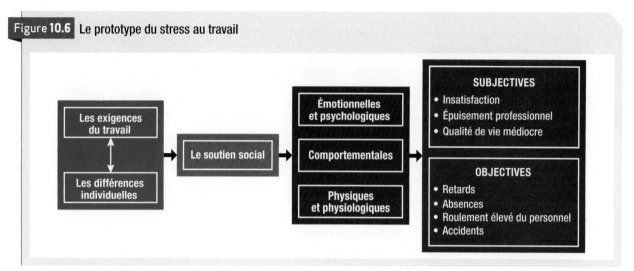

Source : Adapté de S.L. DOLAN et A. ARSENAULT, *Stress, santé et rendement au travail* (préface de Hans Selye), Montréal, Québec, Presses de l'Université de Montréal, 1980.

10.4 LES ORIGINES DU STRESS AU TRAVAIL

Le stress peut être provoqué par l'absence ou par l'excès de stimulation. Nous en avons déjà parlé, il semble en fait que chaque travailleur a un niveau maximal de stimulation qui permet d'améliorer son rendement. Ce niveau varie d'une personne à l'autre, mais on s'entend pour dire que, généralement, les agents stressants ont des effets néfastes sur les sujets dont la vie est centrée sur le travail.

À partir de cette définition du stress, on déduit que n'importe quel problème organisationnel devient générateur de stress, même temporairement, dès que le travailleur se trouve en état de discordance. Bien que les réactions de l'individu dépendent de facteurs personnels, certains facteurs liés à l'organisation peuvent aussi être qualifiés d'agents de stress.

10.4.1 Les agents de stress organisationnels

La source de stress la plus répandue tient à l'effet combiné de la taille imposante de l'organisation et du haut degré de formalisation de son fonctionnement, communément appelé «la bureaucratie». Plusieurs études ont démontré que les organisations très bureaucratisées cherchent à mouler la personne pour en faire un être stéréotypé, vidé de sa substance, de sa couleur et de sa complexité. Le besoin de contraindre et de surveiller le comportement humain qu'éprouvent ces grandes organisations est la cause la plus fréquente du stress organisationnel.

Une deuxième source de stress se trouve dans la structure hiérarchique d'une organisation. Dans toute hiérarchie où le pouvoir est inégalement réparti, plus on compte de paliers, plus s'accentue la tendance au contrôle autocratique de la part de quelques-uns aux dépens des autres. Les dirigeants sont alors bien placés pour dicter des comportements trop exigeants qui dépassent les capacités de leurs employés.

EN PRATIQUE

Les sources de stress dans les entreprises canadiennes

Selon les résultats du sondage nord-américain *Au Travail! 2009-2010*, réalisé par Tower Watson, la moitié des répondants issus des entreprises canadiennes interrogées nomment comme sources de stress :

- la charge de travail ou les longues heures de travail (64 %);

- le manque de clarté ou l'incohérence dans les attentes (58 %);

- le déséquilibre entre le travail et la vie personnelle (53 %);

- le manque de soutien, de rétroaction et de communication de la part du superviseur (51 %).

La peur de perdre son emploi ainsi que la technologie qui augmente la disponibilité des travailleurs en dehors des heures de travail sont également considérées comme des facteurs de stress par 47 % et 49 % des répondants, respectivement.

Source : Adapté de « L'avantage santé et productivité », *Résultat du sondage nord-américain Au travail ! 2009-2010*, [En ligne], http://www.towerswatson.com/assets/pdf/974/NA-2009-14565_CA-French.pdf (Page consultée le 17 septembre 2011)

Une troisième source de stress, également liée à la structure de l'organisation, se trouve dans la compétition pour l'obtention d'un nombre limité de récompenses. Bien que cette source de stress se rencontre généralement dans le secteur des affaires, elle existe aussi là où la promotion oblige à la compétition, par exemple dans les universités, les ministères, les syndicats. Dans les organisations où la structure hiérarchique et la quantité limitée de ressources nourrissent déjà l'émulation, on a tendance à stimuler et à pousser trop loin la compétition, arguant que c'est le meilleur moyen d'amener les employés à donner leur plein rendement. On sait que toute compétition comporte son lot de perdants ; or, il arrive que même les gagnants doivent payer très cher leur victoire.

Les rôles et leurs caractéristiques sont quelques-uns des facteurs les plus étudiés dans la recherche sur le stress au travail. Les rôles qui donnent matière à conflits ou qui prêtent à confusion, les rôles surchargés ou, au contraire, trop allégés quantitativement et qualitativement, sont fréquemment cités comme générateurs de signes de stress et de maladie [23].

Emprunté à l'art dramatique, le mot « rôle » désigne, en l'occurrence, le comportement propre à une fonction et non à l'individu même. Autrement dit, le rôle correspond à ce que l'individu est amené à faire dans l'exercice de ses fonctions. Une personne est socialement appelée à tenir plusieurs rôles : celui de père, de mari, de dirigeant, de subordonné, etc. En milieu de travail, plusieurs facteurs interviennent dans la détermination du rôle tenu par un individu. À cet égard, les exigences des dirigeants sont prépondérantes, même si elles ne sont pas toujours formellement exprimées et qu'elles sont souvent transmises de façon plus ou moins indirecte. Le comportement rattaché à une fonction est aussi influencé par les attentes des pairs, des subordonnés ou des clients.

Maintenant, qu'est-ce qu'un conflit de rôle ? C'est la présence simultanée, dans une même tâche, de deux ou plusieurs ensembles d'exigences de nature telle qu'en se soumettant à l'un, il devient, par définition, difficile de se soumettre aux autres.

Les sources de ces conflits sont multiples. Par exemple, une infirmière est soumise à trois sources conflictuelles d'exigences : le patient, son chef d'équipe et le médecin traitant. De même, un employé peut subir des pressions contradictoires : de son supérieur immédiat qui le pousse à produire au maximum et du service de génie qui l'invite à réduire le plus possible les pertes et les rejets.

L'ambiguïté des rôles est liée à l'incertitude qui règne sur les descriptions de tâches (*voir description de poste, à la page 382*) : incertitude quant aux attentes des autres à l'égard du rôle qu'on est appelé à tenir ; incertitude quant à ce qu'on doit faire ; incertitude quant à son niveau de responsabilité ou à la latitude dont on dispose dans l'exécution de sa tâche. Lorsqu'un rôle atteint un degré d'ambiguïté très élevé, l'employé n'a plus de cadre de référence pour guider ses attitudes et ses comportements : c'est l'**anomie**.

anomie
Absence d'organisation sociale résultant de la disparition des normes communément acceptées.

Les rôles surchargés engendrent du stress. Un rôle est surchargé lorsque les tâches qui lui sont associées, sans être intrinsèquement incompatibles, excèdent qualitativement ou quantitativement la capacité de l'individu à les exécuter, ou encore lorsqu'elles le poussent à agir de façon précipitée, au détriment du soin qu'il croit devoir mettre au travail. Chez les cadres intermédiaires et supérieurs, dont les tâches sont souvent mal définies, cette source de stress peut être provoquée par l'incapacité apparente de certains à dire non à toute demande, en raison du culte qu'ils vouent à l'efficacité et à la performance, ou encore par crainte que leur refus soit mal interprété et qu'il nuise à leur carrière. On tombe dans un cercle vicieux lorsque ces mêmes personnes, qui acceptent beaucoup de responsabilités et s'efforcent de les assumer, font l'objet d'encore plus de sollicitation, car leur disponibilité et leur efficacité ont attiré l'attention de tout le monde. Ce processus de surcharge progressive est une lame à double tranchant, puisque l'accumulation des engagements à court et à long terme s'accroît avec le temps.

La variété des habiletés requises, le degré d'autonomie, l'importance et la description de la tâche ainsi que la rétroaction sont autant d'éléments susceptibles d'entraîner des symptômes de tension, s'ils sont incompatibles avec les besoins et les aspirations de l'individu, avec son sens des responsabilités, son désir de voir les résultats de son labeur et l'importance qu'il accorde à son travail.

EN PRATIQUE

Un travail sans stress, c'est possible !

Si les individus ont de bons outils de travail, des tâches clairement définies et qu'ils ont les compétences nécessaires pour les exécuter, il est fort probable qu'ils manifesteront moins de stress au travail. Des modifications apportées aux tâches ou à l'environnement peuvent aussi être la cause de perturbations. Des tensions risquent de survenir à divers moments de la vie professionnelle : si le travailleur possède les ressources personnelles, sociales et organisationnelles appropriées, il sera davantage en mesure de surmonter les éventuels déséquilibres et de bien fonctionner.

Les responsables des ressources humaines, des ressources matérielles, des équipements et des budgets, par exemple, sont eux aussi soumis au stress. Leurs responsabilités sont assorties de fréquentes interactions avec les autres (réunions, comités de toutes sortes, etc.), de périodes de travail en solitaire et, par conséquent, de longues heures de planification afin de respecter les échéances, etc.

Les caractéristiques physiques du travail peuvent être une cause de maladie. De nombreux travaux sur les liens entre les conditions de travail spécifiques à un emploi et l'état de santé physique et mental du travailleur tendent à le démontrer. Ceux que Kornhauser a menés en 1965, notamment, ont établi une relation entre la santé mentale, des conditions de travail désagréables, l'obligation de travailler vite et beaucoup et de se conformer à des horaires longs et pénibles [24].

De nombreux auteurs ont fait ressortir le fait que les relations interpersonnelles peuvent aussi constituer une source importante de stress en milieu de travail. La **relation interpersonnelle** naît du besoin d'être reconnu et accepté. En tant qu'« animal social », l'être humain accorde une grande valeur à la qualité de ses relations avec les autres. Le fait d'être soutenu par des camarades de travail atténue chez le sujet l'effet des facteurs de stress.

relation interpersonnelle
Interaction humaine entre le superviseur et son équipe, ou entre pairs : amitié, honnêteté, réceptivité aux suggestions, reconnaissance du travail accompli, par exemple.

Des spécialistes en science du comportement se sont intéressés à l'effet tampon que le soutien social exerce entre l'individu et certaines conséquences du stress. Ils sont arrivés à la conclusion que de bonnes relations interpersonnelles au sein d'une équipe de travail jouent un rôle primordial dans le maintien de la santé des individus et des organisations [25].

10.4.2 Les agents de stress individuels

Sans conteste, lorsqu'il s'agit de déterminer la susceptibilité d'une personne au stress, il est important de considérer les facteurs individuels, tels que les valeurs, les besoins, les habiletés, l'expérience, la personnalité et les aspirations. Ces facteurs englobent aussi les caractéristiques d'ordre perceptif et cognitif, qui influencent l'interprétation subjective de ce qui est considéré comme un stress, de même que la réaction à ce stress.

Les réactions aux agents stressants varient en fonction de certaines dimensions de la personnalité telles que l'anxiété névrotique, l'introversion, l'extraversion, la rigidité, la flexibilité, l'ambition et la volonté de réussir [26]. Certaines personnes ont l'habitude de se fixer des objectifs précis et des échéanciers très stricts. Il est aisé de concevoir qu'un tel comportement puisse être aussi stressant que gratifiant. D'autres personnes, moins imprégnées de la volonté de réussir, parviendront à se sentir gratifiées tout en s'imposant moins de stress. Il s'agit là d'un thème qui a été popularisé par les travaux sur les personnalités de type A et de type B. Cette typologie des comportements, initialement proposée par Rosenman et ses collègues, a été par la suite largement utilisée dans les études sur le stress [27]. Ces auteurs ont démontré que les sujets de type A, qui sont combatifs, agressifs, impatients, incapables de s'arrêter et continuellement pressés par le temps, étaient plus prédisposés à la maladie coronarienne que les sujets de type B qui, à la rigueur, préfèrent laisser aux autres le soin de définir les exigences au travail et se contentent de s'y adapter.

Récemment, un nouveau type de personnalité a été suggéré afin d'ajouter à la typologie, soit le type C. Le comportement de type C s'observe chez la personne introvertie, obsessive, passive, résignée et placide, extrêmement coopérative, soumise et conformiste, qui intériorise sa réponse au stress et maîtrise toujours son hostilité, soucieuse de l'approbation sociale. Selon certaines études, les individus de type C sont statistiquement plus prédisposés que la moyenne à souffrir de rhumatismes, d'infections, d'allergies et de divers troubles dermatologiques, y compris le cancer. Notons que le cancer est associé à l'inhibition immunologique dont souffrent les individus de ce type [28].

EN PRATIQUE

La personnalité hardie, plus résistante au stress !

Des chercheurs ont pris en considération les différences de personnalité et sont arrivés à la conclusion que des résultats élevés dans l'échelle du stress et bas dans l'échelle de la maladie sont attribuables à une personnalité hardie. Ces personnes sont engagées dans leur vie personnelle, sociale et affective, éprouvent un sentiment de contrôle et apprécient les défis. Soumises à de hauts facteurs de stress, elles ne sont pas nécessairement affaiblies psychologiquement et physiquement. Il semblerait donc que les réactions au stress varient selon les personnalités et que, pour y résister, on aurait avantage à avoir, sinon à développer, une personnalité hardie.

Les personnes de type A se distinguent en ce sens qu'elles sont toujours pressées et en état d'alerte ; c'est la course contre la montre, la poursuite de deux lièvres à la fois. Elles dictent des lettres en conduisant leur voiture et préparent un discours en regardant la télé, elles sont incapables de tolérer les retards, s'énervent derrière un conducteur trop lent et trépignent d'impatience quand elles attendent l'ascenseur. Paradoxalement, les individus de type A ne semblent pas ressentir subjectivement le stress ; à tout le moins, ils se plaignent très peu souvent de souffrir d'anxiété. Ils sont rarement grippés, ils n'en ont pas le temps ! Selon Rosenman et ses collègues, la culture occidentale stimule considérablement l'éclosion du syndrome A typique, présent chez l'individu obsédé par le temps et par la quantité de choses à accomplir [29].

Le lieu de contrôle, interne ou externe, est une autre dimension de la personnalité étudiée en relation avec le stress au travail. Une échelle de mesure de cette dimension mise au point par Rotter, en 1966, hiérarchise les individus selon leur tendance à attribuer ce qui leur arrive à leurs propres capacités ou, au contraire, à des facteurs extérieurs tels que la chance, la fatalité ou le pouvoir des autres[30]. Des travaux récents ont démontré que les personnes dont le lieu de contrôle est interne ont une meilleure connaissance du monde du travail et de leur propre fonction que celles dont le lieu de contrôle est externe. Cependant, les travaux qu'a menés Burger, en 1992, viennent nuancer les avantages de ce type de contrôle en soulignant que les individus ayant un lieu de contrôle interne sont plus sujets à l'anxiété[31].

Pour conclure, on peut affirmer que la personnalité intervient dans la genèse du stress, mais que la nature et la gravité des conséquences du stress sont liées non pas à la personnalité proprement dite, mais à l'interaction entre la personnalité et les exigences de la tâche à accomplir.

Même si l'estime de soi ne faisait pas partie du modèle original de Dolan et Arsenault de 1980, dans l'édition de 2009 de leur ouvrage, les auteurs insistent sur l'importance de ce concept pour bien comprendre le stress[32]. Selon eux, l'estime de soi positive est un peu le système immunitaire de la conscience ; elle accroît la résistance, la force et la capacité de régénération face aux traumatismes de la vie. La personne qui a une faible estime d'elle-même a davantage tendance à vouloir éviter la douleur qu'à rechercher le bonheur. En outre, rien de ce qu'elle accomplit ne semble suffisant. Cette situation s'apparente au mythe de Sisyphe, qui met des efforts titanesques à la réalisation insensée d'objectifs inaccessibles, sans jamais reconnaître son propre mérite, ni obtenir de récompense satisfaisante. Le manque d'estime de soi propulse l'individu dans un labyrinthe sans issue, de stress et d'inadaptation (*voir la figure 10.7*). Plus il est confiant, moins il a besoin d'objets matériels pour s'affirmer à ses propres yeux et à ceux d'autrui. Cela signifie aussi qu'il s'expose moins à des états subjectifs de perte de maîtrise et de stress et qu'il est moins vulnérable à l'accumulation pathogène d'événements incontrôlables, ce qui est bénéfique pour sa santé.

Figure 10.7 **Faible estime de soi, stress et maladie**

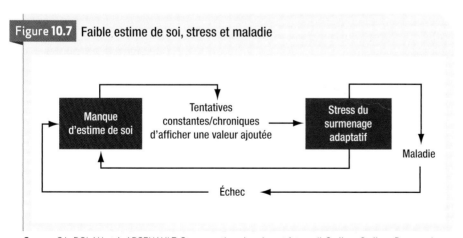

Source : S.L. DOLAN et A. ARSENAULT, *Stress, estime de soi, santé, travail*, Québec, Québec, Presses de l'Université du Québec, 2009, p. 108 (Avec la permission des auteurs).

10.5 LES EFFETS NÉFASTES DU STRESS

On dispose d'un grand nombre d'indicateurs pour mesurer les effets néfastes du stress sur la santé des travailleurs et sur l'organisation[33]. Dans cette section, nous les exposerons de façon plus détaillée.

10.5.1 Les conséquences individuelles

épuisement professionnel
Ensemble de symptômes précis causés par un stress chronique ou grave relié directement aux activités professionnelles et non aux problèmes personnels du travailleur. Les symptômes de cette maladie sont les suivants : fatigue chronique, perte d'énergie, irritabilité et attitude négative à l'égard du travail et de soi.

Très connu, le concept d'**épuisement professionnel** (*burnout*) est un indicateur des réactions affectives et émotionnelles et a été largement utilisé ces dernières années, particulièrement dans les secteurs de la santé, de l'enseignement, du travail social et de la gestion[34]. Selon certains chercheurs, l'épuisement professionnel est un symptôme de stress organisationnel qui se rencontre généralement lorsqu'un travailleur a peu d'emprise sur la qualité de son travail, mais qu'il se considère tout de même comme personnellement responsable de son succès ou de son échec. D'autres chercheurs définissent l'épuisement professionnel comme un état de grande fatigue physique, mentale et émotionnelle résultant de l'accumulation d'un stress mental et émotionnel sur une longue période. L'employé est alors incapable de satisfaire aux exigences de son travail. L'épuisement professionnel est un état qui s'aggrave progressivement. Il est déclenché par des sentiments d'inadéquation par rapport à la tâche à accomplir et évolue au point où les fonctions physiques et mentales se détériorent réellement. Les bourreaux de travail, qui travaillent de longues heures et ont peu d'emprise sur leur

EN PRATIQUE

Les symptômes de l'épuisement professionnel

La personne qui souffre d'épuisement professionnel peut présenter plusieurs des symptômes suivants :

- Fatigue physique : Diminution de l'énergie, fatigabilité chronique, affaiblissement et ennui. Ceux et celles qui souffrent d'épuisement ont souvent une propension aux accidents et aux maladies, de fréquents accès de migraine, des nausées, des tensions musculaires aux épaules et au cou, des douleurs dorsales, et voient des changements survenir dans leurs habitudes alimentaires et leur poids.

- Fatigue émotionnelle : Elle est accompagnée de dépression, de désespoir, d'impuissance et de la sensation d'être pris au piège, ce qui entraîne parfois, en période de crise aiguë, des troubles mentaux et des idées suicidaires, des accès de larmes continus et irrépressibles, la perte des mécanismes de contrôle et de récupération. La personne épuisée se sent vidée sur le plan émotif ; elle s'irrite et s'énerve facilement.

- Fatigue mentale : Elle se caractérise par le développement d'attitudes négatives vis-à-vis de soi-même, de son travail et de la vie. Ces personnes se sentent incompétentes, inférieures, incapables. Elles adoptent aussi des attitudes négatives à l'égard des autres.

Source : Traduit et adapté de H.J. FREUDENBERGER, *Burnout : The High Cost of High Achievement*, Toronto, Ontario, Bantam Books, 1981.

vie, sont les plus prédisposés à l'épuisement professionnel qui frappe toutes les professions : policiers, ouvriers manuels, gardiens de prison, infirmières, ambulanciers, pompiers, travailleurs sociaux, courtiers en valeurs mobilières, professeurs, etc.

La dépression, l'anxiété, l'irritabilité et les problèmes somatiques sont d'autres manifestations du stress. De plus, des liens évidents ont été établis entre le tabagisme, l'alcoolisme et les exigences professionnelles. En ce qui concerne les conséquences physiologiques, certains chercheurs ont noté une augmentation de la sécrétion de catécholamines (adrénaline et noradrénaline) et de stéroïdes, ainsi qu'une élévation de la pression sanguine, autant de signes avant-coureurs d'ulcères de l'estomac et de malaises cardiovasculaires. Le stress chronique a aussi été associé aux lésions chromosomiques. Des chercheurs de l'Université Duke, aux États-Unis, ont récemment découvert que le stress chronique abaissait les niveaux d'une protéine qui empêche les anomalies génomiques [35]. Une étude sur l'hypertension a révélé l'existence d'un lien direct entre l'hypertension artérielle et le stress. De ce constat, on peut tirer la conclusion suivante : même les employés satisfaits de leur travail peuvent subir du stress [36].

PERSPECTIVE INTERNATIONALE

France Télécom et Renault

Les employés de France Télécom, profondément ébranlés par le suicide d'une soixantaine de leurs collègues en moins de deux ans, ont peine à exprimer leur douleur face à ces événements. Le dernier cas, une immolation par le feu sur les lieux du travail, fait partie, selon les salariés, des conséquences du style de gestion de l'ancien pdg. Les mutations fréquentes (mobilité imposée), l'absence de communication voire de rétroaction de la part de la direction et l'absence de plan de carrière furent tous des catalyseurs du suicide de ce professionnel, pourtant reconnu pour son expertise.

Le directeur du Laboratoire du changement social de l'Université de Paris souligne que la récente série de suicides qui a secoué les sociétés fran-çaises telles que Renault et France Télécom a été générée par les mêmes problèmes : le lien entre les conditions de travail et leur violence et l'absence de sens de la vie de l'individu et de la seule option disponible possible : la mort qui sert d'exemple.

À la suite de ces vagues de suicides, les fédérations syndicales chez France Télécom ont mis sur pied « l'*Observatoire national du stress et des mobilités forcées* ». Cet observatoire a pour objectif de sensibiliser et mobiliser les parties prenantes contre les tensions et les risques psychosociaux générés par le nouveau style de gestion associé à une politique de réorganisation globale et permanente : 22 000 suppressions d'emplois entre 2006 et 2008.

Sources : Adapté de É. DESROSIERS, « Le mal de vivre dû aux maux du travail ». *Le Devoir*, 2 avril 2011, [En ligne], http://m.ledevoir.com/economie/emploi/320238/le-mal-de-vivre-du-aux-maux-du-travail (Page consultée le 2 octobre 2011) ; « Présentation de l'Observatoire », *Observatoire du stress et des mobilités forcées France Télécom*, 2008, [En ligne], www.observatoiredustressft.org/-observata/index.php?option=com_content&view=article&id=1512:association&catid=36:qui-sommes-nous&Itemid=55 (Page consultée le 5 septembre 2011)

10.5.2 Les conséquences organisationnelles

Les dirigeants d'entreprises accordent de plus en plus d'importance au stress et à l'épuisement professionnel depuis qu'on leur reconnaît des effets néfastes sur la productivité et le bien-être physique et mental des employés. En 2009, au Québec, selon la Commission de la santé et de la sécurité du travail, le pourcentage des lésions acceptées attribuables au stress aigu et au stress chronique s'établissait à 83,7 % et à 15,6 % respectivement[37]. Parmi les lésions acceptées attribuables au stress chronique en milieu de travail, 61,1 % concernaient les troubles d'adaptation, suivis à 17,3 % des troubles de stress et d'anxiété[38].

Quand les pouvoirs publics soutiennent les gestionnaires

On compte de plus en plus sur les gestionnaires pour gérer l'exposition des travailleurs au stress et ainsi réduire ses conséquences individuelles, sociales et organisationnelles. Les pouvoirs publics y accordent également une attention particulière.

À cet effet, le Plan d'action sur la prévention du stress dévoilé en 2009 par le ministre du Travail, de l'Emploi et de la Santé de la République française avait généré de la part des grandes entreprises, au 19 avril 2011, près de 600 accords ou plans d'action. Ce qui est une première en Europe.

Source : Adapté de « Xavier Bertrand a réuni le Conseil d'orientation des conditions de travail », *Ministère du travail, de l'emploi et de la santé*, 19 avril 2011, [En ligne], http://www.travail-emploi-sante.gouv.fr/actualite-presse,42/communiques,95/xavier-bertrand-a-reuni-le-conseil,13342.html (Page consultée le 5 septembre 2011)

10.6 LES PROGRAMMES D'INTERVENTION

www.cheneliere.ca/dolan

Dans cette section, nous aborderons essentiellement deux types d'intervention : l'intervention de nature individuelle et l'intervention axée vers l'organisation.

10.6.1 L'intervention individuelle

Le principal objectif de l'intervention à l'échelle individuelle est de déterminer les facteurs susceptibles d'entraîner, d'influencer ou d'accélérer l'émergence des diverses conséquences négatives du stress chronique.

Le diagnostic individuel

L'activité visant à déceler les problèmes de stress, de tension et de santé est primordiale, car elle est le fondement même de l'élaboration d'une stratégie de prévention. Une large part des effets néfastes du stress présentés précédemment résulte de la présence cumulée de plusieurs facteurs sur de nombreuses années. Pour dégager ces facteurs, des méthodes d'analyse regroupant les individus selon des catégories précises (usine, section, équipe, type de travail, etc.) sont élaborées. La comparaison des fréquences attendues et des fréquences observées pour chaque catégorie permet d'identifier les sous-groupes susceptibles de souffrir de stress. Dans toute organisation bien structurée, où les dossiers médicaux des employés sont tenus à jour et, au mieux, partiellement ou totalement informatisés, il est possible d'effectuer ce contrôle de façon méthodique. Grâce aux examens périodiques et systématiques, on peut assurer une surveillance prospective et observer l'évolution des indicateurs dans le temps. Ainsi, sur une grille tenant compte de l'âge et du sexe, on peut voir la tension artérielle d'un individu passer du dixième centile à 35 ans au quatre-vingt-dixième centile à 39 ans. L'utilisation de ce type de grille d'analyse est généralisée en médecine clinique et, plus particulièrement, en pédiatrie. En médecine adulte, il n'est pas encore d'usage de procéder à une surveillance prospective, autrement dit de comparer chaque individu non pas à la moyenne globale d'une population de tous les âges et de tous les sexes, mais à une valeur prédite par catégories. L'informatisation du dossier médical permet, dans cette perspective, de faire un grand bond en avant dans la détection précoce des indicateurs de stress chez les travailleurs.

Mais il y a un hic. Le fait de poser un diagnostic et d'avertir les travailleurs qu'ils sont victimes d'une maladie hypertensive peut avoir des conséquences négatives. Par exemple, une étude réalisée en 1979 a révélé un accroissement de l'absentéisme chez les travailleurs à qui on avait dit qu'ils souffraient d'une maladie hypertensive[39]. Il apparaît donc clairement que le diagnostic peut servir de guide dans l'élaboration d'une forme d'intervention plus appropriée à la relation travailleur-organisation. Ainsi, pour le travailleur qui ressent psychologiquement les conséquences de son environnement stressant, mais qui ne peut le fuir, la possibilité d'obtenir une attestation de maladie constitue un bon mécanisme d'évasion d'un univers perçu comme malsain. Du point de vue de l'organisation, cet absentéisme médicalisé semble indésirable. Cependant, dans la perspective globale que nous proposons, le problème n'est pas nécessairement l'individu, mais, selon toute probabilité, la structure même de la tâche qu'il doit exécuter. La stratégie diagnostique et préventive doit alors être réorientée vers l'organisation et non vers le travailleur.

Par ailleurs, poser un diagnostic précis quant à la personnalité d'un individu aide à intervenir sur cet individu en particulier. Il semble, en effet, que le type de personnalité aide à comprendre la façon dont les individus voient leur milieu de travail, ainsi que leurs réactions lorsqu'ils s'y sentent menacés.

La typologie de la personnalité suivante est tirée de plusieurs études dont les principaux chercheurs sont Dolan, Arsenault et Van Ameringen[40]. Elle fait référence au milieu hospitalier, où on distingue quatre grands groupes de personnalité issus de la combinaison du type A et du lieu de contrôle (*voir la figure 10.8, page suivante*).

Les **individus de type A**, compétitifs, acharnés et toujours pressés, ont été qualifiés de *hot*; à l'autre extrême, les **individus de type B**, plus calmes et plus réfléchis, ont reçu le qualificatif de *cool*. Les personnes qui ont un lieu de contrôle interne, qui sont autonomes et parfois même têtues comme leurs «homologues» du règne animal, les chats, ont été qualifiées de *cats*.

individu de type A

Individu caractérisé par une ambition intense et un esprit de compétition. Pour l'individu de type A, l'emploi idéal lui accorde beaucoup de responsabilités et une grande autonomie, à la condition, bien sûr, qu'il possède les compétences nécessaires à l'accomplissement de ses tâches.

individu de type B

Individu qui préfère laisser aux autres le soin de définir les exigences du travail pour s'y adapter par la suite.

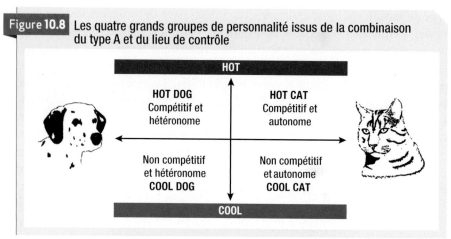

Figure 10.8 Les quatre grands groupes de personnalité issus de la combinaison du type A et du lieu de contrôle

Source: S.L. DOLAN et A. ARSENAULT, *Stress, santé et rendement au travail* (préface de Hans Selye), Montréal, Québec, Presses de l'Université de Montréal, 1980, p. 143. (Cité avec la permission des auteurs.)

hot cat

Type de personnalité qui caractérise l'individu compétitif et autonome. Il domine et maîtrise la situation. Il perçoit les deux sources de stress, mais inhibe la manifestation de leurs conséquences par sa compétitivité et son autonomie.

hot dog

Type de personnalité qui caractérise l'individu compétitif et hétéronome. Il perçoit les deux sources de stress, mais s'adapte difficilement à leurs conséquences. Les sources intrinsèques lui donnent des troubles digestifs et musculo-squelettiques, mais aucun symptôme psychologique n'est apparent. Quant aux sources extrinsèques, elles le rendent agressif plutôt qu'anxieux.

cool dog

Type de personnalité qui caractérise l'individu non compétitif et hétéronome. Il manifeste plus de sensibilité au contexte qu'au contenu de la tâche. Les sources de stress intrinsèques le laissent indifférent, mais les sources extrinsèques lui causent des symptômes psychiques et somatiques et le portent à prendre du poids. Comme il n'est pas compétitif, tout conflit le rend malade, et comme il est hétéronome, il réagit très peu aux exigences du contenu de la tâche.

À l'inverse, celles dont le lieu de contrôle est externe, qui ont tendance à dépendre de leur environnement, tout comme leurs «homologues» du règne animal, les chiens, ont été qualifiées de *dogs*.

En vue de mesurer le stress que vit chacun de ces types de personnalité, les auteurs ont distingué les sources de stress intrinsèques, liées au contenu, et les sources de stress extrinsèques, liées au contexte. En règle générale, les sources intrinsèques sont perçues par les travailleurs, mais leurs effets sont cachés ou difficilement observables (par exemple, l'augmentation de la tension artérielle diastolique[41]). Les symptômes comportementaux traditionnellement associés au stress ne semblent pas touchés (par exemple, l'anxiété et l'excès de poids).

Quant aux sources extrinsèques, elles sont également perçues par les travailleurs, mais leurs effets sont plus immédiats et plus visibles. Elles suscitent de l'irritation, des états dépressifs et une augmentation de l'absentéisme[42].

En évaluant la façon dont les sources de stress sont perçues par les uns et par les autres, on peut voir que les ***hot cats*** arrivent toujours à dominer la situation. Ils perçoivent très bien les deux sources de stress, mais comme ils sont compétitifs et autonomes, ils inhibent l'expression de leurs conséquences — ils peuvent relever tous les défis et rien ne peut leur faire perdre le contrôle.

Les ***hot dogs*** perçoivent aussi les deux sources de stress, mais il leur est beaucoup plus difficile de s'adapter à leurs conséquences. Les sources de stress intrinsèques causent chez eux des troubles digestifs et musculo-squelettiques, mais aucun symptôme psychologique apparent. Quant aux sources extrinsèques, elles ne les rendent pas anxieux: ils deviennent agressifs[43].

Les ***cool dogs*** sont plus sensibles au contexte qu'au contenu d'une tâche. Les sources de stress intrinsèques les laissent indifférents, mais les sources extrinsèques entraînent chez eux presque tous les problèmes psychiques et somatiques possibles, notamment le gain de poids. Leur nature non compétitive transforme tout conflit en cause de maladie, alors que leur hétéronomie les porte très peu à réagir aux exigences de la tâche[44].

Les **cool cats** sont ceux qui perçoivent le moins les deux sources de stress, ce qui ne les empêche pas de réagir aux deux. Les sources intrinsèques les rendent agressifs, alors que les sources extrinsèques les rendent anxieux et provoquent chez eux des problèmes cardiovasculaires et digestifs[45].

L'étude de ces phénomènes permet de dégager certains profils perceptifs et certaines formes d'expression du stress. Le tableau 10.2 montre bien que les deux sources de stress ont des effets complètement différents.

Les travaux de Dolan et de ses collaborateurs ont montré que le stress de source intrinsèque pousse d'abord le travailleur à l'action, puis au surmenage, car il accorde de la valeur aux défis à relever[46]. Ce type de stress tend à augmenter la tension artérielle diastolique. Quant au stress de source extrinsèque, il cause d'abord de la détresse intrapsychique chez l'individu et, parce qu'il est dans l'impossibilité d'agir, il favorise le recours à la fuite.

Le traitement individuel

Nous observerons d'abord le traitement individuel à travers la grille médicale traditionnelle. Par la suite, nous présenterons deux types d'intervention à caractère psychologique ou biopsychologique, soit les méthodes de relaxation et les techniques de rétroaction biologique (*biofeedback*). En terminant, nous exposerons notre point de vue.

Les interventions médicales traditionnelles

Pour traiter une maladie associée au stress, la médecine traditionnelle prescrit soit une diète, soit des exercices, soit des médicaments. À ce jour, très peu d'études ont évalué l'efficacité clinique des médicaments en période de réinsertion au travail. En effet, de nombreux employés soumis à une médication parce qu'ils ont des problèmes d'ordre psychologique et somatique, retournent au travail sans que nul ne s'intéresse aux effets secondaires de leur traitement, qui risquent pourtant d'interférer avec leur travail et de devenir une source secondaire de stress. Dans une perspective globale, il serait préférable que le traitement proprement dit fasse, lui aussi, l'objet d'une évaluation.

Supposons qu'une miniépidémie d'hypertension artérielle frappe une organisation et qu'on décide de recourir à trois types d'intervention thérapeutique pour remédier à la situation : un premier groupe serait traité à l'aide d'un produit pharmaceutique classique, un deuxième ferait appel à des techniques de relaxation (voir ci-après) et au troisième, le groupe témoin, on prescrirait des placebos. Pendant l'expérience, des données seraient recueillies afin de déterminer le meilleur traitement. Évidemment, l'organisation

cool cat

Type de personnalité qui caractérise l'individu non compétitif et autonome. Le *cool cat* est celui qui perçoit le moins les sources de stress extrinsèques et intrinsèques, mais qui réagit aux deux : les premières le rendent anxieux et provoquent chez lui des symptômes cardiovasculaires et digestifs et les deuxièmes le rendent agressif.

Quelques formes d'expression du stress en fonction de leur source

Tableau **10.2**

SOURCE INTRINSÈQUE	SOURCE EXTRINSÈQUE
Défi à relever	Conflit intrapsychique
Sollicitation somatique primaire	Sollicitation psychique primaire
Exhibition de l'action	Inhibition de l'action
Fuite impossible	Lutte impossible
Lutte sans relâche	Fuite acceptable
Augmentation de la tension diastolique	Augmentation de l'absentéisme

disposerait d'un système informatisé de gestion de la santé, ce qui faciliterait la collecte de données et l'analyse des résultats.

La relaxation et les méthodes similaires

L'évaluation scientifique de méthodes telles que la méditation transcendantale a démontré leur effet relaxant, variable selon les individus. L'aura de mystère et de magie dont s'entourent les adeptes de ces techniques d'approche amène toutefois les scientifiques à se méfier. À l'évidence, il y a plus d'une façon d'atteindre un état de relaxation. On peut, entre autres, inciter quelqu'un à relaxer en lui suggérant de s'installer confortablement et de se concentrer sur le chiffre «1» à chaque expiration. L'effet observé ressemble beaucoup à celui qu'on obtient grâce aux techniques de méditation transcendantale, le caractère spectaculaire et mystique en moins.

Quelles qu'elles soient, les techniques de relaxation sont un moyen réel de soulager les symptômes du stress. Toutefois, il est difficile de les considérer comme un traitement des causes du stress. Si celui-ci provient de la perception subjective que l'individu a de sa tâche, il y a plutôt lieu de travailler à modifier cette perception. Toutefois, si la cause du stress est inhérente à la tâche, celle-ci posera toujours des problèmes d'adaptation, peu importe la personne qui y sera affectée. C'est alors à la tâche, à son contenu et à son contexte qu'il faut s'attaquer.

La rétroaction biologique (*biofeedback*)

La rétroaction biologique (*biofeedback*) est une technique qui, à l'aide de détecteurs placés à divers endroits du corps, permet à l'individu de capter des signaux par la vue ou l'ouïe. Grâce à ces signaux, le sujet peut maîtriser des fonctions qui, normalement, auraient échappé à son contrôle. Cette technique a déjà fait l'objet d'un véritable engouement et a toujours plus ou moins sa place parmi les traitements symptomatiques des conséquences du stress. Ainsi, dans certains cas, la rétroaction biologique est efficace contre la migraine et permet même aux hypertendus de réduire leur tension artérielle. Là encore, il convient d'appliquer à cette méthode la réserve exprimée plus haut à l'endroit des techniques de relaxation psychologique: elle constitue une forme de traitement symptomatique, et, à ce titre, ne trouve sa place que dans une stratégie générale élaborée en vue de gagner du temps en attendant de découvrir la cause précise du symptôme ou de la maladie et de s'y attaquer directement.

Notre point de vue

Après un bref survol de ces trois types d'intervention individuelle, nous en aborderons un quatrième, l'approche cognitive, pour laquelle nous avons une nette préférence.

Cette méthode consiste à amener le travailleur et le gestionnaire à analyser ensemble la situation, telle qu'elle se présente à leurs yeux. Cet exercice fait appel au sujet conscient et relève, à proprement parler, d'une philosophie générale de l'éducation plutôt que d'une technique de dressage. Contrairement à cette dernière, la démarche éducative permet d'acquérir une certaine compréhension de la réalité et de concevoir une stratégie intelligente visant à amener ce réel dans la négociation.

L'intervention préventive

Les stratégies d'intervention préventive sur le plan individuel sont, pour la plupart, élaborées par les sciences médicales traditionnelles. Cependant, le caractère à la fois psychologique et somatique de tout ce qui touche de près ou de loin le stress au travail exige une ouverture à l'approche multidisciplinaire de la part de l'équipe thérapeutique. Outre un médecin et un psychologue, cette équipe devrait donc compter un gestionnaire de ressources humaines et, évidemment, le travailleur lui-même ou son représentant. Il s'agit de créer un contexte de concertation et non de confrontation, où sont mises en commun les ressources propres à chaque discipline et celles du travailleur. Celui-ci est l'observateur direct et privilégié de la situation de travail dans laquelle il est placé et personne ne peut mieux que lui reconnaître les problèmes, émettre les hypothèses sur les causes probables des signes et des symptômes de stress et élaborer ultérieurement un programme de prévention.

Les techniques utilisées dans une stratégie d'intervention préventive peuvent s'appliquer à brève, moyenne ou longue échéance, mais ne devraient pas exclure, *a priori*, les méthodes de relaxation, les techniques de rétroaction biologique, l'approche cognitive ou l'approche médicale traditionnelle. De façon générale, ces interventions ont des objectifs soit curatifs, axés sur la création d'un changement positif, soit préventifs.

Comment faire face à l'anxiété et à l'angoisse? Comment utiliser judicieusement les pouvoirs dont nous disposons? Comment faire face à la fatigue attribuable à l'âge? Il n'existe pas de réponse simple à ce type de questions. On peut rêver d'une société qui se soucie davantage de prévention que du traitement des symptômes. D'autant plus que, pour un grand nombre d'individus, l'absence de vision préventive est en soi une source de stress. En effet, au sein des organisations, on trouve de plus en plus de travailleurs et de gestionnaires des ressources humaines qui, plutôt que d'adopter la politique de l'autruche, sont profondément préoccupés par la nécessité de prévenir les problèmes quotidiens.

10.6.2 L'intervention organisationnelle

Les programmes d'intervention axés sur l'organisation ont pour principal objectif d'améliorer la concordance entre les aspirations des individus et les exigences de l'environnement de travail. Comme nous l'avons fait dans la sous-section précédente, nous pourrions dégager les divers aspects du diagnostic, du traitement symptomatique ou de la prévention pour chaque type d'intervention et dans chaque sphère d'activité de la gestion des ressources humaines. Nous laisserons cependant ce soin au lecteur et présenterons plutôt les aspects opérationnels des programmes d'intervention en respectant une classification souvent utilisée en gestion des ressources humaines.

EN PRATIQUE

Des techniques pour réduire le stress

Toutes les mesures suivantes peuvent aider à réduire le stress :

1. Pratiquer diverses techniques de concentration, de relaxation musculaire et de respiration (entraînement autogène, sophrologie, hypnose, exercices de Jakobson, rétroaction biologique, etc.).

2. Pratiquer des techniques gymniques ou sportives jusqu'à la fatigue (sports de combat, aérobique, etc.).

3. Demander à un ou une amie de nous étirer la peau tout le long de la colonne vertébrale par un léger pincement : cette sorte de massage cause parfois une douleur très aiguë, mais son effet à moyen terme peut être des plus bénéfiques. À l'occasion d'une visite chez un kinésithérapeute, de préférence «eutoniste», on peut lui demander de nous apprendre cette technique.

4. Pratiquer des techniques liées à une forme de spiritualité (zen, yoga, méditation, oraison, danses sacrées, taï chi chuan, etc.).

5. S'accorder un temps de sommeil suffisant ; en cas d'insomnie, s'adonner à une activité calme et intéressante (lire, écrire, dessiner, méditer) pendant 10 à 20 minutes, puis se reposer de nouveau.

6. « Vider son sac » : s'expliquer avec une personne lorsqu'une de ses actions nous a heurté, de manière à repartir ensemble sur des bases saines. Ne pas rester passif et silencieux !

7. Se confier à un ou une amie : cette attitude permet d'apaiser les tensions trop fortes. Choisir de préférence une personne compréhensive, pas trop encline aux conseils et aux jugements.

8. Noter ses états d'âme dans un journal intime au quotidien et, dans la mesure du possible, s'abstenir de les relire pour éviter de ruminer le passé.

9. Écouter de la musique apaisante, peindre, dessiner, sculpter, écrire, bricoler, jardiner.

10. Lire (romans, bandes dessinées), aller au théâtre ou au cinéma.

11. Libérer ses tensions émotionnelles : s'exclamer, rire, pleurer. Réfléchir sur sa façon de voir le monde ; s'ouvrir à d'autres types de représentations et de perspectives. Toutes les formes d'agression et d'hyperstimulation sans décharge conduisent au stress. Un moyen de l'éviter : choisir les situations en tenant compte de cette constatation.

12. Avoir recours à un psychothérapeute ou à un analyste pour permettre à la tension anxieuse de se résoudre, au prix d'un processus parfois éprouvant, mais enrichissant.

Source : Adapté de B. AURIOL, « Introduction aux méthodes de relaxation », [En ligne], www.auriol.free.fr/yogathera/relaxation/stress.htm (Page consultée le 2 décembre 2006)

Outre les mesures de gestion de stress décrites *supra*, d'autres stratégies de gestion peuvent être puisées sur les sites Internet suivants : l'Institut universitaire en santé mentale Douglas à Montréal, le Centre de recherche Fernand-Seguin de l'Hôpital Louis-H. Lafontaine et le Centre d'études sur le stress humain (CESH).

La dotation et la promotion du personnel

La sélection et la promotion du personnel devraient se faire à l'aide d'un éventail de critères élargi, de manière à englober des éléments propres à la dimension psychosociale de la tâche. Les gestionnaires devraient aussi, au départ, évaluer les risques de maladie physique auxquels un individu est exposé et porter attention aux attentes et aux besoins de chaque candidat. De plus, afin d'éviter que ces derniers ne se créent des attentes irréalistes à l'égard de leur future tâche, on devrait les informer de l'ensemble des exigences de l'organisation et de la philosophie sous-jacente à la gestion des ressources humaines[47]. Un avertissement du genre «les conflits de rôle inhérents à cette tâche peuvent comporter des risques pour votre santé» ne ferait probablement pas fuir un candidat, mais il le forcerait à tout le moins à aborder son nouvel emploi avec une certaine disposition d'esprit.

La description de tâches

Le travail d'énumérer les tâches et les responsabilités liées à un poste, qui relève de la gestion des ressources humaines, vise à fournir au titulaire de ce poste un degré optimal de défis et de complexité. Aussi honnêtes soient les intentions avouées des praticiens des ressources humaines quand ils restructurent les tâches en vue de les enrichir ou de les élargir, les résultats observés sont décevants lorsque ces nouvelles descriptions sont implantées sans discrimination dans l'ensemble de l'organisation. L'enrichissement des tâches offre un excellent moyen de réduire le stress chez les employés qui recherchent plus de responsabilités et d'autonomie. Chez les autres, cependant, ce procédé s'avère préjudiciable en regard de la santé et du rendement. De plus, on admet qu'un manque de préparation ou d'autocontrôle risque d'avoir des conséquences néfastes, même chez ceux qui souhaitent avoir plus de responsabilités et d'autonomie. Il faut aussi tenir compte d'autres aspects quand on réaménage les tâches, par exemple la description des rôles, de la charge qui leur est inhérente et du niveau d'habileté exigé. En effet, dans ces trois cas, la présence de conflits, d'ambiguïté, de surcharge ou de sous-charge constitue une véritable source de stress.

Le plan de carrière

Aucune organisation n'oserait négliger la planification de ses opérations financières ou de sa production et, pourtant, certaines omettent de définir des **plans de carrière** destinés à leurs employés. Cette attitude, qui suscite des critiques, du reste justifiées, est d'autant moins souhaitable qu'il est reconnu que le stress des travailleurs diminue en même temps que l'ambiguïté par rapport à leur carrière. Si les critères de promotion sont clairement établis, chaque individu sait ce qu'il doit faire pour progresser au sein de l'entreprise et, fort de cette connaissance, risque moins d'être soumis au stress. En gestion des ressources humaines, on devrait s'efforcer de proposer diverses possibilités d'avancement qui comporteraient des réaménagements tant horizontaux que verticaux.

plans de carrière
Activités organisées par l'entreprise pour aider les employés à découvrir leurs forces et leurs faiblesses, leurs objectifs précis et le genre de poste qu'ils souhaiteraient occuper.

La formation du personnel

Cette activité vise, bien sûr, à maintenir en poste du personnel techniquement compétent. Elle est justifiée en ce qu'elle permet au travailleur d'accroître sa confiance en sa capacité d'exécuter convenablement son travail. La formation est particulièrement importante pour le travailleur spécialisé, qui occupe un poste où les connaissances ont tendance à devenir rapidement désuètes. Dans cette activité, il convient également d'inclure l'ensemble des programmes et techniques visant à atténuer les symptômes du stress, dont nous avons discuté précédemment.

L'évaluation du rendement

Il est monnaie courante de faire participer les employés à l'évaluation de leur propre rendement. Les techniques d'évaluation bilatérale que l'on retrouve, par exemple, dans la méthode de gestion par objectifs, visent d'abord et avant tout à stimuler la motivation de l'employé en le laissant prendre part à son évaluation. Ce procédé a pour effet de dissiper l'idée que les jugements portés sur lui résulteraient d'un processus unilatéral et, du même coup, de réduire les états d'incertitude et le sentiment d'injustice que le travailleur pourrait éprouver.

Le système de reconnaissance

La tendance actuelle à individualiser les programmes de reconnaissance afin qu'ils correspondent aux besoins de chaque travailleur devrait être accentuée. On aurait avantage à utiliser les connaissances véhiculées par les théories de la récompense, dont la théorie de l'équité et la théorie des attentes (ou théorie de l'expectative). Sur le plan des attentes, les gestionnaires des ressources humaines s'entendent généralement pour dire qu'un système de reconnaissance efficace doit faire un lien entre l'effort, le rendement et les récompenses. Il est du reste très important que ces relations soient aussi claires et explicites que possible. En matière d'équité, la politique de reconnaissance de l'entreprise devrait être rendue publique. Cela suppose que les modifications au système ainsi que les critères qui ont permis de le développer sont transmis au travailleur et non tenus secrets.

Les horaires de travail

On parle de plus en plus d'horaires de travail flexibles. Cette pratique gagne en popularité auprès des services des ressources humaines, car elle résout en grande partie les problèmes de retard en permettant aux employés de choisir l'heure de leur arrivée et de leur départ. Le concept de flexibilité des horaires de travail pourrait même être élargi de manière à donner la possibilité aux travailleurs de travailler le nombre de jours qui leur convient le mieux.

Les relations de travail

Dans le secteur des relations de travail, les gestionnaires auraient intérêt à opposer moins de résistance aux syndicats qui demandent l'élargissement des négociations afin d'y inclure des points tels que le contenu des tâches, point auquel est associée la majorité des sources intrinsèques du stress. Sur

La norme Conciliation travail-famille du MFA

En avril 2011, grâce à l'initiative du ministère de la Famille et des Aînés du Québec, une norme avant-gardiste a été développée dans le but d'améliorer l'équilibre entre les responsabilités profession-nelles et familiales des travailleurs québécois et d'alléger leur fardeau d'obligations. Plus spécifique-ment, elle encourage l'instauration de meilleures pratiques de conciliation travail-famille au sein des organisations québécoises.

Élaborée sous la coordination du Bureau de norma-lisation du Québec, la norme BNQ 9700-820 Con-ciliation travail-famille offre aux entreprises une possibilité de certification en fonction du nombre de points qu'elles accumulent sur certains critères :

- Critères obligatoires : Politique de gestion interne de l'organisation, engagement envers la conciliation travail-famille, accessibilité pour les femmes et les hommes, communication, désignation d'un responsable, etc.
- Critères particuliers : Réduction du temps de travail, utilisation des banques d'heures, congé

de compassion, remboursement des frais de garde, travail à domicile, congé pour les victimes d'actes criminels ou pour la perte d'un proche par suicide, soutien aux travailleurs et aux travailleuses dont un ou des membres de leur famille ont une ou des incapacités temporaires ou permanentes, aide ou soutien financier pour la garde des enfants d'âge préscolaire, etc.

La certification permet à l'entreprise de se démar-quer de la concurrence, d'attirer et de conserver sa main-d'œuvre, puisqu'elle met en place divers programmes et initiatives afin de mieux concilier les obligations familiales des travailleurs et celles de leur travail.

En fonction du type de pratiques ou de programmes retenus et instaurés, l'organisation soucieuse d'offrir un milieu favorisant la conciliation doit idéalement réaliser une évaluation de la répartition des tâches ainsi que des ressources humaines disponibles au sein de l'organisation, afin de créer un milieu équili-bré, flexible et une orientation durable.

Sources : Adapté de « Programmes et services », *ministère de la Famille et des Aînés du Québec*, [En ligne], www.mfa.gouv.qc.ca/fr/Famille/travail-famille/Entreprises/Pages/index.aspx (Page consultée le 5 septembre 2011) ; « Exigences liées à la norme Conciliation travail-famille », *ministère de la Famille et des Aînés du Québec*, [En ligne], www.mfa.gouv.qc.ca/fr/publication/Documents/Exigences_Norme_CTF.pdf (Page consultée le 5 septembre 2011)

un autre plan, les gestionnaires devraient coopérer avec les syndicats pour établir des programmes d'intervention thérapeutique et préventive des divers symptômes comportementaux de stress, tels que l'alcoolisme et l'usage non médical de drogues.

Les approches contemporaines

Les plus récentes tendances en gestion du stress démontrent un intérêt mar-qué pour les programmes de diagnostic. Depuis quelques années, nous avons constaté l'émergence de nombreux logiciels de diagnostic du stress permet-tant de systématiser la collecte d'information et d'offrir aux gestionnaires des axes d'intervention précis (par secteurs, divisions, etc.). Aujourd'hui, l'organisation peut même avoir un diagnostic organisationnel en ligne, l'efficacité d'un programme étant en grande partie basée sur l'identification des bons symptômes ainsi que sur la structure et la systématisation de l'information permise par les logiciels.

Dans une optique de changement organisationnel, l'identification des sources de stress permet au gestionnaire de réajuster plus rapidement son tir et, ainsi, d'éviter la détérioration du climat de travail et d'atténuer les conséquences du stress (*voir la figure 10.9*).

Dans le cadre de démarches orientées vers les personnes ou vers un diagnostic individualisé, les recherches de certains professionnels de la santé ont désormais pour but de déceler le niveau d'hormones dans la salive (cortisol) qui peut révéler les prémisses de l'épuisement professionnel[48].

Figure 10.9 La prévention du stress au travail : une approche globale

CHANGEMENT ORGANISATIONNEL + **GESTION DU STRESS** =

UN MILIEU DE TRAVAIL SAIN
Réduction des troubles associés au stress
Satisfaction et productivité des travailleurs
Rentabilité et compétitivité de l'organisation

Source : « Stress...at work », *National Institute for Occupational Safety and Health (NIOSH)*, nº 99-101, [En ligne], www.cdc.gov/niosh/docs/99-101 (Page consultée le 22 novembre 2011)

Parallèlement au développement d'outils diagnostics, les professionnels des ressources humaines ont vu l'accompagnement (*coaching*) en gestion du stress prendre de plus en plus d'importance. L'accompagnement peut aider autant les victimes de stress au travail (gestionnaires, employés), que les individus qui en sont responsables. La technique met l'emphase sur l'écoute et le questionnement afin de permettre au client de visualiser par lui-même l'ensemble des solutions qui s'offrent à lui et ainsi favoriser une décision plus éclairée[49].

CONCLUSION

Dans ce chapitre, nous avons abordé la définition du stress au travail d'après ses origines et ses conséquences. Nous avons mis en lumière l'importance du rôle de chaque travailleur dans ses rapports « agent stressant – symptôme de tension » et « symptôme de tension – conséquence à long terme ». De par sa définition, le stress est un phénomène dynamique : ses symptômes et ses conséquences à long terme résultent d'une interaction entre un travailleur et les divers aspects de son travail. À tout moment, l'interaction entre l'individu et son environnement contribue à l'émergence de symptômes de stress et, à terme, peut entraîner des conséquences irréversibles.

On doit garder à l'esprit que deux caractéristiques individuelles ont un impact très important sur l'apparition et la gestion du stress : la personnalité de l'individu et son bagage génétique ou acquis, et la stratégie élaborée par cet individu pour s'adapter à une situation stressante. Ces deux caractéristiques varient énormément d'une personne à une autre, et c'est ce qui explique en partie les contradictions apparentes que l'on trouve dans les ouvrages sur le stress, particulièrement en milieu de travail. Rappelons-nous qu'il est difficile de généraliser lorsqu'il s'agit d'évaluer l'apport des divers aspects d'un travail au niveau de stress des travailleurs. Les indicateurs directs et indirects de tension et les conséquences à long terme d'un stress accumulé dans le temps sont nombreux et, surtout, ils forment des séquences d'événements profondément et essentiellement personnelles [50].

QUESTIONS DE RÉVISION

1. La société industrielle moderne fait face à un paradoxe. Veuillez décrire, en quelques lignes, ce paradoxe.

2. Peut-on établir un parallèle entre les conceptions physiologiques et comportementales visant à expliquer les causes du stress ? Précisez.

3. Quels sont les symptômes du stress, et de quelle(s) façon(s) portent-ils atteinte à la santé organisationnelle ?

4. Les agents stressants individuels et les agents stressants organisationnels sont les deux principales sources de stress. En existe-t-il d'autres ? Justifiez votre réponse.

5. En croisant deux variables, soit le type de personnalité (A ou B) et le lieu du centre de contrôle (interne ou externe), Dolan et Arsenault ont distingué quatre grands groupes de personnalité. Nommez-les et décrivez leurs caractéristiques en fonction de leur réaction respective au stress.

6. De quel(s) moyen(s) dispose une organisation pour réduire au minimum l'exposition de ses travailleurs au stress ?

7. De quelle manière l'estime de soi agit-elle dans la dynamique du stress ?

8. Que peut faire un individu pour réduire au minimum son niveau de stress ?

AUTO-ÉVALUATION

1. La mesure de l'épuisement professionnel (*burnout*) de Shirom-Melamed (SMBM)

Comment vous sentez-vous à l'école ?

Vous trouverez ci-dessous un certain nombre de constats qui décrivent les divers sentiments que vous pouvez ressentir au collège ou à l'université. Veuillez indiquer combien de fois, au cours des derniers 30 jours, vous avez ressenti chacun des sentiments suivants :

JAMAIS OU PRESQUE JAMAIS	1
TRÈS RAREMENT	2
ASSEZ RAREMENT	3
PARFOIS	4
ASSEZ SOUVENT	5
TRÈS SOUVENT	6
PRESQUE TOUJOURS	7

_____ **1.** Je me sens fatigué.

_____ **2.** Je n'ai pas d'énergie pour aller à l'école le matin.

_____ **3.** Je me sens physiquement vidé.

_____ **4.** Je me sens épuisé.

_____ **5.** Je me sens comme si mes batteries étaient mortes.

_____ **6.** Je me sens brûlé.

_____ **7.** Mon processus de réflexion est lent.

_____ **8.** J'ai de la difficulté à me concentrer.

_____ **9.** J'ai l'impression que mes pensées ne sont pas claires.

_____ **10.** Je me sens incapable de me concentrer.

_____ **11.** J'ai de la difficulté à concevoir les choses compliquées.

_____ **12.** Je me sens insensible aux besoins des membres de mon équipe ou des autres étudiants.

_____ **13.** Je me sens incapable d'investir quelque émotion que ce soit dans mes relations avec les autres étudiants.

_____ **14.** Je me sens incapable d'être sympathique avec les autres membres de mon équipe ou avec les autres étudiants de la classe.

Pour évaluer vos résultats :

Épuisement professionnel global : additionnez tous vos points et divisez le total par 14.

FP (fatigue physique) : additionnez vos points aux énoncés 1 à 6 et divisez le total par 6.

LC (lassitude cognitive) : Additionnez vos points aux énoncés 7 à 11 et divisez le total par 5.

EE (épuisement émotif) : Additionnez vos points aux énoncés 12 à 14 et divisez le total par 3.

Selon les études des professeurs Shirom et Melamed, si votre résultat à l'une ou plusieurs des échelles est plus élevé que 4, vous êtes dans la zone de risque d'épuisement professionnel.

RÉSULTATS NORMES D'INTERPRÉTATION DES RÉSULTATS				
	TOTAL	LC	EE	FP
Alpha normalisé	0,93	0,90	0,84	0,9
N	2779	2778	2775	2779
Moyenne	2,25	2,08	2,01	2,57
Médiane	2,13	2,00	1,75	2,33
Écart type	0,86	0,94	0,91	1,11
Gamme	1-7	1-7	1-7	1-7
Nombre d'items	14	5	3	6

Source : Traduit et adapté avec la permission des auteurs, A. SHIROM et S. MELAMED de l'Université de Tel-Aviv (Israël), [En ligne], www.tau.ac.il/~ashiron/pdf/norms-smbm.doc (Page consultée le 15 décembre 2006)

2. Comment reconnaître une personnalité de type A ?

Votre personnalité est-elle de type A ? Nous vous proposons le questionnaire ci-dessous pour le découvrir. Ce questionnaire s'inspire des travaux de Rosenman et Friedman, les premiers à avoir découvert et nommé deux types de personnalité.

Lisez chaque question et indiquez si, oui ou non, vous agissez la plupart du temps de la manière décrite. Inscrivez la première réponse qui vous vient à l'esprit et évitez de la modifier par la suite. Essayez également de ne pas vous laisser influencer par ce que vous savez des caractéristiques associées à une personnalité de type A.

	OUI	NON
1. Lorsque vous parlez, avez-vous l'habitude d'accentuer certains mots et de prononcer les derniers mots de vos phrases à la hâte ?		
2. Est-ce que vous bougez, mangez et marchez toujours rapidement ?		
3. Êtes-vous impatient par nature et faites-vous montre d'irritation lorsque les choses ne vont pas aussi vite que vous le souhaitez ?		
4. Essayez-vous fréquemment de faire plus d'une chose à la fois ?		
5. Essayez-vous en général d'amener la conversation sur un sujet qui vous intéresse ?		
6. Vous sentez-vous coupable lorsque vous prenez le temps de vous détendre ?		
7. Vous arrive-t-il souvent de ne pas remarquer ce qu'il y a de nouveau autour de vous ?		
8. Vous intéressez-vous davantage à ce que vous pouvez obtenir qu'à ce que vous pouvez devenir ?		
9. Cherchez-vous sans cesse à réaliser le plus de choses possible en un temps toujours plus court ?		
10. Vous arrive-t-il souvent de rivaliser avec d'autres personnes qui cherchent, elles aussi, à tirer le maximum de leur temps ?		
11. Vous arrive-t-il, au cours d'une conversation, de faire des gestes expressifs, comme serrer le poing ou frapper la table pour donner plus de poids à vos paroles ?		
12. Croyez-vous que ce rythme effréné est essentiel à votre réussite ?		
13. Évaluez-vous le succès en vous basant sur des chiffres, comme la valeur des ventes réalisées, le nombre de voitures possédées ?		

Résultats

Si vous avez répondu « oui » à presque toutes ces questions, vous êtes une personne du type A.

Si vous avez répondu « oui » à plus de la moitié des questions, vous tendez vers ce type de personnalité, sans toutefois représenter un cas extrême.

Source : Traduit et adapté de M. FRIEDMAN et R.H. ROSENHAM, *Type A Behavior and Your Heart*, New York, NY, Knopf, 1974.

ÉTUDE DE CAS

LA GESTION DU STRESS À L'HÔPITAL GÉNÉRAL

Un programme de gestion du stress est en place depuis plus d'un an à l'Hôpital général. Les nombreuses plaintes formulées par les infirmières en sont à l'origine. Les infirmières se plaignaient de plusieurs aspects de leur travail: stress, surcharge de travail, solitude, modifications imprévues des directives et des méthodes. La haute direction a donc décidé de chercher de l'aide auprès d'une firme de consultants en gestion du stress (Gestion MDS inc.), qui était déjà intervenue dans un autre hôpital.

La première étape du projet a consisté à diagnostiquer les causes et les effets du stress. Cerner les sources de stress était le préalable à l'élaboration d'un programme approprié. Les consultants ont préparé un questionnaire sur Internet destiné à recueillir des données à partir d'un échantillon de 600 infirmières travaillant dans divers secteurs de l'hôpital. Certaines questions portaient sur les sources de stress, qu'elles soient passagères, permanentes ou liées à des changements récents. D'autres touchaient l'utilisation que faisaient les infirmières des techniques de gestion du stress, telles que la planification de l'alimentation et les systèmes de soutien disponibles. La dernière partie du questionnaire s'attardait aux symptômes du stress (irritabilité, problèmes de sommeil, changements dans les habitudes alimentaires, etc.) et sur ses effets à plus long terme (problèmes de santé, insatisfaction au travail, diminution de l'efficacité au travail, etc.). De plus, les consultants ont demandé à examiner les dossiers des membres du personnel participant à l'étude. Ils ont également consulté le registre des absences des 12 derniers mois, de même que des données d'évaluation du rendement.

L'analyse des données a révélé qu'un grand nombre des changements survenus dans l'organisation et dans les conditions de travail étaient liés de façon significative au niveau de fatigue des infirmières et aux effets du stress à long terme. Parmi les événements les plus stressants figuraient les fréquentes et importantes modifications de directives et de méthodes, les nombreuses situations d'urgence ou les échéances imprévues, de même que les soudaines augmentations du niveau d'activité ou du rythme de travail. Parmi les conditions de travail les plus stressantes, citons la somme de travail à effectuer, la rétroaction donnée uniquement lorsque le rendement est insatisfaisant, le manque de confiance des employés à l'égard de l'administration et les conflits et les ambiguïtés entourant le rôle des infirmières. Celles-ci ont indiqué qu'elles avaient rarement ou jamais recours aux techniques de gestion du stress. Seules 20 % des infirmières se disaient engagées dans des activités physiques régulières et, de façon surprenante, 60 % d'entre elles n'avaient pas un régime alimentaire équilibré. Les problèmes de santé les plus courants chez les infirmières étaient les maux de tête, la diarrhée, la constipation, les rhumes, les maux de dos et l'épuisement professionnel (*burnout*).

À partir de cette étude, la haute direction a demandé à la firme de consultants d'élaborer un programme complet de gestion du stress.

Question

À partir du modèle cognitif et conditionnel du stress au travail élaboré par Dolan et Arsenault, nommez une activité de gestion des ressources humaines qui pourrait être structurée afin d'atténuer les conséquences du stress chez les infirmières. Décrivez brièvement l'orientation de l'activité ou du programme afin d'atteindre vos objectifs.

RÉFÉRENCES

1 S.L. DOLAN et A. ARSENAULT, *Stress, santé et rendement au travail* (préface de Hans Selye), Montréal, Québec, Presses de l'Université de Montréal, 1980 ; A. ARSENAULT et S.L. DOLAN, *Le stress au travail et ses effets sur l'individu et l'organisation* (notes et rapports scientifiques et techniques), Montréal, Québec, Institut de recherche en santé et en sécurité du travail du Québec, 1983 ; S.L. DOLAN et A. ARSENAULT, *Stress, estime de soi, santé, travail*, Québec, Québec, Presses de l'Université du Québec, 2009 ; S.L. DOLAN, *Stress, Self-Esteem, Health and Work*, Londres, Angleterre, Palgrave-Macmillan, 2006.

2 D. BEAUDOIN, « Des statistiques… stressantes ? », *Convergence*, Centre patronal de santé et sécurité du travail du Québec, (avril 2011), p.12.

3 S.L. DOLAN et A. ARSENAULT, *op. cit.*

4 J. O'TOOLE, *Work in America : Report of a Special Task Force to the Secretary of Health, Education and Welfare*, Cambridge, MA, MIT Press, 1973.

5 S.L. DOLAN et A. ARSENAULT, *Stress, santé et rendement au travail* (préface de Hans Selye), Montréal, Québec, Presses de l'Université de Montréal, 1980 ; S.L. DOLAN et A. ARSENAULT, *Stress, estime de soi, santé, travail*, Québec, Québec, Presses de l'Université du Québec, 2009 ; A. ARSENAULT et S.L. DOLAN, « The Role of Personality, Occupation and Organization in Understanding the Relationship between Job Stress, Performance and Absenteeism », *Journal of Occupational Psychology*, vol. 56, nº 2, 1983, p. 227-240.

6 S.L. DOLAN, « Coaching by Values », *Universe*, 2011 (Sous presse).

7 S. AGRELL, « Part 1 : Stress : public-health enemy No. 1 ? », *The Globe and Mail*, [En ligne], http://www.theglobeandmail.com/news/national/time-to-lead/work-life-balance/part-1-stress-public-health-enemy-no-1/article1778188/ (Page consultée le 10 juillet 2011)

8 C. SROUJIAN, « Mental Health is the Number One Cause of Disability in Canada », *The Insurance Journal*, (août 2003), nº 8, dans J.-P. BRUN, C. BIRON et F. ST-HILAIRE, *Guide pour une démarche stratégique de prévention des problèmes de santé psychologique au travail*, faculté des Sciences de l'administration de l'Université Laval, 2009, [En ligne], www.cgsst.com/stock/fra/guide-full.pdf (Rapport consulté le 30 août 2011)

9 « Rapport du Deuxième forum international de formation sur la santé mentale, les droits de l'homme et la législation 2003, 10-12 novembre 2003 », *Organisation mondiale de la santé*, Genève, Suisse, 2004 [En ligne], www.who.int/mental_health/policy/en/rapport_francais_final.pdf (Page consultée le 30 septembre 2011)

10 M. BÉLAIR-CIRINO, « Suicide : les plus de 50 ans laissés de côté », *Le Devoir.com*, [En ligne], www.ledevoir.com/societe/sante/295677/suicide-les-plus-de-50-ans-laisses-de-cote (Page consultée le 7 septembre 2011)

11 « Prévention, promotion et pratiques organisationnelles favorables à la santé en milieu de travail », Nº 9700-800 BNQ, *Bureau de normalisation du Québec*, [En ligne], www.es.criq.qc.ca/pls/owa_es/bnqw_norme.detail_norme?p_lang = fr&p_id_norm = 12630&p_code_menu = NORME (Page consultée le 31 août 2011)

12 W.B. CANNON, *Bodily Changes in Pain, Hunger, Fear and Rage : An Account of Recent Researches into the Function of Emotional Excitement*, New York, NY, Appleton, 1929.

13 H. SELYE, *The Stress of Life*, New York, NY, McGraw-Hill, 1976.

14 K. MENNINGER, « Psychological Aspects of the Organism under Stress » (1re et 2e parties), *Journal of the American Psychoanalytic Association*, 1954, p. 67-106 et p. 280-310.

15 J.-P. WAINSTEN, dir., *Le Larousse médical*, Paris, France, Larousse, 2009.

16 R.S. LAZARUS, *Psychological Stress and the Coping Process*, New York, NY, McGraw-Hill, 1966.

17 R.S. LAZARUS et S. FOLKMAN, *Stress, Appraisal and Coping*, New York, NY, Springer Verlag, 1984.

18 *Le Petit Larousse en couleurs*, Paris, France, Larousse, 1988.

19 R.A. KARASEK, « Job demands, Job Decision Latitude and Mental Strain : Implication for Job Redesign », *Administrative Science Quarterly*, vol. 24, nº 2, 1979, p. 285 ; M. DIEZ-PINOL, S.L. DOLAN, V. SIERRA et K. CANNINGS, « Personal attributes and work demands as determinants of well-being among Swedish physicians : identifying Configurations That Lead to Burnout and Vigor », *International Journal of Health Care Quality Assurance*, vol. 21, nº 6, 2008, p. 598-610.

20 R.A. KARASEK et T. THEORELL, *Healthy Work : Stress, Productivity and the Reconstruction of Working Life*, New York, NY, Basic Books, Inc., 1990.

21 S.L. DOLAN, M.R. VAN AMERINGEN et A. ARSENAULT, « The Role of Personality and Social Support in the Etiology of Worker's Stress and Psychological Strain », *Relations industrielles*, vol. 47, nº 1, 1992 ; A. ARSENAULT, S.L. DOLAN et M.R. VAN AMERINGEN, « An Empirical

Examination of the Buffering Effects of Social Support on the Relationship between Job Demands and Psychological Strain», dans D.S. COOK et N.J. BEUTELL, dir., *Managerial Frontiers: The Next Twenty-Five Years. Proceedings*, Arlington, VA, Eastern Academy of Management, 1988; M. VÉZINA *et al.*, *Pour donner un sens au travail. Bilan et orientations du Québec en santé mentale au travail*, Boucherville, Québec, Gaëtan Morin, 1992.

[22] A. ARSENAULT et S.L. DOLAN, *Le stress au travail et ses effets sur l'individu et l'organisation* (notes et rapports scientifiques et techniques), Montréal, Québec, Institut de recherche en santé et en sécurité du travail du Québec, 1983.

[23] J.R. RIZZO, R.J. HOUSE et S.I. LIRTZMAN, «Role Conflict and Ambiguity in Complex Organizations», *Administrative Science Quarterly*, vol. 15, 1970, p. 150-163.

[24] A. KORNHAUSER, *Mental Health of the Industrial Worker*, New York, NY, Wiley, 1965.

[25] S.L. DOLAN, M.R. VAN AMERINGEN et A. ARSENAULT, «The Role of Personality and Social Support in the Etiology of Worker's Stress and Psychological Strain», *Relations industrielles*, vol. 47, n° 1, 1992, p. 125-139.

[26] S.L. DOLAN et A. ARSENAULT, «The Organizational and Individual Consequences of Stress at Work: A New Frontier to Human Resource Management», dans V.V. VEYSEY et G.A. HALL Jr., dir., *The New World of Managing Human Resources*, Pasadena, CA, Institute of Technology, 1979.

[27] R.H. ROSENMAN *et al.*, «A Predictive Study of the Coronary Heart Disease: The Western Collaborative Group Study», *Journal of the American Medical Association*, n° 189, 1964, p. 15-22.

[28] S.L. DOLAN et A. ARSENAULT, *Stress, estime de soi, santé, travail*, Québec, Presses de l'Université du Québec, 2009.

[29] R.H. ROSENMAN *et al.*, *op. cit.*

[30] J.B. ROTTER, «Generalized Expectancies of Internal vs. External Control of Reinforcement», *Psychological Monographs*, vol. 80, n° 609, 1966.

[31] J.M. BURGER, *Desire for control: Personality, social and clinical perspectives*, New York, NY, Plenum, 1992.

[32] S.L. DOLAN et A. ARSENAULT, *op. cit.*

[33] M. DIEZ-PINOL, S.L. DOLAN, V. SIERRA et K. CANNINGS, *op. cit.*

[34] S.L. DOLAN, «Individual, Organizational and Social Determinants of Managerial Burnout: Theoretical and Empirical Update», p. 223-238, dans R. CRANDALL et P.L. PERREWE, dir., *Occupational Stress: A Handbook*, New York, NY, Taylor & Francis, 1995.

[35] M.R. HARA, *et al.*, «A stress response pathway regulates DNA damage through β2-adrenoreceptors and β-arrestin-1», *Nature. International Weekly Journal of Science*, 21 août 2011, [En ligne], http://www.nature.com/nature/journal/vaop/ncurrent/full/nature10368.html (Page consultée le 11 septembre 2011)

[36] M.R. VAN AMERINGEN, A. ARSENAULT et S.L. DOLAN, «Intrinsic Job Stress as Predictor of Diastolic Blood Pressure among Female Hospital Workers», *Journal of Occupational Medicine*, 1988, vol. 30, n° 2, 93-97.

[37] *Statistiques sur les lésions attribuables au stress en milieu de travail 2006-2009*, Commission de la santé et de la sécurité du travail du Québec, (1er trimestre 2011).

[38] *Ibid.*

[39] R.B. HAYNES *et al.*, «Increased Absenteeism from Work after Detection and Labeling of Hypertensive Patients», dans L. SECHREST, dir., *Evaluation Studies-Review Annual*, vol. 4, Beverly Hills, CA, Sage Publications, 1979, 766 p.

[40] S.L. DOLAN et A. ARSENAULT, *op. cit.*; A. ARSENAULT et S.L. DOLAN, *Le stress au travail et ses effets sur l'individu et l'organisation* (notes et rapports scientifiques et techniques), Montréal, Québec, Institut de recherche en santé et en sécurité du travail du Québec, 1983; A. ARSENAULT et S.L. DOLAN, «The Role of Personality, Occupation and Organization in Understanding the Relationship between Job Stress, Performance and Absenteeism», *Journal of Occupational Psychology*, vol. 56, n° 2, 1983, p. 227-240; A. ARSENAULT et S.L. DOLAN, «Les variables sociodémographiques et la personnalité comme modulatrice de la perception du stress et de son expression psychosomatique», dans P. GOGUELIN, dir., *Psychologie du travail et société post-industrielle*, Paris, France, EAP, 1984; S.L. DOLAN et A. ARSENAULT, «Job Demands Related Cognitions and Psychosomatic Ailments», p. 265-282, dans R. SCHWARZER, dir., *The Self in Anxiety, Stress and Depression*, Amsterdam, Pays-Bas, Elsevier Science Publishers, 1984; M.R. VAN AMERINGEN, A. ARSENAULT et S.L. DOLAN, «Intrinsic Job Stress as Predictor of Diastolic Blood Pressure among Female Hospital Workers», *Journal of Occupational Medicine*, vol. 30, n° 2, 1988, p. 93-97.

[41] *Ibid.*

[42] C. LÉONARD, M.R. VAN AMERINGEN, S.L. DOLAN et A. ARSENAULT, «L'absentéisme et l'assiduité au travail:

deux moyens d'adaptation au stress?», *Relations industrielles*, vol. 42, n° 4, 1987, p. 774-789.

[43] A. ARSENAULT et S.L. DOLAN, «Job Demands Related Cognitions and Psychosomatic Ailments», p. 265-282, dans R. SCHWARZER, dir., *The Self in Anxiety, Stress and Depression*, Amsterdam, Pays-Bas, Elsevier Science Publishers, 1984.

[44] A. ARSENAULT et S.L. DOLAN, *Le stress au travail et ses effets sur l'individu et l'organisation* (notes et rapports scientifiques et techniques), Montréal, Québec, Institut de recherche en santé et en sécurité du travail du Québec, 1983.

[45] *Ibid.*

[46] S.L. DOLAN, S. GARCIA, C. CABEZAS et S.S. TZFRIR, «Predictors of "quality of work" and "poor health" amongst primary health-care personnel in Catalonia: Evidence based on cross sectional, retrospective and longitudinal design», *International Journal of Health Care Quality Assurance*, vol. 21, n° 3, 2008, p. 203-218; A. ARSENAULT et S.L. DOLAN, *Le stress au travail et ses effets sur l'individu et l'organisation* (notes et rapports scientifiques et techniques), Montréal, Québec, Institut de recherche en santé et en sécurité du travail du Québec, 1983; M. DIEZ-PINOL, S.L. DOLAN, V. SIERRA et K. CANNINGS. *op. cit.*

[47] S.L. DOLAN, T. SABA, S.E. JACKSON et R.S. SCHULER, *La gestion des ressources humaines: tendances, enjeux et pratiques actuelles*, 3e éd., Montréal, Québec, ERPI, 2002.

[48] P. GRAVEL, «Prévoir le surmenage en analysant la salive», *Le Devoir*, 23 février 2011, [En ligne], www.ledevoir.com/societe/sante/317380/prevoir-le-surmenage-en-analysant-la-salive (Page consultée le 11 septembre 2011)

[49] S.K. CANHILAL, M. EL WAHIDI EL ALAOUI et S.L. DOLAN, «Training HR teams to cope with increasing diversity in the workplace: The emerging role of coaches», présenté aux 11e *Rencontres sur la prospective des métiers: Quel management des ressources humaines demain?*, ESSEC, La Défense (Paris), 10 mars 2011; D. ULRICH et W. ULRICH, *The why of Work*, New York, NY, McGraw Hill, 2010.

[50] S.L. DOLAN et S. MOODIE, «Can Becoming a manager be dangerous to your health? Is suicide the new occupational hazard?», *Effective Executive*, ICFAI University Press India, (janvier 2010), vol. XIII, n° 1, p. 66-69.

La culture organisationnelle

PLAN DE CHAPITRE

Introduction

11.1 La culture organisationnelle :
son importance au XXIᵉ siècle
et ses concepts

11.2 Les typologies et les modèles
de la culture organisationnelle

11.3 Les valeurs comme éléments
centraux de la culture
organisationnelle

11.4 La distinction entre
les philosophies de gestion
par instructions, par objectifs
et par valeurs

11.5 La réingénierie de la culture
organisationnelle selon la GPV

11.6 L'analyse biculturelle
et les stratégies de fusion
d'entreprises

Conclusion

INTRODUCTION

Aujourd'hui, les entreprises se développent dans un environnement en perpétuelle mouvance. La mondialisation amène les sous-systèmes économiques à performer différemment, avec plus d'informations et plus rapidement. La rapidité des changements et les réactions nécessaires à la survie des systèmes ajoutent à la complexité de l'analyse pour les individus et la collectivité. Les pressions sur l'environnement atteignent des degrés sans précédent et les populations humaines remettent en question les systèmes financiers, économiques et politiques. La durabilité des produits et des services ainsi que l'éthique des actions environnementales, financières, économiques et sociales sont désormais exigées par le collectif. Les valeurs organisationnelles et la gestion de la culture s'affirment alors comme des vecteurs de mobilisation nécessaires à la création d'un monde plus humain.

Dans ce chapitre, nous aborderons le concept de culture organisationnelle et, pour mieux la définir et la comprendre, nous analyserons les perspectives dans lesquelles s'inscrivent ceux qui ont écrit à son sujet. Nous verrons aussi quelles sont les différences entre les philosophies de gestion par instructions (GPI, ou *MBI* en anglais), par objectifs (GPO, ou *MBO* en anglais) et par valeurs (GPV, ou *MBV* en anglais). Une attention particulière sera apportée à la gestion par les valeurs au sein de notre nouvelle dynamique sociale. Nous verrons qu'elle permet de mieux mailler la complexité des demandes qui affluent dans les organisations d'aujourd'hui. Nous terminerons le chapitre en abordant la démarche d'implantation du modèle de gestion par valeurs et les façons de restructurer la culture organisationnelle.

11.1 LA CULTURE ORGANISATIONNELLE : SON IMPORTANCE AU XXIᵉ SIÈCLE ET SES CONCEPTS

Dans le domaine de la gestion, un des axes les plus importants et des plus complexes à maîtriser est indéniablement celui de la culture organisationnelle. Pour bien saisir son importance, clarifions tout d'abord ce concept.

La littérature nous permet de recenser environ trente ans d'intérêt marqué pour la culture organisationnelle. On l'a d'abord identifiée comme étant la personnalité de l'organisation et les gestionnaires étaient considérés comme des « dépositaires de valeurs ». Ensuite, la littérature managériale a fourni une exposition de modèles et d'efforts de conceptualisation. Afin de saisir sommairement le concept de culture organisationnelle, voici une définition qui regroupe quelques paramètres communs de ces efforts : fondamentalement, elle peut être vue comme un système constituée de valeurs, de **croyances**, de **normes** et d'artéfacts ou de signes tangibles exprimés et partagés par les employés de l'organisation, qui vise l'uniformisation durable de l'interprétation et de la signification des choses[1]. Selon Aktouf, la culture organisationnelle donne un sentiment d'appartenance aux employés et aux dirigeants d'une entreprise en leur permettant d'adhérer à une vision commune de l'organisation et à des normes constituant des modèles de comportement[2].

croyances
Structures de la pensée qui précèdent la formulation des valeurs[3]. Elles se développent au fil du temps et soutiennent la façon de penser et d'agir de l'individu.

normes
Règles de conduite adoptées par consensus.

Les particularités culturelles d'une organisation se perçoivent assez rapidement par le nouvel employé. Par exemple, la culture d'une organisation à but lucratif est différente de celle d'un hôpital ou d'une université. Les différences culturelles peuvent se voir, entre autres, dans l'agencement des locaux, les sujets qui suscitent de l'intérêt dans l'organisation ou la façon de se vêtir.

La compréhension par les parties prenantes des diverses composantes de la culture d'une organisation et de sa dynamique constitue un atout ainsi qu'un levier de changement et de mobilisation collective. La culture organisationnelle est le résultat d'un long processus d'assimilation de normes (cognitives, comportementales), de croyances et de valeurs ; la connaissance de ces dimensions favorise les interactions humaines. Le tableau 11.1 présente un synopsis des principaux concepts entourant la culture organisationnelle.

Tableau 11.1 Les concepts entourant la culture organisationnelle

CONCEPTS	DÉFINITION	NATURE	EXEMPLES
Mythes	Constituent une représentation, un récit symbolique qui influence la vie sociale.	Imaginaire transposé au réel	La guerre de Troie, le mythe de Sisyphe. Mythe de l'homme de l'allégorie de la caverne de Platon. Pygmalion.
Croyances	Précèdent la formulation des valeurs. Constituent les structures de la pensée ; sont ancrées par des années d'apprentissage et d'expérience.	Individuelle et collective	Le fait de démontrer ses émotions et de pleurer est un signe de faiblesse. La seule réussite dans la vie est professionnelle.
Valeurs	Résultent des croyances. Conviction constante dans le temps, qu'une certaine conduite est préférable à une autre. Sont la base de notre évaluation éthique, de la désirabilité et de la viabilité. Critères d'évaluation des normes [4].	Individuelle et collective	Qualité, rapidité, ponctualité, ambition professionnelle, respect, bonheur, estime de soi.
Paradigmes	Perceptions pouvant être partagées par un groupe et formant une vision ou une école de pensée (interprétation et signification). Fondent les structures des systèmes en place.	Individuelle et collective	Appuient notre façon de voir et d'interpréter les choses. Exemple : La reconnaissance des efforts fournis et le bien-être des employés doivent primer.
Normes	Règles de conduite adoptées par consensus.	Collective	Les normes se hiérarchisent et servent de guide à l'individu. Normes de droit commun.
Attitudes	Proviennent des croyances et des valeurs. Guident les comportements. Sont la conséquence des valeurs et des normes qui les ont précédées.	Individuelle et collective	Reflètent ce que nous ressentons envers quelqu'un ou quelque chose.
Éthique	Sentiment individuel de ce qui est juste.	Individuelle	Se rapporte aux valeurs individuelles, contrairement à la morale qui s'identifie au collectif.
Morale	Explique les règles des actions humaines dans le cadre d'un groupe. Elle propose une norme de conduite.	Collective	Est liée à la conscience collective : ne cherche pas à devenir un homme à succès, mais plutôt un homme de valeur.

Sources : Inspiré de S.L. DOLAN et M. GUIDONI, *Succès et valeurs : les valeurs pour un mieux-être professionnel et personnel* (titre non définitif), Paris, France, L´Harmattan, sous presse, 2012 ; Office québécois de la langue française, *Grand dictionnaire terminologique*, [En ligne], www.oqlf.gouv.qc.ca/ressources/gdt.html (Page consultée le 6 novembre 2011)

Comme la culture organisationnelle offre un cadre d'interprétation des pratiques et des comportements, elle a un impact sur l'intégration interne (par exemple, la perception du nouvel employé dans l'organisation) et sur les pratiques externes (l'importance accordée à la fabrication d'un produit de qualité ou à un positionnement stratégique) [5]. L'influence de la culture sur l'intégration interne ne peut s'analyser de façon strictement unidirectionnelle, car la culture est vivante, dynamique et perméable aux influences du milieu. Poursuivant cette logique, les nouveaux venus dans l'organisation ajoutent à leur tour les ingrédients de leur individualité à la culture organisationnelle. L'aisance de l'échange culturel est une fonction de différents facteurs qui ont suscité une attention soutenue dans la littérature.

Tout récemment, on a constaté un intérêt pour la réalisation de modèles consistant à unifier les disciplines, notamment l'anthropologie, la biologie et la neurologie, pour comprendre les comportements culturels. Les efforts déployés par le professeur Bernard Chapais, de l'Université de Montréal, vont dans ce sens et soutiennent l'importance de la motivation pour expliquer les différences entre les manifestations culturelles [6].

La notion de bidirectionnalité de la culture s'applique également aux pratiques organisationnelles déployées à l'externe. Afin de mieux visualiser cette notion, prenons le cas de la précarité conjoncturelle et de la sensibilité environnementale des citoyens ou des consommateurs. Ces deux valeurs sociales externes à l'organisation peuvent atteindre le noyau culturel, et donc, les valeurs des membres de l'organisation. Dans cet ordre d'idées, une entreprise dont la force de vente est directe et dont le produit est risqué pour l'environnement est susceptible d'avoir à faire face à des pressions externes qui influenceront sa façon de voir les choses. Bien que la culture organisationnelle soit vivante et qu'elle revête une dimension de perméabilité et d'adaptation, des frictions et des chocs culturels peuvent se manifester lorsque les croyances, les valeurs et les comportements s'opposent. C'est pourquoi il est important de bien comprendre la dynamique des sous-cultures afin que les divergences s'expriment, et de dégager des pistes de solutions innovantes.

D'entrée de jeu, la culture d'une organisation peut être analysée dans une perspective systémique. Les multiples intrants du système peuvent provenir de la société, des professions, des lois, de l'histoire, des héros, le processus de transformation s'analysant par l'interaction des intrants dans l'organisation. Les extrants, ou les résultantes du système, représentent la situation culturelle observée sur le plan des comportements organisationnels, des technologies utilisées, des stratégies, des produits et de l'image, etc.

Dans une optique stratégique, il est très important de tenir compte de la culture organisationnelle. De nombreux écueils stratégiques ont été observés parce qu'on avait omis cet aspect d'une organisation. La littérature abonde d'exemples qui démontrent qu'en dépit d'une bonne planification organisationnelle, l'absence d'analyse culturelle est suffisante pour générer de l'insuccès. De la même manière, la durabilité d'une orientation stratégique ou d'un changement organisationnel ne doit pas se limiter à la seule considération des structures et des processus organisationnels traditionnels, il est nécessaire d'y inclure la dynamique de la culture (des valeurs) et de sa force. C'est pour ces raisons qu'aujourd'hui, les stratèges institutionnels mettent l'accent sur l'identification et l'alignement des valeurs dans l'organisation.

11.1.1 La force ou l'homogénéité de la culture

Ce concept fait référence au degré d'homogénéité des valeurs et des croyances dans une organisation. La plupart d'entre nous avons probablement déjà ressenti l'absence de concordance entre les valeurs des employés et/ou entre les valeurs des employés et celles de leur organisation lors d'un passage dans une entreprise. Cette situation peut se produire lorsque des sous-cultures prennent forme, par exemple quand une sous-culture se développe entre des catégories d'emplois, chaque groupe percevant sa vision comme étant la bonne et ses valeurs n'étant pas nécessairement alignées avec celles de l'organisation. La culture de négation (contre-culture) peut elle aussi rendre la culture organisationnelle hétérogène[7]. Une culture est dite forte lorsque les membres de l'organisation répondent à divers stimuli externes parce que leurs valeurs sont alignées avec celles de l'organisation.

La clé stratégique du succès : la culture organisationnelle

Booz & Company est un des plus importants cabinets en stratégie de gestion dans le monde. Fondé en 1914, il offre des services-conseils à des organisations publiques et privées de haut calibre. Il a notamment contribué à la sauvegarde de plusieurs organisations et participé à de grands succès organisationnels (Chrysler, système contractuel des films à Hollywood).

Dans leur sondage de 2011, réalisé auprès de 600 leaders innovants issus d'entreprises de tailles et de secteurs variés mondialement, il est ressorti que les facteurs les plus importants pour une organisation innovante sont : une stratégie d'innovation ciblée, une stratégie globale gagnante, une orientation client, le talent, les capacités nécessaires pour mener à terme un succès. De plus, on mentionne que le soutien de la culture organisationnelle à l'innovation est le facteur le plus déterminant pour devenir une organisation innovante. Autre constat : il n'existe pas de différence significative dans la relation entre la performance financière de l'organisation et les dépenses en innovation (en terme de recherche et développement ou en terme de pourcentage de revenus).

Plus précisément, les entreprises dont la culture organisationnelle, la stratégie corporative et la stratégie d'innovation sont bien alignées enregistrent une croissance de leur valeur et de leur profit supérieure à celles dont cet alignement est plus faible.

Les répondants à cette étude ont mentionné l'importance de la performance et de la qualité des produits pour atteindre un succès innovant. Les attributs culturels relatifs à l'identification au client ainsi qu'à la passion et à la fierté des produits ou des services constituent, eux aussi, des facteurs non négligeables dans la stratégie d'innovation.

Source : Traduit et adapté de B. JARUZELSKI, J. LOERH, et R. HOLMAN, «Why Culture is Key», [En ligne], http://www.booz.com/media/uploads/BoozCo-Global-Innovation-1000-2011-Culture-Key.pdf (Page consultée le 31 octobre 2011)

Inversement, la culture est dite faible lorsqu'il y a très peu d'alignement avec les valeurs organisationnelles et/ou que le contrôle doit être exercé par le biais de procédures et de bureaucratie. Dans une culture forte, on constate que les individus agissent de telle manière parce qu'ils partagent la conviction que c'est la bonne chose à faire. Cette situation peut par exemple survenir lorsqu'il y a une figure charismatique dans l'organisation ou lorsqu'une croyance sectaire consolide les liens ou lorsque l'amitié prend une place importante dans l'organisation. Les réactions homogènes des membres de l'organisation sont donc la résultante d'un processus d'appropriation et de partage de diverses normes, valeurs et croyances.

Selon certains auteurs, une culture très forte peut engendrer un risque d'uniformisation des pensées et nuire à la pensée divergente. Le risque d'uniformisation des pensées peut néanmoins être réduit par l'intégration de la valeur véhiculant l'importance accordée à l'expression individuelle et collective, à son écoute, à la conciliation et à la recherche de solutions innovantes. D'un autre côté, une organisation dont la culture est faible et qui est axée sur les procédures court le risque de réduire sa capacité d'innovation.

11.2 LES TYPOLOGIES ET LES MODÈLES DE LA CULTURE ORGANISATIONNELLE

Cette section présente quatre modèles dominants dans la littérature. Leur principal objectif est la catégorisation des types de culture ou l'explication des profils culturels retrouvés.

11.2.1 Le modèle d'Hofstede

Geert Hofstede a démontré que les groupes culturels nationaux et régionaux influencent le comportement des organisations. Il a identifié cinq caractéristiques culturelles dans le cadre de ses études sur les influences nationales : la distance au pouvoir, l'incertitude et la tolérance à l'ambiguïté, l'individualisme *vs* le collectivisme, le masculin *vs* le féminin, le court terme *vs* le long terme[8].

1. *La distance au pouvoir* (PDI *ou* power distance index) : C'est le degré d'acceptation, ou celui qui est considéré comme normal dans la répartition de l'inégalité du pouvoir. L'évaluation est réalisée par les membres de l'organisation qui détiennent le moins de pouvoir. Un résultat élevé sur ce facteur indique que les répondants s'attendent à ce que certains individus détiennent plus de pouvoir que d'autres dans l'organisation. Inversement, un faible résultat indique que les individus croient que tous les membres de l'organisation devraient avoir des droits égaux.

2. *L'incertitude et la tolérance à l'ambiguïté* (UAI *ou* uncertainty avoidance index) : Cet index exprime le degré de préférence des individus (sociétés ou organisations) au regard de situations structurées par rapport à des situations non structurées. Il mesure jusqu'à quel point la culture permet la tolérance et est confortable avec l'incertitude et l'ambiguïté. Plus la culture organisationnelle s'exprime par des politiques et des procédures, plus elle vise le contrôle de l'ambiguïté et de l'incertitude. Dans les sociétés où le contrôle est fortement présent, une plus grande émotivité se dessine. Inversement, la culture qui accepte l'incertitude a tendance à être plus ouverte aux autres cultures.

3. *L'individualisme* vs *le collectivisme* (IDV *ou* individualism) : Cette mesure réfère au degré pour lequel les individus sont prêts à se mobiliser pour eux-mêmes ou à agir en prédominance comme membres d'un groupe. Dans les sociétés individualistes, le degré d'intégration des individus est généralement faible et la cohésion moins grande.

4. *Le masculin* vs *le féminin* (MAS *ou* masculinity) : Cette caractéristique réfère à la distribution des rôles masculins et féminins et aux valeurs correspondantes, les valeurs masculines étant l'esprit de compétition, l'ambition, l'autorité et l'accumulation de biens et de richesses.

5. *Le court terme* vs *le long terme* (LTO *ou* long term orientation) :
   Ce concept vise à mesurer le champ d'action d'une société ou
   l'importance accordée au futur comparativement au passé et au
   présent. Dans les sociétés orientées vers le long terme, l'esprit
   d'économie (l'épargne) et la persévérance sont des dimensions très
   valorisées. Dans les sociétés privilégiant le court terme, le respect
   des traditions et des obligations sociales est davantage valorisé.

Selon les résultats de l'étude de Hofstede, exposés dans la figure 11.1, le taux
d'individualisme des Canadiens est très élevé (*IDV*), dépassant nettement les
autres dimensions culturelles incorporées dans cette étude. Cela témoigne

Figure 11.1 **Le Canada *vs* le monde selon les dimensions de Hofstede**

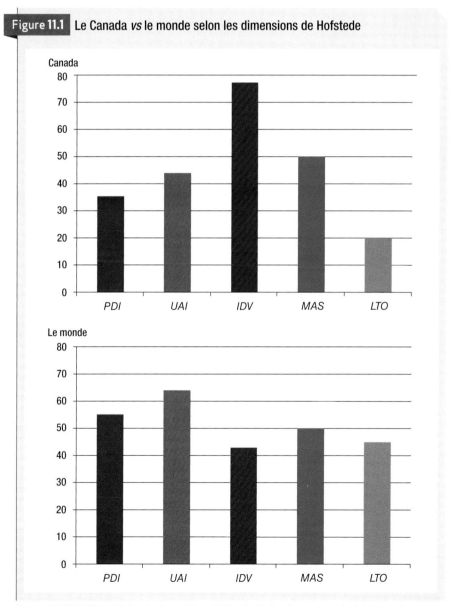

Source : G. HOFSTEDE, « National culture », *Geert Hofstede*, [En ligne], www.geert-hofstede.com/
hofstedecanada.shtml (Page consultée le 15 novembre 2011)

d'une faible cohésion sociale, la population canadienne accordant beaucoup d'importance à l'autonomie ou à l'autosuffisance individuelle et familiale. Le respect de la vie privée est une valeur fortement ancrée culturellement. Les Canadiens manifestent une grande confiance en leurs capacités et sont ouverts à la discussion. Pour le Canada, de même que pour plusieurs pays de langue anglaise, par exemple les États-unis, l'Australie et la Nouvelle-Zélande, la valeur de l'individualisme s'inscrit avec force et les distingue. Parmi les nations dont le taux d'individualisme est considéré élevé, les accomplissements personnels constituent un facteur de succès déterminant.

La caractéristique culturelle la moins dominante au Canada est celle de l'orientation à long terme, ce qui le distingue des 23 pays qui ont fait l'objet de calculs dans l'étude. La dimension de la distance au pouvoir est également ressortie très faiblement dans cette étude, ce qui renseigne sur l'importance de l'égalité sociale. Cette orientation renforce les interactions entre les niveaux de pouvoirs, ce qui favorise la stabilité culturelle.

En concordance avec le recensement de 1991, les Québécois tendent à accorder plus d'importance à la vie privée que les autres Canadiens.

11.2.2 Le modèle de Deal et Kennedy

Le modèle de Deal et Kennedy s'inscrit dans la vague d'analyses de la culture d'organisations à l'aide d'une matrice. Leur conception vise à dégager une typologie culturelle à l'aide d'un tableau de contingence à deux variables. Pour Deal et Kennedy, la culture organisationnelle peut se définir comme étant la manière dont les choses se réalisent dans un contexte donné[9]. Le facteur qui explique le plus la culture organisationnelle est celui de l'environnement d'affaires qui se caractérise notamment par le degré de risque qu'elle encourt lors de la réalisation de ses activités et par la vitesse de rétroaction qu'elle obtient lorsqu'elle pose une action. La vitesse de rétroaction est définie en termes de rapidité de réponse. Elle peut englober des considérations monétaires, mais aussi les autres types d'impacts que peuvent avoir des stratégies, par exemple dans une équipe sportive. Quant au degré de risque, il représente le niveau d'incertitude dans les activités de l'organisation.

En disposant ces caractéristiques selon deux axes de facteurs, les auteurs obtiennent une matrice des quatre types de culture organisationnelle (*voir la figure 11.2*).

1. *La culture macho*: Les organisations où la rétroaction est rapide et les récompenses élevées favorisent cette culture. On la rencontre fréquemment dans le domaine financier, les forces policières et dans le secteur sportif. Travailler dans une telle organisation peut être très stressant.
2. *La culture du travail acharné*: L'organisation qui a privilégié cette culture évite les risques et rétroagit rapidement. Le secteur des ventes ou celui qui est axé sur la qualité du service à la clientèle peuvent faire partie de ce groupe.
3. *La culture de prospection*: Cette culture prévaut surtout dans les organisations où de grandes décisions sont prises et où les projets se

Figure 11.2 Les divers types de culture organisationnelle selon Deal et Kennedy

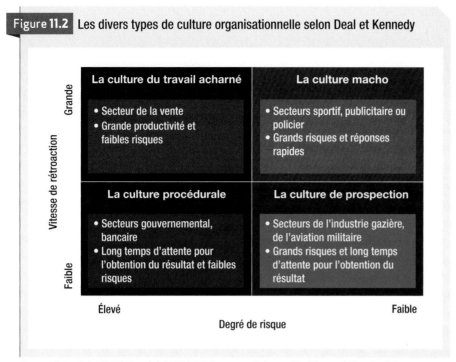

Source : Adapté de T.E. DEAL et A.A. KENNEDY, *Corporate Cultures: The Rites and Rituals of Corporate Life*, Boston, MA, Addison-Wesley, 1982.

réalisent sur de longues périodes. Les employés attendent longtemps avant de recevoir une rétroaction. Ils demeurent dans l'incertitude du résultat, ce qui peut générer de l'anxiété. Ce genre de culture est caractéristique de l'industrie gazière, du secteur pharmaceutique et de l'aviation militaire.

4. *La culture procédurale :* Elle se différencie des autres cultures parce qu'on y fait peu de rétroaction. Dans une telle organisation, le travail s'oriente sur la façon de faire les choses et non sur ce qui doit être réalisé. Le résultat des actions qui y sont menées revêt cependant une très grande homogénéité. Notamment, les structures bureaucratiques optent pour la culture procédurale.

11.2.3 Le concept de Handy

En 1986, Charles Handy s'est intéressé aux caractéristiques qui contribuent au succès et à l'échec des organisations[10]. Selon cet auteur, les organisations comportent généralement quatre types de culture et chacun possède ses propres caractéristiques. Au sein de la même organisation, ces cultures peuvent coexister ou occuper leur propre place. Elles sont toutes efficaces et contribuent à créer un milieu organisationnel sain.

1. *La culture de rôle :* Elle est présente dans les bureaucraties où l'autorité est circonscrite par la structure. On différencie ce type de culture par ses multiples directions ou unités fonctionnelles.

Les procédures et les règlements, qui sont nombreux, servent à définir les rôles, les droits et les obligations des parties.

2. *La culture orientée vers les tâches (équipes de projets)*: Dans ces organisations, on forme des équipes orientées vers la résolution des problèmes, comme les comités d'action qui planifient les ressources nécessaires à un projet donné. Le pouvoir des membres est lié à leur expertise. La structure matricielle est propice à ce genre de culture.

3. *La culture individualiste*: Ce type de structure n'existe que pour servir et soutenir l'individu qui en est membre. À titre d'exemple, les efforts de développement sont centrés vers l'individu et l'aspect global du cheminement de carrière du tissu collectif n'est pas priorisé.

4. *La culture du pouvoir*: La culture orientée vers le pouvoir est présente dans les organisations où tout est réglementé par une source de pouvoir unique ou centrale, par exemple, les petites entreprises où un seul dirigeant est maître d'œuvre. Ces organisations sont peu formalisées, réglementées et elles incluent peu de politiques et de procédures.

11.2.4 Le modèle de Trompenaars

Fons Trompenaars est un professionnel d'envergure internationale du domaine de la gestion interculturelle. Il a à son actif plusieurs livres à succès et un grand nombre d'ouvrages où il a agi à titre de collaborateur. À la lecture de ses travaux, on retrouve un modèle d'analyse visant une catégorisation des diverses cultures sociales. Ce modèle, publié en 2003 et en 2008, classe les différences culturelles en sept grandes dimensions [11].

En s'inspirant de l'étude de Kluckhorn et Strodtberck (1961), Trompenaars explique que l'homme est en relation avec trois grands domaines (la nature, le temps et la personne) et que la culture module ses réponses au sein de ces domaines [12]. Dans un contexte donné, les membres d'une société auront tendance à agir d'une manière qui correspond à la classification développée par les auteurs.

Le tableau 11.2 expose les sept grandes caractéristiques culturelles proposées par Trompenaars. Les cinq premières représentent la relation de l'homme avec ses semblables, la société et les normes: 1) universaliste/particulariste, 2) individualiste/collectiviste, 3) neutre/affective, 4) engagement limité/diffus et 5) statut attribué/acquis. L'orientation temporelle exprime la relation de l'homme avec le temps et l'orientation interne/externe représente la relation de l'homme avec son environnement (la nature), c'est-à-dire le degré de contrôle qu'il croit avoir sur l'environnement.

La classification de Trompenaars nous permet donc de cibler les trois types de relations entretenue par l'homme.

1. La relation de l'homme avec la personne
- Certaines sociétés peuvent valoriser énormément l'individu.

2. La relation de l'homme avec le temps
- Les cultures peuvent accorder de l'importance aux cycles, à la linéarité (gestion du temps, aucune perte de temps), au passé ou au futur (pour construire et bâtir).

Tableau 11.2 Les caractéristiques culturelles proposées par Trompenaars

1. Universalisme/particularisme	Les cultures universalistes appliquent la norme ou les règles, nonobstant la situation. Elles optent pour la consistance et l'uniformité. • Qu'est-ce qui est le plus important, les règles ou les relations ?
2. Individualisme/collectivisme	Les cultures individualistes s'orientent vers les buts individuels contrairement aux cultures collectivistes. Par exemple, une culture individualiste opte davantage pour un type de prime individuelle qui ne favorise pas le groupe. • Est-ce que nous fonctionnons en groupe ou individuellement ?
3. Neutralité/affectivité	Certaines sociétés acceptent et favorisent l'expression de l'affectivité dans une situation donnée. D'autres favorisent l'objectivité et la neutralité. • Affichons-nous nos émotions ?
4. Degré d'engagement (limité/diffus)	Les cultures diffuses considèrent que la vie privée est liée à la vie professionnelle. D'autres cultures sont spécifiques et séparent les sphères privées et publiques. • Jusqu'où devons-nous nous impliquer envers une personne ou une situation ?
5. Statut attribué/acquis	Un statut est attribué par un état de fait ; un statut acquis dépend de l'action individuelle. • Devons-nous faire nos preuves pour acquérir un statut ou nous est-il attribué par les autres ?
6. Orientation temporelle • Orientations (passé/présent/futur) • Temps séquentiel/synchronique	Les cultures synchrones favorisent la souplesse dans la gestion du temps. D'autres voient le temps comme une séquence d'éléments. • Faisons-nous une seule chose à la fois ou plusieurs en même temps ?
7. Orientation interne ou externe	Certaines cultures contrôlent leur environnement, d'autres visent l'harmonie en se laissant guider. • Contrôlons-nous notre environnement ou devons-nous le subir ?

Source : Inspiré de «What are Fons Trompenaars' Cultural Dimensions ? », *BusinessMate.com*, [En ligne], www.businessmate.org/Article.php ?ArtikelId=5 (Page consultée le 9 décembre 2011)

3. La relation de l'homme avec la nature

- Certaines sociétés peuvent être contemplatives.
- Certaines cultures peuvent viser l'harmonie avec la nature (osmose entre l'homme et la nature pour s'épanouir et se développer spirituellement).
- Certaines cultures peuvent s'orienter vers la domination de la nature.

11.2.5 Les modèles de Schein et de Pastor

En 1991, Edgar Schein a défini la culture organisationnelle comme étant un ensemble d'hypothèses de base partagées, découvertes ou développées par un groupe de personnes. Elles se sont avérées suffisamment valides, dans le cadre de la résolution de leurs problèmes d'intégration interne et d'adaptation externe, pour être transmises par le groupe comme étant la bonne manière de penser et d'agir en relation avec ces problèmes[13].

Figure 11.3 Les trois éléments de la culture organisationnelle

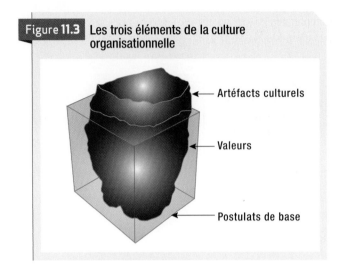

Artéfacts culturels

Valeurs

Postulats de base

Dans son ouvrage publié en 1985, Schein a mis en évidence trois éléments constitutifs de la culture organisationnelle : les postulats de base, les valeurs et les artéfacts culturels. De façon imagée, il compare la culture organisationnelle à un iceberg. Le niveau implicite (les postulats de base et les valeurs) représente les éléments culturels les plus fondamentaux, qui sont toutefois invisibles (ils seraient sous la surface de l'eau). Le niveau explicite (les artéfacts culturels) représente les parties visibles de l'iceberg [14] (*voir la figure 11.3*).

Les postulats de base Les postulats de base constituent le niveau implicite, donc le plus profond de la culture organisationnelle ; c'est sur eux que reposent les valeurs communes et les artéfacts culturels. Ils représentent essentiellement des réalités «inconscientes» et, de ce fait, sont des vérités admises et partagées par tous les membres de l'organisation. Par exemple, dans le cadre des Forces canadiennes, le respect du pouvoir légitime est un postulat de base.

Les valeurs épousées Toujours au niveau implicite, mais plus près de la «surface de l'eau», se situent les valeurs communes partagées par les membres de l'organisation. Les membres d'une entreprise découvrent généralement avec le temps les valeurs communes ou en sont informés, et ils sont conscients de leur importance. Ces valeurs sont habituellement véhiculées par les gestionnaires.

Parfois, on perçoit une incohérence entre le discours et le comportement des gestionnaires, ce qui veut dire qu'il y a peut-être une divergence entre les valeurs qu'ils prônent et celles qu'ils mettent en pratique. Cela entraîne l'insatisfaction et la démotivation de certains employés, et leur fait perdre le désir de s'impliquer. On peut alors comprendre la difficulté que peuvent rencontrer les nouveaux venus lorsqu'ils tentent d'assimiler la culture organisationnelle et qu'ils constatent le temps qu'ils devront y mettre.

Les artéfacts culturels Certains éléments de la culture d'une entreprise peuvent être observés, développés et implantés au moyen de divers mécanismes nommés «artéfacts culturels». Ce sont des moyens particulièrement efficaces de faire connaître aux acteurs (autant internes qu'externes) la nature de la culture organisationnelle. Ils comprennent :

- les rituels : des célébrations collectives et des réunions ; la reconnaissance publique des réalisations ;

- les symboles : les logos, les bâtiments, les uniformes ;

EN PRATIQUE

Un engagement moral affirmé publiquement!

En 1971, Chris Argyris a proposé le concept de «valeurs épousées». Le mot «épousées» évoque l'idée d'un engagement moral affirmé publiquement et solennellement. Pour certains, l'engagement théorique se transforme souvent dans la vie en quelque chose de totalement différent, pouvant influencer leur comportement[15].

- le langage: des concepts techniques, des slogans, des expressions ou des termes fréquemment utilisés, des sobriquets, un jargon professionnel et des réunions;

- les légendes, les mythes et les héros de l'organisation: les événements spectaculaires et marquants de l'entreprise, des anecdotes concernant les fondateurs ou les personnalités de l'histoire de l'organisation, etc.

En s'inspirant des écrits de Schein[16], de Collins et Porras[17] et d'autres auteurs, Pierre Pastor a réalisé un modèle explicatif de la culture organisationnelle en trois niveaux[18]. Le premier représente les vecteurs d'expression des membres de l'organisation: ses mythes, ses héros, ses tabous, ses symboles, ses rites, ses particularités langagières, etc. Le second renferme les attentes et les croyances de l'équipe dirigeante. Le troisième niveau exprime l'idéologie et les valeurs profondes des membres de l'organisation.

1) Les mythes, les symboles et les rites Les mythes sont des «récits phares» de l'histoire de l'entreprise, souvent construits autour d'un ou de plusieurs héros qui ont présidé aux destinées de l'entreprise ou qui ont eu un rôle décisif dans son évolution. Ces histoires transmettent toujours les valeurs clés de l'entreprise telles que l'esprit créateur, l'esprit de recherche, la générosité ou le sens de l'anticipation. Elles expliquent de façon presque métaphorique les événements fondamentaux, les pratiques de l'entreprise et ses valeurs essentielles.

L'entreprise a aussi ses symboles: son drapeau, son logo, ses slogans qui représentent son image. Ce sont des signes empreints d'information, mais avant tout d'identité, donc de différenciation. Un certain nombre de symboles utilisés à l'interne permettent d'établir des distinctions entre les membres de l'organisation: la voiture de fonction du cadre, la place de stationnement réservée, le téléphone cellulaire ou l'ordinateur portable, etc. Les rites et cérémonies ont également un usage interne: ils scellent l'appartenance à l'organisation et ils sont pratiqués à l'occasion d'une mutation,

EN PRATIQUE

Le mythe de Sisyphe : interprétation de l'œuvre d'Albert Camus et exposé de ce mythe témoignant de l'espoir d'un combattant

Puisque la mythologie fait partie intégrante du concept de la culture, nous mettons en évidence dans cette capsule certaines valeurs présentes dans l'œuvre d'Albert Camus, *Le mythe de Sisyphe*.

Dominée par la passion, l'histoire de Sisyphe témoigne du vécu d'un homme pour qui la vie se résume à faire rouler une pierre jusqu'au haut d'une colline afin qu'elle puisse ultimement, et par miracle, redescendre de l'autre côté. Seule la descente de la pierre du bon côté de la colline lui permettra de détruire le cycle de l'enchaînement de cette routine infernale. Mais cet enchaînement est dicté par les dieux. Elle constitue son châtiment. Rebelle de nature, Sisyphe tente résolument d'y mettre fin. L'espoir de briser la chaîne. La quête recherchée est absurde, car le poids de la pierre ne suffit pas aux efforts cyclopéens déployés par

Sisyphe. C'est ainsi qu'il recommence ses tentatives jour après jour. La pierre est trop lourde pour Sisyphe et retombe avant d'atteindre le sommet. Sa seule motivation réside dans le bonheur et la liberté auxquels il accède lors de sa montée, pendant qu'il croit pouvoir réussir. Sisyphe est heureux lors de sa montée, car il consolide sa liberté, son espoir et sa passion. Pour Camus, la complexité de l'existence ne peut se résoudre dans la fuite. Seules la clarté et la lucidité dans l'absurde doivent servir l'action. Il n'acquiesce pas, mais il défie de façon héroïque son combat quotidien.

Les valeurs véhiculées dans ce récit sont la persévérance, l'espoir, la liberté et la lucidité qui nous permettent quotidiennement d'avancer. Camus nous livre dans cette oeuvre le secret de l'absurde. Cet absurde auquel son héro ne se résigne pas.

Source : Adapté de A. CAMUS, *Le mythe de Sisyphe. Essai sur l'absurde*, Paris, France, Gallimard, 1942. Nouvelle édition augmentée d'une étude sur Franz Kafka, (Coll. « Les essais, n° XII), [En ligne], http://classiques.uqac.ca/classiques/camus_albert/mythe_de_sisyphe/mythe_de_sisyphe.pdf (Page consultée le 19 décembre 2011)

de l'accession à un poste élevé, d'un départ à la retraite, etc. Mais les rites ont aussi une fonction plus quotidienne qui consolide les relations des membres de l'entreprise, notamment le rite du café ou de la tasse de thé. Ces rites permettent de développer des relations moins formelles et d'instaurer une meilleure dynamique dans le groupe ou l'équipe. Un nouvel arrivant doit idéalement tenter de comprendre ces rites afin de mieux comprendre l'organisation. Les particularités langagières, surtout les termes techniques, sont souvent liées au secteur d'activité de l'entreprise. Ces termes et leur utilisation servent de base à une sorte d'initiation. Les membres de l'entreprise pratiquent cette « langue », et les nouveaux arrivants doivent l'assimiler pour qu'on reconnaisse qu'ils sont intégrés.

2) Le niveau stratégique Ce niveau est constitué par les approches, croyances et styles que l'entreprise souhaite voir adopter par ses membres. Ce sont les attentes élaborées par l'équipe dirigeante autour de la vision stratégique, des opportunités et contraintes et des systèmes internes de l'entreprise.

3) Le noyau dur Le noyau dur est constitué des valeurs profondes et fondamentales qui animent l'entreprise et ses membres. En somme, il représente les suppositions communes de l'organisation quant aux facettes fondamentales du monde du travail et de la vie en général. Ce niveau cimente les éléments de la culture d'entreprise et lui donne son unité de fond.

11.2.6 Le modèle triaxial de Dolan sur la gestion par valeurs

Le concept de la gestion par valeurs (GPV) est né des travaux de Simon L. Dolan et Salvador Garcia en 1997 [19]. La gestion axée sur les valeurs consiste en la réalisation d'un projet d'humanisation de l'entreprise. Les dirigeants qui s'orientent dans cette direction expliquent que pour créer un système sain et performant, l'organisation et ses membres doivent s'entendre sur des valeurs finales à atteindre qui prendront la forme d'actions cohérentes encadrées par des politiques construites en alignement avec ces valeurs. C'est, en somme, une construction culturelle participative.

Milton Rockeach est une figure dominante dans le domaine de l'étude des valeurs humaines. Ses définitions portant sur les systèmes de valeurs sont devenues des classiques en matière de culture [20]. La théorie qu'il a élaborée en 1973 a constitué le point de départ du modèle triaxial. Selon cette théorie, les valeurs humaines se divisent essentiellement en deux groupes : les valeurs finales (l'état de vie désiré) et les valeurs instrumentales (les types de comportements valorisés). La classification des valeurs humaines proposée par Rockeach a lancé de nombreux auteurs dans une réflexion sur le concept des valeurs humaines en fonction, notamment, du contenu de la définition. Selon le modèle de Dolan établi en 2011, les valeurs se classifieraient plutôt à l'intérieur de trois axes : 1) **économique-praxique** ; 2) **éthique-social** ; et 3) **émotionnel-énergétique** (*voir la figure 11.4, page suivante*).

La dimension économique renferme le terme *praxis* qui signifie «fonctionner, agir», ainsi que «transiger, négocier». De cette racine grecque proviennent les termes «prose» et «pragmatisme». Les valeurs qui suivent cet axe sont, par exemple, le prestige, l'effort au travail, l'obéissance, l'efficacité et l'argent. Ces valeurs ont permis aux hommes d'inventer le téléphone, la machine à laver, la climatisation et Internet, bien qu'encore aujourd'hui, tous ne peuvent pas avoir accès à ces innovations. Les valeurs praxiques cherchent le contrôle du système et des personnes ; elles sont systématiquement inculquées et renforcées, comme si elles formaient une nouvelle religion dont la perspective serait politique, économique et, d'un point de vue académique, efficiente.

La dimension émotionnelle du modèle amène aussi une impérative poétique et une *poïésis*. Ces termes viennent de *poieo*, un verbe grec intéressant qui signifie «faire, construire», mais qui peut aussi vouloir dire «engendrer, donner naissance, créer ou innover». Le mot *poíema* dérive du verbe *poiéo* et peut désigner tout ce qui relève de la création de l'esprit et de la poésie. Pour Aristote et Platon, la «poésie» était l'activité créatrice en général. Les principales valeurs de compétence poétique sont l'imagination, la liberté, la tendresse, la confiance, l'esprit d'aventure, l'esthétique, la chaleur, la créativité, le bonheur, l'harmonie, la famille, la passion et l'ouverture d'esprit [21]. Au début des années

axe économique-praxique
Cet axe renferme les valeurs liées au contrôle du système et des ressources, par exemple, le prestige, l'effort au travail, l'obéissance, l'efficacité et, bien sûr, l'argent.

axe éthique-social
La dimension éthique/sociale réfère aux valeurs (croyances, transparence, collégialité) qui animent les comportements individuels ou collectifs.

axe émotionnel-énergétique
Cet axe renferme les valeurs poétiques telles que l'imagination, la liberté, la tendresse, la confiance, l'esprit d'aventure, l'esthétique, la chaleur, la créativité, le bonheur. Elle est une dimension énergétique.

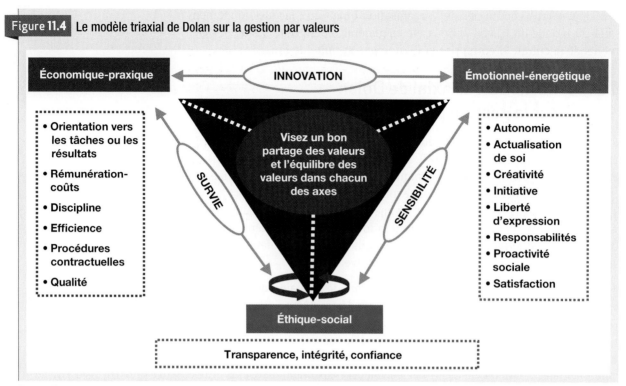

Figure 11.4 Le modèle triaxial de Dolan sur la gestion par valeurs

INNOVATION

Économique-praxique

Émotionnel-énergétique

Visez un bon partage des valeurs et l'équilibre des valeurs dans chacun des axes

SURVIE

SENSIBILITÉ

• Orientation vers les tâches ou les résultats
• Rémunération-coûts
• Discipline
• Efficience
• Procédures contractuelles
• Qualité

• Autonomie
• Actualisation de soi
• Créativité
• Initiative
• Liberté d'expression
• Responsabilités
• Proactivité sociale
• Satisfaction

Éthique-social

Transparence, intégrité, confiance

Source : Traduit et adapté de S.L. DOLAN et T. LINGHAM, «Chapter 10 : Managing Change and Culture Reengineering : The ABC of Managing by Values», dans *Introduction to International Organizational Behavior,* Bookeducator.com, [En ligne], www.bookeducator.com/textbook/introtoob/chapter10/ (Page consultée le 2 avril 2012)

1970, plusieurs chercheurs, dont Varela et Maturana, se sont intéressés au fonctionnement des systèmes en se concentrant sur l'*autopoiésis*, qui est en quelque sorte la capacité des systèmes vivants de s'autogénérer. L'*hématopoiésis* est la capacité des cellules sanguines de se fabriquer elles-mêmes et de se multiplier[22].

Les états poétiques créatifs ou générateurs sont liés à une disponibilité émotive particulière. Est-il possible d'avoir une nouvelle idée sans exprimer de la joie? De nouvelles idées qui transforment positivement les choses peuvent-elles surgir d'états dépressifs? Les états d'anxiété liés au travail, à la famille ou à des inquiétudes personnelles peuvent-ils être créatifs? La création artistique peut, bien sûr, être associée à des états de tension émotive ou de mélancolie, mais ce qui nous occupe ici, ce sont les relations entre la créativité et les valeurs émotives positives (sérénité, optimisme, imagination, etc.), des relations capables d'améliorer les choses qui nous entourent. Les valeurs poétiques visent davantage la génération, le développement et l'expression que le contrôle ou la mesure. Elles peuvent également être appelées «valeurs génératives». Elles font référence à la santé ou à la «stabilité émotionnelle» de l'organisation. Avec les valeurs éthiques, elles forment une catégorie de valeurs dont le potentiel de transformation est gigantesque.

La création d'entreprises dépend autant (ou davantage) des valeurs de développement que des valeurs de contrôle. La naissance et la revitalisation de tout projet d'affaires dépendent de valeurs poétiques telles que l'imagination, la liberté et l'enthousiasme, capables de générer de nouvelles possibilités d'action.

Les valeurs de contrôle ne sont pas moins essentielles à l'application efficace et innovatrice de nouvelles idées, au maintien du *statu quo* et, pour résumer, à la gestion de la richesse de l'entreprise (créée par des valeurs poétiques). Un développement obsessif peut facilement se transformer en innocence poétique et négliger la nécessité de gérer et de contrôler les ressources du système. Une erreur que font nombre d'organisations est de se donner trop de valeurs corporatives et d'oublier de les ordonner en un ensemble théorique cohérent[23].

Dans le modèle de Dolan établi en 2011, les valeurs éthiques doivent venir cimenter et imprégner les dimensions économiques et affectives. La nouvelle recrue doit pouvoir déceler la dimension éthique dans l'ensemble de la culture et des actions organisationnelles. Enfin, l'organisation qui gère par valeurs encourage la liberté d'expression individuelle et collective afin d'enrichir son système. Le tableau 11.3 offre une description sommaire des principaux axes qui animent le modèle de gestion par valeurs.

Tableau 11.3 Description des axes de valeurs

Économique-praxique	Ces valeurs se rallient à l'aspect économique ou à des résultats quantifiables relatifs à la stratégie concurrentielle. L'axe économique est constitué de critères tels que le mérite, le prix, la taille, la technologie et la rareté. Peuvent aussi être inclus les modèles de l'analyse de la valeur (optimisation de la satisfaction du client au coût minimum) et celui de la chaîne de valeurs qui vise l'analyse de la logistique des opérations et des activités qui contribuent ou qui nuisent à la valeur du produit ou du résultat recherché.
Éthique-social	La dimension éthique/sociale réfère aux valeurs (croyances, transparence, collégialité) qui animent les comportements individuels ou collectifs. Cette dimension influence les autres dimensions (économique et émotionnelle) car elle les motive et les consolide (par exemple l'honnêteté, la confiance).
Émotionnel-énergétique	Les valeurs comprises dans cet axe englobent les notions de liberté, de développement, d'autonomie, de création et d'affirmation. L'ouverture d'esprit en fait aussi partie. Elle est une dimension énergétique.

Source : Traduit et adapté de S.L. DOLAN et T. LINGHAM, « Chapter 10 : Managing Change and Culture Reengineering : The ABC of Managing by Values », dans *Introduction to International Organizational Behavior*, Bookeducator.com, [En ligne], http://bookeducator.com/textbook/introtoob/chapter10/ (Page consultée le 9 décembre 2011)

La triple signification utilitaire, intrinsèque et transcendante du travail

Selon le modèle triaxial, le travail pleinement motivant est triplement défini comme utilitaire, intrinsèque et transcendant. Être bien payé pour ce qu'on accomplit, apprécier son travail et se sentir utile sont de grandes sources de satisfaction. Malheureusement, cette satisfaction est rarement entièrement assouvie, bien que nous devrions tâcher de l'atteindre, aussi bien dans la création d'emplois spécifiques que dans les objectifs de vie que nous désirons atteindre à travers nos activités professionnelles.

Plus grande est la valeur (ou l'importance) qu'une personne donne à son travail, plus grande sera sa volonté de donner le meilleur d'elle-même et, du même coup, plus elle travaillera avec enthousiasme. Selon certains auteurs, la valeur d'une action donnée ou la satisfaction qu'on peut en retirer varient.

1. *La valeur utilitaire ou extrinsèque* : satisfaction pour la personne effectuant l'action. Cela implique une réaction de l'environnement qui offre en échange, par exemple, de l'argent ou du prestige.
2. *La valeur intrinsèque* : satisfaction pour la personne effectuant l'action (indépendamment des effets externes de ladite action). Cela inclut des caractéristiques telles que l'étude, le stimulus, l'amusement ou l'occasion de montrer sa propre valeur.
3. *La valeur transcendante* : la satisfaction est chez les autres plutôt que chez la personne qui effectue l'action, perçue comme étant utile aux autres.

Dans une perspective pratique, pour atteindre le succès et pour créer une relation durable, l'organisation doit réaliser un maillage entre ses valeurs et celles de ses employés, et cela, au sein de chacun des axes. C'est à l'aide de la discussion et du consensus que s'effectue le partage des valeurs.

Ce processus se comprend mieux en effectuant un parallèle avec le concept de la famille ou de l'équipe de hockey. Dans les deux cas, on doit aligner et partager les valeurs pour atteindre le succès. Même si, dans les deux exemples, la démarche peut être similaire, il n'en demeure pas moins que l'uniformisation et la convergence des valeurs dans le creuset institutionnel est un peu plus complexe. Le passé relationnel de l'organisation avec ses membres, les problématiques vécues et les intérêts respectifs des parties peuvent influencer le résultat du maillage des valeurs. C'est par l'entremise des politiques, des procédures, des façons d'être, des façons de faire et de faire faire que les valeurs finales pourront être observées et senties dans l'organisation.

Les ressources étant limitées, l'organisation doit considérer les valeurs économiques, de contrôle ou praxiques telles que l'efficacité ou la qualité, sans pour autant nier les valeurs émotionnelles qui sont à la base des besoins des employés. Cependant, on constate trop souvent dans les organisations que l'efficience l'emporte sur les émotions. Autrement dit, la tendance productiviste s'inscrit fréquemment avec une certaine démesure comparativement à celle qui vise une gestion holistique centrée sur la santé et le bien-être organisationnel et individuel.

La collecte de données dans de nombreuses entreprises d'Espagne, du Brésil, d'Argentine, du Canada, de la Hollande et d'ailleurs a démontré que, dans la plupart des entreprises, les axes éthiques (valeurs morales) et poétiques sont généralement atrophiés par rapport à l'axe praxis. Ce qui est complètement différent de ce que la majorité des membres d'une organisation souhaitent reconnaître comme valeurs personnelles ou, du moins, disent vouloir vivre. En pratique, les valeurs liées à la compétence au travail tendent à surpasser abusivement les valeurs liées au savoir-vivre et, plus encore, au savoir-partager. La figure 11.5 illustre la différence typique entre les valeurs personnelles de

Figure 11.5 La différence entre les valeurs personnelles et organisationnelles

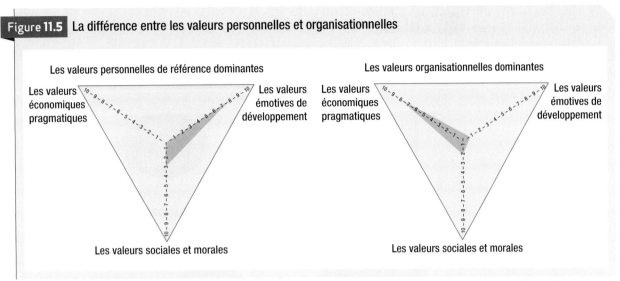

Source : Traduit de S.L. DOLAN, S. GARCIA et B. RICHLEY, *Managing by Values: A Corporate guide to Living, being alive, and making a living in the 21st century*, Londres, Royaume-Uni, Pelgrave-Macmillan, 2006, p. 213.

référence et les valeurs dominantes au quotidien dans une grande organisation de télécommunication. Cette étude a été réalisée à l'aide d'un échantillon de plus de 800 cadres supérieurs.

En résumé, les trois groupes de valeurs sont nécessaires, et chaque organisation doit réussir à créer un équilibre entre elles afin d'augmenter les bénéfices et d'assurer le succès de l'organisation et le bien-être de l'individu. Les valeurs devraient cibler la mission et la vision de l'organisation développées de façon participative (*voir la figure 11.6, page suivante*).

Le modèle triaxial invite l'organisation à effectuer une démarche structurée qui mènera à évaluer l'écart entre ses valeurs et celles de ses membres. Lorsque les écarts auront été déterminés, l'organisation devra tenter de trouver un équilibre ou un compromis et adopter des politiques ou des pratiques qui permettent d'aller chercher les valeurs retenues. Notons que l'équilibre entre les axes n'implique pas nécessairement une symétrie parfaite. Cependant, il est intéressant de souligner qu'une congruence inadéquate entre l'axe émotionnel et l'axe économique peut réduire l'innovation organisationnelle. Une congruence inadéquate entre les axes économique et éthique peut entraîner la fermeture de l'entreprise. De même, un faible maillage entre l'axe éthique et l'axe émotionnel peut réduire la sensibilité et la responsabilité environnementale ou sociale au sein de l'organisation. La figure 11.4 expose les résultantes qui peuvent faire suite à l'absence de congruence entre les axes. Cette figure présente également les valeurs afférentes à ces axes telles que la créativité, l'autonomie, la transparence et l'intégrité. En combinant le tout (les axes, les risques et les valeurs) on peut comprendre qu'une organisation dont les pratiques seraient essentiellement orientées vers l'aspect financier au détriment de l'éthique pourrait mettre en jeu sa survie.

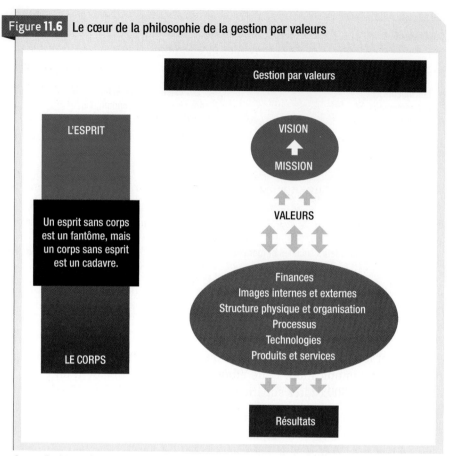

Figure **11.6** Le cœur de la philosophie de la gestion par valeurs

Source: Traduit et adapté de S.L. DOLAN et T. LINGHAM, «Chapter 10 : Managing Change and Culture Reengineering: The ABC of Managing by Values», dans *Introduction to International Organizational Behavior,* Bookeducator.com, [En ligne], www.bookeducator.com/textbook/introtoob/chapter10/ (Page consultée le 2 avril 2012)

11.3 LES VALEURS COMME ÉLÉMENTS CENTRAUX DE LA CULTURE ORGANISATIONNELLE

Le modèle de gestion par valeurs vise l'analyse des valeurs par les parties prenantes de l'organisation. Mais l'émergence de cet intérêt n'est pas récent : depuis le début du XXIᵉ siècle, les valeurs sont de plus en plus considérées comme étant le moteur du succès organisationnel. Cette tendance s'amplifie par la rapidité et la fréquence des changements sociaux, économiques et environnementaux. Les valeurs deviennent une source de ralliement où l'action individuelle et collective prend forme.

Pensons aux sites Internet qui mobilisent et font converger l'action collective pour une meilleure qualité de vie sociale, une plus grande intégrité, imputabilité et transparence au sein de nos institutions publiques et privées. La valeur de la transparence et celle de l'intégrité organisationnelle et individuelle font figure dans de nombreux médias. Peu de citoyens peuvent affirmer que ces valeurs ne les ont pas touchés.

Notre société s'imprègne de l'avantage du savoir et prend conscience de l'importance de la durabilité et de la qualité des produits et services. Ces changements entraînent une exigence supplémentaire aux responsables d'organisations œuvrant au sein de structures rigides et dont la fonction consiste à mettre l'accent sur les valeurs en passant par la qualité et le service à la clientèle. Selon les travaux de Dolan et Lingham, le nouveau paradigme s'allie difficilement aux valeurs et aux croyances qui ont animé le modèle traditionnel de gestion qui avait cours en Amérique du Nord au siècle dernier[24]. L'approche basée sur le contrôle et la supervision de type commandement occasionne une suppression de la créativité et de l'innovation nécessaires au succès contemporain. C'est pour cette raison que le XXIe siècle a nourri une réflexion sur la restructuration organisationnelle et sur le renouveau de la philosophie de gestion. Les modèles organisationnels induisant une gestion rigide et un contrôle hiérarchique des employés offrent désormais une fondation instable à notre société en perpétuelle mouvance.

Un grand nombre d'auteurs mentionnent que la stabilité doit être installée au cœur de l'organisation et ancrée dans sa culture. Une façon d'y arriver est de travailler et d'agir en concordance avec les valeurs des parties prenantes de l'organisation. Pour certains auteurs, le défi se situe beaucoup chez les employés, car ce sont eux qui représentent l'entreprise auprès des clients[25]. Les employés sont «les bras et les yeux» de l'organisation. S'ils ont le sentiment d'être respectés et écoutés dans leurs plus profondes valeurs et si les politiques et les pratiques suscitent ce sentiment, les objectifs et les cibles de l'organisation seront plus facilement atteints.

EN PRATIQUE

L'alignement des valeurs et la nouvelle génération

Un article de *Cyberpresse*, paru à l'été 2011, a mis en évidence, par le témoignage de quelques professionnels canadiens, l'importance de l'alignement des valeurs des entreprises avec celles de la nouvelle génération.

- Selon Marc-Étienne Julien, président de la division Recrutement de Randstad Canada, les sociétés qui sauront le mieux arrimer leurs valeurs à celles de la génération Y seront celles qui auront le plus de succès. Randstad encourage les entreprises à être responsables sur le plan environnemental et social, puisque ces valeurs sont partagées par les jeunes de la génération Y. Afin de se rallier aux valeurs de ses employés,

elle a aussi mis sur pied un partenariat qui permet à ses employés d'effectuer des missions humanitaires. Les employés en sont fiers!

- Le conférencier Stéphane Simard affirme aussi que les jeunes recherchent une entreprise qui est consciente de sa place dans l'écosystème. L'entreprise doit redonner à la communauté et réellement adhérer aux valeurs environnementales. Il souligne que les entreprises qui se dotent d'une image sociale discordante avec leurs produits ou avec leurs valeurs réelles ne duperont pas les jeunes. Si une entreprise désire s'impliquer socialement, un alignement avec les causes qui mobilisent ses employés serait à privilégier.

Source: Adapté de I. GAGNON-PARADIS, «Responsabilité sociale: un facteur d'attraction pour la génération Y», *Cyberpresse*, 3 août 2011. Cet extrait a été reproduit aux termes d'une licence accordée par Copibec.

Transformer les croyances au sein d'une organisation est un des défis les plus difficiles pour un gestionnaire. Les principales raisons des échecs recensés lors de l'implantation d'un système de gestion des valeurs sont la tendance à croire en la simplicité du changement, le désir d'obtenir des résultats très rapidement et le découragement en cours de route[26].

De nombreux professionnels de disciplines variées ont appliqué le concept des valeurs dans leur organisation, mais, curieusement, en même temps, on retrouve une absence de consensus sur sa nature et sur la façon de l'opérationnaliser.

La perspective soutenue par le système de gestion par valeurs s'apparente grandement à celle de la **synergie culturelle** car elle reconnaît à la fois les similitudes et les différences entre les nationalités qui composent une organisation multiculturelle, et propose que la diversité culturelle ne soit ni laissée de côté ni sous-estimée, mais qu'elle soit plutôt considérée comme un vecteur de potentialité créatrice. La gestion par valeurs vient simplement focaliser l'action individuelle et collective par l'opérationnalisation commune de valeurs fondamentales partagées au sein de l'organisation.

Selon le système de gestion par valeurs (GPV), une organisation qui donne priorité à la valeur de l'expression des opinions devra mesurer le niveau d'atteinte de cette valeur en utilisant des outils tels que le taux de participation des employés aux sondages ou aux comités. Si la valeur favorisée est celle de la diversité culturelle, le degré d'atteinte de cette valeur pourra être mesuré par des indicateurs tels que le taux de représentation des effectifs. L'organisation qui s'oriente vers une mobilisation axée vers les valeurs devra mettre en place des indicateurs mesurables qui permettent le suivi des résultats pour s'assurer de l'alignement des orientations.

Le partage des valeurs est important parce qu'il réduit les incertitudes et qu'il permet aux individus d'exprimer leurs motivations profondes. Les individus exprimant ce qui leur tient à cœur, les intérêts des parties sont mieux compris et peuvent ultimement converger. Par l'échange des valeurs, les membres de l'organisation augmentent le répertoire de leurs actions ou comportements possibles à la lumière des croyances et des normes de la société et/ou du groupe où la dynamique prend place. Le bénéfice de l'échange se perçoit aisément dans le noyau familial où les parents expriment à leurs enfants pourquoi leurs valeurs personnelles sont importantes pour eux et, ce faisant, ils augmentent la probabilité que les enfants comprennent leurs motivations, et même, les partagent. Les stimuli externes peuvent aussi être perçus de façon quasi similaire, ce qui permet d'agir en plus grande conformité.

La congruence des valeurs tend à augmenter l'engagement aux normes, à accroître la satisfaction, à diminuer le taux de roulement et le désir de quitter l'organisation. Elle agit comme facilitateur de changement organisationnel et diminue l'occurrence de l'épuisement professionnel, du stress et de l'aliénation, ce qui agit positivement sur la performance et le sentiment de bien-être individuel et organisationnel. La congruence des valeurs se réalise lorsque l'individu témoigne de l'intérêt envers l'organisation et conserve son lien d'emploi

synergie culturelle

Gestion de la diversité culturelle fondée sur l'élaboration de politiques et de pratiques organisationnelles qui respectent les modèles culturels de chacun des membres et clients de l'organisation.

www.cheneliere.ca/dolan

PERSPECTIVE
INTERNATIONALE

La synergie culturelle

La synergie culturelle, en tant que façon de gérer l'incidence de la diversité culturelle, se définit comme un processus au cours duquel les gestionnaires élaborent des politiques et des pratiques organisationnelles qui reposent sur les modèles culturels de chacun des membres et des clients de l'organisation, sans toutefois s'y limiter. Des sociétés synergiques sur le plan culturel créent de nouveaux modèles de gestion et d'organisation qui transcendent les cultures personnelles de leurs membres. Cette façon de faire reconnaît à la fois les similitudes et les différences entre les nationalités qui composent une organisation multiculturelle, et propose que la diversité culturelle ne soit ni laissée de côté ni sous-estimée, mais qu'elle soit plutôt considérée comme une ressource utile pour l'organisation et la croissance d'une entreprise[27].

Un ensemble d'hypothèses, qui diffèrent des hypothèses communes sur l'interaction interculturelle dans des milieux de travail, constituent le fondement de la synergie culturelle[28]. En premier lieu, il y a l'*homogénéité*, ou la conviction que tous les gens sont sensiblement pareils, tandis que la synergie culturelle suppose l'*hétérogénéité*. L'approche axée sur la synergie prétend que nous ne sommes pas tous pareils, que de nombreux groupes culturels existent au sein de la société et que chacun conserve son caractère distinct. L'image d'une société multiraciale plutôt qu'homogène sous-tend l'approche axée sur la synergie. En deuxième lieu, si l'hypothèse la plus répandue veut que les similitudes prévalent sur les différences entre les gens, la synergie culturelle met similitudes et différences sur un pied d'égalité. En troisième lieu, si on croit habituellement que seule sa propre façon de vivre et de travailler est la bonne (étroitesse d'esprit), la synergie culturelle revendique l'*égalité des fins*, soit l'existence de nombreuses façons, tout aussi bonnes les unes que les autres (*égalité*) de parvenir à une même fin (*finalité*) et qu'aucune culture n'est fondamentalement supérieure à une autre. En dernier lieu, si la majorité des gens sont, dans une certaine mesure, ethnocentriques (croient que leur manière de vivre et de travailler est la meilleure), l'approche axée sur la synergie repose sur la *contingence culturelle* qui veut que la meilleure façon de faire dépende de la culture des personnes concernées.

Source : Adapté de N.J. ADLER, *International dimensions of organizational behavior*, Cincinnati, OH, South-Western, 2002.

puisqu'il perçoit une proximité entre ses valeurs et celles de son organisation. L'absence de congruence occasionne chez l'employé des conflits entre sa vie et son travail et se concrétise par de l'indifférence. Les valeurs intrinsèques de l'individu peuvent expliquer cette absence de maillage.

11.4 LA DISTINCTION ENTRE LES PHILOSOPHIES DE GESTION PAR INSTRUCTIONS, PAR OBJECTIFS ET PAR VALEURS

Les modèles d'analyse en gestion qui tentent d'identifier les facteurs liés au succès organisationnel sont nombreux (stratégie de différenciation, intégration, acquisition, réponse aux besoins des clients, etc.). Dans le cadre de la gestion par valeurs, l'entreprise se différencie de ses concurrents par les efforts qu'elle déploie dans le but d'harmoniser ses valeurs avec celles de ses parties prenantes. Ce partage des valeurs suscite un intérêt marqué chez les clients et les fournisseurs, qui voient que l'entreprise se soucie des ressources humaines. La méthode de gestion par valeurs offre un canevas pour savoir «comment» développer une culture humaine, durable et compétitive. La **gestion par valeurs** peut être définie comme une philosophie de gestion et un champ de pratiques où un foyer d'intérêts est déployé en concomitance des valeurs centrales de l'organisation et aligné avec ses objectifs stratégiques.

Auparavant, le succès d'une organisation, d'une société ou d'un pays se définissait par ses aptitudes à asseoir rapidement son importance, voire son hégémonie. Aujourd'hui, les sociétés sont ébranlées par les scandales, la guerre et les désastres naturels. Dans cette optique, on ne peut plus uniquement attribuer le succès des sociétés à leur habileté à gérer la complexité de ces phénomènes, mais aussi à leur capacité à rejoindre les valeurs des individus.

Au XXᵉ siècle, les changements environnementaux étaient moins fréquents et les demandes des divers systèmes (composantes sociales, politiques, économiques) plus sporadiques. Pour faire bonne figure, une entreprise pouvait se contenter d'une gestion visant les directives ou les instructions (GPI). Les années 1960 ont exigé une plus grande rapidité de réaction et ont demandé aux gestionnaires plus de flexibilité dans leur action. La gestion traditionnelle a donc été laissée de côté au profit de la gestion par objectifs (GPO), qui permet aux gestionnaires d'orienter leur action à l'aide de stratégies spécifiques. Bien que ce type de gestion permette un meilleur alignement tout en ciblant des actions concrètes, il est lui aussi confronté à un obstacle, soit celui de l'atteinte des objectifs. Les gestionnaires parviennent difficilement à corriger l'écart entre les résultats observés et les résultats souhaités, car le système est de plus en plus chaotique.

Dans le but d'améliorer le fonctionnement des organisations, les chercheurs se sont alors penchés sur les systèmes qui les alimentent, tout en essayant de cerner la dynamique et la complexité des relations et des comportements. La gestion par valeurs s'inscrit dans cette période où les comportements individuels sont motivés par le système de valeurs.

La gestion par valeurs répond bien à la complexité des demandes de la société actuelle, car elle fait appel à l'expression individuelle et collective et invite à la créativité par ses principaux axes. La gestion par instructions, ou par directives, s'emploie lorsque l'organisation doit suivre des processus opérationnels précis pour le fonctionnement d'un procédé donné. Elle est également utile en situation d'urgence. On rencontre fréquemment la gestion par objectifs dans les organisations où la production est standardisée ou qui ont doté leur plan d'action d'indicateurs mesurables. La gestion par valeurs vient bonifier les styles de gestion cités précédemment, car elle considère que les clients, les employés et les fournisseurs adhèrent aux valeurs qu'elle épouse. Ainsi, l'organisation qui prône l'honnêteté et l'intégrité en milieu de travail fera immédiatement un suivi si elle constate une absence d'honnêteté de leur part.

gestion par valeurs
Philosophie de gestion et champ de pratiques d'une organisation dont les intérêts correspondent aux valeurs centrales de l'organisation et s'alignent avec ses objectifs stratégiques.

PERSPECTIVE INTERNATIONALE

La mondialisation des défis selon Richard Barrett

Barrett est un auteur et un conférencier d'envergure internationale. Il est le fondateur et le président du « Barrett Values Center », une organisation internationale spécialisée dans le leadership, la culture organisationnelle et les valeurs.

Selon lui, les problèmes de la société atteignent désormais une dimension planétaire. Les défis socio-économiques ont évolué en complexité et en interdépendances. Le développement économique d'un pays est aujourd'hui lié à un autre. Par exemple, le développement de l'agriculture au Mali est désormais lié au développement des politiques agricoles aux États-Unis. À chaque décennie, les recommandations émises pour atteindre le succès organisationnel se modifient en fonction des contraintes et opportunités des environnements. C'est ainsi que nous avons prôné l'importance de la qualité des produits et ensuite, de la recherche de talents. Les problèmes de gestion que l'on rencontre actuellement sont complexes, souligne-t-il, car ils se situent à plusieurs niveaux. Poursuivant sa logique, le conférencier souligne que les organisations désireuses d'atteindre le succès devront désormais élever leur conscience à un niveau mondial. De nos jours, les déterminants du succès sont : qui nous sommes et quelles sont les valeurs pour lesquelles nous nous mobilisons. Ces facteurs attireront le talent, surtout s'ils sont orientés vers la durabilité, car les gens sont de plus en plus informés, de manière générale, et fortement conscientisés sur la notion de durabilité. Les choix individuels sont plus éclairés et soutenus par les valeurs.

Sources: Chaîne de BarrettValues, Résumé d'une vidéo consultée le 6 novembre 2011, [En ligne], www.youtube.com/user/BarrettValues#p/a/u/2/SooXSnIrF2c ; R. BARRETT, « Tools for coaching, measuring consciousness by mapping values », dans S.L. DOLAN, *Coaching by Values*, iUniverse, 2011, p. 178-181.

11.5 LA RÉINGÉNIERIE DE LA CULTURE ORGANISATIONNELLE SELON LA GPV [29]

Il arrive que des gestionnaires désirent transformer la culture de leur entreprise ou la revitaliser en mettant en avant des valeurs qui élimineront des attitudes et des comportements dysfonctionnels tels que la méfiance, le cynisme, l'agressivité, la conformité, l'apathie, le manque d'initiative, les comportements discrétionnaires, la dissimulation des erreurs commises, l'inadéquation des suivis, l'incapacité à déléguer ou à planifier. Parfois, un changement culturel équivaut à la mutation d'une mentalité fondée sur les postulats de base traditionnels d'une industrie ou d'un secteur donné.

Il est indéniable que les cultures évoluent. Selon Bernard Burnes, aucune culture organisationnelle n'est statique ; lorsque les facteurs externes et internes qui influencent la culture changent, celle-ci suit forcément [30]. Comme la culture est ancrée dans les croyances, les valeurs et les normes de chaque employé d'une organisation et qu'il est difficile de modifier ces concepts, le changement culturel institutionnel se fait lentement, à moins que des circonstances extrêmes ne viennent précipiter les choses [31].

L'intervention en matière culturelle repose sur l'idée que la culture organisationnelle est un élément tangible et qu'elle peut donc être changée. Il y a plusieurs façons d'intervenir. Dans certains cas, la culture peut être modifiée pour faciliter l'implantation de plans stratégiques ; on peut changer une culture inadéquate, la reconstruire, l'adapter ou la modeler. Un changement culturel peut provoquer des résistances plus ou moins fortes. Puisqu'il touche quelque chose d'aussi fondamental que les valeurs et les attitudes des personnes concernées, il risque de susciter beaucoup d'opposition. En 1988, Hobbs et Poupart ont soutenu de façon imagée cette difficulté en soulignant que «l'individu ne change pas de personnalité comme il change de chemise, et l'organisation ne change pas de culture aussi facilement qu'elle remplace ses machines à écrire[32]».

Le processus de la réingénierie de la culture, tel qu'il est décrit à la figure 11.7, est élaboré à partir du modèle de gestion par valeurs. Pour enrichir ce processus, nous effectuons certains parallèles avec d'autres perspectives d'auteurs ayant traité de la restructuration de la culture organisationnelle.

11.5.1 Phase initiale : L'identification du ou des leaders et la réalisation de l'audit

La phase préparatoire à la première étape de la réingénierie culturelle consiste à identifier les leaders transformationnels au sein de l'organisation et à réaliser un audit culturel. La majorité des auteurs en matière de restructuration culturelle soutiennent l'importance de réaliser un audit préliminaire afin de dégager un portrait de la situation et de relever les éléments susceptibles d'appuyer le désir de changement.

Les leaders transformationnels doivent comprendre la situation culturelle de leur organisation et reconnaître la nécessité de changer cette culture pour que l'organisation dans son ensemble puisse progresser et atteindre le succès. L'identification des leaders doit de préférence s'effectuer en concertation avec les employés. Trop souvent, comme le mentionne Mintzberg, des individus sont nommés à des postes clés sans que leur pratique de gestion ait été testée à l'interne ou que leur leadership ne soit légitimé par ceux qu'ils ont déjà supervisés[33]. Modifier une culture organisationnelle est une tâche

très complexe, car elle implique une bonne connaissance de l'organisation et de ses valeurs et qu'elle requiert du temps, de l'engagement et des outils. Les parties prenantes de l'organisation telles que les associations et les représentants des salariés doivent être impliquées dès le début afin de légitimer et d'enrichir le processus.

Le modèle de gestion par valeurs reconnaît que le leadership a toujours été animé par les valeurs humaines. La tâche du leader est de maintenir l'organisation au centre des valeurs établies. Au pallier exécutif ou opérationnel, cette tâche est réalisée en partageant une culture de création de valeurs qui agit comme un guide dans les activités quotidiennes des employés à tous les niveaux et dans toutes les fonctions.

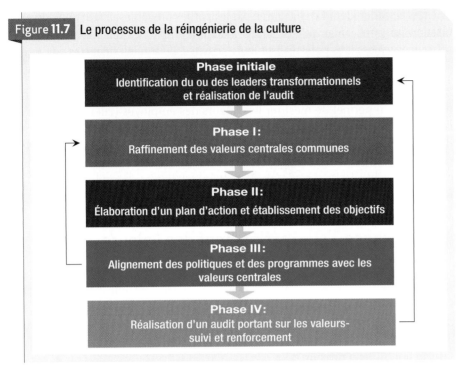

Figure 11.7 Le processus de la réingénierie de la culture

Source : Traduit de S.L. DOLAN et T. LINGHAM, « Chapter 10 : Managing Change and Culture Reengineering : The ABC of Managing by Values », dans *Introduction to International Organizational Behavior*, Bookeducator. com, [En ligne], www.bookeducator.com/textbook/introtoob/chapter10/ (Page consultée le 2 avril 2012)

Une culture organisationnelle se développe graduellement avec le temps et elle se forme avec les interactions sociales. Si les leaders de l'organisation ne perçoivent pas le besoin de changer la culture ou s'ils ne possèdent pas les habiletés pour le faire, il est probable que le *statu quo* persistera. Dans certains cas, cette impotence peut conduire à l'échec des projets en cours et peut même expliquer la fermeture de l'entreprise[34].

Tel qu'il est exposé à la figure 11.7, la phase préparatoire à la réingénierie culturelle vise à identifier les leaders transformationnels et à réaliser un audit de la culture[35].

Malheureusement, les projets n'obtiennent pas toujours le soutien nécessaire de l'organisation et ne reposent pas sur des éléments observables et mesurables, d'où leur lancement parfois instable. Il est nécessaire d'avoir un portrait initial de la situation (représenté par des indicateurs tels que le leadership et le climat) afin d'orienter et de guider les changements désirés. La phase préliminaire à l'implantation du système de gestion par valeurs doit obligatoirement permettre la réponse aux questions suivantes, car la survie des projets en dépend : Le changement culturel est-il désiré et soutenu par l'organisation ? L'organisation est-elle prête à s'engager dans un projet à court, moyen et long terme ? Les périodes ou les termes sont-ils clairement définis ? Le leadership est-il approprié pour initier le projet et le soutenir ? Les ressources peuvent-elles être mobilisées ? Quelles sont les ressources nécessaires ?

Une fois le leader identifié et légitimé par les parties prenantes, il faut que l'organisation lui offre, ainsi qu'aux autres individus impliqués dans le projet, les ressources nécessaires pour réaliser leurs activités. Le soutien financier doit être suffisant et accessible. Les membres qui s'y engagent doivent agir avec diligence.

Bien que l'audit puisse prendre différentes formes, dans le cadre de la gestion par valeurs, il permet de mesurer les valeurs des employés (clients) et de les comparer avec celles de l'organisation. Plus l'écart observé entre les valeurs des employés et celles de l'organisation est grand, plus le besoin de réingénierie est profond. À cette étape, on se retrouve avec des valeurs brutes pour chaque membre de l'organisation. Il s'agira, à l'étape suivante, de déterminer les valeurs communes et de les hiérarchiser.

11.5.2 Phase 1 : Le raffinement des valeurs centrales communes

La première étape du processus de réingénierie vise à définir les valeurs qui font consensus et de les hiérarchiser au sein de chacun des axes. Cette hiérarchisation peut s'effectuer à partir de certains critères tels que la durabilité de la valeur, son indivisibilité, sa dépendance à une valeur supérieure et la satisfaction qu'elle procure [36].

Concrètement, à chaque niveau de l'organisation, un dialogue doit s'instaurer entre les membres pour faire émerger des valeurs correspondant aux trois principaux axes du modèle : émotionnel-énergétique, économique-praxique, éthique-social.

Une équipe de travail agissant comme facilitateur et constituée des parties prenantes doit être instaurée en vue de canaliser et d'obtenir les valeurs finales. La réalisation de cette phase doit respecter l'essence des actions décrites ci-dessous :

1. Visualiser collectivement le futur désiré. Ces valeurs, qui auront préalablement fait l'objet d'une démarche collective, sont censées se retrouver dans la vision et la mission de l'organisation.
2. Diagnostiquer collectivement les forces et les faiblesses des valeurs retenues et évaluer leurs relations avec les risques et les opportunités de l'environnement organisationnel.

À cette étape, il est important de permettre l'expression collective en laissant croître le leadership distribué et en canalisant la créativité émergente. Sur ce point, Heather Munroe-Blum, principale et vice-chancelière de la direction de l'Université McGill, partage les pensées de Mintzberg en déplorant le fait que la structure organisationnelle et sociale actuelle s'oriente trop vers la création et l'adulation d'un héros qui mène inéluctablement la société ou l'organisation à s'édifier sur l'initiative d'un seul individu [37]. Pour ces auteurs, l'organisation et la société auraient avantage à miser sur le développement du leadership, quelle que soit sa place au sein d'un groupe.

En résumé, cette phase doit permettre d'obtenir des valeurs centrales dans chacun des axes, en fonction de la visualisation du futur désiré. Le nombre de valeurs retenues dans chacun des axes doit respecter l'équilibre du modèle.

11.5.3 Phase 2 : L'élaboration d'un plan d'action et l'établissement des objectifs

Dans la deuxième phase, des équipes de travail auront pour mission d'élaborer un plan d'action à court, moyen et long terme pour rencontrer les objectifs des valeurs retenues. Par exemple, si une valeur commune, le respect des travailleurs par exemple, s'est dégagée des discussions, il convient à cette étape d'établir les lignes directrices opérationnelles qui permettront de répondre aux besoins véhiculés par cette valeur. Qui plus est, un tableau de bord peut y être joint afin de mesurer le degré d'atteinte des objectifs à l'égard de la valeur identifiée dans le plan d'action.

11.5.4 Phase 3 : L'élaboration ou l'alignement des programmes et politiques

Dans tous les plans d'action, certains programmes et politiques peuvent être créés ou modifiés à partir des valeurs retenues. Il s'agit donc d'agir sur certains aspects de l'organisation, comme sa structure, son savoir-faire et ses pratiques de gestion. Puisque tous ses sous-systèmes sont interdépendants, le fait d'agir sur l'un d'eux aura des répercussions sur la culture. Décentraliser l'autorité, créer des groupes de projets ne sont que quelques mesures qui permettent de changer indirectement une culture organisationnelle.

Certaines pratiques de gestion peuvent être adaptées de manière à influencer l'évolution de la culture d'une entreprise ; certains chercheurs parlent d'une « gestion culturelle des ressources humaines [38] ». L'étude d'une culture organisationnelle soulève des questions importantes qui influent sur la façon dont la gestion des ressources humaines (GRH) est planifiée et exécutée. Par exemple, quel genre de personnes faut-il recruter ? Quelles devraient être les composantes du programme de formation d'une entreprise ? Quels projets du service des ressources humaines devraient être inclus dans le plan organisationnel ?

Afin de montrer à quel point les activités de GRH sont touchées par la culture, nous présentons brièvement quelques pratiques et politiques de gestion susceptibles d'être utiles dans un contexte de transformation culturelle.

La sélection du personnel

Dans un contexte de transformation culturelle, les futurs employés doivent être sélectionnés en fonction de leurs capacités techniques, mais aussi, de certaines valeurs. Ces valeurs doivent être repérables et claires pour les gestionnaires chargés du recrutement. Des instruments valides permettant de mesurer l'harmonie entre les valeurs personnelles d'un candidat et celles de l'entreprise doivent être mis au point. À titre d'exemple, si les principales valeurs que les membres de l'organisation désirent partager sont la transparence, la persévérance, la capacité à prendre des décisions, l'initiative, l'ouverture d'esprit, la capacité d'adaptation aux changements et le respect, alors les politiques de sélection devront permettre de mesurer à quel point le candidat possède ces caractéristiques.

accueil (ou orientation)

Programme instauré par l'employeur pour accueillir les nouveaux employés au sein de l'organisation, les initier à leur travail et les aider à se familiariser avec leur milieu de travail et la culture de l'organisation.

L'accueil

Bien que le succès de l'intégration d'un nouvel employé dans l'entreprise dépende en partie du climat psychologique et culturel ambiant, les mesures d'**accueil** peuvent également aider, en ce sens qu'elles devraient lui apprendre les valeurs

EN PRATIQUE

Énoncé de valeurs au ministère du Développement durable, de l'Environnement et des Parcs du Québec (MDDEP)

La mission du ministère du Développement durable, de l'Environnement et des Parcs consiste à « assurer, dans une perspective de développement durable, la protection de l'environnement ».

Considérant l'importance des valeurs au sein des organisations, dans la mesure où elles sont bien connues, intégrées et partagées, des consultations visant à identifier les valeurs organisationnelles ont été réalisées auprès des membres du Ministère. De cette démarche, le fondement de l'ensemble des valeurs qui a été retenu par le Ministère fut l'intérêt commun (public). Nous vous présentons dans cet encadré les valeurs du Ministère et quelques-unes des actions qui ont été élaborées pour les mettre en œuvre.

Les valeurs du Ministère

- **L'équité** : Cette valeur se traduit de deux façons, soit l'équité dans les services dispensés à la clientèle (évitement des conflits d'intérêts, absence de discrimination) et dans la gestion des ressources au sein du Ministère (répartition des tâches, évaluation du rendement, promotion, recrutement et allocation des ressources).

- **La rigueur** : La rigueur s'exprime tant dans les fonctions générales que scientifiques, compte tenu de la nature particulière des mandats dévolus et de la nécessité de concilier des intérêts parfois divergents. Ils (les membres du Ministère) offrent un service professionnel où la diligence et la précaution sont prônées. Une évaluation des risques et une bonne documentation de leurs décisions appuient leur rigueur.

Ils améliorent leur efficacité, leur compétence et leur professionnalisme en demeurant à l'affût de l'évolution des connaissances et des perspectives de développement dans leur secteur d'activité, avec le soutien et le support actif du Ministère.

- **La responsabilité** : Le système de gestion axée sur les résultats aide les membres du Ministère à devenir responsables de leurs actions et décisions. La confiance réciproque est de mise et le lien de confiance s'appuie sur la solidarité et la loyauté de tous, de même que sur l'engagement des autorités à soutenir les employés.

- **La transparence** : Dans une optique de transparence et de prise de décision éclairée, l'information communiquée (tant aux employés qu'aux clients) est de qualité, complète, juste, contextuelle, facilement accessible, rapidement transmise et compréhensible.

- **Le respect** : Les clients sont traités avec respect. Le Ministère leur assure des services accessibles, courtois, diligents et équitables (réf. : Déclaration de services aux citoyens). Le Ministère favorise la fluidité de la circulation de l'information et le travail en équipe dans un climat de confiance et de collaboration. Il contribue activement à assurer un milieu de travail sain, ainsi qu'une bonne qualité de vie au travail par une répartition équitable des mandats et de la charge de travail, la reconnaissance ainsi que la valorisation des membres de l'organisation.

Source : « Énoncé de valeurs organisationnelles et comportements éthiques », *Ministère du Développement durable, de l'Environnement et des Parcs du Québec (MDDEP)*, [En ligne], www.mddep.gouv.qc.ca/ministere/valeurs.htm (Page consultée le 6 novembre 2011)

et les représentations propres à l'organisation et faciliter son adaptation. Aussi, une entreprise pour qui le partage du savoir est important devrait concevoir des outils d'accueil qui facilitent la maîtrise des façons de «faire» et «d'être» au sein de l'organisation, par exemple des dépliants corporatifs, des vidéos, des documents expliquant les avantages sociaux et les programmes de soutien au travailleur (développement professionnel, programme d'aide aux employés, etc.).

L'évaluation de la performance des employés et la reconnaissance des efforts

L'appréciation de la performance permet aux employés de savoir ce qu'on attend d'eux ; elle incite au respect des normes tout en mettant en évidence les attitudes qui s'intègrent le mieux à la culture organisationnelle. L'entreprise peut définir les comportements qu'une personne doit adopter lorsqu'elle occupe un poste donné et procéder à des évaluations en fonction de ces critères. Cela donne aux nouveaux employés une bonne connaissance du monde dans lequel ils entrent et les pousse à s'y conformer. De plus, le système d'évaluation donne l'occasion aux supérieurs et à leurs subordonnés de se rapprocher, de s'exprimer et de communiquer. C'est ainsi que l'évaluation devient un genre de rituel qui encourage l'adhésion.

Les politiques de rémunération

L'horizon d'action du système de gestion par valeurs est celui du long terme. Contrairement à la gestion par directives et par objectifs, le changement culturel se fait davantage ressentir à long terme puisqu'il s'insère dans toutes les structures, les façons de faire et d'être. L'orientation de la politique de rémunération doit donc être cohérente. Ainsi, les systèmes d'attribution de bonis aux cadres basés sur la diminution des inventaires et sur la réduction des effectifs pour obtenir à court terme un bilan financier positif, sans égard aux valeurs partagées au sein de l'organisation, s'y marient difficilement. D'ailleurs, de nombreux acteurs ont déploré cette vision basée exclusivement sur le court terme et qui rejette le fardeau de la situation sur les épaules du successeur et des générations futures.

11.5.5 Phase 4 : La réalisation d'un audit des valeurs – Suivi et renforcement

La quatrième et dernière phase du processus vise l'évaluation périodique de la situation organisationnelle. Les valeurs des membres de l'organisation changent avec le temps. De la même manière, l'opérationnalisation des valeurs qu'on a retenues parce qu'elles étaient partagées peut s'altérer ou se désaligner de la vision et de la mission de l'organisation. Dans cette optique, l'audit des valeurs organisationnelles revêt une grande importance, car il permet de dresser un bilan des politiques et des pratiques et de vérifier leur adéquation avec les valeurs des membres de l'organisation. Il est possible de trouver des outils sur Internet afin de réaliser un audit des valeurs organisationnelles. Mentionnons entre autres la trousse MBV, qui permet à l'organisation de dresser un portrait des valeurs de ses employés et de mesurer leurs écarts avec les valeurs organisationnelles dominantes.

11.6 L'ANALYSE BICULTURELLE ET LES STRATÉGIES DE FUSION D'ENTREPRISES

Le monde des affaires abonde d'exemples de fusions qui ont échoué ou qui ont eu du mal à voir le jour en raison de cultures organisationnelles conflictuelles. Les dirigeants d'entreprise peuvent réduire les affrontements au minimum et honorer leur obligation de diligence raisonnable en menant une **analyse biculturelle** dont le but est d'étudier les similitudes et les dissemblances culturelles entre les entreprises et de déterminer dans quelle mesure des différends culturels risquent de survenir[39].

L'analyse biculturelle commence par des entrevues, des questionnaires, des groupes de discussion et des séances d'observation visant à cerner les différences culturelles entre les entreprises qui s'apprêtent à fusionner. Cette première étape comprend un examen consciencieux du fonctionnement de chaque organisation — aménagement des locaux, mode de facturation, processus décisionnel, échange d'information, etc. Ensuite, les données de l'analyse biculturelle sont étudiées afin de cibler, d'une part, les différences entre les deux sociétés qui pourraient donner lieu à des conflits et, d'autre part, les valeurs qu'elles ont en commun et qui pourront servir d'assises à la nouvelle organisation. La dernière étape de l'analyse consiste à définir des stratégies et à préparer des plans d'action pour rapprocher les deux cultures.

Dans certains cas, les résultats de l'analyse biculturelle peuvent mettre fin au processus de fusion en raison d'écarts trop importants entre les deux cultures[40]. Mais les résultats de l'analyse peuvent aussi conduire à l'adoption d'une stratégie de fusion judicieuse. Les quatre principales stratégies utilisées pour fusionner des cultures organisationnelles différentes sont l'assimilation, la déculturation, l'intégration et la séparation.

L'assimilation

L'assimilation se produit lorsque les employés de la société acquise adhèrent volontairement aux valeurs culturelles de l'organisation acheteuse. L'assimilation est généralement possible lorsque la culture de l'entreprise acquise est faible et dysfonctionnelle et que celle de la société absorbante est forte et centrée sur des valeurs clairement définies. L'opposition culturelle est rare lorsqu'il y a assimilation parce que la culture de l'entreprise acquise est faible et que ses employés sont à la recherche de meilleures solutions.

La déculturation

L'assimilation est rare. Les employés s'opposent généralement au changement organisationnel, plus particulièrement lorsqu'ils doivent se défaire de valeurs personnelles et culturelles. Dans de pareils cas, certaines entreprises absorbantes mettent en œuvre une stratégie de **déculturation** : elles imposent leur culture et leurs pratiques commerciales à l'entreprise acquise. La société acheteuse élimine les façons de fonctionner et les systèmes de récompense qui sous-tendent l'ancienne culture. Les employés qui ne parviennent pas à s'adapter à la culture de la société absorbante sont souvent mis à pied.

---

analyse biculturelle
Étude des relations culturelles entre des entreprises qui fusionnent, dans le but de déterminer les risques de différends.

déculturation
Stratégie utilisée pour fusionner des cultures organisationnelles. Il y a déculturation lorsque la société acheteuse impose sa culture et ses pratiques commerciales à l'entreprise achetée.

La déculturation peut se révéler nécessaire quand la culture de la société acquise ne convient pas, mais que les employés n'en sont pas convaincus. Cependant, cette stratégie est rarement fructueuse parce qu'elle accroît le risque de conflits socioaffectifs. Les employés de la société acquise rejettent les intrusions culturelles de la société absorbante, ce qui a pour effet de retarder ou de compromettre la fusion.

L'intégration

Une troisième stratégie vise à fusionner deux entreprises ou plus en combinant leurs cultures en une culture mixte qui conservera les meilleures caractéristiques de chacune. L'**intégration** est un processus lent pouvant même être risqué en raison des nombreuses forces qui cherchent à préserver les cultures existantes. Cependant, cette stratégie peut être envisagée quand les entreprises ont des cultures relativement faibles ou plusieurs valeurs en commun. L'intégration donne les meilleurs résultats lorsque les gens prennent conscience de l'inefficacité des cultures en place et qu'ils sont, par conséquent, motivés à adopter un nouvel ensemble de valeurs dominantes.

intégration
Stratégie utilisée pour fusionner les cultures organisationnelles de deux entreprises ou plus. L'objectif est de combiner les cultures en une culture mixte en gardant les meilleurs aspects de chacune.

La séparation

Dans une **séparation**, les entreprises qui fusionnent acceptent de demeurer des entités distinctes et d'échanger un minimum de pratiques organisationnelles. Cette stratégie convient le mieux quand deux entreprises qui fusionnent sont issues d'industries non apparentées et sont exploitées dans des pays différents, car les valeurs culturelles ont tendance à diverger selon le type d'industrie et la culture nationale. Des cadres organisationnels distincts au sein d'une organisation peuvent également conduire à la stratégie de séparation. Par exemple, certaines sociétés du secteur de l'énergie se sont divisées en deux entités distinctes — l'une œuvrant dans le secteur des services publics, qui progresse lentement, et l'autre, dans les secteurs instables de l'exploration et du commerce, qui adhèrent à une culture différente.

séparation
Stratégie de fusion de cultures organisationnelles qui permet aux entreprises qui fusionnent de demeurer des entités distinctes et d'échanger un minimum de pratiques organisationnelles.

CONCLUSION

Dans ce chapitre, nous avons abordé la façon dont se forment les croyances, les valeurs et la culture organisationnelle à travers six grandes conceptualisations. Nous avons expliqué les styles de gestion du XXIe siècle et les avons associés à des facteurs temporels et à des structures organisationnelles particulières. Cette analyse nous a permis de constater pourquoi la gestion par valeurs (GPV) suscite tant d'intérêt chez les gestionnaires. La complexité des changements observés au sein de notre économie, voire l'interdépendance des marchés et la mondialisation, augmentent la conscientisation individuelle et collective à l'égard de l'environnement et de la durabilité de façon générale. Par l'information et la conscientisation grandissantes, les valeurs agissent comme un carburant à la mobilisation des parties prenantes de même qu'à leur rétention et à la consolidation de leurs choix.

Nous avons vu également les étapes par lesquelles doit passer une organisation pour transformer sa culture, entre autres certaines pratiques de gestion telles que la sélection des employés, la formation et l'évaluation du rendement. En abordant ce processus, nous avons insisté sur l'importance de l'engagement de la haute direction et de la cohérence entre ses énoncés et ses pratiques quotidiennes (sur le plan stratégique, de gestion et opérationnel). Dans la même lignée, nous avons mis l'accent sur l'importance du leadership légitime et sur sa distribution (leadership distribué) dans la portée de la réingénierie culturelle. Parmi ces étapes, rappelons la création d'un plan d'action et d'un tableau de bord qui permet d'améliorer grandement la démarche de réingénierie et son suivi.

Dans la dernière section, nous avons revu l'analyse biculturelle et les stratégies de fusions biculturelles. Rappelons qu'une analyse biculturelle a pour but d'étudier les similitudes et les dissemblances culturelles entre les entreprises qui souhaitent fusionner et de déterminer dans quelle mesure des différends culturels risquent de survenir.

Il est bon de retenir que l'étude de la culture organisationnelle, des valeurs et des croyances s'inscrit de plus en plus, au XXI siècle, comme un levier incontournable à la bonne compréhension de la dynamique socio-économique nationale et internationale et du comportement communautaire et organisationnel.

QUESTIONS DE RÉVISION

1. Définissez le concept de culture organisationnelle à la lumière du modèle d'Edgar Schein. Expliquez en quoi la culture organisationnelle est comparable à un iceberg.

2. Expliquez pourquoi les dirigeants d'entreprises, les académiciens et les autres acteurs de la société s'intéressent à la gestion par valeurs.

3. Quelles sont les principales différences entre les styles de gestion par directives (GPI), par objectifs (GPO) et par valeurs (GPV)?

4. Expliquez avec précision comment un programme peut favoriser une intervention culturelle dans une organisation.

5. Décrivez le processus (les étapes) de réingénierie culturelle à la lumière de la gestion par valeurs (GPV).

6. Nommez et expliquez deux stratégies de fusion culturelle.

7. En quoi consiste l'analyse biculturelle?

AUTO-**ÉVALUATION**

Valeurs de contrôle *vs* valeurs de développement

a) À l'aide des échelles d'évaluation présentées ci-dessous, évaluez de 0 à 5 les principales caractéristiques de votre organisation.

	CARACTÉRISTIQUES ORGANISATIONNELLES	ÉCHELLES D'ÉVALUATION DES CARACTÉRISTIQUES DE VOTRE ORGANISATION						ÉVALUATION
		0	1	2	3	4	5	
1	Structure organisationnelle et processus	Fluide ➝ Rigide						
2	Capacité d'innovation	Élevée ➝ Faible						
3	Orientation vers le risque	Gestion du risque ➝ Évitement du risque						
4	Vision	Large ➝ Étroite						
5	Orientation générale	Processus ➝ Résultats						
6	Conformité	Pression élevée ➝ Faible pression						
7	Orientation de la formation	Rappel et formation continue ➝ Rétention des apprentissages						
8	Ouverture au changement	Grande ➝ Faible						
9	Tolérance à la diversité	Grande ➝ Faible						
10	Orientations des tâches	Variété des tâches ➝ Tâches spécialisées						
Calculez votre total (sommation des évaluations) :								
Interprétez votre score								
0-15 Votre organisation est orientée vers le développement				35-50 Votre organisation est orientée vers le contrôle				

b) À l'aide des échelles d'évaluation présentées ci-dessous, indiquez votre degré de préférence à l'égard de la culture d'une entreprise.

	CARACTÉRISTIQUES ORGANISATIONNELLES	ÉCHELLES D'ÉVALUATION DEGRÉ DE PRÉFÉRENCE À L'ÉGARD DE LA CULTURE D'UNE ENTREPRISE						ÉVALUATION
		0	1	2	3	4	5	
1	Structure organisationnelle et processus	Fluide ➝ Rigide						
2	Capacité d'innovation	Élevée ➝ Faible						
3	Orientation vers le risque	Gestion du risque ➝ Évitement du risque						
4	Vision	Large ➝ Étroite						
5	Orientation générale	Processus ➝ Résultats						
6	Conformité	Pression élevée ➝ Faible pression						
7	Orientation de la formation	Rappel et formation continue ➝ Rétention des apprentissages						
8	Ouverture au changement	Grande ➝ Faible						
9	Tolérance à la diversité	Grande ➝ Faible						
10	Orientations des tâches	Variété des tâches ➝ Tâches spécialisées						
Calculez votre total (sommation des évaluations) :								
Interprétez votre score								
0-15 Votre préférence culturelle est axée vers le développement				35-50 Votre préférence culturelle est axée vers le contrôle				

Calculez l'écart entre la situation actuelle observée et celle qui est désirée. Plus l'écart est petit, plus le maillage entre vos valeurs et celles de l'organisation est élevé.

Source: Adapté de S.L. DOLAN, *Coaching by Values*, Bloomington, IL, iUniverse, 2011, p. 127-128.

ÉTUDE **DE CAS**

Air Quebon: acquisition et scission d'une compagnie d'aviation nationale (de type bas prix/meilleur marché)

Février 2011 - Marcel Lepoint, PDG du Groupe Canair (siège social), s'inquiétait sérieusement pour l'avenir de son organisation et pour le sien. Des problèmes cruciaux avaient émergé au sein de leur principal groupe, Ailes canadiennes. D'entrée de jeu, le siège social avait cru que l'acquisition d'une unité aérienne, Air Quebon, donnerait un second souffle à l'organisation. Malheureusement, après des investissements massifs et un an d'opération, la nouvelle compagnie était toujours en difficulté.

Les principales parties prenantes de l'organisation ont décidé de se réunir à Pointe le Pic, afin de faire un bilan de la situation. Le président alimentait de sérieux doutes selon lesquels le problème de l'organisation ne se situait pas dans le positionnement de l'organisation sur le marché, ni sur le plan stratégique ou des opérations. La réflexion s'est donc orientée vers les différences de valeurs entre les employés de la division Quebon et celles du siège social.

Une analyse rétrospective des caractéristiques des deux entités a révélé ce qui suit:

1. Transformation du secteur du transport aérien à l'échelle mondiale

L'industrie du transport aérien est une des plus compétitives dans le monde et également celle qui a subi le plus de transformations au cours des dernières années. Après la libéralisation des industries aériennes européenne et nord-américaine et l'introduction de compagnies aériennes dites à meilleur marché, ou à bas prix, la profitabilité des compagnies aériennes nationales a chuté énormément.

On a imputé ce fléchissement de la profitabilité aux changements survenus dans le processus de création du service, notamment au niveau des intermédiaires. Plus spécifiquement, les activités des opérateurs de tour et d'aéroport ont été acquises par les compagnies aériennes. La technologie Internet a également été notée comme une raison de ce fléchissement, en permettant aux clients d'acheter en ligne et de comparer les prix. Les niveaux hiérarchiques sont devenus moins nombreux, les équipes de vol ont été réduites et on a observé une diminution de la location d'avions. Les points de transfert pour les voyageurs ont perdu de leur importance au profit des vols directs. La hausse du prix du pétrole et les questions liées à la sécurité des vols (depuis le 11 septembre 2001) ont contribué aux fluctuations financières et donné lieu à la situation économique actuelle.

2. Des Ailes canadiennes à Air Quebon

L'année 2007 fut marquée par un tournant majeur, soit le démarrage d'une nouvelle ligne aérienne avec une autonomie stratégique, opérationnelle et structurelle. Les Ailes canadiennes étaient depuis déjà trop longtemps en difficulté: déficits cumulatifs, tentative de privatisation, problèmes de relations de travail avec les agents de bord et les opérateurs et conflits entre les membres de la direction (*voir le tableau 1*).

L'idée de cette nouvelle ligne aérienne émanait de Marcel, le directeur général. Plus précisément, il voulait transférer les vols les plus profitables de la compagnie à la nouvelle entité en incluant de nouveaux trajets aériens à prix compétitifs. La diminution des coûts serait soutenue par l'établissement d'un service plus direct combiné à une nouvelle culture organisationnelle et à une orientation stratégique claire quant à l'éventuelle privatisation de la nouvelle compagnie.

Ce nouveau démarrage a reçu un accueil contro-versé de la part des membres de la direction. Après quelques échanges corsés, le directeur a néanmoins annoncé son intention de démarrer la nouvelle entité aérienne. Le processus d'embauche d'un directeur général assigné à la nouvelle ligne aérienne fut mis en branle.

Afin d'assurer la viabilité de son projet et d'obtenir la confiance des parties prenantes, le PDG a effectué diverses démarches dont une qui lui a permis de recevoir un soutien financier d'une société à capital de risque.

3. Démarrage de la nouvelle compagnie, Air Quebon

Après la nomination de monsieur Sébastien Pires à titre de directeur général d'Air Quebon, des rencontres eurent lieu afin d'établir la stratégie cor-porative. La vision, la mission et les valeurs de l'or-ganisation ont aussi été élaborées (*voir le tableau 2*).

TABLEAU 1 **Le groupe des Ailes canadiennes**

Histoire et faits marquants

La compagnie les Ailes canadiennes a été fondée en 1950 par le gouvernement canadien. À ses débuts, l'organisation ne comptait que très peu d'employés, mais diverses stratégies d'expansion ont fait grimper le nombre jusqu'à 6000, en 1990. En 1990, le profil économique général de l'entreprise s'éta-blissait comme suit :

- une flotte de 100 avions ;
- plus de 12 500 000 passagers annuellement ;
- plus de 6000 employés ;
- facturation approximative de 950 millions de dollars.

Les cinq premières années ont été positives sur le plan financier, mais, graduellement, l'entreprise a enregistré une succession de pertes financières. Certains ont mentionné que la taille et la structure de l'entreprise n'offraient pas la flexibi-lité nécessaire. Les années 1990 ont ensuite été caractérisées par des mises à pied et des conflits de travail.

TABLEAU 2 **Mission, vision et valeurs**

AIR QUEBON	
Mission Faire du transport en avion une expérience divertissante et agréable	
Vision Être le premier choix des consommateurs à titre de transporteur à meilleur prix	
VALEURS	
Sociabilité • Favoriser et développer de bonnes interactions sociales	Dynamisme • Répondre rapidement aux besoins des clients • Aller au devant des clients
Coopération • Encourager le travail d'équipe • Partager les connaissances	Passion • Avoir du plaisir au travail

La stratégie de différenciation par l'établissement de prix compétitifs est basée sur la réduction de la flotte et de l'équipage, ainsi que sur l'accroissement de la production et sur l'optimisation de l'utilisation des trajets. Afin de se démarquer davantage, la stra-tégie déployée s'est orientée vers l'établissement d'une relation, avec les passagers, visant la socia-bilité, la collaboration et le plaisir où l'expérience du vol en est une d'émotions. En alignement avec ces valeurs, l'organisation a mis sur pied des petites équipes d'animation en vol. De plus, d'un commun accord, le recrutement de jeunes employés dyna-miques fut privilégié afin d'installer cette nouvelle culture. Le plan stratégique visait l'embauche de 400 employés pour la première année d'opération.

4. Démarrage des activités de Air Quebon

La compagnie aérienne a commencé ses activités **au début de l'année 2007**. Ses premiers vols partaient de Montréal vers New York et furent suivis de vols vers Toronto. Par rapport aux trajets par train, le déploiement de ces lignes s'est avéré compétitif. Au cours du premier trimestre de 2010, de nombreuses destinations se sont ajoutées : Boston, Philadelphie, Washington, pour ne nommer que celles-là, et on en projetait de nouvelles pour l'année suivante.

En concordance avec le plan stratégique, on a embauché de nouveaux employés. Compte tenu des problèmes de relations de travail et des désaccords avec le conseil exécutif, l'organisation a finalement décidé de transférer uniquement 250 employés des Ailes canadiennes à Air Quebon, plus quelques gestionnaires. À ce moment-là, on n'avait pas encore parlé de la privatisation aux employés.

5. Problèmes stratégiques et opérationnels

2010 - Durant le second trimestre d'Air Quebon, certains problèmes ont commencé à se manifester :

- retards dans la planification des horaires de vols ;
- problèmes dans les procédures d'assignation des équipes de travail ;
- insatisfaction des membres d'équipage.

Ces problèmes ont affaibli la stratégie de différenciation qui visait le meilleur coût et ont engendré des réajustements financiers.

Les conditions de travail, qui n'étaient pas les mêmes chez Air Quebon et chez les Ailes canadiennes, notamment entre les équipes de sol et de vol, ont entraîné des problèmes d'insatisfaction et des conflits. La planification des vols a été à maintes reprises ébranlée.

De plus, les résultats du sondage de perception des passagers (clients) ne se sont pas révélés encourageants. Les clients ont démontré une insatisfaction à l'égard notamment des animations et des services de divertissements en vol offerts par l'organisation. Plus précisément, les passagers ont mentionné :

- qu'ils appréciaient, de manière générale, l'orientation des services, mais qu'il y avait une lacune dans la formation des employés, car leurs façons d'agir ne concordaient pas avec l'orientation des services (manque de cohérence) ;
- qu'un effort pourrait être déployé afin de respecter les horaires de vols.

L'organisation a dû rectifier le tir quant à ses prévisions de profitabilité, ce qui a entraîné une diminution de sa valeur sur le marché.

Après une année d'opération, les dirigeants ont mené une autre enquête auprès des employés visant à mesurer leur degré de satisfaction. L'enquête comportait des questions de nature qualitative axées sur la culture organisationnelle (*voir le tableau 3*).

6. Un moment de réflexion

Au début de l'année 2011, à la suite de résultats financiers décevants, Marcel et les gestionnaires des Ailes canadiennes ont organisé une réunion dans un luxueux hôtel d'Ottawa afin d'envisager de nouvelles stratégies.

Lors de cette rencontre, il y eut une présentation de M. Simon Dolan, conférencier international et professeur à l'ESADE, une université espagnole de renom. Sa présentation consistait à expliquer le modèle de la gestion par valeurs et l'importance du concept de la culture organisationnelle.

De cette présentation, les gestionnaires ont retenu que les employés avaient des valeurs vraiment différentes de celles mises de l'avant au point de vue de la stratégie et que l'organisation en souffrirait éventuellement. Il serait avantageux à plusieurs égards d'avoir un meilleur alignement des valeurs.

À la fin de la rencontre, Marcel souhaitait faire des changements dans l'organisation sur le plan des ressources humaines et de la culture et, en même temps, il craignait d'ouvrir la voie à des situations plus difficiles à gérer, comme l'avait mentionné Simon Dolan.

TABLEAU 3 Enquête sur le climat organisationnel

AIR QUEBON 2011

Faits marquants

(En pourcentage du nombre total de réponses)

SUJET D'ÉVALUATION	ACCORD	INDIFFÉRENT	DÉSACCORD
Il y a un sentiment de cohésion et de fierté dans l'organisation.	10 %	20 %	**70 %**
La stratégie d'entreprise est bien comprise.	30 %	30 %	40 %
Mon supérieur hiérarchique connaît mon emploi du temps (tâches et activités) et celui de mes collègues.	**55 %**	20 %	25 %
En général, les membres de mon équipe n'ont pas assez d'information afin d'accomplir leurs tâches.	**70 %**	10 %	20 %
Plusieurs employés ne réalisent pas leurs tâches ou activités avec passion.	**60 %**	20 %	20 %
Certains employés trouvent des excuses pour ne pas travailler ou pour en faire le moins possible.	45 %	10 %	45 %
Dans notre organisation, le climat peut s'apparenter à celui que l'on retrouve dans une famille.	10 %	40 %	**50 %**
Les gestionnaires expriment clairement leurs attentes et les objectifs à atteindre.	20 %	30 %	**50 %**
La confiance est promue et renforcée régulièrement dans notre culture.	25 %	30 %	45 %

Voici l'échantillonnage des cinq réponses les plus fréquemment offertes à la question : « Quelles sont les valeurs les plus importantes dans votre vie personnelle et auxquelles vous vous identifiez le plus ? »

VALEUR	% DE RÉPONSES
Accomplissement des objectifs	62 %
Honnêteté	50 %
Orienté vers les résultats	35 %
Succès économique	35 %
Intégrité	30 %

Source : Inspiré et adapté de S.L. DOLAN et T. LINGHAM, « Chapter 10: Managing Change and Cultural Reengineering », dans *Introduction to International Organizational Behavior*, Bookeducator.com, 2011 (cas original developpé par Victor M. Rodriguez Ardura et Bernardo Teixeira Diniz, Spirit Consulting Group, et modifié par Constantina Gregoriades, de Groupe MDS à Montréal). (Avec la permission des auteurs)

Question

Décrivez en une page approximativement les recommandations que vous formuleriez aux dirigeants afin de résoudre les problèmes notés. Vous devez vous inspirer du modèle triaxial de la gestion par valeurs de Dolan et considérer les données fournies par les Ailes canadiennes et Air Quebon.

RÉFÉRENCES

1 G. OUIMET, *Psychologie des leaders et culture organisationnelle : une typologie métaphorique*, Cahier de recherche 05-08, (août 2005), ISSN : 0846-0647, HEC Montréal, Québec, 2005.

2 O. AKTOUF, « Le symbolisme et la culture d'entreprise : des abus conceptuels aux leçons du terrain », dans J.F. CHANLAT, *L'individu dans l'organisation : les dimensions oubliées*, Québec, Québec, Presses de l'Université Laval, 1990, p. 553-588.

3 S.L. DOLAN et M. GUIDONI, *Importance des valeurs. Les défis du changement permanent dans la vie professionnelle et la vie quotidienne* (titre non définitif), Paris, France, L'Harmattan, sous presse.

4 M. ROKEACH, *The Nature of Human Values*, Collier, The Free Press, Londres, Royaume-Uni, Macmillan, 1973.

5 E.H. SCHEIN, *Organizational Culture and Leadership*, San Francisco, CA, Jossey-Bass, 1991.

6 La Revue des diplômés de l'Université de Montréal, « Le chaînon manquant entre la biologie et la culture », interview Bernard Chapais, n° 421, (automne 2011).

7 SCHERMERHORN *et al.* (1992) dans G. OUIMET, « Voyage au centre des typologies de cultures d'entreprise : un itinéraire psychologique », *Gestion*, vol. 32, n° 2, 2007.

8 G. HOFSTEDE, « National culture », *Geert Hofstede*, [En ligne], www.geert-hofstede.com/hofstedecanada.shtml (Page consultée le 15 novembre 2011). Vous pouvez aussi consulter : Geert Hofstede, *Culture's Consequences : International Differences in Work-Related Values*, Beverly Hills, CA, Sage Publications, 1980 ; G. HOFSTEDE, B. NEUIJEN, D.D. OHAYV et G. SANDERS, « Measuring Organizational Cultures : A Qualitative and Quantitative Study Across Twenty Cases », *Administrative Science Quarterly*, vol. 35, 1990, p. 286-316 ; www.geert-hofstede.com ; M. MINKOV et G. HOFSTEDE, « The evolution of Hofstede's doctrine », *Cross Cultural Management : An International Journal*, vol. 18, n° 1, 2011, p. 10-20.

9 T.E. DEAL et A.A. KENNEDY, *Corporate Cultures : The Rites and Rituals of Corporate Life*, Boston, MA, Addison-Wesley, 1982.

10 C. HANDY, *L'Olympe des managers*, Paris, France, Les Éditions d'Organisation, 1986.

11 F. TROMPENAARS, *Seven Cultures of Capitalism, Building Cross-Cultural Competence* (publié en français sous le titre *Au-delà du choc des cultures*, Les Éditions d'Organisation, 2003) ; *Riding the Waves of Culture* (publié en français sous le titre *L'entreprise multi-culturelle*, 3e édition augmentée, Maxima, 2008).

12 F.R. KLUCKHOHN et F.L. STRODBECK, *Variations in value orientations*, Evanston, IL, Row, Peterson, 1961.

13 E.H. SCHEIN, *Organizational Culture and Leadership*, San Francisco, CA, Jossey-Bass, 1991.

14 E.H. SCHEIN, *Organizational Culture and Leadership : A Dynamic View*, San Francisco, CA, Jossey-Bass, 1985 ; E.H. SCHEIN, *The Corporate Culture Survival Guide*, San Francisco, CA, Jossey-Bass, 1999.

15 C. ARGYRIS, *Management and Organizational Development : The Path from XA to YB*, New York, NY, McGraw-Hill, 1971.

16 E.H. SCHEIN, 1995.

17 J.C. COLLINS et J.I. PORRAS, *Built to last : Successful habits of visionary companies*, New York, NY, Harper Business, 1994.

18 P. PASTOR, *Gestion du changement*, Paris, France, Éditions Liaisons, 2005.

19 S. GARCIA et S.L. DOLAN, *Dirección por Valores*, Madrid, Espagne, McGraw-Hill, 1997.

20 M. ROKEACH, *op. cit.*

21 S.L. DOLAN et M. GUIDONI, *op.cit.*

22 Pour plus d'information sur l'*autopoiesis*, il est possible de consulter quelques œuvres de Maturana et ses collègues disponibles en ligne à l'adresse www.oikos.org/maten.htm ; F. VARELA, H. MATURANA et R. URIBE, « Autopoiesis : The Organisation of Living Systems, its characterization and a model », *BioSystems*, vol. 5, 1974, p. 187-196.

23 S. GARCIA et S.L. DOLAN, *op. cit.* ; S.L. DOLAN et S. GARCIA, *La gestion par valeurs*, Montréal, Québec, Éditions Nouvelles, 1999.

24 S.L. DOLAN et T. LINGHAM, « Chapter 10 : Managing Change and Culture Reengineering : The ABC of Managing by Values », dans *Introduction to International Organizational Behavior*, Bookeducator.com, [En ligne], www.bookeducator.com/textbook/introtoob/chapter10/ (Page consultée le 6 novembre 2011)

25 M. TAYLOR, RSA Animate – 21st century enlightenment, [En ligne], www.youtube.com/watch?v=AC7ANGMy0yo&feature=relmfu (Page consultée le 7 février 2012)

26 S.L. DOLAN et T. LINGHAM, *op. cit.*

27 N.J. ADLER, « Cultural Synergy : The Management of Cross-Cultural Organization », dans *Trends and Issues in OD : Current Theory and Practice*, San Diego, CA, University Associates, 1980, p. 163-184.

[28] N.J. ADLER, «Domestic Multiculturalism: Cross-cultural Management in the Public Sector», dans *Handbook on Public Organization Management*, New York, NY, Marcel Dekker, 1983, p. 481-499.

[29] Note: Les écrits de cette section sont issus en grande partie de travaux antérieurs réalisés avec la collaboration de S.L. Dolan, notamment: (1) S.L. DOLAN et S. GARCIA, «Managing by values: Cultural redesign for strategic organizational change at the dawn of the twenty-first century», *The Journal of Management Development*, vol. 21, n° 2, 2002, p. 101-117; (2) S.L. DOLAN et B. RICHLEY, «Management by values (MBV): a new philosophy for a new economic order», *Handbook of Business Strategy*, 2006, vol. 7, n° 1, p. 235-238, Londres, Royaume-Uni, Emerlad; (3) S.L. DOLAN et T. LINGHAM, *op. cit.*

[30] B. BURNES, *Managing Change*, 4e éd., Toronto, Ontario, Pearson Education, 2004.

[31] D. BODDY et D. BUCHANAN, *Take the Lead: Interpersonal Skills for Change Agents*, Londres, Royaume-Uni, Prentice Hall, 1992; A. BROWN, *Organizational Culture*, Londres, Royaume-Uni, Pitman, 1995; E.H. SCHEIN, *Organizational Culture and Leadership: A Dynamic View*, San Francisco, CA, Jossey-Bass, 1985.

[32] B. HOBBS et R. POUPART, «L'organisation entrepreneuriale: est-ce possible?», *Gestion*, (septembre 1988), p. 40-48.

[33] H. MINTZBERG, «Leadership et communityship», *Gestion*, vol. 33, n° 3, (automne 2008), p. 16-17. DOI: 10.3917/riges.333.0016

[34] J. SHETH et R. SISODIA, «Why Good Companies Fail», *European Business Forum*, n° 22, (automne 2005), p. 24-31.

[35] S.L. DOLAN, S. GARCIA et B. RICHLEY, *Managing by Values: Corporate Guide to Living, Being Alive, and Making a Living in the 21st Century*, Londres, Royaume-Uni, Palgrave Macmillan, 2006.

[36] S.L. DOLAN, *Coaching by values: A guide to success in the life of business and the business of life*, 2011 (Sous presse).

[37] H. MUNROE-BLUM, *Et les murs s'effondrèrent*, Discours à la Chambre de commerce Canada-UK, Londres, le 18 mars 2009, [En ligne], http://francais.mcgill.ca/principal/speeches/lectures/london2009/(Page consultée le 7 février 2012)

[38] F. BELLE, «Pour une gestion "culturelle" des ressources humaines», *Gestion*, (mai 1992), p. 16-27.

[39] M.L. MARKS, «Adding Cultural Fit to Your Diligence Checklist», *Mergers & Acquisitions*, (décembre 1999); E.H. SCHEIN, *The Corporate Culture Survival Guide*, San Francisco, CA, Jossey-Bass, 1999; K.J. FEDOR et W.B. WERTHER, «The Fourth Dimension: Creating Culturally Responsive International Alliances», *Organizational Dynamics*, vol. 25, (automne 1996), p. 39-53.

[40] K.W. SMITH, «A Brand-New Culture for the Merged Firm», *Mergers and Acquisitions*, vol. 35, 2000, p. 45-50; A.R. MALEKAZEDEH et A. NAHAVANDI, «Making Mergers Work by Managing Cultures», *Journal of Business Strategy*, (mai-juin 1990), p. 55-57.

PLAN DE CHAPITRE

Introduction

12.1 Le changement

12.2 Le processus de changement

12.3 La résistance au changement

12.4 Le développement organisationnel

12.5 L'évaluation et l'officialisation du changement

Conclusion

INTRODUCTION

Dans le passé, certaines personnes ont dû adopter des comportements qui leur ont permis de s'adapter à certaines situations et de résoudre en partie les difficultés auxquelles elles faisaient face. Si ces comportements étaient appropriés à ce moment-là, ils ne le seraient pas nécessairement aujourd'hui, car les situations sont différentes. L'environnement a changé ; si les comportements ne changent pas eux aussi, ils sont dès lors inappropriés et dysfonctionnels.

Dans le monde du travail, les entreprises aussi font face à des situations qui ont changé, ce qui les oblige à rapidement modifier leurs façons d'opérer. Si elles veulent survivre et continuer d'exercer leur fonction sociale et économique, elles doivent s'adapter aux nouvelles exigences de leur environnement. Le changement est non seulement possible, mais nécessaire, et c'est souvent le refus de changer qui entraîne la perte des organisations.

Dans ce chapitre, nous traiterons du changement pouvant survenir au sein d'une organisation. L'organisation doit parfois recourir à des interventions en développement organisationnel pour s'adapter efficacement aux modifications qui se produisent dans les forces internes et externes. La résistance au changement de la part des employés et des gestionnaires est un phénomène connu ; nous ferons un survol des causes de cette résistance, des comportements qui la caractérisent et des moyens d'en réduire l'impact. Nous

expliquerons également le processus de changement, de même que les méthodes pouvant être utilisées pour l'implanter. Nous parlerons ensuite du développement organisationnel (DO) et des interventions possibles en DO. Nous terminerons en discutant de l'évaluation des changements.

12.1 LE CHANGEMENT

Les entreprises doivent continuellement affronter des changements dans leur environnement. Il est donc normal, voire nécessaire, que les organisations changent elles aussi. On peut même dire que c'est l'inaptitude des organisations à s'adapter aux contraintes de l'environnement sans cesse changeant qui les rend dysfonctionnelles et qui entraîne leur perte. Les gestionnaires et les employés ne peuvent ignorer la trop rapide transformation de leur environnement technologique, de la concurrence implacable, des mentalités au chapitre de la main-d'œuvre, du marché du travail, ou encore le vieillissement accéléré des produits et l'explosion de l'information. Pour survivre à long terme, les organisations doivent adopter une nouvelle stratégie, dite proactive, de façon à prévoir les contraintes environnementales et agir en conséquence.

Le changement organisationnel comprend toutes les modifications qui touchent l'environnement de travail. Il peut donc porter sur les buts et les stratégies de l'entreprise, sur sa technologie, sur la répartition des tâches, sur la structure, ou toucher les ressources humaines.

Le changement organisationnel peut se jouer sur plusieurs plans et il se peut qu'une entreprise change tous les aspects de ses opérations. Il est vrai que, souvent, un changement en entraîne un autre. Puisque le terme «changement» est un concept général, énumérons divers domaines dans lesquels des modifications peuvent être apportées[1]:

- *Objectifs et stratégies*: Certaines entreprises changent régulièrement leurs objectifs: réduction de l'absentéisme, du roulement, du taux de rebuts, des accidents du travail, etc.; hausse de la satisfaction au travail, de la production, de la qualité, des ventes, du chiffre d'affaires, etc., et les stratégies adoptées pour les atteindre.
- *Technologie*: Certains changements technologiques sont insignifiants, d'autres sont spectaculaires. Par exemple, l'introduction d'un portail en ligne pour les employés est un changement mineur alors que la transformation de la chaîne de montage rigide en un système de fabrication informatisé est un changement draconien.

- *Conception des tâches*: Les entreprises peuvent restructurer les catégories de postes pour offrir à leurs employés, par exemple, des tâches plus ou moins variées qu'ils accompliront de façon plus ou moins autonome et personnelle, auxquelles ils accorderont un certain niveau d'importance et pour lesquelles ils attendront ou non de la rétroaction.

- *Structure*: Il arrive que des entreprises de services se transforment en entreprises productrices, et vice versa. La formalisation et la centralisation pourront subir des changements, tout comme l'étendue des responsabilités et le réseautage avec d'autres entreprises. Les changements structuraux peuvent également toucher les règlements, les politiques et les procédures.

- *Processus*: Les processus de base selon lesquels le travail est accompli peuvent être modifiés. Par exemple, les étapes d'un projet peuvent être suivies simultanément plutôt que séquentiellement.

- *Culture*: La culture d'une entreprise (entrepreneuriale, bureaucratique, etc.) influence considérablement l'attitude et le comportement des employés. Ainsi, un changement de culture est l'un des plus importants qu'une entreprise puisse apporter.

- *Gens*: L'aspect humain d'une organisation peut être modifié en intégrant de nouveaux employés, du « sang neuf », ou en permettant aux employés actuels d'acquérir de nouvelles aptitudes et habiletés ou d'adopter de nouvelles attitudes, par la formation et le développement, par exemple.

12.1.1 Le modèle des catégories du changement de Field[2]

Il y a deux façons importantes de catégoriser le changement[3]. La première consiste à définir le changement proactif et le changement réactif. Généralement, un **changement proactif** est apporté afin que l'entreprise, ses systèmes ou ses employés répondent plus efficacement aux demandes provenant de leur environnement. Ces demandes peuvent être effectives ou prévues, mais le besoin de changer émane de l'entreprise. De son côté, un **changement réactif** est apporté en réaction aux demandes environnementales. Un changement réactif, voire adaptatif, a pour but de permettre à l'entreprise de mieux gérer son environnement. Dans ce cas, le besoin de changer provient de l'extérieur de l'entreprise.

La deuxième façon de catégoriser le changement porte sur le changement graduel ou quantitatif. Les **changements graduels** ne contestent pas la nature de base du système ou de l'entreprise. Un changement graduel est linéaire, ordonné, lent et continu[4]. Bien qu'au fil du temps, les petits changements puissent s'accumuler et entraîner des répercussions majeures[5], le **changement quantitatif**, en revanche, est discontinu, chaotique, rapide et temporaire[6]. Il se distingue par un changement de paradigme[7], ce que l'entreprise et ses employés pensent d'eux-mêmes, de l'entreprise et de leur façon de travailler. Le changement quantitatif constitue une ponctuation soudaine et radicale de l'équilibre normal. La voie linéaire bifurque brusquement de sa

www.cheneliere.ca/dolan

changement proactif
Changement apporté à l'entreprise pour permettre à ses systèmes ou à ses employés de traiter plus efficacement les demandes émanant de leur environnement.

changement réactif
Changement qui réagit à des demandes environnementales.

changement graduel
Changement linéaire, ordonné, lent et continu qui va dans le sens de la nature de base du système ou de l'entreprise.

changement quantitatif
Changement discontinu, chaotique, rapide et temporaire qui se distingue par un changement de perception de l'entreprise ou de ses employés par rapport à eux-mêmes ou à leur façon de travailler.

direction précédente. Le changement peut être appelé catastrophe, ponctuation de l'équilibre, bouleversement ou changement de paradigme.

Combiner les deux façons de catégoriser le changement (proactif et réactif contre graduel et quantitatif) donne lieu à quatre catégories de changements: transformationnel, révolutionnaire, évolutif et développemental (*voir la figure 12.1*).

Le changement transformationnel Le changement transformationnel est proactif et quantitatif. Il peut avoir lieu lorsque l'entreprise traverse une période de mort ou de renaissance, renaissant comme un phénix de ses propres cendres. L'aménagement de l'entreprise n'est plus ce qu'il était, ses membres ne pensent plus et n'agissent plus de la même manière. L'entreprise fait peau neuve et adopte désormais des méthodes qualitatives. Ainsi, les entreprises doivent rendre compatibles entre eux les systèmes adaptatifs complexes de la nature afin de faire face au nouvel environnement chaotique[8].

Le changement révolutionnaire Ce type de changement est quantitatif et réactif. Il arrive qu'il se produise quand une entreprise doit s'adapter aux événements fortuits qui ont de grandes répercussions sur son environnement. Les entreprises qui n'apporteront pas les changements majeurs nécessaires seront susceptibles

Figure 12.1 Les catégories de changements

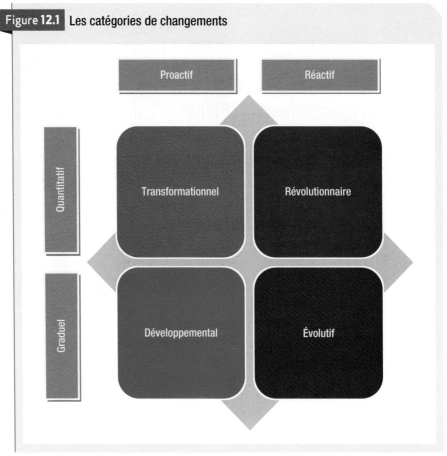

Source: Traduit de D.H. FREEMAN, «Is management still a science?», *Harvard Business Review*, (novembre-décembre 1992), p. 26-38.

de mettre fin à leurs activités. Pour réussir, elles auront besoin de révolutionnaires qui perçoivent l'entreprise et son environnement d'un autre œil sur le plan qualitatif et qui peuvent prendre le contrôle et imposer des changements notables et rapides. Les fabricants de montres bon marché ont dû cesser de produire des montres mécaniques au profit des montres électroniques, afin de survivre quand la physique a effectué le saut quantitatif des circuits à transistors intégrés.

Le changement évolutif Le changement évolutif est réactif et graduel. Les entreprises qui font ce type de changement doivent adopter la méthode adaptative qui se trouve dans la nature.

Le changement développemental Ce type de changement est proactif et graduel. Il se produit quand l'entreprise veut prendre de l'expansion tranquillement, étape par étape, afin d'améliorer graduellement chacune de ces étapes.

12.1.2 Les facteurs de changement

De nombreux facteurs peuvent être à l'origine d'un changement dans une organisation. Ils découlent de forces externes qui ne sont pas sous le contrôle des gestionnaires, ou de forces internes relatives aux situations qui s'installent dans l'entreprise.

Les forces externes

Les forces externes regroupent essentiellement les facteurs sociologiques, économiques, juridiques et technologiques auxquels l'entreprise doit s'adapter afin de maintenir une certaine stabilité tout en continuant d'intégrer des intrants, de les transformer en extrants et de les retourner dans son environnement externe. Les principales forces externes de changement sont :

- Sur le plan sociologique :
  - de nouvelles aspirations quant aux conditions de travail, à l'accomplissement de soi, à l'utilisation des connaissances, aux loisirs, etc. ;
  - un niveau d'éducation croissant, des tâches plus intellectuelles, plus techniques, etc. ;
  - de nouvelles actions collectives telles que le féminisme, l'écologisme, la consommation, etc. ;
  - l'affaiblissement du modèle autoritaire et paternaliste des modèles mécanistes.

- Sur le plan économique :
  - une concurrence ou une compétition aux chapitres de la qualité, de la productivité, de l'image de marque, etc. ;
  - une croissance du secteur tertiaire ;
  - des fluctuations monétaires imprévisibles qui ont des répercussions sur les coûts, les taux d'intérêt, etc. ;
  - un changement des ressources offertes sur le marché, qu'il s'agisse de matériel, de techniques ou de technologies (on peut par exemple se demander comment l'utilisation du courrier

électronique influera sur la rentabilité de Postes Canada, et comment cette entreprise réagira à la concurrence), etc. ;

– une période de récession ou de croissance.

- Sur le plan juridique :
  - de nouvelles lois portant, par exemple, sur la semaine de travail, l'équité salariale, les droits, etc.

- Sur le plan technologique :
  - La technologie modifie les emplois et les entreprises. Par exemple, presque toutes les entreprises possèdent aujourd'hui des ordinateurs. De plus, la majorité de la population considère désormais les téléphones sans fil et les assistants numériques comme essentiels, ce qui permet, par exemple, la flexibilité des horaires et le télétravail, et assure aux parties prenantes d'une organisation d'être jointes en tout temps et en tout lieu. L'industrie de la musique, à titre d'exemple concret, doit maintenant faire face aux répercussions économiques découlant de la diffusion massive de musique en ligne.

Les forces internes

Les forces internes sont liées aux membres de l'organisation qui contribuent à la réalisation des produits ou des services, à la division des tâches et des responsabilités dans un cadre fonctionnel et hiérarchique, à la gestion de l'entreprise ainsi qu'aux techniques et aux modes de production.

- Les forces internes liées aux individus touchent :
  - le vieillissement des ressources humaines ;
  - le taux de roulement, l'absentéisme, la satisfaction au travail, la productivité ;
  - la syndicalisation, les grèves, etc. ;
  - les changements de buts et d'aspirations des gestionnaires ;
  - les conflits interpersonnels et intergroupes ;
  - l'arrivée de nouveaux employés et ses effets sur les tâches, les priorités, les méthodes de travail, les rapports avec les autres services, les réseaux de communication et les mentalités, etc.

- Les forces internes liées aux structures touchent :
  - les réorganisations, incluant la révision de la ligne hiérarchique des services, etc. ;
  - les suppressions ou les ajouts de tâches ;
  - les changements dans la gestion des ressources humaines ;
  - les réseaux de communication.

- Les forces internes liées à la gestion de l'entreprise touchent :
  - les investissements ;
  - les profits ;

- la croissance ou la décroissance ;
- la recherche de capitaux ;
- les accords entre organisations, les fusions d'entreprises.

- Les forces internes liées aux techniques et aux modes de production touchent :
  - les développements technologiques, particulièrement informatiques, bureautiques, télématiques ;
  - les modes de production, par exemple la rotation, l'élargissement et l'enrichissement des tâches, les groupes autonomes, etc. ;
  - les produits et services, à cause des nouvelles demandes, de la concurrence, des matériaux, de la désuétude, etc.

PERSPECTIVE INTERNATIONALE

« Homo transitus »

Depuis qu'il est question de mondialisation, cette extraordinaire accélération de la circulation de l'information, des personnes et des biens, nous constatons que notre univers personnel et professionnel se transforme à une vitesse encore inimaginable il y a vingt ans.

Les événements qui se déroulaient à l'autre bout du monde et qui nous influençaient bien peu « à l'époque » semblent aujourd'hui se passer dans notre voisinage immédiat et sollicitent avec urgence notre participation active. Une guerre aux antipodes fait immédiatement irruption à notre porte, sinon dans notre salon. Ainsi, le monde est aujourd'hui perçu comme un « village global » infiniment plus petit qu'autrefois ; certains diront même qu'il a une « taille humaine ».

Cette accélération du temps et ce rétrécissement de l'espace ont une conséquence indéniable sur la vitesse de nos adaptations, mutations et autres transformations. Les organisations fusionnent, déménagent, se délocalisent, se dissolvent, se restructurent, se délestent de la production à l'interne, s'achètent et se vendent. Pour suivre, les équipes autrefois plus « stables » doivent se faire et se défaire au fil des développements

de carrières et de projets qui naissent, mûrissent et disparaissent, tambour battant.

Les personnes, elles aussi, sont mutées, redéployées, détachées ou rattachées, sinon « outsourcées ». L'ancienne façon d'entrevoir une « carrière », souvent menée dans la stabilité rassurante d'une même ville et d'une même organisation, s'est transformée en une série de missions diverses conduites au sein d'entreprises radicalement différentes et, quelquefois, en plusieurs langues et sur plusieurs continents.

En conséquence, la norme devient une situation d'intérim, entre deux autres postes, deux autres missions, ou encore deux métiers, eux-mêmes en évolution perpétuelle. Il ne nous reste plus de temps pour respirer, s'habituer ou s'enraciner. De plus en plus, et qu'on le veuille ou non, nous vivons continuellement en transition.

Pour toute personne, tout leader et toute entreprise, le délai de réaction aux multiples événements mondiaux s'est raccourci ; il faut presque réagir dans l'immédiat, alors même que nos décisions doivent tenir compte d'une énorme quantité d'information. En conséquence, chaque individu, chaque entreprise, chaque employé, chaque équipe, chaque leader et chaque organisation subit une énorme pression pour continuellement s'adapter, changer, apprendre, se transformer, évoluer.

Source : Adapté de A. CARDON, *Leadership de transition*, Paris, France, Éditions d'Organisation, 2005. Reproduit avec l'autorisation de l'éditeur.

Toutes ces forces, prises isolément ou le plus souvent regroupées, peuvent pousser l'entreprise à réviser ses positions, ses stratégies ainsi que ses politiques et pratiques de gestion. Cependant, le besoin de changement, même s'il est perçu par tous les membres de l'organisation, n'entraîne pas d'emblée un mouvement de changement, car très souvent des forces en faveur du *statu quo* s'opposent aux forces de changement.

EN PRATIQUE

Comment bien gérer les changements [9]

- **Effectuer une évaluation environnementale** : Tous les niveaux des entreprises doivent améliorer leur capacité à recueillir et à utiliser des renseignements sur leurs environnements externes et internes.

- **Diriger le changement** : Cela nécessite de créer un climat de changement positif, de déterminer les nouvelles directions à prendre et d'établir des liens ou de s'assurer que tous les employés de l'entreprise y adhèrent.

- **Établir des liens entre les changements stratégiques et les changements opérationnels** : Ce processus bidirectionnel permet de s'assurer que les décisions stratégiques entraîneront

des changements opérationnels qui, à leur tour, auront une influence sur les décisions stratégiques.

- **Considérer les ressources humaines comme des actifs et des valeurs** : Bien que la masse de connaissances, d'aptitudes et d'attitudes qu'une entreprise possède soit essentielle à son succès, elle peut également représenter une menace si la combinaison est inappropriée ou mal gérée.

- **Avoir les mêmes buts** : Cela concerne le besoin de s'assurer que les décisions et les actions propres aux quatre facteurs ci-dessus se complètent et se renforcent les uns les autres.

12.2 LE PROCESSUS DE CHANGEMENT

Dans cette section, nous chercherons à comprendre comment les individus assimilent le changement. Nous présenterons deux modèles classiques : celui de Lewin et celui du plan de mise en œuvre du changement à huit étapes de Kotter.

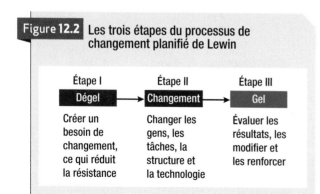

Figure 12.2 Les trois étapes du processus de changement planifié de Lewin

Étape I	Étape II	Étape III
Dégel	Changement	Gel
Créer un besoin de changement, ce qui réduit la résistance	Changer les gens, les tâches, la structure et la technologie	Évaluer les résultats, les modifier et les renforcer

12.2.1 Le modèle de Lewin

Les recherches de Kurt Lewin [10] portaient sur le changement des comportements alimentaires des Américains. Lewin a proposé trois étapes pour diminuer la résistance au changement ; elles sont illustrées à la figure 12.2.

Première étape : le dégel

Le *statu quo* peut être vu comme un équilibre. Pour se distancer de cet équilibre, pour surmonter la pression liée à la résistance individuelle et à la conformité au groupe, le dégel est nécessaire. Le dégel peut survenir de trois façons. Les **forces d'entraînement**, qui écartent le comportement du *statu quo*, sont accentuées. Les **forces de retenue**, qui éloignent le mouvement de l'équilibre actuel, sont minimisées. La troisième façon consiste à combiner les deux premières méthodes. Les entreprises qui réussissent sont susceptibles de faire face à des forces de retenue, car les gens contestent le besoin de changer[11]. Dans le même ordre d'idées, la recherche indique que les entreprises dont la culture est forte réagissent très bien aux changements graduels, mais qu'elles sont incapables de résister aux forces de retenue découlant de changements radicaux[12].

Le **dégel** est donc la période pendant laquelle les habitudes et les traditions sont brisées ; c'est le moment d'établir de bonnes relations, d'acquérir de la crédibilité, d'adopter un esprit d'ouverture. C'est aussi l'étape où prennent naissance la motivation et le désir de changement. L'agent de changement doit s'assurer de bien accomplir les quatre tâches suivantes auprès de l'unité administrative qui subira le changement :

1. établir des contacts ;
2. entretenir de bonnes relations ;
3. acquérir une certaine crédibilité ;
4. cultiver un esprit d'ouverture chez les employés.

Deuxième étape : la transformation

La transformation est la période pendant laquelle s'acquièrent de nouvelles habitudes et compétences ; on conçoit et on implante le changement en stimulant la motivation et le désir de changement chez les employés, et en les incitant à s'identifier à de nouveaux modèles (par apprentissage). Il y a donc acquisition de nouvelles attitudes et de nouveaux comportements. Cette étape se poursuit jusqu'à ce que les membres de l'unité se sentent à l'aise avec leurs nouvelles attitudes.

Troisième étape : le gel

Quand tous les changements nécessaires ont été mis en œuvre, la nouvelle situation doit être gelée afin qu'elle ne change pas au fil du temps et que les changements soient réussis. Sinon, il y a fort à parier que le changement sera passager et que les employés tenteront de retrouver l'équilibre auquel ils étaient habitués. Le **gel** a pour but de stabiliser la nouvelle situation en équilibrant les forces d'entraînement et de retenue.

La conception du changement à titre d'activité épisodique et de processus linéaire représente un aspect clé du modèle à trois étapes de Lewin. Un débat devra avoir lieu, pour déterminer si on poursuivra la mise en œuvre du changement avec un début, un milieu et une fin, ou si la structure des milieux de travail du XXIe siècle nécessitera des changements qui seront apportés de façon chaotique.

En somme, le gel est l'étape où les nouveaux comportements se transforment en acquis ; c'est donc la stabilisation des nouveaux comportements,

forces d'entraînement
Forces qui éloignent le comportement du *statu quo*.

forces de retenue
Forces qui repoussent le mouvement de l'équilibre actuel.

dégel
Efforts de changement pour surmonter la pression liée à la résistance individuelle et à la conformité au groupe.

gel
Stabilisation d'une intervention de changement en équilibrant les forces d'entraînement et de retenue.

des nouvelles attitudes et des méthodes apprises qui se muent en habitudes. À ce moment, l'agent de changement ne joue pas un rôle essentiel.

12.2.2 Le plan de mise en œuvre du changement à huit étapes de Kotter

Le plan de mise en œuvre du changement à huit étapes de John Paul Kotter repose sur le modèle à trois étapes de Lewin pour développer une méthode de mise en œuvre du changement plus détaillée (*voir le tableau 12.1, p. 478*)[13].

EN PRATIQUE

Quand la discussion l'emporte sur la théorie

Durant la Seconde Guerre mondiale, on a voulu encourager les ménagères américaines à utiliser et à consommer plus d'abats de bœuf (la viande étant exportée afin d'alimenter les troupes américaines installées en sol étranger). À cette fin, on a donné aux femmes des exposés théoriques sur les mérites des abats. On a aussi organisé des petits groupes de discussion où un animateur présentait aux ménagères les utilisations possibles de cet aliment. Par la suite, une enquête a révélé que les femmes qui avaient participé aux groupes de discussion avaient utilisé les abats de bœuf dans une plus grande proportion que celles qui n'avaient assisté qu'aux exposés théoriques.

Voici d'abord les échecs que Kotter a énumérés, qui surviennent couramment quand les gestionnaires tentent d'introduire le changement :

- l'incapacité de créer un sentiment d'urgence quant au besoin de changer ;
- l'incapacité de former une coalition en matière de gestion du processus de changement ;
- un manque de vision propre au changement et de moyens efficaces de communiquer cette vision ;
- l'incapacité d'éliminer les obstacles qui pourraient nuire à l'adoption de la vision ;
- l'incapacité de fournir des objectifs à court terme et réalisables ;
- la tendance à crier victoire trop rapidement et l'incapacité d'ancrer les changements dans la culture de l'entreprise.

Kotter a ensuite défini huit étapes séquentielles à suivre pour régler ces problèmes. Ces étapes sont énumérées à la figure 12.3.

Le modèle de Kotter a été mis en œuvre avec succès sur le plan international par plusieurs organisations oeuvrant dans des secteurs de toutes sortes (la restauration, le secteur public, le secteur aérien, etc.). Son modèle a également permis à ces organisations d'atteindre des objectifs variés et de gérer toutes sortes de

> **Figure 12.3** Le plan de mise en œuvre du changement à huit étapes de Kotter
>
> 1. Créer un sentiment d'urgence en invoquant une raison impérieuse pour laquelle le changement est nécessaire.
> 2. Former une coalition assez puissante pour diriger le changement.
> 3. Développer une nouvelle vision pour diriger le changement et les stratégies visant à adopter la vision.
> 4. Faire connaître la vision à tous les membres de l'entreprise.
> 5. Responsabiliser les membres de l'entreprise pour qu'ils adoptent la vision en éliminant les obstacles du changement et en encourageant la prise de risques et la résolution de problèmes de manière créative.
> 6. Planifier, créer et récompenser les «réussites» à court terme qui permettent à l'entreprise d'adopter la nouvelle vision.
> 7. Consolider les améliorations, réévaluer les changements et apporter les modifications nécessaires aux nouveaux programmes.
> 8. Renforcer les changements en démontrant la relation qui existe entre les nouveaux comportements et le succès organisationnel.

Source : Traduit et adapté de J.P. KOTTER, *Leading Change*, Boston, MA, Harvard Business School Press, 1996.

changements organisationnels comme, entre autres, la réduction des accidents de travail, la hausse des profits, l'amélioration des procédés de production, etc.

Kotter a fourni aux gestionnaires un guide plus détaillé en matière de mise en œuvre du changement en leur permettant de bâtir sur les propos bien établis du modèle de Lewin. Nonobstant la nature du secteur ou du changement, toutes les organisations appliquent le modèle de Kotter en suivant un processus similaire. Fondamentalement, ce processus implique de commencer par surmonter la résistance au changement au cours des quatre premières étapes. C'est ce qui s'appelle le «dégel». Les deux étapes subséquentes du plan de Kotter sont la «transformation», c'est-à-dire le moment où on incite les employés à participer au changement. L'objectif des deux dernières étapes est de stabiliser le changement, ce qui correspond à l'étape du «gel» de Lewin.

12.2.3 Les méthodes d'introduction du changement

Les travaux classiques sur les processus de changement font largement état des méthodes qui semblent les plus appropriées pour introduire le changement ; malheureusement, celles qu'utilisent la plupart des employeurs ne sont pas toujours les meilleures. On recense six moyens, regroupés en trois grandes méthodes :

- La rééducation :
  - la participation et l'engagement ;
  - la facilitation et le soutien.

- La raison :
  - la négociation et l'entente ;
  - l'éducation et la communication.

- Le pouvoir :
  - la manipulation ;
  - la coercition, implicite ou explicite.

Les méthodes introduites par le pouvoir ne devraient être utilisées qu'en situation de crise organisationnelle. Au lieu de distribuer reproches, menaces de licenciement, ordres ou autorisations, les employeurs auraient avantage à utiliser des méthodes de renforcement positif, telles que l'amélioration des salaires et des conditions de travail, et devraient tenter de diminuer les forces qui s'opposent au changement par l'éducation, l'information et la communication. Les méthodes rationnelles, basées sur l'information et la communication, semblent en effet donner des résultats à plus longue échéance. Les méthodes basées sur la rééducation, quant à elles, comptent sur la participation des individus et sur un processus de groupe ; elles semblent être les plus efficaces, mais elles n'ont pas que des avantages (*voir le tableau 12.1*).

Tableau 12.1 Les avantages et les inconvénients des méthodes de rééducation

AVANTAGES	INCONVÉNIENTS
• Valorisent les individus	• Prennent beaucoup de temps (réunions, organisation)
• Favorisent l'expression des craintes et sécurisent	• Peuvent provoquer l'hostilité de certaines personnes
• Clarifient la situation, informent	
• Modifient les attitudes, provoquent l'autocontrôle	
• Encouragent la créativité	

Il faut souligner que l'implantation du changement est plus facile lorsque le leadership de la direction est fort et lorsqu'il est possible de travailler de concert avec le syndicat.

12.3 LA RÉSISTANCE AU CHANGEMENT

Si l'entreprise ou ses gestionnaires font face aux forces poussant au *statu quo*, il est plus risqué d'entreprendre un changement significatif. Ne pas croire en la solution, ni en ses ressources, avoir peur ou appliquer la solution par complaisance sont autant de façons de compromettre les chances de succès du changement entrepris. Ces questions nous amènent à regarder de plus près le phénomène de la résistance au changement.

Dans cette section, nous traiterons des causes de la résistance au changement, des façons dont elle peut se manifester et des moyens qui s'offrent à l'entreprise pour contrer cette résistance et faciliter le changement.

12.3.1 Les causes et les manifestations de la résistance au changement

Tout changement est susceptible de provoquer une certaine résistance de la part des employés, des groupes et même de l'organisation entière.

La résistance se manifeste quand les changements touchent les travailleurs ou la structure organisationnelle. La résistance au changement est donc une attitude négative adoptée par les employés lorsque des modifications sont introduites dans le cycle normal de travail. Plus les facteurs de résistance sont nombreux, plus les instigateurs du changement doivent déployer d'énergie pour réduire cette résistance.

Essentiellement, les individus réagissent négativement au changement parce qu'il entraîne chez eux de l'insécurité. Ils doivent en effet adopter de nouveaux comportements et de nouvelles attitudes, établir de nouvelles relations interpersonnelles qui risquent de modifier la configuration formelle et informelle du pouvoir, des rôles et des statuts. Ils doivent également acquérir de nouvelles méthodes de travail, et ce, sans être convaincus de la nécessité d'abandonner celles auxquelles ils ont déjà consacré beaucoup de temps et d'efforts.

La résistance au changement, aussi bien de la part des employés que des cadres, s'explique aussi par d'autres facteurs. Elle peut se définir comme une attitude, individuelle ou collective, qui se manifeste dès que l'idée d'une transformation est évoquée, et qui se traduit de diverses façons, tel que décrit plus bas. Il est certes possible de contrer les manifestations de cette résistance, bien qu'en certaines circonstances elle puisse être liée au désir de conserver sa liberté de pensée et d'action face aux efforts de l'entreprise pour implanter une certaine rationalité administrative.

La résistance au changement des employés et des gestionnaires peut se manifester de multiples façons :

- Récriminations nombreuses
- Activité syndicale croissante
- Conflits de travail
- Lenteur dans l'exécution des nouvelles tâches
- Oubli des nouvelles responsabilités
- Blocage partiel de l'information
- Diffusion de rumeurs
- Refus de recevoir de la formation
- Absentéisme et roulement de personnel
- Hausse des accidents du travail

12.3.2 La diminution de la résistance au changement

Avant de véritablement faire échec à cette résistance aux changements effectifs et éventuels, la direction pourrait y voir un signal l'invitant à réévaluer la pertinence de ces changements en fonction de leur portée à courte, moyenne et longue échéance. Même si plusieurs stratégies peuvent être employées pour amoindrir la résistance au changement, il convient tout d'abord d'évaluer le changement avec objectivité, en pesant les pour et les contre *(voir la figure 12.4)*. Par la suite, diverses mesures pourront faciliter l'implantation des changements et diminuer les effets de la résistance.

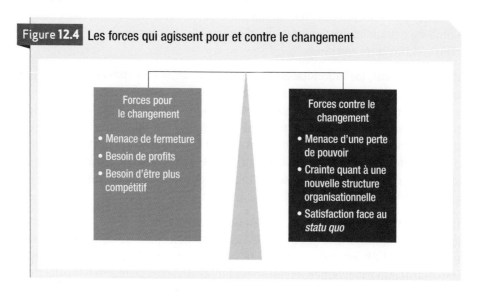

Figure 12.4 Les forces qui agissent pour et contre le changement

12.3.3 Les agents de changement

agent de changement

Personne qui agit à titre de catalyseur et qui gère les activités de changement.

Qui gère les activités de changement d'une entreprise? Les **agents de changement** tels les experts-conseils externes mandatés pour introduire ce changement ou les spécialistes ou gestionnaires internes à qui on a confié la même mission. Les premiers sont souvent plus enclins à introduire des changements draconiens, avantageux ou non, car ils n'ont pas à en subir les répercussions. En revanche, les seconds peuvent être plus réfléchis et éventuellement plus prudents dans leurs démarches, car ils auront à vivre les conséquences de leurs décisions.

Plusieurs tactiques peuvent être utilisées par un agent de changement pour vaincre la résistance au changement[14].

- *La participation et l'implication*: Les individus résistent difficilement à une décision de changement à laquelle ils participent. Avant d'apporter un changement, ceux qui s'y opposent pourraient prendre part au processus décisionnel. Présumant que les participants ont l'expérience nécessaire pour apporter une contribution significative, leur participation pourrait diminuer la résistance. Obtenez leur engagement et maximisez la qualité de la décision de changement.

- *Un soutien et un engagement accrus*: Un agent de changement peut offrir du soutien sous différentes formes pour diminuer la résistance. Quand les employés ont très peur et qu'ils sont très anxieux, la thérapie, la formation axée sur de nouvelles compétences ou une courte autorisation de congé payé peuvent faciliter l'adaptation.

- *La formation*: En offrant de la formation à ses employés, l'employeur prouve qu'il se soucie des effets des changements sur eux. Il y a alors discussion entre l'employeur et les employés sur les changements en cours et sur la collaboration qui est nécessaire à leur bonne implantation. L'attitude adoptée par le gestionnaire vis-à-vis de la formation influencera l'attitude des employés face au changement. Aussi, l'acquisition de connaissances théoriques et techniques mettra les employés plus à l'aise et facilitera l'implantation du changement.

• *La promotion* : Si l'agent de changement présente le changement comme une occasion exceptionnelle de croissance personnelle et professionnelle — autrement dit, s'il fait la promotion du changement —, il augmente la motivation de ses subalternes et diminue leur résistance. Le gestionnaire doit présenter le changement de façon qu'il devienne, en lui-même, une source de motivation. Il doit alors y avoir promotion de l'accomplissement personnel, promotion salariale et promotion de cheminement de carrière pour habituer l'employé au phénomène. Les incitations sont donc très importantes.

• *L'information* : L'information doit être régulière et complète ; elle doit s'adresser à tout le personnel et être compréhensible et accessible à tous. Les informations portant sur les étapes du changement sont particulièrement pertinentes et importantes.

• *L'institutionnalisation* : Institutionnaliser le changement, c'est le faire accepter comme état permanent ou récursif ; c'est également choisir une structure organisationnelle qui permettra l'évolution vers le changement. La décentralisation est une solution à privilégier pour favoriser l'adaptation.

Le choix des moyens à utiliser pour diminuer la résistance au changement est fonction de la taille de l'organisation, de ses activités, des aptitudes et des habiletés de ses salariés, etc. Chaque situation organisationnelle est unique, et seule une bonne connaissance de cette situation permettra aux gestionnaires de choisir la méthode ou la combinaison de méthodes appropriée.

12.3.4 Le modèle des phases de préoccupation lors d'un changement en milieu organisationnel

Les ressources individuelles résistant au changement résident dans les caractéristiques humaines de base comme les perceptions, les personnalités et les besoins des acteurs.

Trois principaux acteurs sont impliqués dans la conduite du changement organisationnel : le destinataire et le décideur, autour de qui gravitent d'autres agents de changement[15].

Le destinataire est une personne qui est touchée directement ou indirectement par un changement organisationnel et qui doit donc s'adapter à ses exigences. Par exemple, si on procède au remplacement d'un logiciel, le destinataire sera l'utilisateur qui est ciblé par la nouvelle technologie, celui qui aura à utiliser le logiciel.

Au contraire, le décideur est celui qui a pris la décision stratégique d'apporter un changement. Le décideur peut être un dirigeant, le propriétaire de l'entreprise, le conseil d'administration, un syndicat, un groupe de pression qui a entériné la décision après un débat. Le décideur n'a pas nécessairement à modifier ses habitudes à la suite de sa décision, mais celle-ci a beaucoup d'impact sur le destinataire.

Pour leur part, les agents de changement sont les acteurs qui soutiennent la mise en œuvre du changement. Ce sont, par exemple, le directeur, le directeur de projet, les équipes de projet, les professionnels des ressources humaines et les consultants.

Le destinataire doit s'approprier le changement et modifier ses habitudes et ses comportements. Il doit acquérir de nouvelles connaissances et de nouvelles façons de faire, et développer de nouvelles habiletés pour concrétiser le changement. Ce n'est que par sa détermination et les efforts consentis que le destinataire crée de nouvelles habitudes, plus conformes à l'objectif du changement.

La théorie des phases de préoccupation permet de représenter les réactions cognitivo-affectives du destinataire en fonction de ses préoccupations au sujet d'un changement organisationnel, et de classer ses préoccupations par catégories, appelées «phases».

Un destinataire traverse généralement entre cinq et sept phases de préoccupation durant la mise en œuvre d'un changement organisationnel, les deux dernières étant vécues par un nombre limité de destinataires.

Les sept phases de préoccupation possibles de tout destinataire à l'égard du changement sont les suivantes :

1. Aucune préoccupation à l'égard du changement
2. Préoccupations centrées sur le destinataire
3. Préoccupations centrées sur l'organisation
4. Préoccupations centrées sur le changement
5. Préoccupations centrées sur l'expérimentation
6. Préoccupations centrées sur la collaboration
7. Préoccupations centrées sur l'amélioration du changement

Le tableau 12.2 présente la définition de chacune des sept phases de préoccupation.

12.4 LE DÉVELOPPEMENT ORGANISATIONNEL

développement organisationnel (DO)

Effort continu et planifié visant à modifier une entreprise, afin qu'elle devienne plus efficace et plus humaine.

Afin de s'adapter aux multiples changements qui se produisent en milieu de travail, les gestionnaires peuvent recourir au **développement organisationnel (DO)**. Cette stratégie d'intervention, qui agit sur toute l'organisation, vise à transformer les croyances, les attitudes, les valeurs, les structures et les pratiques pour rendre l'organisation plus apte à s'adapter au changement.

Le DO est une méthode qui, doublée d'un effort planifié et continu, vise à rendre une entreprise plus efficace et plus humaine. Le DO se sert de la connaissance

Tableau 12.2 La définition des sept phases de préoccupation[16]

PHASE	DÉFINITION DES PHASES DE PRÉOCCUPATIONS
1. Aucune préoccupation	Le destinataire ne se sent pas concerné par le changement, il poursuit ses activités et fait «comme si de rien n'était». Il demeure indifférent au changement organisationnel. Il *n'a aucune préoccupation* par rapport au changement.
2. Préoccupations centrées sur le destinataire	Le destinataire est inquiet des incidences du changement sur lui-même, sur son poste et sur ses collègues. Il s'interroge sur *les impacts du changement sur son travail*. Il s'interroge aussi sur les conséquences du changement sur son rôle, ses responsabilités, son statut, son degré d'autonomie, son pouvoir décisionnel, etc. Les préoccupations sont centrées sur le destinataire et sur les impacts individuels du changement.
3. Préoccupations centrées sur l'organisation	Le destinataire est inquiet des impacts et *des conséquences du changement sur l'organisation*. Il veut que son investissement en temps et en énergie en vaille la peine. Il se demande, entre autres, jusqu'à quel point l'organisation est sérieuse dans le maintien du changement à plus long terme et si le changement est rentable pour l'organisation. *La légitimité du changement et la capacité de l'organisation* à mener le changement à terme le préoccupent. Il se préoccupe de *l'engagement* de la direction.
4. Préoccupations centrées sur le changement	Le destinataire se préoccupe des caractéristiques du changement. Il s'interroge sur sa nature exacte. Il cherche des réponses à sa méconnaissance du changement. Attentif, il veut obtenir davantage de *détails sur la mise en œuvre et sur les processus du changement*. Il peut remettre en question le scénario de mise en œuvre de même que son implication dans le changement.
5. Préoccupations centrées sur l'expérimentation	Le destinataire se montre disposé à se conformer au changement et à en faire l'essai. Cependant, il éprouve un sentiment d'incompétence par rapport à ses nouvelles fonctions, habiletés et attitudes. Il doute de sa propre capacité à réussir tout ce que le changement exige de lui. Dans certains cas, il peut aussi douter de la capacité de ses collègues. C'est pourquoi il s'interroge sur le temps, les conditions et le soutien qui lui sont offerts afin de faciliter son appropriation du changement. Il veut que tout soit propice à sa réussite.
6. Préoccupations centrées sur la collaboration	Le destinataire est préoccupé par le transfert des apprentissages aux autres services. Il se montre intéressé à collaborer et à coopérer avec ses collègues. Au sein de l'organisation, il veut favoriser le partage de son expérience et des diverses façons de faire.
7. Préoccupations centrées sur l'amélioration du changement	Le destinataire se préoccupe d'améliorer ce qui est en place, soit en modifiant de façon significative son travail ou ses responsabilités, soit en proposant de nouvelles applications, soit en innovant. Il est inquiet par rapport à la pérennité et à l'amélioration continue du changement.

de la science du comportement pour encourager une culture d'auto-examen organisationnel et de préparation au changement. Une attention particulière est portée aux processus interpersonnels et aux processus de groupe.

Puisqu'il est planifié, le DO se distingue des changements désordonnés, accidentels ou routiniers qui ont parfois lieu dans les entreprises. À cet effet, un modèle à quatre étapes du changement planifié a été développé par Bullock et Batten. Ce modèle représente une synthèse de plus de 30 modèles de changement planifié et lui confère deux dimensions : 1) les phases du changement, soit les étapes distinctes qu'une organisation doit traverser lors de la mise en œuvre d'un changement planifié ; 2) les processus de changement, qui sont les méthodes utilisées afin d'aider l'organisation à passer d'une étape à l'autre[17].

Les quatre étapes du changement planifié de Bullock et Batten[18] sont les suivantes :

1. *Étape de l'exploration* : À cette étape, l'entreprise doit réfléchir et décider si elle désire apporter des changements particuliers à ses opérations et, le cas échéant, voir à assigner la planification des changements à une personne. Les processus de changement propres à cette étape tiennent compte du besoin de changer. Il faut

aller chercher de l'aide à l'extérieur de l'entreprise (un expert-conseil ou un facilitateur) pour planifier ces changements et les mettre en place. De plus, il faut conclure un contrat avec cette personne afin de déterminer les responsabilités de chaque partie.

2. *Étape de la planification*: C'est quand l'expert-conseil et l'entreprise ont conclu un contrat qu'on aborde la prochaine étape, qui consiste à comprendre les problèmes et les inquiétudes de l'entreprise. Les processus de changement propres à cette étape consistent à recueillir des renseignements dans le but d'établir un diagnostic des problèmes précis et des objectifs de changement, de déterminer les mesures appropriées pour les atteindre et de persuader les décideurs politiques d'approuver et d'appuyer les changements proposés.

3. *Étape de l'action*: À cette étape, l'entreprise met en place les changements découlant de sa planification. Au cours de cette étape, les processus de changement visent à détourner une entreprise de son état actuel pour prendre la voie de l'avenir souhaité. Il faut prendre les bonnes décisions pour gérer les processus de changement, obtenir du soutien pour prendre les mesures nécessaires, évaluer la mise en place des activités et transmettre les résultats pour permettre toute adaptation ou modification nécessaire.

4. *Étape de l'intégration*: Cette étape débute lorsque les changements sont mis en place. Elle se préoccupe de la consolidation et de la stabilisation des changements, afin qu'ils fassent partie des opérations normales et quotidiennes de l'entreprise et qu'ils ne nécessitent pas d'arrangements particuliers ou d'encouragements pour les mener à bien. À cette étape, les processus de changement consistent à renforcer les nouveaux comportements à l'aide de commentaires et de programmes de récompense, et à former les gestionnaires et les employés pour qu'ils vérifient en permanence les changements et tentent de les améliorer.

En plus d'être planifiés, les efforts de DO doivent être continus pour au moins deux raisons. D'abord, de nombreux programmes de DO se font sur une longue durée et comportent des étapes distinctes. Ensuite, si le DO devient officiel, l'examen continu et la préparation au changement font désormais partie intégrante de la culture de l'entreprise.

En somme, le développement organisationnel:

- est un processus planifié et géré par la direction, à longue échéance;

- est global et basé sur la collaboration;

- est entrepris pour que l'organisation devienne plus efficace et plus humaine;

- nécessite le recours aux sciences du comportement, car on veut changer les attitudes, les valeurs, les comportements et la culture de l'organisation, ainsi que sa structure, si possible;

- répond à un changement externe ou interne ainsi qu'à un besoin de flexibilité.

Ces diverses caractéristiques devraient entraîner des changements sur le plan des processus (interactions, communication, prises de décision) et sur celui des résultats (produits, tâches).

Par ailleurs, notons que les principales caractéristiques du développement organisationnel pourraient être :

- d'être orienté vers la résolution d'un problème ;
- d'être orienté vers l'action ;
- de permettre d'utiliser l'approche systémique et systématique ;
- de supposer le recours à des agents de changement ;
- d'entraîner un apprentissage des principes.

12.4.1 Les interventions en développement organisationnel

Bien entendu, les interventions sont au cœur du développement organisationnel. Ce sont la recherche active, le sondage de rétroaction, la réorganisation, le renforcement d'équipe et la gestion par objectifs.

La recherche active

La **recherche active** fait référence à un processus de changement fondé sur la collecte systématique de données et, ensuite, sur le choix d'une mesure de changement axée sur ce que les données analysées indiquent [19]. Il s'agit d'une méthode où la recherche initiale sur une entreprise donne des renseignements pour guider les actions subséquentes [20].

recherche active
Méthode par laquelle la recherche initiale sur une entreprise génère des renseignements pour guider les actions subséquentes.

La plupart des changements organisationnels considèrent les statistiques négativement, c'est-à-dire que l'entreprise identifie des « problèmes » qui doivent être réglés. Au contraire, l'**interrogation appréciative** met l'accent sur le positif en se reposant sur les réussites plutôt que sur les problèmes de l'entreprise. Les entreprises ne se servent pas de l'interrogation appréciative depuis longtemps et nous ne savons toujours pas à quel moment elle est utilisée de façon plus appropriée dans le cas d'un changement organisationnel [21].

interrogation appréciative
Méthode de changement qui cherche à déterminer les qualités et les forces spécifiques à une entreprise et sur lesquelles on peut miser pour améliorer le rendement.

Le sondage de rétroaction

Le **sondage de rétroaction** comprend la collecte de données auprès des employés et leur diffusion lors de rencontres au cours desquelles ils analysent les données et en discutent [22]. Généralement, les sondages de rétroaction sont des questionnaires que les employés remplissent.

sondage de rétroaction
Collecte de données auprès des employés et partage des résultats.

La plupart des sondages de rétroaction tentent de s'adresser à tous les employés. Cette méthode reconnaît la nature systémique de l'entreprise et permet de comparer les résultats du sondage entre les sous-unités.

Quelles questions le sondage devrait-il poser ? Il y a deux façons de répondre à cette question : celles qui sont proposées par les sondages tout prêts et uniformisés et celles que l'entreprise choisira de poser dans un sondage maison.

Généralement, les questionnaires uniformisés sont bien construits et permettent de comparer les entreprises qui y ont répondu entre elles. Toutefois, il arrive qu'ils négligent certains aspects essentiels à l'organisation qui veut les utiliser. C'est pourquoi de nombreux agents de changement choisissent de dresser leur propre sondage ou d'obtenir de l'aide auprès d'entreprises d'experts-conseils. Certaines d'entre elles détiennent de grosses bases de données qui permettent aux entreprises de comparer les réponses de leurs employés avec celles d'autres entreprises.

La rétroaction semble être plus efficace quand elle est présentée aux unités de travail naturelles dans le cadre de rencontres individuelles. Cette méthode permet d'aller plus loin que la rétroaction écrite ou qui ne porte que sur l'ensemble de l'entreprise.

Beaucoup d'agents de changement préfèrent que le gestionnaire de l'unité de travail anime la rencontre de rétroaction. Cela démontre l'engagement de la direction et l'approbation des données. L'agent de changement assiste à cette rencontre et participe à l'animation de la discussion portant sur les données et les plans de changement.

La réorganisation

réorganisation

Restructuration radicale des processus organisationnels dans le but d'améliorer considérablement certains facteurs comme le temps, le coût, la qualité ou le service.

La **réorganisation** ne remet pas en question les tâches, la structure, la technologie et les politiques de ressources humaines déjà en place[23]. Elle utilise plutôt une méthode de «table rase» qui pose des questions de base comme : «Dans quelle industrie travaillons-nous vraiment?» ou : «Si nous mettions cette entreprise sur pied aujourd'hui, à quoi ressemblerait-elle?» Ensuite, les tâches, la structure, la technologie et les politiques sont restructurées en fonction des réponses à ces questions. La réorganisation peut s'appliquer à toute une entreprise, mais également à une fonction majeure, comme la recherche et le développement.

«Processus» est le mot clé de notre définition de la réorganisation. Les processus ne font pas référence à l'appellation d'emploi ou aux services organisationnels. Les processus organisationnels sont plutôt des *activités,* ou du *travail,* que l'entreprise doit accomplir, afin d'offrir des produits que les clients (internes ou externes) apprécient vraiment.

Comment la réorganisation fonctionne-t-elle réellement? Essentiellement, la plus grande partie de la réorganisation porte sur un des objectifs suivants, ou sur les deux[24] :

- Le nombre d'étapes de médiation d'un processus doit être déterminé dans le but de rendre celui-ci plus efficace.

- La collaboration entre les personnes qui participent au processus doit être accrue.

Si on diminue correctement le nombre d'étapes de médiation d'un processus, les besoins en main-d'œuvre sont moins grands, les redondances sont éliminées, les risques d'erreur sont moins élevés et la production du résultat final est accrue.

La réorganisation est plus approfondie dans les industries où 1) s'est instaurée une lourde bureaucratie, 2) des gains importants étaient possibles grâce à la technologie avancée et 3) une déréglementation a accru la fièvre de la compétition. Cela comprend les industries des assurances, des services bancaires, du courtage et des télécommunications[25].

Puisque la réorganisation a pour but d'opérer un changement radical, elle nécessite le soutien indéfectible du président-directeur général et des qualités de leadership transformationnel.

Le renforcement d'équipe

Le **renforcement d'équipe** est une méthode basée sur le principe que la performance s'améliore avec la construction d'équipes[26]. Son but est de rendre un groupe de travail apte à produire de façon optimale tout en améliorant les relations interpersonnelles entre ses membres. Ici, le groupe est formé d'un certain nombre d'individus voués à la réalisation d'une tâche commune et à l'atteinte d'objectifs communs. Les principaux objectifs de la construction d'équipes sont :

- d'évaluer le fonctionnement du groupe ;
- d'analyser la répartition des tâches et des responsabilités ;
- d'étudier les processus de leadership, de prise de décision et de communication ;
- d'examiner les relations interpersonnelles ;
- d'établir les rôles et les responsabilités ;
- d'appliquer le plan d'action.

La construction d'équipes renforce la participation des employés et améliore la communication, la résolution de problèmes et le climat. Cette méthode est plus efficace lorsqu'elle est utilisée en combinaison avec d'autres méthodes ou techniques plutôt que seule.

Habituellement, le processus de construction d'équipes commence par une rencontre consacrée à l'étude du fonctionnement du groupe. Au cours de cette rencontre, le groupe est amené à reconnaître les forces, les faiblesses et la contribution respectives de chacun de ses membres. Cette étape permet à chacun de mieux se connaître et de prendre conscience de la perception qu'ont de lui les autres membres du groupe. Elle mène aussi à déterminer les problèmes communs à l'ensemble du groupe.

La construction d'équipes est particulièrement utile lorsque de nouveaux groupes sont constitués dans l'entreprise et que la répartition des rôles et responsabilités porte à confusion. L'effet visé est non seulement une clarification de cette répartition, mais aussi une vision à plus longue échéance des objectifs et une amélioration des relations fonctionnelles et interpersonnelles.

Cette technique peut toutefois engendrer des situations conflictuelles et susciter un affrontement difficile à régler. Aussi, il est recommandé de confier l'animation de ces sessions à un spécialiste. Une présence neutre permet également de combiner cette démarche avec d'autres techniques, parmi lesquelles se trouvent le jeu de rôle et le modelage de rôles.

renforcement d'équipe
Effort pour accroître l'efficacité du travail d'équipe en améliorant les processus interpersonnels et pour clarifier les objectifs et les rôles.

À LA **UNE**

Le 7 septembre 2011

Réorganisation chez STAS

Denis Villeneuve
Le Quotidien du jour

(CHICOUTIMI) Avec un carnet de commandes rempli jusqu'en septembre 2012, la Société des technologies de l'aluminium Saguenay (STAS) se retrouve à l'étroit.

L'entreprise est présentement en mode de réorganisation dans le but de concentrer sur un seul site ses activités de conception et de fabrication d'équipements spécialisés pour les alumineries du monde entier.

Au cours des derniers jours, certaines personnes ont été intriguées de voir apparaître dans les pages du Progrès-Dimanche l'annonce de la mise en vente de deux bâtiments à vocation industrielle et de bureaux situés aux 1880 et 1846 rue des Outardes dans le Parc industriel du Haut-Saguenay.

Interrogé à ce sujet, le président fondateur de STAS, Pierre Bouchard, a déclaré que l'entreprise souhaite concentrer ses activités en un seul endroit. M. Bouchard précise vouloir mettre fin au va-et-vient du personnel d'un site à un autre.

« Je souhaite tout déplacer sur la rue des Actionnaires où nous possédons également des terrains d'une superficie d'un demi-million de pieds carrés. Actuellement, on ne peut pas agrandir. Notre idée est de prendre de l'expansion et de nous concentrer sur un seul site. On veut vendre ou louer nos bâtiments sur la rue des Outardes », affirme-t-il. Ces mouvements laissent présager que STAS est prête à procéder à un agrandissement majeur de son atelier de la rue des Actionnaires.

Faisant preuve de prudence, l'homme d'affaires préfère attendre que les immeubles en vente ou en location aient trouvé preneurs avant d'annoncer un nouvel investissement, une annonce qui ne pourrait se produire avant un minimum de six mois puisqu'il s'agit du délai pour libérer les immeubles de la rue des Outardes.

M. Bouchard affirme que son entreprise bénéficie actuellement d'une reprise de la production industrielle, arrêtée par la crise financière, ce qui pourrait amener STAS à réaliser un chiffre d'affaires record en 2011. Pierre Bouchard refuse toutefois d'en dire plus.

Actuellement, STAS emploie 150 personnes et les prochains mois seront consacrés à l'embauche de personnel puisqu'entre 30 et 40 techniciens, ingénieurs en mécanique et autres seront requis pour répondre à la demande.

Source: D. VILLENEUVE, « Réorganisation chez STAS », *Le Quotidien*, 7 septembre 2011, [En ligne], www.cyberpresse.ca/le-quotidien/le-quotidien-du-jour/201109/07/01-4432142-reorganisation-chez-stas.php (Page consultée le 28 mars 2012)

---

jeu de rôle

Méthode souvent utilisée dans un contexte de formation, mettant en scène au minimum deux individus qui simulent une situation réaliste.

Le **jeu de rôle** est souvent employé comme complément à la construction d'équipes. Il s'agit de simuler une situation réaliste mettant en scène deux personnes ou plus, dans des conditions de laboratoire. Basée sur l'observation et la discussion, cette technique est en quelque sorte la transposition clinique du mime ironique. En effet, il nous est tous arrivé de mimer le comportement d'une personne afin d'illustrer ses déficiences ; le jeu de rôle est similaire. Il s'agit d'un instrument clinique qui permet à un individu de voir comment il se comporte dans certaines situations et, ainsi, de corriger sa perception de lui-même.

Si le jeu de rôle permet de reconnaître certains problèmes de comportement, on doit cependant le combiner avec une seconde technique, le **modelage**

de rôles, pour s'assurer qu'il soit plus constructif que destructif. Il consiste à montrer comment appréhender certains problèmes de comportement fréquents : comment motiver une personne qui a un piètre rendement, gérer l'absentéisme, refuser des demandes déraisonnables, présenter oralement un rapport, etc.

Cette méthode est généralement bien évaluée par les participants et jugée utile par les gestionnaires qui doivent souvent diriger des relations humaines. Par ailleurs, elle est efficace dans la mesure où certains principes de base de l'apprentissage sont respectés [27]. Par exemple, l'apprentissage doit se faire progressivement et viser à modifier quelques aspects du comportement d'un individu pour que celui-ci soit encouragé par son succès plutôt que démotivé par son échec.

La gestion par objectifs

Dans l'ensemble, la gestion par objectifs consiste à établir les buts de l'entreprise de concert avec les employés. Cette technique accroît les chances que les objectifs organisationnels et individuels soient atteints. Elle met aussi l'accent sur l'épanouissement des employés [28].

Le processus se déroule en trois étapes :

1. Une rencontre a lieu entre le supérieur et son subordonné pour discuter des objectifs qui seront fixés.
2. Des buts réalisables sont établis.
3. Des rencontres ont lieu à des dates prédéterminées afin d'évaluer les progrès du subordonné et de redéfinir, au besoin, les objectifs fixés et les moyens d'évaluation.

Cette méthode est basée sur le principe que, si on consulte une personne pour déterminer ce qu'on attend d'elle et si elle juge que la tâche qu'on lui assigne est réaliste, elle consentira à faire les efforts nécessaires pour la réaliser. L'établissement conjoint d'objectifs stimule la motivation des employés et leur permet de sentir que leur rendement est jugé d'une manière équitable. Un des avantages de cette méthode est que les dirigeants doivent planifier en tenant compte des objectifs globaux de l'organisation. Un autre avantage est qu'elle fait en sorte de resserrer les liens entre les supérieurs et les subordonnés, et ce, à tous les paliers de l'entreprise. Toutefois, pour que cette stratégie de gestion soit efficace, elle doit avoir l'appui de la haute direction, sinon elle risque d'être perçue par les supérieurs comme une menace à leur autorité.

12.5 L'ÉVALUATION ET L'OFFICIALISATION DU CHANGEMENT

Il semble raisonnable de procéder à une évaluation des changements afin de déterminer s'ils ont accompli ce qu'on attendait d'eux et si cette réalisation semble appropriée. On peut effectuer une évaluation approfondie en tenant compte de diverses variables :

modelage de rôles
Méthode qui consiste à enseigner par démonstration les façons d'envisager certains problèmes de comportement.

- Les réactions : Les participants ont-ils aimé le programme de changement ?

- L'apprentissage : Quelles connaissances le programme a-t-il permis d'acquérir ?

- Le comportement : Quelles connaissances sur la conduite au travail ont été acquises ?

- Les résultats : Quels changements en matière de productivité, d'absence, etc., ont été apportés [29] ?

Les réactions mesurent la résistance, l'apprentissage tient compte du changement et le comportement reflète un gel réussi. Quant aux résultats, ils indiquent si le gel est utile pour l'entreprise. Malheureusement, les évaluations des efforts de changement s'arrêtent la plupart du temps à la mesure des réactions.

CONCLUSION

Les concepts de changement et de développement organisationnels sont intimement liés. La nécessité d'apporter un changement peut découler de certains facteurs internes ou externes, mais celui-ci s'opère toujours au sein même de l'entreprise par l'intermédiaire du développement organisationnel.

Quand ils prennent conscience qu'il y a une volonté de changement, certains employés tendent à s'y opposer. Quelle que soit la cause de leur résistance, le fait d'offrir des séances de formation, des possibilités de promotion et de participation aux processus de changement sont des moyens de lutter contre les réticences. Pour opérer un changement avec succès, l'agent de changement doit au moins connaître les trois étapes du processus : le dégel, la transformation et le gel.

Peu importe le type et l'importance du changement, peu importe les caractéristiques des individus concernés, l'adaptation au changement est un processus qui passe par sept phases de préoccupation. Le développement organisationnel (DO) représente un effort planifié et continu qui vise à rendre une entreprise plus efficace et plus humaine. Le DO se sert de la connaissance de la science du comportement pour encourager une culture d'auto-examen organisationnel et de préparation au changement. Les types d'intervention en développement organisationnel sont la recherche active, le sondage de rétroaction, la réorganisation, le renforcement d'équipe et la gestion par objectifs.

Il est recommandé d'évaluer les résultats des changements afin de déterminer s'ils ont accompli ce qu'on attendait d'eux en tenant compte des réactions des participants, des connaissances acquises, des comportements au travail.

QUESTIONS **DE RÉVISION**

1. Définissez ce qu'est un changement organisationnel et décrivez son rôle en ce qui a trait à la survie d'une organisation.

2. Il y a quatre causes possibles de résistance au changement; nommez-les et expliquez ce qui peut les relier.

3. Dans le cas de l'application d'une nouvelle procédure pour réglementer le remboursement des dépenses de voyage des employés d'une entreprise, quels pourraient être les signes précurseurs d'une résistance au changement?

4. Comparez le processus de changement tel que le définit Kurt Lewin avec le plan de mise en œuvre du changement à huit étapes de Kotter.

5. Quelles sont les caractéristiques fondamentales du développement organisationnel?

6. Nommez deux méthodes pouvant être utilisées par un agent de changement qui souhaite conduire des sondages de rétroaction. Trouvez à chacune au moins un avantage et un désavantage.

AUTO-**ÉVALUATION**

La tolérance à l'ambiguïté

Lisez attentivement chacun des énoncés ci-dessous. Ensuite, indiquez jusqu'à quel point vous êtes en accord ou en désaccord avec eux à l'aide de l'échelle suivante :

TOTALEMENT EN DÉSACCORD		NI EN ACCORD, NI EN DÉSACCORD			TOTALEMENT EN ACCORD	
1	2	3	4	5	6	7

Inscrivez le nombre qui décrit le mieux votre position sur la ligne située à la gauche de chaque énoncé.

____ 1. Si un expert est incapable de fournir une réponse claire, il est probablement peu informé.

____ 2. J'aimerais habiter dans un pays étranger pendant un certain temps.

____ 3. Plus tôt nous acquérons des valeurs et des idées communes, mieux c'est.

____ 4. Un bon enseignant vous fait réfléchir sur votre façon d'aborder les choses.

____ 5. J'aime les fêtes où je connais la plupart des invités par rapport à celles où j'en connais très peu.

____ 6. Les enseignants et les superviseurs qui donnent des devoirs sans trop de consignes vous permettent de faire preuve d'initiative et d'originalité.

____ 7. Une personne menant une vie normale et calme, où peu de surprises ou d'événements imprévus surviennent, devrait en être très reconnaissante.

____ 8. La plupart des décisions importantes que nous prenons ne sont pas suffisamment documentées.

____ 9. Tous les problèmes peuvent être réglés.

____ 10. Les personnes qui vivent en fonction d'un horaire précis ne profitent probablement pas de la vie.

____ 11. Un bon emploi comporte des tâches claires et des façons précises de les accomplir.

____ 12. C'est plus amusant de régler un problème complexe que simple.

____ 13. À long terme, il est plus avantageux de régler souvent de petits problèmes simples que d'affronter de gros problèmes complexes.

⌄

_____ **14.** Souvent, les personnes les plus intéressantes et les plus passionnantes sont celles qui n'éprouvent pas de problèmes du fait de leur différence et de leur originalité.

_____ **15.** Nous préférons toujours le connu à l'inconnu.

Compilation des points de l'autoévaluation

Pointage : Additionnez les points des réponses paires. Pour les réponses impaires, inversez le pointage (Par exemple : « 7 » correspond à « 1 » et « 6 » correspond à « 2 ») et additionnez les points. Votre pointage correspond au total des points des réponses paires et impaires.

Normes d'utilisation de l'échelle pour la tolérance de l'ambiguïté

Base : Le sondage comporte 15 questions portant sur des situations personnelles et professionnelles ambiguës. Vous deviez associer un nombre de 1 (tolérant) à 7 (intolérant) à chaque situation (le pointage des questions alternatives est inversé). L'échelle alloue des points aux énoncés. Une personne parfaitement tolérante obtiendrait 15 points et une personne parfaitement intolérante obtiendrait 105 points. Des résultats entre 20 et 80 points ont été rapportés chez les répondants au sondage, la moyenne étant de 45. Le total des points aux réponses paires, moins 7 points, est ajouté au total des points des réponses impaires.

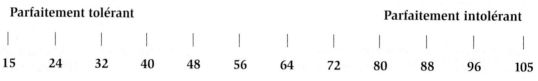

Parfaitement tolérant									Parfaitement intolérant			
15	24	32	40	48	56	64	72	80	88	96	105	

Normes :

Gestionnaires du secteur public : 43 ± 20

Gestionnaires du secteur privé : $44,6 \pm 8,5$

Source : Traduit et adapté de D. MARCIC et J. SELTZER, « Tolerance of Ambiguity », *Organizationnal Behavior : Experiences and Cases*, 5ᵉ éd., Mason, OH, South-Western College Publishing, 1998, p. 281-283.

✔ ÉTUDE **DE CAS**

EREHWON MANAGEMENT CONSULTANTS INC.

Erehwon Management Consultants inc. (EMC) est une société d'experts-conseils qui a des bureaux dans six villes et qui emploie environ 100 consultants à temps plein. Jusqu'à tout récemment, l'entreprise jouissait d'une croissance enviable résultant de la vente de seulement deux « produits ». Le président de la société a commencé à percevoir des signes de ralentissement du fait que les produits en question entraient rapidement dans la phase de maturité de leur cycle de vie. De plus, il s'est rendu compte que le rythme de travail était devenu trop intense et il s'est dit qu'un allègement graduel de la charge de travail

des consultants permettrait à la société de maintenir en poste un personnel moins stressé.

La culture de la société avant le programme de changement

Comme beaucoup d'autres sociétés-conseils, EMC avait bâti son succès sur le nombre d'heures facturables et le taux élevé d'utilisation des consultants. En d'autres termes, le succès, et même la pérennité d'EMC, reposaient, tout au moins, sur le paiement des coûts fixes (les salaires, les coûts indirects et les avantages complémentaires) à ses consultants. En conséquence, tout le personnel d'EMC portait

⌄

une attention particulière à la facturation hebdomadaire des heures aux clients.

On encourageait les consultants, sur tous les plans et souvent de façon indirecte, à concentrer leurs efforts sur la clientèle et à vendre des contrats de suivi du service. Quand venait le moment d'évaluer le rendement et d'octroyer des promotions, il était dit explicitement que les ventes et le travail intensif auprès de la clientèle constituaient les critères d'avancement de carrière du personnel chez EMC. On avait l'impression que les associés étaient toujours sur la route, appelant leurs clients ou des clients potentiels et cherchant à atteindre leurs quotas de vente. Aucun marketing organisé n'était en place, ce qui aurait pu projeter une image dénuée de professionnalisme.

Une nouvelle stratégie pour EMC

Pendant deux jours, le président a réuni ses six associés, soit les responsables des six bureaux de la société, pour leur faire part de ses préoccupations concernant un ralentissement imminent et les problèmes liés à la qualité de vie. Étant donné que la société avait toujours, depuis ses débuts, accordé la priorité aux ventes et que la réussite de ces dernières provenait de la capitalisation de deux produits existants, aucun travail de recherche et développement n'avait jamais été tenté, ni aucun projet de lancement de nouveau produit.

Afin de contenir le ralentissement et, en même temps, d'améliorer la qualité de vie au travail des consultants, la stratégie suivante a été proposée par les participants à la rencontre :

- Diminuer la prépondérance des ventes et des heures facturables en tant qu'outil de mesure du rendement des consultants.

- Consacrer environ 5 % du temps de chaque consultant (c'est-à-dire, trois heures par semaine) à des activités de recherche et développement. Chacun des consultants pourrait utiliser ces heures à l'amélioration de ses compétences professionnelles, à la conception de nouveaux produits ou à la prospection de créneaux potentiels de commercialisation pour les produits existants.

- Essayer de planifier l'horaire des consultants afin que ceux qui passent beaucoup de temps sur la route (à rencontrer des clients) soient occasionnellement « récompensés » par des affectations locales ou reconnus officiellement comme chargés de projets de développement de nouveaux produits qui ne requièrent pas de déplacement.

Le programme de changement

Le comité du président a conclu que cette nouvelle stratégie constituait une orientation très différente de l'approche précédente. Néanmoins, il semblait y avoir une certaine urgence à mettre la nouvelle stratégie en place.

Le responsable du plus important bureau de la société, l'associé qui affichait la meilleure performance en ventes, s'est vu confier la responsabilité de mettre au point l'exécution du plan. Son programme était construit autour des points suivants :

- Tous les consultants de la société, sans exception, recevraient une note du président leur décrivant la nouvelle stratégie et les impératifs de changement.

- Chacun des six associés de bureau convoquerait ses consultants pour leur expliquer la nouvelle situation et les encourager à proposer de nouvelles idées de produits.

- Le personnel de chaque bureau serait responsable de l'aménagement de son emploi du temps afin de causer le moins de dérangement possible à la clientèle.

La note d'une page du président a été distribuée environ deux semaines plus tard. Il a fallu presque trois mois pour que les responsables des six bureaux réunissent leurs équipes de consultants parce que les clients requéraient sans cesse la présence des consultants pour résoudre des problèmes importants.

La réponse des consultants

La note du président a provoqué de la surprise et de la perplexité chez la plupart des consultants d'EMC. En résumé, la note expliquait que l'organisation de la société, dans le futur, s'appuierait sur ses ressources humaines. L'argumentaire manquait de substance et la note ne reflétait pas vraiment le caractère d'urgence qui avait, au départ, motivé le président à donner suite à ses préoccupations. Aucun des consultants, pour ainsi dire, ne semblait considérer la note comme un facteur de changement notable les concernant, dans un futur proche tout au moins.

Les réunions, organisées dans chacun des bureaux, ne reflétaient pas vraiment l'urgence et manquaient de justification. À plusieurs de ces rencontres, les responsables de bureau manquaient d'enthousiasme et il y en a un qui aurait même dit qu'il s'agissait d'une situation temporaire qui ne touchait en rien le *vrai* travail!

Après que ces réunions se soient tenues, rien ne semblait avoir changé dans la société. Les associés continuaient à s'activer et à chercher de nouveaux clients; quant aux consultants, ils continuaient d'être promus ou congédiés, selon leur potentiel

d'accéder au statut d'associé, autrement dit selon leur aptitude à générer des affaires.

De plus, comme la tendance à la baisse des ventes est survenue plus tôt que prévu, les sollicitations à froid et les visites d'anciens clients sont devenues la préoccupation première de tous les consultants. Même le travail auprès de certains clients a été ralenti afin de libérer du personnel pour des visites de vente.

Finalement, les ventes ont repris, grâce à une offre élargie de produits et à l'ouverture de marchés, mais sans thème cohérent. Les associés et les consultants n'ont jamais vraiment changé leurs objectifs de ventes. Le «nouveau programme» a rapidement été jeté aux oubliettes.

Source: Traduit et adapté de B. BUCHEWICZ, «Culture and attitude change». Publié originellement par Baybrooke Press Ltd., *The Journal of General Management*, été 1990, vol. 15, n°4, p. 45-55.

Questions

1. Décrivez la culture de la société Erehwon Management Consultants avant et après les efforts de changement.

2. Analysez minutieusement les raisons qui ont conduit à l'échec des efforts de changement.

3. Expliquez la résistance aux efforts de changement rencontrée. Après tout, ces changements semblaient profiter aux consultants.

RÉFÉRENCES

[1] H. LEAVITT, «Applied organizational changes in industry; Structural, technological, and humanistic approaches», dans J.G. MARCH, dir., *Handbook of organizations*, Chicago, IL, Rand McNally, 1965.

[2] R.H.G. FIELD, *Human Behaviour in Organizations: a Canadian Perspective*, 2e éd., Toronto, Ontario, Prentice Hall Canada, 1951.

[3] R.H.G. FIELD, *op. cit.*

[4] P.H. MIRVIS, «Organization development: Part I - An evolutionary perspective», dans W.A. PASMORE et R.W. WOODMAN, dir., *Research in Organizational Change and Development*, Greenwich, CT, JAI Press, vol. 2, 1988, p. 1-57.

[5] K.E. WEICK, «Small wins: Redefining the scale of social problems», *American Psychologist*, vol. 39, 1984, p. 40-49.

[6] T. GOSS, R. PASCALE et A. ATHOS, «The reinvention roller coaster: Risking the present for a powerful future», *Harvard Business Review*, (novembre-décembre 1993), p. 97-108.

[7] T.S. KUHN, *The Structure of Scientific Revolutions*, 2e éd., Chicago, IL, University of Chicago Press, 1970.

[8] D.H. FREEMAN, «Is management still a science?», *Harvard Business Review*, (novembre-décembre 1992), p. 26-38.

[9] A.M. PETTIGREW et R. WHIPP, «Understanding the environment», dans C. MABEY et B. MAYON-WHITE, dir., *Managing Change*, 2e éd., Londres, Royaume-Uni, The Open University-Paul Champan Publishing, 1993.

[10] K. LEWIN, *Resolving Social Conflicts*, New York, NY, Harper & Row, 1948.

11 P.G. AUDIA, E.A. LOCKE et K.G. SMITH, «The Paradox of Success: An Archival and a Laboratory Study of Strategic Persistence Following Radical Environmental Change», *Academy of Management Journal,* (octobre 2000), p. 837-853.

12 J.B. SORENSEN, «The Strength of Corporate Culture and the Reliability of Firm Performance», *Administrative Science Quarterly,* (mars 2002), p. 70-91.

13 J.P. KOTTER, «Leading Changes: Why Transformation Efforts Fail», *Harvard Business Review,* (mars-avril 1995), p. 59-67; J.P. KOTTER, *Leading Change,* Boston, MA, Harvard School Press, 1996.

14 J.P. KOTTER et L.A. SCHLESIGNER, «Choosing Strategies for Change», *Harvard Business Review,* (mars-avril 1979), p. 106-114.

15 C. BAREIL, *Gérer le volet humain du changement,* Montréal, Québec, Les Éditions Transcontinental, 2004.

16 C. BAREIL, *op.cit.,* p. 83-84.

17 B. BURNES, *Managing Change: A Strategic Approach to Organisational Dynamics,* 4e éd., Toronto, Ontario, Prentice Hall - Financial Times, 2004.

18 R.J. BULLOCK et D. BATTEN, «It's just a phase we're going through: a review and synthesis of OD phase analysis», *Group and Organization Studies,* (10 décembre 1985), p. 383-412.

19 D. STAUFFER, «Cultural Fit: Why Hiring Good People Is No Longer Good Enough», *Harvard Management Update,* 1998; A.B. SHANI et W.A. PASMORE, «Organization Inquiry: Towards a New Model of the Action Research Process», dans D.D. WARRICK, dir., *Contemporary Organization Development: Current Thinking and Application,* Glenview, IL, Scott, Foresman, 1985, p. 438-448; C. EDEN et C. HUXHAM, «Action Research for the Study of Organizations», dans S.R. CLEGG, C. HARDY et W.R. NORD, dir., *Handbook of Organization Studies,* Londres, Royaume-Uni, Sage, 1996.

20 D. STAUFFER, *op. cit.*

21 G.R. BUSHE, «Advances in Appreciative Inquiry as an Organization Development Intervention», *Organization Development Journal,* vol. 17, n° 2, (été 1999), p. 61-68.

22 M. BEER, *Organization change and development: A systems view,* Glenview, IL, Goodyear Publishing, 1980.

23 S. GREENGARD, «Reengineering: Out of the rubble», *Personnel Journal,* (décembre 1993), p. 48B-48O.

24 J.T.V. TENG, V. GROVER et K.D. FIEDLER, «Business process reengineering; Charting a strategic path for the information age», *California Management Review,* (printemps 1994), p. 9-31.

25 R.A. GUZZO, R.D. JETTE et R.A. KATZELL, «The effects of psychologically based intervention programs on worker productivity: A meta-analysis», *Personnel Psychology,* vol. 38, 1985, p. 275-291.

26 W.G. DYER, *Team Building: Issues and Alternatives,* Reading, MA, Addison-Wesley, 1977; S.J. LEIBOWITZ et K.P. DE MEUSE, «The Application of Team Building», *Human Relations,* 1982, vol. 1, n° 18.

27 A. BANDURA et R.H. WALTERS, *Social Learning and Personality Development,* New York, NY, Holt, Rinehart and Winston, 1963; A. BANDURA, R.W. JEFFREY, et C.L. WRIGHT, «Efficacy of Participant Modeling as a Function of Response Induction Aids», *Journal of Abnormal Psychology,* 1974, n° 83, p. 56-61.

28 P. DRUKER, *The Practice of Management,* New York, NY, Harper & Row, 1954; G.S. ODIORNE, *Personnel Administration by Objectives,* Homewood, IL, Richard D. Irwin, 1971.

29 R.F. CATALANELLO et D.L. KIRKPATRICK, «Evaluating training programs. The state of the art», *Training and Development Journal,* vol. 22, 1968, p. 2-9.

A

Adams, J.S., 118
Adler, N.J., 231, 447
Agrell, S., 381
Ajzen, I., 143
Aktouf, O., 426
Alderfer, C.P., 100
Alessandra, A., 235
Allen, N.J., 164, 165
Alliger, G.M., 312
Allport, G.W., 138
Ancona, D.G., 192
Argyle, M., 231
Argyris, C., 437
Arsenault, A., 378, 379, 396,
    397, 401-3, 405, 407-9
Arthur, M.B., 42
Athos, A., 469
Attridge, M., 172
Aubé, C., 93, 281
Audia, P.G., 475
Avolio, B.J., 191, 330
Awamleh, R., 331

B

Baetz, M.L., 312
Bakker, A.B., 172
Baldes, J.J., 122
Bandura, A., 42, 489
Banker, D., 202
Bareil, C., 481, 483
Barsade, S.G., 253
Bass, B.M., 311, 328, 329
Battenhausen, K.L., 182
Battern, D., 483
Beaudoin, D., 378
Beer, M., 485
Belle, F., 453
Benabou, C., 90, 164, 169, 170,
    171, 276, 287
Bennett, N., 200
Bentein, K., 166
Berkowitz, L., 118
Bertrand, D., 138
Beutell, N.J., 396
Biron, C., 381
Black, J.S., 309
Blake, R.R., 317
Blanchard, K.H., 323
Blouin, C., 298
Bobko, P., 191
Bochner, S., 231

Boddy, D., 449
Bono, J.E., 161, 313
Bordia, P., 225
Boucher, G., 298
Bourgault, J., 283
Bow, J., 246
Bowling, N.A., 161
Boyatzis, R., 315
Braun, K., 243
Bridwell, L.G., 100
Brief, A.P., 163
Brown, A., 449
Brown, C.A., 162
Brown, D., 157
Brun, J.-P., 381
Brunet, L., 141, 184
Brush, D.H., 156
Bryant, D.J., 352
Buchanan, D., 449
Bullock, R.J., 483
Burger, J.M., 403
Burnes, B., 449, 483
Bushe, G.R., 485
Byron, K., 246

C

Cabezas, C., 409
Cacioppo, J.T., 253
Caldwell, S., 330
Cameron, A.F., 248
Campbell, J.P., 95
Canhilal, S.K., 416
Cannings, K., 392, 404, 409
Cannon, W.B., 385
Carol, T., 282
Carson, C.M., 92
Cartwright, D., 271
Caruso, D.R., 313
Castro, S.L., 331
Catalanello, R.F., 490
Cerclé, A., 137, 138
Chadwick-Jones, J.K., 162
Chartrand, L., 235
Cherlunik, P.D., 42
Chiniara, M., 166
Clegg, S.R., 485
Cogliser, C.C., 331
Colbert, A.E., 313
Coleman, D.F., 192
Coleman, P.T., 278, 294
Collins, J.C., 437
Conger, J.A., 331

Cook, D.S., 396
Cooper, C.L., 269, 281, 282
Cooper-Hakim, A., 160
Cormier, S., 296
Crandall, R., 404
Cropanzano, R., 163

D

Daft, R.L., 251, 255
Dalmas, M., 102, 105
David, D., 313
Davis, K., 224
Day, D.V., 331
De Billy, C., 149
De Bono, E., 365
De Creu, C.K.W., 269
De Meuse, K.P., 487
Deal, T.E., 432
Deci, E.L., 123
Delbecq, A.L., 359
Deutsch, M., 278, 294
Devanna, M.A., 329
Diaz, J.J., 206
Dickinson, M.W., 202
Diez, M., 392, 404, 409
Diez-Pinol, M., 392, 404
Difonzo, N., 225
Dion, G., 266
Dolan, S.L., 141, 151, 364,
    378, 379, 381, 392, 396, 397,
    401-5, 407-9, 413, 416, 417,
    426, 439-441, 445, 447,
    451, 452
Donley, K.A., 42
Drucker, F., 192
Druker, P., 489
Ducheneaut, N., 246
Dumaine, B., 204
Dunnette, M.D., 191
Dupré, Y., 235
Dussault, M., 171
Dye, K., 100
Dyer, W.G., 487

E

Eagly, A.H., 311
Earley, P.C., 202
Eden, C., 485
Einarsen, S., 281
Ekman, P., 231
Ensley, M.D., 191
Erdheim, J., 168

F

Farnham, A., 204
Fedor, D.B., 330
Fedor, K.J., 456
Festinger, L., 118
Fiedler, F.E., 315, 325
Fiedler, K.D., 486
Field, J.M., 202
Field, R.H.G., 221, 469
Fincher, R.D., 294
Fine, G.A., 224
Fishbein, M., 143
Fisher, R.J., 278
Folkman, S., 390
Forest, J., 123, 127
Foucher, R., 138, 141, 266, 282
Foulkes, F.K., 254
Foy, N., 319
Freeland, D.B., 243
Freeman, D.H., 470
French, J.R.P., 271
Frone, M.R., 157

G

Gagné, M., 123, 127
Gagné, P.A., 298
Gagnon, C., 166
Gallagher, A., 191
Garcia, S., 409, 439, 441, 447, 451
Gardner, W.L., 330, 331
Geister, S., 246
George, J.M., 200, 313
Gerstner, C.R., 331
Gibson, C.B., 202, 206
Giebels, E., 296
Gigerenzer, G., 352
Gilbert, P., 90
Godon, H., 319
Goguelin, P., 407
Goleman, D., 313, 320
Gonzales-Roma, V., 172
Goss, T., 469
Gosselin, E., 124, 141, 151, 166, 265, 282
Graen, G.B., 331
Gravel, P., 416
Greenberg, J., 119
Greene, C., 322
Greengard, S., 486
Gregersen, H.B., 309
Grover, V., 486
Guidoni, M., 426, 440
Gustafson, D.H., 359
Guzzo, R.A., 191, 202, 487

H

Hackman, J.R., 152, 182, 191
Hall, E.T., 233

Hall, M.R., 233
Handy, C., 433
Haney, W.V., 230
Hara, M.R., 405
Hardy, C., 485
Harinck, F., 269
Harmon, A., 246
Harris, S.G., 187
Harvey, S., 298
Hatfield, E., 253
Haynes, R.B., 407
Heller, D., 157
Henke, J.W., 204
Herold, D.M., 330
Herscovitch, L., 167
Hersey, P., 323
Hertel, G., 246
Herzberg, F., 102
Hiek, H., 281, 282
Hill, G.W., 189
Hirschhorn, L., 224
Hobbs, B., 450
Hofstede, G., 430
Hoppock, R., 149
Horowitz, R., 368
Hough, L.M., 191
House, R.J., 42, 221, 312, 321, 399
Hunt, J.G., 101, 105, 149, 296
Huxham, C., 485

I

Ilies, R., 313
Irving, P.G., 192

J

Jackson, S.E., 413
Jacobson, D., 319
Janssen, O., 296
Jeffrey, R.W., 489
Jensen, M.A., 185
Jette, R.D., 487
Johannesen-Schmidt, M.C., 311
Johns, G., 202, 204
Johnson, S.K., 253
Joinson, C., 206
Judge, T.A., 102, 150, 157, 161, 170, 172, 313
Jung, D.I., 191

K

Kaczmarek, S.K., 243
Kahn, R.L., 225
Kahneman, D., 342, 345
Kakar, D., 319
Kanungo, R.N., 308, 331
Karasek, R.A., 392, 393
Katz, D., 225
Katzell, R.A., 487

Kavic, B., 319
Kennedy, A.A., 432
Kets de Vries, M.F.R., 315
Kidwell, R.E., 200
Kilmann, R.H., 288
Kinicki, A.J., 191
Kirkman, B.L., 202, 206
Kirkpatrick, D.L., 490
Kluckhohn, F.R., 434
Kolb, D.M., 295
Konradt, U., 246
Korman, A.K., 319
Kornhauser, A., 401
Korsgaard, M.A., 191
Kotter, J.P., 476, 480
Krachenberg, R.A., 204
Kressel, K., 294
Kuhn, T.S., 469

L

Ladouceur, A., 292
Landry, G., 168-170
Langton, N., 102, 170, 172
Latham, G.P., 100, 122
Law, K.S., 313
Lazarus, R.S., 390
Le Flanchec, A., 272
Leavitt, H., 468
Lee, C., 191
Leibowitz, S.J., 487
Leiter, M.P., 172
Lengel, R.H., 251, 255
Lent, R.W., 157
Lerner, M.J., 139
Lester, S.W., 191
Lewin, K., 479
Likert, R., 316
Lingham, T., 445-47
Lipnack, J., 206
Lipsky, D.B., 294
Lirtzman, S.I., 399
Liska, L.Z., 322, 323
Liu, Y., 330
Locke, E.A., 120, 122, 475
Locker, K.O., 243
Lord, R.G., 312
Louche, C., 90, 100
Lucas, W., 246
Lyons, T.F., 204

M

Mabey, C., 474
Mackenzie, S.B., 328
Madsen, D.B., 361
Malarewicz, J.A., 294
Malekazedeh, A.R., 456
Maltin, E.R., 170
Mansour, J.B., 166

Manville, C., 102, 105
March, J.G., 468
Marks, M.L., 456
Martin, I., 364
Maslach, C., 172
Maslow, A.H., 95
Mathier, J.E., 168
Maturana, H., 440
Mausner, B., 102
Mayon-White, B., 474
McCann, C., 352
McCronsky, J.C., 251
McFarlin, D.B., 157
McKee, A., 315
McPherson, S.O., 206
McShane, S.L., 90, 164, 169-171, 276, 287
McShulskis, E., 265
Meglino, B.M., 191
Menninger, K., 390
Meyer, J.P., 164, 167, 170
Milkovich, G.T., 357
Miller, S.R., 42
Mills, A.J., 100
Milton, T., 139
Minkov, M., 430
Mintzberg, H., 450
Miron, D., 106
Mirvis, P.H., 469
Mitchell, M.S., 163
Mitchell, T.R., 321
Moch, M.K., 156
Moodie, S., 417
Moorhead, G., 192
Moreau, P., 138
Morgenstern, O., 345
Morin, E.M., 93, 281
Morrison, A.J., 309
Mottay, D., 102, 105
Mount, M.K., 157
Mouton, J., 317
Mowday, R.T., 163
Muchinsky, P.M., 95, 100, 120, 162
Munroe-Blum, H., 452
Murachver, T., 251
Murchison, C., 138

N

Nahavandi, A., 456
Nauta, A., 296
Neale, M.A., 246
Neuijen, B., 430
Nicholson, N., 162
Nisbett, R., 345

O

Obert, S.L., 185
Odiorne, G.S., 489
Ohayv, D.D., 430
Oldham, G.R., 151
Organ, D.W., 171
Osborn, R.N., 101, 105, 149, 296
Ouimet, G., 426, 427
Owens, D.A., 246

P

Panaccio, A.J., 168, 169, 170
Paquet, R., 166
Pascale, R., 469
Pasmore, W.A., 469, 485
Pastor, P., 437
Payne, S.K., 251
Perrewe, P.L., 404
Peterson, S.J., 330
Petitpas, J.G., 298
Pettigrew, A.M., 474
Petty, R.E., 139, 147
Pigeyre, F., 90
Pinder, C.C., 100
Pinto, J.K., 204
Pinto, M.B., 204
Pirot, S., 342
Plane, J.M., 272
Podsakoff, P.M., 272, 328
Poitras, J., 292
Pondy, L.R., 269
Pooyan, A., 156
Porras, J.I., 437
Porter, L.W., 163
Potter, E.H., 315
Poupart, R., 450
Prescott, J.E., 204
Prussia, G.E., 191

R

Radin, D., 343
Rapson, R.L., 253
Raven, B.H., 271, 272
Rayner, C., 281, 282
Reskin, B.F., 156
Rhodes, N., 147
Rice, R.W., 157
Richkey, B., 451
Richley, B., 447
Richmond, V.P., 251
Rizzo, J.R., 399
Robbins, S.P., 102, 170, 172
Robertson, I.J., 269
Robitaille, L., 343
Rocheblave-Spenlé, A.M., 270

R

Rojot, J., 102, 123, 166, 168, 170, 272
Rokeach, M., 427, 439
Rosen, B., 206
Rosenberg, E.L., 231
Rosenman, R.H., 401, 402
Rosnow, R.L., 224, 225
Ross, C.E., 156
Rotter, J.B., 403
Roussel, P., 102, 105, 123, 166, 168, 170, 272
Roux, S., 171
Rowan, R., 224
Roy, N., 124
Rus, V., 319
Ryan, R.M., 123

S

Saari, L.M., 150, 157
Saba, T., 413
Saks, A.M., 202, 204
Salanova, M., 172
Sanders, G., 430
Savoie, A., 141, 184
Sayles, L.R., 191
Schaufeli, W.B., 172
Schein, E.H., 427, 435, 436, 437, 449, 456
Schermerhorn, J.R., 101, 105, 149, 296
Schlesigner, L.A., 480
Schmidt, W.H., 324
Schriesheim, C.A., 272, 331
Schuler, R.S., 413
Schwarzer, R., 407
Sechrest, L., 407
Seeber, R.L., 294
Seijts, G.H., 202
Selye, H., 386
Shamir, B., 42
Shani, A.B., 485
Shapiro, D.L., 202
Shea, G.P., 191
Sheeran, P., 145
Shepperd, J.A., 200
Sheth, J., 451
Shrom, A., 319
Sierra, V., 392, 404, 409
Simon, H.A., 350
Singer, J.R., 361
Sinha, K.K., 202
Sisodia, R., 451
Sivasubramaniam, N., 191
Skinner, B.F., 113
Slabbert, A.D., 295
Smith, C.A., 165
Smith, K.G., 475

Smith, K.W., 456
Somat, A., 137, 138
Sorensen, J.B., 475
Sosik, J.J., 191
Soto, E., 364
Spector, P.E., 150, 152, 155, 164
Sroujian, C., 381
Stamps, J., 206
Stanley, D.J., 167
Stauffer, D., 485
Steers, R.M., 163
Steiner, I.D., 189, 190
Stogdill, R.M., 310, 316
Stout, D., 298
Strodbeck, F.L., 434
Subich, M.L., 157
Sutton, R.I., 187, 246
Syderman, B., 102

T

Taggar, S., 202
Tannenbaum, A.S., 319
Tannenbaum, R., 324
Tasa, K., 202
Taylor, M., 445
Tellier, Y., 235, 266
Teng, J.T.V., 486
Tesluk, P.E., 206
Tessier, R., 266
Theorell, T., 393
Thill, E., 90, 94
Thomas, K.W., 266, 288
Thompson, J.D., 353
Thomson, R., 251
Thorensen, C.J., 161
Tichy, N.M., 329
Tinsley, C.H., 191
Todd, P.M., 352

Tokar, D., 157
Toponytsky, L., 167
Tormala, Z.L., 139, 147
Toulouse, J.M., 307
Trompenaars, F., 434
Trumble, R.R., 206
Tscheulin, D., 319
Tsui, A.S., 357
Tuckman, B., 185
Tudor, T.R., 206
Tuttle, M.L., 162
Tverskey, A., 342, 345
Tzfrir, S.S., 409

U

Uhl-Bien, M., 331
Ulrich, D., 416
Ulrich, W., 416
Uribe, R., 440

V

Vallas, S.P., 206
Vallerand, R.J., 90, 94, 145
Van, M.L., 311
Van, M.R., 407
Van Ameringen, M.R., 396, 401, 405, 407
Van De Ven, A.H., 359
Van De Vliert, E., 296
Van Vianen, A.E.M., 269
Vanderberghe, C., 102, 123, 166, 168-170, 272
Vardi, Y., 319
Varela, F., 440
Veysey, V.V., 401
Viswevaran, C., 160
Von Neumann, J., 345
Vroom, V.H., 107, 361

W

Wahba, M.A., 100
Wainsten, J.P., 342, 390
Walters, R.H., 489
Walumbwa, F.O., 330
Wang, M., 168
Wanous, J.P., 102
Warrick, D.D., 485
Waterman Jr., R.H., 204
Watts, L.A., 246
Weatherbee, T., 100
Webb, R.D.G., 352
Webster, J., 248
Weick, K.E., 469
Weiner, I.B., 139
Wernsing, T.S., 330
Wheeler, S.C., 139, 147
Whipp, R., 474
Wiewel, T.S.R., 42
Willmore, J., 206
Wilson, T., 345
Wofford, J.C., 322, 323
Wolfe, C.J., 313
Wong, C.S., 313
Woods, W., 147
Wright, C.L., 489

Y

Yetton, P.W., 361

Z

Zaccaro, S.J., 313
Zajac, D.M., 168
Zapf, D., 281
Zickar, M.J., 168
Zwany, A.A., 102

A

absentéisme, **16,** 41, 162, 407
absorption, 172, **275**
acceptation
    de la décision, **361**
    des objectifs, 121
accessibilité de l'attitude, 146
accident du travail, **16**
accommodement, 289, 291
accomplissement
    besoin d'_, **106**
    personnel, 103, 155
accueil, **454**
acculturation, 78
ACTH-glucocorticoïdes, **387**
action, 484
    raisonnée, 144
actualisation, 96, 99
    besoin d'_, **22**
adhésion au groupe, 182, 183
administration scientifique, 16, 17
affecteur, 6
affectivité, 435
affiliation
    besoin d'_, 97, 101, **106**
    sentiment d'_, 127
affirmation de soi, 77, *voir aussi*
        estime de soi
agents
    de changement, **480,** 481
    de stress, 398, 399, 401, 402
agréabilité, 65
agression en milieu de travail, 281
ambiguïté
    des rôles, 193
    des stimuli, 51
    tolérance à l'_, 430
aménagement du temps de travail,
       159
amotivation, 124–6
amplificateur, 6
analyse
    biculturelle, **456,** 457
    des faits, 348
    des tâches, 14
ancienneté, **162,** 167, 168
angle
    économique, 29
    environnemental, 29
    social, 29
animateur, 205
anomie, **400**

antécédents
    individuels, 167, 168
    organisationnels, 157, 158, 168,
        169
    personnels, 156
anxiété, 401, 402
approche
    axée sur la situation, **309,** 320–7
    axée sur les comportements, **308,**
        315–19
    axée sur les traits, **308**–15
    cognitive, **390**
    intuitive, **351,** 352
    politique, **352,** 353
    psychanalytique, 389, 390
    rationnelle, **347,** 348, 349
    rationnelle-émotive, 12
    systémique, 5, **6**
aptitudes, **67,** *voir aussi* capacité(s) et
        compétence(s)
    sociales, 203, 311
arbitrage, 294
arbre de décision, 363
arrêt de travail, 277
artéfacts culturels, 436
artistique, personnalité_, 69
assimilation, 456
Association internationale des
        professionnels de la
        communication (AIPC), 236
atmosphère de travail, 326
attentes, 52
    incompatibilité des _, 270
    théories des _ , 107–9, 112
attitude(s), **12,** 138–49, 427
    accessibilité de l'_, 146
    affective, 140
    calme, 142
    centralité de l'_, 145, 146
    cognitive, 140
    conative, 141
    conséquences de l'_, 141
    dans l'environnement de travail,
        73–9
    définition de l'_, 138, 139
    directive, 153
    et rémunération, 59
    incidence des _ sur le
        comportement, 142
    intensité de l'_, 145
    liées à l'engagement
        organisationnel, 171–3

    mécanismes intérieurs
        influençant l'_, 142
    menaçante, 142
    modification des _, 146, 147
    spécificité de l'_, 145
attribution (des comportements), **80**–2,
        voir aussi autoattribution et
        hétéroattribution
audit des valeurs, 450, 451, 455, 456
auditeur, qualités de l'_, 237
auditoire international, 233
autoattribution des comportements,
        81
autocratie, 289
autodétermination, 332
    théorie de l'_, 123–8
autoefficacité, **67,** 191
autogestion, 202–4, 332
automotivation, 111
autonomie, **16,** 17, 103, 124, 400
autorité, 17
    délégation de l'_, 14
    et gestion du conflit, 289
    et style de leadership, 324
    niveaux d'_, 18
    pratique de l'_, 142
avantages sociaux, 159
axe
    économique-praxique, **439,** 441
    émotionnel-énergétique, **439,** 441
    éthique-social, **439,** 441

B

béhaviorisme, **11,** 112–18, 123
besoin(s), 3, **4,** 182
    acquis, théorie des _, 105–7
    d'accomplissement, **106**
    d'actualisation, **22,** 96, 99
    d'affiliation, **106**
    d'appartenance, **183**
    d'autonomie, 124
    d'estime, 96–8
    d'existence, **101**
    de compétence, 124
    de développement, **101**
    de pouvoir, **72,** 106
    de sécurité, 96, **97**
    des subordonnés, 322
    en tant que déficience
        ponctuelle, 92, 93
    induisant un comportement, 90
    physiologiques, 96

pyramide des _, 96
relationnels, **101,** 124
sociaux, 96, 97
théorie des _ , 95, 96, 107
biais acteur-observateur, 81
bien-être au travail, 102, 381
biofeedback, voir rétroaction
biologique
blocage, 386
bouche-à-oreille, **224**
brainstorming, voir remue–méninges
bruit, 218–20
bureaucratie, **17,** 18, 398
fausse, 21
mécaniste, 25
professionnelle, 25
punitive, 21
représentative, 21
burnout, voir épuisement
professionnel
buts, 182, 196

C

ça, 10
cadre de référence, 229
cadre(s)
conflits entre _, 279, 280
conseil, 280
femmes _, 314
hiérarchique, 280
canal de communication, 243
capacités, *voir aussi* aptitude(s) et
compétence(s)
autoattribution selon les _, 81
langagières, 203
caractère
consciencieux, 65
difficile, 292, 293
caractéristiques
culturelles, 435
de l'emploi, modèle des _, 152
de la tâche, 328
des membres du
groupe, 185
des subordonnés, 322, 328
du leader efficace, 310
du milieu de travail, 322
du travail, 157, 158
sociobiographiques, 156
carrière, **16**
et personnalité, 67, 68, 70
plan de _, **413**
catégories du changement, 469, 470
causalité, locus de _, 127
centralité de l'attitude, 145, 146
cercle (réseau de communication), 221
cercle de qualité, **204,** 205

chaîne (réseau de communication),
221, 222
changement
développemental, 471
économique, 471, 472
évaluation du _, 489, 490
évolutif, 471
graduel, **469**
méthodes d'introduction du _,
477, 478
modèle de Field, 469–71
organisationnel, **364,** 467–90
plan de mise en œuvre du _ ,
476, 477
préoccupations centrées sur
le _, 483
proactif, **469**
processus du _, 474–8
qualitatif, 368
quantitatif, **469**
réactif, **469**
résistance au _, 478–82
révolutionnaire, 470, 471
sociologique, 471
technologique, 468, 472
transformationnel, 470
chapeaux, méthode des six _, **365,** 366
charisme, 329, 331, 332
cheminement critique, 320–2
choix
d'une solution, 349, 350
de carrière, 67, 71
sans raisonnement, 345
citoyenneté organisationnelle, **171**
classification des théories de la
motivation, 95
climat
de travail, 20, 170
organisationnel, 7
coaching en entreprise, 29–31
coalition, **274**
code vestimentaire, 116
coercition, 478
pouvoir de _, **273**
cohérence
du comportement, 58
évaluation selon la _, 80
cohésion
du groupe, 186, 195, 196, 355
du personnel, 17
colère, 290
collaboration, 289
et développement
organisationnel, 485, 486
et gestion du conflit, 291, 292
préoccupations centrées
sur la _, 483

collectivisme, 79, 430, 435
collègue, évaluation du _, 326
combat, 386
communicateur, qualités
de _, 236
communication, **5,** 22
à l'intention d'un auditoire
international, 233
assistée par ordinateur, 245,
246, 251
bidirectionnelle, **219,** 228
contenu de la _, 236
contexte culturel de la _, 233
directe, 250
efficace, 235–43
et cohésion du groupe, 196
et technologie, 244–50
horizontale, 226, **227,** 228
informative, 217
informelle, **223**
interculturelle, 231, 233
interne, 45
non verbale, 231, **251**
obstacles à la _, 229–35
organisationnelle, 216–56
par réseautage personnel, 248
persuasive, 147, 243, 244
préalables à la _, 240
processus complexe de _, 220
programmes de _, 240, 241
réseaux de _, 220–5
unidirectionnelle, **228,** 229
verbale, 251–3
vers le bas, **225,** 226
vers le haut, **226,** 227
verticale, 18
virtuelle, 206
visuelle, 232
comparaison
interpersonnelle, 154, 155
intrapersonnelle, 151, 152
compétence(s), *voir aussi* aptitude(s)
et capacité(s)
besoin de _, 124
du personnel, 27
perception de la _, 127
requises, 7
compétition, 291, 399
intergroupe, 196
complaisance, 81
complémentarité ou loi de
la fermeture, 55, **56**
comportement(s)
approche axée sur les _, **308,**
315–19
au travail, 36–84
et motivation, 91, 92

humain, 38–46
incidence des attitudes
sur le _, 142
mesurable, 11
non verbal, 251
opérant, 114
organisationnel, **4,** 7, 13–31
planifié, 144
politique, **72**
prédiction du _, 38
productif, 40, 41
risqué, 72
transactionnels et
transformationnels, 329
composition
des équipes de travail
autogérées, 202
du groupe, 189, 191
compromis, **10,** 11, 291
conciliation, 289
travail-famille, 415
concordance des objectifs, 94
condition
du changement
qualitatif, 368
du monde clos, 368
conditionnement
culturel, 319
répondant, 31
conditions de travail, **12,** 20
en tant que facteur d'insatisfaction, 103
intrinsèques et extrinsèques, 157
confiance groupale, 191, 206
conflit(s), **5,** 186, 264–99
conséquences du _, 268, 270,
295–8
constructif, 296, 297
des rôles, **193,** 399, 400
destructeur, 296, 297
entre cadres hiérarchiques et
cadres conseils, **279,** 280
gestion des _, 265, 266, **267,**
285–95
horizontal, **279**
intergroupe, 278
interpersonnel, 276, 277
intragroupe, **278**
intrapersonnel, **276**
issues possibles du _, 285
non résolu, 268
organisationnel, 265, **266**
origine des _, 269–84
phases du _, 286
stratégies de gestion du _, 288–93
vertical, **279**

confrontation, 186
congé, 159, *voir aussi* absentéisme et
maladie
de maladie, 41, 277
connaissance, 23
de soi, 330
du percevant, 51, 52
consensus, 80, 355
conséquences du conflit, 268, 270,
295–8
conséquences du stress, 386, 387
biologiques, 388, 389
individuelles, 404, 405
organisationnelles, 406
psychologiques et
comportementales, 389, 390
considération, **12,** 329
consolidation du conflit, 287
constitution du groupe, 186
contenu
du message, 243
théories de _, 95
contexte, 47, 48
culturel de la communication,
233
selon le modèle béhavioriste, 113
contingence, modèle de _, 325–7
continuité, *voir aussi* stabilité
engagement de _, 165
principe de _, **55**
valeur de _, 77
continuum
des types de motivation, 125
insatisfaction/non-satisfaction,
105
non-satisfaction/satisfaction, 105
contraste, 49, 50
contrat, 274, 275
contribution, 119
contrôle, 22
de l'incertitude, 79
et communication, 241
et leadership, 322
lieu de _, 66
selon la théorie X, 91
convention sociale, 233
conventionnelle,
personnalité _, 69
conversation sous-jacente, **30**
cool cat, **409**
cool dog, **408**
cortex préfrontal, **342,** 343
couleur de l'environnement
physique, 49
courriel, 246

créativité, 197
dans le processus décisionnel,
356–61
en milieu de travail, 363–70
management de la _, **364**
outils d'aide à la _, 265
selon le modèle
triaxial, 440
croissance, **4**
croyances, 67, **426,** 427
culture, **62**
caractéristiques de
la _, 430, 431
changement de _, 469
de prospection, 432, 433
de rôle, 433
du pouvoir, 434
du travail acharné, 432, 433
et besoins acquis, 105, 106
et conditionnement, 319
et conventions
sociales, 233
et étiquette, 232
et perception, 53
forte, 428, 429
homogène, 428, 429
individualiste, 434
influence de la _ sur le
développement de la
personnalité, 62
macho, 432, 433
organisationnelle, 7, 27, **29,** 30,
425–58
orientée vers les tâches, 434
procédurale, 433
cyberdéviance, 43, 44
cyberflânerie, 43, 44

D

décentralisation, 17
décision, 22, **342**
acceptation de la _, **361**
évaluation de la _, 348, 350
non programmée, **342**
programmée, **342**
qualité de la _, **351**
déclenchement
de la motivation, 94
du conflit, 286
décodage, 219
déculturation, **456**
dégel, 474, **475**
degré d'engagement, 435
délégation, **14,** 20
leadership de _, **325**
demande de l'environnement, 392, 393

dénouement du conflit, 287
densité sociale, 189, **190**
départ volontaire, 44
dépassement de soi, 77
désagréabilité, 65
description
    de poste, **382, 400**
    de tâches, 413
destinataire, 219
    préoccupations centrées sur le
        _, 483
déterminants
    de la personnalité, 61, 62
    de la satisfaction au travail,
        155, 156
détresse psychologique, 381
développement
    besoin de _, **101**
    des personnes, 27
    organisationnel, **482**-9
dévouement, 172
diagnostic de stress, 415, 416
    individuel, 406, 407
différenciation, 26
difficulté des objectifs, 121
dimension culturelle, **321**
direction, selon la théorie X, 91
discipline, 17
discrimination au travail, **97**
dissolution du groupe, 187
dissonance cognitive, 58,
        59, 118
distance
    au pouvoir, 430
    hiérarchique, 79
distorsion de la perception, 56, 57
diversité
    dans les équipes de travail
        autogérées, 203
    dans un groupe, 198, 199
division, 368
division des tâches, 15, 17, 18
DO, voir développement
        organisationnel
dogmatisme, 67
dotation en personnel, 27, 413
droits humains, 29
durabilité, 28

E
échec
    des organisations, 433
    du groupe, 197
échelle d'engagement au travail, 172
école des relations humaines, 20
économie cognitive, 139

écoute
    active, **242**, 243
    de qualité, 237
    sélective, 229, 230
effecteur, 6
effet
    compensatoire, **200**
    de halo, 57
    de la première impression, 57
    de primauté, 57
    de récence, 57
    loi de l'_, 113
    parasite, **200**
    Pygmalion, **60**
efficacité, **16**
    des stratégies de résolution des
        conflits, 292
    du groupe, 188-200
effort, **10**
    autoattribution selon l' _, 81
    et rendement, 109
élargissement des tâches, **14,** voir aussi
        enrichissement des tâches
émetteur, 234, 243
émotion(s), 13, 439, voir aussi
        intelligence émotionnelle
    contagion des _, 253
    dans la communication non
        verbale, 253
    décodage des _, 153
    en tant qu'obstacle à la
        communication, 219
    et attitude, 140
    et stress, 401
    influence des _ sur la
        perception, 52
    influence du décor sur les _, 49
    négatives, 142
    selon le modèle triaxial, 439
    stabilité des _, 65
employé(s), voir aussi satisfaction
        au travail
    consultation des _, **241**
    engagement des _, 170, 171
    épanouissement des _, 27
    évaluation du rendement
        des _, 27
    maturité des _, 323
    nature des _, 91, 92
    représentation des _, **241**
    services aux _, 159
encadrement, 45
encodage, 218, 219
engagement au travail, 172, voir
        aussi engagement
        organisationnel

engagement organisationnel,
        160, **163**-71, voir aussi
        engagement au travail
    affectif, 165-8
    amélioration de l'_ des
        employés, 170, 171
    de continuité, 165
    degré d'_, 435
    normatif, 165
    origines de l'_, 167, 168
    variables organisationnelles de
        l'_, 169, 170
énoncé
    de valeurs, 454
    de vision, **332**
enrichissement des tâches, **22**, 92,
        voir aussi élargissement
        des tâches
entrepreneur, 69
entreprise(s), voir aussi
        organisation(s)
    en tant que lieu de conflits, 277
    fusion d'_, 456, 457
    responsabilité sociale de l'_, 27
    virtuelle, 207
entrevue
    avec les employés, 241
    de sélection, 57
environnement
    complexe, 25
    de travail, **49**, 110, 152, 383
    demandes de l'_, 392
    dynamique, 25
    organisationnel, 20, 21,
        25, 26
    simple, 25
    stable, 25
épanouissement, 27
épuisement professionnel, 404,
        voir aussi maladie
équation
    de la motivation, 108
    personne-environnement, 390
équilibre
    théories de l'_, 118
    travail-famille, 157, 158
équipe de travail
    autogérée, **202**
    interfonctionnelle, **204,** 205
    virtuelle, **206**
équipe, renforcement d'_, **487**
équité, 17, **18,** 154, 454
    principe d'_, 353
    théorie de l'_, **118**-20, 123
erreur(s)
    d'attribution, 80-2

de complaisance, 81
de perception, 56, 57, 59, 60
espace
de travail, 102, 252
en tant que valeur culturelle, 232
interpersonnel, **252**
estime
besoin d'_, 96-8
de soi, 13, 66, 147, 403, *voir aussi* affirmation de soi
étapes
de l'évolution du groupe, 185-7
du changement, 483, 484
éthique, 74-6, 427, 439, 441
étiquette, 232
étoile (réseau de communication), 221
étude(s)
de Hawthorne, 20
des temps et mouvements, **14**
évaluation
cognitive, 126, 127
de la décision, 348, 350
de la performance, 455
de la satisfaction au travail, 150
des solutions, 349
du changement, 489, 490
du rendement, 27, **80**, 414
selon la cohérence, 80
selon la spécificité, 80
selon le consensus, 80
évitement du conflit, **288**
évolution
d'un groupe, 185-8
de la psychologie du travail et du comportement organisationnel, 31, 32
existence, besoins d'_, **101**
expérience
du percevant, 51, 52
et développement de la personnalité, 63, 64
ouverture et fermeture à l'_, 65
expert, pouvoir d'_, **273**
expertise, 203
expression
du conflit, 286
du stress, 409
extinction, 114, 117, 118
extraversion, **64,** 168

F

Facebook, 45, 247
facilitateur, 205
facteur(s)

d'efficacité des réseaux de communication, 222, 223
d'hygiène et d'ambiance, 103, 105
de cohésion du groupe, 195, 196
de la culture organisationnelle, 432, 433
de la perception, 51, 52
de motivation, **21,** 90, 92, 98, 105
de satisfaction et d'insatisfaction, 103
de stress, 397
déterminant le comportement, 38, 39
théorie des deux _, 102, **103**-5, 107
famille, 62, 415
fatigue, 404
feed-back, voir rétroaction
féminité, 79, 430
femmes
cadres, 314
stress chez les _, 397
fermeture à l'expérience, 65
filtrage de l'information, **230**
fonctionnalisme, **9**
force(s), 289, *voir aussi* intensité
d'entraînement, **475**
de la culture, 428, 429
de retenue, **475**
pour et contre le changement, 480
forces de changement
externes, 471
internes, 472, 473
formalisation, **18**
formation
au changement, 480
axée sur les activités, 203
des membres d'une équipe virtuelle, 207
des membres des équipes de travail autogérées, 203
du cercle de qualité, 205
du personnel, 414
et erreurs d'attribution, 80, 81
technique, 203
fusion d'entreprises, 456, 457

G

gel, **475**
génération C, 45
gestion

de l'économie cognitive, 139
de la créativité, 364
de la diversité, 199
des émotions, 142, 193
des ressources humaines, 27, 28, 453
du changement, 474
du conflit, 265, **266,** 267, 285-95, 297
du stress, 276-417
grille de _, 317, 318
par objectifs, **22,** 489, 490
par valeurs, 78, 79, 439, 440, 444, **448**
participative, **319**
grève, 265, **266**
grille de gestion, **32**
groupe, 3, **4,** 182-208, 326
conflit au sein du _, 278
d'intérêts, **184,** 185
de tâche et de projet, **184**
de travail, 181-208
fonctionnel, **184**
formel, **184**
influence du _ sur la satisfaction au travail, 154
informel, 20, **184**
multiculturel, 197, 198
nominal, 359, 361
prise de décision en _, 355-61
rôle du _ dans le développement de la personnalité, 63
semi-autonome, 92
structure du _, **192**
groupthink, voir pensée de groupe

H

halo, effet de _, **57**
harcèlement psychologique, 280-2
hédonisme, 353
hétéroattribution des comportements, 80
hiérarchie, 18
des besoins, 95-100
et agents stressants, 398
et communication, 234
et conflit, 279, 280
et prise de décision, 352, 355
hippocampe, **342,** 343
homéostasie, **390**
homogénéité
de la culture, 428, 429
du groupe, 195
horaire de travail, 414
hot cat, **408**

hot dog, **408**
humanisme, 11, 12, 18, 124
humeur, 49, 65, *voir aussi* émotions
hyperspécialisation des tâches, 15

I

incertitude, **18,** 79, 430
incivilité, 283, 284
incompatibilité des objectifs, 269, 270
individu, 6, 7
 de type A, **407**
 de type B, **407**
 expérience et connaissances de l'_, 51, 52
 influence du groupe sur l'_, 182
individualisme, 79, 430, 434, 435
influence, **4,** 106, *voir aussi* pouvoir
information
 communication de l'_, 218, 219
 écrite, 18
 filtrage de l'_, 227, **230**
 pouvoir d' _, **274**
 richesse de l'_, 250
 sur le changement, 481
 surdose d'_, 246
ingénierie, 24
iniquité, **119,** 120
innovation, 363–70
insatisfaction au travail, 103, 150
inspiration, 329
institutionnalisation du changement, 481
instrumentalité, **108**
intégration, **457**
 du changement, 484
 en développement orga-nisationnel, 485, 486
intelligence émotionnelle, 313, 344, *voir aussi* émotions
intensité, *voir aussi* force(s)
 d'un stimulus, **8,** 48
 de l'attitude, 145
 de la motivation, 94
 du stress, 396
intention
 autoattribution selon l'_, 81
 influence de l'_ sur le comportement, 144
intérêt du travail, 102
interrogation appréciative, **485**
intervention
 en matière culturelle, 450
 liée au stress, 406, 407

intrant, 5, **6**
intuition, **345,** 346, 351, 352
inventivité, 368
investigateur, 69

J

jeu de rôle, **488**
justice
 distributive, 120
 interactionnelle, 120
 organisationnelle, 120, 169
 procédurale, 120
 sociale, 76

L

langage, *voir aussi* communication verbale
 clarté du _, 149
 corporel, 231
 et communication, 230
 interne, 12
 non verbal, **63**
 professionnel, 234
latitude décisionnelle, 392
leader, **4**
 comportements transactionnels et transformationnels du _, 329
 efficace, 310, 312
 formel, **186**
 identification du _, 450, 451
 informel, **186**
 pouvoir du _, **320,** 325
 relations du _ avec les membres, 325
leadership, 18, 22, 30, 306–32
 authentique, 330, 331
 charismatique, **331,** 332
 de délégation, **325**
 de motivation, **324**
 de participation, **324**
 de soutien, **321**
 directif, **321**
 en milieu naturel, 31
 et prise de décision, 361–3
 et valeurs humaines, 450
 mondial, 309
 orienté vers les objectifs, **321**
 participatif, 321
 style de _, *voir* style de leadership
 substitut du _, **327,** 328
 transactionnel, **328,** 329
 transformationnel, 328–30

lieu de contrôle, **66**
lock-out, 265, **266**
locus de causalité, 127
loi
 de l'effet, 113
 de la fermeture, 55, 56, **56**
Loi sur les normes du travail du Québec, 283
long term orientation, *voir* long terme
long terme, 431
LTO, *voir* long terme

M

maîtrise de soi, 142
maladie(s), 379, 389, 390, 403, 407, *voir aussi* épuisement professionnel et santé
 congé de _, 41, 277
 traitement des _ liées au stress, 409, 410
management de la créativité, **364**
manipulation, 478
manque, principe du _, 99
masculinité, 79, 430
maturité
 du groupe, 188
 face au travail, **323**
 psychologique, **323**
médiation, 294
médullosurrénale, **385**
menace
 externe, 196
 perception de la _, 391
mentorat, 45
message, 218–20
 contenu du _, 243
 informatif, 238, 239
 négatif, 239
 non verbal, 251, 253
 positif, 238, 239
messagerie instantanée, 246
métathéorie de l'autodétermination, 123–8
méthode(s)
 ASIT, **368,** 369
 d'introduction du changement, 477, 478
 de Delphi, **357,** 358–60
 des six chapeaux, **365,** 366
 scientifique, 14
 TRIZ, **366,** 367, 368
modelage de rôles, **489**

modèle(s)
 béhavioriste, *voir* béhaviorisme
 circulaire, 77
 circulaire des valeurs, 76
 cognitif et comportemental,
  393-5
 comportemental, 39
 contemporain, 26, 27
 contingent, 22, **23**
 d'Hofstede, 430-23
 de communication dans
  l'organisation, 225-8
 de contingence de Fiedler,
  325-7, **327**
 de Deal et Kennedy, 432
 de Fayol, 16, 17
 de Karasek, 392, 393
 de l'action raisonnée et du
  comportement planifié,
  144, 145
 de l'école des relations
  humaines, 20
 de la communication, 218, 219
 de la grille de gestion, 32
 de la motivation, 93
 de la rationalité limitée,
  350, 351
 de la vraisemblance de
  l'élaboration cognitive, 147
 de Lewin, 474, 475
 de Likert, 21, 22
 de personnalité, 70
 de Schein et de Pastor, 435-9
 de stress au travail, 384
 de Taylor, *voir* taylorisme
 de Trompenaars, 434, 435
 de Vroom et Yetton, **361**-3
 de Weber, 17, 18
 des caractéristiques de
  l'emploi, 152
 des catégories du changement,
  469-71
 des phases de préoccupation
  lors d'un changement en
  milieu organisationnel,
  481, 482
 des sources et des conséquences
  d'une attitude, 141
 du cheminement critique de
  House, 320-2
 du National Institute for
  Occupational Security and
  Health (NIOSH), 391, 392
 en cinq facteurs (personnalité),
  64, 65
 explicatifs de la satisfaction au
  travail, 150-2

 mécaniste, 13-18, 22
 organique, 18, 20-2, 24
 triaxial de Dolan, 439, 440
modification des attitudes, 146, 147
moi, 10
mondialisation, 449
morale, 427, 437, 443, *voir aussi*
  éthique
moralité, 74, 331
motivation, 11, 13, 22, 27, 28
 au travail, 89-133
 et modèle de valeurs, 78
 extrinsèque, 124, **125,** 126
 facteurs de _, **21,** 91, 92
 influence de la _ sur la
  perception, 52
 intrinsèque, **124,** 125
 leadership de _, **324**
 régulation de la _, *voir*
  régulation
 selon la triple signification du
  travail, 441, 442
mouvement, 50, 51
moyens de communication
 pauvres, 251
 riches, 250
mythe, 427, 437

N

National Institute for Occupational Security and Health
  (NIOSH), 391, 392
négociation, 289, 295
 collective, 265, **266**
nétiquette, 149
neurologie, **342,** 343
neuromarketing, 148, 149
névrosisme, 65, 401
NIOSH, *voir* National Institute for
  Occupational Security
  andHealth (NIOSH)
non-satisfaction au travail, 103
normalisation du groupe,
  186, 187
norme(s), 182, 193, 194, **426,** 427,
  voir aussi règles
 Conciliation travail-famille,
  415
 culturelles dans la
  communication, 233
 et besoins acquis, 105
nouveauté, 50

O

objectifs, 22
 changement d'_, 469
 concordance des _, 94

 du cercle de qualité, 205
 établissement des _, 453
 gestion par _, 489, 490
 incompatibilité des _,
  269, 270
 théorie des _, 120, **121**-3
obstacles à la communication,
  229-35
ombudsman, **295**
OMS, *voir* Organisation mondiale de
  la santé (OMS)
optimisme, 365
organisation, **5,** *voir aussi*
  entreprise(s)
 comportementale, 38
 du cercle de qualité, 205
 du travail, 7
 facteurs de réussite d'une _, 5
 préoccupations centrées
  sur l'_, 483
 scientifique du travail
  voir taylorisme
Organisation mondiale de la santé
  (OMS), 379, 381
orientation
 interne ou externe, 435
 professionnelle, 68, 71
 temporelle, 435
outils d'aide à la créativité, 365
ouverture
 à l'expérience, 65
 au changement, 77

P

paresse sociale, **200,** 201
participation
 au changement, 480
 leadership de _, **324**
PDI, *voir* distance au pouvoir
pensée, 12
 de groupe, 200, 201
perception, **46**
 caractéristiques de la _, 47
 de la menace, 391
 erreurs de _, 56, 57, 59, 60
 facteurs qui influencent
  la _, 48-53
 selon la culture, 53
 structure de la _, 53-6
percevant, 51, 52
performance
 contextuelle, **40**
 et satisfaction au travail, 161
 évaluation de la _, 455
 individuelle, **40**
 rémunération en fonction
  de la _, 45

persistance, **94**
personnalité, **10,** 60–73
    artistique, 69
    caractérielle, 292, 293
    déterminants de la _, 61, 62
    du leader efficace,
        310, 312
    et comportement au travail,
        66, 67
    et engagement
        organisationnel, 168
    et stress, 401, 402
    influence de la _ sur la
        satisfaction au travail,
        156, 157
    types de _, 68, 69
personne(s)
    de types a, b et c,
        401, 402
    développement des _, 27
    style de leadership orienté vers
        la _, 316, 317
personnel
    changement de _, 469
    dotation en _, 27, 413
    formation du _, 414
    promotion du _, 413
    rétention du _, 44
    roulement du _, 162, 163
    sélection du _, 453
persuasion, 147, 243, 244
pertes associées au
        processus, **189**
phases
    de préoccupation, 482, 483
    du conflit, 286
philosophie de gestion, 7
phylogenèse, **391**
plafond de verre, **314**
plan
    d'action, 453
    de carrière, **413**
    de mise en œuvre du
        changement à huit étapes,
        476, 477
planification, 14, 484
politique(s), **22**
    administrative, **194**
    approche _, 352, 353
    comportement _, **72**
    de la porte ouverte, 242
    de recrutement, 27
    de rémunération, 455
    élaboration des _, 453
    organisationnelle, 103
    salariale, 103

position sociale, 51, *voir aussi*
        hiérarchie
positivisme, voir psychologie
        positive
poubelle organisationnelle,
        354, 355
pouvoir
    acquisition du _, 271, 275
    besoin de _, **72,** 106
    culture du _, 434
    d'information, **274**
    de coercition, **273**
    de récompense, **272**
    de référence, **273**
    du leader, **320,** 325
    exercice du _, 271, 272
    légitime, **272**
power distance index (PDI), *voir*
        distance au pouvoir
prédiction du comportement, 38
première impression, **57**
préoccupations, phases
        de _, 482, 483
présentéisme, **41,** 42, 43
prévention
    de la pensée de groupe, 200, 210
    des conséquences du stress, 411
    du stress au travail, 416
primauté, effet de _, 57
principe(s)
    administratifs, 17
    d'autogestion, 204
    d'équité, 353
    d'une communication efficace,
        235
    de continuité, 55
    de convention, 353
    de l'évaluation cognitive,
        126, 127
    de marché, 353
    de progression, 99, 101
    de proximité, 54, 55
    de similarité, 54
    du manque, 99
prise de décision, 218, 342–63
processus
    de changement, 474–8
    de réingénierie de la culture,
        451
    décisionnel, **18,** 343, 344,
        346–55
    perceptif, 46
    théories de _, 106–23, **107,** 123
production
    d'unités, 24
    de masse, 24

en procédé continu, 24
    intérêt pour la _, 318
productivité, **7,** 20
    conséquences de l'incivilité sur
        la _, 284
    et engagement au travail, 172
    et médias sociaux, 247
programme(s)
    d'intervention, 406–16
    de communication, 240, 241
    de consultation des employés,
        241
    de renforcement, **115**
    élaboration des _, 453
progression, principe
        de _, 99, 101
projection, **57,** 58
promotion, **16,** 413, 481
prophétie autoréalisatrice, **60**
proximité, principe de _, 54, 55
prudence, 356
psychanalyse, **9,** 10, 11, 389, 390
psychologie
    cognitive 12
    du stress, 386, 387
    du travail, 3, **4,** 7, 8–13, 31, 32
    humaniste, **11,** 12
    positive, **12,** 13
    sociale, **31, 38**
psychothérapie, 13
punition, **63,** 114, 115, 117, 118
pyramide des besoins, 96

Q

qualité(s)
    cercle de _, **204**
    de communicateur, 236
    de l'auditeur, 237
    de la décision, **351**
    de vie au travail, 27, 29, 30, **217**

R

rapport intrants/extrants, 118–20
rationalité, 346
    limitée, 350, 351
réaction comportementale, 113
réaliste, personnalité _, 69
récence, effet de _, 57
récepteur, 219
réception du message, 219
recherche
    active, **485**
    de solutions, 349
récompense, 115, 120, 203, 399
    pouvoir de _, **272**
    selon le rendement, 122

reconnaissance, 100, 101, 103, 170, 414, 455

recrutement, 27, 206

rééducation, 477

référence, pouvoir de _, **273**

règlement, **18**

règles, *voir aussi* norme(s)
   application des _, 21
   de dominance, 345
   de transitivité, 345

régulation
   externe, 125
   identifiée, 126
   intégrée, 126
   introjectée, 125

réingénierie de la culture organisationnelle, 449–55

relation(s)
   avec le supérieur immédiat, 169
   de l'homme avec la nature, 435
   de l'homme avec la personne, 434
   de l'homme avec le temps, 434
   de travail, 172, 414
   entre le leader et les membres, 325, 331
   intérêt pour les _, 318
   interpersonnelles, 103, 142, 187, 266, 311, 324, 331, **401**
   satisfaction-performance, 161

relaxation, 410

remue-méninges, 356, 357

rémunération, 28
   en fonction de la performance, 45
   et dissonance cognitive, 59
   politiques de _, 455

rendement, 22, 27
   au travail, **161**
   collectif, 201
   et intelligence du leader, 315
   évaluation du _, 27, **80**, 414
   individuel, 201

renforcement
   d'équipe, **487**
   économique, 14
   négatif, 114, **115**, 118
   positif, **113**, 114, 118
   programme de _, **115**

renouvellement de la main-d'œuvre, 44

réorganisation, **486**, 488

réseau(x)
   de travailleurs, 185
   informel, 20
   sociaux, 45

réseau(x) de communication, 220–5
   centralisé, **222**
   décentralisé, **222**
   facteurs d'efficacité des _, 222, 223
   formel, **220**, 221, 222
   informel, **223**–5

réseautage personnel, 248

résistance au changement, **31**, 478–82

résolution
   de problème, **5**, 341–70
   des conflits, 268

responsabilité(s), **14**, 20, 103
   clarification des _, 241
   en tant que valeur, 454
   sociale des entreprises (RSE), 27, **28**

ressources humaines, 16, 17, 27, 28

résultat
   influence des objectifs sur le _, 121
   rémunération en fonction du _, 45

rétention du personnel, 44

rétribution, 119

rétroaction, 6
   biologique, 409, 410
   cognitive, 93
   comportementale, 93
   dans la communication, 219, 335
   et culture organisationnelle, 432, 433
   sondage de _, **485**

réunion
   avec les employés, 241
   du cercle de qualité, 205

réussite, 103
   au travail, 380, 381

richesse des moyens de communication, 250, 251

risque, 356, 433

rôle(s), 170
   conflit des _, **193**, 399, 400
   culture de _, 433
   et développement de la personnalité, 63
   incompatibilité des _, 270
   jeu de _, **488**
   liés à la tâche, 192
   modelage de _, **489**
   socio-émotifs, 193
   surchargés, 400

roue (réseau de communication), 221

roulement du personnel, 162, 163

RSE, *voir* responsabilité sociale des entreprises (RSE)

rumeur, 224

S

santé, 389, 390, *voir aussi* maladie
   du milieu de travail, **379**, 380
   mentale, 172, 381

satisfaction au travail, 7, 103, 149–63

sécurité
   besoin de _, 96, **97**
   d'emploi, 103

segmentation du marché, 45

sélection, **14**, 57
   du personnel, 453

sélectivité, 47

sentiment(s)
   d'affiliation, 127
   d'appartenance, 164, 168
   et attitude, 140

séparation, **457**

services aux employés, 159

similarité, principe de _, **54**

situation
   organisationnelle, 353
   style de leadership selon la _, 327

socialisation, **22**, 78

sondage
   d'opinion, 242
   de rétroaction, **485**

source de stress, 399, 400
   extrinsèque, 395, **396**
   intrinsèque, 395, **396**

spécificité
   de l'attitude, 145
   des objectifs, 121
   évaluation selon la _, 80

stabilité, *voir aussi* continuité
   des attitudes, 139
   des équipes de travail autogérées, 203
   du personnel, 17
   émotionnelle, 65, 440

statut, 194, 195, 201
   attribué/acquis, 435

stéréotype, **56**

STH-minéralocorticoïdes, **387**

stimulation, 329
   environnementale, 113

stimulus, 8, 11, 46, 48, 394

stimulus-réponse, 113

stratégie(s)
   changement de _, 469

d'acquisition du pouvoir, 274, 275
de fusion d'entreprises, 456, 457
de gestion du conflit, 288–93
de résolution de problème, 353, 354
stress
au travail, **383**, 384
effets néfastes du _, 404–6
gestion du _, 276–417
maladies liées au _, 409, 410
occupationnel, 391
origines du _, 398–403
professionnel, **381**
selon Cannon, 385, 386
selon Selye, 386, 387
signes et symptomes du _, 396
Strong Campbell Interest Inventory (SCII), 70
structuralisme, 8, 9
structure, **5**
de la perception, 53–6
de la tâche, **325**
du groupe, **192**
hiérarchique, 18
organisationnelle, 23–5, 26
style de leadership, 189, 191, 311
anémique, 318
autoritaire, 326
démocratique, 318, 326
en fonction de la situation, 327
en fonction du degré de maturité, 324
intermédiaire, 318
orienté vers la personne, 316, 317
orienté vers la tâche, 316, 317
selon le sexe, 311
subalterne, **16,** 322, 323, 328, 355, 362
substitut du leadership, **327,** 328
succès
au travail, **378**
des organisations, 433
du groupe, 197
suiveur, 332
superviseur, **4**
supervision, 14, 103
surmoi, 10
synchronisme, 250
syndicalisation, 159, 160
syndicat, 278
syndrome général d'adaptation (SGA) au stress, **386,** 387
synergie culturelle, **446,** 447
système nerveux

parasympathique, **385**
sympathique, **385**

T
tâche(s)
caractéristiques de la _, 328
culture orientée vers les _, 434
description de _, 413
et efficacité du groupe, 190
et leadership, 311
extra-rôle, 171
groupe de _, **184**
structure de la _, **325**
style de leadership orienté vers la _, 316, 317
taux de roulement, 197
taylorisme, 14–16, 90
technique(s)
béhavioristes, 118
de réduction du stress, 412
du groupe nominal, 359, 361
technologie, **23,** 24, 472
artisanale, 24
changement de _, 468
de l'ingénierie, 24
et processus de communication, 244–50
routinière, 24
télécommunication, 244, 245
tension intergroupe, 199, 200
territorialité, 271
test de Schutte, 344
théorie(s)
de contenu, **95**
de l'assouvissement des besoins, 151
de l'autodétermination, 123–8
de l'équilibre, 118
de l'équité, **118**–20, 123
de l'expectative, *voir* théorie(s) des attentes
de la cognition sociale, 191
de la motivation au travail, 94–128
de McClelland, **105,** 106
de processus, 95, 106–23, **107,** 123
des attentes, 107–9, 112
des besoins acquis, 105–7
des besoins, **95,** 96, 98–100, 107
des deux facteurs, 102, **103**–5, 107
des échanges dirigeants-dirigés (théorie LMX), **331**
des objectifs, 120, **121**–3
du leadership, 308–27

du processus de comparaison interpersonnelle, 154, 155
ERD, 1–7, 100–2
LMX, voir théorie(s) des échanges dirigeants–dirigés (théorie LMX)
X, **91**
Y, **91,** 92
transformation, 475
transmission
de l'information, 241
du message, 218–20
transparence, 454
relationnelle, 331
travail
à la chaîne, 15
conflits au _, 264–99
engagement au _, 172
motivation au _, 89–133
organisation scientifique du _, *voir* taylorisme
psychologie du _, *voir* psychologie du travail
qualité de vie au _, **218**
relations de _, 172, 414
rendement au _, **161**
satisfaction au _, 7, 103, 149–63
stress au _, *voir* stress au travail
succès au _, **378**
triple signification du _, 441, 442
triple bilan, **28**

U
UAI, *voir* tolérance à l'ambiguïté
uncertainty avoidance index (UAI), *voir* tolérance à l'ambiguïté
unité
de commandement, 17
de direction, 17
universalisme, 435

V
valence, **108**
valeur(s), **12,** 13, 29, 427
au travail, 79
audit des _, 455, 456
axes de _, 440, 441
classification des _, 76, 77
cohérence des _ avec le comportement, 58
dans l'environnement de travail, 73–9
de contrôle, 440, 441
de développement, 440, 441, 443

de l'entreprise, 438
économiques, 443
énoncé de _, 454
et comportement individuel, 39
et culture organisationnelle,
    444–7
et engagement organisationnel,
    168
et gestion du conflit, 285
et prise de décision, 346
éthiques, 441
finales, 76
gestion par _, 78, 79, 439, 440,
    444, **448**
individuelles et
    organisationnelles, 78, 79

instrumentales, 76, **108**
intrinsèque, 442
organisationnelles, 74, 75,
    170, 443
origine des _, 73, 74
perçue des conséquences
    d'un comportement,
    108
personnelles, 443
raffinement des _, 452
selon Schein, 436
sociales, 443
transcendante, 442
utilitaire, 442
variables situationnelles
    et leadership, 325

influant sur l'efficacité du
    groupe, 189
influençant le comportement du
    leader, 320
vision, **332**

Y

Y (réseau de communication),
    221, 222

Z

zone
    intime, **252**
    personnelle, **252**
    publique, **252**
    sociale, **252**